Verena Moritz · Hannes Leidinger
Lenin – Die Biografie

Verena Moritz · Hannes Leidinger

LENIN

DIE BIOGRAFIE

Eine Neubewertung

Residenz Verlag

Für Lena

Bibliografische Information der Deutschen Nationalbibliothek
Die Deutsche Nationalbibliothek verzeichnet diese Publikation in der Deutschen Nationalbibliografie; detaillierte bibliografische Daten sind im Internet über http://dnb.dnb.de abrufbar.

www.residenzverlag.at

Umschlaggestaltung und grafische Gestaltung / Satz:
Joe P. Wannerer – BoutiqueBrutal.com
Umschlagbild: Gomes/Projekt »Lenin is still around«.
Alle Fotos im Innenteil: © apa-PictureDesk
Schrift: Minion
Lektorat: Eva-Maria Kronsteiner
Gesamtherstellung: GGP Media GmbH, Pößneck

ISBN 978 3 7017 3390 3

FSC www.fsc.org MIX Papier | Fördert gute Waldnutzung FSC® C014496

INHALT[1]

1 Die Texte 15, 16, 17 stammen von Hannes Leidinger, die restlichen von Verena Moritz. Kapitel 18 ist ein gemeinsamer Text.

Die russischen Revolutionäre wollten den totalen Umsturz.
In ihm werde die gesamte alte Welt mit ihrem Bösen
und ihrer Finsternis,
mit ihren Heiligtümern und Werten verbrennen
und auf der Brandstätte ein das ganze Volk
und alle Völker beglückendes neues Leben erstehen.
Mit weniger als dem Glück der ganzen Welt
mag der russische Revolutionär sich nicht zufriedengeben.
Sein Bewusstsein ist apokalyptisch.

Nikolaj Berdjajew, Die Geister der russischen Revolution[1]

1 Nikolaj Berdjajew, Die Geister der russischen Revolution, in: De profundis. Vom Scheitern der russischen Revolution, hg. von Ulrich Schmid und mit einer Einleitung von Karl Schlögel, Berlin 2017, 108f.

EINFÜHRUNG

Als der unter seinem Pseudonym »Lenin« bekannt gewordene Wladimir Iljitsch Uljanow am 21. Januar 1924 aus dem Leben schied, überbot sich nicht nur in der Sowjetunion die Presse in ihren Versuchen, dem Anlass gemäße Darstellungen seiner Vita abzuliefern. Während man dort in einer bombastischen Verherrlichung des Verstorbenen schwelgte und den Tod des Revolutionsführers betrauerte, zogen einige Blätter im Westen bei ihrem Rückblick auf Leben und Werk Lenins Vergleiche mit anderen historischen Persönlichkeiten. Dabei fielen u. a. Namen wie Oliver Cromwell und Maximilien de Robespierre. Analogien zu historischen Umbrüchen, zur Glorious Revolution sowie zur Französischen Revolution, schienen sich mit Blick auf das Lebenswerk des umstrittenen russischen Regierungschefs anzubieten. Im Zentrum aller Berichte stand erwartungsgemäß Lenins Sternstunde: die »Oktoberrevolution« im Jahr 1917.

Jene, die mit dem Umsturz vor allem den Aufbruch in eine neue Zeit verbanden, die Überwindung von Unterdrückung und Knechtung sahen oder sich von der Strahlkraft einer angekündigten hellen Zukunft beindrucken ließen, priesen den Toten als genialen Revolutionär und visionären Führer oder zumindest als wagemutigen Pionier, der sich an nichts weniger als die Verwirklichung des Sozialismus gewagt hatte. Andere sahen ihn wiederum als realitätsfernen Fanatiker oder doktrinären Eiferer, brandmarkten ihn als Gewaltmenschen und skrupellosen Zyniker. Ungeachtet solcher Urteile konstatieren ihm vergangene wie gegenwärtige Kommentator:innen eine überragende Relevanz. Sein Wirken zu Beginn des 20. Jahrhunderts und seine Ideen prägten die Weltgeschichte über Jahrzehnte hindurch. Der bolschewistische Oktoberumsturz im russischen Petrograd bzw. St. Petersburg mag das fragwürdige Projekt einer überschaubaren Gruppe von Revolutionären gewesen sein, die Lenins Drängen auf die Machtergreifung obendrein nicht widerspruchslos und eher zaghaft nachkamen. Trotzdem stellt das, was auf den 25. Oktober 1917 folgte, eine so tiefgreifende Zäsur dar, dass sie den Beginn eines »kurzen« 20. Jahrhunderts markierte, dessen Ende dann mit dem Zusammenbruch der Sowjetunion gleichgesetzt wurde.

Besteht Konsens über Lenin als einflussreiche historische Persönlichkeit, gibt es offensichtlich ein Überangebot an Zuschreibungen und viele außerordentlich unterschiedliche, ja völlig konträr gezeichnete Lenins. Je nach weltanschaulichen Standpunkten und einer sich verändernden politischen Konjunktur wurden die Urteile immer wieder nachjustiert oder erfuhren bestimmte Schwerpunkte. Im postsowjetischen Russland verschob sich die zuvor bedingungslose Bewunderung und kultische Verehrung des Revolutionsführers nach und nach hin zu einer mehr oder weniger diffusen Ablehnung. 1993 wurde bezeichnenderweise das große Lenin-Museum in Moskau geschlossen.[1] Diskussionen über die »Lebensberechtigung« sogar des Mausoleums am Roten Platz setzten sich nach der Amtszeit von Boris Jelzin fort. Das Regime unter Wladimir Putin begann, Lenin vor allem als Vaterlandsverräter und Verschwörer zu sehen, der seine Heimat ausländischen Machtgelüsten preisgab, um sie später in neuer Gestalt wieder zu errichten. Dennoch legte eine 2017 anlässlich des 100. Jahrestags der Revolution in Auftrag gegebene Umfrage offen, dass im Vergleich zu 2006 wieder mehr – nämlich 56 statt zuvor 40 Prozent – Russ:innen positive Assoziationen mit Lenin verbanden.[2] Die Beharrungskraft eines über so lange Zeit als Erlösergestalt verklärten »Führers« ist womöglich größer, als die Architekten der russischen Geschichtspolitik vermutet hatten. Demensprechend entnehmen abstruse Lenin-Interpretationen dem Werk des geschmähten Revolutionärs bei aller Kritik immerhin seine angebliche Einsicht, einen vom Westen losgelösten Weg beschreiten

1 David Hearst, One step forward, two steps back. Just when the Lenin museum was, in: The Guardian, 30.11.1993, 24.

2 https://www.rferl.org/a/russia-lenin-positive-role-levada-poll/28441045.html(2.3.2023). Vgl. Ian Kershaw, Der Mensch und die Macht. Über Erbauer und Zerstörer Europas im 20. Jahrhundert, München 2022, 72. Vgl. auch Dietrich Beyrau, Oktoberrevolution. »Flammenschrift auf Europas östlicher Wand«, in: Jahrbuch für Kommunismusforschung (2017), 31–52, 32f.

zu müssen, als richtungsweisenden Auftrag für Russlands Zukunft.[3] Andere wiederum verpflanzen Lenin als »Pantokrator der Sonnenstäubchen« – so der kuriose Titel einer nichtsdestoweniger erfolgreichen Lenin-Biografie – in die russische Gegenwart, unterziehen seine Lebensgeschichte einer eigenwilligen Aktualisierung und formen ihn zur allumfassenden Identifikationsfigur für – jeden.[4]

Das westliche Lenin-Bild blieb oder bleibt indessen relativ stabil. Enthüllungen ab den 1990er Jahren, die den Bolschewikenführer als rücksichtslosen Fürsprecher von Terror und Unterdrückung entlarvten, führten außerhalb Russlands dazu, noch vorhandene Sympathien weitgehend zu tilgen und durchaus verbreiteten Fehleinschätzungen entgegenzuwirken. Der »gute«, von Motiven der Weltverbesserung durchdrungene Lenin, der dem »bösen« Machtmenschen Stalin als »reine« Lichtgestalt gegenübergestellt wurde, erwies sich keineswegs als der makellose Heilige, als der er verehrt wurde. Freilich trafen solche »Entdeckungen« auch auf resistente Lenin-Anhänger:innen, die den Sermon von einem gerechtfertigten revolutionären Terror gegen eine ausbeuterische Bourgeoisie und verräterische Sozialchauvinisten genügend verinnerlicht hatten, um den Denkmalsturz zu ignorieren. Lenin selbst hatte entsprechende Anhaltspunkte für eine Exkulpation geliefert: Er relativierte seinen Terror als weit »harmloser« als jenen einer über Jahrhunderte herrschenden Elite, die sich kraft Geburtsrechts und Gewaltmonopols über das Volk erhob, es entmündigte, ausbeutete und in Kriege hetzte. Dieser Kontrast sicherte ihm die Wertschätzung selbst von Kritiker:innen, die sich von seinen Methoden abgestoßen fühlten, nicht aber von seinen Zielen.

Unter diesen und anderen Vorzeichen gab es auch in den letzten Jahren vereinzelt Versuche, Lenin gewissermaßen wiederzubeleben bzw. wurden seine Ideen anscheinend für würdig befunden, wiederbelebt zu werden.[5] Das vorliegende Buch will das nicht. Es lässt sich demensprechend auch gar nicht erst auf eine ausufernde Diskussion über ein gescheitertes sozialistisches Experiment ein, dem im

---

3 Vgl. S. G. Kara-Murza, Lenin. Algoritm revoljucii I obraz buduščego, Moskva 2018. Der Autor ist nicht zu verwechseln mit dem russischen Regimekritiker Wladimir Kara-Murza.

4 Vgl. Lev Danilkin, Lenin. Pantokrator solnečnych pylinok, Moskva 2017.

5 Siehe u. a.: Slavoj Žižek, Die Revolution steht bevor. Dreizehn Versuche über Lenin, Frankfurt am Main 2017.

Prinzip begrüßenswerte Ideale zugrunde lagen und das bei günstigeren Verhältnissen womöglich hätte funktionieren können. Behandelt wird nicht, was hätte sein können, sondern was war oder aus unterschiedlichen Gründen sich zu etwas entwickelte, das sich von Lenins – durchaus fragwürdigen – ursprünglichen Plänen einerseits weit entfernte und ihnen andererseits entsprach. Wer mit »Massenerschießungen«, »Gasbomben«, »Revolutionstribunalen« und staatlichem Terror »ohne jegliche Rechtsgarantien für die Delinquenten die neue Gesellschaft herbeimorden« wolle, der komme nicht bei der »höheren Lebensform« des Sozialismus an.[6] Das schrieb ihm eine seiner wichtigsten Leitfiguren und gleichzeitig einer seiner größten Kritiker ins Stammbuch: Karl Kautsky.

Lenin hat das Interesse einer Vielzahl von Biograf:innen auf sich gezogen. Anhand von mehrbändigen Chroniken mit Zehntausenden Einträgen lassen sich beinahe zu jedem Tag seines Lebens Informationen finden.[7] Die höchst produktive Lenin-Biografik mit dem Enthüllungsbuch von Dimitrij Wolkogonow, dem so vielschichtigen und kenntnisreichen Lenin-Porträt von Robert Service oder der klaren und anregenden Analyse Lenin'scher Ideologie und Politik von Wolfgang Ruge als Beispiele aus der Phase nach dem Ende der Sowjetunion begann aber in den letzten Jahren langsam etwas auszudünnen.[8] Blickt man auf eine weiter zurückliegende Vergangenheit, dann ist es sicher die umfassende Lenin-Biografie von Louis Fischer, die auch heute noch zu beeindrucken vermag.[9] So scheint es, als sei alles schon erzählt worden, was es über Lenin zu wissen gibt. Nachdem die Öffnung sowjetischer Archive den Großteil dessen zugänglich gemacht hatte, was lange Zeit nur ganz wenigen Auserwählten bekannt gewesen war, ergaben sich im Wesentlichen keine großen Überraschungen mehr. Auch wenn von den etwa 3700 unveröffent-

6 Mike Schmeitzner, Antinomie und Verflechtung. Kautsky, Lenin, Trotzki und der Deutungskampf um die »Diktatur des Proletariats«, in: Mike Schmeitzner (Hg.), Die Diktatur des Proletariats. Begriff – Staat – Revision, Baden-Baden 2022, 43–64, 56f.

7 Siehe dazu die sogenannte »Biochronika« unter https://leninism.su/biograficheskie-xroniki-lenina.html (17.2.2023). Die Betreiber:innen der Site geben sich allerdings an einigen Stellen als Verteidiger:innen des Andenkens Stalins zu erkennen, was auch die Zusammenstellung der Vielzahl angebotener, qualitativ höchst unterschiedlicher Materialien zur Biografie Lenins fragwürdig erscheinen lässt.

8 Wolfgang Ruge, Lenin. Vorgänger Stalins. Eine politische Biografie, Berlin 2010; Robert Service, Lenin. Eine Biographie, München 2000; Dimitri Wolkogonow, Lenin. Utopie und Terror, Düsseldorf/Wien/New York/Moskau 1994.

9 Louis Fischer, Das Leben Lenins, Köln/Berlin 1964.

lichten Lenin-Manuskripten, die noch Anfang der 1990er Jahre darauf warteten, ans Licht der Öffentlichkeit zu gelangen, sicher nicht alle publiziert wurden, fällt es schwer, an immer noch verborgene Sensationen zu glauben, die alles umwerfen könnten, was man bisher von Lenin gedacht hatte.[10] Am ehesten seit jeher als streng geheim klassifizierte Dokumente über die erste Phase des Weltkommunismus könnten vielleicht noch interessante Details enthalten. Sie blieben aber auch in der Zeit von Glasnost und Perestrojka unter Verschluss und werden es wohl auch bleiben.

Hinzu kamen aber in den letzten 30 Jahren detaillierte Forschungen und umfangreiche Publikationen über die Russische Revolution, die sich auch als erweiterte Lenin-Biografien lesen lassen. Tatsächlich ist die Literatur über den Oktoberumsturz, seine Vorgeschichte und seine Folgen nahezu unüberschaubar geworden.[11] Dabei ging es den Autor:innen immer wieder darum, gängige Narrative aufzubrechen, hinter die Kulissen zu blicken und Quellen einer abermaligen Durchsicht zu unterziehen. Diese Neubewertung vorhandener oder auch dominanter Erzählungen nahmen sich vereinzelt auch ein paar Lenin-Forscher:innen zum Vorbild, um ihrerseits einen frischen Blick auf den umstrittenen Revolutionsführer zu werfen. Ergebnis war eine überschaubare Anzahl englischsprachiger Publikationen, deren Reichweite vermutlich kaum über kleine akademische Zirkel hinausging. An den wertvollen Anregungen, die sie enthalten, sollte aber nicht vorbeigegangen werden – selbst wenn man so manche Schlussfolgerung der Autor:innen nicht oder nicht immer zur Gänze teilen kann.[12] Lang davor hat bereits Dietrich Geyer mit seiner imponierenden Studie über »Lenin in der russischen Sozialdemokratie 1890–1903« tiefgründige Einsichten über dessen Anfänge als Revo-

10 Vgl. Ruge, Lenin, 399.

11 Hervorzuheben ist insbesondere: Gerd Koenen, Die Farbe Rot. Ursprünge und Geschichte des Kommunismus, München 2017.

12 Vgl. etwa die mit Gewinn zu lesende Biografie von Christopher Read, der aber mit einem Resümee wie »Lenin Lived! Lenin Lives! Lenin Will Live Forever!« den Verdacht einer Art Rehabilitationsversuch nährt: Christopher Read, Lenin. A Revolutionary Life, London/New York 2005. Siehe auch: Lars Lih, Lenin Rediscovered. What is to Be done? In Context, Jefferson 2005; Anna Krylova, Beyond the Spontaneity-Consciousness Paradigm: »Class Instinct« as A Promising Category of Historical Analysis, in: Slavic Review 62/1 (2003), 1–23; Leopold Haimson, Lenin's Revolutionary Career Revisited. Some Observations on Recent Discussions, in: Kritika. Explorations in Russian and Eurasian History 5/1 (2004), 55–80, oder Richard Mullin, The Russian Social-Democratic Labour Party, 1899–1904, Leiden/Boston 2015.

lutionär und Parteimann geliefert. Will man dem Werden Lenins nachspüren, ist Geyers 1962 veröffentlichte Schrift nach wie vor eine unverzichtbare Grundlage.[13]

In Anbetracht der Bedeutung Lenins für die Geschichte des 20. Jahrhunderts und der 100 Jahre, die seit seinem Ableben vergangen sind, erscheint es in jedem Fall angemessen, eine Neubetrachtung zu wagen. Vorhandenen, zuweilen immer noch ideologisch verzerrten oder aber fragmentarischen Lenin-Bildern sollen möglicherweise überraschende Perspektiven hinzugefügt werden, bekannte Aspekte sind gegebenenfalls anders zu gewichten. Die vorliegende Biografie sucht nach einem historischen Lenin.[14] Sie ist außerdem als eine Art Update zu verstehen, weil eine Vielzahl von neueren Arbeiten miteinbezogen wurde, um die hier vorgestellten Interpretationen zu stützen bzw. zu diskutieren. Berücksichtigung fanden aber natürlich auch ältere Publikationen, weil sie – wie am Beispiel von Dietrich Geyers Buch betont wurde – immer noch wichtige Anhaltspunkte für die Suche nach einem Lenin enthalten, der sich mit einer einfachen Schwarz-Weiß-Zeichnung kaum erfassen lässt.[15] Bei alledem will die vorliegende Lebens- oder eher Lebenswerkbeschreibung in erster Linie seine Entwicklung als Revolutionär und Parteiführer in den Blick nehmen. Im Mittelpunkt steht folgerichtig die Frage, wie Lenin dachte, warum er das so tat und wie sich seine Konzepte und Anschauungen – immer wieder auch in Kontrast zu oder im Dialog mit vorherrschenden Interpretationen – in damalige Diskurse einfügen lassen. Der private Lenin oder vielmehr Wladimir Iljitsch Uljanow und sein Umfeld, über den überdies mehr oder weniger aktuelle Werke greifbar sind, treten demgegenüber eher in den Hintergrund.[16]

Die Neubetrachtung von Lenins politischem Leben führt den Leser bzw. die Leserin auf das Terrain vieler theoretischer Fragen, die Lenin beschäftigten. Sie reflektieren eine Zeit großer Umbrüche und leidenschaftlicher Diskussionen über die Zukunft. Lenin lebte

---

13 Dietrich Geyer, Lenin in der russischen Sozialdemokratie. Die Arbeiterbewegung im Zarenreich als Organisationsproblem der revolutionären Intelligenz 1890–1903, Köln/Graz 1962.

14 Vgl. Read, Lenin, 283f.

15 Neben Geyer zu würdigen gilt es u. a. die im Folgenden oft zitierten Arbeiten von Manfred Hildermeier.

16 Vgl. Victor Sebestyen, Ein Leben, Berlin 2017, aber auch Helen Rappaport, Conspirator. Lenin in Exile, New York 2010.

vor diesem Hintergrund viele Leben, wirkte im konspirativen Milieu und im Exil, verbrachte Jahre im Gefängnis und in Verbannung und war mehrmals auf der Flucht. Selbst aus der zeitlichen Distanz von über 100 Jahren macht es immer noch staunen, dass der Führer einer kleinen Partei, die bis 1917 über weite Strecken im Untergrund oder halb legal wirkte, nur wenige Monate nach der Heimkehr aus seinem Exil an die Spitze des früheren Zarenreichs gelangen konnte.

Die Berücksichtigung von Forschungsdiskussionen oder das Aufzeigen vieler Querverbindungen zur internationalen Sozialdemokratie sowie zur damaligen Weltpolitik machen immer wieder einen Perspektivenwechsel erforderlich, der nicht zuletzt einem breiteren Lesepublikum entgegekommen will. Die Ausführungen greifen bei alledem weit aus und behandeln einzelne Themen mehrmals, um entlang von verschiedenen Fragen Zusammenhänge klar oder klarer zu machen und um einen »vollständigeren« Lenin entdecken zu helfen. Totale und Nahaufnahmen wechseln, die Chronologie wird aufgebrochen, um Längsschnitte einzufügen oder um einzelnen Aspekten genauer nachzugehen.

Zahlreiche Gespräche mit Menschen, die aus unterschiedlichen Gründen Interesse an der Figur Lenin haben, trugen im Vorfeld und während der Arbeit am Buch zu der Entscheidung bei, bestimmte Themen besonders detailliert zu behandeln. Dazu zählen beispielsweise die Parteispaltung 1903, die »Diktatur des Proletariats« als Konzept oder aber die Frage der Alternativen zur Rätemacht. Lenin, das zeigte sich im Zuge der erwähnten Gespräche, erschien vielen wie ein »Revolutionär aus der Flasche«, weil sie ihn ausschließlich mit dem Jahr 1917 verknüpften. So betrat er die Weltbühne wie eine Art Dschinn, der unvermittelt aus einem Gefäß entwich und schnurstracks die »Oktoberrevolution« herbeizauberte. Zu zeigen, dass Lenin alles andere als ein »Flaschengeist« war, bedingte daher auch, die Botschaften des »Roten Oktober« weiter zurückzuverfolgen und bis zu einem gewissen Grad auch ihre Vita zu schreiben.

Zentral bei dem Versuch, den historischen Lenin sichtbar zu machen, ist zweifellos das Einordnen seiner Überlegungen und Konzepte in den Kontext der damaligen Sozialdemokratie mit ihren Interpretationen des Marxismus und ihren stark voneinander abweichenden Meinungen über den »richtigen Weg« hin zur

Überwindung der »Klassenherrschaft«. Karl Kautsky, der bereits erwähnte deutsche Parteitheoretiker mit altösterreichischen Wurzeln, präsentiert sich hier für Lenin als zentrale Figur, die ihm immer wieder Anlass gab, zwischen Distanz von und Nähe zur internationalen Sozialdemokratie zu schwanken, bevor er sich mit Abscheu nicht nur von ihr, sondern auch von ihm abwandte. Der Hass war in der Folge auf beiden Seiten groß. Kautsky führte ab 1918 wohl nicht zuletzt deswegen einen so regen publizistischen Feldzug gegen den Bolschewikenführer, weil dieser sich unentwegt auf ihn berief und ihn so zum ideellen Kollaborateur eines »Diktators« machte, dessen Verfolgungswahn selbst vor ehemaligen Weggefährten nicht haltmachte. Die Praxis der bolschewistische Machtausübung vor Augen, sah sich Kautsky primär bemüßigt, all die – wie er meinte – Irrtümer Lenins und der Bolschewiki über Marxismus und Demokratie auszuräumen. Demokratie sei, schrieb er, möglich ohne Sozialismus, aber nicht umgekehrt.[17]

Der manchen vielleicht eher unbekannte Lenin, der sich und seine Theorien ursprünglich als Teil der internationalen Sozialdemokratie verstand, aber dabei zu ganz anderen Schlüssen kam als später Karl Kautsky, blickt auf einen Werdegang zurück, in dem das Schicksal seines Bruders von größter Bedeutung war. Dessen Hinrichtung als Zaren-Attentäter im Jahr 1887 stellte die Welt der Familie Uljanow auf den Kopf und katapultierte den damals siebzehnjährigen Lenin in die Laufbahn des notorischen Widerständlers. Diesen schickten die Behörden des autokratischen Romanowimperiums in die Verbannung nach Sibirien, wo er zu einem politischen Kopf reifte, der den Elan eines marxistischen Eiferers entwickelte und sich gleichzeitig von den terroristischen Methoden früherer Revolutionäre nicht vollends trennte. Die Neuorientierung der bereits 1898 gegründeten Russischen Sozialdemokratischen Partei unter seiner Federführung begriff Lenin als Ausgangspunkt für die Umgestaltung des gesamten Zarenreichs. Als Längsschnitt aufbereitet ist in der Folge die Spaltung von 1903, als sich die russische Sozialdemokratie in Bolschewiki und Menschewiki teilte oder eher zu teilen begann. Sie wirft eine Menge von Fragen auf, die nicht zuletzt auf das

---

17 Karl Kautsky, Die Diktatur des Proletariats, Wien 1918, 5.

Problem der Wesensmerkmale des Bolschewismus bzw. Leninismus und seiner »Abartigkeit« abzielen. Besondere Aufmerksamkeit gilt dann der Revolution von 1905, die essenziell war nicht nur für Lenins Verständnis davon, wie ein Umsturz »gemacht« werden konnte, sondern auch, wie und warum er scheiterte.

Der junge Lenin bzw. die Frühzeit seiner Entwicklung bildet zweifellos einen der Schwerpunkte des Buches. Das gilt nicht minder für jene Periode, die oft ins Hintertreffen gerät, da für gewöhnlich erst nachfolgende Zäsuren für bedeutsamer gehalten werden. Das heißt, dass auch die Jahre 1905 bis 1914, bevor der Erste Weltkrieg Lenin zu einem noch konsequenteren revolutionären Kurs animierte, besonders detailliert beschrieben werden. Die Ereignisse im Jahr 1917 bzw. die Rolle, die er damals spielte, sind ohne Kenntnis dieser Vorgeschichte nicht zu verstehen.

Aufgegriffen werden des Weiteren auch Verschwörungstheorien, die Lenin vor allem im Zusammenhang mit einer Kollaboration mit Deutschland, das sich ab 1914 im Krieg mit Russland befand, sahen und sehen. Dabei soll anhand einzelner Fragen abgewogen werden, inwieweit das Bild vom Verräter zutreffend oder aber überzogen ist. Neue An- oder Einsichten bieten auch die Überlegungen zu Lenins politischem Kurs ab dem Beginn des Ersten Weltkriegs. Hier gilt es, u. a. zu fragen, wie tief diese Zäsur in Hinblick auf seine eigenen Konzepte ging bzw. inwieweit auch hier ganz einfach seine Anpassungsfähigkeit an neue Situationen zum Tragen kam.

Es hätte den Rahmen des Buches gesprengt, Lenins nachrevolutionäre Politik mit all ihren vielschichtigen Hintergründen und Auswirkungen so abzuhandeln, dass die Darstellung der Breite und Vielfalt diesbezüglicher Forschungen auch nur ansatzweise gerecht geworden wäre. Tatsächlich sind gerade für diese Phase unzählige verdienstvolle und überaus lesenswerte Publikationen vorhanden. Dennoch: Die Frage der bolschewistischen Alleinherrschaft sowie der Friede von Brest-Litowsk, mit dem die Bolschewiki im März 1918 aus dem Weltkrieg ausschieden, konnten selbstverständlich ebenso wenig ausgespart werden wie der Bürgerkrieg und Lenins Rezepte für den Aufbau des Sozialismus. Zusätzlich zu den vielen veröffentlichten Untersuchungen, die diese Themen behandeln und in das vorliegende Buch eingeflossen sind, wurden auch russisch- sowie deutschsprachige Quelleneditionen und nicht zuletzt Lenins eigene Texte herangezogen. Sie legen Kalkül und Taktik des kommunistischen Parteichefs, der er ab 1918 war, in wesentlichen Punkten offen. Der Auseinandersetzung mit der gesamten Materie gemeinsam ist der Versuch, anhand verschiedener Fragen dort zuzuspitzen und nachzuhaken, wo in den »großen Erzählungen« der Ablauf der Ereignisse vielleicht zu »glatt« erscheint. Am Ende stehen eine knappe Rekonstruktion von Lenins »Nachleben« und eine Auseinandersetzung mit seiner eigenen Bilanz, die er, gezeichnet von schwerer Krankheit, gegen Ende seines Lebens zog.

Ohne russische Geschichte lässt sich eine Lenin-Biografie selbstredend nicht schreiben. Sie bzw. die Entwicklung des Zarenreichs in groben Strichen nachzuzeichnen, ist unerlässlich, um verstehen zu können, wie aus Wladimir Iljitsch Uljanow aus Simbirsk eine welthistorische Schlüsselfigur wurde. Dabei gilt es, ein paar Besonderheiten zu beachten: Zum einen betrifft das die russische Zeitrechnung mit ihrem julianischen Kalender, die vom im Westen gebräuchlichen gregorianischen ein paar Tage abwich. Zeitangaben im Buch richten sich nach dem julianischen Kalender, den die Bolschewiki 1918 an die westliche Zeitrechnung anglichen. Das Zarenreich, das korrekterweise als »Russländisches Imperium« anzuführen wäre, wird im Buch synonym als »Russland« bezeichnet, das Adjektiv »russländisch« zu »russisch« gemacht. Dieses Zugeständnis an die im Deutschen zu Lenins Zeit gebräuchliche Verwendung von »Russland« und »russisch« versus »Russländisches Imperium« und »russländisch« entspricht auch den vorherrschenden Leser:innengewohnheiten. Trotzdem muss noch einmal darauf hingewiesen werden, dass der Terminus »Russländisches Imperium« den Charakter des zarischen Vielvölkerreichs angemessener abbildet. Ethnische Russen machten überdies weit unter der Hälfte der Gesamtbevölkerung des Romanowimperiums aus. Die »Oktoberrevolution« wird – sofern nicht ohnehin als Oktoberumsturz bezeichnet – unter Anführungszeichen gesetzt. Die damit beabsichtige Relativierung, die in der Geschichtswissenschaft mittlerweile üblich ist, gründet sich auf der Tatsache, dass die Machtergreifung an sich nicht als Revolution zu sehen ist, sondern für den Sturz der Provisorischen Regierung als militärische Operation geplant wurde. Bis zum 25./26. Oktober sprachen die Bolschewiki außerdem selbst von einem »Aufstand«, der aber schon während der Kämpfe in Russlands Hauptstadt bzw. nach seinem Gelingen umgehend als »Revolution« überhöht wurde, als die sie sich im Sinne der weiteren politischen, gesellschaftlichen und wirtschaftlichen Veränderungen dann auch darstellte.

Die russische Hauptstadt St. Petersburg wurde mit Kriegsbeginn 1914 in Petrograd umbenannt. Die nachfolgenden Ausführungen halten sich an diese Namensänderung. Die Nennung russischer Eigennamen folgt im Wesentlichen der Duden-Transkription. Einige »eingedeutschte« Familiennamen werden in der solcherart üblich gewordenen Schreibweise angeführt.

Verena Moritz und Hannes Leidinger, Wien im Mai 2023

I
DER BRUDER

Erster März

Als Lenin 1917 nach Russland zurückkehrte, lagen vielen Jahre des Exils hinter ihm. Damals soll er, um Angaben zu seiner Person ersucht, folgende Zeilen niedergeschrieben haben: »Mein Name ist Wladimir Iljitsch Uljanow. Ich wurde am 10. April[1] 1870 in Simbirsk geboren. Im Frühjahr 1887 wurde mein älterer Bruder Alexander von Alexander III. zum Tode verurteilt, weil er einen Anschlag auf sein Leben (1. März 1887) gemacht hatte …«[2]

Alexander Iljitsch Uljanow war keine 21 Jahre alt, als er als Mitglied einer kleinen Gruppe von Verschwörern verhaftet wurde. Der Student, den Familie und Freunde »Sascha« riefen, hatte gemeinsam mit einer Handvoll Kommilitonen die Ermordung des Zaren geplant. Der russische Monarch, Alexander III., sollte durch das Zünden eigens hergestellter Sprengkörper beseitigt werden. Doch das Bombenattentat kam nicht zur Ausführung. Die jungen Männer wurden bereits überwacht, als sie zur Tat schreiten wollten. Schon Wochen vor dem beabsichtigten Terrorakt nahm die Polizei in St. Petersburg Ermittlungen auf. Auf einer Liste mit den Namen der Verdächtigen befand sich auch jener von Lenins Bruder.

Von Saschas Mordplänen wusste die Familie im fernen Simbirsk nichts. Seine Verhaftung im März 1887 traf sie völlig unvorbereitet. Zwei Attentäter, ausgestattet mit einer Schusswaffe, wurden auf der Prachtstraße der russischen Hauptstadt, dem Newskij-Prospekt, von Ordnungswächtern angehalten. Vier weitere Komplizen, die zum Teil kleinere Sprengkörper sowie eine als Buch getarnte Bombe bei sich trugen, wurden von den »Detektiven«, die für den Schutz des

---

1 Dem gregorianischen Kalender zufolge war das der 22. April.

2 Zit. nach Louis Fischer, Das Leben Lenins, Köln/Berlin 1964, 32.

Zaren abgestellt worden waren, ebenfalls festgenommen. Der Zugriff auf Sascha erfolgte kurze Zeit später in der Unterkunft von zwei weiteren Mitverschwörern.[3]

Der Entscheidung für den Zarenmord vorangegangen waren verschiedene Protestaktionen der Petersburger Studenten. Sie blieben wirkungslos und machten lediglich eines deutlich: das Beharrungsvermögen der Obrigkeit und die scheinbare Allmacht der Ochrana, der russischen Geheimpolizei. Trotzdem waren wohl diese am Ende bescheiden dimensionierten Versuche der Auflehnung mitentscheidend dafür, dass Sascha Uljanow sich zum Revolutionär wandelte. Als im Spätherbst 1886 nach einer Demonstration die Verhaftung von 40 Studenten erfolgte, fertigte er ein Flugblatt an, in dem der Mangel an Bürger- bzw. Freiheitsrechten im Zarenreich beklagt wurde.[4]

Der Anschlag auf Alexander III. wurde alles in allem ziemlich dilettantisch vorbereitet – so lautete das knappe Urteil einer Nachwelt, welche die Verstrickung des Lenin-Bruders in das Komplott von 1887 meist nur oberflächlich betrachtete.[5] Die Aktionen einer scheinbar isolierten Gruppe von Studenten, die offenbar über keinerlei bedeutende Netzwerke und entsprechende Verankerung in einer ohnehin in Agonie befindlichen oppositionellen Szene verfügte, erscheinen tatsächlich eher einer spontanen Empörung als einem ausgeklügelten Plan entsprungen zu sein. Noch dazu wurde der Anschlag auf den Zaren vereitelt. Die einigermaßen improvisierte Herstellung der Sprengkörper hätte die Chancen auf eine erfolgreiche Attacke aber auch ohne die rechtzeitige Intervention der Exekutive minimiert. Daran konnte es keinen Zweifel geben: Als einer der bereits verhafteten Attentäter eine der »Höllenmaschinen« zünden wollte, erfolgte keine Explosion. Hätte sie so stattgefunden, wie es die Konstrukteure eigentlich vorgesehen hatten, wäre die Zerstörungskraft zweifellos enorm gewesen. Obwohl die Geheimpolizei sich in den vergangenen Wochen so intensiv mit der Bespitzelung der Verdächtigen befasst hatte und auch von Chemikalien und anderen einschlägigen

---

3 Vgl. Philipp Pomper, Lenin's Brother. The Origins of the October Revolution, New York/London 1986, 152–155.

4 James D. White, »No, we won't go that way; that is not the way to take«. The place of Aleksandr Ul'janov in the development of social-democracy in Russia, in: Revolutionary Russia 11/2 (1998), 82–110, 86.

5 Vgl. aber das erwähnte Werk von Pomper.

»Stoffen« wusste, fehlte ihr offenbar jegliche Kenntnis davon, dass Sascha und seine Freunde sich als Bombenbastler betätigten.[6] Im abgefangenen Brief eines Mitverschwörers war zwar nur eher kryptisch von »Terror« die Rede gewesen. Dass sich die Sicherheitskräfte aber so gar keinen Reim darauf machten, was hier im Gange war, zeugt nicht unbedingt von deren großer Professionalität.[7]

Am Ende standen nichtsdestoweniger ein offenkundiger Misserfolg und das vergebliche Opfer junger Rebellen, die sich als Befreier des russischen Volkes von Knechtschaft und Unterdrückung empfanden. Ein Bekennerschreiben hatten sie bereits vorab formuliert. Darin wurde die geplante Ermordung des Monarchen als legitime »Hinrichtung« bezeichnet.[8] So ergab sich das Bild einer überschaubaren Runde von einerseits radikalisierten, aber andererseits auch eher naiven Anfängern, die recht unbedarft in die Rolle gewaltbereiter Revolutionäre geschlüpft waren. Anscheinend tat sich eine fatale Diskrepanz zwischen Tat und Tätern auf: Hier agierten keine hartgesottenen »Profis« aus der Terrorszene, sondern halbe Kinder. Aber waren sie deswegen harmlos?

Fast alle betraten völlig neues Terrain, als sie ihre »Verschwörerkarriere« begannen. Das traf auf Saschas Kommilitonen nicht viel weniger zu als auf ihn selbst. Die Nervosität, die sich in den Wochen vor dem Attentat unter ihnen breit machte, war jedenfalls groß. Immer neue Verstecke mussten gesucht werden, um die Fertigung der Sprengkörper im Geheimen zu Ende zu bringen. Die Angst vor Entdeckung war berechtigt. Der selbst auferlegte Druck, die nötigen Vorkehrungen innerhalb einer relativ knapp bemessenen Frist abzuschließen, paarte sich mit einem Mangel an Erfahrung in konspirativen Praktiken. Nichtsdestoweniger hielten die jungen Rebellen an ihrem hochgesteckten Ziel fest. Sie orientierten sich dabei an einer bereits vollbrachten Tat: Als Vorlage diente der 1. März 1881. An jenem Tag starb der Vater des amtierenden Zaren, Alexander II., bei einem Bombenanschlag. Das Datum war seitdem aufgeladen mit der Symbolik des revolutionären Triumphs. Die Ausführenden

6 Pomper, Lenin's Brother, 154f.

7 Vgl. Bertram D. Wolfe, Lenin, Trotzki, Stalin. Drei, die eine Revolution machten. Eine biographische Geschichte, Mannheim 1965, 83.

8 Tim-Lorenz Wurr, Terrorismus und Autokratie. Staatliche Reaktionen auf den Russischen Terrorismus 1870–1890, Paderborn 2017, 298.

nicht nur dieses Terrorakts, sondern auch die Protagonisten anderer Angriffe auf Angehörige des Herrscherhauses oder auf hohe Beamte wurden als Märtyrer und Überwinder der Autokratie überhöht.[9] Zumindest von einer revolutionären Untergrund-Propaganda. Dem solcherart präsentierten Idealismus der Bombenschmeißer oder Revolverattentäter, die entweder ebenso wie ihre Opfer bei den Anschlägen ums Leben kamen, zum Tode verurteilt wurden oder in den Gefängnissen des Zarenreichs verfaulten, zollten revolutionäre Schriften entsprechenden Respekt. Um die Männer und Frauen, die ihrem Protest gegen die herrschenden Verhältnisse mit Gewaltakten Ausdruck verliehen, entstand ein regelrechter Kult.[10]

Der 1. März 1881 grub sich tief in das Gedächtnis der russischen Bevölkerung ein. Das Attentat erschütterte das Romanowimperium. Der Tod Alexanders II., unter dem 1861 die Leibeigenschaft in Russland aufgehoben worden war und der von offizieller Seite als »Zar-Befreier« gepriesen wurde, löste auch in Lenins Familie Betroffenheit aus. Am Gedenkgottesdienst für den ermordeten Monarchen teilzunehmen, erachtete vor allem Vater Ilja Uljanow alles andere als bloße Pflicht. Die Söhne Wladimir und Sascha waren damals elf und 15 Jahre alt.

Die Uljanows lebten in der Provinz. Fast 1500 Kilometer trennten Simbirsk von Russlands Hauptstadt. Eine Bahnverbindung existierte noch nicht. Wladimirs und Saschas Geburtsort unterschied sich, abgesehen von der Geschäftigkeit, die am Hafen der Wolga-Stadt herrschte, wenig von anderen russischen Provinzzentren. Einrichtungen für die Entfaltung eines lebendigen kulturellen und geistigen Lebens fehlten fast vollständig. Immerhin gab es ein Gymnasium, das einer kleinen Schar von Auserwählten die Möglichkeiten sozialen Aufstiegs eröffnete. Die Uljanow-Kinder gehörten zu diesem Kreis der Hoffnungsträger, hinter denen nicht selten ehrgeizige Eltern standen, die sich ihren Platz in der Gesellschaft erst in der jüngeren Vergangenheit mühsam erarbeitet hatten. Ilja Uljanow stammte aus einfachen Verhältnissen, hatte Mathematik studiert und es zum Volksschul-

9 Vitalij Fastovskij, Terrorismus und das moderne Selbst. Religiöse Semantiken revolutionärer Gewalt im späten Zarenreich (1860–1917), Göttingen 2018, 51.

10 Stephan Rindlisbacher, Das radikale Milieu im vorrevolutionären Russland (2013). https://www.kommunismusgeschichte.de/jhk/jhk-2013/article/detail/das-radikale-milieu-im-vorrevolutionaeren-russland (7.3.2023).

inspektor des gesamten Gouvernements Simbirsk gebracht. Als Folge dieser Position gehörte er dem Erbadel an und durfte sich Exzellenz nennen. Er war hoch angesehen, beeindruckte seine Mitmenschen durch unermüdlichen Fleiß und eine ehrliche Hingabe, mit der er sich seinen Aufgaben widmete. Der abseits seiner beruflichen Verpflichtungen eher unnahbare Familienvater legte einen regelrecht messianischen Geist an den Tag. Ilja Uljanow förderte das Schulwesen im Rahmen der ihm zur Verfügung stehenden Mittel, wo er nur konnte. Die eminente Bedeutung von Bildung als Grundlage von Fortschritt und Wohlstand vermittelte er auch seinen eigenen Kindern.

»Volksfreunde«

Ilja Uljanow war bestimmt kein Revolutionär, sondern ein Aufsteiger, der es als seine Pflicht ansah, das Licht der Zivilisation in Form von zumindest elementarer Schulbildung in eine überwiegend analphabetische und im Aberglauben verharrende Bevölkerung zu tragen. Gleichzeitig überwachte er die Lernfortschritte der eigenen Nachkommenschaft mit großem Interesse und ebensolcher Strenge. Sascha und Wladimir, der auf den Kosenamen »Wolodja« hörte, enttäuschten ihn nicht. Dem stumpfsinnigen Pauken, das ein über weite Strecken öder Lehrplan vorsah, fügten sie sich. Die Zeit im Gymnasium war geprägt von einem System, das jegliche Freiheit des Denkens erstickte. Bibliotheken durften die Schüler nicht ohne Weiteres aufsuchen. Diese Orte des Wissens galten als Brutstätte von Subversion und Wurzelgrund umstürzlerischen Gedankengutes. Sascha nahm diese feindliche, intolerante Haltung gegenüber einem freien geistigen Leben und letztlich allem, was der Macht der Autokratie abträglich erschien, bereits als Gymnasiast wahr. Nicht ohne Grund erzählte er im Zuge des Gerichtsprozesses, der kurz auf den misslungenen Anschlag vom März 1887 folgte, von Gefühlen tiefster Unzufriedenheit mit der »Abnormalität« der herrschenden Verhältnisse, die ihn bereits seit »früher Kindheit« erfüllt hatten. Er begann, wie er darlegte, schon damals von »Freiheit, Gleichheit und Brüderlichkeit« zu träumen.[11]

11 1 marta 1887 g. Delo P. Ševyreva, A. Ul'janova i dr. S predisloviem A. I. Elizarovoj, Moskva/Leningrad 1927, 289.

Bevor Alexander II. bei dem Attentat am 1. März 1881 zu Tode kam, hatte es bereits eine Reihe von Anschlägen auf sein Leben gegeben. Die Vielzahl dieser Attacken hinterließ auch innerhalb der Familie des Zaren Spuren, beförderte ein hypertrophes Sicherheitsbedürfnis und die ständige Angst vor neuer Gewalt. Der Aufwand für den Schutz des Monarchen war enorm. Trotzdem ging Alexander III. angeblich nicht schlafen, bevor er sich persönlich davon überzeugt hatte, dass sich kein Eindringling unter seinem Bett befand. Karl Marx und Friedrich Engels bezeichneten ihn in ihrer »Vorrede« zur zweiten russischen Ausgabe des *Kommunistischen Manifests* als »Kriegsgefangenen der Revolution«, nachdem man Jahrzehnte zuvor Alexander I. zum »Chef der europäischen Reaktion proklamiert« habe.[12]

Die repressiven Maßnahmen des neuen Herrschers, der den in Summe immer noch oft zaghaft gebliebenen und zum Teil misslungenen Reformen des Vorgängers und Vaters wenig abgewinnen konnte, zerschlugen in weiterer Folge auch die als »Narodnaja Wolja« bezeichnete revolutionäre Bewegung Russlands, die sich als radikaler Zweig der früheren Gruppierung »Semlja i wolja« (»Land und Freiheit«) herausgebildet hatte. Die Narodowolzen rekrutierten sich wie alle Oppositionellen zum überwiegenden Teil aus der schmalen Schicht der sogenannten Intelligenzija, die immer mehr Zulauf auch aus der Unterschicht erhielt. Diesen Gebildeten gegenüber standen als größte Bevölkerungsgruppe die Bauern, deren traditionelle Organisationsformen auf dörflicher Ebene (Dorfgemeinde bzw. Obschtschina) zum Ausgangspunkt für verschiedene Interpretationen des Sozialismus russischer Prägung wurden. Die Bauern bzw. das Volk (»Narod«) konnten indessen mit der Volkstümelei, dem Narodnitschestwo der Intelligenzija wenig anfangen. Als 1874 vor allem Studenten und junge Intellektuelle aufs Land strömten und »ins Volk gingen«, um ihre egalitären und gegen die Unterdrückung der Autokratie gerichteten Botschaften zu verbreiten, stießen sie auf Unverständnis. Die Bauern hörten sich die Reden dieser Volkstümler, Volksfreunde oder Narodniki wie Predigten an, aber verstanden sie nicht.[13] »Sozialismus«, resümierte später

12 MEW, Bd. 19, 296.
13 Fastovskij, Terrorismus, 143.

einer der Aktivisten, »ließ die Bauern zurückprallen wie Erbsen von einer Wand.«[14] Auf das unwissende und gegenüber jeglichen Neuerungen anscheinend immune Volk am Land konnte man also nicht bauen, wollte man eine Änderung der herrschenden Verhältnisse herbeiführen. Es bedurfte demnach fähiger Einzelpersonen, ganz der Sache verschriebener Revolutionäre, um den Staat hinwegzufegen und eine sozialistische Gesellschaft zu schaffen. Die erhoffte Massenerhebung, der umfassende Volksaufstand, musste offenbar initiiert werden. Die Revolution würde nicht von selbst geschehen – diese Erkenntnis ebnete den Weg zu radikalen Methoden.

Eine in die Krise geratene Autokratie hatte indessen auf durchaus umstrittene und in weiterer Konsequenz oft halbherzige Reformen gesetzt. Das galt insbesondere für die Befreiung der Bauern aus der Leibeigenschaft. Viele Ungerechtigkeiten blieben auch danach bestehen und der Erwerb des Landes, der den Bauern nun ermöglicht wurde, ersetzte lediglich die alten Abhängigkeiten durch neue. Die meisten bebauten als Folge nach wie vor zu kleine oder wenig ertragreiche Flächen und rangen wie früher ums Überleben. Der Adel wiederum, der sich gegen alles sträubte, was seine Privilegien zu gefährden drohte, war den Herausforderungen einer wettbewerbsfähigen und effizienten Bewirtschaftung seiner Güter meist nicht gewachsen. Ein großer Teil des Landadels verarmte. Niemand hat die Folgen dieses Niedergangs und die Tristesse, aber auch Unfähigkeit der ländlichen Oberschicht Russlands, sich tatkräftig auf die neuen Zeiten einzustellen, eindrücklicher geschildert als der Schriftsteller Anton Tschechow: In Stücken wie *Der Kirschgarten* oder *Drei Schwestern* schieben sich unüberwindbar scheinende Hindernisse vor den ersehnten Aufbruch in eine bessere Welt. Tschechows Helden sinnieren und klagen, aber sie bleiben unentschlossen und kraftlos.

Mit Gegenwind konfrontiert waren indessen auch die außenpolitischen Ambitionen des russischen Romanowreichs. Militärische Fehlschläge, Misserfolge am Verhandlungstisch sowie der damit verbundene befürchtete Prestigeverlust – und nicht oder zumindest sehr viel weniger die Probleme im Inneren – stießen Veränderungen an. Bereits die Niederlage im Krimkrieg (1853–1856), der viele Facetten

14 Orlando Figes, Die Tragödie eines Volkes. Die Epoche der Russischen Revolution 1891 bis 1924, Berlin 2008, 149.

eines modernen Konflikts vorwegnahm, offenbarte die Schwächen Russlands, deckte seine wirtschaftlichen Defizite auf und definierte eine überfällige Modernisierung des Staatswesens als geradezu zwingenden Ausweg aus drohender Stagnation und befürchtetem Verfall. Das Ende der Leibeigenschaft war nur eine der Folgen dieser Erkenntnis gewesen. Alexander II. schaffte sie nicht zuletzt deswegen ab, weil er so einem Aufbegehren der Bauern zuvorzukommen hoffte.

Nach dem Krimkrieg taten sich weitere Probleme in Zusammenhang mit Russlands Feldzügen auf. Wenig zufriedenstellend für das Romanowimperium präsentierte sich beispielsweise der Ausgang des Krieges mit dem Osmanischen Reich 1877/78. Das Zarenreich sah sich nach einem erfolgreichen Auftreten auf dem Schlachtfeld um seine Lorbeeren gebracht, als am Berliner Kongress dem fortschreitenden Einfluss Russlands auf dem Balkan Einhalt geboten wurde.

So mündeten ein militärisches Debakel einerseits und ein vorenthaltener Sieg andererseits in Selbstanalysen, die schließlich über die von oben initiierten Reformen hinausgingen und zu höchst unterschiedlichen Resultaten führten. Alle, die sich Gedanken über die Zukunft des Landes machten, mussten bei ihren Reflexionen gezwungenermaßen immer wieder dort ansetzen, wo im Grunde alle Erörterungen der weiteren Entwicklung des Zarenreichs begannen: bei der Überwindung der Rückständigkeit und dem Aufschließen zu den westeuropäischen Staaten. Nicht ausblenden konnte man bei alledem die gesellschaftlichen Voraussetzungen für die verspätete Industrialisierung, die Russland zu einem europäischen Sonderfall machten. Diesen wiederum versuchte die offizielle »Volkstums«-Ideologie mit ihrer Bejahung von Autokratie, Orthodoxie und Nationalität mit Vorstellungen von einem geradezu vorteilhaft unzeitgemäßen Entwicklungsgrad zu verknüpfen.[15] Das weitgehende Fehlen eines russischen Bürgertums oder der Abstand zu den geistigen und kulturellen Errungenschaften des Westens ließen sich allerdings nicht ohne Weiteres beschönigen. Waren die einen damit befasst, die Mängel russischer Zustände aufzulisten, konzentrierten sich die anderen auf die vermeintlichen Stärken des Riesenreichs, das sich um eine Neuorientierung bemühte. Für die sogenannten Slawophilen gehörte die Orthodoxie zur »heiligen«

15 Sergej Utechin, Geschichte der politischen Ideen in Russland, Stuttgart u.a. 1966, 72f.

Eigenart des russischen Wesens und in weiterer Konsequenz zum größten Kapital des Zarenreichs, während die »Westler« ihre Konzepte von der Umgestaltung des Imperiums auf Vorbilder außerhalb der russischen Reichsgrenzen ausrichteten. Der Auseinandersetzung mit den Ideen der Revolution von 1789 und den Entwürfen der französischen Sozialisten kam dabei eine besondere Bedeutung zu. Die Beschäftigung mit solchen Konzepten hatte auch die sogenannten Dekabristen oder »Dezembermänner« inspiriert. Doch der gescheiterte Dekabristenaufstand von 1825, dem in Summe sehr unterschiedliche Visionen von der Umgestaltung des Reichs zugrunde lagen, war nur noch eine Reminiszenz an längst vertane Chancen für eine alternative Entwicklung des Landes. Jetzt aber erfassten Debatten über Russlands Zukunft größere Kreise und mobilisierten vor allem auch junge Menschen. Innerhalb der durchaus heterogenen Gruppierung »Semlja i wolja« verbanden sich schließlich revolutionäre Konzepte mit dem Glauben an das Ideal der russischen Dorfgemeinde (Obschtschina). Russland sollte demnach keinen Weg beschreiten, der von seinen ureigensten Wurzeln wegführte. Das war auch das Credo von Fjodor Michajlowitsch Dostojewskij, das sich mit einem ultrakonservativen Wertekanon verband. Das Fehlen einer politischen Öffentlichkeit verlieh in jedem Fall der Literatur des Zarenreichs einen gewissermaßen kompensatorischen Charakter. Die russische Realität mit all ihren Widersprüchlichkeiten reflektierten als Konsequenz nicht zuletzt jene Erzählungen und Romane, die das Russlandbild des 19. Jahrhunderts maßgeblich prägten. Dostojewskij transportierte in ihnen eigene Visionen von der besonderen Bestimmung, ja Mission seiner Heimat. Diese erkannte er als ehemaliger »Revolutionär«, der nach seiner Beinahe-Hinrichtung und anschließenden Verbannung als geläuterter Regimegegner auf literarischer Ebene Vorstellungen von einem unverformten, nach »Vollendung« strebenden Russland entwickelte, hauptsächlich in der Orthodoxie. Im lateinischen Katholizismus hingegen erblickte er lediglich eine Häresie und den Sozialismus betrachtete er gar als ein vom »Katholizismus gezeugtes Ungeheuer«. Er lehnte es ab, westlichen Vorbildern nachzueifern und den »Europäern auf allen Vieren« regelrecht »nachzukriechen«.[16]

16 Zit. nach Thomas Tetzner, Der kollektive Gott. Zur Ideengeschichte des »Neuen Menschen« in Russland, Stuttgart 2013, 175.

Abweichungen

Saschas und Wladimirs Mutter hatte schwedisch-deutsche Wurzeln und wurde als Protestantin erzogen. Die Uljanow-Kinder hingegen wuchsen im Geiste der Orthodoxie auf. Zum orthodoxen Glauben war außerdem Lenins Großvater, Alexander Blank, konvertiert, der dem Judentum abschwor und sich obendrein zum Antisemiten entwickelte.[17] Auch dessen Vater, also Lenins Urgroßvater, wandte sich, bereits in fortgeschrittenem Alter, der christlichen Religion zu.[18] Die Geschichte über die jüdischen Vorfahren des Revolutionsführers hatte allerdings im offiziellen sowjetischen Narrativ keinen Platz. Für Lenin selbst spielte sie ohnehin keine Rolle. Von den Großeltern väterlicherseits weiß man auch ohne die Eingriffe der Sowjetpropaganda wenig. Lenins Ahnen könnten Tschuwaschen, Mordwinen, Kalmücken oder Kirgisen gewesen sein, die möglicherweise zunächst dem Islam oder aber einer christlichen Sekte angehörten und erst später getauft wurden.[19] Die Uljanows empfanden sich ungeachtet dessen als Russen, gingen in die Kirche und riefen keineswegs den Eindruck hervor, Opponenten des herrschenden Regimes zu sein – im Gegenteil. Doch zog Ilja Uljanow offenbar die Kritik konservativer Kreise auf sich, die argwöhnten, dass der umtriebige Volksschulinspektor den Religionsunterricht bzw. die orthodoxe Kirche, der immer noch wesentliche Kompetenzen im Bildungswesen zukamen, in seinem Zuständigkeitsbereich marginalisierte. Allen Anschein nach führte der nichtsdestoweniger als tiefreligiös beschriebene Ilja Uljanow, und mit ihm die ganze Familie, den Umstand, dass er frühzeitig von seinem Posten abgezogen werden sollte, auf diese Anschuldigungen zurück.[20] In diesem Zusammenhang ist von einer regelrechten »Gegenreformation« im Zarenreich die Rede, die das Bildungswesen wieder auf alte Bahnen lenken wollte und liberale Auffassungen, wie sie offenbar Ilja Uljanow vertrat oder wenigstens *auch* vertrat, verurteilte.[21]

Bemerkenswert erscheint die Toleranz des wohlwollenden, aber für gewöhnlich gegenüber den Kindern durchaus eisern und autori-

17 Robert Service, Lenin. Eine Biographie, München 2000, 40f.
18 Yohanan Petrovsky-Shtern, Lenin's Jewish Question, New Haven/London 2010, xi.
19 Service, Lenin, 44f.
20 Ebd., 75f.
21 Isaac Deutscher, Lenins Kindheit, Frankfurt am Main 1973, 49.

tär auftretenden Ilja Uljanow, als ihm Sascha als Sechzehnjähriger erklärte, dem orthodoxen Gottesdienst fernbleiben zu wollen. Es folgte keine Standpauke und anscheinend unterblieben auch Versuche, den Sohn von seinem Entschluss abzubringen.[22] Auch die Schwester Anna hatte sich damals bereits vom Glauben abgewandt.[23] Angesichts der bezeugten Frömmigkeit, die in der Familie herrschte, und der eminenten Bedeutung von Religion für das damalige russische Selbstverständnis kann dieser jugendliche Protest als Revolution im Kleinen bezeichnet werden. Die Heranwachsenden mochten bereits Vorbilder aus der revolutionären Szene vor Augen gehabt haben. Andrej Scheljabow beispielsweise, einer der Attentäter des 1. März 1881, erklärte im Zuge des anschließenden Prozesses offen, dass er die orthodoxe Kirche ablehnte, »das Wesen der Lehre Jesu Christi« aber »anerkenne«.[24] Diese Einstellung entsprach den Ansichten vieler Narodniki bzw. Narodowolzen wie auch den Überzeugungen der Zarenmörder von 1881. Bis auf eine Ausnahme verweigerten alle, die als Folge des Attentats auf Alexander II. zum Tode verurteilt wurden, bezeichnenderweise die letzte Beichte.[25]

Lenins Vater hatte, wie es scheint, die Macht klerikaler Kreise zu spüren bekommen. Ob er sich tatsächlich gegen sie auflehnte oder lediglich Opfer von Verleumdungen wurde, muss offenbleiben. Für den schillernden Revolutionär und Lenin-Biografen Leo Trotzki kann es indessen keinen Zweifel daran geben, dass Ilja Uljanow die Obrigkeit niemals mit Kritik herausgefordert hatte. Er habe dem »Absolutismus« stets als gefügiger Beamter gedient.[26] Anderslautende Darstellungen seien lediglich Konstrukt der späteren Sowjetpropaganda, die sich daran stieß, den Vater des Revolutionsführers als treuen Adepten des zarischen Systems vorzuführen, der er zeitlebens gewesen war. Auch die Uljanow-Töchter Anna und Maria sowie der jüngste Sohn Dimitrij hätten niemals auch nur den geringsten Hinweis darauf gegeben, dass der Vater oppositionelle Ideen vertrat. Aber klar ist auch: Ilja Uljanow war im reaktionären Klima unter Zar Nikolaus I. aufgewachsen und hatte die Reformen

22 Rolf H. W. Theen, Lenin. Genesis and Development of a Revolutionary, Princeton 2014, 32.
23 Deutscher, Lenins Kindheit, 44.
24 Zit. nach Fastovskij, Terrorismus, 160.
25 Ebd., 161f.
26 Leo Trotzki, Der junge Lenin, Wien u. a. 1969, 133.

des Nachfolgers auch als persönlichen Auftrag für das Gestalten einer neuen, helleren Zukunft gesehen.[27]

Auch der zweite Sohn kehrte der Religion den Rücken zu. Wladimir, der – so Lenins Frau viele Jahre später – die »Schädlichkeit der Religion« durchschaute, sich »das Kreuz von seinem Halse« riss und aufhörte, »in die Kirche zu gehen«, soll diese Entscheidung genauso wie Sascha um sein 16. Lebensjahr herum getroffen haben.[28] Damals war der Vater vermutlich bereits tot.[29] 1886 streckte ein Schlaganfall den Mitfünfziger nieder. Ilja Uljanow schied trotz einer bereits angeschlagenen Gesundheit völlig unerwartet aus dem Leben. Der frühe Tod des pflichtbewussten Schulinspektors wird in Zusammenhang mit der Verbitterung gesehen, die er angesichts des drohenden Endes seiner Karriere empfunden haben dürfte. Obwohl durch die Unterstützung von Freunden und nach langen Monaten des Wartens eine Entscheidung des zuständigen Ministeriums für eine Verlängerung seines Dienstes erfolgte, blickte er auf eine quälende Zeit voller Ungewissheit, Kränkungen und Sorgen zurück.[30] Nicht anders als bei etlichen fiktiven Figuren, die die russische Literatur hervorgebracht hat, lässt sich auch an Ilja Uljanows Biografie in Anbetracht der Abwehrhaltung einer fortschrittsfeindlichen Bürokratie ein scheinbar vorgezeichnetes, geradezu zwangsläufiges Scheitern ablesen: Das erfolgreiche und darüber hinaus selbstlose berufliche Wirken des Pädagogen blieb am Ende unbedankt. Mehr noch: Eine nunmehr einsetzende restriktive Politik, die ein »Zuviel« an Bildung für die unteren Schichten als schädlich erachtete, untergrub sein Lebenswerk.[31] Guter Wille und unbeirrbares Arbeiten an der Sache schienen nicht auszureichen, um ein neues, modernes Russland auf den Weg zu bringen. Aus dieser Beobachtung könnte womöglich auch Sascha Uljanow seine Lehren gezogen haben. Als er begann, sich mit revolutionärer Literatur zu beschäftigen, blickte er vielleicht auf das Leben seines Vaters und hatte das Schicksal eines Gescheiterten vor Augen, den die Obrigkeit gedemütigt hatte. Dessen am Ende mit so vielen Enttäuschungen verbundene Laufbahn

27 Vgl. Deutscher, Lenins Kindheit, 42f.
28 N. K. Krupskaja, Erinnerungen an Lenin, Bd. II, Moskau 1933, 38.
29 David Shub, Lenin. Geburt des Bolschewismus, München 1976, 30.
30 Deutscher, Lenins Kindheit, 52f.
31 Vgl. ebd.

bot in jedem Fall Anhaltspunkte für eigene, wahrscheinlich bereits deviante Überzeugungen, aber auch für eine Auseinandersetzung mit den Befunden kritischer Zeitgenossen und erklärter Regimegegner.

Dass es die Pflicht der Intelligenzija sei, das Volk aus der Finsternis der Unwissenheit herauszuführen, um es aufklärerisch an die Ideen des Sozialismus heranzuführen, konnte man beispielsweise bereits bei Pjotr Lawrow nachlesen. Seine im Exil verfassten Schriften beeinflussten das Narodnitschestwo maßgeblich und betonten den notwendigen Elan Einzelner, um die Sache der Revolution voranzutreiben.[32] Lawrows Ansichten konkurrierten mit den Vorstellungen radikaler Kritiker der Autokratie, die sich von einer demokratischen, auf »Aufklärung« bauenden Revolutionstheorie abwandten.[33] Wenngleich demgegenüber Saschas und Wladimirs Vater kaum an eine gewaltsame Umwälzung in Russland dachte, sah er sein Wirken wohl als Beitrag zu einer Modernisierung seines Landes. Von den späten 1870er Jahren bis zum Beginn des Ersten Weltkriegs kam es immerhin zu einer Vervierfachung der Grundschulen im Zarenreich. Um 1914 konnten etwa 40 Prozent der russischen Bevölkerung lesen und schreiben.[34]

Die Schriften von Regimekritikern haben Sascha Uljanow ohne Zweifel stark beeinflusst. Trotz einer strengen Zensur ließen sich viele verbotene Texte im Zarenreich ausfindig machen. Bereits der Besitz solcher Werke konnte freilich im Gefängnis enden. Gelegentlich versagte die Kontrolle jedoch. Karl Marx' *Kapital* beispielsweise wurde von den zuständigen Stellen gar nicht erst als bedenklich klassifiziert. Das Hauptwerk der zentralen Gestalt jener Ideologie, die Lenin zu seiner Mission machte und seine Heimat für immer veränderte, konnte Anfang der 1870er Jahre ungehindert in russischer Übersetzung erscheinen. Auch deswegen, weil die Zensur-Beamten es für viel zu kompliziert und daher schwer verständlich hielten. Sascha und die Schwester Anna griffen indessen zu Schriften von Dimitrij Pissarew. Der Literaturkritiker und Philosoph, der aufgrund regimekritischer Äußerungen zu fünf Jahren Festungshaft

32 Vgl. Pomper, Lenin's Brother, 144f.

33 Manfred Hildermeier, Geschichte Russlands. Vom Mittelalter bis zur Oktoberrevolution, München 2016, 946.

34 Figes, Tragödie, 107.

verurteilt wurde, träumte vom Ende des Massenelends und verknüpfte dessen Überwindung mit revolutionären Entwicklungen. Sein besonderes Interesse für Biologie kann wohl auch in Zusammenhang mit Saschas Hinwendung zu den Naturwissenschaften gesehen werden. Pissarews Bücher waren laut Anna »die ersten verbotenen« Schriften, die sie und der Bruder lasen.[35] Damals besuchten sie noch die Schule und sinnierten über das Schicksal des in jungen Jahren verstorbenen Regimekritikers, der bei einem Badeunfall ums Leben gekommen war. Aber nicht alle glaubten der offiziellen Berichterstattung über die Todesumstände. Zumindest ging das Gerücht um, dass jener Gendarm, der Pissarew beschatten sollte, den Ertrinkenden den Wellen überließ, ohne Hilfe zu leisten. Sascha und seine Schwester zeigten sich tief bewegt von dieser Geschichte. Anna erinnerte sich später an ein »konzentriertes und verdüstertes Gesicht«, als sie mit ihrem Bruder über den Tod des verehrten Schriftstellers sprach.[36] Pissarews Schicksal ließ offenbar auch Wladimir nicht kalt. Seine Texte sollten ihn später inspirieren und zum Träumen animieren – Träumen von der Revolution.[37]

Die Lektüre verbotener Texte war aber keine Voraussetzung, um sich mit dem Widerstand gegen die Zarenherrschaft auseinanderzusetzen. Bereits aus der Zeitungsberichterstattung, die etwa die Prozesse gegen die Attentäter des 1. März 1881 oder aber Verfahren zu anderen Anschlägen mitverfolgte, ließen sich wesentliche revolutionäre Botschaften herauslesen. Der Gerichtssaal wurde zur Bühne, auf der Gegner des herrschenden politischen Systems ihre Programme erläutern konnten, wo sie die Missstände im Zarenreich schonungslos anprangerten und ihr »Martyrium« für die Sache als nachahmenswerten Widerstand bewarben. Selbst die Geschworenen zeigten sich vor diesem Hintergrund geneigt, mit den Angeklagten zu sympathisieren. So wurde 1878 beispielsweise Vera Sassulitsch, die ein Attentat auf den St. Petersburger Generalgouverneur Fjodor Trepow verübt hatte, in einem spektakulären Prozess freigesprochen. In der Presse befasste man sich offenbar mehr mit den Motiven der Tat – Rache für die Auspeitschung eines Delinquenten – als mit dem

35 Deutscher, Lenins Kindheit, 44.
36 Ebd.
37 Vgl. dazu Lenins Text *Was tun?* in: LW, Bd. 5, 355–551.

Anschlag an sich. Vergeblich versuchte die Regierung, die Terroristen als Verbrecher zu desavouieren. Als immer deutlicher wurde, wie erfolglos solche Anstrengungen blieben, wurde der Presse eine detaillierte Darstellung der Gerichtsverhandlungen untersagt.[38] Urteile ergingen hinter verschlossenen Türen.

Wandlungen

Als der Vater starb, hatte Sascha dem heimatlichen Simbirsk bereits den Rücken gekehrt. In der Hauptstadt des Zarenreichs studierte der junge Mann Naturwissenschaften und konnte sich auf regelmäßige finanzielle Zuwendungen von der Familie verlassen. Die Uljanows waren auch nach dem Ableben des »Ernährers« ausreichend bemittelt. Lenins Mutter besaß überdies Anteile am Familiengut in Kokuschkino, das wenige Kilometer von Kasan entfernt lag. Die Ausbildung von sechs Kindern war ungeachtet des nunmehr bescheideneren Haushaltsbudgets nicht gefährdet. Sascha, der den Tod des Vaters schwernahm und angeblich sogar an Suizid dachte,[39] konnte sein Studium fortsetzen und blieb in St. Petersburg. Die große Trauer, die er empfand, schließt einen schwelenden Vater-Sohn-Konflikt als Triebfeder für die Radikalisierung des ältesten Uljanow-Sohnes aus.

Zu der Zeit, als Sascha zu studieren begann, existierten im russischen Kaiserreich nur acht Universitäten. Dort setzte sich im Prinzip das fort, was der junge Student bereits vom Gymnasium kannte: Drill und eine akademische Lehre, welche aller Inhalte entledigt wurde, die auch nur Spuren subversiver – oder besser: für subversiv gehaltener – Ideen enthielten.[40] Doch gerade die, gemessen an der Gesamtbevölkerung, verschwindend kleine Zahl an Studierenden, über die Russland verfügte, hatte sich immer wieder als besonders aufmüpfig und widerständig erwiesen. Schon seit den 1860er Jahren galt die studentische Jugend als »Träger extremistischer Ideen und Gruppe mit hohem Radikalisierungspotenzial«.[41] Daran vermochten auch die restriktiven Bestimmungen der 1880er Jahre, die den

38 Fastovskij, Terrorismus, 195.
39 Pomper, Lenin's Brother, 97.
40 Service, Lenin, 82f.
41 Wurr, Terrorismus, 51.

Studenten Uniformen aufzwangen und eine noch rigorosere Bespitzelung als bisher beinhalteten, nichts zu ändern[42] – im Gegenteil.

Weder die Geschwister noch die Mutter ahnten, welche Wandlung Sascha in St. Petersburg durchgemacht hatte. Alle waren stolz auf den begabten Sohn und Bruder. Nicht anders als im Gymnasium glänzte Sascha auch an der Universität mit hervorragenden Leistungen. Mit 20 war er nun zum Familienoberhaupt geworden, die jüngeren Geschwister blickten zu ihm auf. Auf seine berufliche Karriere hoffte die Familie nach dem Tod des Vaters vielleicht noch mehr als zuvor. Der kleine Bruder, Wolodja, hatte dem älteren immer nachgeeifert, wollte so sein wie er. Tatsächlich tat er sich, nicht anders als im Übrigen fast alle Uljanow-Kinder, im Gymnasium stets als Klassenbester hervor. Sascha fand trotzdem keinen Draht zu dem als lärmend und bestimmend beschriebenen Wladimir. Dessen vorlautes, zuweilen renitentes Verhalten gegenüber der Mutter, das er nach dem Tod des Vaters an den Tag legte, stieß ihn wohl ab. Das gestand Sascha zumindest der Schwester Anna bzw. das war es, was diese sich zusammenreimte. Er selbst wollte offenbar keine überflüssigen Erklärungen abgeben und beließ es bei einer mehr oder weniger kryptischen Aussage über das nicht ganz einfache Verhältnis zum jüngeren Bruder.[43]

In diese Episode hat die Nachwelt ebenso viel hineininterpretiert wie in Lenins Charakterisierung als mitunter eigensinniges und jähzorniges Kind, das sich nicht immer mustergültig verhielt. Weder muss die angedeutete Distanz, die der Beziehung der Uljanow-Brüder innewohnte, noch die Darstellung Lenins als bereits in jungen Jahren von sich eingenommene Persönlichkeit in übertrieben psychologisierende Diagnosen münden. Der lebhafte, laute Junge war Lenin außerdem primär im Kreis der Familie. Außenstehende nahmen ihn eher als distanziert wahr.[44] Enge Freunde hatte er keine. Anna Uljanowa behauptete aber später, dass der adoleszente Lenin dennoch alles andere als ungesellig gewesen war.[45] Ungeachtet divergierender Aussagen über Lenins Temperament im Kindes- und Jugendalter waren es womöglich lediglich der Altersunterschied und

42 Service, Lenin, 101.
43 Vospominanija o Vladimire Il'iče Lenine, Moskva 1989, 66.
44 Service, Lenin, 94.
45 Vospominanija rodnych o V. I. Lenine, Moskva 1955, 19.

die ungleichen Stadien der Entwicklung, die das Brüderpaar voneinander entfernten. Die Wertschätzung, die Wladimir bzw. Wolodja gegenüber dem älteren Sascha zum Ausdruck brachte, bleibt wohl ein Fakt. Und glaubt man den späteren Aufzeichnungen der Schwester, dann hat sie Wladimir nie mit den Bedenken des Bruders über seinen Charakter konfrontiert – ganz offensichtlich, um die Gefühle des »kleinen Lenin« nicht zu verletzen.[46]

Sascha hatte sich schon früh für Biologie und die Tierwelt interessiert und widmete sich auch in seiner Freizeit dieser Leidenschaft. Vor allem die Beschäftigung des Bruders mit Ringelwürmern blieb Lenin in Erinnerung. Seine eigenen Vorlieben galten eher der Antike, aber auch dem Lesen von Romanen, die Sascha seinerseits für oberflächlich hielt. Darunter die Werke von Iwan Turgenjew, die dem Studenten und angehenden Revolutionär wenig zu sagen schienen, während der kleine Bruder sie regelrecht verschlang. In Petersburg hatten sich Saschas Interessen jedenfalls auf Bereiche konzentriert, die nichts mehr mit den harmlosen Experimenten der Kindheit zu tun hatten. Im Rahmen seiner Beteiligung an den Attentatsvorbereitungen für den 1. März 1887 wandte er sich u.a. der Herstellung von Bomben zu und brachte hierbei sein Wissen über Chemie ein. Um den Sprengstoff beschaffen zu können, versetzte er sogar jene Goldmedaille, die er in Anerkennung einer herausragenden Forschungsarbeit an der Universität erhalten hatte.[47]

Ein kaltblütiger Terrorist war Lenins großer Bruder trotz seiner evidenten Verstrickung in die Verschwörung gegen den Zaren nicht. Außerdem kamen ihm wohl Zweifel an der Ausgereiftheit der Attentatsvorbereitungen. Er hatte, kurz bevor der Plan aufflog, eine Verschiebung des Anschlags auf den Herbst vorgeschlagen. Außerdem dachte er ursprünglich nicht daran, das eigene Leben zu opfern. Anders als diejenigen Kameraden, die sich als Bombenschmeißer zur Verfügung gestellt hatten und auf diese Weise mehr oder weniger zwangsläufig einem tristen Schicksal entgegensahen, wollte er im Untergrund bzw. im Ausland weiter gegen die Autokratie kämpfen.[48] Revolutionäre Leidenschaft und Besonnenheit schlossen sich also

46 Vospominanija o Vladmire Il'iče Lenine, 69.
47 Wurr, Terrorismus, 298f.
48 Pomper, Lenin's Brother, 25.

nicht völlig aus. Sascha achtete außerdem sorgsam darauf, die Schwester Anna, die 1887 ebenfalls nach St. Petersburg gekommen war, um sich ihrer Ausbildung zur Pädagogin zu widmen, nicht in das Komplott hineinzuziehen. Die älteste der Uljanow-Töchter entging der Verhaftung trotzdem nicht, obwohl sie verglichen mit dem Schicksal des Bruders sehr viel mehr Glück hatte. Sie musste freilich St. Petersburg verlassen und wurde für fünf Jahre unter Polizeiaufsicht gestellt.[49] Dutzenden anderen jungen Frauen und Männern, die im Zuge der Ermittlungen zum Teil auf bloßen Verdacht hin belangt wurden, erging es ähnlich oder schlimmer. Über 100 wurden verhaftet, 15 vor Gericht gestellt. Die Hälfte schickte man ohne Verfahren nach Sibirien, andere wurden für ein paar Monate ins Gefängnis gesteckt und die, die vergleichsweise glimpflich davonkamen, mussten die Relegation von der Universität in St. Peterburg hinnehmen.[50]

Wahl der Mittel

Anna beschrieb den Bruder Sascha als außergewöhnlich einnehmenden und liebenswürdigen Charakter. Es gab keinen »besseren oder freundlicheren Menschen« als ihn, meinte sie.[51] Andere glichen dem Typus des skrupellosen, fanatischen Revolutionärs wohl tatsächlich eher als der in sich gekehrte älteste der Uljanow-Brüder. Doch obwohl er erst nach und nach Anschluss an den extremistisch ausgerichteten Kern der Petersburger Studentenschaft gefunden hatte, erfolgte seine Radikalisierung offenbar umso konsequenter. Wesentlichen Anteil daran hatte die Mitgliedschaft in einem studentischen Lesezirkel, wo über verschiedene Ansätze zu Problemen und Entwicklungen der Ökonomie und insbesondere über das »Schicksal des Kapitalismus« sowie die Bauernfrage in Russland diskutiert wurde.[52] Texte von John Stuart Mill, Adam Smith oder Nikolaj Tschernyschewskij gehörten zur Lektüre der jungen Männer. Letztgenannter war bereits zu einer Ikone der revolutionären Bewegung in Russland geworden.

49 Service, Lenin, 89.
50 White, »No, we won't go that way«, 103.
51 Zit. nach Service, Lenin, 89.
52 White, »No, we won't go that way«, 85f.

Lesen allein befriedigte einige bald nicht mehr. Die jungen Männer wollten vielmehr ein deutliches Zeichen setzen, klarmachen, dass der Widerstand gegen die Autokratie nicht gebrochen war. Das Aufbegehren Sascha Uljanows und seiner Kommilitonen versuchte, an den revolutionären Elan vor allem der 1870er Jahre anzuknüpfen, als eine ganze Reihe von Terrorakten und großen Gerichtsprozessen den Traum von großen Umwälzungen sichtbar und konkreter an die Wirklichkeit herangerückt hatte. Nicht ohne Grund nannten sich die jugendlichen Attentäter »Terroristische Fraktion der Narodnaja Wolja«. Beschworen wurde dabei jene radikale Ausrichtung des Narodnitschestwo, dessen Organisationen nach dem 1. März 1881 so gut wie vernichtet worden waren. Einigen Narodowolzen gelang die Flucht ins Ausland, der Rest landete im Gefängnis, wurde nach Sibirien verbannt oder verschwand im Untergrund. Und so richteten verbliebene Anhänger den Blick zurück auf eine Zeit, als die Bewegung vor allem aufgrund aufsehenerregender Anschläge von sich reden machte. Auch Pjotr Schewyrew, Kopf jener Terrorzelle, der Lenins Bruder beigetreten war, wandte sich der Vergangenheit zu. So mancher wollte später in ihm gar die Verkörperung jener »Dämonen« erkennen, die Fjodor Dostojewskij in seinem gleichnamigen Roman beschrieben hatte. Der literarischen Figur Pjotr Werchowenskij war freilich eine andere reale Person Pate gestanden: Sergej Netschaew. Kompromisslos und in seiner Methodenwahl von jeglicher Moral befreit, hatte dieser in seinem *Katechismus des Revolutionärs* einen Verhaltenskodex entworfen, der die extremsten Formen der Destruktivität zu den einzig wahren und wirksamen Instrumenten des Widerstands erklärte. Dieser radikale Vernichtungswille richtete sich schließlich auch gegen die eigenen Mitstreiter. Wer widersprach, sollte ausgelöscht werden. Einen seiner Opponenten ließ Netschaew folgerichtig ermorden. Hierauf flüchtete er in die Schweiz, wurde aber, begleitet von einer auch außerhalb des Zarenreichs auf den russischen »Meuchelmörder« aufmerksam gewordenen Presseberichterstattung, schließlich an sein Heimatland ausgeliefert. An die Verurteilung des über die Grenzen des Zarenreichs hinaus bekannten Nihilisten, dessen Ansichten selbst innerhalb des revolutionären russischen Milieus Entsetzen hervorriefen, reihten sich viele Jahre Haft. 1884 starb er in der berüchtigten Peter-Paul-Festung – in Ketten.

Schewyrew stützte seine Überlegungen wohl auf Netschaews schauderhaften *Katechismus*, als er vorschlug, einen Kameraden, der zufällig zum Mitwisser der Verschwörung geworden war, zu liquidieren.[53] Wahrscheinlich hatte er dabei auch vor Augen, wie sehr Verräter in den eigenen Reihen der Sache schaden konnten. Dafür gab es ein markantes Beispiel: Schwerwiegende Folgen für die revolutionäre Bewegung hatten vor allem die Machenschaften Sergej Degaews, den die Ochrana als Doppelagenten anwerben konnte. Degaew sorgte dafür, dass die »Narodnaja Wolja« vollständig von der Geheimpolizei kontrolliert und dann im Sommer 1883 endgültig zerschlagen wurde.[54] Degaew ermordete Georgij Sudejkin, jenen Ochrana-Chef, der ihn angeworben und zum Verräter gemacht hatte, wenige Monate später mithilfe zweier Narodowolzen. Die Beseitigung Sudejkins war Resultat eines üblen Deals gewesen: Lew Tichomirow, hochrangiges Mitglied der »Narodnaja Wolja«, der zuvor den Fängen der Geheimpolizei entkommen war, sehnte sich nach Rache für das durchtriebene Zerstörungswerk Sudejkins und nach Vergeltung für die Perfidie Degaews. Letzterer befand sich in einer aussichtslosen Lage und taktierte: Er trug sich an, seine Schuld am Untergang der »Narodnaja Wolja« mit der Ermordung des Ochrana-Chefs zu tilgen. Damit wollte er seine Haut retten. Tichomirow ließ sich überzeugen. Tatsächlich wurde am Ende der Tod Sudejkins als Preis für die Schonung von Degajews Leben ausgehandelt. Die Attentäter verfuhren gnadenlos: Sudejkin wurde regelrecht hingeschlachtet. Degaew gelang indessen trotz einer Hetzjagd der zarischen Sicherheitskräfte, die gleich nach der Bluttat einsetzte, und ungeachtet einer hohen Belohnung, die für seine Ergreifung ausgesetzt wurde, die Flucht nach Frankreich und schließlich nach Amerika. Während der Doppelagent in den USA zum Mathematikprofessor avancierte, wandelte sich Lew Tichomirow im Exil vom Revolutionär zum Erzkonservativen, der seine Vergangenheit als Verirrung jugendlicher Torheit verdammte.[55] Nachdem Alexander III. ihm die Rückkehr nach Russland gestattet hatte,

53 Pomper, Lenin's Brother, 126f.

54 Stephan Rindlisbacher, Leben für die Sache. Vera Figner, Vera Zasulič und das radikale Milieu im späten Zarenreich, Wiesbaden 2014, 190–192.

55 Vgl. Richard Pipes, The Degaev Affair. Terror and Treason in Tsarist Russia, New Haven 2003, und Lev Tichomirov, Vospominanija, Moskva 1927.

veröffentlichte er dort u.a. eine Schrift, die erklären sollte, warum er seine »Karriere« als Revolutionär an den Nagel gehängt hatte.[56] Damit nicht genug, pries er den Zaren als »idealen Herrscher«, der selbstlos dem »Wohl des Volkes« diente.[57]

Das radikale Milieu war rau, und nicht jeder eignete sich für ein Leben im Untergrund. Wer einmal im Gefängnis gelandet war, hatte sich eventuell verführen lassen, die Seiten zu wechseln. Dass es besser war, verdächtig erscheinende, womöglich schwankend gewordene Mitstreiter lieber früher als später auszuschalten, glaubten schon Jahre vor der spektakulären Degaew-Affäre zwei junge Radikale, als sie in Odessa einen Kameraden beinahe totprügelten und mit Säure übergossen. Das Opfer überlebte schwer entstellt und erblindete.[58] Einer der Attentäter, Lew Deutsch, zählte später zu den Hoffnungsträgern in Zusammenhang mit dem Einigungsprojekt der russischen Sozialdemokratie.[59]

Schuld und Sühne

Die Gruppe junger Revolutionäre, der Lenins Bruder angehörte, wusste um die Konsequenzen von Verrat und Entdeckung.[60] Die »Degaew-Story« war allseits bekannt. Sogar im Ausland hatte die Presse über die brutale Abrechnung des Ochrana-Spitzels mit seinem früheren Chef berichtet. Im Fall Pjotr Schewyrews kamen zu einer für unabdingbar gehaltenen Vorsicht selbst gegenüber Kameraden offenbar auch psychische Faktoren hinzu, die eine besonders ausgeprägte Paranoia beförderten.[61] Vorhandene Fotos zeigen den Anführer der Verschwörer vom 1. März 1887 als jungen Mann von durchaus einnehmendem Äußeren. Der tuberkulöse Revolutionär, der einem relativ privilegierten sozialen Umfeld entstammte, wurde von Historiker:innen als nicht unbedingt von Idealen durchdrungener Rebell porträtiert. Vielmehr stellte man ihn als »schrillen«, ja »hysterischen« Charakter dar, der sich wie im Fieber der Planung

56 Rindlisbacher, Leben für die Sache, 212.
57 Zit. nach Wurr, Terrorismus, 304.
58 Vgl. Rindlisbacher, Das radikale Milieu.
59 Vgl. Richard Mullin, The Russian Social-Democratic Labour Party, 1899–1904, Leiden/ Boston 2015, 32f.
60 Pomper, Lenin's Brother, 108.
61 Ebd., 104f.

des Attentats gewidmet hatte. Dass ihn seine schlechte Gesundheit zwang, kurz vor der geplanten Ausführung des Anschlags eine Kur auf der Krim anzutreten, warf ein schiefes Licht auf ihn. Während des Prozesses wälzte er die Schuld überdies auf andere ab – allerdings auf jene, die sich im Ausland in Sicherheit befanden. Dennoch rechneten ihm das manche später übel an. Er log, wo es nur möglich war, und rechtfertigte dieses Verhalten gegenüber einem ebenfalls inhaftierten Kameraden damit, dass es ohnehin gleichgültig war, was er vor Gericht aussagte. Nichts von alledem würde nach außen dringen. Der Prozess fand im Geheimen statt und im Geheimen würde man ihn auch aufhängen.[62]

Schonungslos fallen nicht nur Charakterisierungen von Pjotr Schewyrew aus. Die Bombenschmeißer der Gruppe, also jene, die das Attentat auf den Zaren ausführen sollten, erscheinen retrospektiv als radikalisierte »Machos«. Selbstverliebt und die Unsterblichkeit des Helden vor Augen, warteten sie geradezu ungeduldig auf den »großen Tag«. Für den unwahrscheinlichen Fall, dass sie den Anschlag überleben würden, wollte Schewyrew den potenziellen Selbstmordattentätern Giftpillen überlassen, um ihnen Gefängnis und befürchtete Qualen zu ersparen. Sie lehnten ab. Männer wie sie, entgegneten die jungen Verschwörer abwiegelnd und mit gehörigem Pathos, würden auch die Folter ertragen.[63]

Sascha fühlte sich offenbar von einem solchen Auftreten seiner Kommilitonen angezogen. Ihre todesmutige, kompromisslose Haltung imponierte ihm. Trotzdem war er entsetzt von Schewyrews Kaltblütigkeit – vor allem in Anbetracht dessen Pläne, den erwähnten Mitwisser einfach zu töten. Er sprach von Netschaew-Methoden und empfahl, den unfreiwillig zum Komplizen gewordenen Kameraden lieber ins Ausland zu schicken, ihm zuvor einen falschen Pass zu verschaffen und ihn mit Reisegeld auszustatten.[64]

Sascha konnte Netschaew und seinen Anschauungen anscheinend sehr viel weniger abgewinnen als später sein jüngerer Bruder. Wladimir sah in dem skrupellosen Nihilisten nicht nur ein organisatorisches Talent und würdigte dessen Fähigkeit zu konspirativer

62 Ebd., 102–106, 134–136.
63 Ebd., 102–106.
64 Ebd., 127.

Arbeit, sondern stimmte auch Netschaews radikalen Ansichten über die Art, wie mit den Angehörigen des russischen Herrscherhauses zu verfahren sei, zu. Der ultraradikale Dissident hatte die Ausrottung sämtlicher Romanows zu einer Notwendigkeit erhoben.[65] Dass Lenin bereits in jungen Jahren auch den Lehren Pjotr Tkatschows beipflichtete, der ebenfalls rabiate Methoden propagierte, um die Autokratie zu stürzen, blieb lange Zeit unwidersprochen. Der »erste wirkliche Theoretiker der russischen Revolution«[66], der die »Erziehungsdiktatur« einer kleinen Minderheit »kraft ihrer höheren geistigen und sittlichen Legitimierung« befürwortete, spielte aber in Lenins Denken womöglich eine eher untergeordnete Rolle.[67] Das zumindest lässt sich mittlerweile in einer Neubewertung von *Was tun?*, einem der Hauptwerke Lenins, nachlesen.[68] Trotzdem drängte es sich bereits seinen Zeitgenossen auf, nach Lenins Vorbildern zu fragen. Vera Sassulitsch zum Beispiel, die ihn als feurigen jungen Revolutionär kennenlernte, identifizierte Lenin umgehend als einen »Netschaew-Typ«.[69]

Distanz gegenüber Schewyrew hatte Sascha wohl bereits zu Beginn seiner Bekanntschaft mit dem von fortschreitender Tuberkulose gezeichneten Mitverschwörer empfunden. Einem weiteren Kameraden gestand er, dass er den eigentlichen »Mastermind« der Gruppe nie recht verstanden hatte.[70] Diese und andere Bedenken hielten ihn allerdings nicht davon ab, im Zuge der Verhöre und des anschließenden Gerichtsverfahrens mehr Schuld auf sich zu nehmen, als notwendig gewesen wäre. Die Polizei tappte währenddessen hinsichtlich des jeweiligen Anteils der 15 Angeklagten an den Vorbereitungen für das Attentat im Dunkeln. Von dieser Unwissenheit und von Saschas aufopferndem Verhalten profitierte beispielsweise der polnische Student Józef Łukasiewicz, dessen Beteiligung am Komplott als eigentlicher »Bombenbauer« sehr viel bedeutender gewesen war, als dies im Zuge des Prozesses aufgedeckt werden konnte. Ebenso wie alle übrigen, die vor Gericht standen, zum Tode verurteilt, wurde er schließlich zu

65 Service, Lenin, 139.
66 Hélène d'Encausse, Lenin, München 2000, 52.
67 Zit. nach Astrid von Borcke, Die Ursprünge des Kommunismus. Die jakobinische Tradition in Rußland und die Theorie der revolutionären Diktatur, München 1977, 344.
68 Siehe Lars Lih, Lenin Rediscovered. What is to Be done? In Context, Jefferson 2005.
69 Rindlisbacher, Leben für die Sache, 228.
70 Pomper, Lenin's Brother, 121.

lebenslanger Haft begnadigt.[71] 1905, im Jahr der ersten großen Revolution, die Russland erschütterte, kam er, amnestiert vom letzten Zaren Nikolaus II., frei. Jahre später publizierte er seine Memoiren, in denen er Sascha Uljanows Bedeutung in Zusammenhang mit den Attentatsplänen als eher gering einstufte.[72]

1887 wurde – umgekehrt – Łukasiewiczs Rolle für keineswegs herausragend gehalten. Der junge Pole tat alles, um die Ermittler von seiner höchstens peripheren Mitwirkung am Komplott zu überzeugen. Und da sich einige der Verhafteten als wenig mitteilsam erwiesen, blieben wohl viele Verbindungen, die Sascha und vor allem seine Kommilitonen im Zuge der Anschlagsvorbereitungen geknüpft hatten, im Verborgenen. Dazu zählten auch die Kontakte zu polnischen Oppositionellen, die sich nicht zuletzt über Łukasiewicz eröffnet hatten. Die Beteiligung eines weiteren Landsmanns an der Verschwörung verweist indessen auf spätere Entwicklungen im polnischen Widerstand gegen den Zarismus. So hatte sich der Gruppe der jungen Revolutionäre in St. Petersburg auch Bronisław Piłsudski, Bruder von Józef Piłsudski, angeschlossen. Letzterer, einer der Gründer der Polnischen Sozialistischen Partei (Polska Partia Socjalistyczna, PPS) stand nach dem Ersten Weltkrieg an der Spitze Polens und wurde zu einem Gegner Lenins auf dem Schlachtfeld. Für den Historiker James D. White ist die »Fraktion«, der die jungen Verschwörer angehörten, jedenfalls schon aufgrund der vorhandenen Netzwerke und Verbindungen zu anderen Sozialisten nicht die kleine, isolierte und schließlich unbedeutende Gruppe, als die sie später immer wieder dargestellt wurde.[73]

Was die untersuchenden Behörden ungeachtet der Verschwiegenheit einiger Delinquenten aber relativ schnell herausfanden, war die maßgebliche Mitwirkung Sascha Uljanows an der Ausarbeitung des Programms der Terrorvereinigung. Tatsächlich war es Lenins Bruder, der nach ein paar Diskussionen mit seinen Mitverschwörern den Text hierfür mehr oder weniger im Alleingang verfasste. Sascha versuchte erst gar nicht, seine diesbezügliche Verantwortung in Abrede zu stellen. Im Gegenteil: Bei den polizeilichen Einvernahmen

71 White, »No, we won't go that way«, 84.
72 Ebd.
73 Ebd., 107; Wurr, Terrorismus, 298.

gab er bereitwillig Auskunft. Diesen Aussagen ließ sich auch entnehmen, dass es nicht gelungen war, die verschriftlichen Grundideen der Gruppe – wie ursprünglich vorgesehen – zu vervielfältigen. Das Original ging verloren, nachdem Sascha sich erst kurz vor seiner Verhaftung dem Abfassen des Programms einigermaßen intensiv gewidmet hatte. Im Gefängnis rekonstruierte er den Text und schrieb ihn nieder. Die Richtlinien, denen sich die »Fraktion« verpflichtet sah, fußten auf den alten Grundsätzen der »Narodnaja Wolja«, griffen aber auch sozialdemokratische Ideen auf. Sascha präsentierte insofern ein hybrides Programm. Tatsächlich hatte er zuvor einzelne Texte von Marx übersetzt, die dann im Grundsatzpapier der Verschwörergruppe Niederschlag fanden.[74]

»Aufzeichnungen eines Irrsinnigen«

Sascha hatte ohne Zweifel Kenntnis von den Richtungsstreitigkeiten, die zu Mitte der 1880er Jahre das Narodnitschestwo erschütterten und zu Abspaltungen führten. Georgij Plechanow etwa gehörte jenem Flügel der »Narodnaja Wolja« an, der sich aufgrund divergierender Ansichten über den Terror als Kampfmittel von der Bewegung distanzierte. Er wandte sich schließlich immer deutlicher dem Marxismus zu.[75] 1883 manifestierte sich seine prinzipielle Abkehr vom Narodnitschestwo in der Gründung der Gruppe »Befreiung der Arbeit«.[76] Der »Urvater« des russischen Marxismus beeindruckte Lenin später nicht zuletzt aufgrund einer kosequenten Lossagung von den »alten Lehren« und durch die damit einhergehenden, überzeugend vorgebrachten Argumente. Die Obschtschina als Ausgangspunkt des Bauernsozialismus stand für die russischen Marxisten in der Folge lediglich für ein Festhalten an etwas, das sich mit der 1861 erfolgten Aufhebung der Leibeigenschaft bereits überlebt hatte. Leo Trotzki zum Beispiel erblickte in der russischen Dorfgemeinde sogar die »Stütze der asiatischen Despotie«.[77] Plechanow, der mit dem neuen Bündnis »Befreiung der Arbeit« an der Spitze einer sich nach und nach entwickelnden sozialdemokratischen Bewegung stand,

74 White, »No, we won't go that way«, 100.
75 Fastovskij, Terrorismus, 148
76 White, »No, we won't go that way«, 91.
77 Zit. nach Fastovskij, Terrorismus, 203.

hielt die kapitalistische Entwicklung Russlands für unausweichlich. Damit rückte ein anderer Hoffnungsträger für die Überwindung der Autokratie in den Fokus: das Proletariat. Die revolutionäre Kraft werde nicht von den Bauern, sondern von der Arbeiterschaft ausgehen.[78]

Sascha Uljanow entschied sich beim Abfassen des »Fraktions«-Programms ganz bewusst für das Szenario eines Schulterschlusses rivalisierender revolutionärer Strömungen und erwähnte das notwendige, wenngleich temporäre Zusammengehen auch mit liberalen Kräften. Er hob darüber hinaus explizit das Fehlen von schwerwiegenden Differenzen zwischen Narododowolzen und Sozialdemokraten hervor, wie sie Plechanow zufolge sehr wohl bestanden. Sascha sprach vielmehr von lediglich theoretischen Meinungsverschiedenheiten. Nicht, was die Opposition trennte, sondern was sie verband, zeigte er auf. Lenins Bruder betonte außerdem die Vorteile jener kollektiven Form des Arbeitens, wie sie die Bauern in Russland traditionell praktizierten. Daran knüpfte er die für gerechtfertigt gehaltene Hoffnung auf den »unmittelbaren Übergang« zu einer Wirtschaftsform »nahe an der sozialistischen«. Gleichzeitig fehle es der Agrarbevölkerung aber an politischem Bewusstsein. Dieses Potenzial machte Sascha offenbar eher unter einem wachsenden Proletariat aus. Der Analyse folgte eine Auflistung von Forderungen. Unter den acht wichtigsten fand sich jene nach einer frei gewählten »Volksregierung«, gefolgt von dem Verlangen nach einer weitgehenden Selbstverwaltung, der Nationalisierung des Landes, sämtlicher Fabriken und anderer Betriebe sowie nach einer unentgeltlichen elementaren Schulbildung.[79] Darüber hinaus widmete sich das Programm ausführlich dem Terror als Ausdruck legitimer und notwendiger Gegenwehr gegenüber dem jegliche Freiheit unterdrückenden Staat, in dem der Intelligenzija eine aktive und friedliche Rolle bei der kulturellen und gesellschaftlichen Mitgestaltung vorenthalten werde. Hervorgehoben wurde der propagandistische Wert des Terrors als sichtbares Zeichen des Widerstands. Gewalt sei vor diesem Hintergrund schließlich nicht nur gegenüber der Zentralregierung

78 Ebd.
79 1 marta, 377.

anzuwenden, sondern auch auf lokaler Ebene.[80] In diesem Punkt blieb Sascha der »Narodnaja Wolja« treu,[81] wobei er aber die Bedeutung eines »systematischen Terrors« hervorhob.[82] Damit wiederum näherte er sich eher den Sozialdemokraten an, die sporadische Gewalt gegen Einzelpersonen für wenig zielführend hielten. Georgij Plechanow erachtete jenen Terror, wie ihn freilich gerade Sascha und seine Mitstreiter praktizierten, für verzichtbar, wenn auf einen Alexander II. dann doch ein Alexander III. folgte und mit weiteren Abkömmlingen der Romanowdynastie am Thron des russischen Kaiserreichs zu rechnen war.[83]

Die moralische Komponente revolutionären Handelns beschäftigte Sascha Uljanow offenbar in hohem Maße. Das zeigte sich auch im Zuge seiner Wortmeldungen vor Gericht, die auf eine »terroristische ›Moralökonomie‹« der »Narodnaja Wolja« verwiesen. Diese zu konstruieren, drängte sich angesichts vieler, auch unschuldiger Opfer auf, die vor allem als Folge von Bombenattentaten zu beklagen waren. Der bereits erwähnte Lew Tichomirow zum Beispiel machte hierfür die Regierung verantwortlich. Die Autokratie fordere Terrorakte heraus, nötige also regelrecht zu Gewalt und trage daher auch die Schuld für die unbeabsichtigt zu Tode Gekommenen. Dem »Amoralismus der Aristokratie« stellte er überdies die »Selbstaufopferung« und vorbildliche »Sittlichkeit« der Attentäter gegenüber.[84] Andere Narodowolzen beschränkten sich darauf, den Tod vereinzelter Unschuldiger in Kontrast zu blutigen Massenaufständen mit ungleich größeren Opferzahlen zu setzen. Gezielte Terroranschläge, hieß es, verhinderten einen hohen Blutzoll.[85] Sobald eine »konstitutionelle Reform legale Wege der sozialistischen Agitation eröffnen« würde, sollte außerdem Schluss sein mit dem Morden.[86] Aber auch in diesem Punkte herrschte realiter kein Konsens. »Jakobinische« Methoden schienen sich vor allem angesichts eines auch nach erhoffter Beseitigung der Autokratie immer noch unwissenden Volkes, das

80 Ebd., 378f.
81 Vgl. Rindslisbacher, Leben für die Sache, 171.
82 A. I. Elizarova, Predislovie, in: 1 marta, 3–8.
83 Rindlisbacher, Leben für die Sache, 161.
84 Fastovskij, Terrorismus, 179.
85 Ebd., 178f.
86 Ebd., 183.

erst zum Sozialismus erzogen werden musste, aufzudrängen.[87] Dass in der »Narodnaja Wolja« der »Wert des Lebens« nie zum Thema gemacht worden war, merkte im Übrigen die Revolutionärin Vera Figner an. Allerdings meinte sie die offenbar unreflektierte Opferbereitschaft potenzieller Attentäter:innen, die Taten setzen wollten, »um Bewegung in die festgefahrenen Formen zu bringen«[88] – auch um den Preis des eigenen Lebens.

Leo Trotzki bespöttelte das Programm der jugendlichen Attentäter später als Sammelsurium höchst unterschiedlicher Ideen, das typisch für die Umbrüche und Neuorientierungen der 1880er gewesen sei. Sascha und seine Kameraden hätten deswegen nicht den »geringsten Zweifel an der unersetzlichen und rettenden Bedeutung des Dynamits« geduldet, weil sie den Einfluss der Arbeiterschaft immer noch hinter die Rolle der Intelligenzija reihten. Erst nachdem diese die Autokratie weggebombt hatte, hielt Sascha Uljanow die Zeit für reif, um das Proletariat auf die Bühne der Politik zu holen. So interpretierte zumindest Trotzki die Standpunkte der »Fraktion«. Deren Ansichten konnte er als Marxist nur für verfehlt halten.[89] Ganz andere Überlegungen an die Ideen der Verschwörergruppe rund um Sascha Uljanow knüpfte indessen Michail Katkow, einflussreicher Publizist und zugleich Herausgeber der *Moskowskie Wedomosti*. Er hielt sie nämlich für völlig bedeutungslos. In Russland, meinte er, gebe es lediglich eine »künstliche Fabrikation« revolutionärer Elemente, ausgehend von Kindern, deren Verhetzung Resultat einer falschen Erziehung und irregeleiteten Bildungspolitik sei. Außerdem erklärte Katkow, dessen Ermordung im Übrigen ebenfalls von der »Fraktion« erwogen, schließlich aber verworfen worden war:[90] »Bei uns gibt es kein Proletariat, keine Arbeiterfrage« und auch »keine organisierten politischen Parteien, die nach der Macht streben«.[91]

Während Katkow den Extremismus vereinzelter Personen als keineswegs repräsentative Erscheinung einzuschätzen vermochte und obendrein keine Adressaten für den revolutionären Aktionismus der »Fraktion« identifizieren konnte, ärgerte sich Innenminister

87 Ebd., 184f.
88 Zit. nach Rindlisbacher, Leben für die Sache, 257.
89 Trotzki, Der junge Lenin, 90.
90 Wurr, Terrorismus, 298.
91 Zit. nach ebd., 299.

Dimitrij Tolstoj über eine verzerrende Berichterstattung im Ausland. Dort schrieben die Zeitungen zum Teil recht ausführlich über die Verschwörung und folgten dabei im Wesentlichen den selbstrechtfertigenden Argumenten der Terroristen, wie man sie in Zusammenhang mit früheren Anschlägen bereits kannte. Längst schon firmierte die russische Autokratie als Ausgeburt einer unzeitgemäßen Despotie und als Inbegriff von Willkürherrschaft. Tolstoj beklagte nichtsdestoweniger eine »Umkehrung des Verhältnisses von Opfer und Täter« und vermerkte, dass nur »einige konservative Organe« im Westen die Meinung vertraten, Russland sei noch nicht reif für eine Verfassung nach europäischem Vorbild. Der Rest der ausländischen Presse aber hatte, wie er verärgert vermerkte, dem Zarenreich die Einführung einer Konstitution als »Medikament« verordnet, um einem radikalen inneren Widerstand Herr zu werden.[92] Dass dieser Widerstand immer größer wurde, stellte sich als unfreiwilliges Verdienst eines zarischen Überwachungsstaates dar, der zwar nolens volens große Lücken in der Kontrolle seiner Staatsbürger zuließ, andererseits aber dafür sorgte, jegliche Kritik, so gering sie auch ausfiel, als schwerwiegende Straftat zu stigmatisieren. Diese Intoleranz trieb alle, die sich auch nur minimal von der vorgegebenen Linie entfernten, in das Lager der Opposition.[93]

Das politische Bekenntnis der Verschwörer, das Sascha Uljanow am 21. März 1887 in seiner Zelle festgehalten hatte, landete indessen auf dem Schreibtisch des Zaren. Alexander III. wird für gewöhnlich eine gewisse geistige Schwerfälligkeit attestiert. Sein Verständnis von Herrschaft erschöpfte sich im Absichern der eigenen Machtfülle. Die Notizen, die er auf dem vorgelegten Text des jungen Uljanow hinterließ, spiegeln diese eigennützige »Beschränktheit« wider. Neben einer subjektiv empfundenen Überlegenheit offenbaren sie schließlich völliges Unverständnis für die Motive der Revolutionäre und obendrein den Zynismus eines Herrschers, der sich im Recht wähnt. »Diese Offenheit ist fast rührend!!!«, merkte er unter jener Passage an, in der Sascha im Bewusstsein seiner aussichtslosen Lage gestand, dass er sich »moralisch und intellektuell« ganz der Sache

92 Zit. nach ebd., 300f.
93 Richard Pipes, Rußland vor der Revolution. Staat und Gesellschaft im Zarenreich, München 1984, 323.

der Verschwörung gewidmet hatte. Und als Reaktion auf das Programm der »Fraktion«, das Sascha verfasst hatte, vermerkte der Zar: »Das sind die Aufzeichnungen nicht nur eines Irrsinnigen, sondern eines Idioten reinsten Wassers.«[94]

»... gegen eine Mauer«

Die Nachricht über die Verhaftung Saschas hatte seine Familie in Simbirsk wie ein Blitz aus heiterem Himmel getroffen. Es war Wladimir, der als Erster davon erfuhr. Einer Lehrerin und Freundin der Familie verdanken wir diese Information. Dieser gegenüber soll er der Befürchtung Ausdruck verliehen haben, dass Sascha jetzt wohl ein schlimmes Ende bevorstehe. Und kurze Zeit später meinte er – offenbar bereits als Ergebnis seiner Reflexionen des Geschehenen –, dass der Bruder wohl tun musste, was er tat.[95]

Wladimirs Versuch, der Mutter die Neuigkeiten aus St. Petersburg schonend beizubringen, scheiterte. Maria Uljanowa zeigte sich tief erschüttert, aber sie verharrte nicht in diesem Gefühl. Vielmehr machte sie sich umgehend auf in die ferne Hauptstadt, um Sascha und Anna beizustehen. Der Mutter wurde erlaubt, den Sohn in der Peter-Paul-Festung aufzusuchen. Auch der Gerichtsverhandlung durfte sie beiwohnen. Ihrem Flehen, er möge ein Gnadengesuch einreichen, gab Sascha nur widerwillig nach. Was andere Verschwörer längst schon getan hatten, lehnte er zunächst ab. Und als er sich dann doch dazu entschloss, den Wunsch der Mutter zu erfüllen und um Begnadigung ansuchte, blieb der Zar unnachgiebig. Andere Mitstreiter hatten mehr Glück und entgingen dem Henker, jedoch nicht alle. Sascha Uljanow wurde gemeinsam mit vier der 15 Angeklagten, darunter Pjotr Schewyrew, in die Festung Schlüsselburg überstellt. Alle fünf wurden dort am 8. Mai 1887 hingerichtet.

Am Tag der Urteilsvollstreckung – Sascha und seine Kameraden endeten am Galgen – hatten bereits die Abschlussprüfungen am Gymnasium in Simbirsk begonnen. Trotz all der aufwühlenden Ereignisse und des Kummers, den Saschas Tod innerhalb der Familie auslöste, stellte sich Wladimir einer ganzen Reihe herausfordern-

94 1 marta, 373.
95 Vospominanija o Vladimire Il'iče Lenine, tom 3, Moskva 1989, 11–13.

der Examen und wurde für seine außerordentlichen Leistungen am Ende überdies mit einer Goldmedaille belohnt. Die Schwester Olga, der Wladimir von allen Geschwistern am nächsten stand, tat es ihm gleich und erhielt dieselbe Auszeichnung.[96] Nichtsdestoweniger waren Lenins Aversionen gegen die Schule angeblich ebenso ausgeprägt gewesen wie bei seinem älteren Bruder. Anna Uljanowa schrieb solche Gefühle im Rückblick aber einem altersgemäßen Infragestellen von Autoritäten zu und keineswegs dem Aufkeimen revolutionärer Anschauungen.[97]

Der Belobigung eines jungen Mannes, dessen Bruder gerade erst als ein verhinderter Zarenmörder gehenkt worden war, gingen sicherlich Bedenken voraus. Doch der Direktor des Gymnasiums, Fjodor Kerenskij, rechtfertigte die Entscheidung mit dem vorbildlichen Verhalten Wladimirs, das er der umsichtigen, von Disziplin und der Hinwendung zur Religion geleiteten Erziehung im Elternhaus zuschrieb. Für ein an die Schule anschließendes Universitätsstudium Wladimirs sah er ungeachtet der Abwege des Bruders kein Hindernis. Die Mutter hatte außerdem zugesichert, den Sohn entsprechend zu beaufsichtigen. Kerenskij gab also grünes Licht für die Universitätslaufbahn des neuen Jahrgangsbesten. Dass diese gewiss sehr nützliche Unterstützung ausgerechnet vom Vater jenes Mannes stammte, dessen Regierung Lenin und die Bolschewiki im Oktober 1917 stürzten, kann als Ironie des Schicksals bezeichnet werden. Als Lenin seine Abschlussprüfungen ablegte, war der Sohn des Gymnasialdirektors, Alexander Kerenskij, den die Bolschewiki später mit Häme überschütteten und der ihnen im Verlaufe des Oktobercoups nur knapp entkam, ein Junge von gerade einmal sechs Jahren. Schon der Altersunterschied sorgte dafür, dass sich die beiden zentralen Widersacher des Revolutionsjahres 1917 in Simbirsk wohl nie begegneten.

Die Trauer über den Verlust des Sohnes und Bruders währte lange. Die Zukunft der Kinder zwang Maria Uljanowa allerdings, sich rasch über die daraus resultierenden notwendigen Entscheidungen klar zu werden. Dazu gehörte zunächst der Umzug nach Kasan, wo Wladimir trotz seiner Vorliebe für die Philologie Jura studieren

96 Pomper, Lenin's Brother, 190f.
97 Vospominanija, tom 1, Moskva 1989, 67.

wollte. In Simbirsk erlebten die Uljanows zuvor Ausgrenzung und Ablehnung. Den Verkehr mit der Familie eines hingerichteten Revolutionärs mieden die meisten entweder aus Überzeugung oder aus Angst vor Kompromittierung. Ein alter Lehrer, der früher allabendlich zum Schachspielen zu den Uljanows gekommen war, stellte seine Besuche ein, sobald sich Meldungen über Saschas Verhaftung verbreitet hatten. Keiner der früheren Bekannten hatte sich überdies bereit erklärt, der nach Petersburg reisenden Mutter wenigstens für die erste Strecke als Begleitung behilflich zu sein. Das erzählte Lenin noch Jahre später.[98]

Der Abschied aus Simbirsk fiel vor diesem Hintergrund nicht schwer. In Kasan hingegen bekam Wladimir zu spüren, dass es auch solche gab, die eher auf der Seite der hingerichteten Verschwörer zu stehen schienen. Wieder verdichtete sich der Protest an den Universitäten, wobei sich der Unmut nicht zuletzt gegen weitere Verschärfungen der Kontrolle über die Studenten richtete. Auch in der benachbarten k. u. k. Monarchie wurde über Studentenunruhen an den Hochschulen in Moskau, Charkow, St. Petersburg, Odessa und in Kasan berichtet. Eine offenbar polnische Quelle versicherte der Leserschaft im Habsburgerreich, dass die Mehrheit der fortschrittlichen Öffentlichkeit des Zarenreichs die Sache der Studenten unterstütze.[99]

In Kasan waren es im Dezember 1887 zu Beginn des Protestes etwa 80 Studenten, die sich versammelten und das Ende von Bespitzelung und Bevormundung forderten. Unter ihnen der junge Lenin, der als Bruder eines zum Tode verurteilten Revolutionärs gewiss einen besonderen Status unter seinen Kommilitonen innehatte. Einige dieser Kameraden gehörten überdies zu jenen Studenten, die im Winter 1886 just an denselben Demonstrationen in St. Petersburg teilgenommen hatten, die Sascha Uljanow zur Anfertigung eines Flugblattes wider die Unterdrückung durch die Regierung inspirierten.[100] Die Aufbegehrenden waren damals strafweise teils nach Kasan, teils nach Sibirien geschickt worden. Im Winter 1887 wiederholte sich der ungleiche Kampf – derselbe, wie ihn schon Sascha in

98 Krupskaja, Erinnerungen, 12.
99 Wiener Allgemeine Zeitung, 30.12.1887, 4.
100 White, »No, we won't go that way«, 107.

der Newa-Metropole erlebt hatte. Der Widerstand wurde sogleich im Keim erstickt, Demonstrationen aufgelöst. Während einige der aufgebrachten jungen Männer angesichts der gescheiterten Rebellion verzweifelt ihre Studentenpässe zu Boden warfen und so den Verweis von der Universität in Kauf nahmen, schaffte es Wladimir Uljanow offenbar, sich zu beherrschen. Er kehrte nach Hause zurück. Dort stattete ihm die Polizei jedoch bereits wenige Stunden später einen Besuch ab. Auf die Frage, warum er an der Aktion an der Universität teilgenommen hatte, wo er doch »gegen eine Mauer« anrannte, entgegnete Lenin angeblich: »Jawohl, eine Mauer, aber eine morsche. Ein Fußtritt, und sie stürzt ein.«[101]

Das Ergebnis der Vernehmung bedeutete nun auch für ihn das erzwungene Ende seines Studiums an der Universität. Eine tragende Rolle bei der Organisation der Unruhen konnte ihm nicht nachgewiesen werden. Andererseits war Wladimir Uljanow laut Polizeibericht an der Universität durch besondere Unhöflichkeit aufgefallen und hatte Kontakte zu verdächtigen Studenten unterhalten. Bei der Protestversammlung drängte er sich angeblich in die vordersten Reihen und gestikulierte wild, als wollte er die Stimmung weiter anheizen.[102] Tatsächlich war der junge Uljanow kein Unschuldsengel. Auch abseits der Universität hatte er bereits Fühlung zu revolutionären Sympathisanten aufgenommen.[103] Er nützte den Umstand, dass er der Bruder des hingerichteten Alexander Uljanow und damit eines »Märtyrers« der Revolution war, als eine Art »Türöffner«, um im oppositionellen Untergrund Fuß zu fassen. Und man trat wohl auch an ihn heran. So breiteten sich bald schon weit verzweigte Netzwerke vor ihm aus, die ideale Voraussetzungen schufen, um eine Laufbahn als Berufsrevolutionär einzuschlagen.

Lenin musste Kasan verlassen. Die Uljanows verlegten ihren Wohnsitz nun nach Kokuschkino, auf das Familiengut, wo die Kinder vor allem die vergangenen Sommer verbracht hatten. Die Mutter wollte indessen nicht akzeptieren, dass Wladimir das Studium versagt bleiben sollte. Sogar eine weitere Reise nach Petersburg nahm sie auf sich, um das Schicksal zu wenden – ohne Erfolg. Ihre Vor-

101 Zit. nach Shub, Lenin, 31.
102 Victor Sebestyen, Lenin. Ein Leben, Berlin 2017, 80.
103 Service, Lenin, 104f.

sprache bei den Behörden verlief enttäuschend, man wies sie ab. Auch Wladimirs Bittgesuche, in denen er seinen Status als »Edelmann« vermerkte, wurden abgelehnt. Der »Bruder dieses anderen Uljanow«, wie der zuständige Minister vermerkte, erschien alles andere als geeignet für eine Wiederzulassung an der Universität – egal an welcher.[104] Auch ein Auslandsstudium untersagte man Lenin. Eine universitäre Ausbildung musste er vorläufig abschreiben. Die Zukunft schien ungewiss.

In der Abgeschiedenheit des Familiengutes widmete sich Lenin der Lektüre revolutionärer Texte und verbrachte viel Zeit in der Natur. Weder in Kokuschkino noch auf dem 1889 erworbenen Besitz in Alakajewka, 60 Kilometer von Samara entfernt, interessierte er sich für die Verwaltung der Ländereien oder das Los der dort ansässigen Landbevölkerung. Jahre hindurch wurde das neue Gut daher an die Bauern verpachtet. Der Erlös ermöglichte den Uljanows eine einigermaßen standesgemäße Lebensführung. Lenins Mutter verkaufte das Anwesen in Alakajewka aber nach einiger Zeit und ersparte damit der Familie womöglich ein Schicksal, das andere Jahre später an ihrer Stelle ereilte: Im Zuge der ersten Russischen Revolution, die 1905 ausbrach, wurden viele Grundbesitzer von aufgebrachten Bauern niedergemetzelt. Auch der neue Gutsherr von Alakajewka wurde Opfer des Furors jener Revolution, die Lenin tief beeindrucken sollte.[105]

Die Macht der Worte

Lenin begann mit dem Lesen großteils verbotener Literatur gleich nach Saschas Tod und griff zum vorhandenen Lektüreangebot im Bücherregal des Verstorbenen. Ohne Zweifel arbeiteten die Sowjetpropaganda und schließlich der sich herausbildende Kult um den Führer der Bolschewiki bereits kurz nach dessen Ableben darauf hin, ihn als frühreifen Marxisten zu präsentieren. Dazu passte auch die spätere Darstellung der Schwester Maria, die behauptete, Lenin hätte als Reaktion auf Saschas Hinrichtung im Jahr 1887 ausgerufen: »Nein, diesen Weg werden wir nicht gehen; das ist nicht der Weg, der

104 Sebestyen, Lenin, 82.
105 Service, Lenin, 112f.

eingeschlagen werden muss.«[106] Es ist höchst zweifelhaft, dass der siebzehnjährige Wladimir angesichts seiner damals erst beginnenden Hinwendung zu revolutionärem Gedankengut und zum Marxismus eine derartige Äußerung getätigt hat. Noch weniger plausibel ist, dass er sich solcherart gegen das Narodnitschestwo aussprach, dem Sascha gefolgt war. So rasant er sich auch zu einem kompromisslosen Revolutionär entwickelte, so unwahrscheinlich ist es, dass der strebsame Gymnasiast gleichsam über Nacht zum Marxisten geworden war.

Gewiss ist indessen, dass Lenin schon sehr bald nach dem Tod des Bruders in Nikolaj Tschernyschewskijs *Was tun?* eintauchte. Jahre zuvor hatte er den Band allerdings enttäuscht zur Seite gelegt. Jetzt las er ihn mit anderen Augen, wollte begreifen, was den Bruder begeistert hatte. Das 1862/63 verfasste Buch übte enorme Wirkung vor allem auf die revolutionäre Jugend des Landes aus. Der Erziehungsroman verstand sich als »utopische Starthilfe«[107] für all jene, die sich aufgrund ihrer geistigen Entwicklung für eine »bessere Gesellschaft« qualifiziert hatten, aber immer noch in Passivität verharrten. Tschernyschewskij präsentierte »alternative Lebensentwürfe«, »neue Menschen«, die in Produktions- und Wohngenossenschaften in Glück und Freude lebten, erschuf einen »Kristallpalast«, wo »ewiger Frühling und Sommer« herrschten, und räumte u.a. auch mit der althergebrachten Sexualmoral auf.[108] Über die Maßen faszinierend vor allem auf junge Männer wirkte aber die Figur des Studenten Rachmetow. Inspiration bei der Erschaffung dieses »neuen Menschen« holte sich Tschernyschewskij offenbar aus den Vereinigten Staaten. John Brown, ein amerikanischer Abolitionist, der sich unorthodoxer Methoden bediente, um die Sklaverei anzuprangern, hatte trotz des Scheiterns seiner (gewaltsamen) Bemühungen neue Wege des Protests aufgezeigt. Tschernyschewskij porträtierte diesen als moralisches Vorbild und zeigte sich vor allem von seiner kompromisslosen Energie begeistert.[109]

106 Zit. nach White, »No, we won't go that way«, 82.
107 Tetzner, Der kollektive Gott, 164.
108 Ebd., 167.
109 Vgl. Carola Dietze, Die Erfindung des Terrorismus in Europa, Russland und den USA 1858–1866, Hamburg 2016, 449–462.

In *Was tun?* führt Tschernyschewskij u.a. die prozesshafte Wandlung zum »neuen Menschen« vor Augen. Die rigorose Askese Rachmetows, die sich in ununterbrochenem Lesen oder strenger Diät ausdrückt und schließlich im Liegen auf einem Nagelbrett gipfelt, ermöglicht ihm den Aufstieg zu einer Art »höherem Wesen«, das sich auf diese Weise Universen von den »niederen Menschen« entfernt.[110] Dazu gehört auch das Bestreben, Effektivität walten zu lassen. Rachmetow will sich im Leben ebenso wie im Lesen auf das Wesentliche beschränken und begnügt sich daher damit, sich lediglich den Hauptwerken verschiedener Wissenschaftszweige zuzuwenden. Nach der Lektüre von »Adam Smith, Malthus, Ricardo und Stuart Mill« gibt es aus seiner Sicht nichts mehr Interessantes im Bereich der Ökonomie zu entdecken.[111] Was zählt, ist das Erfassen der Kernaussagen, nicht das Vergnügen, das Lektüre bereiten kann. Das mehrmalige »Konsumieren« von ein und demselben Lesestoff betrachtet er als Zeitverschwendung.

Lenin las den Roman viele Male. An Rachmetows Ansichten über die Optimierung von Lebens- und Arbeitszeit dachte er dabei offensichtlich nicht. Davon abgesehen betonte Lenin später aber die eminente Wirkung, die *Was tun?* auch auf ihn hatte. Als Folge der Lektüre des Buches wusste er nach eigenen Worten endlich, »wie ein Revolutionär sein muß, welches seine Prinzipien sein müssen, wie er seinem Ziel entgegengehen und mit welchen Methoden und Mitteln er dessen Verwirklichung erstreben muß«.[112]

Tschernyschewskij, der seine eigenen Sehnsüchte nach gesellschaftlicher Veränderung mit fast 30 Jahren Gefängnis und Verbannung bezahlte, pries die erwünschten Nachahmer Rachmetows als ganz und gar besondere Menschen. Sie seien die »Blüte der Besten« und das »Salz des Salzes der Erde«.[113] Hinsichtlich seiner literarischen Qualität wurde *Was tun?* wohl zu Recht harscher Kritik unterzogen. Die begeisterte Leserschaft aber stieß sich nicht an den stilistischen Schwächen oder dem recht ungewöhnlichen Aufbau des Romans. Was zählte, waren Tschernyschewskijs Botschaften. Das Buch diente vor allem jugendlichen Rebellen als konkreter Anstoß,

110 Tetzner, Der kollektive Gott, 165–169.
111 N. G. Tschernyschewskij, Was tun? Aus Erzählungen von neuen Menschen, Berlin 1947, 347.
112 Zit. nach Tetzner, Der kollektive Gott, 167.
113 Tschernyschewskij, Was tun?, 358.

um das eigene Leben zu ändern, es sinnbringenden Zielen zu verschreiben und womöglich selbst zur »Blüte der Besten« zu gehören. Rachmetow gab das Vorbild jenes Berufsrevolutionärs ab, dem offenbar bereits Sascha Uljanow nachgeeifert hatte. Nun war der jüngere Bruder an der Reihe. Lenin entwickelte allerdings ungeachtet seiner glühenden Verehrung für Nikolaj Tschernyschewskij gewisse Bedenken hinsichtlich der Prognosen, die dieser über die Entstehung einer neuen Gesellschaft erstellte. Das Tempo, das Tschernyschewskij bei der Evolution des »niederen« zum »neuen Menschen« vorschwebte, hielt er für allzu optimistisch. Von »heute auf morgen« könne eine solche Entwicklung nicht stattfinden. Das meinte Lenin zumindest nach der Revolution von 1917, als er bereits konkrete Erfahrungen mit dem »sozialistischen Experiment« gemacht hatte.[114] Schon viel früher allerdings folgte er Tschernyschewskij in einem anderen wichtigen Punkt: in der Abschätzigkeit gegenüber den Liberalen. Für Lenin waren sie »Ideologen« der Bourgeoisie, für den verehrten Denker »Schwätzer, Wichtigtuer und Narren«.[115]

Vor allem in Samara, wohin die Uljanows 1889 übersiedelten, pflegte Lenin regen Kontakt zu verschiedenen Dissidenten, die – wie alle Marxisten der ersten Stunde – dem Narodnitscheswo entstammten. Damals lernte er wohl auch die Regeln eines Lebens im Untergrund und wie man zum Beispiel Spitzel loswerden konnte.[116] Mit seinen damaligen Weggefährten diskutierte er die Zukunft Russlands, die er in Anbetracht einer auf die Werke von Karl Marx und Friedrich Engels ausgedehnten Lektüre immer mehr mit deren Lehren in Verbindung brachte. Das Zarenreich habe sich, wenn auch spät, kapitalistischen Grundsätzen unterworfen. Jetzt werde es folgerichtig den von Marx skizzierten Weg gehen. Die Bauernschaft indessen splittere sich auf in die Gruppe der Reichen, die später von den Bolschewiki verfolgten »Kulaken«, und in die Masse der Armen, das »bäuerliche Proletariat«.[117] Die Ideen der Narodniki mit ihrer Fixiertheit auf »das Dorf« als gleichsam sozialistische Urform und mit ihren romantischen Vorstellungen vom russischen Sonderweg seien gründlich zu verwerfen. Der Marxismus präsentierte sich

114 Tetzner, Der kollektive Gott, 169.
115 Zit. nach LW, Bd. 17, 107f.
116 Vgl. N. K. Krupskaja, Erinnerungen an Lenin, Bd. I, Moskau/Leningrad 1933, 20.
117 Service, Lenin, 117.

demgegenüber als »Weg der Vernunft«, als faktenbasierte Theorie mit konkreten Perspektiven für eine bessere Zukunft.[118] Das überzeugte auch den jungen Lenin.

Als Lenin einmal die Frage gestellt wurde, wann seine Entwicklung zum Marxisten ihren Anfang genommen hatte, soll er gesagt haben: »Anfang 1889, im Januar.«[119] Damals, wenige Monate vor dem 100. Jahrestag der Französischen Revolution, hatte er zwei Bücher erworben: den ersten Band von Marx' *Kapital* und Georgij Plechanows Schrift über *Unsere Meinungsverschiedenheiten*, in der dieser die Trennlinien zwischen Narodnitschestwo und dem Marxismus herausgearbeitet hatte.[120] Die Lektüre des letztgenannten Werkes inspirierte Lenin zweifelsohne dazu, eigene Reflexionen über die »Volkstümelei« anzustellen und sich begeistert einer Bewegung zuzuwenden, die den Motor der angestrebten revolutionären Umwälzungen nicht in einer passiven und politisch ungeschulten Masse der Bauern erkannte, sondern im anwachsenden Proletariat. Da Marx gesellschaftliche Klassen nach ihrem Verhältnis zu den Produktionsmitteln definierte – »und nach sonst gar nichts« –, konnte im Prinzip jeder zum Proletarier werden.[121] In Anbetracht eines fortschreitenden Kapitalismus würde sich ihre Zahl also wie von selbst vermehren. Das waren ebenso vielversprechende Aussichten wie Plechanows Szenario von einem Sozialismus, der als weltumspannend begriffen werden musste und daher auch Russland erfassen würde.[122]

Wie viele andere auch erkannte Lenin überdies in Friedrich Engels' sogenanntem *Anti-Dühring*, also in dessen unter Mitwirkung von Karl Marx verfasster Streitschrift, einen der Schlüsseltexte des Marxismus.[123] Als Broschüre erschien der *Anti-Dühring* 1880. In den darauffolgenden Jahren fand der Text massenhafte Verbreitung – mehr noch als das *Kommunistische Manifest*.[124]

118 Figes, Tragödie, 113f.
119 Vjačeslav Nikonov, Lenin. Čelovek, kotoryj izmenil vse, Moskva 2020, 30.
120 Ebd. und Stanislav Tjutjukin, G. V. Plechanov. Sud'ba russkogo marksista, Moskva 1997, 94–96.
121 Adam B. Ulam, Die Bolschewiki. Vorgeschichte und Verlauf der kommunistischen Revolution in Rußland, Köln/Berlin 1965, 175.
122 Vgl. Theodor Dan, Der Ursprung des Bolschewismus. Zur Geschichte der demokratischen und sozialistischen Idee in Rußland nach der Bauernbefreiung, Hannover 1946, 151.
123 Vgl. MEW, Bd. 20, 16–31.
124 Vgl. Michael Vester, Der »Dampf-Marxismus« von Friedrich Engels – Zum Verhältnis von Marxismus und Lernprozessen der Arbeiterbewegung im »Anti-Dühring«, 85. https://www.prokla.de/index.php/PROKLA/article/view/1557 (5.12.2022).

Lenin begriff den *Anti-Dühring* als »zentrales weltanschauliches Selbstzeugnis der Bewegung«. Engels brachte darin – mit Marx' Hilfe – die bisherige Lehre in eine Fassung, die nicht nur Lenin als *den* Marxismus wahrnahm.[125] Unerlässlich erschien es ihm in der Folge, die Übertragbarkeit ebendieses Marxismus auf die russische Realität unter Beweis zu stellen. Diese Aufgabe erforderte eine Erweiterung der Perspektive auf die Gesellschaft als Ganzes. Auch die große Hungersnot von 1891/92, die in der Wolga-Region etwa 400.000 Menschen nicht zuletzt auch als Folge von Seuchen das Leben kostete und primär die Landbevölkerung traf, analysierte er unter dem Prisma marxistischer Lehren. Da die Katastrophe angeblich die Ungerechtigkeiten des kapitalistischen Systems offenlegte, erblickte er – so die spätere Kritik – im Massensterben unter den Bauern lediglich einen beschleunigenden Faktor für den Übergang zum Sozialismus. Ein ehemaliger Kommilitone seines verstorbenen Bruders meinte gar, Lenin habe sich über die Hungersnot gefreut, weil sie die »Bauernwirtschaft« zerstöre, als Folge ein »Proletariat« entstünde und die Industrialisierung so viel schneller voranschreite.[126] Die »Ungerechtigkeiten des kapitalistischen Systems« äußerten sich im Hunger von 1891/92 freilich sehr viel weniger als die Defizite einer unzeitgemäßen Agrarwirtschaft. Diese Unzulänglichkeiten waren es, die nach Lenins Meinung den Bankrott einer rückwärtsgewandten Utopie offenlegten und umso mehr den Marxismus als Alternative zum Narodnitschestwo in den Vordergrund schoben.

Trotzdem hatten andere eher das Leid als einen Wettstreit von Ideologien im Blick. Selbst Anna, die Schwester, verwunderten Lenins damalige Anschauungen. Von Hilfsaktionen hielt er nichts, die Beteiligung an derartigen Initiativen verweigerte er. Anna vermisste vor allem Anzeichen von Mitgefühl und in weiterer Folge jene Güte, die sie anders als bei Wolodja im Wesen Saschas sehr wohl hatte erkennen können.[127]

Viele Jahre später, 1920/21, als eine Hungersnot bis zu fünf Millionen Menschen in Russland und in der Ukraine hinwegraffte, ließ Lenin keinen Zweifel daran, dass seine Prioritäten nicht den leiden-

125 Ebd., 86f.
126 Trotzki, Der junge Lenin, 206.
127 Service, Lenin, 126.

den Menschen galten, sondern einer Politik, die weder nach Moral noch nach Mitgefühl fragte. Lenin rief damals dazu auf, die katastrophale Lage der Bevölkerung auszunutzen, um Kirchengüter unbehelligt von etwaigen Protesten beschlagnahmen zu können. Ungerührt sprach er von »Hunderten«, ja »Tausenden von Leichen« auf den Straßen und von Menschen, die sich angesichts des Hungers sogar dem Kannibalismus hingaben.[128] »Jetzt und nur jetzt«, meinte er, könne man den Zugriff auf die Besitztümer der Geistlichkeit ungestört realisieren.[129]

Übergang

Das Schicksal des Bruders – daran ließ Lenin später keinen Zweifel – drängte ihm ein revolutionäres Leben auf.[130] Trotz ihrer unterschiedlichen Charaktere setzten sich beide Brüder über herrschende Moralvorstellungen hinweg, weil diese das System stützten, das sie bekämpften. In weiterer Konsequenz hieß das für Lenin, die bürgerliche durch eine revolutionäre Moral zu ersetzen, was ihm wiederum erlaubte, nach allen Mitteln zu greifen, um das Regime zu bekämpfen, einen Umsturz anzusteuern und die soziale Revolution zu verwirklichen.[131] Lenins Hinwendung zu den Lehren von Marx und Engels vollzog sich bei alledem nicht sehr viel anders als die Wandlung vieler sogenannter Bauernsozialisten, die – trotz aller Abgrenzung zu den Narodowolzen und schließlich zu der späteren Partei der Sozialisten-Revolutionäre (PSR) – das Erbe des Terrorismus nicht völlig über Bord warfen.

Von der Anwendbarkeit des Marxismus auch auf ein klar agrarisch geprägtes Russland gab er sich angesichts des Universalitätsanspruchs dieser Lehre und ihres glühenden Fortschrittsglaubens überzeugt. Der Marxismus barg jene Zukunftsvision in sich, die eine große Umwälzung im Zarenreich zu einem erreichbaren Ziel machte: Von Anfang an war Russland demnach Teil einer großen,

128 Zum Kannibalismus siehe: Stephan Merl, Sowjetmacht und Bauern. Dokumente zur Agrarpolitik und zur Entwicklung der Landwirtschaft während des Kriegskommunismus und der Neuen Ökonomischen Politik, Gießen 1993, 133–135.

129 Zit. nach Anne Applebaum, Roter Hunger. Stalins Krieg gegen die Ukraine, München 2019, 97.

130 Sebestyen, Lenin, 66.

131 Vgl. Angelica Balabanoff, Lenin. Psychologische Beobachtungen und Betrachtungen, Wien 1959, 142.

über- und internationalen Befreiungsbewegung, die – und darin lag zweifellos das Besondere – das Zarenreich als einen ihrer größten Feinde benannte. Diese Gegnerschaft allein war Grund genug, sich hoffnungsvoll dem Marxismus zuwenden. Eine deutliche Abgrenzung vom Bauernsozialismus erschien als die einzige Möglichkeit, um das wahr werden zu lassen, was der Bruder gewollt hatte: die Überwindung eines »Unrechtssystems«. Erfolgversprechende Rezepte hierfür lieferten allem Anschein nach ausschließlich die Marx'schen Lehren. Tatsächlich aber fokussierte Lenins Bruder im Programm der »Fraktion« auf eine Art Einheitsfront verschiedener oppositioneller Kräfte, während Lenin nicht viel von Allianzen hielt. Er begann, die Loslösung von den als kleinbürgerlich gebrandmarkten »Volksfreunden« und ihren als illusionär bezeichneten Vorstellungen eines instinktiven bäuerlichen Kommunismus mit allergrößtem Nachdruck zu propagieren.

Lenin soll irgendwann zu seinem Genossen Isaak Lalajanz gesagt haben, dass Sascha sich zum Marxismus bekannt hatte. Dass der ältere Bruder diese Wandlung, die in voller Konsequenz erst dem jüngeren vorbehalten war, wirklich vollzogen hat, ist unwahrscheinlich. Das Programm der »Fraktion« lässt sich keineswegs als rein marxistisches Bekenntnis interpretieren.[132] Die Verschwörer bezeichneten sich als »Sozialisten-Revolutionäre« und sahen ihre Wurzeln somit eindeutig im Narodnitschestwo. Erst Józef Łukasiewicz behauptete später, dass sich die jungen Männer oder zumindest einige von ihnen bereits als »Sozialdemokraten« empfunden hatten.[133] Sascha selbst hatte zwar von sehr ähnlichen Standpunkten der russischen »Linksparteien« gesprochen, dabei aber die Rolle der Intelligenzija hervorgehoben und außerdem seinen Glauben an die Obschtschina als Ausgangspunkt für die unmittelbare Transformation in eine »höhere«, also kommunistische Wirtschaftsform betont. Anna Uljanowa stellte Sascha und seine Freunde später als Gruppe dar, die sich im Übergang zur Sozialdemokratie befand. Das kam den Tatsachen wahrscheinlich sehr nahe. Trotz ihres bewussten Anknüpfens an die »Narodnaja Wolja« billigte die »Fraktion« deren Programm offenbar

132 Vgl. die Überlegungen von Fischer über Alexander Uljanows Marxismus: Fischer, Das Leben Lenins, 27.

133 Elizarova, Predislovie, 5.

nicht vollends. Nach Anknüpfungspunkten mit den Sozialdemokraten wurde daher bewusst gesucht. Saschas Offenheit gegenüber der gesamten Opposition im Zarenreich spricht aber – anders als Anna dies später darstellen wollte – für keine bestimmten Tendenzen oder sogar für klare Präferenzen. Eine Vorentscheidung zugunsten jenes kompromisslosen Wegs, den sein Bruder später einschlug, hatte Sascha mit ziemlicher Sicherheit nicht getroffen.[134]

Außerdem verwiesen seine Äußerungen während des Gerichtsverfahrens immer wieder auf sehr persönliche Motive und keineswegs nur auf destruktive Beweggründe. Seine Tat war, wie Sascha meinte, nicht nur die »unausweichliche Folge der herrschenden Zustände« gewesen, sondern auch der »bestehenden Widersprüche des Lebens«: »Es ist bekannt, daß wir unsere geistigen Fähigkeiten entwickeln können, aber wir haben keine Möglichkeiten, sie in den Dienst unseres Landes zu stellen.«[135] In dieser Feststellung lässt sich eine Verbindung zum Vater und dessen Schicksal herstellen: Dieser wollte dem Staat »dienen« und »durfte« es letztlich nicht – weil er sich womöglich vom »Mainstream« des Systems entfernt hätte und das Misstrauen des Staates über allem stand.

»... mit dem Löffel der Philanthropie ...«

Politische Freiheiten, die Sascha gefordert hatte, stellten sich in Lenins Denken lediglich als Vorteile für die Bourgeoisie dar oder erschienen höchstens als »Beruhigungspillen«, die von der Elite verteilt wurden – ohne nachhaltige, positive Wirkung auf die Masse der Bevölkerung. Das Narodnitschestwo strebte seiner Beurteilung nach außerdem nur eine Verbesserung des Loses der Bauernschaft an, nicht aber die konsequente Beseitigung ausbeuterischer Strukturen. Diese zu erkennen, die entsprechenden Einsichten in einen politischen Reifungsprozess zu überführen und organisierten Widerstand zu verwirklichen, verhindere überdies bereits die Zersplitterung der Bodenbearbeitung in unzählige kleine Einheiten von »Wirtschaften«. Hier sah er das in den großen Städten konzentrierte Industrieproletariat im Vorteil. Dessen Potenzial sollten kon-

134 Ebd., 6f.
135 Zit. nach Fischer, Das Leben Lenins, 31.

sequenterweise auch die russischen Sozialdemokraten nutzen und weiterentwickeln.

Lenin räumte später ein, dass die »Befreiung« vom Narodnitschestwo und dem »faszinierenden Eindruck« jener »heroischen Tradition«, die auf die »Helden des Terrors« zurückging, einem inneren »Kampf« gleichgekommen war. Und er machte klar, dass dieses Ringen um einen neuen Weg auch den Bruch mit jenen Menschen nach sich zog, die der »Narodnaja Wolja« treu bleiben wollten.[136] Diese Schilderung reflektierte seine offenbar durchaus schmerzhafte Emanzipation von den Vorbildern des eigenen Bruders und von Idealen, die auch ihn maßgeblich geprägt hatten. Bei all der strikten Ablehnung des Bauernsozialismus legte Lenin die Bewunderung für die Attentäter aus den Reihen der »Volksfreunde« nie ab. Bezeichnenderweise hing nach dem Oktoberumsturz in seinem Arbeitszimmer ein Porträt von Stjepan Chalturin an der Wand.[137] Dieser hatte 1880 einen Sprengstoffanschlag auf den Zaren Alexander II. und seine Familie verübt. Dabei starben elf Personen, an die 60 wurden verletzt. Zwei Jahre später wurde er aufgrund seiner Beteiligung an einem Mordanschlag auf einen Staatsanwalt hingerichtet. Chalturin erregte Lenins Interesse aus speziellen Gründen: Der »Volksfreund« kam aus der Arbeiterschaft und hatte unter dem Proletariat agitiert. Er legte eine außerordentliche Entschlossenheit an den Tag und schien unter keinerlei Gewissensqualen zu leiden. Eine hohe Opferzahl auch unter den zufällig Anwesenden und völlig Unbeteiligten als kollaterales Ergebnis eines Gewaltakts gegen die Autokratie schreckte ihn nicht ab. Hauptsache der Zar oder wer auch immer als Zielperson feststand, würde unter den Toten sein. Alles andere war zweitrangig.[138]

Die Distanzierung Lenins vom Narodnitschestwo als Idee und Zukunftsvorstellung war in jedem Fall unumkehrbar. Nun begann Lenin alle, die sich den marxistischen Prinzipien verweigerten und die kapitalistische Realität Russlands bzw. ihre Weiterentwicklung negierten, für reaktionär zu erklären.[139] Er befleißigte sich bereits in jungen Jahren eines scharfzüngigen, polemischen Stils, um beispielsweise diejenigen an den Pranger zu stellen, die mit ihrer

136 Wladimir Iljitsch Lenin, Was tun? Brennende Fragen unserer Bewegung, Leipzig 1973, 223f.
137 Service, Lenin, 451, und vgl. Dan, Ursprung, 141.
138 Vgl. Ju. Z. Polevoj, Stepan Chalturin. K 100-letiju Severnogo sojuza rabočich, Moskva 1979.
139 Vgl. LW, Bd. 1, 287.

Reformgläubigkeit doch nur den Zarismus stützten, ihn also am Leben erhielten, anstatt ihn kompromisslos zu bekämpfen. Erregt wetterte er gegen die »liberalen Phrasen von Fortschritt, Wissenschaft, Wohlfahrt, Kampf gegen das Unrecht, von Volksinteressen, Volkskräften usw. usf.«.[140] Dahinter verberge sich ein fauliges Bündnis mit der Autokratie, die sich auf diese Art lediglich ihre eigene Existenz sichere. Schmähte er solcherart nicht auch die Ideale des eigenen Vaters, der an die Macht der Bildung zum Wohle und Gedeihen des Landes geglaubt hatte? Oder erkannte er, so wie möglicherweise auch Sascha, in ihm einen missbrauchten Idealisten, den die Herrschenden verhöhnt hatten? Einen Betrogenen oder Irregeleiteten vermeinte er vielleicht auch im Bruder zu erkennen, den die Ideen der Narodowolzen in einen aussichtslosen Kampf geschickt hatten. Hass auf jene Autokratie, die das Leben des Vaters zerstört und das des Bruders ausgelöscht hatte, war gewiss ein zentraler Auslöser für Lenins revolutionäre Besessenheit. Die Abgründe des zarischen Unterdrückungssystems, wie er sie angesichts des Schicksals zweier Familienmitglieder erfahren hatte, förderten Lenins Überzeugung, das Zarenregime ebenso skrupellos bekämpfen zu müssen, wie es seinerseits ohne Gnade gegenüber den Untertanen verfuhr.

Sentimentalitäten ließ Lenin in allen seinen Analysen der russischen Wirklichkeit beiseite. So auch mit Blick auf die Schlussfolgerungen, die es seiner Meinung nach aus der Hungersnot 1891/92 zu ziehen galt. Keines seiner Familienmitglieder versuchte später, Lenins empathielose Positionen ins rechte Licht zu rücken oder den Makel des gefühllos erscheinenden, nüchtern kalkulierenden Strategen zu verdecken. Das solcherart beeinträchtigte Andenken an den posthum zum Heiligen erhobenen Revolutionsführer zu sanieren, machte sich Leo Trotzki zur Aufgabe – auf seine Art. Er behauptete, Lenin habe sich wie alle Marxisten damals nicht gegen humanitäre Maßnahmen gewandt, sondern »gegen die Illusion, man könne mit dem Löffel der Philanthropie das Meer der Not ausschöpfen«.[141]

140 Ebd.
141 Trotzki, Der junge Lenin, Wien u. a. 1969, 206f.

2 VERBANNUNG UND AUFBRUCH

Willkür

Schon bald, nachdem Lenin zum Berufsrevolutionär geworden war, begann sich ein Schicksal abzuzeichnen, das vielen Dissidenten in Russland zuteilwurde: Gefängnis, Verbannung, Exil. Während Alexander Uljanow am Galgen endete, begnügte sich das Regime im Falle seines Bruders Wladimir mit Wegsperren und anschließender Verschickung nach Sibirien. Die Verfolgung des späteren Revolutionsführers durch die Behörden des Zarenreichs wurde retrospektiv zum Teil als düstere Zeit der Drangsalierung und Entbehrung dargestellt und dann wieder als eine Phase konzentrierten Arbeitens unter durchaus erträglichen Bedingungen. Sogar von einem Aufenthalt Lenins an der »sibirischen Riviera« ist die Rede, weil an seinem Verbannungsort – zumindest für sibirische Verhältnisse – ein mehr oder weniger gemäßigtes Klima herrschte. Angesichts des Umstands, dass der strafweise in den berüchtigten Osten des Reichs Verschickte dort ein im Großen und Ganzen »normales« Privatleben führte und während seiner Verbannung sogar in den Stand der Ehe treten konnte, wurde sogar ein sibirischer »Honeymoon« herbeigeschrieben.[1]

Tatsächlich bekam Lenin die geradezu sprichwörtliche Willkür des zarischen Regimes nicht nur in Form unnachgiebiger Repression zu spüren. Das gilt etwa für die Jahre, die seinem Aufenthalt in Sibirien vorausgingen. So erhielt er 1890 nach vielen Rückschlägen wider Erwarten die Erlaubnis, an der Universität in St. Petersburg als Externist zu studieren. Nun eröffneten sich ihm zuvor fast schon abgeschriebene Perspektiven. Lenin stellte sich schnell auf die neue

1 Vgl. Robert H. McNeal, Bride of the Revolution. Krupskaya and Lenin, Ann Arbor 1972, 67.

Situation ein. Praktische Unterstützung, etwa beim Besorgen der Lehrbücher, kam von der weit verzweigten Verwandtschaft der Uljanows. In der Stadt an der Newa lebten Cousins und Cousinen, die zur Anlaufstelle für den Neuankömmling wurden. In vielerlei Hinsicht behilflich war dem eifrigen Studenten nicht zuletzt die Schwester Olga, die in der Hauptstadt die »Höheren Frauenkurse« besuchte, um Lehrerin zu werden.[2] 1891 starb sie, keine 20 Jahre alt, an Typhus – ein weiterer Schicksalsschlag für die Familie und insbesondere für Wladimir, den mit Olga eine innige Beziehung verbunden hatte. Einmal mehr übte dieser sich in Selbstdisziplin. Noch im Sterbejahr der Schwester gelang es ihm, sein Jura-Studium erfolgreich abzuschließen. Kurze Zeit später begann er als Rechtsanwaltsgehilfe zu arbeiten. Zuerst in Samara und ab 1893 in St. Petersburg.

Anfänge

Lenins Tätigkeit als Jurist blieb überschaubar. Ambitionen, eine herkömmliche berufliche Karriere zu verfolgen, fehlten ihm vollends. Da sein Lebensunterhalt in Anbetracht des familiären Vermögens gesichert war, ergab sich auch kein ökonomischer Druck. Der Umzug nach St. Petersburg, wo sich die größten Bibliotheken des Landes befanden und etliche gut sortierte Buchläden zu finden waren, schuf indessen ideale Voraussetzungen für eine andere Betätigung: Nichts interessierte Lenin mehr als die Lektüre marxistischer Schriften. Herangezogen wurden aber auch andere Publikationen, die seine Auffassungen über die Entwicklung des Kapitalismus in Russland stützten oder seinen Widerspruch herausforderten. Urteile über einen immer noch für kümmerlich und wenig aussichtsreich gehaltenen Kapitalismus im Zarenreich wies er entschieden zurück. Noch empörter wandte er sich gegen jene, die selbst für die fernere Zukunft nur wenige Anhaltspunkte für Russlands Aufschließen zu den Ökonomien des Westens ausmachten. Tatsächlich erlebte das Romanowimperium ab Ende der 1880er Jahre ein rasantes Wirtschaftswachstum, das sich auch in einer stetig zunehmenden Anzahl von Arbeitskräften niederschlug. In nur zehn Jahren vergrößerte

2 Robert Service, Lenin. Eine Biographie, München 2000, 121.

sich das Heer der Industriearbeiterschaft von 1,3 auf über zwei 2 Millionen.[3] Im Vergleich zur Anzahl der Bauern war das Proletariat aber immer noch eine verschwindend kleine Gruppe. Umso wichtiger erschien es Lenin daher, sich der kapitalistischen Entwicklung auf dem Land zuzuwenden. Nach seiner Ankunft in Russlands Hauptstadt verwendete er einen Großteil seiner Energie auf Polemiken gegen das Narodnitschestwo, das sich in seinen Augen spätestens mit den Erfahrungen aus der Hungerkatastrophe 1891/92 überlebt hatte. Die idealisierte Dorfgemeinde war ganz offensichtlich nicht imstande gewesen, die Not und das Massensterben unter der ländlichen Bevölkerung zu verhindern oder wenigstens abzuschwächen. Sie präsentierte sich vielmehr als Relikt der Vergangenheit, das die Bauern an ein »mittelalterliches System primitiver Bodennutzung« fesselte.[4]

Die Hungersnot im Zarenreich galt im Westen als Beginn womöglich großer Umwälzungen oder zumindest als Fingerzeig. Viele Sozialdemokraten sahen nach wie vor die Bauern als Ausgangspunkt revolutionärer Entwicklungen.[5] Dafür sorgten abseits demografischer Fakten nicht zuletzt die Veröffentlichungen von Sergej Krawtschinskij alias »Stepniak«, der 1878 den Petersburger Polizeichef auf offener Straße mit einem Dolch ermordet hatte. Die Schrift des Revolutionärs und Terroristen mit dem Titel *Der russische Bauer* erschien 1893 in deutscher Übersetzung – besorgt im Übrigen vom österreichischen Parteiführer Victor Adler – im Stuttgarter Dietz-Verlag. Darin gab sich der Autor optimistisch über die Auswirkungen des Hungers, der die Bauernschaft »als Klasse« aufrütteln würde.[6] An Karl Marx' Sympathien für die Narodowolzen konnte indessen nicht gezweifelt werden. Für eine vorbehaltlose Unterstützung reichten sie aber nicht aus.[7] Jenen Narodowolzen, die sich der russischen Sozialdemokratie anschlossen, lieferte er jedenfalls keine

3 Stephan Rindlisbacher, Leben für die Sache. Vera Figner, Vera Zasulič und das radikale Milieu im späten Zarenreich, Wiesbaden 2014, 219.

4 Dietrich Geyer, Lenin in der russischen Sozialdemokratie. Die Arbeiterbewegung im Zarenreich als Organisationsproblem der revolutionären Intelligenz 1890–1903, Köln/Graz 1962, 4.

5 Vgl. dazu Bruno Naarden, Socialist Europe and Revolutionary Russia: Perception and Prejudice 1848–1923, Cambridge 2009, 85–156.

6 Vgl. Stepniak, Der Russische Bauer, Stuttgart 1893, XIII. Der Aliasname wurde auch »Stepnjak« geschrieben.

7 Vgl. Naarden, Socialist Europe, 74.

klaren Antworten auf die Frage über den richtigen Umgang mit den »Besonderheiten« des Zarenreichs.[8]

Im Zarenreich wiederum richteten die Anhänger des Marxismus den Blick nicht ohne Grund auf Deutschland. Die Stärke und Bedeutung der dortigen Arbeiterbewegung spiegelten sich in den Wahlerfolgen der Sozialdemokratischen Partei wider. Sie konnte sich nach Aufhebung des sogenannten Sozialistengesetzes ab der letzten Dekade des 19. Jahrhunderts ohne die vormals geltenden Beschränkungen in der Ära unter dem Kanzler Otto von Bismarck zu einer Massenpartei entfalten. Gleichzeitig beeinflussten die auch dort leidenschaftlich geführten Diskussionen über den »richtigen Weg« die russischen Dissidenten-Zirkel und ihre Exegesen des Marxismus nachhaltig. Während aber die deutsche Sozialdemokratie darum rang, Theorie und Praxis vor dem Hintergrund bereits verbuchter Errungenschaften oder zu erreichender Ziele in Einklang zu bringen, präsentierten sich die russischen Kollegen als ein zusammenhangloses Kunterbunt kleiner und oft rivalisierender Gruppen. Über Rückhalt aus dem Proletariat, das währenddessen führungslos geblieben war, und die Erfahrungen der Parteiarbeit, wie sie die deutschen Genossen praktiziert hatten, verfügten sie nicht. Die »Zirkelmentalität und Sektengesinnung isolierter Kleinkreise« legte sich auf die Entwicklung der russischen Sozialdemokratie mit »bleierner Schwere« und gab ihr darüber hinaus ein verhängnisvolles Erbe mit auf den Weg.[9]

Wie schwer es sein konnte, Grabenkämpfe einzuhegen, bewiesen aber gerade auch die deutschen Grundsatzdebatten um die Jahrhundertwende. Als die Auseinandersetzungen über Reformismus und Revisionismus die SPD einer Zerreißprobe aussetzten und auf lange Sicht ein eher notdürftiger Ausgleich gefunden wurde, begannen sich die Richtungsstreitigkeiten auch unter den immer noch kleinen Marxisten-Gruppen im Zarenreich bzw. im Exil zuzuspitzen. Nach einer Phase des offenen Diskutierens entstanden unversöhnliche Feindschaften, die einen dauerhaften Keil in die russische Sozialdemokratie trieben. Empörung über die vermeintliche Verirrung Andersdenkender und schließlich ein zumindest publizistisch artikulierter Vernichtungswille triumphierten über die Bereitschaft, sich

8 Geyer, Lenin, 8.
9 Ebd., XXII.

konstruktiv mit konträren Ansichten auseinanderzusetzen. Auch und gerade Lenin, der sich als orthodoxer, strikt gegen den Revisionismus gerichteter Marxist verstand, ließ seiner Ablehnung abweichender Meinungen freien Lauf. Die deftige, ja unflätige Sprache, der er sich dabei bediente, brachte das Ausmaß seiner Abscheu gegenüber Abtrünnigen ebenso zum Ausdruck wie die unerschütterliche Gewissheit, im Recht zu sein. Dabei verkehrte er in St. Petersburg mit etlichen Personen, die sich dem Marxismus jeweils vollkommen anders annäherten als der junge Revolutionär aus Simbirsk. Darunter u. a. Pjotr Struwe, dessen Theorie eines »legalen Marxismus« diesen schließlich sogar völlig von der Sozialdemokratie entfremdete. Noch aber war Lenin bereit, sich vom Eifer des Wissbegierigen leiten zu lassen und sich mit »devianten« Strömungen zumindest auseinanderzusetzen. Weniger intellektuelle Gesprächspartner bzw. Kontrahenten als den erwähnten Struwe brüskierte Lenin aber von Anfang an ziemlich gnadenlos. Seine Ablehnung einer in Summe unbefriedigenden, weil anscheinend kaum effektiven Politik der kleinen Schritte verbarg er nicht. Das machte er auch im Rahmen von im Untergrund stattfindenden Diskussionsabenden deutlich, an denen er bereits kurz nach seiner Ankunft in St. Petersburg teilzunehmen begann. Als dort vorgeschlagen wurde, die Industriearbeiter an eine elementare Bildung durch Gründung von Vereinen heranzuführen, reagierte Lenin mit boshaftem Lachen. Seine spätere Ehefrau Nadeschda bzw. Nadja Krupskaja erinnerte sich später an die unverhohlene Geringschätzung, die unter den Anwesenden für Irritation sorgte. Doch für Lenin stand fest: Mit solchen Methoden, dem Klein-Klein eines rudimentären Aufklärungsunterrichts, ließ sich keine Revolution machen.[10]

Der richtige Weg

Der Ton, der angeschlagen wurde, um die Frage künftiger Strategien zu klären, war überall ein rauer. Nicht nur in Deutschland, wo den Revisionisten schließlich sogar mit Parteiausschluss gedroht wurde. Alles andere als zurückhaltend, wenn es darum ging, gegnerische

10 N. K. Krupskaja, Erinnerungen an Lenin, Bd. I, Moskau/Leningrad 1933, 11.

Meinungen zu kritisieren, gerierte sich etwa der im Schweizer Exil lebende Georgij Plechanow, dessen cholerisches Wesen auch enge Weggefährten verstörte. Seinen Rang als »Nestor« der russischen Sozialdemokratie verteidigte er erbittert. Plechanows »Übersetzung« des Marxismus für Russland war elementar. Das Werk mit dem sperrigen Titel *Zur Frage der Entwicklung der monistischen Geschichtsauffassung* begeisterte Novizen ebenso wie erfahrene Sozialdemokraten. Sein »Horoskop« von der Zukunft des Zarenreichs attestierte der Entfaltung des Kapitalismus eine »historische Notwendigkeit« und das Signum der Fortschrittlichkeit, welche eine unzeitgemäße Autokratie hinwegfegen würde: »Das sozialistische Endziel lag weit voraus; es zu erreichen aber durfte man gewiß sein.«[11]

Die Frage, mit der sich die Marxisten in Russland unterdessen abmühten, kreiste allerdings um das Wie. In diesem Zusammenhang wurde überdies klar, dass der Fabriksarbeiter ein gleichsam unbekanntes Wesen geblieben war. Zwischen Theorie und Praxis klaffte eine riesige Lücke. In kleinen Intellektuellen-Zirkeln wurden akademische Debatten geführt, während der Kontakt mit dem vielbeschworenen Proletariat meist fehlte. Der publizistische Schlagabtausch einer Handvoll »Literaten«, der sich bereits weniger versierten Sozialdemokraten als unverständlicher Federkrieg darstellte, erreichte die einfachen Arbeiter nicht – weder auf der inhaltlichen Ebene noch in ganz praktischer Hinsicht. Schließlich sorgte bereits die Zensur im Zarenreich dafür, dass dem Proletariat Lesestoff vorenthalten blieb, der für gefährlich gehalten wurde. Ganze Auflagen revolutionärer Schriften wurden beschlagnahmt oder vernichtet. Auch einer von Lenins ersten Texten, die in St. Peterburg entstanden, war davon betroffen.

Das Defizit der mangelnden Verbindung mit der Arbeiterschaft auszugleichen, machte sich 1894 die Gruppe der sogenannten »Stariki«, der »Alten«, mit Lenin an der Spitze zur Aufgabe. Sie erstellte Fragebögen für Fabriksarbeiter, aus denen man sich Rückschlüsse auf deren Arbeits- und Lebensbedingungen erhoffte.[12] Lenin las Arbeitern aus Marx' *Kapital* vor, um ihnen anschließend zu erklä-

11 Geyer, Lenin, 1.
12 Ebd., 49.

ren, worum es darin ging.[13] Er tat also genau das, was er gleichzeitig geringachtete: Nachhilfeunterricht für das Proletariat, von dem er fürchtete, dass es den Weg zur Revolution nur ein kleines Stück weit gehen würde. Allen Zweifeln zum Trotz wurde Basisarbeit geleistet. Ende 1894 nützten die »Stariki« das Aufbegehren von Fabriksarbeitern dazu, Flugblätter zu verteilen. Hergestellt wurden allerdings nur vier handgeschriebene Versionen und zwei davon landeten umgehend in den Händen eines Gendarmen.[14] Die ohnehin äußerst bescheidenen Aktivitäten der Gruppe, deren Mitglieder trotz ihrer Bezeichnung »Stariki« – sie bezog sich auf die orthodoxe Auslegung des Marxismus im Gegensatz zu den davon abrückenden »Jungen« – alle kaum älter als Anfang oder Mitte 20 waren, drohten außerdem durch fortwährende Bespitzelung vereitelt zu werden. Doch Lenin verstand sich, wie seine Frau Nadeschda später schilderte, »am besten« von allen auf die »konspirative Arbeit«. »Man merkte ihm«, meinte sie, »die gute Schule der Narodowolzy an« – jener radikalen Bauernsozialisten also, deren Ansichten er so eifrig bekämpfte und die das verhängnisvolle Interesse des Bruders hervorgerufen hatten.[15]

Neue Ansätze in der Frage der Agitation unter den Arbeitern hatte indessen der relegierte Student Julij Martow nach Petersburg mitgebracht. Realiter ging es überhaupt erst jetzt darum, sich nicht nur der Propaganda, sondern auch der Agitation zuzuwenden. In einer Broschüre wurde nun eine Art Stufenplan entworfen, um die Arbeiterklasse über den Weg des ökonomischen Kampfes für eine Verbesserung von Arbeitsbedingungen und angemessenen Lohn an den politischen Kampf heranzuführen. Dazu aber war es notwendig, die »abstrakte Theorie« aus den »Wolkenhöhen wissenschaftlicher Verallgemeinerung« zu holen.[16] Was heute selbstverständlich erscheint, war es damals keineswegs. Selbst im Westen überließen bereits bestehende Parteien oder aber Sozialistenzirkel das »Alltagsgeschäft« eher den Gewerkschaften und Vereinen, während es an der Spitze tendenziell um das »große Ganze« ging.[17] Das schwierige

---

13 Krupskaja, Erinnerungen, 18.
14 Geyer, Lenin, 53.
15 Krupskaja, Erinnerungen, 20.
16 Geyer, Lenin, 51.
17 Vgl. Adam B. Ulam, Die Bolschewiki. Vorgeschichte und Verlauf der kommunistischen Revolution in Rußland, Köln/Berlin 1965, 144.

Verhältnis zwischen »oben« und »der Basis« war andererseits aber kaum ein exklusives Problem der Sozialdemokratie.

Nicht alle mochten sich mit jenen Perspektiven anfreunden, die Martow jetzt auf den Tisch legte. »Die Vorstellung, sich im Dienste eines langfristigen Agitationsprogramms auf die Organisation von Hilfskassen, Beratungsstellen und Elementarbildungsvereinen zurückzuziehen, war ungewohnt und unbehaglich für eine Generation junger Intellektueller, die seit ihrer Schulzeit von Umsturz und Massenaufläufen geträumt hatten.«[18] Gleichzeitig dachten die meist eher lose verbundenen, verschiedenen sozialdemokratischen Zirkel darüber nach, die Möglichkeiten einer Zusammenarbeit mit den Emigrantengruppen im Ausland auszuloten. Für die Petersburger Sozialdemokraten sollte Wladimir Uljanow die Reise in die Schweiz zu Georgij Plechanow und seiner Gruppe »Befreiung der Arbeit« antreten. Die Chancen für die Verwirklichung dieses Plans standen zunächst schlecht. Doch dann erhielt Lenin im März 1895 tatsächlich die Erlaubnis der Behörden, Russland zu verlassen. Endlich eröffnete sich ihm eine andere Wirklichkeit als die heimatliche – sowohl, was das Kennenlernen anderer Länder anbelangte, als auch in Hinblick auf sein ureigenstes Anliegen: die Weiterentwicklung der russischen Sozialdemokratie. Die Begegnung mit Georgij Plechanow wie auch mit Pawel Axelrod verlief aus Sicht des jungen Marxisten nach Wunsch. Nun sollte die Herausgabe einer Zeitschrift in Angriff genommen werden.

Über den Inhalt der Gespräche zwischen Lenin und Plechanow und über die Rahmenbedingungen ihres Aufeinandertreffens – die beiden berieten sich zweimal – ist relativ wenig bekannt. Angesichts des späteren Zerwürfnisses fehlte offenbar das Bedürfnis, diese Episode wenigstens im Nachhinein genauer zu beleuchten. Damals aber verließ der junge Marxist sein Idol in durchaus guter Stimmung. Die Heimreise aus der Schweiz trat Lenin mit einem Koffer an, der über einen doppelten Boden verfügte und voll von verbotenen Schriften war. Was sich darüber hinaus tatsächlich alles in seinem Gepäck befand und ob sich neben den Gesprächen mit Plechanow im Rahmen seiner Reise noch andere Zusammenkünfte von ähnlicher Tragwei-

18 Ebd., 53.

te ergeben hatten, bleibt ebenso im Dunkeln wie der genaue Ablauf von Lenins »Kavalierstour«. Diese hatte ihn auch ins Habsburgerreich und nach Deutschland geführt, wo sich – spekulativen Darstellungen zufolge – die dortigen Geheimdienste für Lenin interessierten bzw. wenigstens interessiert haben könnten oder umgekehrt er für sie.[19] Nichtssagende Briefe an die Familie, die er aus dem Ausland abschickte und in denen er Schwierigkeiten beim aktiven Einsatz seiner Deutschkenntnisse zugab, dienen Biografen üblicherweise zur Illustration seiner immerhin einige Monate währenden Reise. Darüber hinaus geben sie tatsächlich wenig Auskunft über Lenins Tun.

Keine Bestätigung für behauptete frühe Kontakte zu deutschen und österreichisch-ungarischen Stellen liefern vorhandene Archivquellen. Viele geheimdienstliche Dokumente gingen freilich verloren oder wurden zum Teil schon kurz nach dem Ersten Weltkrieg bewusst vernichtet.[20] Zu weitreichenden Vermutungen Anlass gaben allerdings Äußerungen des späteren Chefs des deutschen militärischen Geheimdiensts, Walter Nicolai, der zwar nach eigenen Angaben noch während des Ersten Weltkriegs den Namen Lenin nicht kannte, aber wusste, dass bereits zuvor ein »politischer Flüchtling« namens Uljanow »wertvolle Angaben über die Lage im zaristischen Russland« gemacht hatte.[21] Wann Lenin allerdings damit begonnen hat, sich als Zuträger, Spitzel oder gar Spion im Dienste Deutschlands oder womöglich auch der Donaumonarchie zu verdingen, ist unklar. Dass er wahrscheinlich keine Hemmungen verspürte, gegen sein »Vaterland« zu arbeiten, dessen Regime er so allumfassend und heftig ablehnte, erscheint in Anbetracht seiner vielen diesbezüglichen Aussagen sowie späterer Arrangements mit Berlin wohl kaum vollkommen abwegig. Trotzdem bleibt nochmals festzuhalten, dass

19 Vgl. Eva Ingeborg Fleischhauer, Die Russische Revolution. Lenin und Ludendorff (1905–1917), Borsdorf 2017, 14–25. Die Autorin geht in ihren Ausführungen zu Lenins etwaiger frühen Spionagetätigkeit so weit, hier bereits Kontakte zum späteren General Erich Ludendorff zu sehen und vermutet auch Verbindungen zum k. u. k. Geheimdienstoffizier Alfred Redl, der 1913 als Spion – zugunsten Russlands arbeitend – aufflog. Diesbezügliche Belege gründen sich aber auf eher fragwürdige Indizien.

20 Vgl. Verena Moritz/Hannes Leidinger/Gerhard Jagschitz, Im Zentrum der Macht. Die vielen Gesichter des Geheimdienstchefs Maximilian Ronge, St. Pölten/Salzburg 2007, 171f.

21 Zit. nach Michael Epkenhans/Gerhard P. Groß/Markus Pöhlmann/Christian Stachelbeck, Walter Nicolai – Annäherungen an einen Unbekannten, in: Dies. (Hg.), Geheimdienst und Propaganda im Ersten Weltkrieg. Die Aufzeichnungen von Oberst Walter Nicolai 1914 bis 1918, Berlin/Boston 2018, 1–64, 43.

es abseits der vagen Aussagen Nicolais für eine womöglich bereits frühe Zusammenarbeit Lenins mit den späteren Feindstaaten Russlands im Ersten Weltkrieg keinerlei stichhaltige Belege gibt – und schon gar keine, die wirklich so weit zurückreichen würden.

Dass er bei seinem Eintreffen auf heimatlichem Boden unbehelligt blieb, überraschte vermutlich sogar Lenin selbst. Freilich hatte die Ochrana nicht nur Lenin, sondern auch alle übrigen Mitglieder regimegegnerischer Kreise stets im Auge behalten. Als der Heimkehrer wieder Aufenthalt in der Stadt an der Newa nahm, überwogen aber bei aller Sorge vor einem Zugriff der Geheimpolizei Tatkraft und Optimismus. Unter den Petersburger Sozialdemokraten vollzog sich nun – zumindest galt dies für bestimmte Gruppen – eine Art Einigungsprozess. Dem Agitationsprogramm Martows konzedierte nun auch Lenin Hand und Fuß, wobei er die Zielgerichtetheit des zu führenden »ökonomischen Kampfes« in Richtung politischer Bestrebungen stets betonte. Nichts fürchtete er mehr als die Neutralisierung revolutionären Elans. Die kleine Keimzelle einer sozialdemokratischen Partei, die nun durch die Fusion von Martows Anhängern und den »Stariki« ins Leben gerufen wurde, bestand aus nicht einmal 20 Personen – darunter kein einziger Vertreter des Proletariats.[22] Dass er allerdings dessen Anliegen nachvollziehen konnte, bewies Lenin, als er angesichts eines Streiks von Fabriksarbeitern den Text eines Flugblattes formulierte. Darin reflektierte er die Forderungen der Belegschaft, verzichtete auf umstürzlerische Losungen und pochte auf die Einhaltung den »Werktätigen« zugesicherter Rechte. So vollzog sich der Übergang vom isolierten Debattierclub, der sich aus Studierenden, einer Lehrerin, Ärzten, Technikern und einem Rechtsanwaltsgehilfen zusammensetze, zu einer Organisation, die sich eine systematische Agitation in den Fabriken zur Aufgabe machte.[23] Gestalt anzunehmen begann außerdem die erste Nummer der Zeitung *Rabotscheje Delo* (»Arbeitersache«).[24] Dem Auftrieb, den Lenin und seine Mitstreiter in dieser Phase empfunden haben dürften, setzte aber schließlich die Ochrana ein Ende. Was die meisten der jungen Revolutionäre insgeheim bereits

22 Geyer, Lenin, 63.
23 Ebd., 63.
24 Krupskaja, Erinnerungen, 21f.

befürchtet hatten, traf ein: Im Dezember 1895 wurden Lenin und ein Großteil der Mitglieder des »St. Petersburger Kampfbundes zur Befreiung der Arbeiterklasse« verhaftet. Unter diesem Namen traten wenige Tage später die noch in Freiheit verbliebenen sozialdemokratischen Aktivisten in Erscheinung, als es erneut darum ging, Arbeiterstreiks zu unterstützen.[25] Angesichts der Verfolgung durch die Behörden verschärfte sich nun auch der Ton, in dem die Aufrufe verfasst wurden. Über die Regierung hieß es jetzt, dass sie sich »barbarisch« verhielt und über die »Sozialisten«, dass sie nicht, wie das Regime behauptete, »Staatsverbrecher« seien, sondern vielmehr für die »Befreiung des geknechteten Arbeitervolks aus den Fesseln der Kapitalisten und Fabriksherren« kämpften.[26]

Auch 1896 erschütterten große Streiks die Hauptstadt Russlands. Obwohl sich nun fast alle Mitglieder des »Kampfbundes« in Haft befanden, war dieser handlungsfähig geblieben. Vor allem deshalb, weil sich neue Akteure fanden, die sich allerdings mehr und mehr auf den ökonomischen Kampf konzentrierten und so vor allem eine Verbesserung der Lage des Fabrikproletariats anstrebten, ohne gleich an einen Umsturz zu denken. All das mündete in eine Bewegung, die sich von einer Gewerkschaftsidee leiten ließ und einen längeren »Umweg« hin zur Entwicklung eines proletarischen Klassenbewusstseins einplante, als ihn Lenin, aber auch Martow berücksichtigt hatten. Ersterer entwickelte eine besondere Feindschaft gegenüber den sogenannten Ökonomisten. Das evidente Lebenszeichen, das die aufbegehrende Arbeiterschaft von sich gab, bewirkte überdies Begehrlichkeiten von deren Seite. Vertreter des Proletariats verlangten nun eine Verankerung in jenen Zirkeln, in denen sich die Intellektuellen die exklusive Rolle der Anführer und Lehrmeister zurechtgelegt hatten. Aus diesem Anspruch ergab sich allerdings die Frage nach den gemeinsamen Zielen und der Überführung des Protests in einen Kampf gegen die Autokratie.

Darüber hinaus erschienen nun auch im Ausland die »Massenstreiks« in St. Petersburg als Indiz für ein erwachtes russisches Industrieproletariat und eine Sozialdemokratie, die von der Theorie

25 Geyer, Lenin, 66.
26 Zit. nach ebd., 67.

in die Praxis gewechselt hatte.[27] Wie verheißungsvoll sich nun die Lage zu entwickeln schien, konnte Lenin indessen nur vom Gefängnis aus verfolgen. Der Kontakt zur Außenwelt hielt sich allerdings erstaunlich gut. Regelmäßige Besuche seiner Familie sorgten für Abwechslung und für eine ausreichende Versorgung mit Lebensmitteln genauso wie mit Lesestoff. Außerdem nutzte Lenin die Möglichkeit, beispielsweise mit Nadeschda Krupskaja, die erst im Sommer 1896 verhaftet wurde, durch mit Geheimtinte verfasste Briefe in Verbindung zu bleiben und so Details über die Geschehnisse in Zusammenhang mit den Arbeiterstreiks zu erfahren. Gleichzeitig arbeitete er an einem Buch über *Die Entwicklung des Kapitalismus in Russland*, das später zu seinen Hauptwerken zählen sollte. Sogar »illegale Broschüren« konnte er in seiner Zelle verfassen. Trotzdem litt er unter der »Trübsal des Gefängnisses«.[28] Selbstdisziplin und einmal mehr die Fürsorge der Familie erleichterten ihm aber seinen Zwangsaufenthalt. Es erscheint wichtig festzuhalten, dass Lenins kompromissloser Weg eines erklärten Regimegegners offenbar sowohl seitens der Mutter als auch der Geschwister keineswegs als Verirrung empfunden wurde. Keiner von ihnen sah nach Sascha nun in Wladimir das womöglich zweite »schwarze Schaf« der Familie, wandte sich von ihm ab oder suchte gar den Konflikt mit dem ungestümen jungen Mann. Vielmehr verschrieben sich alle Uljanow-Geschwister der revolutionären Sache. Anna, Maria und Dimitrij kamen ebenso wie die beiden Brüder mit den Behörden in Konflikt, ertrugen Relegation, Ausgrenzung, Verbannung und Freiheitsstrafen. Sogar der Schwager Lenins, Mark Jelisarow, der 1889 die Schwester Anna geheiratet hatte, war als Gegner des zarischen Regimes bereits amtsbekannt. Er wurde nach dem Oktoberumsturz für kurze Zeit Volkskommissar für Eisenbahnangelegenheiten.

Der Dissident Lenin lebte bis zu Beginn seines Exils in Westeuropa, das ihn von vielen früheren Bindungen abschnitt, als umsorgtes Mitglied einer Art revolutionären Familienunternehmens. Dass er darin die führende Rolle einnahm und vor allem die Mutter und die Schwestern die Bedürfnisse des Sohnes und Bruders mehr im Auge hatten als ihre eigenen, entspricht gängigen Darstellungen über das

27 Ebd., 75.
28 Krupskaja, Erinnerungen, 31.

»Innenleben« der Uljanows.[29] Abgesehen davon gibt es aber auch Hinweise darauf, dass Lenins Geschwister durchaus eigenständige »revolutionäre Karrieren« verfolgten und der Bruder trotz seiner Sonderstellung nicht immer die »Sonne« war, um die sie selbstverleugnend kreisten.[30]

Sibirien

Anfang 1897, nach über einem Jahr in Untersuchungshaft, wurde Lenin zu drei Jahren Verbannung in Sibirien verurteilt. Es handelte sich um eine sogenannte administrative Verbannung, die seine Bewegungsfreiheit einschränkte und die Einhaltung gewisser Verhaltensregeln erforderte. Sie bedeutete jedoch keine Haft und ähnelte jenen Schrecknissen, wie sie etwa Fjodor Dostojewskij im Laufe seiner strafweisen Verschickung gen Osten widerfahren waren, nicht im Entferntesten.[31] Die Schilderungen des Schriftstellers über menschenunwürdige Lebensbedingungen und zahlreiche Mithäftlinge, die in verschmutzten und eiskalten Unterkünften zusammengepfercht wurden, verweisen allerdings auf ein weit verzweigtes und vielgliedriges russisches Verbannungssystem: Zwischen dem Beginn des 19. Jahrhunderts und dem Revolutionsjahr 1917 wurde über eine Million Untertanen der Romanows nach Sibirien verbracht.[32] Die Zahl jener, die aufgrund »politischer Unzuverlässigkeit« geächtet wurden, nimmt sich allerdings relativ gering aus. Zwischen 1881 und 1904 waren es etwa 6000 Personen, die infolge unliebsamer politischer Betätigung bzw. wegen »Störungen in Fabriken« den Weg nach Sibirien hatten antreten müssen.[33]

Lenins Familie war über die Zwangsverschickung Wladimirs nach Sibirien geradezu erleichtert. Sie hatte mitansehen müssen, wie die langen Monate im Gefängnis andere Häftlinge zermürbt, ihre physische und psychische Verfassung irreparabel beschädigt hatten. Nicht alle überlebten den Gewahrsam in der Peter-Paul-Festung.[34]

---

29 Vgl. Service, Lenin, 163.
30 Vgl. Katy Turton, Forgotten Lives. The Role of Anna, Ol'ga and Mariia Ul'janova in the Russian Revolution 1864–1937, PhD thesis, Glasgow 2004.
31 Fjodor Michajlovič Dostojewski, Gesammelte Briefe, 1833–1881, München u. a., 93f.
32 Daniel Beer, Das Totenhaus. Sibirisches Exil unter den Zaren, Frankfurt am Main 2018, 23.
33 Ebd., 408.
34 Vospominanija rodnych o V. I. Lenine, Moskva 1955, 61.

So wurde hingenommen, dass der geliebte Sohn und Bruder die nächsten Jahre dort verbringen musste, wo er nach Meinung der Obrigkeit weit genug weg war, um keinen unerwünschten Einfluss auf die Arbeiter im Reich auszuüben. Fast 5000 Kilometer von der Hauptstadt entfernt lag Lenins Bestimmungsort, eine kleine Siedlung mit dem Namen Schuschenskoje. Um ihm die Strapazen einer herkömmlichen Zwangsexilierung zu ersparen, erwirkte Lenins Mutter, dass der verurteilte Sohn, dessen Konstitution immer schon als eher schwach und angegriffen gegolten hatte, die lange Reise auf eigene Kosten antreten durfte. Die meisten seiner ebenfalls verbannten Genossen verfügten nicht über die dafür erforderlichen Mittel und trafen es überdies viel schlechter mit ihren Aufenthaltsorten, da die klimatischen Bedingungen dort im Regelfall rauer waren als in Schuschenskoje oder weil seelische Probleme in der Abgeschiedenheit überhandnahmen. Nicht alle konnten sich mental auf die schwierigen Bedingungen einer weitgehenden Isolation einstellen oder verfügten über einen so hilfreichen Rückhalt, wie Lenin ihn genoss. Die Familie begünstigte ihn materiell und stützte ihn psychisch. Dennoch fiel die erzwungene Distanz zu vormals engen Weggefährten schwer. Lenin vermisste nicht zuletzt Julij Martow, mit dem ihn damals eine herzliche Freundschaft verband. Wie schon vom Gefängnis aus blieb er mit ihm ebenso wie mit etlichen anderen Mitstreitern und vor allem mit der Familie auch jetzt zumindest in Briefkontakt. Freilich war die Postverbindung nach Sibirien mangelhaft. Regelmäßig kamen Briefe lediglich von jenen Genossen an, die sich in der Umgebung von Schuschenskoje befanden, um dort ebenfalls ihre Strafen abzubüßen.

Bevor Lenin nach Sibirien aufbrach, wurde ihm die Gelegenheit gegeben, sich auf die bevorstehende dreijährige Verbannung vorzubereiten. Vier Tage mussten reichen, um dringende Besorgungen zu machen und alle nötigen Vorkehrungen für die Reise zu treffen. Die Hingabe, ja der Fanatismus, der die Mitglieder des »Kampfbundes« antrieb, lässt sich daran ablesen, dass diese sich ungeachtet der Gefahr, in die sie sich damit begaben, nun eine Zusammenkunft in der Wohnung von Martows Familie ansetzten. Auch die noch in Freiheit befindlichen Aktivisten des »Kampfbundes« erschienen. Zu bereden gab es vieles: nicht zuletzt die Frage des Verhältnisses zu den autochthonen Arbeiterkomitees, d.h. vor allem vorhandene Pläne, diese eventuell stärker in die »Geheimzirkel der Intellektuellen« einzubinden.[35] Von Belang war wohl auch die Verfügungsgewalt über die Streikkassen. Lenin vertrat in dieser Angelegenheit keine explizite Meinung, obwohl er sich anscheinend eher dafür aussprach, die Führungsrolle der bisherigen Zirkel nicht ohne Weiteres mit anderen zu teilen oder gar abzugeben.[36] Weitere Entscheidungen konnte er nicht mehr beeinflussen. Für ihn persönlich galt es jetzt, sich Ziele zu stecken, die mit dem bevorstehenden sibirischen Exil in Einklang zu bringen waren.

Dass Verurteilte ihre Familien mit nach Sibirien nahmen, war im Grunde nichts Ungewöhnliches. Auch Lenin verbrachte den Großteil seiner Zeit dort nicht allein. Schon wenige Monate nach seiner Ankunft bemühte er sich darum, Nadeschda Krupskaja nach Schuschenskoje kommen zu lassen. Diese war ebenfalls verbannt worden, nur eben an einen anderen Ort. Um bei Lenin sein zu können, hatte sie sich gegenüber den Behörden als seine Verlobte ausgegeben. Aus diesem Grund erhielt sie schließlich die Erlaubnis, dem Bräutigam nachzufolgen. Lenins Schwiegermutter in spe reiste ebenfalls an. Im Juli 1898 fand die Vermählung statt – kirchlich, eine andere Möglichkeit gab es nicht. Lenin kündigte sein bisheriges Zimmer und die jungen Eheleute mieteten »ein halbes Haus mit Gemüsegarten«, wo sie einen »regelrechten Familienhaushalt« führten.[37] Um der mit Hausarbeit wenig vertrauten Nadeschda unter die Arme zu greifen, wurde ein dreizehnjähriges Mädchen als »Aushilfe« engagiert, dem »Frau Uljanowa« Lesen und Schreiben beizubringen begann.[38]

Kontakte mit den Einheimischen von Schuschenskoje gab es, obwohl Nadeschda in ihren *Erinnerungen an Lenin* nicht umhinkam, die notorische Trunkenheit unter den Bauern kritisch anzumerken. Immer wieder dachte das junge Paar daran, was wohl gerade in St. Petersburg passierte. »Wir träumten«, berichtete Nadeschda später, »von mächtigen Arbeiterdemonstrationen, an denen wir einmal teilnehmen würden«.[39] Gemeinsam mit Lenin übersetzte sie außer-

35 Geyer, Lenin, 84.
36 Ebd.; Service, Lenin, 154.
37 Krupskaja, Erinnerungen, 41.
38 Ebd.
39 Ebd., 43.

dem aktuelle politische Texte aus dem Englischen, aber auch Schriften über den deutschen Revisionismusstreit ins Russische. Bei aller Empörung über die Ansichten Eduard Bernsteins – Auslöser der Debatte und nach Meinung Lenins ein »Held des Opportunismus«[40] –, erfüllte ihn immerhin Karl Kautskys Haltung mit Genugtuung, ja sie wurde regelrecht zum Anker. Die Schriften des SPD-Mannes, den eine enge Zusammenarbeit mit Friedrich Engels auf seine Rolle als Chefideologe der deutschen Partei vorbereitet hatte, waren Pflichtlektüre unter den jungen Sozialdemokraten des Petersburger »Kampfbunds« gewesen. Kautskys Kritik an Bernstein maß Lenin folgerichtig die allergrößte Bedeutung bei und er sah sich nicht zuletzt bestätigt in seiner eigenen Ablehnung des Ökonomismus, den er auch als »Streikismus« bezeichnete.[41] Nicht anders als der prominente, in Deutschland wirkende Sozialdemokrat aus Prag pochte auch der russische Genosse in Sibirien auf die wissenschaftliche Basis des Sozialismus. Genau auf diese aber hatte es Bernstein abgesehen. Wenig hielt dieser dementsprechend von Weissagungen eines unmittelbar bevorstehenden »Zusammenbruchs der politischen Ordnung in Folge einer großen, allumfassenden Krisis des kapitalistischen Wirtschaftssystems«.[42] Selbiges galt für den Übergang zur sozialistischen Gesellschaft, den er sich als einigermaßen problematisch vorstellte. Was immer man unter der »Errichtung einer in allen Punkten streng kommunistisch geregelten Gesellschaft« verstehe, liege noch »in ziemlich weiter Ferne«. Ein »großer Krach, der womöglich mit einem großen Schwunge ins gelobte Land hinüberführt« war seines Erachtens völlig unrealistisch. Die Sozialdemokratie, meinte er, unterstelle Wunder, »ohne an Wunder zu glauben«.[43]

Dem Ärger über den »Verrat« am Marxismus standen allerdings auch weniger angespannte Phasen gegenüber. Soweit es die Arbeit an seinem Buch *Die Entwicklung des Kapitalismus in Russland* zuließ, frönte Lenin der Jagd, erlegte Hasen, ging fischen und durchstreifte mit seinem Hund die Umgebung oder fuhr Schlittschuh. Schuschenskoje oder »Schu-schu«, wie er es nannte, hielt er

40 Zit. nach Peter Kurth, Im Schatten Victor Adlers. Die österreichische Sozialdemokratie zwischen Wahlrechtskampf und Revisionismusstreit (1889–1907), Husum 1998, 178.

41 Vgl. LW, Bd. 4, 197f.; LW, Bd. 7, 485.

42 Kurth, Im Schatten, 180.

43 Zit. nach ebd., 181.

in Summe für ein gar nicht so übles Dorf. Ganz offenkundig war er sich darüber im Klaren, dass er es im Vergleich zu etlichen seiner Genossen nicht so schlecht getroffen hatte und »Schu-schu« ein ganz akzeptabler Platz war, um die Verbannung »abzusitzen«. Die Schneeschmelze zog sich freilich auch hier bis in den Sommer hinein und die Winterabende konnten sehr lange sein. Zuweilen widmete er sich dann auch der Lektüre von Romanen. Wie schon in seiner Jugend bevorzugte er Bücher von Turgenjew oder Tolstoj.[44] Von Dostojewskij mit seinen slawophilen Überzeugungen und einer mystisch-religiösen Weltanschauung hingegen hielt er gar nichts. Diesen »Mist«, so sein vernichtendes Urteil, ignorierte er.[45]

Die Beziehung zwischen Lenin und Nadeschda Krupskaja wurde später vor allem als Verbindung zweier Gleichgesinnter dargestellt, in der es, wenn überhaupt, nur ein Minimum an romantischen Gefühlen gab. Da Nadeschda das Verlöbnis womöglich erfunden oder zumindest vorweggenommen hatte, wirkte es außerdem so, als sei die Ehe aus Lenins Perspektive eher passiert, als dass sie dringend gewollt oder gar ersehnt worden war. Auch weil das Paar kinderlos blieb, mutmaßte eine an traditionellen Rollenbildern orientierte Nachwelt über die Dominanz geistiger Übereinstimmung der Eheleute und eine weitgehende Absenz anderweitiger Gefühle. Nadeschdas Andeutungen gegenüber der Schwiegermutter, die offenbar in ihren Briefen den Wunsch nach Enkelkindern zum Ausdruck gebracht hatte, ist allerdings zu entnehmen, dass das Ausbleiben von Nachwuchs nicht an der Enthaltsamkeit des jungen Paares lag. Trotzdem wurde – wenig schmeichelhaft – in diesem Kontext Nadeschdas äußere Erscheinung in vielen Darstellungen als eher unattraktiv beurteilt. Tatsächlich begannen aufgrund einer Basedow-Erkrankung ihre Augen im Laufe der Zeit immer deutlicher hervorzutreten. Lenins Schwester, die ihrerseits dem Familienneuzugang mit einer unverkennbaren Geringschätzung begegnete, verglich das Aussehen der Schwägerin deswegen gar mit dem eines Herings. Vorhandene Jugendfotos zeigen allerdings keineswegs eine Frau mit irgendeinem erwähnenswerten äußeren Makel. Lenin indessen, mit seinem schütteren Haar, der hohen Stirn und einer eher

44 Krupskaja, Erinnerungen, 46.
45 Andreas Guski, Dostojewskij. Eine Biographie, München 2018, 13.

gedrungenen Gestalt, gab womöglich seinerseits nur bedingt das Bild eines begehrenswerten Bräutigams ab, während Nadeschda der Vorstellung von einer aparten jungen Frau vielleicht sogar eher entsprach. Obgleich für ihn die Revolution immer an erster Stelle stand und auch seine Partnerin leidenschaftlich für dieses Ziel kämpfte, mangelte es den beiden Eheleuten allem Anschein nach nicht an gegenseitiger Zuneigung.[46] In den nachfolgenden Jahrzehnten gestaltete sich das Verhältnis allerdings immer wieder kompliziert und reduzierte Nadeschda oft auf die Rolle einer loyalen Gefährtin und einer »treuen Seele« in einem unsteten »revolutionären Leben«.

Grabenkämpfe

Reflexionen dieser Art hätte sich der spätere Revolutionsführer in einer Autobiografie mit ziemlicher Wahrscheinlichkeit erspart. Wichtig waren andere Dinge. Zum Beispiel die Frage der Aufgaben der russischen Sozialdemokratie. Und er war nicht der Einzige, der sich über dieses Thema Gedanken machte. Auch Pawel Axelrod, der deutsche Diskussionen über die Frage der Zukunft der SPD als einer »Volkspartei« reflektierte, setzte sich mit dem Problem eines womöglich drohenden Verharrens der Arbeiterbewegung im Alltag des Arbeitskampfes auseinander, mit dem fehlenden politischen Bewusstsein des Proletariats und mit der Notwendigkeit von Bündnissen. Die zersplitterten Feinde der absolutistischen Ordnung sollten für einen gemeinsamen Ansturm gewonnen werden, die sozialdemokratische »Avantgarde« des Proletariats müsse allerdings als Vorkämpferin der Demokratie auftreten.[47] Axelrod skizzierte im Zusammenwirken mit einem immer noch schwachen, aber, wie er meinte, an Einfluss zunehmenden Liberalismus ein erfolgversprechenderes Modell für die Weiterentwicklung der russischen Sozialdemokratie. Das übergeordnete Ziel von der Überwindung der Autokratie sollte der Fixiertheit auf Streikbewegungen und dem Verzicht auf Kooperation entgegenwirken. Das Potenzial des Widerstands, wie es Axelrod beschwor, konnte Lenin nicht ausmachen. Eine tiefgehende Ablehnung der Autokratie legte nach seinem Ermessen lediglich das Proletariat an den

46 Vgl. Service, Lenin, 160f.
47 Vgl. Geyer, Lenin, 47–80.

Tag. Alle anderen Teile der russischen Gesellschaft blieben, war er überzeugt, verführbar gegenüber etwaigen Zugeständnissen des Regimes. Und das galt vor allem für die Liberalen. Er sträubte sich aber nicht gegen Bündnisse im Sinne von Zweckgemeinschaften und hielt in der in Sibirien verfassten Schrift *Die Aufgaben der russischen Sozialdemokraten* explizit fest: »Die Sozialdemokraten unterstützen jede revolutionäre Bewegung gegen die jetzige Gesellschaftsordnung, jede unterdrückte Völkerschaft, jede verfolgte Konfession, jeden erniedrigten Stand usw. in ihrem Kampf um Gleichberechtigung.«[48] Vorkämpfer »für politische Freiheit und demokratische Einrichtungen« könne aber – hier war er mit Axelrod d'accord – nur das Proletariat sein. Eine »Verschmelzung der demokratischen Tätigkeit der Arbeiterklasse mit dem Demokratismus der übrigen Klassen und Gruppen« würde hingegen die »Kraft der demokratischen Bewegung« und »den politischen Kampf schwächen«, ihn »weniger entschlossen, weniger konsequent gestalten und mehr Raum für Kompromisse geben«.[49] Lenins Vorstellungen von den bevorstehenden Aufgaben strebten demgegenüber einer Homogenität der »Bewegung« zu, die in die Forderung mündete: »Alle wahren und konsequenten Demokraten in Rußland müssen Sozialdemokraten werden.«[50] Später, in einem Brief an seinen Kameraden Alexander Potresow, der sich ebenfalls in sibirischer Verbannung befand, machte er überdies klar, dass bloßen »Bundesgenossen« keine »Gleichberechtigung« zugestanden werden könne. Sie müssten hintendrein nachfolgen oder – mit Lenins Worten – »im Nachtrab einherziehen«, und das »manchmal sogar ›zähneknirschend‹«.[51] Lenin wollte andere politische Gruppierungen lediglich »utilisieren«, wie er wortwörtlich vermerkte.[52]

Im Text über die Aufgaben der russischen Sozialdemokraten rief er die »Petersburger Arbeiter und Sozialisten« außerdem dazu auf, sich mit revolutionärer Disziplin und der Perfektionierung konspirativer Arbeit gegen die Macht der Ochrana zu stemmen. Er, der selbst zum Opfer behördlicher Verfolgung geworden war, erteilte nun von Sibirien aus Ratschläge, um weitere Massenverhaftungen

48 LW, Bd. 2, 336.
49 Ebd., 338f.
50 Ebd., 339.
51 LW, Bd. 34, 13.
52 Ebd.

zu vermeiden. Er hob die Bedeutung lediglich kleiner Führungsgruppen hervor, die einer Vielzahl von Mitstreitern spezialisierte Aufgaben zuteilen sollten. Die Größe und die Ausstrahlung der solcherart verfügbaren Netzwerke sowie die Konzentration auf einen stark reduzierten Kern von Strategen sollte demnach die Methoden der Geheimpolizei unterlaufen, die überall Spitzel einschleuste und durch Einschüchterung die Zahl von Verrätern, die dann gemeinsame Sache mit der Geheimpolizei machten, zu mehren trachtete.[53]

Ohne Zweifel beeinflusste die eigene Erfahrung von Haft und Verbannung Lenins Ansichten über den einzuschlagenden Weg der russischen Sozialdemokratie nachhaltig. Trotzdem brach er die Brücken zu jenen, die anderen Konzepten nachhingen, nicht ab. Immer noch ging es vorrangig um die Sammlung von Kräften für den Kampf gegen die Zarenherrschaft.

Rezepte

Dem frühen Pochen Lenins auf ein Spezialistentum trainierter Berufsrevolutionäre schien überdies nicht nur das eigene, sondern auch das Schicksal jener Genossen Recht zu geben, die im März 1898 in Minsk die Sozialdemokratische Partei gründeten. Kurz nach dem denkwürdigen Ereignis, mit dem Lenin entgegen einem sich hartnäckig haltenden Irrtum nichts zu tun hatte, wurden sie verhaftet.[54] Ungeachtet dessen war die Geburt der Partei ein wirkmächtiges Symbol. Sie markierte einen Anfang, der Kontinuität verhieß und zum Bezugspunkt nachfolgender Bemühungen um ein organisatorisches Fundament wurde. Pjotr Struwe »adelte« die Tat der neun Delegierten, die sich in Minsk zusammengefunden hatten, mit einem nachträglich verfassten Manifest. In ihm beschwor er die »Traditionen der gesamten vorangegangenen revolutionären Bewegung in Rußland«.[55] Und er versah die Neugründung mit einem Namen, den sie sich selbst so gar nicht gegeben hatte.

Die nunmehrige Sozialdemokratische Arbeiter-Partei Rußlands (SDAPR) spiegelte in vielerlei Hinsicht die Dilemmata der russi-

53 Ebd., 352f.

54 Vgl. Dittmar Dahlmann, Die gescheiterte Revolution – Russland 1905–1907, in: Josef Kreiner (Hg.), Der Russisch-Japanische Krieg (1904/05), Göttingen 2005, 117–136, 121.

55 Zit. nach Geyer, 109.

schen Sozialdemokratie wider: Kaum ins Leben gerufen, landeten die Repräsentanten der verschiedenen Gruppen, die zumindest am Papier eine gemeinsame Partei geschaffen hatten, im Gefängnis. Die Gefahr, am Überwachungssystem des Zarenreichs zu scheitern, bevor konkrete Schritte gesetzt werden konnten, war damit ein weiteres Mal belegt. Die in Minsk erfolgte Einigung vermochte zudem kaum zu verwischen, wie wenig es gelungen war, grundsätzliche Hindernisse auf dem Weg zu einer tatsächlich geschlossenen Partei zu überwinden. Nicht zuletzt die spezifischen Probleme des zarischen Vielvölkerreichs kamen in diesem Zusammenhang zum Vorschein. Vor dem Hintergrund der Konflikte zwischen der Polnischen Sozialistischen Partei (Polska Partia Socjalistyczna, PPS) und dem »Allgemeinen Jüdischen Arbeiterbund« vollzog sich ein vager Zusammenschluss, der viele grundsätzliche Fragen betreffend die Organisation einer Partei in einem multinationalen Staat offenließ. Das Recht auf Selbstbestimmung hatten russische Sozialdemokraten jedenfalls bereits im Rahmen des Internationalen Sozialistischen Arbeiter- und Gewerkschaftskongresses in London anerkannt. Trotzdem ergab sich nun ein schiefes Bild gegenüber den Polen, die jetzt abseits geblieben waren. Die Konflikte zwischen PPS und der »Sozialdemokratie Russisch-Polens« mit Rosa Luxemburg als Galionsfigur ließen zusätzliche Probleme erwarten.[56] Darüber hinaus fehlte ungeachtet des erwähnten Manifests ein Programm. Für dessen Ausarbeitung hatten »Kraft und Zeit nicht ausgereicht«.[57]

Die russischen Sozialdemokraten im Exil nahmen zunächst kaum Notiz von den Vorgängen in Minsk, sondern widmeten sich der Frage nach der weiteren Entwicklung der Arbeiterbewegung im Zarenreich vielfach nach altem Muster. Sozialismus und politischer Kampf firmierten als untrennbare Leitlinie. Doch die Differenzen zwischen der Gruppe »Befreiung der Arbeit« mit Plechanow, Axelrod sowie Vera Sassulitsch an der Spitze und einer jüngeren Generation von Emigranten begann sich mehr und mehr zuzuspitzen. Allen voran rebellierte Sergej Prokopowitsch gegen die »Alten« und hielt ihnen mangelnden Realitätssinn vor. Er sah »Feldherren« ohne

---

56 Ebd., 126.
57 Zit. nach ebd., 106.

Armee und »Fernfuchtelei« mit dem »Pappschwert«[58], zudem Ziele, die sich an Intellektuelle richteten, nicht aber an das Proletariat. Dieses habe sich »nicht den Sturz des Absolutismus« zur Aufgabe gemacht, sondern den »›ökonomischen Kampf‹ um die eigenen Nöte und Interessen«. Wer ihm »eine politische Zielsetzung auferlegen wolle«, werde die Arbeiter lediglich »gegen das Joch der Intelligenz« aufbringen.[59] Das waren deutliche Worte. Lenin, der im Gegensatz zum »Auslandsbund russischer Sozialdemokraten« die Gründung der Partei in Minsk sehr wohl als bedeutsamen Schritt zur »Verschmelzung« von Sozialdemokratie und Arbeiterschaft wahrnahm, stellte sich auf die Seite der Veteranen und damit gegen die »Jungen«, wetterte gegen die Ökonomisten und erklärte den Sturz der Selbstherrschaft in Russland zu einem genuinen Ziel der Arbeiterschaft, ja zu ihrer ersten Aufgabe.[60] Schon damals, meinte Lenin später, hatten die »Alten« eine »Organisation der Revolutionäre« vertreten, »der die verschiedenen Arbeiterklassen, die Propagandazirkel der studierenden Jugend u. dgl. untergeordnet sein müßten«.[61]

Die aufgezeigten Gräben wurden nur notdürftig zugeschüttet, bis es im Frühjahr 1900 zum Bruch kam, begleitet von »hysterischen Anfällen« und Handgreiflichkeiten.[62] Die Mitglieder des »Auslandsbundes« und Plechanows Gruppe »Befreiung der Arbeit« wollten von nun an getrennte Wege gehen.[63] Die Position eines Führers der russischen Sozialdemokratie war ganz offensichtlich angreifbar geworden. Ins Abseits manövrierte er sich allerdings selbst. Seine übertriebenen Angriffe gegen den »Auslandsbund« bzw. die Redaktion der Zeitung *Rabotscheje Delo* unterstellten eine fortgesetzte Propagierung des Ökonomismus, obwohl sich dort anscheinend jene durchgesetzt hatten, die um Sachlichkeit und Ausgleich bemüht waren.[64] Die Empörung Plechanows schoss weit übers Ziel und leitete eine Isolierung ein, die langfristig seinen früheren Sonderstatus untergrub.

58 Zit. nach ebd., 133.
59 Zit. nach ebd., 132.
60 LW, Bd. 4, 259.
61 Wladimir Iljitsch Lenin, Was tun? Brennende Fragen unserer Bewegung, Leipzig 1973, 45.
62 LW, Bd. 34, 32.
63 Geyer, Lenin, 203f.
64 Ebd., 192f.

»Credo«

Doch die alten Autoritäten wankten auch anderswo. Nach dem Tod von Friedrich Engels im Sommer 1895 musste die deutsche Sozialdemokratie ohne den »Urquell der Wahrheit« auskommen.[65] Umso schwerer fiel es, im Revisionismusstreit den Kurs zu halten. Mit Eduard Bernstein hatte sich ein Fürsprecher pragmatischer Politik zu Wort gemeldet, der – ganz anders als Lenin – keine Zertrümmerung bestehender Verhältnisse propagierte. Er sah vielmehr erstrebenswerte Etappenziele, die nach seinem Dafürhalten den Verzicht auf eine »utopistische Eschatologie« aufwogen.[66] Der Sozialismus erschien nicht als »fest umrissener Endzustand«, sondern äußerte sich demzufolge nur als »eine allgemeine Tendenz oder Richtung der gesellschaftlichen Höherentwicklung« und auf diese Weise war, so Bernstein, »das Endziel, was immer es sein mag, nichts, die Bewegung alles«.[67] Während sich Karl Kautsky als Reaktion darauf darum bemühte, Weg und Ziel nicht als sich ausschließende, sondern einander ergänzende Kategorien zu präsentierten, riefen Bernsteins Auffassungen einen erzürnten Georgij Plechanow auf den Plan. Dessen wutschnaubende Angriffe gegen Bernstein brachten selbst jene auf Distanz, die gewillt waren, seinen Entgegnungen auf inhaltlicher Ebene zu folgen. Da Plechanow sich noch dazu einer Argumentationsweise befleißigte, die nach Karl Kautskys Worten den Massen »schnuppe« und obendrein unverständlich war, schien sich das Bild vom abgehobenen Intellektuellen, dem es an Verständnis für die realen Anliegen der Arbeiterschaft fehlte, zu bestätigen.[68]

Die russische Marxismus-Kritik reflektierte den deutschen Revisionismusstreit auf ihre Art, und zwar schon deshalb, weil sich dahinter nicht zuletzt die Herausbildung der Liberalen vollzog. Sie kreiste nicht nur um die konkreten Aufgaben der Sozialdemokratie, wie sie der erwähnte Prokopowitsch angesprochen hatte, sondern – hier wiederum wie in Deutschland – auch um Kernpunkte der marxistischen Lehre und damit um die grundlegenden Voraussetzungen sozialdemokratischer Politik. Vor diesem Hintergrund erschien

65 Zit. nach ebd., 142.
66 Ebd., 144.
67 Gerd Koenen, Die Farbe Rot. Ursprünge und Geschichte des Kommunismus, München 2017, 443.
68 Zit. nach Geyer, Lenin, 151.

etwa Pjotr Struwe die Haltung Plechanows als die eines Gestrigen, der »auf völlig hoffnungslose Positionen besteht«. »Die Wirklichkeit« habe die »Orthodoxie längst zum Teufel gejagt«.[69] Trotz aller Verwerfungen ging es aber nicht um eine komplette Demontage des Marx'schen Lehrgebäudes. Die Absage an den theoretischen »marxistischen Revolutionsbegriff« ging vielmehr mit der »persönlichen Bereitschaft zu revolutionärem Einsatz« einher. Das war es auch, was den »russischen Revisionismus« so besonders machte.[70] Für Lenin war das keine akzeptable Verbindung, eher ein fauler Kompromiss. Die Marxismus-Kritik Struwes, mit dem er auf vielfältige Art und Weise auch in Sibirien in Verbindung geblieben war, stieß ihn ab. Für einen Bruch reichte das aber noch nicht, eine Gesprächsbasis blieb bestehen. Struwes Hoffnungen, Lenin würde einem gläubigen Dogmatismus entsagen, erfüllten sich jedoch nicht – im Gegenteil.

Mehr noch aber als die Standpunkte Struwes brachten Lenin die Überlegungen Jekaterina Kuskowas, der Ehefrau Sergej Prokopowitschs, in Rage. Das *Credo* einiger Petersburger Sozialdemokraten, das Kuskowa zu Papier gebracht hatte, wollte Lenin nicht unwidersprochen lassen. Das »erbärmliche Wortgeklingel«,[71] so Lenin, sollte als Anhäufung inhaltsloser Phrasen entlarvt werden. Der Text, den er daraufhin verfasste, gelangte von Sibirien in die Schweiz, um dort unter dem Titel »Protest russischer Sozialdemokraten« veröffentlicht zu werden. In Kuskowas Schrift wiederum, die Lenin seinen eigenen Kommentaren voranstellte, wurde den russischen Marxisten der Rat erteilt, sich am »wirtschaftlichen Kampf des Proletariats« zu beteiligen, den Plan einer eigenen Partei aufzugeben und sich nicht über die von der russischen Wirklichkeit abweichenden Entwicklung des Proletariats im Westen hinwegzutäuschen. Fast überall habe dort »die Arbeiterklasse als Klasse die demokratischen Einrichtungen nicht« selbst »erkämpft«, sondern »sie benutzt«.[72] Im Zarenreich gingen die Uhren in jeder Hinsicht anders. Trotzdem sei so etwas wie Optimismus angebracht. Die russische Regierung hatte angesichts des Ausmaßes der vergangenen großen Streiks im Land immerhin

69 Zit. nach ebd., 164.
70 Ebd., 167.
71 Zit. nach ebd., 19.
72 LW, Bd. 4, 165.

mit einem Fabriksgesetz reagiert, das die tägliche Arbeitszeit einheitlich auf elfeinhalb Stunden festlegte, Nacht- sowie Frauen- und Kinderarbeit neu regelte und verbindliche Feiertage anordnete.[73] Solche Konzessionen wurden als Erfolg der vergangenen Kämpfe gewertet. Müsse man sich nicht jetzt, so fragte Kuskowa schließlich, auf die Fortsetzung der bisherigen, offenbar vielversprechenden Anstrengungen konzentrieren?

Lenin aber dachte völlig anders. Über die Unzulänglichkeiten der staatlichen Arbeitsschutzpolitik hatte er sich bereits bei früherer Gelegenheit ausgelassen.[74] Gemessen an den Forderungen des SPD-Programms mit dem dort verankerten Kampf für einen Achtstundentag, nahmen sich die russischen Errungenschaften tatsächlich einigermaßen dürftig aus. Nun ging es jedoch ohnehin um viel mehr, um Prinzipielles, um Weichenstellungen. Lenin echauffierte sich über den im *Credo* ausgebreiteten »Vulgärsozialismus«, bezeichnete den angeratenen Verzicht auf eine selbstständige Arbeiterpartei als Unding und hob die augenscheinliche Notwendigkeit hervor, die »Theorie des revolutionären Marxismus« vor »Entstellungen und Verflachungen« zu bewahren. Die »Eroberung politischer Freiheit« müsse Sache der russischen Arbeiter sein, wobei die Sozialdemokratie nicht vergessen dürfe, »mit der Ausdehnung der Bewegung« auch andere Teile der Bevölkerung, wie etwa »die Landarbeiter« oder die »Millionen der ruinierten und Hungers sterbenden« Bauern, »in die Reihen der von ihr organisierten Arbeitermassen« miteinzubeziehen.[75] Auch er reflektierte damit Diskussionen über eine »Volkspartei« bzw. über die Agrarfrage, die am Anfang des deutschen Revisionismusstreits gestanden war.[76] Mit seiner Warnung vor naiv anmutenden Hoffnungen auf eine schrittweise Annäherung zwischen Forderungen der Arbeiterschaft und Reformangeboten der Regierung nahm Lenin außerdem die Schaffung polizeilich kontrollierter Gewerkschaften vorweg. Sie entstanden auf Betreiben der Ochrana und erhielten durchaus Zulauf. Tatsächlich versetzten diese – allerdings kurzlebigen – Organisationen die russische

73 Geyer, Lenin, 88.
74 Ebd., 88f.
75 LW, Bd. 4, 174.
76 Vgl. dazu u. a. Karl Kautsky, Das Werden eines Marxisten (1924). https://www.marxists.org/deutsch/archiv/kautsky/1924/xx/werden.htm (27.2.2023).

Sozialdemokratie in Angst und Schrecken. Eine Streikwelle beendete ihre ungewöhnliche Existenz, die von Vorstellungen einer uneingeschränkten Kontrolle und der Verhinderung größerer Arbeiterproteste ausgegangen war.[77]

Lenin verfasste seine Entgegnung nicht zuletzt als Appell an alle sozialdemokratischen Gruppen und Arbeiterzirkel in Russland, sich zu den strittigen Positionen zu äußern und Stellung zu beziehen. Alle »Meinungsverschiedenheiten« sollten bereinigt und die »Organisierung und Festigung der Sozialdemokratischen Arbeiterpartei Rußlands« beschleunigt werden.[78] Lenins Aufruf verdeutlichte die Sorge um die Zukunft der Sozialdemokratie im Zarenreich. Gleichzeitig formulierte er bereits deren Führungsanspruch. Gegenüber seiner Schwester Anna hatte er offenbart, dass ihm die »Polemik mit den eigenen Leuten unangenehm« sei. Differenzen aber, setzte er hinzu, dürften nicht ignoriert werden, das sei »geradezu schädlich«.[79] Es dauerte freilich nicht lange und er schimpfte über eine lautstark eingeforderte »Freiheit der Kritik«, die nichts anderes als »Eklektizismus und Prinzipienlosigkeit« anzubieten habe.[80]

Klar hervorgehoben hatte Lenin mit seinen Ausführungen wider das *Credo* der Ökonomisten das Festhalten an einem Marxismus ohne Verfälschungen. Diese, meinte er, würden »zur Mode gewordenen Theorien« immer wieder zusetzen.[81] Der Text verwies zudem auf die eigenen Anstrengungen, in mühevoller Arbeit zu beweisen, dass die kapitalistische Entwicklung in Russland sich für die Marx'schen Theorien qualifiziert hatte. In der Verbannung widmete sich Lenin mit großer Energie seinem Opus magnum. Für das Monumentalwerk *Die Entwicklung des Kapitalismus in Russland*, das alle Facetten der Herausbildung kapitalistischer Wirtschaft im Romanowimperium beleuchten wollte, trug er akribisch eine Unmenge von Materialien zusammen. Seine Mutter und die Schwestern bat er unentwegt, ihm bestimmte Zeitschriften und Bücher, aber auch greifbare Zusammenstellungen behördlicher Daten zu besorgen und

---

77 Vgl. Adam B. Ulam, Die Bolschewiki. Vorgeschichte und Verlauf der kommunistischen Revolution in Rußland, Köln/Berlin 1965, 213f.

78 LW, Bd. 4, 175.

79 W. I. Lenin, Briefe, Bd. X: Briefe an die Angehörigen 1893–1922, Berlin 1976, 161.

80 Lenin, Was tun?, 32.

81 Lenin, Briefe, Bd. X, 174.

nach Schuschenskoje zu senden. Seine Gedanken kreisten ständig um bestellte Bücher und Zeitschriften, die aus irgendeinem Grund auf sich warten ließen oder verspätet eintrafen.[82]

Doch augenscheinlich fanden immer noch genügend Druckwerke den Weg nach Schuschenskoje. Nicht umsonst mussten am Ende von Lenins Aufenthalt in Sibirien fast 250 Kilogramm Bücher eingepackt werden. Nichts, was an aktueller Literatur vorhanden war, sollte ihm entgehen. Vor allem galt dies in Hinblick auf die Arbeit an seiner Studie. In ihr trat er mit einer Vielzahl von Tabellen und Belegen den – aus seiner Sicht – unverrückbaren Beweis an, dass auch die russische Agrarwirtschaft bereits »unter den Bedingungen der Warenproduktion« existierte und »alle Merkmale kapitalistischer Veränderungen« aufwies.[83]

Posthum bemängelten Kritiker an Lenins Buch die Überbetonung der klassenmäßigen Differenzierung der Bauernschaft mit fragwürdigen Definitionsrahmen für »proletarische Höfe«, Mittel- und kapitalistische Bauern. Dass er gründlich gearbeitet hatte, wurde jedoch nicht bestritten.[84] Insgesamt ging das als »Meisterstück« angelegte Werk ziemlich unter. Zeitgenössische Rezensenten beachteten es kaum. Es gab in Summe nur wenige Besprechungen, von denen die meisten nicht gerade euphorisch ausfielen. Trotzdem war nicht zu leugnen, dass der Autor klare Thesen vertrat. Der Bauernfrage maß Lenin eine eminente Bedeutung bei. Und er setzte alles daran, sie in geeigneter Form auch im Rahmen eines Programms der russischen Sozialdemokratie zu berücksichtigen. So »unsinnig« es wäre, meinte er in seinem 1899 zu Papier gebrachten Programmentwurf, »die Bauernschaft zum Träger der revolutionären Bewegung zu proklamieren«, so unvernünftig erschien ihm das Ignorieren von »revolutionären Elementen« auch in ihren Reihen.[85]

---

82 Ebd., 163.

83 Leszek Kolakowski, Die Hauptströmungen des Marxismus. Entstehung, Entwicklung, Zerfall, Bd. 2, München/Zürich 1978, 422.

84 Vgl. Heinz-Dietrich Löwe, Lenins Thesen über Kapitalismus und soziale Differenzierung in der vorrevolutionären Bauerngesellschaft. Eine Kritik, in: Jahrbücher für Geschichte Osteuropas 32 (1984), 72–113.

85 LW, Bd. 4, 238.

Erneuerung

Gerade die letzte Phase in Verbannung empfand Lenin als eine Zeit höchster Anspannung. Seine Nerven lagen blank. Tobsuchtsanfälle und Nervenzusammenbrüche prägten aber auch die kommenden Jahre, als interne Meinungsverschiedenheiten einen Bruch zwischen ehemals Verbündeten nach sich zogen. In Sibirien belastete ihn nicht zuletzt der erbitterte Kampf um Aufmerksamkeit. Trotz der erzwungenen Abgeschiedenheit wahrgenommen bzw. gehört zu werden, war schwierig und immer wieder mit Rückschlägen verbunden. Informationen über das, was sich innerhalb der russischen Sozialdemokratie im Exil sowie im Zarenreich selbst abspielte, erreichten ihn oft nur mit Verzögerung. Sich ein halbwegs authentisches Bild von den tatsächlichen Vorgängen zu machen, war alles andere als einfach. Als prägend erwies sich wohl das Gefühl des Kontrollverlusts und des Ausgeschlossen-Seins. Abweichungen von festgeschriebenen Doktrinen nahm Lenin vor diesem Hintergrund mehr und mehr als hinderlich, ja schädlich für die Zukunft der Sozialdemokratie im Zarenreich wahr. Die Vielfalt von Meinungen und Strömungen, die er, so gut es ging, vom Verbannungsort aus mitverfolgte, bedingte allem Anschein nach Chaos. Die Richtungsstreitigkeiten, die nun ausbrachen, machten seine eigenen Überlegungen regelrecht obsolet. Sie rührten an Prinzipiellem. Während Lenin in Sibirien daran arbeitete, den Marxismus immer noch in dezidierter Abgrenzung zum Narodnitschestwo sowie im Sinne einer für Russland unausweichlichen Perspektive darzulegen, nahmen die Differenzen unter den Sozialdemokraten im In- und Ausland überhand. Lenins Polemiken gegen die Volkstümler wirkten jetzt regelrecht deplatziert oder zumindest nebensächlich. Eine Zerstörung des bisher Erreichten erschien möglich, der Traum von der großen Umwälzung und dem Ende der Autokratie drohte in noch weitere Ferne als bisher zu rücken. Alles, womit er sich in den vergangenen mehr als zehn Jahren befasst hatte, wurde infrage gestellt. »Großmäulige ›Erneuerer‹«, schimpfte er, drängten sich in den Vordergrund, Unberufene reduzierten die marxistische Lehre auf einen mehr oder weniger apolitischen Lohnkampf und das Ringen um Zugeständnisse seitens der Unternehmer.[86] Am Ende aller

86 Zit. nach Geyer, Lenin, 183.

Anstrengungen sollte nun keine Revolution, d.h. eine Beseitigung der bestehenden Ordnung stehen, sondern eine Konstitution. Der Umsturz des Regimes wurde als mehr oder weniger unerreichbares, ja nicht einmal mehr anzustrebendes Ziel bezeichnet. Die Einschätzung, wonach der Kapitalismus nicht nur Ausbeutung, sondern auch Fortschritt bedeutete und insofern auch Vorteilhaftes für das Proletariat bereithielt, ließ ihn als natürlichen Verbündeten im Kampf um eine demokratische Entwicklung erscheinen. Die Schlussfolgerungen, die daraus gezogen wurden, befürworteten ein Zusammengehen mit liberalen Positionen.

Lenin quittierte solche Anschauungen mit blankem Entsetzen. Aber nicht nur er: Die allermeisten der nach Sibirien verschickten Kampfbund-Mitglieder teilten seine Abscheu. Auch Julij Martow, der sich vehement gegen die vermeintlichen Fehlentwicklungen stemmte.[87] Unvermeidlich war bei alledem ein Blick zurück – nur so konnte verständlich gemacht werden, warum und wie auf die aktuellen Probleme reagiert werden musste. In seinem Entwurf eines »Programms unserer Partei« reflektierte Lenin vergangene Standpunkte und berief sich dabei auf Plechanows Gruppe »Befreiung der Arbeit« bzw. deren Grundsätze. Obwohl er diese immer noch teilte – darunter die dezidierte Forderung nach dem »Übergang aller Produktionsmittel und Produktionsgüter in gesellschaftliches Eigentum«, nach der »Eroberung der politischen Macht durch die Arbeiterklasse« oder der »kommunistischen Revolution« –, plädierte er für zeitgemäße Änderungen. Und er sprach sich für eine klare Trennung von jenen Kräften aus, die bestrebt waren, die »›goldene Mitte‹ zwischen Proletariat und Bourgeoisie« einzunehmen. »Nachgeahmt« werden sollte, so Lenin, das Erfurter Programm der deutschen Sozialdemokratie, das 1891 entstanden war und eine stärkere Orientierung der Partei an der »orthodoxen« marxistischen Lehre beinhaltete. Lenin selbst verwendete diesen Ausdruck, wobei er »Nachahmen« nicht als bloßes »Abschreiben« vom deutschen Vorbild verstand. So empfahl er Adaptionen, die den spezifischen russischen Verhältnissen angepasst sein sollten und Etappenziele beinhalteten.[88] Angesichts der im Zarenreich

87 Israel Getzler, Martov. A Political Biography of a Russian Social Democrat, Melbourne 1967, 44.
88 LW, Bd. 4, 229.

bestehenden Selbstherrschaft sei zunächst die Forderung nach einer »demokratischen Verfassung« ausreichend.[89] Hier gab er sich noch bei Weitem zahmer als nach Ende seiner Verbannung. Dem Terror als Kampfmittel schwor er aber schon damals nicht grundsätzlich ab. Er hielt ihn lediglich unter den gegebenen Umständen für wenig zielführend, räumte aber etwaige Änderungen der Taktik ein.[90] Für zentral erachtete er u.a. die »Darlegung des Klassenkampfes des Proletariats als Grundlage unserer Bewegung« und die Auseinandersetzung mit »der Notwendigkeit des politischen Charakters des Klassenkampfes«.[91]

Wer an einem neuen Parteiprogramm feilte, musste sich gezwungenermaßen auch mit Fragen der Organisation befassen. Die von Beginn an schwachen Strukturen der 1898 gegründeten Partei hatten sich binnen kürzester Zeit wieder in Luft aufgelöst. Ein Zusammenhalt zwischen den einzelnen lokalen Organisationen fehlte. Was war also naheliegender, als ein verbindendes Zentrum zu etablieren und die Herausgabe einer Zeitung voranzutreiben, die für Orientierung und eine klare Leitlinie sorgen sollte?[92] »Die Gründung der Partei« bleibe bedeutungslos ohne ein entsprechendes Periodikum, mahnte Lenin.[93] Als er Anfang 1900 Schuschenskoje verließ, hatte er die Pläne für ein Parteiorgan bereits im Kopf. Dieses, schrieb er später, sollte nichts weniger sein als ein »kollektiver Organisator«.[94]

Die Zeit, die Lenin in Sibirien verbrachte, nötigte ihn angesichts der vielfach betriebenen Neuorientierung des Marxismus bzw. des Wandels sozialdemokratischer Politik zu einer klar kommunizierten Standortbestimmung. Sein Aufenthalt in Sibirien ist – unabhängig von den Rahmenbedingungen des Zwangsaufenthaltes und dem oft herangezogenen Vergleich mit den brutalen Unterdrückungssystemen nach 1917 – in Summe als Reifungsprozess zu begreifen, in dem sich etliche der später so kompromisslos vertretenen Ansichten herauszubilden begannen. Der angehende Revolutionsführer entwickelte diese in dem Bewusstsein und mit der tiefen Überzeugung,

89 Ebd., 233.
90 Ebd., 232f.
91 Ebd., 247f.
92 Vgl. ebd., 209.
93 Ebd., 213.
94 LW, Bd. 5, 518.

das Erbe des Marxismus zu bewahren. Die Bedeutung des Revisionismusstreits kann in diesem Zusammenhang gar nicht hoch genug eingeschätzt werden. Mit seinem Vorhaben, marxistische Prinzipien vor den Angriffen der »Ketzer« zu schützen, maßte sich Lenin etwas an, was die diesbezüglichen Lehren in den Augen mancher gar nicht erst hergaben. So zumindest betrachtete Friedrich Engels die geistige Verlassenschaft des Freundes, deren Auslegung freilich gerade er zu lenken versuchte, nicht als quasi-biblische Weisheiten mit unumstößlichen Vorgaben. Die Art und Weise, wie sich russische Sozialdemokraten den Schriften von Karl Marx annäherten, erinnerte ihn demgegenüber an die Exegese von »Textstellen aus den Klassikern oder aus dem Neuen Testament«.[95]

Schon Marx selbst, der sich bekanntlich skeptisch über die Existenz des »Marxismus« geäußert und nach Handlungsanleitungen suchenden Eiferern einen Korb gegeben hatte, spöttelte immer wieder über das »Auswendiglernen« bestimmter Texte durch seine Anhänger oder über den Glauben an irgendwelche »Heilsbotschaften«, für die er sich weder zuständig noch verantwortlich fühlte. Die Widersprüchlichkeit der Interpretationen, die marxistische Schriften nach sich zogen, und die Borniertheit insbesondere der russischen Diskutanten irritierten. Deren »Glaubensstreit« untermauerte den Eindruck von der Verschrobenheit der Kontrahenten und deutete außerdem auf das immer noch bestehende Ungleichgewicht zwischen den bestehenden sozialdemokratischen Zirkeln und der russischen Arbeiterschaft hin. Von den Querelen unter den sogenannten »Intelligenty« blieb das Proletariat freilich mehr oder weniger unberührt. Lenin selbst geißelte später die Weltfremdheit der Emigrantenkreise aus dem Zarenreich, die das oft unsichere Leben im Exil deformiert hatte. In endlosen Kaffeehausdebatten redeten sie sich in Rage und bauschten Kleinigkeiten zur Bedeutsamkeit auf. Lenin hingegen wählte nach eigener Wahrnehmung den Weg der Praxis. Und er machte klar, was er unter »Orthodoxie« bzw. unter einer »rechtmäßigen« Auslegung der Marx'schen Lehren verstand: die revolutionäre Sozialdemokratie.[96]

95 Victor Sebestyen, Lenin. Ein Leben, Berlin 2017, 180.
96 W. I. Lenin, Ein Schritt vorwärts, zwei Schritte zurück, Berlin 1951, 92.

3
AM ANFANG WAR DIE PARTEI

Der Funke

Dass sich die russischen Sozialdemokratie 1903 auf ihrem Parteitag in London in Lenins Bolschewiki einerseits und die Menschewiki andererseits spaltete, lässt sich in jedem Geschichtslexikon nachschlagen. Hinsichtlich der Gründe, die diesen Bruch herbeiführten, bleibt es meist bei dem kurzen Hinweis, wonach sich Lenin für eine Kader-, die andere Seite für eine Massenpartei ausgesprochen habe. In die Darstellung dieser Entzweiung mischten sich rückwirkend außerdem moralisierende Bewertungen, die – in der westlichen Hemisphäre – zu Ungunsten der Bolschewiki ausfielen und hier den Ursprung nachfolgender Fehlentwicklungen erkannten. Lässt sich die Kluft, die sich damals auftat und zwei Gruppen hinterließ, bereits als bestimmende Zäsur beschreiben? Ging es hier schon um jene Weichenstellungen, die für 1917 die Parteidiktatur als Richtung vorzugeben begannen? Standen den Lenin'schen Losungen aufseiten der widerstrebenden Genossen alternative Konzepte für einen ganz anderen Weg gegenüber? Welche Differenzen trieben die russischen Sozialdemokraten so weit auseinander, dass aus Weggefährten unversöhnliche Rivalen werden konnten? Hatte Lenin die sibirische Verbannung nicht mit dem Ziel verlassen, eine starke, einige Partei zu schaffen?

Tatsächlich bemühte sich Lenin in den ersten Monaten nach dem Ende der Verbannung und im Hochgefühl seiner wiedererlangten Freiheit sehr viel eher um Konsens als um Abgrenzung. Zuvor geradezu überhandnehmende Ängste vor dem Abdriften der russischen Sozialdemokratie in eine rein ökonomistische, reformorientierte und – wie er meinte – apolitische Richtung wichen vielversprechenden Perspektiven, die solche »Verirrungen« neutralisierten. Vor allem ging es in dieser Phase um konkrete Arbeit, d.h. um die Realisierung des Plans für die Gründung gleich zweier Zeitungen, welche die Namen *Iskra* (»Der Funke«) und *Sarja* (»Morgenröte«) erhalten sollten. Letztere war als theoretischer »Ableger« der *Iskra* konzipiert worden.

Pskow, eine Stadt in der Nähe des Pejpussees, etwa 300 Kilometer südwestlich von St. Petersburg, wurde zum vorläufigen Hauptquartier einer Troika, die aus Lenin, Alexander Potresow und Julij Martow bestand und den Kern des künftigen Redaktionskollegiums bilden sollte. Der Aufenthalt in der Kapitale sowie in Russlands Universitätsstädten war den drei Ex-Verbannten untersagt worden. Trotzdem dachte Lenin nicht daran, sich solchen Restriktionen zu beugen. Schon in sibirscher Verbannung hatte er sich nicht immer an die Regeln gehalten. Die Folge war eine polizeiliche Hausdurchsuchung gewesen, begleitet von der Erkenntnis, immer noch unter Beobachtung zu stehen. Dennoch wollte Lenin nicht klein begeben. Für den Besuch seiner Frau, die in Ufa den Rest ihrer Verbannungsstrafe verbüßen musste, holte er sich zwar eine offizielle Erlaubnis, andere Fahrten aber, die ihn etwa in die Stadt an der Newa führten, unternahm er ohne das Plazet der Behörden.

Nach Pskow kam auch Pjotr Struwe, um in Verhandlungen mit der Dreiergruppe zu treten. Bei aller Skepsis gegenüber dem Abtrünnigen und seinen Anhängern ergab sich dennoch eine Übereinkunft, die sich für die drei vor allem aufgrund der zugesagten finanziellen Unterstützung als attraktiv erwies. Gleichzeitig erhielt Struwe die Zusicherung, in den betreffenden Publikationsorganen auch eigene Artikel veröffentlichen und abweichende Meinungen präsentieren zu dürfen.[1]

Lenin hielt sich nicht lange in Russland auf. Dort blieben seine Entfaltungsmöglichkeiten äußerst gering. Die Ochrana folgte ihm auf Schritt und Tritt und so war es nur eine Frage der Zeit, bis er erneut verhaftet wurde. Dass es dazu kam, lag aber auch an mangelnder Umsicht. Als er wieder im Zug nach St. Petersburg saß und mit einem Mal fürchtete, verfolgt zu werden, unterbrach er die

---

1 Dietrich Geyer, Lenin in der russischen Sozialdemokratie. Die Arbeiterbewegung im Zarenreich als Organisationsproblem der revolutionären Intelligenz 1890–1903, Köln/Graz 1962, 200.

Reise ausgerechnet in Zarskoje Selo, der Hauptresidenz des Zaren. Die Dichte an Geheimagenten war vermutlich nirgendwo größer als dort. Der Zugriff erfolgte umgehend.[2] Zwei Wochen verbrachte Lenin im Gefängnis, gequält von »Flöhen und Wanzen«, inmitten von abstoßendem »Dreck« und geplagt vom nächtlichen Geschrei der Häftlinge.[3] Zu diesem Zeitpunkt hatte er seine Ausreiseerlaubnis bereits in der Tasche. Die Sorge vor den nunmehrigen Konsequenzen war daher umso größer. Würde er abermals nach Sibirien verschickt werden? Musste er seine Auslandspläne ad acta legen? Die Behörden entschieden zu seinen Gunsten: Lenin durfte seinen Pass behalten. Man hielt es offenbar für zweckmäßiger, den umtriebigen Revolutionär loszuwerden, als ihn weiterhin engmaschig überwachen zu müssen. Im Sommer 1900 begann die erste Etappe einer viele Jahre dauernden Emigration.

Lenin musste nicht lange über das Ziel seiner ersten Reise nachdenken. Die *Iskra* würde nur unter Einbindung jener Galionsfigur der russischen Sozialdemokratie erfolgreich sein, die ihn selbst all die Jahre hindurch inspiriert hatte. Und so suchte er gemeinsam mit Alexander Potresow Georgij Plechanow in der Schweiz auf. Der Optimismus der zwei jungen Männer wurden sogleich gnadenlos zurückgestutzt. Das »Unternehmen der ›Iskra‹« geriet umgehend »in das chaotische Durcheinander der Emigrantenrivalitäten hinein«.[4] Deren Ausmaß hatten die zwei Neulinge wohl unterschätzt: Verbale Anwürfe in diversen Druckschriften fanden ihre Entsprechung in hemmungslos ausgelebten persönlichen Aversionen unter den Exil-Revolutionären. Während Lenins Jahren in Sibirien hatten sich diese Gegensätze verschärft. Das Klima zwischen Plechanows Gruppe »Befreiung der Arbeit« und dem »Auslandsbund« war nun vollständig vergiftet. Die wechselseitigen Beleidigungen und Vorwürfe hinterließen tiefe Spuren. Und sie übertrugen sich auch auf das Verhalten gegenüber den Neo-Emigranten aus Russland. Lenin und Potresow fanden keine gemeinsame Sprache mit dem rechthaberischen und misstrauischen Plechanow. Die Unterredungen mit dem verehrten Doyen der russischen Sozialdemokratie verliefen derart unerfreulich,

---

2 Vgl. Victor Sebestyen, Lenin. Ein Leben, Berlin 2017, 136f.
3 Zit. nach Hermann Weber, Lenin, Hamburg 1970, 42.
4 Geyer, Lenin, 203.

dass Lenin und Potresow, die eben erst mit gutem Grund das Zarenreich hinter sich gelassen hatten, ernsthaft daran dachten, wieder in die Heimat zurückzukehren. Plechanow fand tatsächlich wenig Gefallen an den Plänen seiner Gäste. Er fürchtete, beiseitegedrängt zu werden. Außerdem lehnte er die Einbindung Struwes in das Erscheinen der *Iskra* und *Sarja* empört ab. Er warf den Neuankömmlingen eine »versöhnlerische« Haltung gegenüber ökonomistischen Strömungen sowie konkret gegenüber dem »Auslandsbund« vor. Deren Vertretern unterstellte er Spionage, »Geschäftemacherei« sowie »Gaunerei«. Er »würde solche ›Verräter‹«, meinte er gar, am liebsten »ohne Zögern niederschießen«.[5] Abseits solcher Kraftausdrücke, die einen tief sitzenden Hass widerspiegelten, zeigte sich vor allem, wie sehr Plechanow auf seine Führungsrolle pochte. Er forderte Respekt ein. Erst recht von einer jüngeren Generation von Revolutionären, die sich plötzlich als Anführer aufspielten. Plechanow beanspruchte die absolute Oberhoheit im Redaktionskollegium, das aus Lenin, Potresow, Martow, Axelrod sowie Vera Sassulitsch bestehen sollte, und ließ sich schließlich nur durch das Zugeständnis, bei strittigen Fragen zwei Stimmen zu erhalten, besänftigen. Der Kompromiss kam vor allem auf Zutun Pawel Axelrods und Vera Sassulitschs zustande. Letztere hatte auf das drohende Scheitern des Zeitungsprojektes und einer Verständigung zwischen Lenin und Plechanow derart erschüttert reagiert, dass Potresow ihr sogar Suizidgedanken zutraute. Das verzweifelte Ringen der Revolutionärin um einen Ausweg rührte sogar Lenin fast zu Tränen.[6]

Tatsächlich waren viele Emotionen im Spiel. Sowohl Lenin als auch Potresow gaben sich vom Verhalten ihres Idols tief getroffen. Lenin machte seiner Enttäuschung, aber auch seiner Wut Luft. Die »aufrichtige Hochachtung und Verehrung«, die er gegenüber Plechanow empfunden hatte, wich dem Gefühl, es mit einem Menschen zu tun zu haben, der »sich von Motiven persönlicher, kleinlicher Eigenliebe und Eitelkeit leiten lässt«.[7] Die Entgleisungen, die sich Plechanow damals erlaubt hatte, nahmen weitere Konflikte vorweg.[8]

5 Zit. nach ebd., 205.
6 Stephan Rindlisbacher, Leben für die Sache. Vera Figner, Vera Zasulič und das radikale Milieu im späten Zarenreich, Wiesbaden 2014, 231.
7 Zit. nach Sebestyen, Lenin, 144.
8 Robert Service, Lenin. Eine Biographie, München 2000, 184f.

Die kommenden Jahre zeigten, dass der »Veteran« in Zürich immer wieder der Versuchung erlag, den aufstrebenden, eigensinnigen Genossen abzukanzeln und sich – aus Lenins Perspektive – als schikanöser »Oberlehrer« zu gerieren.

Neben sachorientierten Erwägungen war es angesichts des Erlebten offenbar die erwünschte geografische Distanz zu Plechanow, die dazu beitrug, die Redaktion der *Iskra* in München anzusiedeln. Den Ausschlag gab die Aussicht auf konkrete Unterstützung: In Bayern erwiesen sich die deutschen Genossen als hilfreich, wenn es um praktische Angelegenheiten wie etwa den Druck der Zeitung ging. Unterstützung kam vor allem auch von Alexander Parvus-Helphand, der seine Wohnung in Schwabing zur Verfügung stellte und regelmäßig Kontakt mit Lenin pflegte.[9] Der aus Odessa gebürtige Parvus (der »Kleine«) – sein Beiname stand in bewusstem Gegensatz zu seiner voluminösen, auf manche regelrecht unappetitlich wirkenden Erscheinung – war vieles in einem: Sozialdemokrat, Revolutionär, Spekulant, Unternehmer und Finanzmann. Immer wieder lavierte sich der »Abenteurer«, als den ihn Lenin später bezeichnete, durch undurchsichtige Geschäfte. In der SPD hinterließ er Jahre später alles andere als einen positiven Eindruck.[10] Es war der Schriftsteller Maxim Gorki, der dem umtriebigen Genossen die Unterschlagung jener Tantiemen vorwarf, die sich aus dem Vertrieb seines Dramatextes *Nachtasyl* in Deutschland lukrieren hatten lassen. Dem Parteivorstand der SPD riet der wütende Literat an, »dem sauberen Verleger Parvus ›die Ohren abzuschneiden‹«.[11]

In die bayrische Metropole übersiedelten schließlich nicht nur Vera Sassulitsch und Julij Martow, sondern auch Nadeschda Krupskaja, die bei ihrer Ankunft Mühe hatte, den unter dem Pseudonym »Franz Modraček« lebenden Ehemann überhaupt ausfindig zu machen.[12] Modraček war freilich keine erfundene Figur, sondern der Name eines böhmischen Sozialdemokraten – ein Umstand, der Lenins Tarnung offenbar zugutekommen sollte. Da es damals in Prag keinen russischen Konsul gab, hatte Lenin bis nach Wien fahren

9 Winfried Scharlau/Zbynek A. Zeman, Freibeuter der Revolution: Parvus-Helphand. Eine politische Biographie, Köln 1964, 64–66.
10 Ebd., 132f.
11 Zit. nach ebd., 132.
12 Service, Lenin, 186.

müssen, um seiner Frau die notwendigen Papiere zu besorgen.[13] Ab jetzt blieb sie fast ununterbrochen an der Seite Lenins.

Die Wohnverhältnisse der russischen Emigranten in München waren äußert bescheiden, das Geld allem Anschein nach knapp. In München lebte die *Iskra*-Redaktion in einer regelrechten Kommune. Lenin aber zog es vor, mit Nadeschda separat unterzukommen. Die Arbeit gestaltete sich intensiv. Ende 1900 erschien die erste Nummer der *Iskra*. Die Auflage war gering. Einige Hundert Exemplare wurden auf abenteuerlichen Wegen nach Russland geschmuggelt, wobei ein Großteil abgefangen wurde. Nur wenige Ausgaben erreichten tatsächlich ihr Zielpublikum. So oder so konnte lediglich eine Minderheit angesprochen werden. Auch dieses Druckwerk richtete sich nämlich in erster Linie an Gebildete und vor allem an Insider, die sich auf der Höhe sowohl internationaler als auch russischer Debatten über den Marxismus und die speziellen Verhältnisse im Zarenreich befanden.

Die *Iskra* positionierte sich als eine Art Klärungsstelle für die Konflikte innerhalb der russischen Sozialdemokratie, wobei allerdings den Abneigungen Georgij Plechanows gegenüber dem »Auslandsbund« und seinen ökonomistischen Haltungen Vorrang eingeräumt wurde.[14] Der *Rabotscheje Delo* (»Arbeitersache«), der Zeitung des »Auslandsbundes«, die sich als wesentliches Organ der russischen Sozialdemokratie im Westen etabliert hatte, den Rang streitig zu machen, war freilich kein leichtes Unterfangen. Und der Vertrieb der *Iskra* im Zarenreich stieß, wie erwähnt, von vornherein auf eminente Schwierigkeiten. Nicht zuletzt aus diesen Defiziten resultierten praktische Überlegungen, die einmal mehr eine Kooperation mit Pjotr Struwe nahelegten. Doch der Umworbene, auf dessen weitreichende Verbindungen man nicht verzichten wollte, stellte seinerseits Bedingungen an die *Iskra*-Gruppe. Struwe wünschte sich ein eigenes Publikationsorgan, das als Beilage der *Sarja* erscheinen sollte. Obwohl er die »erstrangige politische Bedeutung und Berufung [...] der russischen Arbeiterbewegung« anerkannte, schwebte ihm die Sammlung aller regimegegnerischen Gruppen vor, »in engstem Bunde mit der einzigen organisierten Kraft der russischen Opposi-

13 Vgl. Lenin an seine Mutter (1901). https//:www.marxists.org/archive/lenin/works/1901/mar/04mau.htm (12.3.2023). Vor dem Ersten Weltkrieg befand sich in Prag aber sehr wohl eine Vertretung des Zarenreichs.

14 Geyer, Lenin, 210.

tion: der Sozialdemokratie«.[15] Die angepeilte Zusammenarbeit hinterließ allerdings kaum konkrete Spuren. Zum einen, weil Struwe sich bald in den Fängen der Ochrana wiederfand, und zum anderen, weil der Verlag, der die *Sarja* druckte, kalte Füße bekam. Die Schuld hierfür suchte Lenin bei den deutschen Kollegen, die kein Interesse daran hatten, durch das Entgegenkommen gegenüber einer illegal operierenden russischen Emigrantengruppe womöglich die legale Basis des eigenen Parteiverlags aufs Spiel zu setzen. Mit der zur Verfügung gestellten Geheimdruckerei hatten sie sich ohnehin bereits ziemlich weit vorgewagt.[16]

Obwohl Lenin der gescheiterten Kooperation mit Struwe keine Träne nachweinte, ärgerte er sich maßlos über die Defensivhaltung der bisher so gewogenen Parteifreunde und wetterte gegen die »Vormundschaft« der deutschen »Drecksgenossen«.[17] Lenins Schimpftiraden galten allerdings in noch höherem Maße Pjotr Struwe. In seinen Augen war dieser nichts weiter als ein »Judas«, unter dessen eleganter Hülle sich die »ordinäre Krämerseele eines Dutzendliberalen« verbarg.[18] Hinter Struwes Kooperationsangeboten witterte er den Plan einer faktischen Machtübernahme und als Folge die komplette Aushöhlung sozialdemokratischer Positionen. Als Konsequenz prophezeite er ein jämmerliches »Nachtraben« hinter liberalen Losungen und die Unterordnung unter jene Standpunkte von Jekaterina Kuskowas *Credo*, das er vor nicht allzu langer Zeit in Grund und Boden verdammt hatte.[19] Man würde, warnte Lenin Plechanow, die eigene Vorrangstellung an Struwe »um ein Linsengericht« abtreten, um am Ende mit Floskeln abgespeist und komplett ausgebootet zu werden.[20] Jetzt war es Lenin, der strenge Abgrenzung einforderte, während zuvor Plechanow ihn für allzu kompromissbereit gehalten und Struwe seinerseits geglaubt hatte, in Lenin einen Ansprechpartner zu gewinnen, der die Orthodoxie hinter sich gelassen hatte.[21]

---

15 Zit. nach ebd., 217.
16 Vgl. J. Martow, Geschichte der russischen Sozialdemokratie, Berlin 1926, 59.
17 Zit. nach Geyer, Lenin, 219.
18 Zit. nach ebd., 217.
19 Ebd., 216f.
20 Zit. nach ebd., 218.
21 Vgl. Samuel H. Baron, Plekhanov. The Father of Russian Marxism, Stanford 1963, 215.

Konkurrenten

Dass Struwe von der Ochrana verhaftet wurde, störte Lenin angesichts solcher Vorbehalte demnach wenig. Das Bündnis mit dem »legalen Marxismus« und Struwe als einem seiner prominentesten Vertreter hielt er spätestens seit dessen »Bekehrung« zum »Bernsteinianertum« ohnehin für aufgelöst. Mit der »Theorie der Abstumpfung der sozialen Gegensätze« und einer Abkehr von »der sozialen Revolution und der Diktatur des Proletariats« wollte er nichts zu tun haben.[22] »Nirgends in Europa«, meinte er später regelrecht angewidert, sei »das Bersteinianertum so rasch zu seinem logischen Ende, zur Bildung einer liberalen Fraktion« gelangt, wie in Russland.[23]

Abseits der hervorgehobenen eigenen Prinzipientreue folgten dem Bruch mit Struwe auch rein praktische Konsequenzen. Dessen ausbleibende finanzielle Unterstützung wirkte sich nämlich fatal auf die *Iskra* aus. Das Blatt kämpfte ums Überleben. Aber es blieb nicht allein bei Geldproblemen. Die großen Studentenunruhen, die 1901 das Zarenreich erschütterten, weckten Befürchtungen um eine womöglich sekundäre Rolle der revolutionären Arbeiterschaft im Widerstand gegen das heimatliche Regime. Solche Entwicklungen drohten die eigenen Überzeugungen von der Vorreiterrolle des Proletariats auszuhebeln. Außerdem rührte sich erneut der aus früheren Zeiten bekannte Terror. Ein relegierter Student schoss auf den Unterrichtsminister Nikolaj Bogoljepow und beschwor mit dieser Tat jene Heldenverehrung herauf, die den Attentätern der »Narodnaja Wolja« zuteilgeworden war. Darüber hinaus erschien mit der Gründung der Partei der Sozialisten-Revolutionäre (PSR) als Nachfolgeorganisation der »Narodnaja Wolja« ein Konkurrent auf der Bildfläche, der zur Verunsicherung unter den russischen Sozialdemokraten sowohl im Exil als auch im Zarenreich beitrug. Anfängliche Annäherungsversuche wichen erklärten Bemühungen um Abgrenzung – umso mehr wohl in Anbetracht durchaus vorhandener Schnittmengen bei manchen inhaltlichen Zielsetzungen, aber auch theoretischen Grundlagen. Die PSR ihrerseits strebte eine Verbreiterung ihrer Basis an und betrachtete das russische Industrieproletariat ebenso wie die »arbeitende Bauernschaft« als

22 Wladimir Iljitsch Lenin, Was tun? Brennende Fragen unserer Bewegung, Leipzig 1973, 24.
23 LW, Bd. 7, 485.

Einheit des »werktätigen Volkes«, für dessen Interessen sie eintreten wollte.[24] Tatsächlich sprechen vorhandene Daten über die Mitgliederstruktur der PSR nicht für eine reine Bauernpartei. Vor dem Ersten Weltkrieg waren in ihr annähernd gleich viele Bauern und Arbeiter vertreten. Der Rest, etwa 12 Prozent, wurde den »Intelligenty« zugerechnet.[25] Viktor Tschernow, der an der Spitze der überaus heterogenen Partei stand, verknüpfte überdies die marxistische Theorie mit eigenen Analysen vom Kapital und von den Produktionsmitteln als Indikatoren für die Differenzierung nach Klassen. Die PSR bekannte sich zudem nicht anders als ihre Vorgängerorganisation zum Terror als Mittel des Kampfes gegen die Autokratie, wenngleich – wie in allen anderen Fragen auch – man sich auf keine klare diesbezügliche Linie einigen konnte. Die gewaltsamen Aktionen gegen Vertreter der Obrigkeit bescherten den Sozialisten-Revolutionären jedenfalls Zulauf. Das zeigte sich u. a. nach weiteren Anschlägen. 1902 wurde Innenminister Dimitrij Sipjagin ermordet und bis zum Ausbruch der Revolution 1905 reihten sich noch andere hohe Repräsentanten des Regimes in die Liste politischer Attentatsopfer ein.

Während sich die *Iskra* beeilte, den neu entfachten Terror im Zarenreich vor allem als »Ausdruck der allgemeinen Verbitterung« über die erdrückenden Zustände in der Heimat zu bezeichnen und ihm gleichzeitig die Eignung als zielführendes Instrument absprach,[26] sah Plechanow die Gefahr eines Bedeutungsverlusts der Sozialdemokratie als Motor der angestrebten Umwälzungen. Er fürchtete ein Szenario, in dem diese womöglich »von den Terroristen und ähnlichen Organisationen in den Hintergrund gedrängt« würde.[27] Der Begeisterung für die aufwühlenden Ereignisse in Russland, die demgegenüber die Zeitung *Rabotscheje Delo* zum Ausdruck brachte, hielt Lenin die unheilvollen Folgen eines planlosen Aktivismus gegenüber, der nicht zur Desorganisation der Regierungskräfte, sondern zu jener der Opposition führen würde.[28] Immer klarer und immer

24 Geyer, Lenin 249–251.
25 Vgl. Lutz Häfner, »Genossen«? Sozialismuskonzeption und politische Praxis der Partei der Sozialrevolutionäre Russlands und ihr Verhältnis zur SPD, in: Archiv für Sozialgeschichte 53 (2013), 67–91, 69.
26 Vgl. Geyer, Lenin, 228 (Fn. 23).
27 Zit. nach ebd., 224f.
28 Ebd., 228.

unnachgiebiger formulierte er daher die Idee von einer schlagkräftigen Kampftruppe aus Sozialdemokraten, d.h. einer Partei, die aus erfahrenen, durchsetzungsstarken Berufsrevolutionären bestehen sollte. Die *Iskra* kommunizierte diese Ansichten. Zugleich machte sie ihren Führungsanspruch geltend und bot sich als propagandistische und agitatorische Plattform »des im Bau befindlichen Gebäudes« der Partei an.[29] Das Blatt erschien seinen Kritikern in den Reihen der exilrussischen Sozialdemokraten nun in zunehmendem Maß als Organ einer »Verschwörergesellschaft« oder »Sekte«, nicht aber als Organ einer »sozialdemokratischen Partei, die sich nur auf Grundlage demokratischer Organisationsformen entwickeln kann«.[30] In der *Rabotscheje Delo* brachte man die Standpunkte der *Iskra* mit »Dogmatismus«, »Doktrinarismus«, »Verknöcherung« und »Abschnürung des Denkens« in Verbindung.[31] Vor diesem Hintergrund war eine von Lenin initiierte Vereinigung der russischen Auslandsgruppen völlig illusorisch. Allerdings scheiterten auch andere an der Aufgabe, die segmentierte Sozialdemokratie des Zarenreichs zusammenzuführen.[32] Vieles deutet indessen darauf hin, dass Lenin die Konflikte in den Emigrantenvereinigungen vorantrieb, um seinerseits eine von der *Iskra*-Gruppe dominierte Organisation zu gründen. Bei alledem ging er im Einklang mit Georgij Plechanow vor. Dieser sah keinen Grund, Kompromisse einzugehen. Als die Delegierten der russischen Auslandsgruppen im Oktober 1901 in Zürich zusammenkamen, diente die Zusammenkunft lediglich der Bestätigung der offensichtlichen Differenzen. Die Wogen gingen hoch. Schon damals war von Spaltung die Rede. Es lag auf der Hand, dass »›zwei Richtungen in der russischen Sozialdemokratie‹ nebeneinander und gegeneinander existieren«.[33]

Nach Lenins Dafürhalten war es an der Zeit, die Meinungsverschiedenheiten klar anzusprechen. 1902 legte er mit *Was tun?* eine Broschüre vor, die sich mit den, wie er meinte, grundlegenden Problemen der russischen Sozialdemokratie befassen sollte –

29 Zit. nach ebd.
30 Zit. nach ebd., 234.
31 Zit. nach Lenin, Was tun?, 31.
32 Vgl. dazu Richard Mullin, The Russian Social-Democratic Labour Party, 1899-1904, Leiden/Boston 2015.
33 Geyer, Lenin, 237.

mit »Fragen nach dem Charakter und dem Hauptinhalt unserer politischen Agitation, nach unseren organisatorischen Aufgaben« und »nach dem Plan für den gleichzeitig von verschiedenen Seiten in Angriff zu nehmenden Aufbau einer kampffähigen gesamtrussischen Organisation«.[34] Tatsächlich offerierte Lenin, urteilen manche, in *Was tun?* zum Teil nur schemenhaft umrissene Handlungsanleitungen, während in Russland selbst die »Iskristen« oder, wie er sie ebenfalls nannte, »*Iskra*-Agenten«, mit den vorgeschlagenen Methoden mitunter Schiffbruch erlitten. Die Bevormundung durch die Intelligenty ließ die Arbeiter auf Distanz gehen. Entscheidend aber war wohl die Skepsis gegenüber einem Zentrum, das nicht in Russland saß, sondern vom Ausland aus den Ton angeben wollte. Lenin blieb dennoch unbeeindruckt von Querschüssen. Mehr und mehr reiften konkretere Ideen eines organisatorischen Gerüsts für die zu reaktivierende Minsker Partei, die u. a. die Schaffung eines Parteirates und eines Zentralkomitees (ZK) vorsahen.[35] Außerdem fand *Was tun?* begeisterte Leser vor allem unter den jungen Sozialdemokraten, die seine Ausführungen als kraftvolle Aufforderung zum Handeln verstanden und sich – oft genug den Verfolgungen durch die Ochrana ausgesetzt – an der vermittelten optimistischen Perspektive auf die Zukunft mental aufrichteten.[36] Das Bild von einem fest gefügten »Parteitrupp«, der allen Widerständen zum Trotz den Kampf gegen das Regime aufnehmen würde, faszinierte und inspirierte. Lenin meinte: »Wir schreiten als eng geschlossenes Häuflein, uns fest an den Händen haltend, auf steilem und mühevollem Wege dahin. Wir sind von allen Seiten von Feinden umgeben und müssen stets unter ihrem Feuer marschieren.«[37] Solche Exklusivangebote, die vor allem junge Widerständler dankbar aufgriffen, verschafften ihm eine kleine, aber überzeugte Anhängerschaft.

34 Lenin, Was tun?, 8.
35 Geyer, Lenin, 341.
36 Nikolay Valentinov (N. V. Volksy), Encounters with Lenin, London/New York/Toronto 1968, 26f.
37 Zit. nach Wladislaw Hedeler, Nikolai Bucharin und Leo Trotzki als Kritiker der Usurpation des Oktober durch Stalin, in: Wladislaw Hedeler/Klaus Kinner (Hg.), »Die Wache ist müde«. Neue Sichten auf die russische Revolution 1917 und ihre Wirkungen, Berlin 2008, 135–148, 143.

Was tun?

In *Was tun?* griff Lenin primär das auf, was bereits in groben Zügen in der *Iskra* dargelegt oder zumindest als Problem für eine gedeihliche Entwicklung der russischen Sozialdemokratie angesprochen worden war – nur dieses Mal ausführlicher, in den Kernaussagen pointierter formuliert und vor allem ergänzt um unzählige Querverweise auf die Einwände seiner Kritiker. Einmal mehr präsentierte er seine Standpunkte in Form eines polemischen Dialogs mit den Gegnern und als Schmähung jener, die beispielsweise Unbehagen gegenüber einer, wie sie argwöhnten, konspirativen Elitepartei formuliert hatten. Wie er sich die Partei und die Zukunft der russischen Sozialdemokratie vorstellte, war von Lenin schon zuvor im Artikel »Womit beginnen!« skizziert und – aus seiner Perspektive – zum Teil gründlich missverstanden worden. Seit 1897 beschäftigte er sich mit einem Organisationsplan für die Partei.[38] Jetzt wollte er wesentliche Punkte noch einmal ansprechen, aber auch die bestehenden fundamentalen Gegensätze innerhalb der sozialdemokratischen Bewegung ausbreiten, da »wir«, räumte er ein, »oft buchstäblich verschiedene Sprachen sprechen«.[39]

Auf diese Weise ließ er Revue passieren, was die *Iskra*-Positionen seiner Einschätzung nach so elementar von anderen, von ihm für gewöhnlich als opportunistisch abgekanzelten Haltungen unterschied. Am Anfang seiner Ausführungen stand eine erneute Abrechnung mit »Bernsteinianern«, »Ökonomisten« und »legalen Marxisten« bzw. »Struwisten«.[40] Besonders heftig echauffierte er sich über die »Rabotschodelzen«, also die Herausgeber bzw. Redakteure, aber auch Anhänger der Zeitung *Rabotscheje Delo*, die ihm als Keimzelle des Opportunismus galt und die er demensprechend mit einer Reihe vernichtender Attribute versah. Die kritisierten »Rabotschodelzen« bzw. die als regelrecht minderbemittelt dargestellten Verfechter einer reformorientierten Arbeiterbewegung verfolgten seiner Ansicht nach völlig falsche Ziele. So verwarf er u. a. auch deren angebliche »Anbetung« der Spontaneität, also die Überschätzung eines gleichsam impulsiven Protests in Form von

38 Vgl. Geyer, Lenin, 227.
39 Lenin, Was tun?, 8.
40 Ebd., 32f.

Streiks und somit der »reinen Arbeiterbewegung«.[41] Ein »sozialdemokratisches« bzw. »politisches« Bewusstsein, das er hinsichtlich des längerfristigen Werts durchaus auch spontaner Aktionen für essenziell hielt, sei den Arbeitern in allen Ländern nur »von außen« beigebracht worden.[42] Ohne entsprechende Schulung mündeten deren Bestrebungen lediglich in den Arbeitskampf ohne jegliche politische Komponente. Darin stimmte er nach eigener Einschätzung einmal mehr mit Karl Kautsky überein, dessen Schriften er vor dem Verfassen von *Was tun?* offenbar genau studiert hatte.[43] Immerhin zitierte er wortgetreu aus Kautskys Kritik am neuen Parteiprogramm der Sozialdemokratischen Arbeiterpartei Österreichs (SDAPÖ).[44] Die Idee von der Partei als »Lehrmeister« und zentrale Vermittlungsinstanz, die den Arbeitern u. a die wissenschaftlichen Grundlagen des Marxismus nahebringen sollte, hatte im 1888/89 in Hainfeld angenommenen Programm der österreichischen Sozialdemokratie Niederschlag gefunden – und zwar in einer Formulierung, derzufolge es eben Aufgabe der Partei sei, das Proletariat politisch zu organisieren, es mit dem Bewusstsein seiner Lage und seiner Aufgabe zu erfüllen und es geistig und physisch kampffähig zu machen.[45] In der neuen Programmversion, die Kautsky 1901 kommentierte, ortete dieser Raum für Missverständnisse und hielt fest: »Das sozialistische Bewußtsein ist [...] etwas in den Klassenkampf des Proletariats von Außen Hineingetragenes, nicht etwas aus ihm urwüchsig Entstandenes.«[46]

Im Wesentlichen biss Lenin sich an Kautskys Vorstellung der »Verschmelzung« fest, also einem ursprünglichen Nebeneinander von Arbeiterschaft einerseits und den Vertretern des Sozialismus andererseits.[47] Lenin sprach in diesem Zusammenhang von der

41 Ebd., 94.
42 Ebd., 40.
43 Mike Schmeitzner, Lenin und die Diktatur des Proletariats – Begriff, Konzeption, Ermöglichung, in: Totaliarianism and Democracy 14/1 (2017), 17–69, 29, und vgl. Claudio Sergio Nun Ingerflom, Lenin Rediscovered, or Lenin Redisguised, in: Kritika. Explorations in Russian and Eurasian History 10/1 (2009), 139–168, 146.
44 Vgl. dazu: Karl Kautsky, Die Revision des Programms der Sozialdemokratie in Oesterreich, in: Die Neue Zeit 3 (1901/02), 68–82, 79f.
45 Vgl. Das Protokoll des Einigungsparteitages in Hainfeld 1888/89 der Sozialdemokratischen Arbeiterpartei in Österreich, Hainfeld 2014.
46 Kautsky, Die Revision des Programms der Sozialdemokratie in Oesterreich, 80.
47 Vgl. Robert Mayer, The Status of Classic Text: Lenin's What is to be Done? after 1902, in: History of European Ideas 22/4 (1996), 307–320.

erwiesenen Notwendigkeit, »in die spontane Arbeiterbewegung bestimmte sozialistische Ideale hineinzutragen, sie mit sozialistischen Überzeugungen, die auf dem Niveau der modernen Wissenschaft stehen müssen, zu verbinden« und die »spontane Bewegung mit der Tätigkeit der revolutionären Partei zu einem unauflöslichen Ganzen zu verschmelzen«.[48] Diese Gedanken äußerte er bereits 1899 und schon damals berief er sich auf die SPD, aber auch auf andere Parteien als Vorbilder für die russische Sozialdemokratie – immer aber mit Verweis auf die spezifische Realität im Zarenreich.

Kautsky wiederum leitete die »Unterordnung der aktiven Praxis der Arbeiterbewegung unter die Hegemonie der Gesetze« eines marxistischen Geschichtsverständnisses und die Führungsrolle der jeweiligen sozialdemokratischen Parteien von Engels' kanonisiertem Marxismus ab.[49] Lenins Idee von der Partei als Eliteprojekt – wenn man es, bezogen auf *Was tun?*, überhaupt so bezeichnen kann – kam nicht aus dem ideologischen Abseits. Sie reflektierte grundlegende Positionen des Marxismus, die dem »Kautskyanismus« schließlich den Vorwurf einer praxisfremden Starrheit eintrugen und das spätere Wehklagen über das »Elend der Theorie« oder besser ihre Allmacht vorwegnahmen.[50]

An anderer Stelle in *Was tun?* präzisierte Lenin noch einmal, wie er sich das Hineintragen eines politischen Klassenbewusstseins in die Arbeiterschaft »von außen« vorstellte, und zwar als Agieren »außerhalb der Sphäre der Beziehungen zwischen Arbeitern und Unternehmern«.[51] Lenins explizite Erwähnung von Marx und Engels als Protagonisten einer »bürgerlichen Intelligenz« und die Hervorhebung der Intelligenzija als Trägerin und Gestalterin einer wissenschaftlichen Theorie des Sozialismus mündeten in der Wahrnehmung seiner Kritiker nichtsdestoweniger in eine Rechtfertigung für die angestrebte Bevormundung der Arbeiterschaft oder in eine behauptete Negation jeglicher Voraussetzungen für ein eigenständiges proletarisches

48 LW, Bd. 4, 211.

49 Vgl. Michael Vester, Der »Dampf-Marxismus« von Friedrich Engels – Zum Verhältnis von Marxismus und Lernprozessen der Arbeiterbewegung im »Anti-Dühring«, 87. https://www.prokla.de/index.php/PROKLA/article/view/1557 (5.12.2022).

50 Vgl. dazu Stefan Breuer über »Das Elend der Theorie. Zur Produktion geschichtlicher Erfahrungen« von E. P. Thompson, in: Leviathan 8/4 (1980), 589–595.

51 Lenin, Was tun?, 100f.

»Bewusstsein«.[52] Lenin widersprach. Er strebe vielmehr die Herausbildung von sozialdemokratischen Funktionären an, die er sich als Verkörperung von wahrhaften »Volkstribunen« vorstellte. Diese sollten in der Lage sein, »auf alle Erscheinungen der Willkür und Unterdrückung zu reagieren, wo sie auch auftreten mögen, welche Schicht und Klasse sie auch betreffen«.[53]

Tatsächlich ging es in Lenins Schrift weder darum, die Spontaneität oder das Elementare von Arbeiterprotesten über Bord zu werfen, noch um einen grundlegenden Zweifel am Klassenbewusstsein des Proletariats. Lenin wurde nicht müde zu betonen, dass er dem ökonomischen den politischen Kampf voranstellen wollte – nicht mehr und nicht weniger. Während die Reaktionen auf *Was tun?* zum Teil überzogene Assoziationen mit seiner »Erziehungsdiktatur« ab 1917 nach sich zogen, gediehen Lenins diesbezügliche Vorstellungen ganz unabhängig von der Frage, ob nun die Arbeiter erst auf die Notwendigkeit des politischen Kampfes eingeschworen werden mussten oder nicht.[54] Die Reife der russischen Arbeiter für den politischen Kampf stellte er jedenfalls ebenso außer Frage wie die Erfordernis, ihnen bzw. der gesamten Bevölkerung politische Rechte zuzugestehen – unabhängig vom »zivilisatorischen« Entwicklungsniveau. 1899 meinte er: Es hieße, wie die »vor der Regierung auf dem Bauch kriechenden Federfuchser« zu denken, wenn man sage, »erst müsse das Volk erzogen« werden »und dann erst können ihm politische Rechte gegeben werden«.[55] Die Aufgabe der Partei sollte es sein, im Zuge des Erkämpfens von Freiheitsrechten Anleitungen zu geben. Das sei auch für den ökonomischen Kampf nicht anders. Immer gebe es Führer, gebildetere Arbeiter, die weniger verständige Kollegen anleiteten.[56]

Es gab freilich triftige Gründe für den expliziten Auftrag einer gezielten Heranführung des Proletariats an die Inhalte des politischen Kampfes »von oben«. Für die Arbeiter, so etwa führte Lidija Dan – Julij Martows Schwester und Fjodor Dans Ehefrau – aus, war die Macht der Autokratie abstrakt, die der Polizei aber real. Sie

---

52 Vgl. Anna Krylova, Beyond the Spontaneity-Consciousness Paradigm: »Class Instinct« as A Promising Category of Historical Analysis, in: Slavic Review 62/1 (2003), 1–23.

53 Lenin, Was tun?, 102.

54 Vgl. Claudio Sergio Nun Ingerflom, Lenin Rediscovered, or Lenin Redisguised, in: Kritika. Explorations in Russian and Eurasian History 10/1 (2009), 139–168.

55 LW, Bd. 4, 282.

56 Vgl. ebd., 284f.

verstanden jedoch nicht, dass es der Beseitigung der Autokratie bedurfte, um auch die verhasste Ochrana loszuwerden. In vielerlei Hinsicht begegneten die Sozialdemokraten bei ihren »Unterweisungen« der Arbeiterschaft ähnlichen Problemen, wie sie den Narodniki bei ihren Aufklärungskampagnen unter den Bauern vor Augen geführt wurden.[57] Dass das Bewusstsein, einer bestimmten Klasse anzugehören, nicht ausreiche für den politischen Kampf und darüber hinausgehende Ziele, meinte 1898 bereits Parvus-Helphand. Vom »sozialrevolutionären Charakter einer Klasse zur Verbreitung der sozialrevolutionären Erkenntnis in dieser Klasse« sei »noch ein weiter Zwischenraum«. Parvus sah die Hauptaufgabe der Partei darin, den Arbeitern zu vermitteln, dass sie »eine Macht« seien.[58]

Die Reduktion des Widerstands gegen kapitalistische Unternehmer auf einen gewerkschaftlichen, syndikalen bzw. trade-unionistischen Kampf betrachtete Lenin jedenfalls schlichtweg als Verrat an den sozialistischen Ideen und als unverzeihliche Absage an den revolutionären Marxismus.[59] Das war seine zentrale Botschaft und damit befand er sich durchaus in Einklang mit Losungen, die anlässlich des Gründungskongresses der Zweiten Internationale formuliert wurden. Dort hatten die Delegierten die Emanzipation der Arbeiterschaft ganz konkret vom Erkämpfen des Wahlrechts abhängig gemacht.[60] Auch im Erfurter Programm der SPD konnte man nachlesen, dass der ökonomische Kampf der Arbeiterschaft gleichzeitig einer um politische Rechte sein müsse. Wörtlich hieß es dort: »Der Kampf der Arbeiterklasse gegen die kapitalistische Ausbeutung ist notwendigerweise ein politischer Kampf. Die Arbeiterklasse kann ihre ökonomischen Kämpfe nicht führen und ihre ökonomische Organisation nicht entwickeln ohne politische Rechte. Sie kann den Übergang der Produktionsmittel in den Besitz der Gesamtheit nicht bewirken, ohne in den Besitz der politischen Macht gekommen zu sein.«[61]

---

57 Vgl. Leopold Haimson, The Making of Three Russian Revolutionaries. Voices From the Past, Cambridge 1987, 144f.

58 Parvus, Die Eroberung der politischen Macht durch das Proletariat (1898). https://www.sites.google.com/site/sozialistischeklassiker2punkto/parvus/parvus-die-eroberung-der-politischen-macht-durch-das-proletariat (23.2.2023).

59 Lenin, Was tun?, 69–123.

60 Vgl. die Protokolle des Gründungskongresses: https://www.marxists.org/deutsch/geschichte/international/2-int/1-kongress/samstag_abend.htm#diskussion2 (23.1.2023).

61 Das Erfurter Programm (1891). https://www.marxists.org/deutsch/geschichte/deutsch/spd/1891/erfurt.htm (2.2.2023).

Wo es aber kein Wahlrecht gab, konnte es auch noch keine wie immer geartete Emanzipation geben. Das hieß also nach Lenins Verständnis, dass in Russland zunächst unweigerlich politische Rechte angestrebt werden mussten und dass diese Notwendigkeit der Arbeiterschaft klar und deutlich zu vermitteln war. Diese Aufgabe erachtete er als prioritär, die unterschiedlichen Voraussetzungen hierfür seien offensichtlich: In »Ländern mit politischer Freiheit« – so Lenin – sei der »Unterschied zwischen der gewerkschaftlichen und der politischen Organisation vollkommen klar, wie auch der Unterschied zwischen den Trade-Unions und der Sozialdemokratie klar ist«. Im Zarenreich hingegen werde durch den »Druck der Selbstherrschaft jeder Unterschied zwischen der sozialdemokratischen Organisation und dem Arbeiterverband verwischt«, weil »alle Arbeiterverbände und alle Zirkel verboten« seien und das wichtigste Werkzeug des »wirtschaftlichen Kampfes«, der Streik, kriminalisiert werde.[62]

Lenin musste in der Folge erkennen, dass seine Ausführungen zur Rolle der Gewerkschaften immer wieder, wie er meinte, missverstanden wurden – auch von der eigenen Anhängerschaft. Das Engagement für die Bildung von Arbeiterorganisationen sowie das Wirken in ihnen seien keineswegs hintanzustellen, klärte er ratlose Genossen später auf. Nur müsse man dort »von Anfang an den richtigen Ton« finden und die Arbeiter zum revolutionären Kampf erziehen.[63] Seine Kritik an der »Nur-Gewerkschaftlerei« sei keineswegs mit einer prinzipiellen Ablehnung einer proletarischen Interessenvertretung auf dieser Ebene gleichzusetzen.[64] Dass er syndikalistische Strömungen immer für gefährdet hielt, sich antirevolutionär und restaurativ zu entwickeln, bekräftigte er aber auch noch fast zwei Jahrzehnte später, als er gegen die sogenannte Arbeiteropposition in der eigenen Partei Stellung bezog.[65]

62 Lenin, Was tun?, 140.
63 LW, Bd. 34, 347.
64 Vgl. Jutta Scherrer, Wladimir Iljitsch Lenin. Was tun? (1902), in: Manfred Brocker (Hg.), Geschichte des politischen Denkens. Das 20. Jahrhundert, Berlin 2018, 32–47, 38. 1907 gab es laut Georgij Plechanow in ganz Russland 234.000 gewerkschaftlich organisierte Arbeiter: Internationaler Sozialisten-Kongreß, Stuttgart 1907 vom 18. bis 24. August, Berlin 1907, 109.
65 Vgl. N. Lenin, Über Gewerkschaften. Ein Sammelband, Wien/Berlin 1927, 244f.

Avantgarde

In der Überbewertung der Spontaneität oder Urwüchsigkeit proletarischen Aufbegehrens sah Lenin indessen Ökonomisten und Terroristen eines Sinns. Die einen würden die Spontaneität der »reinen« Arbeiterbewegung »anbeten«, die anderen die Spontaneität oder das »Elementare« der »leidenschaftlichsten Empörung«.[66] In beiden Fällen aber gehe es gewissermaßen um Nachhaltigkeit. Einzelne Terroraktionen, um die Arbeiter »aufzurütteln«, seien daher nicht nur zwecklos, sondern regelrecht überflüssig: »Gibt es denn«, meinte er, »im russischen Leben noch zu wenig Schändlichkeiten, daß man besondere ›aufrüttelnde‹ Mitteln erfinden muß? Und andererseits, wer selbst durch die in Rußland herrschende Willkür nicht aufgerüttelt wird und nicht aufzurütteln ist«, so Lenins Resümee, »der wird offenbar auch dem Zweikampf zwischen der Regierung und einem Häuflein von Terroristen ruhig zusehen und ›die Daumen drehen‹.«[67] Lenin wollte vor diesem Hintergrund das aus seiner Perspektive eigentliche Problem von Ökonomismus und Terrorismus entlarven: das »Sich-Drücken« vor der »dringendsten Pflicht der russischen Revolutionäre«, das er in der Organisation einer umfassenden politischen Agitation erkannte.[68]

Darüber hinaus zielten seine Argumente auf eine, wie er es sah, angemessene Strategie ab: Anhand verschiedener Beispiele führte er vor, wie sehr es angesichts der besonderen Bedingungen im Zarenreich mit seinem Unterdrückungsapparat und den »Trupps von Lockspitzeln, Spionen und Gendarmen« angezeigt sei, professionelle Revolutionäre einzusetzen, anstatt einer Schar von Idealisten mit ihrer unbeholfenen »Handwerkelei« das Feld zu überlassen.[69] Man riskiere ansonsten weiterhin Massenverhaftungen, eine unkoordinierte Bewegung und die weitere Zersplitterung vorhandener Kräfte. Daraus resultierte auch die Erkenntnis, dass eine »festgefügte Organisation« von Berufsrevolutionären sehr viel weniger angreifbar sein würde als eine Massenorganisation von Arbeitern, deren Aktivitäten die Polizei problemlos kontrollieren würde.[70] Auch die Erfolge der

66 Lenin, Was tun?, 95.
67 Ebd., 98.
68 Ebd., 98f.
69 Ebd., 127.
70 Ebd., 148f.

deutschen Sozialdemokratie gründeten nach Lenins Dafürhalten vor allem auf den Taten einer geeigneten Führerschaft, einer Handvoll Männer, die mittlerweile im Parlament den Ton angaben und auch sonst den Kurs bestimmten.[71] »Keine einzige revolutionäre Bewegung«, bilanzierte Lenin, »kann ohne eine stabile und die Kontinuität wahrende Führerorganisation Bestand haben.«[72] Die »Zentralisierung der konspirativen Funktionen der Organisation« würde keineswegs die Bedeutung der »breitesten Massen« infrage stellen, sondern vielmehr für eine Potenzierung ihrer Aktivitäten zugunsten der Revolution sorgen.[73] Und der konspirative Charakter der Partei, wie er in der *Iskra* skizziert worden war, hatte – so Lenin – entgegen den Vorwürfen von Kritikern nichts mit einer Neuauflage des »Narodowolzentums« zu tun, also mit den abgeschotteten Zirkeln jener Terroristen, die wenige Jahe zuvor u. a. auch seinen Bruder so beeindruckt hatten. Eine »Zentralisierung« konspirativer Tätigkeiten bedeute »keineswegs die Zentralisierung aller Funktionen der Bewegung«, beschwichtigte er.[74] Vom Tisch wischte Lenin außerdem das, wenn man so will, »Demokratiedefizit« einer solcherart operierenden Gruppe professioneller Revolutionäre. Das demokratische Prinzip bedinge »erstens vollständige Publizität und zweitens Wählbarkeit aller Funktionäre«. Diese Voraussetzungen seien etwa in der »deutschen sozialistischen Partei« und einem Land mit einer Verfassung und einer Volksvertretung vorhanden, aber keineswegs in Russland, in der »Finsternis der Selbstherrschaft«.[75] Lenin sprach verächtlich vom »Demokratismus« seiner Kritiker und von unrealistischen, naiven, ja »primitiven« Vorstellungen einer allumfassenden Mitbestimmung.[76] Jenen, die der *Iskra* vorhielten, die Zukunft des russischen Marxismus wieder in die »Studierstube« einer kleinen Gruppe Intellektueller zurückzuholen, um dort die eigentliche Revolution womöglich zu verpassen, unterstellte er eine völlige Missdeutung seiner Agenda und damit auch jener der Zeitung. Gerade die *Iskra* sei es, die mit einer »das ganze Volk erfassende[n]

71 Ebd., 151–153.
72 Ebd., 154
73 Ebd., 156.
74 Ebd.
75 Ebd., 171, 173.
76 Ebd., 177.

politische[n] Agitation« die Revolution nicht nur nicht verschlafen werde, sondern sie geradezu voraussehen könne.[77]

»Zerfahrenheit«

Der Titel der Broschüre *Was tun?* nahm – so die gängige Darstellung – Anleihe bei Tschernyschewskijs gleichnamigem Band und damit einem überaus einflussreichen Buch. Der Utopie des verehrten Autors stellte Lenin in seinem Text die eigenen, durchaus überschwänglichen Vorstellungen von der Zukunft der russischen Sozialdemokratie und der Arbeiterbewegung im Zarenreich gegenüber. Das Potenzial einer revolutionären Entwicklung gerade im Romanowimperium schätzte er als enorm ein. Er betonte zwar die außerordentlichen Herausforderungen, denen die russischen Werktätigen angesichts der systematischen Unterdrückung durch die Autokratie gegenüberstanden, erblickte darin aber auch die Chance, die Arbeiterschaft im Zarenreich zur »Avantgarde des internationalen revolutionären Proletariats« zu machen.[78]

Was tun? illustrierte das Zerwürfnis mit all den Kritikern, die sich seit Bestehen der *Iskra* gegen Lenins Entwürfe für die Weiterentwicklung der russischen Sozialdemokratie zu Wort gemeldet hatten. Und die Schrift zeigte ungeachtet der damals noch vorhandenen Übereinstimmungen zwischen späteren Bolschewiki und Menschewiki die Zonen jener Differenzen auf, die nur kurze Zeit später die Hauptfelder der nachfolgenden Entfremdung modellierten. So sehr Lenin auf eine schlagkräftige und im Einklang operierende Partei hinarbeitete, so konfliktbeladen war die Stimmung ganz allgemein. Lenin sah sich einer heterogenen russischen Sozialdemokratie gegenüber, die sich dagegen sträubte, zu einer fragwürdigen Einheit zusammengeschweißt zu werden. Mit all ihren verschiedenen und – wie sich u. a. in *Was tun?* nachlesen lässt – geradezu diametralen Ansichten vom Wesen einer Partei und von ihren Aufgaben oder aber von der Rolle der Arbeiterschaft im Allgemeinen widerstrebte sie jener uniformen Bewegung, wie Lenin sie ansteuerte. Und das bereits vor der hochstilisierten Zäsur

77 Ebd., 218.
78 Ebd., 37. Vgl. außerdem Geyer, Lenin, 244–246.

von 1903 und in einem Ausmaß, das die Antagonismen zwischen späteren Bolschewiki und Menschewiki in einigen Punkten vorwegnahm, in anderen übertraf. Noch bevor sich beispielsweise Rosa Luxemburg zu den, wie sie meinte, »Allmachtsfantasien« Lenins zu Wort meldete, dessen »Ultrazentralismus« tadelte und die »Vormundschaft eines allwissenden und allgegenwärtigen Zentralkomitees« als Spiegelbild des russischen Absolutismus identifizierte, waren es die geschmähten Ökonomisten, die Lenin die Stirn boten und ihn mit ihren Standpunkten herausforderten.[79] Aus Sicht des streitbaren Marxisten stellten sie sich gegen seine Visionen, weil sie die Sozialdemokratie ihrer tatsächlichen Mission beraubten, aus ihrer Perspektive, weil sie davon überzeugt waren, dass alle Strömungen der Sozialdemokratie »auf dem Boden der Klasseninteressen des Proletariats« und »seines Klassenkampfes für die politische und wirtschaftliche Befreiung« stehen müssten.[80] Alexander Martynow, der als einer der erklärtesten Gegner Lenins auftrat, prophezeite im Falle einer Parteientwicklung nach den Plänen der damaligen *Iskra* die völlige Auslöschung all jener »Spuren«, die die Sozialdemokratie bisher in Russland hinterlassen hatte. Die SDAPR würde zu einer »Organisation zur Verbreitung der Ideen einer Zeitung« verkommen.[81] Tatsächlich ging es in Lenins Konzepten weniger um die »Allmacht« des ZK, sondern um den Einfluss, den die *Iskra* als Propagandaorgan im Allgemeinen und ihre Redaktionsmitglieder im Besonderen ausüben würden.

Im Schlussteil von *Was tun?* gab Lenin die Antwort auf die Frage, die er seinen Ausführungen vorangestellt hatte. Sie lief im Wesentlichen auf die unmissverständliche Absage einer reformorientierten Sozialdemokratie hinaus, die seiner Einschätzung zufolge die bisherige »Zerfahrenheit« fortführen, ja verschlimmern würde. Bereits 1899 hatte er sich in einem Zeitungsartikel die Arbeiterschaft in »Reih und Glied« vorgestellt, erfüllt von der Einsicht, Teil eines großen Ganzen zu sein.[82] Während Lenins

79 Zit. nach Schmeitzner, Lenin, 31.
80 Zit. nach Lenin, Was tun?, 17. Lenin zitiert hier einen Ausschnitt eines Artikels aus der »Rabočee Delo«.
81 Geyer, Lenin, 234. Alexander Martynow ging später im Übrigen zu den Bolschewiki über und wurde außerdem zu einem Unterstützer Stalins.
82 LW, Bd. 4, 219.

Konzepte in Zusammenhang mit *Was tun?* ebenso wie mit dem Parteitag 1903 später als Inbegriff des Befürwortens der Herrschaft einer kleinen, exklusiven Parteiclique interpretiert wurden, wollte er ursprünglich genau diesem »Zirkelwesen« und damit der Zersplitterung der Bewegung den Garaus machen. Selbstverständlich nach seiner Fasson.

Lenins Vorstellungen von Einheit und Disziplin kamen nicht ohne Deutschlandverweise aus und nicht alle in der SPD fühlten sich dadurch »geehrt«.[83] Dass selbst Kautsky, den Lenin als »Gralshüter« eines »unverfälschten« Marxismus empfand, sich weigerte, eine Entgegnung des russischen Genossen auf Rosa Luxemburgs Angriffe gegen das Konzept der sogenannten Elitepartei in der *Neuen Zeit* zu drucken, muss ihn tief getroffen haben.[84] Das wahrscheinlich umso mehr, als Kautsky noch 1902 in einem Gastbeitrag für die *Iskra* einen Kommentar zum revolutionären Potenzial in Russland abgegeben hatte, den Lenin als Bestätigung für seine optimistische Einschätzung einer Umwälzung und als Befürwortung für seine Konstruktion einer straffen Partei auffasste.[85] Der SPD-Theoretiker aber wollte zwei Jahre später die bereits eskalierten Streitigkeiten zwischen den russischen Genossen nicht endlos in der deutschen Presse breitwalzen. Nach seiner Absage hinsichtlich der Veröffentlichung von Lenins Replik auf Luxemburgs Anwürfe wandte er sich jedenfalls brieflich an den brüskierten Genossen. Darin setzte er ihm die Gründe für seine Entscheidung im Detail auseinander. Ob Lenin auf diese Erklärung antwortete, ist nicht bekannt. Dass sie ihn nicht befriedigte, hingegen schon.[86] Dies umso mehr, als er bereits einen Text vorbereitet hatte, in dem er sich gegen Luxemburgs Darstellungen wehrte.[87]

---

83 Vgl. ebd., 199–220.

84 Vgl. Christopher Read, Lenin and the 1905 Revolution, in: Jonathan Smele/Anthony Heywood (Hg.), The Russian Revolution of 1905. Centenary Perspectives, London/New York 2005, 218–240, 224.

85 Mike Schmeitzner, Antinomie und Verflechtung. Kautsky, Lenin, Trotzki und der Deutungskampf um die »Diktatur des Proletariats«, in: Ders. (Hg.), Die Diktatur des Proletariats. Begriff – Staat – Revision, Baden-Baden 2022, 43–64, 46.

86 Vgl. Dietrich Geyer, Die russische Parteispaltung im Urteil der deutschen Sozialdemokratie 1903–1905 (Schluss), in: International Review of Social History 3/3 (1958), 418–444, 430–432.

87 Vgl. LW, Bd. 7, 480–491.

Zuspitzungen

Die Fronten verhärteten sich unterdessen auch gegenüber den Sozialisten-Revolutionären (SRy). Ausgangspunkt für die sozialdemokratischen Bestrebungen, nach dem anfänglichen Liebäugeln mit einer Art Bündnis nun klare Trennlinien zu ziehen, waren die 1902 in den Gouvernements Poltawa und Charkow ausgebrochenen Agrarunruhen bzw. die diesbezüglichen Schlussfolgerungen der PSR, die offenbar wieder ganz an die Ideale des früheren Narodnitschestwo anknüpften.[88] Die altbekannte Berufung auf die Obschtschina als Keimzelle des »Dorfkommunismus« wurde daraufhin von Lenin ebenso torpediert wie die Forderung der SRy nach der »Sozialisierung des Bodens«. In dieser Losung sah er lediglich eine »phrasenhaft bemäntelte Nationalisierungsforderung bürgerlichen Charakters«, die sich »in der Illusion gefalle, den fortschreitenden Kapitalismus aus der russischen Agrargesellschaft hinwegdekretieren zu können«.[89] Das Verharren in einem System der »Kleinwirtschaft« münde aber in Hunger und weiterer Verelendung.[90]

Lenin verwies die Bauernschaft auf ihren Platz: Sie könne »die Mission des Proletariats«, der Autokratie den »Todesstreich zu versetzen«, lediglich erleichtern, nicht aber deren »Hegemonie teilhaftig« werden.[91] Andererseits aber skizzierte Lenin bereits ein Bündnisangebot an die sogenannte »Dorfarmut«. Dieses zielte in weiterer Konsequenz darauf ab, den Widerstand der armen gegenüber den reichen Bauern zu stimulieren.[92] Gleichzeitig wollte er verdeutlichen, dass in einem ersten Schritt die Beseitigung der vorhandenen »Überreste der Leibeigenschaft« ein gemeinsames Anliegen der gesamten Bauernschaft sein müsse. Für die Phase danach, also für die soziale Revolution, könne der Klassenkampf aber nicht ausbleiben.[93] Dass demgegenüber die SRy den »kleinbürgerlichen Charakter« der russischen Bauernschaft leugneten, verstelle ihnen, war Lenin überzeugt, die Sicht auf die engen Grenzen ihres Aufbegehrens, das sich

88 Vgl. Helmut Altrichter, Die Bauern von Tver. Vom Leben auf dem russischen Dorfe zwischen Revolution und Kollektivierung, München 1984, 18.

89 Geyer, Lenin, 268.

90 Vgl. LW, Bd. 24, 57.

91 Zit. nach Geyer, Lenin, 269.

92 Vgl. Lenins Broschüre »An die Dorfarmut«, in: LW, Bd. 6, 357–430.

93 Vgl. zu Lenins Stufenmodell u.a. W. I. Lenin, Sämtliche Werke, Bd. 5., Wien/Berlin 1930, 459–477.

ohne eine Stimulierung des Klassenkampfes mit der Aufhebung »feudaler Überreste auf dem Dorfe« begnügen werde.[94]

Die Anreize, die Lenin den armen Bauern offerierte, die seinen Darstellungen zufolge zwei Drittel der Höfe in ganz Russland bewirtschafteten, bezogen sich auf die Rückgabe von nach der Bauernbefreiung 1861 abgetrennten »Bodenstücken« (»Otreski«) und die Refundierung von Ablöse- und Fronzinszahlungen.[95] Diese Lasten sollten nicht nur aufgehoben werden, sondern mehr noch: Lenin forderte die Rückerstattung »aller dem Volke abgenommenen Ablösegelder an das Volk« seit 1861 – ein Ansinnen, das viele seiner Parteikollegen für geradezu absurd, weil nicht realisierbar hielten.[96] Ein großer Widerhall auf solche Ankündigungen blieb ohnehin eine Wunschvorstellung. Selbst die Sozialisten-Revolutionäre mussten nämlich erkennen, dass die Ansprechpartner für eine revolutionäre Politik am ehesten die Mittelbauern waren und nicht diejenigen, die Lenin der sogenannten »Dorfarmut« zurechnete.

Lenin bekam es mit vehementem Widerspruch aus den eigenen Reihen zu tun. Seine Ansichten über die Berücksichtigung bäuerlicher Interessen im Parteiprogramm erschienen manchen Sozialdemokraten als geradezu ketzerisch. Und so beeilte er sich, die Bedenken, die sich sogar innerhalb des *Iskra*-Kollegiums angesichts seiner ungewöhnlich anmutenden »Agrarthesen« geregt hatten, zu zerstreuen. Er berief sich nun auf die Notwendigkeit entsprechender Flexibilität. In einer bestimmten Phase der Revolution werde man die Forderung nach einer Nationalisierung des Bodens erheben. Für die »Zeit der politischen Sklaverei« seien die formulierten Forderungen, die sich auf das Überlassen lediglich bestimmter Anbauflächen an die Bauern beschränkten, aber ausreichend.[97] Solche Erklärungen sollten nicht zuletzt jenen Kritikern den Wind aus den Segeln nehmen, die sich verblüfft gezeigt hatten über die Stärkung des bäuerlichen Privateigentums, die Lenin den Bauern in seinem Entwurf realiter versprach.[98] Es gab also Erklärungsbedarf. Doch Lenins Erläuterungen zur Frage der Nationalisierung des Bodens

94 Geyer, Lenin, 268.
95 LW, Bd. 6, 383.
96 Ebd.
97 Geyer, Lenin, 308.
98 Ebd., 306.

besänftigen seine Gegner nicht – im Gegenteil. Was Lenin vor Augen stand, könne, ließen ihn die eigenen Mitstreiter wissen, nur als »Prolog zur Sozialisierung aller Produktionsmittel« erwogen werden.[99] Mit der Sozialisierung als Perspektive für die Lösung der Agrarproblematik propagierten wiederum die Sozialisten-Revolutionäre allerdings eine »Vergesellschaftung« des Bodens, welche hingegen die Bauern in der Regel lediglich mit der Enteignung des adeligen Grundbesitzes gleichsetzten. Die Tragweite dessen, was die SRy als Gegenmodell zu einer weiteren kapitalistischen Entwicklung im Agrarsektor anboten, erfasste ihre Anhängerschaft im Regelfall nicht oder nur fragmentarisch. Die gemeinschaftliche Bearbeitung des Bodens entsprach einem Ideal, das die Realität bäuerlicher Bedürfnisse nur sehr bedingt berührte.

Das größte Problem stellte demgegenüber primär die Landarmut dar. Um 1900 besaß ein erheblicher Anteil der Bauern zu kleine Parzellen. Der enorme Anstieg der Geburtenrate, der in nicht einmal vier Jahrzehnten die Zahl der Landbevölkerung von 50 auf 79 Millionen anwachsen ließ, verschärfte die ohnehin prekäre Lage. Die Dorfgemeinde bot vor diesem Hintergrund eine höchst fragwürdige Hilfestellung an: »Die egalitären Gepflogenheiten der Bauern boten ihnen wenig Anreiz, etwas anderes zu produzieren als Kinder, denn die Gemeinde verteilte das Land nach Anzahl der zu fütternden Mäuler auf die Haushalte.«[100]

Plechanow rechnete indessen mit Lenins Vorschlägen für die Agrarproblematik ab. Von einer Nationalisierung des Bodens wollte er generell nichts wissen – egal, in welchem Stadium der Revolutionsentwicklung sie Lenin verortete.[101] Man könne nicht etwas als Ziel vorgeben, das in die Ära des Sozialismus gehöre oder einfach nicht dem Entwicklungsniveau in Russland entspreche.[102] Und schließlich gab es auch Sozialdemokraten, die – Taktik und Flexibilität hin oder her – keinen Sinn darin sahen, die Bodenfrage überhaupt zu behandeln, geschweige denn aktiv auf die Bauern zuzugehen. Wer nicht dem Proletariat angehöre, sei »belanglos« und bestenfalls »das

99 Ebd., 308.
100 Orlando Figes, Nataschas Tanz. Eine Kulturgeschichte Russlands, Berlin 2003, 281.
101 Geyer, Lenin, 309 (Fn. 29).
102 Baron, Plekhanov, 228f.

fünfte Rad am Wagen«.[103] Auch in dieser Hinsicht kamen Lenin Karl Kautskys Schlussfolgerungen entgegen. Dieser hatte sich 1899 in einem umfangreichen – gleichlautenden – Buch mit der Agrarfrage auseinandergesetzt und eingeräumt, dass sich ungeachtet der tiefen Kluft zwischen Bauern und Proletariat sowie des Widersinns, sich mit einer Art »Bauernschutz« zu befassen, die Beschäftigung mit der Thematik aufdränge. Immerhin befinde sich auch die landwirtschaftliche Produktion im Umbruch und die Agrarkrisen der Vergangenheit hatten für die Herausbildung eines »Landproletariats« gesorgt. Man werde zwar die Bauern nie für sozialdemokratische Ziele begeistern, sie aber vielleicht zumindest als Gegner ausschalten, d.h. »neutral« stimmen können.[104] Das bedeutete folgerichtig nicht, das Selbstverständnis der SPD als »Klassenpartei der Industriearbeiter« in irgendeiner Weise infrage zu stellen und auf Stimmenfang unter der Bauernschaft zu gehen. Es sei, meinte Kautsky, »nicht unsere Aufgabe, Mitläufer heranzuziehen«.[105]

Lenin hatte Kautskys Buch *Die Agrarfrage* nicht nur enthusiastisch rezensiert, sondern er entnahm ihm Ansichten, die auch für seine Anschauung von der Thematik richtungsweisend wurden; darunter etwa die Forderung nach »Abschaffung aller Überreste des Feudalismus in der Landwirtschaft« bei gleichzeitigem Verzicht auf die »Hemmung« einer kapitalistischen »radikalen Umwälzung« des Agrarwesens – so sehr ihm die Unterschiede der Landwirtschaft im Westen und in Russland bewusst waren und so sehr er das auch gegenüber mäkelnden Genossen klarstellte.[106] Von Bedeutung in diesem Zusammenhang war überdies auch Kautskys Plädoyer für genossenschaftlich organisierte landwirtschaftliche Großbetriebe, das er der vom bloßen Fortschrittsglauben geleiteten Begeisterung für die industrielle Entwicklung entgegensetzte.[107]

---

103 W. I., Lenin, Ein Schritt vorwärts, zwei Schritte zurück. Die Krise in unserer Partei, Berlin 1951, 45.

104 Vgl. Karl Kautsky, Die Agrarfrage. Eine Übersicht über die Tendenzen der modernen Landwirtschaft und die Agrarpolitik der Sozialdemokratie, Stuttgart 1899.

105 Zit. nach Detlev Lehnert, Sozialdemokratie zwischen Protestbewegung und Regierungspartei 1848 bis 1983, Frankfurt am Main 1983, 91.

106 LW, Bd. 4, 89 und vgl. Ingerflom, Lenin, 149–151.

107 Vgl. Karl Kautsky, Das Werden eines Marxisten (1924). https://www.marxists.org/deutsch/archiv/kautsky/1924/xx/werden.htm (12.1.2023).

Zentralismus

Während sich in der Zwischenzeit Lenins Verständigung mit engen Weggefährten immer schwieriger gestaltete, misslang sie erst recht mit »Andersgläubigen«. Letztlich führte alles, wofür Lenin eintrat, nicht zu einer Verbreiterung der Basis im Kampf gegen die Autokratie, sondern zum genauen Gegenteil. Auf dem Altar der »Rechtgläubigkeit«, des Purismus marxistischer Lehren – wie er sie interpretierte –, opferte er die zartesten Ansätze einer Kooperation mit anderen regimegegnerischen Gruppen. Die Türen wurden in der Folge auch gegenüber den Liberalen bzw. den späteren Konstitutionellen Demokraten bzw. Kadety zugeschlagen, wobei nicht zuletzt auch die persönlich motivierte Abneigung gegenüber dem »Überläufer« Struwe zum Tragen kam.[108] Das »Kokettieren« der Liberalen »mit der Autokratie«, das nach außen hin in ungezügelten Polemiken gegeißelt wurde, spielte intern, also in den Reflexionen der *Iskra*-Gruppe, aber anscheinend eine geringere Rolle als die befürchtete Anziehungskraft, die sich aus liberalen Positionen für die revolutionäre Intelligenzija ergeben konnte. Nicht alle Linken zierten sich indessen, Kontakte zu anderen politischen Kräften zu knüpfen. Für die SRy stellten sich die Hürden einer Annäherung an die Liberalen insofern als kleiner dar, als diese allein angesichts demografischer Fakten aus dem sicheren Gefühl der Überlegenheit erfolgen konnte. Im »Ringen zwischen Autokratie und Revolution würde« am Ende dann doch »für eine bürgerliche Klassengesellschaft kein Platz sein« und der Übergang zum »Elysium« einer »bauernsozialistischen Gesellschaftsordnung« könne – im Unterschied zum Westen – auch ohne den Umweg über die bürgerliche Herrschaft erfolgen.[109]

Dissonanzen prägten überdies die Kontakte mit den Bundisten, also den Vertretern des Jüdischen Arbeiterbundes, die sich beispielsweise bereits am Plan zur Durchführung eines 2. Parteikongresses stießen. Ihren Überlegungen zufolge war das, was 1898 in Minsk erschaffen wurde, längst begraben. Die Partei war tot. Es bedurfte demnach eines konstituierenden Parteitages. Von einer Neugründung erwartete man schließlich auch die Regelung der Stellung des Bundes. Eine Interessenkollision mit den Zentralisierungsfantasien

108 Geyer, Lenin, 283.
109 Ebd., 286.

der *Iskra* – oder besser gesagt Lenins – war unausweichlich. Aus Sicht der Bundisten ging es um die gleichberechtigte Partizipation »national gebundener Organisationen«: »Die Sozialdemokratie Rußlands sollte keine mehrsprachig agitierende Einheitspartei werden, sondern die Arbeiterbewegung des Vielvölkerstaates in föderativen Formen zusammenfassen, als Modell gleichsam für die Ordnung der Nationalitätenbeziehungen in einem freien Rußland.«[110] In diesem Zusammenhang wurde auf die Föderation der sozialdemokratischen Arbeiterparteien aller Nationen Österreichs verwiesen, die sogenannte »Kleine Internationale«, die, auf der Autonomie der Organisationen beruhend, eine Gesamtvertretung der einzelnen »Sub-Parteien« an der Spitze hatte.[111] Gleichzeitig preschte der Bund aber auch mit einem Alleinvertretungsanspruch des jüdischen Proletariats hervor. Die Anstrengungen der jüdischen Genossen in Hinblick auf die Vorbereitungen für den einzuberufenden Parteitag machten den Bund überdies in Lenins Augen zu einem unliebsamen Konkurrenten. Er sprach in diesem Zusammenhang von einem »Kriegszustand«. Man solle den Bundisten zwar nicht »direkt die Zähen einschlagen«, aber auch keine unnötigen Zugeständnisse machen.[112]

Ein Vertretungsrecht für nationale Gruppen war in Lenins Plänen von vornherein nicht vorgesehen, ein föderatives Organisationskonzept widersprach seinen und den Vorstellungen der *Iskra*. Immerhin galt es, die Einheit der Partei anzustreben – ein Ziel, das damals auch Martow den Bundisten vor Augen hielt, indem er den »Vereinheitlichungsprozess« mit einer »imperialistischen« Taktik verglich und die »Hegemonie der Partei über ihre Teile« rechtfertigte.[113] Hinsichtlich des später so gescholtenen Zentralismus folgte Lenin nach eigenem Dafürhalten außerdem Marx und dessen Positionen.[114] Rosa Luxemburg aber brachte andere Argumente in diesem Zusammenhang vor, die allerdings nur bedingt überzeugten. Immerhin musste auch sie der Sozialdemokratie im Allgemeinen einen starken zentralistischen »Zug« attestieren. Lediglich der öster-

110 Ebd., 358.

111 Vgl. Wolfgang Maderthaner, Die Kleine Internationale, in: Hannes Androsch u. a. (Hg.), Vorwärts. Österreichische Sozialdemokratie seit 1889, Wien 2020, 64–111, 65.

112 Zit. nach John Bunzl, Klassenkampf in der Diaspora. Zur Geschichte der jüdischen Arbeiterbewegung, Wien 1975, 85.

113 Ebd., 86.

114 Vgl. LW, Bd. 25, 442.

reichischen Partei ob der »abnormen« Verhältnisse im Habsburgerreich gestand sie eine »Ausnahme zugunsten des förderalistischen Prinzips« zu.[115] Wie aber sollte die »Zusammenführung aller Gruppen und Grüppchen, Zirkeln und Sekten im Russischen Reich und im Exil«[116] gelingen, wenn das, was Lenin anzubieten hatte, anscheinend in der Allmacht der »Iskristen« gipfelte? Genau diesen Eindruck nämlich vermittelten ihre bzw. Lenins Pläne in der Beurteilung der Kritiker.

Die wütenden Rundumschläge, die den politischen Konkurrenten galten und in *Was tun?* noch einmal eine verbale Zuspitzung erfuhren, hinterließen ihre Spuren – auch innerhalb der *Iskra*, die ihre Redaktion mittlerweile aufgrund der drohenden polizeilichen Verfolgung aus München abgezogen und nach London verlegt hatte.

An der Ausformulierung des Parteiprogramms, mit dem sich Lenin bereits während seiner Haft in St. Petersburg befasst hatte und das bis zum geplanten Parteitag vorliegen sollte, entzündeten sich in internen Diskussionen also erwartbare, aber zum Teil auch weniger vorhersehbare Konflikte. Die Meinungsverschiedenheiten mit Plechanow hatte Lenin unterschätzt. Es ging um Spitzfindigkeiten ebenso wie um persönliche Eitelkeiten, aber auch um die strittige Akzentuierung ganz prinzipieller Standpunkte. Das Kleinbürgertum beispielsweise hatte Plechanow in seinen Entwürfen nach Lenins Ansicht viel zu positiv gezeichnet, anstatt dessen »konservativen«, ja »reaktionären« Charakter entsprechend hervorzuheben. Und Plechanow echauffierte sich umgekehrt über Einschätzungen Lenins, die den Entwicklungsgrad des russischen Kapitalismus betrafen. Diesen hielt er für weit weniger ausgeprägt, als der Kritisierte immer wieder behauptet hatte. Plechanow plädierte ungeachtet Lenins Einwürfe weiterhin für eine angemessene Interpretation Marx'scher Aussagen über die reaktionäre Haltung nicht-proletarischer Schichten. Dessen Analysen seien für Deutschland im Revolutionsjahr 1848 zutreffend gewesen, nicht aber für das Hier und Heute und noch weniger für Russland.[117]

---

115 Rosa Luxemburg, Organisationsfragen der russischen Sozialdemokratie, in: Die Neue Zeit 22/42 (1904), 484–492, 487.

116 Schmeitzner, Lenin, 29.

117 Geyer, Lenin, 296.

Untergrund-SPD?

Lenin galt auch innerhalb der *Iskra*-Redaktion als »Dogmatiker«, nach Vera Sassulitschs Ansicht gar als einer »von Kopf bis Fuß«.[118] Trotzdem hinderten ihn seine Überzeugungen nicht daran, pragmatisch vorzugehen. Vor allem, wenn es um Fragen der Finanzierung revolutionärer Aktivitäten bzw. um das Lukrieren von Mitteln für die Herausgabe von Zeitungen ging. Geld hierfür floss u.a. von russischen Industriellen, die dermaßen überzeugt waren vom Untergang des Regimes, dass sie es für nützlich hielten, sich mit oppositionellen Kräften und möglichen Entscheidungsträgern von morgen rechtzeitig zu arrangieren. Als hilfreich in dieser Hinsicht hatten sich für Lenin nicht zuletzt die verzweigten Kontakte des Schriftstellers Maxim Gorki erwiesen, dessen Haltung gegenüber den Bolschewiki allerdings von schwankender Sympathie geprägt war.

Lenin setzte indessen auch in theoretischen Fragen auf Elastizität. Freilich immer nach seiner ganz speziellen Art: Dort, wo es ihm angebracht erschien, plädierte er für Interpretationen des Marx'schen Lehrgebäudes, die er als geradezu zwangsläufiges Ergebnis tatsächlicher und, wie er meinte, tiefgründiger Kenntnis desselben präsentierte. Das betraf auch die »Diktatur des Proletariats« als Voraussetzung für die soziale Revolution. Sie sollte der bürgerlichen folgen und eine Übergangsphase hin zur klassenlosen Gesellschaft darstellen. Marx selbst hatte sich nur wenige Male und nur sehr vage zu jener »politischen Übergangsperiode« geäußert, die für die Bolschewiki so große Bedeutung erlangen sollte.[119] Das wiederum erleichterte das »Jonglieren« mit Zitaten.[120] Viele nützten den Interpretationsspielraum für eine moderate Auslegung und wähnten sich dabei außerdem konform mit Marx selbst: Er habe die Diktatur der Mehrheit gemeint, und zwar nicht als Regierungsform, sondern als gesellschaftliche Realität.[121]

Eduard Bernstein wiederum erachtete die »Diktatur des Proletariats« fast zwei Jahrzehnte, bevor Lenin sie verwirklichen wollte,

118 Zit. nach Rindlisbacher, Leben für die Sache, 233.
119 Schmeitzner, Lenin, 18.
120 Vgl. Wilfried Nippel, Kein Urheberrecht. Marx, Engels und die Diktatur des Proletariats, in: Mike Schmeitzner (Hg.), Die Diktatur des Proletariats. Begriff – Staat – Revision, Baden-Baden 2022, 19–42, 38f.
121 Geyer, Lenin, 294f.

als gefährliche Utopie: »Die Diktatur des Proletariats heißt, wo die Arbeiterklasse nicht schon sehr starke eigene Organisationen wirtschaftlichen Charakters besitzt und durch Schulung in Selbstverwaltungskörpern einen hohen Grad von geistiger Selbständigkeit erreicht hat, die Diktatur von Klubrednern und Literaten. Ich möchte denjenigen, die in Unterdrückung und Chikanirung der Arbeiterorganisationen und Ausschluß der Arbeiter aus der Gesetzgebung und Verwaltung den Gipfel der Regierungskunst erblicken, nicht wünschen, einmal den Unterschied in der Praxis zu erfahren. Ebenso wenig würde ich es für die Arbeiterbewegung selbst wünschen.«[122]

Bis heute ist strittig, ob Lenin mit seinen damaligen Äußerungen zu einer »Diktatur des Proletariats« bereits die Grundrisse jener Herrschaft gezeichnet hat, die er und seine Bolschewiki ab 1917 in Russland etablierten.[123] Uneinigkeit herrscht auch über die Charakterisierung von *Was tun?* als »häretisches«, d. h. vom Marxismus bereits zum Leninismus übergehendes Dokument. Kategorische Antworten darauf mögen wirkungsvoll sein.[124] Aber sind sie auch zielführend? Muss *Was tun?* nicht vor allem als Bekenntnis eines orthodoxen Marxisten angesehen werden bzw. eines Marxisten, der sich für orthodox hielt und gleichzeitig an einem Marxismus für russische Verhältnisse »bastelte«? An einem Marxismus im Übrigen, den auch seine Galionsfiguren nicht als starre »Bedienungsanleitung« verstanden.[125] Oder ging Lenins »Orthodoxie« schon damals weit über das hinaus, was zum Beispiel Kautsky darunter verstand?

Die Neuinterpretation und Neuübersetzung des berühmten Lenin-Textes durch den amerikanisch-kanadischen Historiker Lars Lih ist zweifellos zu Recht gewürdigt worden. Dessen Schlussfolgerungen, die nicht zuletzt darauf abzielen, Lenin als überzeugten »Erfurtianer«, also Anhänger des Erfurter Programms der SPD bzw. einer »Erfurter SPD«, darzustellen, verweisen auf das

---

122 Eduard Bernstein, Die Voraussetzungen des Sozialismus und die Aufgaben der Sozialdemokratie (1899). https://www.marxists.org/deutsch/referenz/bernstein/1899/voraus/schluss.html (8.3.2023).

123 Schmeitzner, Lenin, 21.

124 Vgl. Read, Lenin and the 1905 Revolution, 220. Ein Überblick über die konträren Einschätzungen von *Was tun?* In der Historiographie und über die Wirkung des Textes bei Scherrer, Lenin, 40–45. Lenins Text ist zweifellos vor allem als zeitspezifisches Dokument einzuschätzen, das der Anfangsphase der SDAPR zuzuordnen ist.

125 Vgl. Michael Brie/Jörn Schütrumpf, Rosa Luxemburg. Eine revolutionäre Marxistin an den Grenzen des Marxismus, Hamburg 2021, 37, 70–75.

»Fortschreiben« teilweise verzerrender Auslegungen von Lenins Schrift in der Historiografie bzw. auf problematische Gewichtungen von Aussagen. Die »skandalösen Passagen«, wie Lih sie nennt, also jene über das Klassenbewusstsein, das nur von außen an die Arbeiterschaft herangetragen werden könne, oder über den »Kampf mit der Spontaneität«, sind tatsächlich alles andere als skandalös – im Sinne von außergewöhnlich. Dafür gibt es mehrere Gründe. Etliche von Lenins Aussagen – nicht nur in *Was tun?*, sondern auch in vielen weiteren Schriften – reduzieren das russische Proletariat keineswegs auf eine ganz und gar auf Führung angewiesene Gruppe von Befehlsempfängern. Im Gegenteil, Lenin sah die Entwicklung der Arbeiterschaft alles in allem optimistisch und betonte bisherige Errungenschaften. Seine Polemik gegen eine »Nur-Spontaneität« war außerdem eine nachvollziehbare Absage an einen Aktionismus, der ohne Systematik blieb. Selbst wenn man aber zum Schluss kommt, dass Lenin Kautskys Aussagen in diesem Zusammenhang entstellt hat, bleibt dennoch festzuhalten, dass auch Marx und Engels sich in ihren diesbezüglichen Wortmeldungen verschiedene »Beziehungen« zwischen Partei und Arbeiterschaft bzw. verschiedene »Aufgaben« Ersterer vorstellen hatten können.[126]

In Summe mahnen Lihs Erkenntnisse aus der Neuübersetzung von *Was tun?* gewiss zu einer differenzierten Bewertung dieser Schrift, vermögen aber nicht auszublenden, dass bei all der demonstrativen Nähe Lenins zu den »deutschen Brüdern« bereits damals ein Weg für die russische Partei skizziert wurde, der vom zeitgleichen Kurs der SPD eklatant abwich. Daran vermochten auch die evidenten Überlappungen in den Parteiprogrammen von SPD und SDAPR wenig zu ändern. Lenin setzte mit seinem Aufbauwerk bei einer völlig anderen Entwicklungsstufe an, nämlich bei den historischen Vorläufern der SPD bzw. der Sozialdemokratie im Gesamten, also bei den Anfängen der Bewegung und ihren geheimbündlerischen Grundlagen. Ungeachtet der offensichtlichen inhaltlichen Überschneidungen beim Parteiprogramm und Lenins angeblichem Bestreben, soweit wie möglich dem SPD-Vorbild zu folgen und so wenig wie nötig von ihm abzuweichen, lag der augenscheinliche

126 Vgl. Marco Iorio, Karl Marx – Geschichte, Gesellschaft, Politik, Berlin/New York 2003, 202–231.

Unterschied zur deutschen Partei, wie sie zu Lenins Lebzeiten bestand, ganz einfach in der Ungleichzeitigkeit ihrer jeweiligen Aufgaben.[127] Von einer Massenpartei war man in Russland mit oder ohne dem Konzept einer Kader-Partei als alternative Konstruktion und ungeachtet der gewählten Agitationsmethoden noch Universen entfernt.

Niemand, meinte auch Lidija Dan, habe bei aller Nähe zur SPD damals daran geglaubt, dieses Modell ganz einfach nach Russland tragen zu können. Weder inhaltlich noch hinsichtlich des Aufbaus.[128] Bezeichnenderweise winkte auch Karl Kautsky ab. Die »Nutzanwendung deutscher Erfahrungen aus der Zeit des Sozialisten-Gesetzes« auf die russische Partei sah er skeptisch. Insgesamt erschöpften sich seine Ratschläge für die Genossen aus dem Zarenreich aber in Appellen an Einigkeit und Konsensbereitschaft.[129] Lenin selbst fand schon allein Kautskys Heranziehung eines Vergleichs der russischen Situation mit jener Deutschlands in den Jahren der Repression vollkommen überflüssig, weil »irreführend«.[130] Er hatte eigene Vorstellungen. Mit seinem Parteikonzept tendierte er offenbar zu einer Art Verbindung zwischen der Anfangszeit der deutschen, aber auch aller anderen sozialdemokratischen Parteien auf der einen und der erneuerten »orthodoxen« Ausrichtung der SPD ab 1891 auf der anderen Seite. Er stückelte zusammen – inhaltlich und organisatorisch. Damit glaubte er, den Herausforderungen der russischen Bedingungen am ehesten entsprechen zu können. Das Proletariat im Zarenreich kämpfe, meinte er, gegen ein »Ungeheuer« – also das autokratische Regime –, »mit dem verglichen das Sozialistengesetz in einem konstitutionellen Lande« – hier meinte er die Verbotsära in Deutschland –, »als wahrer Zwerg erscheint«.[131]

Wenn Lenin Berührungsängste gegenüber seinen Vorstellungen von einer konspirativ arbeitenden Partei als Ausdruck des »Opportunismus« definierte,[132] dann begriff er sich selbst als Anhänger

127 Vgl. Lars T. Lih, Lenin Rediscovered. What Is to be Done? In Context, Leiden/Boston 2006, 554–559, 837–840.
128 Haimson, Three Russian Revolutionaries, 103f.
129 Vgl. Dietrich Geyer, Die russische Parteispaltung im Urteil der deutschen Sozialdemokratie 1903–1905, in: International Review of Scoial History 3/2 (1958), 195–219, 208.
130 LW, Bd. 7, 88.
131 Lenin, Was tun?, 37.
132 Schmeitzner, Lenin, 30.

Kautskys. Gleichzeitig lag auf der Hand, dass die deutschen Genossen bei aller Verurteilung Bernsteins, der im Übrigen das Erfurter Programm gemeinsam mit Kautsky verfasst hatte, kaum dazu übergehen würden, sich unbedarft auf eine radikale Politik mit dem Potenzial eines Rückfalls in die Verbotsära zu verlegen. Dafür gab es kaum Anhaltspunkte. Lenin aber sah, was er sehen wollte: eine SPD, die sich mit dem Erfurter Programm marxistischer Prinzipien besann.[133] Sie war für Lenin inmitten des Revisionismusstreits diejenige Partei, die dem »Opportunismus« am meisten entgegensetzte – mehr zumindest als etwa die Genossen in Frankreich und Italien.[134] Das allein machte die SPD zum zentralen Orientierungspunkt. Die deutsche Partei galt darüber hinaus als die »Lokomotive« der Internationale.[135] Im Erfurter Programm spiegelte sich das Credo eines gemeinsamen, länderübergreifenden Kampfes für die »Befreiung des gesamten Menschengeschlechts« besonders deutlich wider.[136]

»Kein Faulbett«

Die *Iskra* stellte sich Lenin als Instrument zum Zwecke der Sammlung und Schulung einer »Armee von erprobten Kämpfern« vor. »Aus dem Gerüst dieses gemeinsamen organisatorischen Baus«, schwärmte er in *Was tun?*, »würden aus den Reihen unserer Revolutionäre bald sozialdemokratische Scheljabows, aus den Reihen unserer Arbeiter russische Bebels emporsteigen und hervortreten, die sich an die Spitze der mobilisierten Armee stellen und das ganze Volk zur Abrechnung mit der Schmach und dem Fluche Rußlands führen würden. Das ist es, wovon wir träumen müssen!«[137] Lenin wünschte sich also mutige Aktivisten und liebäugelte – man denke an den Zarenattentäter Scheljabow – ganz offenbar mit dem Terrorismus der »Narodnaja Wolja«.

133 Zum Erfurter Programm: Detlef Lehnert, Sozialdemokratie zwischen Protestbewegung und Regierungspartei 1848–1983, Frankfurt am Main 1983, 83f.

134 Vgl. W. I. Lenin, Ein Schritt vorwärts, zwei Schritte zurück, Berlin 1951, 115f.

135 Vgl. Neil Harding, Leninism, Houndmills/Basingstoke 1996, 54f.

136 Vgl. Martow, Geschichte, 98; Lars Lih, Lenin and Bolshevism, in: Stephen A. Smith (Hg.), The Oxford Handbook of the History of Communism, Oxford 2014, 54–71; Nippel, Kein Urheberrecht, 31; Lehnert, Sozialdemokratie, 69.

137 LW, Bd. 5, 528f.

Schon der Schriftsteller Dimitrij Pissarew, der auch seinen Bruder Sascha so beeindruckt hatte, argumentierte Lenin, habe das Träumen auch angesichts schier unüberwindbarer Distanz zwischen Wunsch und Wirklichkeit für legitim, ja nützlich gehalten. Nur so könnten große Ziele erreicht werden: »Gibt es nur irgendeinen Berührungspunkt zwischen Traum und Leben, dann ist alles in bester Ordnung.«[138]

Ihre Stellung als dezidierte Oppositionelle erlegte den russischen Sozialdemokraten nicht jene Rücksichtnahme gegenüber dem bestehenden Herrschaftssystem auf, die in Deutschland notwendig war. Friedrich Engels wiederum hatte unter den deutschen Genossen offenbar denselben »Mut zum Träumen« vermisst, wie Lenin unter seinen Mitstreitern. Engels wies vor diesem Hintergrund auf die Überwindung des Obrigkeitsstaates als Grundvoraussetzung für die Verwirklichung sozialistischer Ziele hin und forderte solche Postulate für das Erfurter Programm ein.[139] Während die SPD aus Sorge um ihre legale Existenz »umstürzlerische« Forderungen nicht offen erheben konnte und Wilhelm Liebknecht außerdem »das Revolutionäre« nicht »in den Mitteln, sondern im Ziel« erkannte und obendrein Gewalt als »reaktionären Faktor« identifizierte, beinhaltete das 1903 von den russischen Sozialdemokraten verabschiedete Parteiprogramm ganz offen den Sturz des Zarismus als anzustrebendes Ergebnis.[140]

Russland war »anders« und die russische Sozialdemokratie war es auch. Dass es weder eine »Schablone« für den »Zukunftsstaat« noch eine für die »proletarische Bewegung der Gegenwart« geben könne, hatte neben Karl Marx und Friedrich Engels auch Karl Kautsky bereits 1895 festgehalten. Er wandte sich des Weiteren gegen Vorstellungen der »Einförmigkeit« und betonte: »Die theoretische Grundlage der Sozialdemokratie ist […] kein Faulbett, in dem die nachkommenden Vertreter derselben bequem auf den Leistungen ihrer Vorfahren ausruhen können. Der Fortgang der Entwicklung erzeugt stets neue Probleme und die theoretische Grundlage bietet nicht ohne Weiteres

138 Ebd., 530.
139 Lehnert, Sozialdemokratie, 85.
140 Peter Brandt/Detlef Lehnert, »Mehr Demokratie wagen«. Geschichte der Sozialdemokratie 1830–2010, Berlin 2013, 78. Vgl. das Parteiprogramm: Peter Scheibert, Die russischen politischen Parteien von 1905 bis 1917, Darmstadt 1972, 42–49.

deren Lösung, sondern nur den Ausgangspunkt, um zu derselben zu gelangen.«[141]

Lenin stimmte zu. Er betrachtete außerdem die deutsche Arbeiterbewegung als Profiteurin ihrer »Vorläufer« in England und Frankreich und hielt den innerhalb der internationalen Sozialdemokratie errungenen »Ehrenposten« der SPD nur dann für längerfristig gesichert, wenn deren Führer ihre Anstrengungen in Bezug auf »Kampf und Agitation« forcieren, ja »verdoppeln« würden.[142] Schon Parvus hatte der SPD eine noch konsequentere Abwehr des »Opportunismus« verordnet. Ihn identifizierte er verächtlich als »Nationalliberalismus, der sich den besonderen Verhältnissen einer parlamentarischen Arbeiterpartei anpasst«. Demgegenüber vernachlässige die SPD ihre »sozialrevolutionären« Aufgaben. »Der Opportunismus«, warnte er, bedeute »ein Nachlassen der politischen Energien auf allen Gebieten, eine allgemeine Deroute, eine Konfusion und Ratlosigkeit«.[143]

Lenin hatte *Was tun?* nach eigener Darstellung als Schrift wider Konfusion und Ratlosigkeit verfasst. Wenn er sie wie den gleichlautenden Roman von Tschernyschewskij betitelte, dann hatte das womöglich weniger mit der literarischen Vorlage zu tun als mit einem vorangegangenen publizistischen Schlagabtausch mit seinen Kritikern. Aufmerksame Leser vermögen in *Was tun?* mehr Hinweise auf diesen Konflikt mit den Ökonomisten, auf die deutschen Sozialdemokraten Karl Kautsky und August Bebel, aber eben auch auf die »Scheljabows« und damit die Terroristen der »Narodnaja Wolja« zu entdecken als auf Tschernyschewskijs Buch.[144] Trotzdem spiegelt sich in Lenins Text zweifellos bereits der Anspruch wider, die gesamte Gesellschaft in den revolutionären Kampf einzubeziehen – so wie sich das der Roman-Held in *Was tun?* von Tschernyschewskij, Rachmetow, vorgenommen hatte.[145]

Auch wenn sogar kritische Rezensenten von Lihs *Was tun?*-Analyse zu dem Schluss kommen, dass Lenin 1902 keine »Partei neuen

141 Karl Kautsky, Die Intelligenz und die Sozialdemokratie (1895). https://www.marxists.org/deutsch/archiv/kautsky/1895/xx/intelligenz.htmlK (23.2.2023).

142 Lenin, Was tun?, 36f.

143 Parvus, Der Opportunismus in der Praxis (1901). https://sites.google.com/site/sozialistischeklassiker2punkto/parvus/parvus-der-opportunismus-in-der-praxis (1.2.2023).

144 Vgl. Lih, Lenin Rediscovered, 554f.

145 Vgl. Ingerflom, Lenin, 165.

Typs« konstruiert hatte und dass diese eher eine Erfindung von Historiker:innen gewesen ist, zwingt die Lektüre weiterer Lenin-Texte sehr wohl dazu, sich zu fragen, ob Lenins Vorstellungen von der russischen Partei wirklich »nur« dem Geist des orthodoxen, anti-ökonomistischen Marxismus entsprachen.[146] Dabei zu berücksichtigen ist ebenfalls, dass in Anbetracht des Interpretationsraums, den der Marxismus bot, die orthodoxe Version, die Lenin vertrat, nicht notwendigerweise dieselbe war, die andere als »rechtgläubig« definierten.

1904, in seiner Broschüre *Ein Schritt vorwärts, zwei Schritte zurück*, legte Lenin ergänzende Betrachtungen über das Wesen der Partei dar.[147] Das Ergebnis seiner nunmehrigen Überlegungen war sicher nicht das »unschuldige« Kopieren des SPD-Vorbilds, das er im Übrigen bei verschiedenen Gelegenheiten einigermaßen unmissverständlich und entschieden für auf Russland in keiner Weise übertragbar abtat. Als Resultat des damals bereits seit Monaten tobenden Kampfes unter den Fraktionen hatte sich die Notwendigkeit, ganz anders sein zu müssen, noch klarer in den Vordergrund gedrängt. Lenin formulierte seine Standpunkte jetzt noch schärfer als in *Was tun?* Ungeachtet der unmissverständlich zum Ausdruck gebrachten Überzeugung von der Partei als höchster Instanz der Arbeiterbewegung und organisatorischer wie ideeller Zentrale betrachtete sich der spätere Revolutionsführer zweifellos aber nach wie vor auf Linie mit der gesamten westlichen anti-revisionistischen Sozialdemokratie – wie er sie eben sehen wollte. Daran, dass er sich dabei an den in seinen Augen »wahrhaften« Marxisten und damit vorrangig an Kautsky als Vordenker orientierte, ließ er auch hier keinen Zweifel. Das Dilemma der damaligen Sozialdemokratie, zwischen Revolution und Reform zu schwanken oder beides zu wollen, quälte Lenin im Unterschied zu vielen seiner Genossen in Russland sowie im Ausland und anders als insbesondere Karl Kautsky nicht.

146 Vgl. dazu u. a. die scharfe Kritik von Robert Mayer, One Step Forward, Two Steps Back: On Lars Lih's Lenin, in: Historical Materialism 18 (2010), 47–63.

147 Vgl. W. I., Lenin, Ein Schritt vorwärts, zwei Schritte zurück. Die Krise in unserer Partei, Berlin 1951.

»... im Einklang ...«

Lenins Insistieren auf die Erwähnung der »Diktatur« im Parteiprogramm von 1903 war ursprünglich die Betonung der »sozialen Revolution« vorangegangen. Dieses Ziel befand sich dann ebenso im Parteiprogramm wie die »Diktatur des Proletariats«.[148] Ganz einfach deswegen, weil das eine ohne das andere nicht realisierbar schien. Während Kautsky später behauptete, dass nicht die soziale Revolution das eigentliche Ziel der Sozialdemokratie sei, sondern – wie im Erfurter Programm festgehalten – der Kampf gegen jede Art von Ausbeutung, erachtete Lenin solche Deutungen einer »marxistischen Mission« als völlig unzulässige Verstümmelung.[149] Im russischen Programm wurde das »Endziel« bzw. die soziale Revolution ganz konkret angesprochen. Und die russische Partei als »Truppenteil der Weltarmee des Proletariats« trat nun an, um sich der Erfüllung der damit verbundenen Aufgaben zu widmen. Dem Selbstverständnis der Internationale folgend wurde die soziale Revolution als »weltumfassendes Ziel« der Sozialdemokratie gesehen. Die Partei konnte sich schon deshalb nicht damit begnügen, sich allerlei Strategien für ihre Rolle in einer bürgerlichen Revolution auszudenken.[150] Das schien von Anfang an klar zu sein. Von der Notwendigkeit einer Weltrevolution war Lenin unter diesen Vorzeichen überzeugt. Sie firmierte als nicht zu hinterfragende Selbstverständlichkeit – lange bevor er sich den konkreten Möglichkeiten der Realisierung dieses Szenarios zuwandte.[151] Zuletzt hatten die bürgerlichen Revolutionen von 1848 auf die Kraft des Aufbegehrens über Staatengrenzen hinaus verwiesen. Diesem Beispiel sollte auch die proletarische Revolution folgen – als internationales Phänomen. Gerade die spezielle Situation Russlands ließ das ausländische Proletariat als Verbündeten erscheinen, der fast schon zuverlässiger erschien als das eigene. Umso klarer formuliert wurde im russischen Parteiprogramm die Internationalität der Sozialdemokratie, ihr gemeinsames Ziel, auf das, wie es sinngemäß hieß, den

148 Vgl. Schmeitzner, Antinomie und Verflechtung, 47f.
149 Vgl. Karl Kautsky, Die Diktatur des Proletariats, Wien 1918.
150 Vgl. Jakov Drabkin, Die Idee der Weltrevolution und ihre Transformation in der Kominterngeschichte, in: Hermann Weber/Jakov Drabkin u. a. (Hg.), Deutschland, Russland, Komintern. I. Überblick, Analysen, Diskussionen, Berlin/Boston 2014, 140–163, 142.
151 Vgl. dazu u. a. W. I. Lenin, Ausgewählte Werke, Bd. 3, Wien/Berlin 1932, 150–274.

Voraussetzungen in den jeweiligen Ländern entsprechend auf unterschiedliche Art und Weise hingearbeitet werden müsse.

Diese, man könnte fast sagen, »Beschwörung« der Gemeinsamkeit stach als zentrales Merkmal der »Verfassung«, die sich die SDAPR gab, hervor. All das lässt sich beinahe als direkte Replik auf jenen Auftrag lesen, den Karl Kautsky der russischen »Bewegung« schon 1902 in einem Artikel für die *Iskra* mit auf den Weg gab. Sie werde als »Quelle revolutionärer Energie« den »Geist kraftlosen Philistertums und passiver Politikasterei« im Westen austreiben helfen und den »Kampfesdurst und die leidenschaftliche Ergebenheit gegenüber unseren Idealen [...] von neuem entzünden«.[152]

Kautsky versprach vollmundig die tätige Solidarität der Internationale, indem er den russischen »Kampf« zur gemeinsamen Sache der gesamten Sozialdemokratie hochstilisierte und eine unauflösliche Schicksalsgemeinschaft skizzierte – »auf dass unser Sieg auch ihr Sieg sei, unsere Niederlagen auch die ihren. In einem solchen Bunde, mit solcher Unterstützung werden wir in der Tat unbesiegbar sein!«[153] Mit derartigen Aussichten ausgestattet bzw. abgesichert knüpfte sich an Lenins Begeisterung für die Idee der Weltrevolution die hehre Aufgabe, aus dem russischen Proletariat die Avantgarde des internationalen revolutionären Proletariats zu formen und gleichzeitig die Revisionisten abzudrängen bzw. auszuschalten. Lenin ließ keinen Zweifel daran, dass er die Botschaft des deutschen Genossen ernst nahm. In *Was tun?* lieferte er hierfür den ersten Beleg.[154]

Es bedurfte aber nicht nur der Aussagen Kautskys, um die soziale Revolution als Werk der europäischen Sozialdemokratie bzw. als Aufgabe der Gegenwart oder nahen Zukunft zu begreifen. Diesbezüglich hatte Trotzki Texte etwa von Alexander Parvus-Helphand hervorgehoben. Lenin kannte diese Schriften gewiss ebenso.[155] Parvus gab sich darin in jedem Fall überzeugt von der »gemeinsamen Aufgabe« der »sozialen Revolution«, die der Internationale bevorstehe – als quasi natürliche Konsequenz der veränderten wirtschaftlichen und politischen Rahmenbedingungen. Solcherart äußerte

152 Zit. nach Geyer, Lenin, 244.
153 Zit. nach Geyer, Die russische Parteispaltung, 197.
154 Vgl. Geyer, Lenin, 245f.
155 Leo Trotzki, Mein Leben. Versuch einer Autobiographie, Frankfurt am Main 1990, 150.

er sich beispielsweise 1896 anlässlich des Londoner Kongresses der Internationale in der *Sächsischen Arbeiter-Zeitung.*[156]

Die explizite Betonung der sozialen Revolution im russischen Parteiprogramm hielten Parvus und Kautsky damals, also um die Jahrhundertwende, für genauso nachvollziehbar wie die Erwähnung der »Diktatur des Proletariats«. Im Rahmen des Internationalen Sozialistenkongresses, der 1900 in Paris stattfand, hatte auch der französische Sozialdemokrat Jules Guesde explizit von der Notwendigkeit einer »Diktatur des Proletariats« gesprochen.[157] Selbst in der reformorientieren österreichischen Sozialdemokratie, die sich 1901 ein zahmeres Programm als das vorangegangene verordnete, regten sich offenbar vereinzelte Stimmen, die – wenngleich völlig aussichtslos – die Erwähnung der »Diktatur des Proletariats« im neuen Programm gefordert hatten. Genossen, die im nunmehrigen »Fahrplan« für die SDAPÖ nach Formulierungen über das Anstreben der »politischen Macht« durch die Sozialdemokratie suchten, klärte Victor Adler allerdings darüber auf, dass es selbstverständlich für jede Partei sei, auf diese abzuzielen. Das müsse man daher gar nicht erst explizit erwähnen.[158]

Kautsky rief vor dem Hintergrund des Revisionismusstreits leidenschaftlich dazu auf, das große Ziel der Sozialdemokratie nicht aus den Augen zu verlieren und es lebendig zu erhalten.[159] Nicht ohne Grund legte er 1902 mit der Schrift *Die soziale Revolution* bzw. hauptsächlich mit dem zweiten Teil, der *Am Tage nach der sozialen Revolution* betitelt war, den Entwurf einer sozialistischen Gesellschaft vor. Während der Text Lenin prägte und inspirierte, verwarf etwa der verhasste Sergej Prokopowitsch alles »Gerede über den Zukunftsstaat« als utopische »Kinderei«.[160]

Kautsky dachte anders. Auch die »Diktatur des Proletariats« hatte er daher als »Möglichkeitsform der künftigen Machtaus-

156 Parvus, Die internationalen Aufgaben der Sozialdemokratie (1896). https://www.sites.google.com/site/sozialistischeklassiker2punkto/parvus/parvus-die-internationalen-aufgaben-der-sozialdemokratie (22.2.2023).
157 Vgl. Arbeiter-Zeitung, 30.9.1900, 9.
158 Vgl. Arbeiter-Zeitung, 4.11.1901, 2.
159 Vgl. dazu seine vielsagenden Ausführungen gegenüber Eduard Bernstein: Till Schelz-Brandenburg (Hg.), Eduard Bernsteins Briefwechsel mit Karl Kautsky (1895–1905), Frankfurt/New York 2003, 552f.
160 Zit. nach Geyer, 147.

übung« verteidigt und dabei, ebenso wie Lenin, an die Herrschaft einer sozialdemokratischen Elite gedacht, die sich allerdings auf eine Mehrheit der Bevölkerung stützen würde.[161] Kautskys Diktaturbegriff wird ergo eine weitgehende Übereinstimmung mit »Demokratie« attestiert.[162] Vor allem in seiner Kritik an der bolschewistischen Herrschaft nach 1917 führte er seine diesbezüglichen Überzeugungen unmissverständlich aus und betonte das Hervorgehen des Sozialismus aus der Demokratie.[163] Der »Volksherrschaft« stand er aber, bekannte er zumindest 1898 in einem Brief an Eduard Bernstein, durchaus kritisch gegenüber und eine »Verherrlichung« der direkten Demokratie war seine Sache nicht. Aber er sah Demokratie als Voraussetzung für die »Erziehung und Hebung des Proletariats« und diese gleichzeitig schon deshalb in Gefahr, weil er mit der wachsenden Stärke der Sozialdemokratie bereits die Repression der Bourgeoisie und auf diese Weise unweigerlich revolutionäre Entwicklungen herannahen sah. In Zusammenhang mit den Angriffen der herrschenden Elite auf die Demokratie hatte er dabei konkret einen versuchten Oktroi der parlamentarischen Geschäftsordnung vor Augen, der 1897 in Österreich unternommen worden war.[164]

Nicht anders als Kautsky betrachtete auch Julij Martow Demokratie und Diktatur quasi als kommunizierende Gefäße.[165] Martows Schwester, Lidija Dan, gestand später ein, dass viele russische Sozialdemokraten demgegenüber gar keine klare Vorstellung von Demokratie besaßen: Sie bedeutete Freiheit – in unterschiedlichem Ausmaß in unterschiedlichen Ländern. Viel mehr Gedanken machte man sich darüber nicht.[166] Lenin wiederum gab sich 1903 überzeugt, dass man nur von einem »vulgär-bürgerlichen Standpunkt« aus die Begriffe »Diktatur« und »Demokratie« als sich gegenseitig ausschließend betrachten könne.[167] 1906 machte er deutlich, dass Diktatur eine »unbeschränkte Macht« sei, die »sich nicht auf das Gesetz, sondern auf Gewalt stützt«, und nach dem Oktoberumsturz

161 Schmeitzner, Lenin, 23.
162 Ebd., 30 (Fn. 72).
163 Vgl. zum Beispiel Karl Kautsky, Die Diktatur des Proletariats, Wien 1918, oder Ders., Volksherrschaft oder Gewaltherrschaft, Berlin u. a. 1919.
164 Schelz-Brandenburg, Briefwechsel Bernstein–Kautsky, 550.
165 Zit. nach Frank Jacob, 1917 – Die korrumpierte Revolution, Marburg 2020, 167.
166 Vgl. Haimson, Three Revolutionaries, 57f.
167 LW, Bd. 9, 121.

1917 insistierte er darauf, dieses Diktaturverständnis aus der Theorie in die Praxis zu überführen.[168] Kautskys nunmehrige Interpretation von Marx' »Diktatur des Proletariats« als Ergebnis einer »friedlichen Eroberung der Mehrheit« unter den Bedingungen einer bürgerlichen Demokratie bezeichnete er sinngemäß als Humbug.[169]

Der marxistische Demokratiebegriff oder besser die Vorstellung einer wahrhaften Demokratie verengte sich auf die Arbeiterschaft als jene Klasse, die am Ende die Mehrheit stellen würde. Rosa Luxemburgs Aussagen von der »Diktatur« als Mittel zur »Verwendung der Demokratie«[170] belegen, dass Lenin mit seinen Überlegungen nicht allein dastand. In jedem Fall boten Demokratie- und Diktaturbegriff ein weites Feld für Interpretationen und Wertungen. Schon deshalb, weil Marx Demokratie mit Kleinbürgertum zusammenspannte und damit einen erforderlichen »Übergang« in eine andere, höhere Stufe andeutete.[171] Kautsky mühte sich dennoch später in seinen Verurteilungen des Bolschewismus damit ab, klare Belege für Marx' Bekenntnis zur Demokratie zu finden, die im Wesentlichen auf die Prämisse der Mehrheit hinausliefen. Die »Diktatur des Proletariats« hielt Lenin aber so oder so für demokratischer als jede bürgerliche Demokratie. In seiner 1917 entstandenen Schrift *Staat und Revolution* verband er mit dem »Absterben« des Staates auch das »Absterben« der Demokratie, weil er sie einerseits als »Veranstaltung« des Staates und andererseits als Vorstufe eines völlig herrschaftsfreien »Elysiums« begriff.[172]

Ab 1917 verlieh Lenin der »Diktatur« bekanntlich den Anstrich einer quasi-legitimen Volksherrschaft auf breiter Basis. Über den Umstand, dass der Anteil des Proletariats in Russland stetig angestiegen war, aber selbst 1917 nur ca. fünf Prozent der Bevölkerung ausmachte, hatte er selbstverständlich nicht hinwegsehen können. Von Anbeginn seiner revolutionären »Karriere« nicht. Die armen Bauern wurden schon ab der Jahrhundertwende zu potenziellen Verbündeten und dann, 1917, zu Trägern der »Diktatur« erklärt. Sie

168 W. I. Lenin, Sämtliche Werke, Bd. XXV: Das Jahr 1920. Strategie und Taktik der proletarischen Revolution, Wien/Berlin 1930, 542. In diesem Text aus dem Jahr 1920 zitierte er eine Passage aus einer Broschüre, die er 1906 verfasst hatte.

169 LW, Bd. 28, 234f.

170 Vgl. Brie/Schütrumpf, Luxemburg, 181.

171 MEW, Bd. 8, 144.

172 LW, Bd. 25, 469.

sorgten für die ansonsten illusorische Mehrheit. Das Problem bestand nur darin, dass Lenin sich nicht auf die »kleinbürgerlichen« Bauern verlassen konnte. Eine vertrauenswürdige, stabile Mehrheit musste also »heranerzogen« werden bzw. aus dem Klassenkampf hervorgehen.[173] Da allerdings, wie Kritiker einwandten, die Diktatur in der Marx'schen Lesart, wenn nicht die numerische Hegemonie des Proletariats erforderte, dann wenigstens dessen »ökonomische Überlegenheit in dem gesamten gesellschaftlichen Zusammenhange«,[174] ließ sich Lenins Konstrukt der Diktatur nach Ansicht seiner Kritiker auch abseits seiner »kreativen« Mehrheitsbeschaffung unschwer als nicht haltbar entlarven.[175]

Mehrheit

Demgegenüber konnten andere, wie etwa Rosa Luxemburg, Lenins »Lösung« der Machtfrage und seinem höchst zweifelhaften Rekrutieren von ebenso dubiosen »Mehrheiten« nach dem »Aufstand« im Herbst 1917 durchaus Positives abgewinnen. Luxemburg wandte sich dabei auch gleich gegen eine »parlamentarische Maulwurfsweisheit«, die sich unter den deutschen Genossen breitgemacht habe. Auf diese Weise werde das Erreichen der Majorität immer erst auf Basis von Wahlen als Voraussetzung für eine aktive Politik herbeizitiert. Ihre Genossen von der SPD bezeichnete sie in diesem Zusammenhang als »eingefleischte Zöglinge des parlamentarischen Kretinismus«. Lenin indessen habe die »berühmte Frage nach der ›Mehrheit des Volkes‹ gelöst« und wahrhaft revolutionär gehandelt: »[N]icht durch Mehrheit zur revolutionären Taktik, sondern durch revolutionäre Taktik zur Mehrheit geht der Weg.«[176]

Um die Jahrhundertwende hatte Lenin allerdings sogar den eventuellen Verzicht auf eine »Diktatur« eingeräumt, wenn man, gab er allerdings zu bedenken, nur wüsste, ob das Kleinbürgertum das Proletariat in ausreichendem Maße unterstützen werde. Dann,

173 Vgl. ebd., 416.

174 Zit. nach Horst Klein, Austromarxistische Reflexionen zur russischen Oktoberrevolution 1917, in: Wladislaw Hedeler/Horst Schützler/Sonja Striegnitz (Hg.), Die Russische Revolution 1917. Wegweiser oder Sackgasse?, Berlin 1997, 114–136, 120.

175 Vgl. Hedeler/Schützler/Striegnitz, Die Russische Revolution, 403.

176 Ossip K. Flechtheim (Hg.), Rosa Luxemburg. Die Russische Revolution, Frankfurt am Main 1963, 54.

meinte er, könne man auch »ohne Diktatur sehr gut« auskommen. Im nächsten Augenblick relativierte er diesen Gedanken jedoch gleich wieder, indem er sich auf das *Kommunistische Manifest* berief und betonte, dass schließlich »nur das Proletariat« eine »wirklich revolutionäre Klasse« sei.[177]

Nicht vergessen werden darf bei alledem, dass es Plechanow gewesen war, der in einem Erstentwurf des Parteiprogramms wie selbstverständlich die »Diktatur des Proletariats« als Ziel einbrachte und diese, heißt es, obendrein klar repressiv interpretierte.[178] Während Lenin zunächst stutzte und hinter den Diktaturbegriff im Programmentwurf drei Fragezeichen setzte, machte Plechanow sich lustig über die Wirkung, die diese Perspektive auf die Bourgeoisie haben musste, und sprach von einem »Schreckgespenst«, das die Bourgeoisie das Fürchten lehren werde. Das Bürgertum sei von der Angst gepeinigt, seine eigene Diktatur durch jene des Proletariats ersetzt zu sehen.[179]

Lenin griff die Losung von der »Diktatur des Proletariats« schließlich dankbar auf und bestand darauf – nachdem Plechanow sie dann doch aus dem Programmentwurf eliminiert hatte –, sie in den Text aufzunehmen. Er selbst ließ zu keinem Zeitpunkt Zweifel an seiner Geringschätzung eines durch demokratische Wahlen zustande gekommenen Parlaments aufkommen, obwohl Verfassung und Volksvertretung sowie das allgemeine, gleiche und direkte Wahlrecht – auch für Frauen – im russischen Parteiprogramm sehr wohl gefordert wurden. Im Falle ungünstiger Mehrheitsbildungen sollten die Deputierten aber nach Lenins Ansicht gar nicht erst zusammentreten. So viel war schon lange vor der Auflösung der sogenannten Konstituante, des russischen Parlaments, im Januar 1918 mehr oder weniger klar. Damals wichen vorhandene Hoffnungen auf eine demokratische Entwicklung Russlands den Bajonetten der Rotgardisten. Lenins diesbezügliche Argumente waren denkbar nüchtern: Wozu ein revolutionärer Kampf, wenn danach, in einer Volksvertretung, ohnehin nur die Wünsche der Bourgeoisie

177 Zit. nach Schmeitzner, Lenin, 26.

178 Vgl. Schmeitzner, Antinomie und Verflechtung, 47f. Eine andere Meinung dazu hat Robert Mayer, The Dictatorship of the Proletariat from Plekhanov to Lenin, in: Studies in East European Thought 45 (1993), 255–280.

179 Schmeitzner, Lenin, 24, und vgl. Schmeitzner, Antinomie und Verflechtung, 47f.

befriedigt würden? Dass in der Konstituante 1918 in erster Linie Bauernvertreter – und damit Kleinbürger – saßen, bestätigte ihn in der Richtigkeit seiner Ablehnung. Plechanow wiederum erachtete es als legitim, das Bürgertum von vornherein vom Wahlrecht auszuschließen.[180] Und so stand dann auch im Parteiprogramm, das auf dem 2. Parteikongress 1903 angenommen wurde, dass die »Diktatur des Proletariats« dazu da sein sollte, »jeglichen Widerstand der Ausbeuter zu unterdrücken«.[181] Dieser Punkt des Programms führte unter den russischen Sozialdemokraten zu keinen gröberen Unstimmigkeiten. In dem im Jahr 1905 angenommenen Parteiprogramm der Sozialisten-Revolutionäre war ebenfalls von einer »revolutionären Diktatur« die Rede, die, hieß es, »zeitweilig« ausgeübt werden müsse.[182] Das war eine wesentliche Einschränkung, die nach dem Oktoberumsturz 1917 von den Bolschewiki fallengelassen und in eine mehr oder weniger längerfristige Perspektive überführt wurde.[183]

Ratlose Genossen orteten später dann doch eklatante Ungereimtheiten in Zusammenhang mit der Frage nach Demokratie oder Diktatur. Lenin lieferte ihnen eine einfache Erklärung: Zuerst müsse man Verfassung und Parlament als Ziele anpeilen, aber als nächsten Schritt bereits die »Diktatur des Proletariats« auf die Tagesordnung setzen. Das stand tatsächlich so auch im Parteiprogramm und spiegelte das sogenannte Minimal- bzw. Maximalziel wider. Diese Unterteilung zwischen Fern- und Nahzielen war typisch für die Parteiprogramme der gesamten europäischen Sozialdemokratie. Dennoch gab es auch hier Nuancen. Das russische Programm hob sich mit dem expliziten Verweis auf die »Diktatur des Proletariats« von anderen »Parteiverfassungen« deutlich ab.

Lenin legte stets großen Wert darauf, eigentlich nur das auszuführen, was anderweitig bereits abgesegnet worden war bzw. auf einer konsensualen Basis ruhte. Für mehr oder weniger unanfechtbar hielt er schließlich die Aussagen von Marx und Engels. Seine Definition der Diktatur, behauptete er, deckte sich vollständig mit deren dazu vorhandenen Aussagen – unabhängig davon, wie andere

180 Schmeitzner, Lenin, 28.
181 Quellen zur Geschichte Russlands, Stuttgart 2014, 259.
182 Vgl. Scheibert, Die russischen politischen Parteien, 35.
183 Vgl. Mayer, The Dictatorship of the Proletariat, 275–277.

Sozialdemokraten das sehen mochten. Plechanow zum Beispiel, der immerhin in der Frage der »Diktatur des Proletariats« ähnliche Ansichten wie Lenin vertat, sollte später einwenden, dass Lenin die Marx'sche Lehre gar nicht begriff. Er sei daher im Grunde gar kein Marxist, sondern viel eher ein Anarchist gewesen – obendrein ohne logischen Verstand. Nur so konnte er sich die als grobe Entstellung empfundenen Interpretationen des Marxismus durch Lenin erklären. Der Leninismus erschien ihm in der Folge als freihändiges Operieren mit Fakten oder eher Pseudo-Fakten, die in irgendwelche Formeln gegossen wurden.[184] Kein Wunder, dass er spätere Behauptungen, wonach Lenin sein Schüler oder, mehr noch, »Sohn« gewesen sei, strikt zurückwies. Wenn man denn von einem »Sohn« sprechen könne, entgegnete Plechanow entrüstet, dann von einem »illegitimen«.[185] Martow ging ebenfalls streng ins Gericht mit seinem Weggefährten. Hinter allem, was Lenin an Konzepten produzierte, sah er einen – sinngemäß – zweckgebundenen Missbrauch des Marxismus für einen rastlosen »Revolutionismus«. Die Gefahr eines »reinen Ökonomismus« unter der russischen Arbeiterschaft habe Lenin schon deswegen bewusst überzeichnet.[186]

»Revolutionismus«

Eduard Bernstein hatte in seinen Ausführungen über die »Voraussetzungen des Sozialismus«, die um die Jahrhundertwende veröffentlicht wurden und für so große Unruhe innerhalb der Sozialdemokratie sorgten, Marx' und Engels' ursprünglichen Radikalismus als problematisches »Überbleibsel« aus der Frühzeit der Bewegung bezeichnet. In diesem Zusammenhang verwies er u.a. auf ihre Affinitäten zu Blanquismus, also zu Putschismus und Verschwörertum, als Triebfeder revolutionärer Umwälzungen. Ganz unabhängig von der Frage, ob sich der französische Revolutionär Louis-Auguste Blanqui bzw. sein Wirken mit den erwähnten Zuschreibungen wirklich präzise erfassen lässt oder lassen, legte

184 Wladislaw Hedeler/Horst Schützler/Sonja Striegnitz (Hg.), Die Russische Revolution 1917. Wegweiser oder Sackgasse?, Berlin 1997, 241; Hendrik Wallat, Staat oder Revolution. Aspekte und Probleme linker Bolschewismuskritik, Münster 2012, 31 (Fn. 19).

185 Vgl. Mayer, Dictatorship, 275–277.

186 Vgl. Martow, Geschichte, 75.

Bernstein den Finger in die Wunde: Seine allumfassende Dekonstruktion des Marxismus mündete auch in dieser Hinsicht in eine Analyse, die an Klarheit nichts zu wünschen übrig ließ und das über Bord warf, woran Lenin so insistierend festhielt: »Der Marxismus hat den Blanquismus erst nach einer Seite hin – hinsichtlich der Methode – überwunden. Was aber die andere, die Ueberschätzung der schöpferischen Kraft der revolutionären Gewalt für die sozialistische Umgestaltung der modernen Gesellschaft anbetrifft, ist er nie völlig von der blanquistischen Auffassung losgekommen. Was er an ihr korrigiert hat, so z. B. die Idee straffer Zentralisation der Revolutionsgewalt, geht immer noch mehr auf die Form als auf das Wesen.«[187] Lenin, ließe sich hier ergänzen, hatte weder die eine noch die andere Seite des Blanquismus »überwunden«. Allerdings, das sei nicht vorenthalten, traf Bernstein seine Aussage über ein lediglich partielles Ablegen des »blanquistischen Erbes« mit Blick auf die »fortgeschrittenen Länder« und deren Entwicklung. Um Russland ging es dabei nicht.[188]

Die Problematik des Nebeneinanders revolutionärer Sprache und einer Politik, die glaubwürdig in ihrer Zielrichtung bleiben wollte, aber Kompromisse akzeptieren musste, war gerade Karl Kautsky im Kontext seiner Auseinandersetzung mit Eduard Bernstein ganz und gar bewusst. Die Herausforderung sah er in einer Balance, während sich Lenins »Projekt« einer sozialdemokratischen Partei auf einem ganz anderen Niveau befand als die SPD. Schon deshalb empfand er die »blanquistische Vergangenheit« von Marx und Engels, die Bernstein für ein unzeitgemäßes Relikt und Ausdruck eines überholten »Revolutionismus« hielt, als eine den russischen Umständen angepasste Orientierung. Dass orthodoxe Marxisten immer unter Verdacht standen, »im Grunde doch nur verkappte Blanquisten« zu sein, die »erwarten, durch einen Handstreich an einem Tag die soziale Diktatur an sich reißen zu können«, beklagte auch Karl Kautsky.[189] Lenin fiel es vor diesem Hinter-

187 Eduard Bernstein, Die Voraussetzungen des Sozialismus und die Aufgaben der Sozialdemokratie, Stuttgart 1899. https://www.marxists.org/deutsch/referenz/bernstein/1899/voraus/kap2.html#p2 (3.3.2023).

188 Vgl. Lih, Lenin and Bolshevism, 28.

189 Karl Kautsky, Am Tage nach der sozialen Revolution, Berlin 1902. https://www.marxists.org/deutsch/archiv/kautsky/1902/sozrevolution/index.htm (3.3.2023).

grund leicht, diesbezügliche Anwürfe mehr oder weniger achselzuckend zur Kenntnis zu nehmen. Auch er wusste freilich, dass selbst Marx und Engels sich als Folge veränderter Bedingungen für die Entwicklung der deutschen Sozialdemokratie von früheren Vorstellungen einer Revolution verabschiedet oder wenigstens entfernt hatten und sich ein »evolutionistisches Revolutionsverständnis« entwickelte, das auf die »Reife proletarischer Massen« und nicht auf eine »Überrumpelung« durch Minoritäten setzte.[190] Aber Russland war und blieb die Ausnahme. Hier, davon waren Marx und Engels überzeugt, würde viel eher eine spontane Aktion entweder einer kleinen Gruppe von Revolutionären oder aber eine bäuerliche Protestbewegung etwas gegen die zarische Despotie bewirken als die vor allem zu ihren Lebzeiten zahlenmäßig noch völlig zu vernachlässigende russische Arbeiterschaft.[191] Was immer indessen Lenin aus den Schriften seiner Idole oder den Interpretationen ihrer Epigonen herauslas, formte er ohnehin zu Argumenten, die stets das bestätigten, wofür er sie heranzog. Die selbst auferlegte Mission, einen russlandtauglichen Marxismus formen und sofort von der Theorie in die Praxis überführen zu müssen, basierte auf besonderen Prämissen. Das Verständnis der internationalen Kollegenschaft für die Schwierigkeit dieser Aufgabe war groß.

Bei aller Kreativität auf der Suche nach für Russland passenden Lösungen war die Frage der Gewalt keine Komponente, die Lenin bei seinen Konzepten erst in die Waagschale werfen musste. Den gewaltsamen Charakter der »Diktatur des Proletariats«, die die »Meister« des Marxismus in der Pariser Kommune von 1871 verwirklicht gesehen hatten, präzisierte Lenin später bei vielen Gelegenheiten. Weil dort zu wenig Gewalt angewandt worden war, sah er – ebenso wie viele seiner Mitstreiter – den Terror von 1917 und in der Folgezeit als präventive und pure Notwendigkeit, um nicht ebenso Schiffbruch zu erleiden wie die Kommunarden 1871. Dass außerdem ganz grundsätzlich wichtige Fragen »im Leben der Völker nur durch Gewalt entschieden« werden, lag nach seiner Einschätzung auf der Hand. Gewalt betrachtete Lenin nicht als »Vollbringerin des

190 Friedhelm Boll, Frieden ohne Revolution? Friedensstrategien der deutschen Sozialdemokratie vom Erfurter Programm 1891 bis zur Revolution 1918, Bonn 1980, 31–42.

191 Vgl. dazu Bruno Naarden, Socialist Europe and Revolutionary Russia: Perception and Prejudice 1848–1923, Cambridge 2009, 70–75.

Bösen«, sondern als Ausdruck gestalterischer Energie, als Mittel der Umwandlung.[192]

Wenn beispielsweise »konstitutionelle Träumereien« und »parlamentarische Schulübungen zum bloßen Deckmantel des bürgerlichen Verrats an der Revolution« degenerieren würden, dann müsse eben die »wirklich revolutionäre Klasse« die »Losung der Diktatur ausgeben«.[193] Der Selbstherrschaft sei nicht mit Sanftmut und Reformen beizukommen. Die Bolschewiki, sprach Lenin ganz unverhohlen bereits 1905 aus, und damit viele Jahre vor der »Oktoberrevolution«, seien die »Jakobiner« der Sozialdemokratie und das Proletariat sowie die Bauern müssten mit der Monarchie und der Aristokratie auf »plebejische« Art abrechnen, indem sie diese »Feinde der Freiheit schonungslos vernichten«.[194] Die »Diktatur des Proletariats« sei, war er überzeugt, ohne jakobinische Gewalt ein völlig sinnloses Etwas, eine leere Phrase.[195]

Befindlichkeiten

Viele russische Revolutionäre betrachteten sich als Jakobiner und fanden daran gar nichts Ungewöhnliches. Es erschien nur logisch, in einem Land, wo es bisher noch keine Revolution gegeben hatte, sich an die französische Vorlage zu halten.[196] Auch Plechanow empfand sich bei aller Ablehnung des Terrors der Sozialisten-Revolutionäre durchaus als Jakobiner.[197] »Jeder Sozialdemokrat«, meinte er, »muss ein Terrorist im Sinne von Robespierre sein.« Nach dem »Sieg« werde man für den »Zaren und seine Diener« und für »viele andere« ebenso »Guillotinen« in Petersburg aufstellen.[198]

Dem quasi entlastenden Einwand, wonach Verweise auf Jakobiner und Girondisten damals lediglich den linken und rechten Flügel der SDAPR meinten und keine ideelle Nähe zur Gewaltherrschaft Ersterer ausdrückten, ist schon angesichts solcher Aussagen nicht zu

---

192 W. I. Lenin, Staat und Revolution, Moskau/Petrograd 1919. https://www.marxists.org/deutsch/archiv/lenin/1917/staatrev/kapitel1.htm (23.3.2023).
193 LW, Bd. 9, 123.
194 Ebd., 47.
195 Nikolay Valentinov (N. V. Volsky), Encounters with Lenin, London/New York/Toronto 1968, 18.
196 Vgl. Haimson, Three Revolutionaries, 130.
197 Baron, Plekhanov, 213f.
198 Zit. nach Rindlisbacher, Leben für die Sache, 235.

folgen.[199] Die gemäßigten russischen Sozialdemokraten verwendeten den Terminus des Jakobinismus jedenfalls nicht unbedingt nur als Metapher, sondern klar pejorativ, um konkret die Radikalen der Partei inklusive ihrer Methoden anzugreifen. Wenn man umgekehrt nun aber Lenin zubilligen möchte, um die Jahrhundertwende die Selbstbezeichnung Jakobiner tatsächlich vor allem als Abgrenzung zu den Ökonomisten verwendet zu haben – ohne die Implikation des Putschismus oder einer Herrschaftsform, wie sie Robespierre installierte –, dann bleibt wie bei Plechanow in jedem Fall das von Anfang an mit gemeinte Befürworten revolutionärer Gewalt übrig. Insofern war die Heranziehung des Terminus niemals »unschuldig« und gewiss auch nicht unumstritten. Natürlich wusste Lenin bei alledem, dass die Jakobiner keine Proletarier gewesen waren – auch wenn ihm seine Gegner das kurioserweise erklären zu müssen glaubten. Aber darum ging es eben nicht. Zum Ausdruck gebracht werden sollte, wer sich als »echter« Revolutionär empfand und wer sich diesem Selbstverständnis entzog.[200] Nachmalige Erklärungen Lenins, die Pawel Axelrod als Urheber des Jakobinismusvergleichs identifizierten, waren im Grunde Teil eines Ablenkungsmanövers. Er tat so, als sei seine eigene Verwendung des Begriffs immer nur auf die bloße Beschreibung des Fraktionskampfs ausgerichtet gewesen. Das muss man als »Schutzbehauptung« qualifizieren.[201]

Das Parteiprogramm warf in jedem Fall viele Fragen auf. Bis zum Parteitag aber sollte eine tragfähige Vorlage vorhanden sein. Vera Sassulitsch bemühte sich um einen Konsens. Eine Programm-Kommission, der sie selbst, Julij Martow und Fjodor Dan angehörten, musste in der Folge einen Kompromiss finden, die Versionen aus Plechanows und Lenins Feder zusammenführen und zu vereinheitlichen. Das Ergebnis fiel zu seinen Ungunsten aus, beklagte sich Lenin. Seine Standpunkte traten, nörgelte er, in den Hintergrund. So lag nun aus Lenins Perspektive ein unbefriedigender »Zwitter-Entwurf« vor, der, lautete sein verächtliches Urteil, »nach Liberalismus« stinke.[202]

---

199 Vgl. Lih, Lenin Rediscovered, 524f.
200 Z. T. ganz anders: Robert Mayer, Lenin and the Jacobin Identity in Russia, in: Studies in East European Thought 51 (1999), 127–154; Bjørn Ditlef Nistad, Was Lenin a Jacobin-Blanquist?, in: Scando-Slavica 56/2 (2010), 141–162.
201 Vgl. LW, Bd. 7, 483.
202 Zit. nach Geyer, Lenin, 299.

Bei allen Tendenzen, vornehmlich den Argumenten Plechanows zu folgen, fanden sich die *Iskra*-Redakteure immer wieder bereit, auf Lenin zuzugehen, für ihn zu intervenieren und Differenzen zu glätten. Allerdings machten die Heftigkeit der Kontroversen und das Ausmaß wechselseitiger persönlicher Anfeindungen und Verbalattacken die Aufgabe der Friedensstifter nahezu unmöglich. Mitte 1902 schien daher ein folgenschwerer Eklat wahrscheinlicher denn je. Verhindert wurde er schließlich durch ein überraschendes Einlenken Plechanows, der sich bei Lenin für frühere Beschimpfungen entschuldigte. Trotzdem setzten sich die Unstimmigkeiten fort. Etwa als Lenin den jungen Leo Trotzki in das Redaktionskollegium der *Iskra* aufnehmen wollte und Plechanow es kategorisch ablehnte, den Protegé seines Konkurrenten zu akzeptieren.[203] Die eigene Anhängerschaft u. a. durch das Kooptieren geeigneter Personen zu stärken, bot sich vor allem deswegen an, weil Lenin die *Iskra* ja zum ideologischen Zentrum der Partei machen wollte. Selbst Trotzki aber fand die angekündigte »vollständige Diktatur des Zentralorgans« über die Partei befremdlich.[204]

Der ewige Disput zwischen Plechanow und Lenin hatte indessen verdeutlicht, wie sehr ihre Kraftproben die Debatten über Kernfragen bestimmten und wie wenig die übrigen »Iskristen« diese Dominanz überwinden konnten oder wollten. Ein Ausdiskutieren von Differenzen, das über die Entschärfung des Plechanow-Lenin-Antagonismus hinausgegangen wäre, scheiterte schon allein an der viele Monate dauernden Abwesenheit etwa von Martow oder Potresow. Der eine ging seinen vielfältigen Parteigeschäften nach, der andere kurte aufgrund chronischer Krankheiten. Auch dieser Umstand mag dazu beigetragen haben, dass Lenin seine »splendid isolation« als Selbstermächtigung erlebte.[205] Er beschwerte sich dennoch über die Passivität seiner Redaktionskollegen. Die Hauptlast der Arbeit liege bei ihm selbst. Lenin konzedierte Martow zwar einen mehr oder weniger gleichwertigen Anteil an der Bewältigung praktischer redaktioneller Aufgaben, vermisste aber gestalterische Impulse. Realiter hielt er seinen Kollegen für einen – wörtlich –

203 Ebd., 369f.
204 Zit. nach ebd., 371.
205 Vgl. dazu Geyer, Lenin, 374.

»Waschlappen«, einen Blässling ohne Esprit.[206] Außer Plechanow und ihm selbst natürlich, behauptete Lenin, habe »kein einziges Mal jemand« aus der Redaktion »eine wichtige theoretische Frage aufgeworfen«.[207]

Dass Martow und Lenin sich vor diesem Hintergrund auch auf persönlicher Ebene zu entfremden begannen, konnte Leo Trotzki bezeugen: »Unterhielten sie sich bei Begegnungen, so gab es keine freundlichen Tonschwingungen mehr, keine Scherze, wenigstens nicht in meiner Anwesenheit. Lenin sprach an Martow vorbei, während Martows Augen unter dem schiefhängenden, niemals geputzten Zwicker verglasten.«[208] Lenin versuchte den Kameraden außerdem aufgrund dessen notorischer Redseligkeit auf Distanz zu halten. Er belagerte laut Nadeschda Krupskaja ihren Mann bis zu sechs Stunden täglich mit allerlei Gesprächen. Lenin sei »ganz krank« davon geworden.[209] Zweifellos waren die beiden völlig konträre Charaktere. Martows Schwester meinte später, nie einen größeren Pedanten und disziplinierteren Menschen als Lenin gekannt zu haben und nie einen größeren Chaoten als ihren Bruder.[210]

Trotzdem traten vorhandene Meinungsverschiedenheiten kurz vor dem 2. Parteitag in den Hintergrund. Auch in Fragen, die dort schließlich entscheidend werden sollten, schien sich eine Art stillschweigender Kompromiss gefunden zu haben. Lenins Konzept einer im Untergrund wirkenden Partei, die sich u. a. um eine Zentralisierung der Propaganda kümmern und eine »Generallinie« vorgeben würde, löste innerhalb der »Iskristen« keinen Widerstand aus, der über eher diffus formulierte Bedenken hinausgegangen wäre. So legte man auch die Ausarbeitung der Parteistatuten vorbehaltlos in Lenins Hände. Dieser wiederum bediente sich dabei u. a. an den hierfür vorhandenen Entwürfen aus Julij Martows Feder. Darin ging es auch um die Frage der Parteimitgliedschaft. Lenins Redaktionskollege hatte im Unterschied etwa zur SPD, wo ein Bekenntnis zu den Grundsätzen der deutschen Sozialdemokratie und eine regel-

206 LW, Bd. 34, 209.
207 Lenin – Dokumente seines Lebens 1870-1924, Bd. 1. Ausgewählt und erläutert von Arnold Reisberg, Leipzig 1977, 319.
208 Trotzki, Mein Leben, 137.
209 Krupskaja, Erinnerungen, 77.
210 Vgl. Haimson, Three Revolutionaries, 110.

mäßige finanzielle Unterstützung für die Parteimitgliedschaft ausreichten, eine aktive Mitarbeit potenzieller Mitglieder zur Verwirklichung der Parteiziele als Grundvoraussetzung genannt. Und diese Beteiligung wiederum sollte nicht in Eigenregie, sondern »unter der Kontrolle und Leitung der Parteiorgane« erfolgen.[211] Lenin allerdings ging noch weiter. Er machte eine persönliche Betätigung in einer der Parteiorganisationen zur Grundbedingung. Mitglieder der Partei konnten demnach nur organisierte Funktionäre sein.[212]

Bruch?

Das unstete Emigrantenleben führte Lenin und Nadeschda im Frühjahr 1903 nach Genf. In London hatte er das Essen verabscheut und sich immer als Fremder empfunden. Es fehlten ihm die Kaffeehäuser und eine Atmosphäre, die wenigstens noch ansatzweise an die Heimat erinnerte. Durch die nunmehrige Nähe zu dem in Zürich lebenden Plechanow bekam der Umzug nach Genf allerdings einen bitteren Beigeschmack.

Vor dem Parteitag, der in Brüssel stattfinden sollte, nahm Lenins Anspannung zu. Ein Urlaub in der Bretagne, den er gemeinsam mit seiner Mutter und der Schwester Anna verbrachte, sollte für Ablenkung sorgen. Von dort ging es direkt nach Brüssel. In der belgischen Hauptstadt aber, wo ein von Ungeziefer bevölkerter Lagerraum die unwürdige Kulisse für die Versammlung der mehr als 50 Delegierten abgab, hielten sich die russischen Revolutionäre nur kurz auf. Die Polizei kam den verdächtigen Emigranten auf die Spur. Sie war bereits angesichts des »beträchtlichen Zustroms von Ausländern« misstrauisch geworden.[213] So blieb nur die Verlegung des Kongresses nach London, wohin die Repräsentanten der 26 am Parteitag vertretenen Gruppen im August 1903 reisten –

---

211 Geyer, Lenin, 393.

212 Ebd., 394; LW, Bd. 6, 475. Lenins Vorschlag lautete: »Als Mitglied der Partei gilt jeder, der ihr Programm anerkennt und die Partei sowohl mit materiellen Mitteln als auch durch die persönliche Mitarbeit in einer der Parteiorganisationen unterstützt.« Die Fassung Martows, die am Parteitag 1903 angenommen wurde, lautete: »Als Mitglied der Sozialdemokratischen Partei gilt jeder, der ihr Programm anerkennt, die Partei mit materiellen Mitteln unterstützt und ihr unter der Leitung einer ihrer Organisationen einen regelmäßigen persönlichen Beistand leistet.« Zit. nach Lenin, Ein Schritt vorwärts, zwei Schritte zurück, 51.

213 Trotzki, Mein Leben, 144.

unter ihnen auch die Ökonomisten. Die erbitterten publizistischen Schlachten, die sie sich mit Lenin im Vorfeld des Parteitags geliefert hatten, waren nicht vergessen. Die Teilnahme an dem für so wichtig empfundenen Parteitag erschien aber wichtiger als dieser Konflikt. Immerhin ging es ja auch darum, dort eigene Vorstellungen durchzusetzen.

Bereits am Anfang der Beratungen stand der Bruch mit dem jüdischen Bund, dessen Forderungen nach einem föderativen Aufbau der Partei abgelehnt wurden. Die Sonderwünsche der Bundisten wies auch Julij Martow entschieden zurück. Eine erdrückende Mehrheit der Delegierten trug diese Abwehrhaltung mit. Eine freie Assoziation national gegliederter Organisationen erschien undenkbar. Die Sezession der Bundisten war damit besiegelt.[214] Zu keiner Einigung kam es mehr oder weniger erwartungsgemäß mit den Vertretern der Sozialdemokratie des Königreichs Polen und Litauens (»Socjaldemokracja Królestwa Polskiego i Litwy«, SDKPiL). Zum einen, weil die Leitlinien der *Iskra* in der Nationalitätenfrage den internationalistischen Standpunkten der Polen zuwiderliefen, und zum anderen, weil die angestrebte »Verschmelzung des polnischen und russischen Proletariats« nach Lesart der SDKPiL-Führung keineswegs einem sang- und klanglosen Aufgehen in der SDAPR gleichkommen sollte.[215] Bereits vor dem Kongress überwogen bei Rosa Luxemburg Zweifel am Gelingen einer entsprechenden Integration in die Bruderpartei. In der *Iskra* hatte sich Lenin zur nationalen Frage geäußert und hier verschiedene Optionen präsentiert – auch in Richtung der nationalistischen Linie der PPS, die ihrerseits die Negation nationaler Forderungen seitens der russischen Sozialdemokraten kritisiert hatte. Lenins Standpunkte, die auf ein Sowohl-als-auch ebenso hinausliefen wie auf ein Weder-Noch, befriedigten keine der beiden polnischen Parteien.[216] Der Anspruch auf eine gesamtstaatliche Konstruktion, die beim Parteitag in Brüssel bzw. London in feste Normen gegossen werden sollte, löste sich somit bereits in den ersten Tagen des Kongresses in Luft auf.[217]

---

214 Geyer, Lenin, 382, 384.
215 Ebd., 388f.
216 Vgl. LW, Bd. 6, 452. Aufschlussreich dazu der gesamte Text »Die nationale Frage in unserem Programm«, ebd., 452–461.
217 Geyer, Lenin, 392.

Die Frage der Organisation der Partei, die sich Lenin als Trias von ZK, Redaktion des Zentralorgans, also der *Iskra*, und einem Rat (»Sowjet«) vorstellte, zog – aus Lenins Perspektive – besonders unerfreuliche Diskussionen nach sich. Vor allem ging es aber um die personelle Zusammensetzung bzw. Beschickung dieser Gremien. Einen Keil zwischen die Delegierten trieb aber zunächst die Definition der Parteimitgliedschaft. Martow wollte diese jetzt an das Bekenntnis zum Parteiprogramm binden und jedem den Zugang gewähren, »der die Partei mit materiellen Mitteln unterstützt und ihr unter der Kontrolle und Leitung einer ihrer Organisationen regelmäßig persönlichen Beistand erweist«.[218] Damit war Lenins Konzept einer persönlichen Betätigung in einer der Parteiorganisationen aufgeweicht worden. Im Plenum wurden die Konsequenzen der sich scheinbar geringfügig unterscheidenden Ansichten diskutiert. Axelrod kam zu dem Schluss, dass Lenins Variante einen Teil wertvoller Kampfgenossen ausschließen würde. Mehr noch: Jetzt sprach auch er vom engen Rahmen einer »Verschwörerorganisation«, die sich der Unterstützung Hunderter, ja Tausender Proletarier entschlagen würde. Diese mache nur dann Sinn, wenn sie von einer »breiten sozialdemokratischen Arbeiterpartei umschlossen« werde.[219]

Eine breite Basis von Arbeitern wünschte sich zweifellos auch Lenin. Nur in einer anderen, einer untergeordneten und dem eigentlichen »Machtzentrum« gewissermaßen entrückten Rolle. Wenigstens vorerst. Die Massenpartei musste warten. Sie zu schaffen, galt es erst nach dem Sieg über die Autokratie.[220] Wichtig war ihm jetzt – das führte er während des 2. Parteitags aus –, dass alle, ob nun breite oder kleinere oder aber »lose« Organisationen, den Stempel der Partei aufgedrückt bekamen.[221] Noch viele Jahre später kämpfte er um Akzeptanz für seine Ansichten über das Wesen der Partei. 1915 meinte er: »Was war 1847[222] das ›Kommunistische Manifest‹ und seine Gruppe?? Ein Produkt der Gärung unter den Massen? Oder die Orientierung einer kleinen Gruppe von Revolutionären??

---

218 Zit. nach ebd., 400.

219 Zit. nach ebd., 401.

220 Ebd., 238.

221 Lenin sprach wortwörtlich, d. h. in Deutsch, von »losen Organisationen«. Vgl. Protokoly Vtorogo S"ezda RSDRP. Točnaja perepečatka s Ženevskogo izdanija 1903 g. so vstupitel'noj stat'ej, s primečanijami i s zaključitel'noj stat'ej P. N. Lepešinskogo, Leningrad 1924, 272.

222 Der Entwurf lag bereits 1847 vor, der Druck erfolgte im Jahr danach.

Oder *sowohl* das eine *als auch* das andere?«[223] Hier klang an, wo er 1902/03 mit seiner Vorstellung von der Partei ansetzte: beim »Bund der Kommunisten« mit seinem Statut, in dem der »demokratische Zentralismus« zur Leitlinie der Organisation erklärt wurde und jeder von der Mitarbeit ausgeladen wurde, der sich dem Reglement nicht beugte.[224] Vor dem Hintergrund der Revolution von 1905 berief er sich im Übrigen explizit auf eine Aussage von Marx über eine »starke geheime Organisation« als »Grundlage für die Organisation der Partei der Arbeiterklasse«. Sie müsse, führte Lenin damals aus, »einen besonderen Apparat fürs ›öffentliche Wirken‹ besitzen und besondere Fühler in alle legalen Vereinigungen und Einrichtungen, von den Arbeitergewerkschaften bis zur behördlich erlaubten Presse« ausstrecken.[225]

Lenin wollte mit der »festgefügten Organisation der Revolutionäre« beginnen, um die »Widerstandsfähigkeit der Bewegung als Ganzes« zu »sichern«. Auf dieser Grundlage war geplant, »sowohl die sozialdemokratischen als auch die eigentlich trade-unionistischen Ziele« zu »verwirklichen«.[226] Es erschien ihm völlig abwegig, die Idee einer Funktionärspartei in Anbetracht der bereits aufgezeigten überaus prekären Rahmenbedingungen der Sozialdemokratie in Russland fallen zu lassen. Martows Vorschlag, meinte er, würde der Partei die erforderliche Kontrolle und faktische Leitung der sozialdemokratischen Bewegung vorenthalten und aus jedem Streikenden ein Parteimitglied machen. Das ZK wäre unter solchen Voraussetzungen machtlos und die so dringend erforderliche Vereinigung der zersplitterten russischen Sozialdemokratie bliebe nur ein frommer Wunsch. Es werde als Ergebnis all dessen weder »Kontrolle« noch »Leitung« geben.[227] Martow aber setzte sich durch. Mit 27 gegen 22 Stimmen.[228]

Martow war Zeuge gewesen, wie sehr Lenin schon im Vorfeld des Parteitags alles versucht hatte, um Anti-Iskristen sowie Schwankende nach Möglichkeit auszuschalten. Immerhin gab es auch unter

223 LW, Bd. 36, 317.
224 Vgl. MEW, Bd. 4, 596–601.
225 LW, Bd. 10, 136. Vgl. Geyer, Lenin, 346.
226 Lenin, Was tun?, 149.
227 Geyer, Lenin, 402.
228 Vgl. ebd., 403.

ihnen solche, die ungeachtet des Lenin'schen Vorwurfs, sich einem planlosen Aktivismus zu verschreiben, das Gepräge der Partei bestimmen und ihre eigenen Leute an den Schalthebeln sehen wollten. Auf allen Seiten wurde mit harten Bandagen gekämpft. Damit, dass Politik eben ein »schmutziges Geschäft sei«,[229] hatte Lenin sich angesichts der vielen »Schlammschlachten«, die um die Zukunft der Partei ausgetragen wurden, schon früh abgefunden. Mit einer knappen Mehrheit, die sich angesichts der Sezession der Bundisten sowie anderer Delegierter, die den Parteitag verließen, schon kurze Zeit später wieder neutralisierte, hatte nun aber Martows Standpunkt zumindest in Fragen des Parteistatuts den Vorzug bekommen. Aus Lenins Perspektive waren es die »Weichen«, die reüssierten. Sich und seine Anhängerschaft zählte er zu den »Harten«.

Dass sich in dieser Situation Plechanow auf seine Seite stellte, überraschte Lenin offenbar. Ebenfalls kaum vorausgesehen haben dürfte er das, was jetzt kam. Sein Plan, die *Iskra*-Redaktion zu einem Dreierkollegium aus ihm selbst, Plechanow und Martow zusammenzuschrumpfen, löste unerwarteten Widerstand aus. Jetzt protestierte Martow, der plötzlich gegen das »Ausbooten« von Sassulitsch, Potresow und Axelrod wetterte. Seine Empörung traf auf wenig Verständnis unter den Delegierten. Sentimentalitäten, hieß es, seien nicht gefragt. Außerdem werde niemand böswillig verdrängt, sondern die betreffende Beschlussfassung aufgrund einer Wahl der Redaktionsmitglieder gefasst. Martow aber stichelte weiter. Er warf Lenin vor, nicht die Arbeitsfähigkeit der Redaktion im Auge zu haben, sondern vielmehr seinen »Einfluss auf das Zentralkomitee«.[230] Da er kein Anhängsel einer Institution sein wollte, die die faktische Parteigewalt beanspruche und deren Mitglieder die Linie der Partei unter sich ausmachen würden – realiter waren das nun Lenin und Plechanow –, drohte er mit dem Ausstieg aus der *Iskra*-Redaktion. Martow hatte aber offenbar nicht bedacht, dass seine Anhänger jetzt in der Minderheit waren. Lenin trug in diesem Streitfall den Sieg davon.

Diese Wendung machte er sich – so heißt es für gewöhnlich – instinktiv zunutze und sprach von »Minderheitlern« (Menschewiki)

229 Service, Lenin, 201.
230 Zit. nach Geyer, Lenin, 406.

und »Mehrheitlern« (Bolschewiki).[231] Das Gespür für die richtige Lexik in diesem Zusammenhang fehlte Martow – angeblich – ebenso wie die Erkenntnis, sich mit dieser Zuschreibung, die er – wieder angeblich – bedenkenlos übernahm, in eine solcherart unterstellte Defensive und grundsätzliche Unterlegenheit gefügt zu haben. In Wirklichkeit aber prägten die Menschewiki »ihre« Bezeichnung unabhängig von Lenin und durchaus mit Bedacht, weil sie mit dieser eine »Fortschrittlichkeit« zum Ausdruck bringen wollten, die sie Lenins »kompakter Mehrheit«, auf die er sich in Zusammenhang mit den Abstimmungsergebnissen berief, schlichtweg absprachen.[232] Bezeichnenderweise nannte Lenin seine Gegner zunächst gar nicht Menschewiki, sondern »Neuiskristen«, weil die *Iskra*, die in der Folge entstand, in seinen Augen eine abzulehnende Neuschöpfung war.

Für Lenin verwandelte sich der scheinbare Erfolg letztendlich in einen Pyrrhussieg. Obwohl er das ZK als praktisches Führungszentrum mit seinen Gefolgsleuten besetzen konnte, strebte sogar die eigene Anhängerschaft nach einer Versöhnung mit den bespöttelten »Minderheitlern«.

Der eigentliche Eklat ereignete sich aber erst im Herbst 1903, bei der Konferenz der »Auslandsliga der Russischen Revolutionären Sozialdemokraten« in Genf.[233] Plechanow gab sich hier reuig.[234] Jetzt erst habe er erfasst, wie sehr man sich unter Lenins Einfluss in einen »›sektiererischen Geist der Ausschließlichkeit‹ hineingelebt« habe.[235] Dass dieser Weg der Erkenntnis allerdings vor allem über die Eskalation persönlicher Rivalitäten gegangen wurde, blieb als »peinlicher Eindruck« des Widerstands bestehen.[236] Anscheinend begann die Abkehr von Lenin bzw. von seinem Parteikonzept sehr viel weniger aufgrund der prinzipiellen Ablehnung einer Kaderpartei mit hierarchischen Strukturen. Vielmehr ging es um personelle Entscheidungen, die am Parteitag gefällt wurden. So wollte es vor allem

231 Vgl. Lars Lih, Lenin Rediscovered. What is to Be done? In Context, Jefferson 2005, 504. Vgl. dazu Lenins Äußerungen zur »kompakten« Mehrheit in den Protokollen des 2. Parteitags der SDAPR.Protokoly Vtorogo S"ezda RSDRP, 310.

232 Vgl. die plausiblen Erläuterungen bei Lih, Lenin Rediscovered, 503–505.

233 Service, Lenin 212.

234 Plechanov sei, meinte Martow gegenüber Axelrod, mit »weißer Flagge« ins Lager der Lenin-Gegner gewechselt. Stanislav Tjutjukin, G. V. Plechanov. Sud'ba russkogo marksista, Moskva 1997, 191.

235 Zit. nach Geyer, Lenin, 412.

236 Ebd., 409.

auch Lenin sehen. Die Zusammensetzung der *Iskra*-Redaktion war aber freilich essenziell. Lenin wollte immerhin die Linie der Zeitung vorgeben und so das bestimmende Sprachrohr der Partei seiner Kontrolle anheimstellen. Und das ließ sich nur ohne Querschüsse von Andersdenkenden, Bremsern oder Zweiflern realisieren.[237] Die Mehrheit der Genossen hatte das am Parteitag abgesegnet. Jetzt war dieses Votum nichts mehr wert.

Mit einem Mal wollten nun ehemalige Weggefährten die »bonapartistische Natur« Lenins erkannt, seine Rücksichtslosigkeit durchschaut und darüber hinaus die Fragwürdigkeit seiner Visionen für ein revolutionäres Russland begriffen haben.[238] Jetzt hagelte es Kritik von allen Seiten. Auch von ehemaligen Bewunderern. Es war Leo Trotzki, der in diesem Zusammenhang geradezu prophetische Aussagen traf. Er warf Lenin vor, die »Diktatur des Proletariats« als »Diktatur über das Proletariat« konzipiert zu haben. Und Georgij Plechanow provozierte Lenin mit einem Artikel in der *Iskra*, der in Anlehnung an Lenins Schrift *Was tun?* mit »Was nicht zu tun ist« betitelt wurde. Darin warnte er vor weiteren Spaltungen und vor einer Parteiführung ohne Basis oder, wie er es ausdrückte, einem Generalstab ohne Armee.[239] Gerade er aber hatte in der Vergangenheit vehement auf eine Trennung von den Ökonomisten hingearbeitet und hierfür ohne Weiteres auch eine Spaltung befürwortet, wie sie im Oktober 1901 anlässlich des Bruchs mit dem »Auslandsbund« besiegelt wurde.[240] Damals war er gemeinsam mit Axelrod, Sassulitsch, Martow und Lenin unter dem Schmähruf »Hinaus mit den Sektierern!« aus jenem Konferenzsaal ausgezogen, wo die als »Vereinigungskongress« angekündigte Versammlung der Auslandsgruppen stattgefunden hatte.[241]

Was war nun aber wirklich ausschlaggebend gewesen für den anscheinend plötzlichen Widerstand Martows gegen eine neue *Iskra*-Redaktion? Der eigentliche Anlass für die nachfolgenden Ent-

---

237 Georg Fülberth, Vom Reformismusstreit bis zum Ausbruch des Ersten Weltkriegs, in: Jutta von Freyberg/Georg Fülberth u.a., Geschichte der deutschen Sozialdemokratie 1863–1975, Köln 1975, 37–50, 45.
238 Geyer, Lenin, 410.
239 Tjutjukin, Plechanov, 190, und Mullin, The Russian Social-Democratic Labour Party, 483–494.
240 Vgl. Mullin, The Russian Social-Democratic Labour Party, 483.
241 Geyer, Lenin, 235f.

wicklungen lag ja zweifellos in dieser Frage. Immerhin war Martow es, der an der Spitze des offenkundigen Anti-Lenin-Kurses stand und ausgehend vom Streit um die *Iskra* den Aufstand wagte. Offenbar hatte er einen Deal mit den Ökonomisten geschlossen, der Lenins Idee von der Zeitung als Kampfblatt zuwiderlief. Ob das bereits vor oder erst während des Parteitags passierte, ist nicht ganz klar. Das Zentralorgan sollte seiner Meinung nach in jedem Fall ein Diskussionsforum sein, das den Pluralismus der Bewegung widerspiegelte. Martow war hinsichtlich des Potenzials der Partei sehr viel weniger optimistisch als Lenin, der die Einigung der Splittergruppen als Grundlage für den nun zu eröffnenden Feldzug gegen die Autokratie betrachtete. Nach Lenins Einschätzung war die Zeit hierfür reif. Immer noch sah aber etwa Pawel Axelrod die Partei als »Embryo«. Das hatte zuvor interessanterweise auch Julij Martow so gesehen, aber mit der Neuaufstellung dieser unterentwickelten Partei die Herausbildung der »Kader einer sozialistischen Armee der Zukunft« verknüpft und somit Lenins Plan mitgetragen.[242] Jetzt aber erschien das Programm des früheren Freundes als allzu ambitioniert und eher geeignet für eine bereits über Jahre hindurch gefestigte Partei als für einen auf schwankendem Boden zustande gekommenen Zusammenschluss verschiedener Richtungen.[243] Lenin war fassungslos. Martow und seine Menschewiki waren aus seiner Perspektive bereit, die Uhren zurückzudrehen. Sie machten damit bisherige Visionen von Einheit und einer zielgerichteten Politik gegen das Regime völlig zunichte. Kritikern, denen zufolge man den Parteitag »übereilt« einberufen hatte, hielt er die lange Vorbereitungszeit vor Augen. Den Weg nach Brüssel bzw. London stellte er als Gemeinschaftsprojekt dar. Nicht die fixe Idee einzelner Personen oder gar nur von ihm selbst habe hinter dem ganzen Vorhaben gestanden.[244] So vieles sei überdies schon vor dem Parteitag und erst recht im Zuge der dortigen Verhandlungen abgeklärt worden. Niemals hätte er damit gerechnet, »daß die Genossen, nachdem einmal abgeschnitten war«, wieder damit beginnen würden, »neu abzumessen«.[245]

Tadel an die Adresse der beiden Streitparteien kam indessen von den deutschen Genossen. Sie empfanden den Parteitag in London

242 Ebd., 238.
243 Vgl. dazu ebd., 40–43, 478–480; Lih, Lenin Rediscovered, 499–503.
244 Vgl. LW, Bd. 6, 303f.
245 LW, Bd. 7, 214.

als kompletten Misserfolg, Unter Verweis auf die negativen Folgen des Zerwürfnisses für die Entwicklung der sich schon 1904 ankündigenden Revolution im Zarenreich war von »Gewissenlosigkeit« und »komplette[r] Unfähigkeit« der russischen Marxisten die Rede.[246] Eine besonders scharfe Kritik an Lenins Adresse formulierte Rosa Luxemburg. Diese wiederum beeinflusste nachhaltig die westliche Anti-Lenin-Haltung, Mit treffsicheren Argumenten, in denen sie bei einigen Details über die »Organisationsfragen der russischen Sozialdemokratie« bzw. inhaltliche Aspekte allerdings falsch lag, prangerte sie an, was ihrer Meinung nach hinter Lenins Plänen für die SDAPR wirklich steckte. Er habe versucht, quasi sichere Barrieren gegen den Ökonomismus hochzuziehen. Das aber sei, meinte sie, nicht möglich.[247] In diesem Punkt stimmte sie mit Leo Trotzki überein. Er hatte die von Lenin ausgearbeiteten Statuten als verschriftlichtes »organisiertes Misstrauen« gegenüber all jenen bezeichnet, die sich nicht für eine »Umsturzpartei« erwärmen konnten.[248]

246 Zit. nach Geyer, Lenin, 410.

247 Vgl. Rosa Luxemburg, Organisationsfragen der russischen Sozialdemokratie, in: Die Neue Zeit 22/42 (1904), 484–492, und 22/43, 529–535. Vgl. LW, Bd. 7, 480–491, insbes. 489.

248 Zit. nach Geyer, Lenin, 396.

4
ENTFREMDUNGSPROZESSE

Krise

Die Protokolle des 2. Parteitags der SDAPR vor Augen wird klar, wie sehr sich fast alle der damals geführten Diskussionen – direkt oder indirekt – um Lenin drehten: um seine Schriften, um seinen Einfluss auf das Parteiprogramm, um seine Formulierungen, um seine Visionen. Die Genossen stritten und Lenin verlor die Fassung. Er warf – auf Deutsch – mit Worten wie »Erfüllungs- und Aushöhlungstheorie« um sich, um als überlegener Theoretiker aufzutrumpfen und seine Gegner einzuschüchtern, und er schmähte Kritiker mit der Bezeichnung »Kulak«, wenn sie seine Ansichten zerpflückten. Immer wieder beschwor er den Vorsitzenden, im Protokoll vermerken zu lassen, wie oft ihn die Anwesenden unterbrachen und seine Ausführungen mit Zwischenrufen störten.[1] Es gab viele Seitenhiebe gegenüber dem jungen Mann – Lenin war nun knapp über 30 –, der mit einem Mal den Ton anzugeben schien.[2] Andererseits aber konnte sich die Mehrheit offensichtlich mit vielen Ideen des energischen Genossen anfreunden. Parteiprogramm und Parteistatuten in ihrer Gesamtheit stießen keineswegs nur auf Ablehnung.

Ein Zerwürfnis hatte er nicht angestrebt – im Gegenteil. Glaubt man Nadeschda Krupskaja, spielte Lenin nach dem Parteitag in London gar mit dem Gedanken, seine ursprünglichen Pläne für die *Iskra* bzw. das neue Redaktionskollegium fallen zu lassen. Einem Genossen gegenüber soll er gemeint haben: »Lieber die alte Plage als die Spaltung!«[3] Alexander Potresow, den er nur wenige Jahre später

1 Vgl. Protokoly Vtorogo S"ezda RSDRP. Točnaja perepečatka s Ženevskogo izdanija 1903 g. so vstupitel'noj stat'ej, s primečanijami i s zaključitel'noj stat'ej P. N. Lepešinskogo, Leningrad 1924, 121, 223.

2 Vgl. Leo Trotzki, Mein Leben. Versuch einer Autobiographie, Frankfurt am Main 1990, 147.

3 Lenin – Dokumente seines Lebens 1870–1924, Bd. 1. Ausgewählt und erläutert von Arnold Reisberg, Leipzig 1977, 321.

für einen der schlimmsten »Verräter« hielt, ließ er wissen, wie sehr er das Vorgefallene bedauerte. Er zeigte sich sogar bereit, »seine Schuld« zuzugeben. Lenin sprach von aufgestauten Emotionen. Seine Wortmeldungen seien »oft in fürchterlicher Gereiztheit« und »Wut« zustande gekommen.[4] Noch während des Parteitags hatte er zum Beispiel gegenüber den Ökonomisten gestanden, viele Aussagen in *Was tun?* absichtlich zugespitzt zu haben, um auf Grundlage einer offenen Diskussion Kontroversen klar anzusprechen und in der Folge einen gemeinsamen Weg zu finden. All das sei ja Zweck und Ziel des Parteitags gewesen.[5] Eine Spaltung hielt er für »Wahnsinn«. Herbeigeführt hatte sie, warf Lenin ein, freilich nicht er, sondern der beleidigte, ja »hysterische« Martow.[6] Ausgehend von solchen Äußerungen stellte später auch die sowjetische Historiografie die Menschewiki als die eigentlich treibende Kraft der Entzweiung dar.[7] Die westliche Geschichtsschreibung hielt dagegen – und verzerrte mitunter in die andere Richtung.[8]

Die Parteinahme Plechanows für die frühere *Iskra*-Redaktion beim Kongress der »Auslandsliga« besiegelte allerdings aus Lenins Perspektive die Unmöglichkeit eines Entgegenkommens gegenüber den »Martowleuten«. Am schwersten wog die Weigerung der »Liga«, die Ergebnisse des 2. Parteitags anzuerkennen. Plechanow, um den Zusammenhalt der Partei bemüht, forderte als Folge die Wiederherstellung der »alten *Iskra*-Redaktion«.[9] In Summe bedeutete das, dass sich die Menschewiki über vorhandene Mehrheitsbeschlüsse hinwegsetzten, auf die Lenin zuvor mit Befriedigung verwiesen hatte. Er stand plötzlich isoliert da. Die im Sommer 1903 mühsam errungenen Erfolge waren irrelevant. In der Redaktion wollte er unter diesen Bedingungen nicht mehr bleiben. Seine Entscheidung für das Ausscheiden aus dem Kollegium, so sehr er sie inhaltlich begründen konnte, bereute er schon kurze Zeit später aber zutiefst. Er empfahl

4 Ebd., 322.
5 Vgl. Bjørn Ditlef Nistad, Was Lenin a Jacobin-Blanquist?, in: Scando-Slavica 56/2 (2010), 141–162.
6 W. I. Lenin, Briefe, Bd. I: 1893–1904, Berlin 1967, 301, 325.
7 Vgl. Geschichte der Kommunistischen Partei der Sowjetunion, Berlin 1960, 152f.
8 Differenziert aber vor allem Dietrich Geyer, Lenin in der russischen Sozialdemokratie. Die Arbeiterbewegung im Zarenreich als Organisationsproblem der revolutionären Intelligenz 1890–1903, Köln/Graz.
9 Vgl. W. I. Lenin, Briefe, Bd. I, 323.

seinen Genossen, in Zukunft ähnliche Fehler zu vermeiden. Lieber sollte man weitermachen, anstatt sich abzuwenden.[10] Schon deshalb arbeitete er darauf hin, ins ZK der SDAPR kooptiert zu werden.[11]

In den Monaten nach dem Parteitag und vor allem nach dem Kongress im Herbst 1903 befand sich Lenin immer wieder am Rande eines Nervenzusammenbruchs. Nadeschda Krupskaja erzählte später von Freunden, die aufgrund der »Intrigen« der Menschewiki plötzlich aufhörten, Lenin zu unterstützen, und sich von ihm distanzierten.[12] Schon vor der Konferenz der »Auslandsliga« war dieser derart aufgelöst gewesen, dass er mit dem Fahrrad geistesabwesend gegen einen Laternenmast gefahren war und sich leichte Kopfverletzungen zugezogen hatte. Sein allgemeiner Gesundheitszustand verschlechterte sich.[13] Er selbst sprach später von einer »Periode moralischer Erschöpfung«.[14] Gleichzeitig formulierte die neue *Iskra* gegenüber Lenin keinerlei Friedensangebote, sondern verfolgte eine Blattlinie, die der frühere Kollege leidenschaftlich bekämpfte. Lenin plädierte nun umso mehr für klare Fronten und er sann auf Rache. Auch deshalb, weil er sich als Opfer einer ganzen Schar von Verleumdern sah. Immer wieder betonte er, dass man ihm das Wort im Mund umgedreht habe. Sein Anliegen sei immer nur die Effektivität der *Iskra*-Redaktion gewesen und das Ende eines kontraproduktiven Hickhacks, bei dem die Hälfte der Redaktionsmitglieder sinnvolle Arbeit lediglich behindert hätte.[15] Trotz Zuredens seiner Getreuen feuerte er seine Giftpfeile auf die Menschewiki ab. Er tat dies in gewohnter Form.

Dieses Mal hieß die Broschüre *Ein Schritt vorwärts, zwei Schritte zurück* und widmete sich der »Krise in unserer Partei«. Nicht *Was tun?*, sondern diese Schrift sehen manche als »Gründungsurkunde« des Bolschewismus.[16] In ihr kramte Lenin all jene Details des vergangenen Parteitags hervor, welche die Misere seiner Meinung

10 Lenin – Dokumente eines Lebens, Bd. 1, 323.
11 Robert Service, Lenin. Eine Biographie, München 2000, 213.
12 N. K. Krupskaja, Erinnerungen an Lenin, Bd. I, Moskau/Leningrad 1933, 124.
13 Ebd.
14 Lenin – Dokumente eines Lebens, Bd. 1, 336.
15 Lenin, Briefe, Bd. I, 301, 325.
16 Christopher Read, Lenin and the 1905 Revolution, in: Jonathan Smele/Anthony Heywood (Hg.), The Russian Revolution of 1905. Centenary Perspectives, London/New York 2005, 218–240, 223.

nach verschuldet hatten. Dennoch betonte er, dass es im Grunde »unwichtige Meinungsverschiedenheiten« gewesen waren, die zum Schisma geführt hatten.[17] Der scheinbaren Abschwächung der Differenzen folgte eine kompromisslose Abrechnung mit den »Opportunisten« der neuen *Iskra*. Wieder, nicht anders etwa als in *Was tun?*, formulierte Lenin die Kritik an seinen Gegenspielern, die sich aus dem Sumpf des »Vulgärmarxismus« zu Wort gemeldet hätten, als Klage eines Weisen, dem es beschieden war, von einer Herde Tölpeln umgeben zu sein. Das hierarchische Prinzip der Partei betonte er in *Ein Schritt vorwärts, zwei Schritte zurück* noch mehr als in *Was tun?* und er forderte bedingungslose Disziplin auch von nicht-organisierten Arbeitern ein: »Wir sind die Partei der Klasse, und deshalb muß fast die gesamte Klasse (und in Kriegszeiten, in der Epoche des Bürgerkriegs, die gesamte Klasse) unter der Leitung unserer Partei handeln, sie muß sich unserer Partei so eng wie möglich anschließen […].«[18] Gewerkschaften seien »primitiver« und daher nicht in der Lage, die Rolle des »Vortrupps« zu übernehmen. Auch »Demokratie«, zitierte er Kautsky, sei »keine Herrschaftslosigkeit« und die »Organisation«, d.h. die Partei, die Lenin vorschwebte, jene »Waffe«, »die das Proletariat emanzipieren« werde.[19]

Indem er sich auf den deutschen Theoretiker stützte und sich dessen Aussagen wieder einigermaßen »kreativ« bediente, erklärte Lenin nun auch die Organisationsproblematik zu einer Frage von Opportunismus oder Orthodoxie. Die »Straffheit« der Organisation und die damit verbundene Disziplin waren für ihn ein Äquivalent wahrer Orthodoxie und Zentralismus der Garant für die Umsetzung von Demokratie – als Abwehr von »Zerfahrenheit«.[20] Eine Schwächung der Parteidisziplin führe, meinte Lenin, zur »Desorganisation, zur Entartung des ›demokratischen Prinzips‹« und »zum Anarchismus«.[21] All die Kritik, die ihm in den letzten Monaten entgegenschlug, hatte er aufgegriffen, um seine früheren Positionen zu schärfen und jegliche Gegenmeinungen als Ausdruck eines

17 W. I., Lenin, Ein Schritt vorwärts, zwei Schritte zurück. Die Krise in unserer Partei, Berlin 1951, 89f.
18 Ebd., 57.
19 Ebd., 115.
20 Ebd., 116f.
21 Ebd., 115.

revisionistischen, ökonomistischen oder opportunistischen Zerstörungswerkes wider die Partei zu disqualifizieren.[22] Lenin betonte in diesem Zusammenhang das hierarchische Prinzip auch in einer Demokratie, zerpflückte angeblich naive Vorstellungen von deren Stellenwert in der bürgerlichen Gesellschaft und verteidigte seinen »Doktrinarismus« als Prinzip der Disziplin.[23] Einen zentralen Parteiapparat hatten ja auch viele Menschewiki durchaus begrüßt. Das Problem lag lediglich darin, dass sich aus ihrer Perspektive gerade anlässlich des 2. Parteitags die Notwendigkeit ergab, die dort erschienenen Gruppierungen nicht einfach zu entmündigen und zu minderbemittelten Befehlsempfängern einer allmächtigen Führung zu degradieren.[24]

Lenins Schrift war nicht von allen Bolschewiki gebilligt worden. Druck und Vertrieb der Broschüre hatte das ZK zum Teil sogar bewusst behindert. Lenin stampfte daher gemeinsam mit Wladimir Bontsch-Brujewitsch einen eigenen Verlag aus dem Boden. Die Menschewiki ihrerseits hatten Genossen aus dem Ausland wie etwa Karl Kautsky oder Rosa Luxemburg mobilisiert, um Lenins Position zu schwächen. Alexander Potresow sprach in diesem Zusammenhang sogar von verbalen »Bomben«, mithilfe derer »Lenin in die Luft« fliegen werde.[25] Die Minorität indessen beschwor einen gemeinsamen Kampf ohne zentralistische Organisationsutopie.

Ziele

Die Brücken wurden von beiden Seiten abgebrochen – erst recht anlässlich des Anfang 1904 ausgebrochenen Russisch-Japanischen Krieges. Die jetzt aufeinanderprallenden Ansichten über die richtige Taktik im Kampf gegen die Autokratie ließen die Destruktivität der innerparteilichen Differenzen noch klarer hervortreten.[26]

Innerhalb der liberalen Intelligenzija, die sich vor allem in den Semstwa, den ländlichen Selbstverwaltungskörperschaften, konzen-

22 Ebd.
23 Ebd., 166–118.
24 Vgl. die Interviews mit Lidija Dan in: Leopold Haimson, The Making of Three Russian Revolutionaries. Voices From the Past, Cambridge 1987, 45–213.
25 Lenin – Dokumente seines Lebens, Bd. 1, 331.
26 Read, Lenin and the 1905 Revolution, 227. Vgl. auch: Texte der Menschewiki zur russischen Revolution und zum Sowjetstaat aus den Jahren 1903 bis 1940, Hamburg 1981, 17.

trierte, regte sich währenddessen eine lauter werdende Opposition gegenüber dem Zarenregime, die mit Forderungen nach politischer Mitsprache an die Öffentlichkeit trat und die Regierung attackierte. Auch unter den Mitgliedern dieser Bewegung herrschte keine Einigkeit hinsichtlich der konkreten Zielsetzungen für eine Umgestaltung der Herrschaftsverhältnisse. Zeitweilige Bündnisse erschienen sinnvoll, auch mit der Arbeiterschaft bzw. ihren Vertretern. Aus Lenins Perspektive war eine Beteiligung an diesem Projekt nur auf Grundlage klarer sozialdemokratischer Positionen möglich, während sich die Menschewiki einer Zusammenarbeit zumindest nicht völlig verschlossen und später auch im sogenannten »Bund der Bünde« vertreten waren.

Schon vor der militärischen Konfrontation der beiden Staaten, in der das kleine Japan das russische Riesenreich militärisch blamierte, hatte etwa Alexander Parvus-Helphand den Anfang vom Ende der russischen Autokratie prophezeit. Die Zuversicht, im Zuge revolutionärer Veränderungen als Konsequenz der fortschreitenden Schwächung der Autokratie nun der Sozialdemokratie eine Führungsrolle zu verschaffen, war unter den Menschewiki dennoch gering.[27] Anders Lenin. Schon in *Was tun?* hatte er den scheinbaren Utopismus einer zeitnahen Überwindung der Selbstherrschaft zu einem legitimen Traum von der ersehnten Revolution umgedeutet. Sein Optimismus gipfelte dort in der Vorstellung von einer »Organisation von Berufsrevolutionären«, die ganz Russland aus den Angeln heben könnte.[28] Die Revolution würde nur dann illusionär bleiben, solange man sie nicht mit aller Kraft anstrebte. Dasselbe galt für eine sozialdemokratische Dominanz.

Während sich die Menschewiki auf einen Kampf um das Erreichbare konzentrierten und ihre »Sammlung« der russischen Arbeiterbewegung vor allem auf Grundlage tätigen Wirkens in den Gewerk- und Genossenschaften vorantreiben wollten, zog es Lenin vor, weiter zu träumen. Jedoch nicht nur: Er handelte oder rief zumindest dazu auf. Das, was er anstrebte, ließ sich aber lediglich dann verwirklichen, wenn alle seiner Linie folgten. Wer sich ihr nicht anschloss,

27 Dietrich Geyer, Lenin in der russischen Sozialdemokratie. Die Arbeiterbewegung im Zarenreich als Organisationsproblem der revolutionären Intelligenz 1890–1903, Köln/Graz 1962, 416.

28 Wladimir Iljitsch Lenin, Was tun? Brennende Fragen unserer Bewegung, Leipzig 1973, 158.

wurde mit Feder und Tinte bekämpft. Unermüdlich feilte er an Argumenten gegen die »Prinzipienlosigkeit« seiner Widersacher. Bereits kurz nach seinem Ausscheiden aus der *Iskra* plante er die Gründung einer neuen Zeitung. Sie hieß *Wperjod* (»Vorwärts«) und damit genauso wie das Zentralorgan der deutschen Partei. Der Name signalisierte Lenins Credo. Ende 1904 erschien die erste Nummer des Blattes, das mithilfe von Alexander Bogdanow und Anatolij Lunatscharskij realisiert wurde – Ersterer ein Genosse, der Lenin intellektuell ebenbürtig war und ihn als marxistischer Denker sogar übertraf. Gemeinsam mit Bogdanow hatte Lenin im Herbst 1904 die Fraktion der Bolschewiki aus der Taufe gehoben. Unter dem sperrigen Namen eines »Büros der Komitees der Mehrheit« ging dieses nun daran, die – wie Lenin hervorhob – von der »Minderheit« verschuldete »Desorganisation« zu bekämpfen.[29]

Rückenwind kam unterdessen aus Amsterdam. Auf dem dort abgehaltenen Internationalen Sozialistenkongress war der Revisionismus klar verurteilt worden. Es ist nicht daran zu zweifeln, dass Lenin dieses Signal als Bestätigung seines eigenen Kurses auffasste. Allen anderen Resolutionen, die die Amsterdamer Konferenz verabschiedete, stand folgende Erklärung voran: »Der Kongress weist auf das entschiedenste die revisionistischen Bestrebungen, unsere bisherige bewährte und sieggekrönte auf dem Klassenkampf beruhende Taktik in dem Sinne zu ändern, dass an Stelle der Eroberung der politischen Macht durch Überwindung unserer Gegner eine Politik des Entgegenkommens an die bestehende Ordnung der Dinge tritt, zurück. Die Folge einer derartigen revisionistischen Taktik wäre, dass aus einer Partei, die auf die möglichst rasche Umwandlung der bestehenden bürgerlichen in die sozialistische Gesellschaftsordnung hinarbeitet, eine Partei wird, die sich mit der Reformierung der bürgerlichen Ordnung begnügt.« Vielmehr, hieß es weiter, werde »jede Bewilligung von Mitteln verweigert, welche geeignet sind, die herrschende Klasse an der Regierung zu erhalten«.[30]

Die Formulierungen waren sperrig, die Sätze lang. Aber unabhängig von einem mangelhaften Stil und einer unnötig verschachtelten Syntax verstand jeder, was diese Resolution zu bedeuten hatte.

29 LW, Bd. 7, 499f.
30 Congrès socialiste International, Amsterdam 1905, 5.

Lenin bekam das zu lesen, was er selbst die ganze Zeit über predigte und noch predigen würde.

Zudem hatte er immer mehr den Eindruck gewonnen, dass der Bruch mit den Menschewiki ohnehin nicht zu kitten war. Die Anhänger Martows zeigten ihrerseits wenig Interesse an einem Ausgleich mit den Vertretern der Mehrheit. Das galt freilich primär für das Verhältnis zu Lenin. Solange sich nichts an dessen Haltung geändert hatte, gab es ihrer Ansicht nach keinen Gesprächsbedarf. Trotzdem bestand Lenin darauf, im Zuge eines anvisierten 3. Parteitags Klarheiten zu schaffen. Die »Geburt« der Bolschewiki, die sich als rechtmäßige Sieger des 2. Parteitags empfanden, war ursächlich mit der Organisation dieses weiteren Parteitags verbunden. Lenin strebte mit aller Kraft nach einer – so sah er es – Wiederherstellung des Erreichten vom Sommer 1903.[31]

In all den Monaten bis zum 3. Parteitag gingen die Konfrontationen aber mit unverminderter Härte weiter. Trotzdem: Immer noch und bei allen Differenzen existierte eine gemeinsame Partei. Während aber viele Bolschewiki auf eine Überwindung der Meinungsverschiedenheiten hinarbeiteten, verhielt sich Lenin gegenüber solchen Plänen bald völlig unzugänglich. Und zwar dermaßen, dass einige Genossen ihn am liebsten losgeworden wären. Da aber im Februar 1905 einige der auf Versöhnung pochenden Genossen von der Ochrana verhaftet wurden, saß Lenin sozusagen auf dem längeren Ast.[32]

Die russische Geheimpolizei, obwohl in ihrer Macht meist überschätzt, überschaute das Netzwerk der oppositionellen Gruppen alles in allem recht gut. Letztere wiederum stellten sich auf die daraus resultierenden Erfordernisse ein. Alias- bzw. Tarnnamen zu verwenden, gehörte zum Standardrepertoire der klandestinen Arbeit. Nachdem er sich einer Reihe verschiedener Pseudonyme bedient hatte, nutzte Wladimir Uljanow den Namen »Lenin« ab etwa 1902 regelmäßig. Warum er diesen Decknamen wählte bzw. welchen Ursprung dieser hatte, ist nicht klar. Seine anfängliche tiefe Verehrung für Georgij Plechanow, der seinerseits das Pseudonym »Wolgin« benützte, könnte ein schlüssiger Hinweis sein. Der »Meister« benannte

31 Vgl. John Biggart, »Anti-Leninst Bolshevism«: the Forward Group of the RSDRP, in: Canadian Slavonic Papers 23/2 (1981), 134–153, 141.

32 Vgl. Richard Mullin, The Russian Social-Democratic Labour Party, 1899–1904, Leiden/Boston 2015, 372–378.

sich nach Russlands größtem Fluss, der Wolga, sein Schüler nach einem weiteren großen Strom in der Heimat, der Lena.[33] Der Mann, der über unzählige Identitäten verfügte – angeblich waren es an die 200 –, konnte jetzt anhand seiner Publikationen einer konkreten Person zugeordnet werden.[34] Seine Schriften, die er im Übrigen im Regelfall mit »N.« (Nikolaj) Lenin und nicht mit »W.« für Wladimir zeichnete, erfuhren trotz widriger Umstände eine gewisse Verbreitung. Es entstand eine überschaubare, aber überzeugte Anhängerschaft, die sich im Sinne der Lenin'schen Organisationsprinzipien um Verankerung in der Arbeiterschaft bemühte. Schon 1904 sprach manch einer von einem regelrechten »Kult«, der um Lenins Person entstanden war. Zumindest unter den Emigranten.[35]

Martow hingegen eignete sich von vornherein nicht für überschwängliche Huldigungen. Ihm fehlte Lenins Entschlossenheit und es mangelte ihm wohl auch an Ausstrahlung. Einen Führer wollte keiner in ihm sehen, nicht einmal er selbst. Allerdings sollte nicht ausgeklammert werden, dass auch Lenins diesbezügliche Qualitäten von Zeitgenossen angezweifelt wurden. Bei Weitem nicht alle nahmen ihn als charismatische Persönlichkeit wahr oder priesen ihn als großen Redner, der die Massen elektrisierte.[36] Er hatte eine eher dünne, hohe Stimme und ungeachtet seiner Angewohnheit, mit der zur Faust geballten rechten Hand zur Bekräftigung seiner Argumente energisch herumzufuchteln, fehlte es seinen Ansprachen mitunter an rhetorischer Kraft. Das, was er sagte, hörte sich oft wie die Litanei eines Hohepriesters an. In einer monotonen Abfolge von Hebungen und Senkungen offerierte er seinem Publikum formelhafte Botschaften, die er als unumstößliche Wahrheiten präsentierte. Manche sahen ihn obendrein als Querulanten und Erbsenzähler, als einen zu Jähzorn neigenden Rechthaber oder als divenhaften Egozentriker. Andere wiederum konzentrierten sich bei ihren Urteilen auf Äußerlichkeiten. Ein britischer Diplomat, der Lenin als bereits erfolgreichen Revolutionsführer kennenlernte und sich das Staatsober-

33 Vgl. Willi Gautschi, Lenin als Emigrant in der Schweiz, Zürich u. a. 1973, 32–35.

34 Vgl. zu Lenins Identitäten: Eva Ingeborg Fleischhauer, Die Russische Revolution. Lenin und Ludendorff (1905–1917), Borsdorf 2017, 24.

35 Orlando Figes, Die Tragödie eines Volkes. Die Epoche der Russischen Revolution 1891 bis 1924, Berlin 2008, 166.

36 Vgl. Nikolaj N. Suchanov, 1917. Tagebuch der russischen Revolution, München 1967, 287f.

haupt des ersten sozialistischen Staates der Welt wohl imposanter vorgestellt hatte, zeigte sich enttäuscht darüber, dass ihm ein Mann gegenübertrat, der – bemerkte er spöttisch – wie ein »Gemischtwarenhändler aus der Provinz« aussah.[37]

On-off

Leo Trotzki, der sich 1903 auf die Seite der Menschewiki geschlagen hatte, hielt die Spaltung auf dem Londoner Parteitag für eine »Episode«, wenngleich eine »wichtigere«. Der junge Revolutionär plädierte wie viele andere russische Sozialdemokraten für eine Vereinigung der beiden Gruppen. Er tat dies umso mehr, als es am Vorabend der Revolution, die 1905 in Russland ausbrach, nicht die Linken, sondern die Liberalen waren, die mit verschiedenen Aktionen immer vehementer gegen die Autokratie aufgetreten waren. Ganz offensichtlich, so auch Rosa Luxemburgs Einschätzung, mangelte es inmitten der revolutionären Ereignisse, die das Zarenreich erschütterten, an einer entsprechenden Einflussnahme seitens der russischen Sozialdemokraten. Die Genossen sowohl im Zarenreich als auch im Exil, meinte Luxemburg, waren von den Geschehnissen überrascht worden; sie seien ihnen »über den Kopf gewachsen«.[38] Die Ereignisse in Russland, die die Sozialdemokratie in ganz Europa aufwühlten, stellten sich als Resultat einer »bourgeoisen Revolution« dar und es war fraglich, welche Rolle linke Kräfte in ihr spielen könnten.[39] Trotzki seinerseits wünschte sich vor diesem Hintergrund die »unversöhnliche Abwehr aller Versuche der Liberalen, sich auf die Massen zu stürzen«. Deren Führung sollte den Sozialdemokraten zufallen. Damit war er eines Sinnes mit Lenin. Ein Zusammengehen mit dessen Bolschewiki hielt Trotzki nun, da die ersehnte Revolution da war, für umso dringender.[40] Tatsächlich erschien die Spaltung von 1903 immer noch reversibel. Lenin aber sträubte sich weiterhin. Eine geschrumpfte Partei war in seinen Augen immer noch besser

37 Zit. nach Catherine Merridale, Lenins Zug. Die Reise in die Revolution, Frankfurt am Main 2017, 94.
38 Rosa Luxemburg, Ausgewählte politische Schiften in drei Bänden, Bd. 1, Frankfurt am Main 1971, 230.
39 Vgl. Israel Getzler, Martov. A Political Biography of a Russian Social Democrat, Melbourne 1967,96–109.
40 Trotzki, Mein Leben, 148.

als eine, die sich mit dem »Opportunismus« der »neuiskristischen Elemente« zusammentat.[41]

Das Zerwürfnis des Londoner Parteitags 1903 hatte jedenfalls (noch) keinen definitiven Charakter. Dafür sprechen die erwähnten Bemühungen um Wiedervereinigung gerade unter den Bolschewiki – so sehr sie dabei auch gegen Lenins Vorgaben einer unabdingbaren Distanz zu den »Minderheitlern« verstießen. Seine Bedeutung als Hintergrund eines historischen Bruchs erhielt der Parteitag erst in der Retrospektive. Der Prozess der Entzweiung zog sich in Wirklichkeit über Jahre hin – eine Entwicklung, die überdies keineswegs geradlinig verlief. Warum ist es so wichtig, das zu betonen? Weil dieser Prozess Lenins Denken komplett absorbierte.

Das Schisma bereits für 1903 als Definitivum zu fixieren und zu betonen, entspricht nicht zuletzt den Darstellungen Lenins und schließlich dem späteren sowjetischen Narrativ. Der Parteiführer selbst bestand 1920 darauf, das Jahr 1903 gewissermaßen zu sakralisieren. Seit damals, meinte er, existierte der Bolschewismus »als Strömung des politischen Denkens und als politische Partei«.[42] Ohne Zweifel setzte er allmählich alles daran, den Antagonismus der beiden Gruppen festzuschreiben. Sein großes »Sehnsuchtsprojekt«, nämlich eine schlagkräftige, geeinte und revolutionär ausgerichtete SDAPR, derentwillen der Parteitag aus seiner Sicht einberufen worden war, hakte er dennoch nicht ganz ab. Die Voraussetzungen hierfür waren aber die ganze Zeit über denkbar schlecht. Lenins Kompromisslosigkeit stand allerdings der Unnachgiebigkeit der Menschewiki in nichts nach.[43] Externe Schlichtungsversuche, die sogar den deutschen SPD-Vorsitzenden August Bebel auf den Plan riefen, fanden gleichzeitig wenig Anklang bei Lenin.[44] Was immer an Potenzial für eine Verständigung zwischen den Fraktionen vorhanden gewesen sein mag, verflüchtigte sich dann angesichts der Lage in Russland selbst. Die Art und Weise, wie die Menschewiki bereits auf die Vorboten einer Revolution im Zaren-

41 Zit. nach Service, Lenin, 229.
42 Zit. nach Benno Ennker, Die Anfänge des Leninkults in der Sowjetunion, Köln/Weimar/Wien 1997, 302.
43 Getzler, Martov, 88.
44 Hélène d'Encausse, Lenin, München 2000, 100.

reich reagiert hatten, betrachtete Lenin als präventive Verwerfung eines Umsturzes. 1905, auf dem 3. Parteitag, wollte er die Menschewiki – in Abwesenheit – deswegen sogar aus der Partei ausschließen. Doch die Mehrheit der Bolschewiki widersetzte sich. Die Menschewiki ihrerseits betrachteten die Lenin-Anhänger gar nicht mehr als Parteimitglieder. Gegenüber seinen Genossen musste Lenin am Ende einlenken. Er ließ damit einen kleinen Spalt in Richtung Versöhnung offen.[45]

»Verschwommenheit«

Die Zerwürfnisse des 2. Parteitags lasteten weiterhin schwer auf Lenin. Aus seiner damaligen Korrespondenz geht hervor, dass er sich als missverstandenes Opfer sah: Die Spaltung sei ihm regelrecht aufgenötigt worden. Diese »Bürde« nahm er an, um die erlittene Niederlage in einen Sieg zu verwandeln: den Sieg der Prinzipien.[46] Die sowjetische Nachwelt folgte dieser Darstellung, die westliche Historiografie wiederum entlarvte später einen bereits 1903 bis auf die Knochen diktatorischen Lenin, gegen dessen Allmachtsfantasien sich die demokratisch gepolten Menschewiki aufgelehnt hatten. All das ist, weil die Vorgeschichte des Parteitags von 1903 und seine Nachwehen immer wieder aus dem Zusammenhang gerissen oder verknappt erzählt wurden, jeweils nur die halbe Wahrheit.

Leo Trotzki vermochte hinter den Versuchen späterer prominenter Bolschewiki, in erster Linie die Differenzen zwischen den beiden Gruppen hervorzukehren, nur Verlogenheit zu erkennen. »Die Geschichte des Kampfes der Bolschewiki mit den Menschewiki« sei »in Wahrheit gleichzeitig die Geschichte ununterbrochener Vereinigungsbestrebungen« gewesen.[47] Tatsächlich stand Trotzki selbst für verschiedene Versuche eines Ausgleichs. Lenin hielt ihn deshalb für den schlimmsten aller »Versöhnler«, der eine Verständigung »zwischen allen und jeglichen Fraktionen« angestrebt habe.[48] Für den Bolschewikenführer lief ein Einebnen der vorhandenen Meinungsverschiedenheiten auf einen völlig inakzeptablen Kompromiss hin-

45 Ebd., 102.
46 Lenin, Briefe, Bd. I, 325f.
47 Trotzki, Mein Leben, 199.
48 LW, Bd. 17, 246.

aus. Trotzdem traf Trotzkis Einschätzung zu: Die Kontroversen, die dem Londoner Parteitags folgten, empfanden die einfachen Arbeiter als unnötiges Gezänk, das der erfolgreichen Entwicklung der Partei lediglich Hemmnisse in den Weg legte.[49] Auch Lenin wusste um den Unmut der Basis. Schon Ende 1905 gestand er ein, dass »die Spaltung bei den sozialdemokratischen Arbeitern« nicht nur Unzufriedenheit, sondern sogar eine gewisse »Abkühlung« gegenüber der Partei bewirkt hatte.[50] Die Basis verstand nicht, warum die Parteielite sich dermaßen entzweit hatte. Es sei daraufhin mit der »Faust von unten« gedroht worden. Zu Recht, räumte er damals ein.[51]

Die Bemühungen, die Spaltung zu überwinden, endeten, wie Trotzki festhielt, ungeachtet aller Differenzen und diametral auseinanderstrebenden Meinungen keineswegs: nicht nach der bald gescheiterten »Wiedervereinigung« von 1906 und auch nicht nach der Zäsur im Jahr 1912. Selbst als sich damals infolge Lenins bewusster, geradezu generalstabsmäßig geplanter Ausgrenzung menschewistischer Delegierter auf der auch als Parteitag bezeichneten Gesamtrussischen Konferenz in Prag separate Parteistrukturen manifestierten, sei, meinte Trotzki, eine Verständigung zumindest mit einem Teil der Menschewiki noch möglich gewesen. Lenin selbst, der – bei aller »Prinzipienfestigkeit« – seine Entscheidungen von Vor- und Nachteilen abhängig machte, habe diese sogar noch im Frühjahr 1917 gesucht. Damals gab es in der russischen Provinz sozialdemokratische Organisationen »aus vereinigten Bolschewiki und Menschewiki«. Sie waren Beleg dafür, dass viele Genossen die Auseinandersetzungen der Parteielite schlichtweg ignorierten.[52] Man wird allerdings den Aussagen Trotzkis hinzufügen müssen, dass sowohl im Vorfeld des Prager »Parteitags« als auch in der Zeit danach Anzeichen einer Annäherung zwar von einigen Lenin-Anhängern ausgingen, aber gewiss nicht von ihm selbst – und wenn, dann nur unter der Bedingung der Unterordnung. Lenin betrachtete die Partei seit Januar 1912, also seit Prag, als »in aller Form gespalten«.[53] Die »andere Partei«, das war in seinen Augen das

49 d'Encausse, Lenin, 98f.
50 LW, Bd. 10, 21.
51 Ebd., 22.
52 Trotzki, Mein Leben, 200.
53 LW, Bd. 23, 208.

Organisationskomitee (OK), das sich im August 1912 in Wien gegründet hatte. Ihm gehörten u. a. auch Julij Martow und Pawel Axelrod an.[54] Triumphierend hielt Lenin später fest, dass das OK es nie zustande gebracht hatte, eine Partei im eigentlichen Sinn zu schaffen. Ein ZK existierte nicht, sondern immer nur ein Gremium »zur Wiederherstellung der Einheit«.[55]

Lenin gab sich stets restlos von der Richtigkeit seiner Standpunkte überzeugt. Aus seiner Warte waren etwaige Kooperationen mit »Abweichlern« im Sinne einer vorsichtigen Annäherung oder gar das »Verschmelzen« mit Abtrünnigen – darunter auch bzw. gerade mit Trotzki bzw. den »Trotzkisten« – nur deshalb unmöglich geworden, weil nicht er, sondern die jeweils anderen unerfüllbare Forderungen gestellt hatten oder Dominanz beanspruchten.[56] Er empfand sich vor diesem Hintergrund immer wieder als Hintergangener oder fürchtete, regelrecht überlistet zu werden. »Waffenstillstand« hieß, meinte er, dass die Bolschewiki »entwaffnet« würden bzw. Gefahr liefen, sich letztlich selbst auszuliefern.[57] So weit wollte er es nicht kommen lassen. Versöhnung, sofern er sie überhaupt in Erwägung zog, hieß demzufolge, dass die Gegenseite sich zu hundert Prozent sowohl inhaltlich als auch in praktischer Hinsicht auf ihn und seine Positionen zuzubewegen hatte – und keinesfalls umgekehrt. Einheit sei »unmöglich ohne Organisation« und diese wiederum »unmöglich ohne Unterordnung der Minderheit unter die Mehrheit«.[58] Dieser Überzeugung lag auch die von ihm betriebene Spaltung der bis 1913 einheitlichen Parlamentsfraktion der russischen Sozialdemokraten zugrunde – für manche jenes Ereignis, das am Ende des langjährigen Trennungsprozesses stand.[59] Tatsächlich kann es keinen Zweifel daran geben, dass Lenin diesen Bruch im Unterschied zu jenem von 1903 aus vollster Überzeugung angesteuert hatte. Als der Erste Weltkrieg begann, hatten die fraktionellen Kämpfe das Klima unter den russischen Sozialdemokraten bereits weitgehend vergiftet. Eine, wie Lenin angewidert vermerkte, tausendfach angestreb-

54 Ebd.
55 LW, Bd. 21, 339.
56 Vgl. W. I. Lenin, Briefe, Bd. II: 1905–November 1910, Berlin 1967, 206f.
57 Ebd., 235.
58 LW, Bd. 20, 319.
59 Theodor Dan, Die Sozialdemokratie Rußlands nach dem Jahre 1908, Berlin 1926, 263.

te Wiedervereinigung in eine gemeinsame Partei war jetzt, meinte er, definitiv ausgeschlossen. Daran hielt er 1915 dann auch fest. Ein damals von menschewistischer Seite zum Vorschlag gebrachter Zusammenschluss ging ins Leere. Lenin selbst trug maßgeblich zum Scheitern des Plans bei.[60]

Die Spaltung als Kontinuum

Zwei Jahre später lagen die Dinge ähnlich. Ein Aufeinander-Zugehen von Menschewiki und Bolschewiki im Frühjahr 1917 wäre realiter nur ohne Lenin möglich gewesen. Als der Bolschewikenführer, der in den vorangegangenen Jahren keine Gelegenheit verstreichen ließ, andere Genossen im In- und Ausland als Anhänger der Konterrevolution, als Sozialverräter und Betrüger zu brandmarken, im April 1917 nach seinem Langzeitexil in Petrograd ankam, tat er alles, um eine Annäherung zwischen den beiden Fraktionen zu vereiteln.[61] Noch in Zürich, also vor seiner Heimkehr nach Russland, hatte er in einem Brief an die Genossin Alexandra Kollontaj »dumme ›Einigungs‹versuche« verurteilt und angekündigt, sich keinesfalls darauf einzulassen. Am meisten schreckte er vor einer Verständigung mit »Trotzki und Co.« zurück.[62] Kooperationsbereite Bolschewiki wurden zurückgepfiffen.[63] Lenin brüskierte die im April 1917 auf einer Versammlung erschienenen über 100 Vertreter der SDAPR, die sich für eine Kooperation aussprachen, durch größtmögliche Unnachgiebigkeit.[64] Nichtsdestoweniger verständigten sich die Anwesenden – abzüglich der Bolschewiki – auf eine Vereinigung, ohne dass allerdings die 47 Menschewiki, 17 Fraktionslosen und drei Vertreter nationaler Parteien dieser Leben eingehaucht hätten.[65]

Gerade in der Frühzeit von Parteien sind bzw. waren interne Konflikte freilich nichts Besonderes. Verschiedene Strömungen, Abspaltungen, Fraktionsbildungen – kaum eine politische Gruppierung im Zarenreich bzw. im Exil präsentierte sich als auch nur

60 Vgl. LW, Bd. 21, 168–170, 178–182, 186–191, 280–285, 474f.
61 Dan, Die Sozialdemokratie, 296.
62 LW, Bd. 35, 275.
63 Merridale, Lenins Zug, 246.
64 Vgl. Wladislaw Hedeler/Horst Schützler/Sonja Striegnitz (Hg.), Die Russische Revolution 1917. Wegweiser oder Sackgasse?, Berlin 1997, 233–236.
65 Ebd., 233.

ansatzweise monolithische Einheit. Der mangelnde organisatorische Zusammenhalt machte beispielsweise den Sozialisten-Revolutionären nicht weniger zu schaffen als der SDAPR. Die innere Zerrissenheit der PSR, die sich als Sammelbecken höchst unterschiedlicher neopopulistischer Strömungen präsentierte, speiste sich zum Teil aus ähnlichen Problemen, mit denen die russischen Sozialdemokraten insbesondere nach den Jahren 1905–1907 konfrontiert waren.[66] Zu berücksichtigen ist in diesem Zusammenhang schließlich auch die unterminierende Tätigkeit der Ochrana, die sowohl in die PSR als auch in die Partei der russischen Sozialdemokraten Doppelagenten einschleuste. Deren Aufgabe bestand nicht zuletzt im Vorantreiben von Spaltungsbestrebungen, um so die revolutionären Kräfte zu schwächen. Lenin machte sich unfreiwillig zum Erfüllungsgehilfen der Geheimpolizei. Er begriff die Spaltung aber immer weniger als etwas Negatives. Dass sich infolge der innerparteilichen Auseinandersetzungen die Anzahl der Genossen eher verringerte als vergrößerte, nahm er als verkraftbar in Kauf. Vor einer »Verurteilung des Fraktionskampfes« fürchte er sich nicht, entgegnete er Kritikern in den eigenen Reihen selbstbewusst. In deren Augen steuerte der streitbare Genosse nicht nur einmal geradezu selbstzerstörerisch auf den Ruin der Partei zu.[67] Seinen Willen stellte er mitunter sogar über ihre Existenz – und das trotz der beispiellosen Besessenheit, die ihn mit ihr verband.[68]

Gesinnungsfragen

Der Bolschewikenführer verteidigte seine eigenen Positionen mit größtmöglicher Verbissenheit, für einen Eklat war er immer zu haben. Trotzdem befand er sich in Sachen Kompromisslosigkeit in guter Gesellschaft. All die Querelen, ob mit den Ökonomisten oder mit den Menschewiki, nehmen sich mit Blick etwa auf die vielen Differenzen, Intrigen und Grabenkämpfe in der Ersten, aber auch

66 Lutz Häfner, »Genossen«? Sozialismuskonzeption und politische Praxis der Partei der Sozialrevolutionäre Russlands und ihr Verhältnis zur SPD, in: Archiv für Sozialgeschichte 53 (2013), 67–91, 71

67 Zit. nach Service, Lenin, 278.

68 Vgl. Lutz Häfner, Die Partei der linken Sozialrevolutionäre in der russischen Revolution von 1917/18, Köln/Weimar/Wien 1994, 188.

Zweiten Internationale keineswegs ungewöhnlich aus. Für die geradezu notorische Heftigkeit von Kontroversen innerhalb der Sozialdemokratie, die über den »richtigen Weg« geführt wurden, ließen sich unzählige Beispiele anführen. Es wurde unentwegt gestritten und man war alles andere als zimperlich, wenn es darum ging, die jeweiligen Kontrahenten zu diskreditieren. Spaltungen begriff etwa auch Friedrich Engels als eine Art Reinigungsprozess, den es nicht zu scheuen gelte. Kompromisse wurden als schädlich erachtet, weil sie als Instrumente des Verwässerns angesehen wurden.[69] Lenin wiederum nahm die »Spaltung des Einheitlichen« und die »Erkenntnis seiner widersprechenden Bestandteile [...]« als »eine der grundlegenden, wenn nicht die grundlegende Besonderheit« der Dialektik wahr. Entwicklung sei ein »›Kampf‹ der Gegensätze«.[70] Diese »Vorlage« des historischen Materialismus galt auch für »seine« Partei und sie machte ihn auch angriffslustig genug, um den »Kampf der Ideen« schonungslos auszutragen. Nur »nervenschwache Dilettanten« würden sich von notwendigerweise auszutragenden Konflikten »verachtungsvoll abwenden«.[71]

Von anderen Schwesterparteien im Ausland und ihren schwierigen »Sammlungs«- oder »Konsolidierungsprozessen« unterschied sich die russische Sozialdemokratie im Grunde nicht gravierend. Nach dem Vereinigungsparteitag, der 1906 in Stockholm ausgerichtet wurde, zog Lenin einen versöhnlichen und durchaus naheliegenden Vergleich heran, um die Spaltung von 1903 und die nach wie vor bestehenden Dissonanzen in ein milderes Licht zu tauchen bzw. als normalen Zustand zu deuten. Die russische Partei bestehe eben genauso wie andere sozialdemokratische Parteien auch aus einem rechten und einem linken Flügel.[72] Schon in der zweiten Nummer der *Iskra*, also bereits 1901, war darauf hingewiesen worden, dass »die revolutionäre Klasse des 20. Jahrhunderts« nicht anders als jene

69 Vgl. dazu Werner Blumenberg (Hg.), August Bebels Briefwechsel mit Friedrich Engels, London/The Hague/Paris 1965, VII–L, passim. Vgl. auch Engels' Zitat von Hegel in diesem Zusammenhang: »Übrigens hat schon der alte Hegel gesagt: Eine Partei bewährt sich dadurch als die siegende, dass sie sich selbst spaltet und die Spaltung vertragen kann. Die Bewegung des Proletariats macht notwendig verschiedene Entwicklungsstufen durch; auf jeder Stufe bleibt ein Teil der Leute hängen und geht nicht weiter mit [...].« Ebd., 22.

70 LW, Bd. 36, 345f.

71 LW, Bd. 18, 170.

72 LW, Bd. 10, 380–384.

des 18. »ihre Gironde und ihre Bergpartei« habe oder, in Lenins Diktion, Opportunisten und echte Revolutionäre, also Jakobiner.[73]

Es war nur konsequent, dass Lenin unter diesen Bedingungen immer weniger daran dachte, eine tatsächliche, dauerhafte und von Kompromissbereitschaft geleitete Annäherung zwischen den Menschewiki und Bolschewiki anzustreben. Warum auch? Eine Harmonisierung unterschiedlicher Standpunkte schien sich unter Verweis sowohl auf die Vergangenheit als auch auf die gewissermaßen »ganz normale« Verfasstheit zeitgenössischer sozialdemokratischen Parteien im Westen zu erübrigen. Relativ war, wenn man so will, auch die Frage der Größe einer Partei. Wenn die bolschewistische Fraktion und später die Partei der Bolschewiki klein blieb, dann war sie – bei aller Unterschiedlichkeit der Gründe für eine geringe Gefolgschaft – nicht die einzige, die über einen überschaubaren Anhang verfügte. Als problembehaftet erwies sich beispielsweise die 1904/05 erfolgte Vereinigung französischer Sozialdemokraten in die Section française de l'Internationale ouvrière (SFIO), die in ständiger Konkurrenz zu den Gewerkschaften stand und vor 1914 nie mehr als 90.000 Mitglieder zählte.[74]

Auch in der großen SPD war man weit entfernt von Eintracht und Geschlossenheit. Die Konflikte, die Eduard Bernstein mit seinen revisionistischen Ansichten hervorgerufen hatte, waren 1906, als Lenin die Annäherung an die »Minderheitler« de facto gleich wieder bereute, präsent. Im Revisionismusstreit, der im Herbst 1903, kurz nach den Ereignissen in London, auf dem Parteitag in Dresden die entschiedene Abwehr Bernstein'scher Positionen nach sich zog und hochemotionale Stellungnahmen auslöste, hatte Kautsky, wenn man so will, Lenins Rolle übernommen. So klar sich die SPD damals gegen Bernstein gewandt hatte, so tiefgreifend stellten sich die Zerwürfnisse unter den Genossen gerade auch in Deutschland dar. Einigkeit wurde beschworen und Parteitagsbeschlüsse versuchten diese festzuschreiben. Bei alledem aber prägte die SPD ein Pluralismus, der nach wie vor verschiedene Antworten auf die Frage nach dem Verhältnis zu den Gewerkschaften oder nach einer Öffnung

73 LW, Bd. 21, 87.
74 Vgl. Bruno Naarden, Socialist Europe and Revolutionary Russia: Perception and Prejudice 1848–1923, Cambridge 2009, 88.

auch gegenüber bürgerlichen Parteien zuließ. 1906, als sich die SPD in der sogenannten Massenstreikfrage einer reformorientierten Gewerkschaftsführung beugte, verschob sich innerparteilich das Kräfteverhältnis aber eher nach rechts.[75] Lenin blieb nichtsdestoweniger fixiert auf den Kautsky-Kurs. Er plädierte jetzt vielmehr für noch schärfer konturierte Trennlinien gegenüber den Menschewiki. Eine forcierte klare Abgrenzung der beiden Richtungen innerhalb der Partei werde, gab er sich überzeugt, »alle übermäßigen Abweichungen vom richtigen Weg ausmerzen« und überdies dazu beitragen, »das Proletariat politisch zu erziehen«. Nun setzte er auf die »Freiheit der Diskussion« bei gleichzeitiger »Einheit der Aktion«.[76] Anscheinend sah er nun die Möglichkeit, Differenzen im Rahmen der gemeinsamen Partei zu lösen. Er sprach sogar von der »ehemaligen Fraktion der ›Bolschewiki‹«.[77]

Bei alledem ist zweifellos hochinteressant, dass die letztlich bedeutungslose Versöhnung, die zwischen Bolschewiki und Menschewiki 1906 in Stockholm zustande kam, den oft als zentral wahrgenommenen Streitpunkt von 1903 beseitigte, nämlich die Frage der Parteimitgliedschaft bzw. der persönlichen Mitarbeit in den Parteiorganisationen. Die diesbezüglichen Debatten hatten bekanntlich eine essenzielle Problematik erfasst. Es ging um das Wesen der Partei: Stellte sich Lenin einen »Vortrupp der Klasse« in einer möglichst organisierten Form vor, favorisierten andere eine »offene« Partei mit Massenanhang, für die nach Lenins Dafürhalten aber jegliche Voraussetzungen fehlten.[78] In der schwedischen Metropole einigten sich die Menschewiki darauf, den diesbezüglichen bolschewistischen Standpunkt zu akzeptieren und den eigenen von 1903 aufzugeben. Sie hätten, triumphierte Lenin, dadurch in das Prinzip der Illegalität der Partei eingewilligt, noch dazu zu einem Zeitpunkt, als diese »legaler« gewesen sei als in den Jahren zuvor.[79] Das hieß, dass die Menschewiki die »konspirative« Ausrichtung einer Partei von »Berufsrevolutionären« jetzt ausdrücklich billigten. Dass sie diese

75 Vgl. Georg Fülberth, Vom Reformismusstreit bis zum Ausbruch des Ersten Weltkriegs, in: Jutta von Freyberg/Georg Fülberth u. a., Geschichte der deutschen Sozialdemokratie 1863–1975, Köln 1975, 37–50, 46.
76 LW, Bd. 10, 380–384.
77 Ebd., 311.
78 Lenin, Ein Schritt, 52.
79 LW, Bd. 19, 394.

zuvor als Ausfluss verabscheuungswürdiger Ideen verdammt hatten, spielte nun, vor dem Hintergrund der Anfang 1905 ausgebrochenen Revolution, scheinbar keine allzu große Rolle mehr: Die Praxis hatte vorgeführt, dass Zugeständnisse der Regierung an die Opposition mit Vorsicht zu genießen waren. Außerdem ließ sich kaum vorhersagen, welche Taktiken der weitere »Kampf« erfordern würde. Lidija Dan wiederum brach die Verständigungsbereitschaft der Menschewiki in Zusammenhang mit den Stockholmer Beratungen auf ein banales Motiv herunter: Die »Minderheitler« wollten bei einem regulären Parteitag ihre Mehrheit festigen, das war alles.[80]

Ausgerechnet Lenin hatte sich demgegenüber kurz nach Ausbruch der Revolution und dann noch einmal gegen Ende 1905 bereit erklärt, bei einer günstigen Entwicklung Russlands in Richtung Freiheit und Demokratie auch die Partei nach demokratischen Prinzipien zu organisieren. Auf diese Weise sollte eine Verbreiterung der Basis ermöglicht werden. Aber die Situation änderte sich, und zwar in einer Weise, die offenbar selbst die Menschewiki für Lenins ursprüngliches Parteikonzept von 1902/03 einzunehmen begann. Wem brutale Repressionen seitens der Regierung entgegenschlugen, konnte schwerlich an ein offenes Agitieren unter der Arbeiterschaft denken.[81] Manche wiederum nahmen die Parteistreitigkeiten ebenso wenig ernst wie die Sorge vor einer allmächtigen Parteizentrale und orientierten sich lieber an dem deutschen Sprichwort, wonach nicht so heiß gegessen wie gekocht wird. Wieder andere kümmerten sich so oder so wenig darum, was nun genau in den Parteistatuten stand.[82] So betrachtet, erscheint folgender Schluss zulässig: Das Problem mit Lenins Vorstellung von einer Partei bestand nur bedingt darin, dass er sie als Eliteprojekt im Untergrund konzipierte, um sie gegenüber der Geheimpolizei, aber auch gegenüber reform- und kompromisswilligen Genossen abzusichern. Es hatte auch weniger mit dem zur Anklageformel gewordenen Vorwurf über ein von außen zu generierendes politisches Bewusstsein zu tun. Der eigentliche »Sündenfall« bestand darin, dass Lenin den »Kriegszustand«, den er »seiner« revolutionären Partei verordnete, als fortwährend

80 Vgl. Haimson, Three Revolutionaries, 200–213.

81 Vgl. Hal Draper, The Myth of Lenin's »Concept of the Party«: Or What They Did to What Is To Be Done?, in: Historical Materialism. Research in Critical Marxist Theory 4 (1999), 187–213, 202f.

82 Vgl. Haimson, Three Revolutionaries, 180.

und gleichsam ausgreifend begriff. Hinzu kam das Diktat der »Gesinnungsgleichheit«, das beispielsweise David Rjasanow 1904 in einer Broschüre mit dem Titel *Zerstörte Illusionen* an Lenins Parteikonzept kritisierte.[83] Für Lenin aber galt es 1903, das zu schaffen, was in letzter Konsequenz auch die Internationale forderte: nämlich die Einheit der Partei. Auf dem Sozialistenkongress, der 1904 in Amsterdam stattfand, wurde explizit daran erinnert, dass auf nationaler Ebene jeweils *eine* Partei anzustreben sei, da es eben auch nur »ein Proletariat« gebe. Die kritisierte »Gesinnungsgleichheit« hielt Lenin nicht zuletzt vor diesem Hintergrund für eine Voraussetzung, um die benötigte Geschlossenheit zu gewährleisten. Sie ließ sich bekanntlich nicht herstellen. Weder 1903 noch in den folgenden Jahren.[84]

»Dauerbrenner«

Abseits der in Stockholm erzielten Übereinstimmungen zwischen Bolschewiki und Menschewiki lebte eine Vielzahl an Differenzen weiter – alte wie neue. Zu den »Dauerbrennern« gehörte der Dissens über die Agrarfrage und konkret schließlich über die menschewistische Idee der »Munizipalisierung«, bei der die Gutsbesitzerländereien den »demokratischen« Semstwa oder anderen örtlichen Selbstverwaltungsorganen übergeben werden sollten, um sie als Pachtgrund den Bauern zu überlassen. Das fand Lenin, der sich u. a. für eine unumschränkte Verfügungsgewalt der Bauern über ihren Grund und Boden aussprach, nicht nur »nicht revolutionär«, sondern geradezu »schädlich«.[85]

Lenin fand 1910 die »Wurzeln der Differenzen zwischen Bolschewismus und Menschewismus« bezeichnenderweise in einer Aussage Julij Martows auf den Punkt gebracht. Darin behauptete Letzterer angeblich die Unmöglichkeit einer Partnerschaft zwischen Bauernschaft und Proletariat, die dem »ganzen Verlauf der wirtschaftlichen

83 Vgl. Volker Külow/André Jaroslawski, David Rjasanow – Marx-Engels-Forscher, Humanist, Dissident, Berlin 1993, 12f.

84 LW, Bd. 10, 379. Vgl. außerdem Lars T. Lih, Fortunes of a Formula. From DEMOCRATIC Centralism to Democratic CENTRALISM. https://johnriddell.com/2013/04/14/fortunes-of-a-formula-from-democratic-centralism-to-democratic-centralism/ (22.3.2023); V. Nevskij, Istorija RKP (b). Kratkij očerk, Sankt-Petersburg 2009, 355f. (Neudruck aus dem Jahr 1926).

85 LW, Bd. 10, 329f., und vgl. LW, Bd. 6, 410f.

Entwicklungen« in Russland widerspreche.[86] Lenin hingegen sollte gerade dieses »Bündnis« zur Grundlage einer erfolgreichen Revolution erklären. Hierin, d.h. in dieser Ablehnung, ortete Lenin ein Hinübergleiten in den Liberalismus. Die Menschewiki »verflachten« also, fand er, den Marxismus, indem sie Zukunftskonzepte mit den Gegebenheiten einer bourgeoisen Ordnung in Einklang bringen wollten. Die sozialistische Revolution, die Lenin im Sinn hatte, erachteten sie höchstens als Fernziel. Die »Munizipalisierung« identifizierte Lenin demnach als evidentes Symptom dieser von ihm verachteten Perspektive. Die Menschewiki, wetterte er, verließen sich auf eine bürgerliche Revolution als Grundlage sozialdemokratischer Politik und suchten Anknüpfungspunkte an die Liberalen, wo er keine sah.[87] Sie ließen sich also auf die Spielregeln einer »bourgeoisen Herrschaft« ein – für Lenin eine völlig inakzeptable Haltung. Mit seiner 1903 erschienenen Broschüre *An die Dorfarmut* hatte er sich bereits ganz bewusst an das Landproletariat gewandt und es zum gemeinsamen Kampf gegen die Bourgeoisie eingeladen. Die Verwirklichung des Sozialismus gerade auch im Agrarbereich und die Errichtung einer Vielzahl landwirtschaftlicher Genossenschaften mit fixen Arbeitszeiten präsentierte er als ganz konkretes, obschon mit großen Opfern verbundenes Ziel.[88] Während Lenin das Aufbegehren der Bauern bei den Agrarunruhen von 1902 zum Anlass nahm,[89] die Landbevölkerung noch nachdrücklicher in seine revolutionären Konzepte zu integrieren – wenngleich in untergeordneter Position und unter Beibehaltung seiner Vorbehalte gegenüber kleinbürgerlichen Reflexen –, riefen solche Konstellationen bei seinen Gegnern in der Partei harsche Kritik hervor.[90] Noch tiefer ging der Riss dann vor dem Hintergrund der ersten Russischen Revolution, als Lenin sich mit seinem Konzept der Nationalisierung des Bodens und der Aufhebung des privaten Grundbesitzes aufgrund des behaupteten Zuspruchs der Bauern bestätigt fühlte.[91]

86 Wladimir I. Lenin, Der historische Sinn des innerparteilichen Kampfes in Russland (1910). https://www.sites.google.com/site/sozialistischeklassiker2punkto/lenin/1910/wladimir-i-lenin-der-historische-sinn-des-innerparteilichen-kampfes-in-russland (1.2.2023).
87 Aufschlussreich dazu: LW, Bd. 10, 380–385.
88 LW, Bd. 6, 410f.
89 Vgl. Krupskaja, Erinnerungen, 107.
90 Vgl. Lenins Broschüre »An die Dorfarmut«, in: LW, Bd. 6, 357–430.
91 Vgl. W. I. Lenin, Sämtliche Werke, Bd. 5, Wien/Berlin 1930, 459–477; Geyer, Lenin, 268.

Tatsächlich umfassten Forderungen hinsichtlich einer Agrarreform im Rahmen des russischen Parlaments ab 1906 auch die Enteignung des Gutsherrenlandes.[92] Lenins Pochen auf eine Verstaatlichung von Grund und Boden verwies damals bereits auf ein Konzept, das die Grundlagen für den Sozialismus zu einem Zeitpunkt schaffen wollte, als noch nicht einmal er davon ausging, das Bürgertum in einer Revolution ohne Weiteres abschütteln zu können.[93]

Dass die Menschewiki Lenins weitreichende Pläne nicht mittragen würden, zeigte sich bezeichnenderweise auch hinsichtlich jener Problematik, die Russlands Besonderheit ausmachte: der Bauernfrage. Die unterschiedlichen Ansichten über die Tauglichkeit der Landbevölkerung als Klientel bzw. »Steigbügelhalter« der Sozialdemokratie trieben die Gegensätze auf die Spitze. Jene Diskussionen, die in Deutschland so unterschiedliche Beurteilungen der Agrarproblematik offengelegt hatten, wurden – zum Teil unter Lenins Regie – auch in Russland geführt. Innerhalb der SPD hatte sich Eduard David für bäuerliche Familienwirtschaften ausgesprochen, während Kautsky gerade darin eine Entwicklung im sozialistischen Sinne negiert sah und obendrein wenig von einer freimütigen Öffnung gegenüber potenziellen bäuerlichen Wählern hielt. Für Russland kam er zu Schlüssen, die Lenin bereits um die Jahrhundertwende zu entwickeln begann und schließlich weiter ausgestaltete. Von allen, die sich an der SPD-Diskussion über die Agrarfrage und insbesondere über ein Bündnis mit den Bauern beteiligten, lieferte Kautsky wahrscheinlich die wichtigsten Stichworte für Lenin: Der deutsche Genosse sprach von Aufklärungsarbeit unter der Landbevölkerung, einer Sensibilisierung für sozialistische Agrarpläne und von einer Art Allianz mit dem Proletariat, weil »dieses allein den besitzenden Klassen gegenüber die nötige Rücksichtslosigkeit besitzt«.[94]

All diese Debatten waren Ausfluss des Revisionismusstreits gewesen und Lenin machte 1904 in *Ein Schritt vorwärts, zwei Schritte zurück* deutlich, dass er – mehr noch als in seinen früheren

92 Vgl. Manfred Hildermeier, Die Sozialrevolutionäre Partei Russlands. Agrarsozialismus und Modernisierung des Zarenreichs (1900–1914), Köln/Wien 1978, 157, 181.

93 Vgl. Leo Trotzky, Stalin. Eine Biographie, Köln/Berlin 1952, 116f.

94 Karl Kautsky, Die Agrarfrage in Russland (1905/1906). https://www.sites.google.com/site/sozialistischeklassiker2punkto/karl-kautsky/1905/karl-kautsky-die-agrarfrage-in-russland (22.2.2023).

Schriften – so gut wie alles, was sich innerparteilich an Meinungsverschiedenheiten auftat, unter dem Prisma dieses international gewordenen Prinzipienstreits betrachtete. Er benützte diesbezügliche Diskussionen für seine wütenden Argumente gegen den Ökonomismus und jegliche Art von Opposition. Dass er sich dadurch meilenweit von der Realität der russischen Arbeiter und auch der einfachen Funktionäre entfernte, störte ihn nicht. Vielmehr empfand er die »Internationalisierung« des Richtungsstreits in der Sozialdemokratie als eine »außerordentlich tröstliche Erscheinung«.[95] Schon ab 1901 hatten die »Iskristen« begonnen, die Auseinandersetzung mit den »legalen Marxisten« oder dem Trade-Unionismus, deren Einfluss zuvor vor allem am Wirken einzelner Personen festgemacht wurde, auf einen größeren Hintergrund zu projizieren. Jetzt hatte man es ganz einfach mit einem »Teilphänomen nachweisbarer Entwicklungstendenzen der modernen europäischen Arbeiterbewegung« zu tun.[96]

Interventionen

In die vielen Facetten des bolschewistisch-menschewistischen Zerwürfnisses mit seinem Wechselspiel aus Annäherung und Distanzierung hatten nur die wenigsten Einblick. Vorherrschend unter den externen Beobachtern war vor allem der Eindruck von verhärteten Fronten und von rigoroser Ausgrenzung, für die primär die Bolschewiki verantwortlich gemacht wurden. Als sich nach der Revolution von 1905 eine Handvoll Intellektueller in einem viel beachteten Sammelband mit dem Titel *Wechi* (»Wegmarken«) Gedanken über den eigenen Anteil am Scheitern der Umwälzung im Zarenreich machte, wurde auch die Kompromisslosigkeit der russischen Sozialdemokraten und explizit ihre mangelnde Einheit thematisiert. Nicht nur ihnen, sondern der gesamten Intelligenzija attestierte der Rechtsgelehrte Bogdan Kistjakowskij, der zu den Mitgründern des liberalen »Bundes der Befreiung« zählte, ein unterentwickeltes bzw. völlig fehlendes Rechtsbewusstsein. Hierin und in einer realitätsfremden Prinzipientreue erblickte er die Ursache für den Glauben »an die

95 Zit. nach Geyer, Lenin, 240.
96 Ebd., 239.

Allmacht von Statuten und an die Kraft von Zwangsvorschriften«.[97] Kistjakowskij hatte ungeachtet seiner Ausdehnung dieses Urteils auf die ganze Intelligenzija Russlands konkret den Bolschewikenführer als Negativbeispiel vor Augen: Lenin praktiziere mit seinem Insistieren auf das Ausmärzen »politischer Verschwommenheit« durch »Ausnahmegesetze« und die Verhängung eines »Belagerungszustandes« gegenüber einzelnen Personen und Gruppen, die sich seinen Ansichten widersetzten, nichts anderes als das, was die Autokratie vorführe: ein System der Unterdrückung, das sich Kompromissen völlig versperrte. »Doch wenn bei uns«, schrieb er in den 1909 erschienenen *Wechi*, »eine Partei aus gebildeten Republikanern ohne Belagerungszustand und Ausnahmegesetze nicht auskommen kann, dann wird verständlich, weshalb Rußland bis heute noch mit Hilfe der Geheimpolizei und des Kriegsrechts regiert wird.«[98]

Der Hinweis auf den »Belagerungszustand« war auf eine gleichnamige Broschüre Julij Martows bezogen, in der dieser – so sah es Nadeschda Krupskaja – die »unglaublichsten Beschuldigungen« gegen Lenin erhob.[99] Mäßigung schien nicht in Sicht. Der mit »selbstmörderischem Starrsinn« geführte Fraktionenkonflikt zwischen Menschewiki und Bolschewiki, den Leo Trotzki ein Jahr zuvor in der österreichischen Zeitschrift *Der Kampf* skizzierte, funktionierte – meinte der Autor damals – nach den Grundsätzen des Klassenkampfes bzw. in Form einer Karikatur desselben. Die Parteitage der russischen Sozialdemokraten seien die »Parodie eines bürgerlichen Parlaments«, wo sich die beiden Gruppen unversöhnlich und als Oppositionelle gegenüberstünden. Nicht viel anders als Kistjakowskij machte auch Trotzki – wenngleich mit einer anderen Zielrichtung der Kritik – die Unfähigkeit allerdings sowohl bei den Menschewiki als auch den Bolschewiki aus, außerhalb des Schemas vom Sieger einerseits und vom Besiegten andererseits zu denken und zu agieren. Die konkurrierende Fraktion wurde als Feind betrachtet, den es schonungslos zu bekämpfen galt. Die Unterschiede zur westlichen Sozialdemokratie seien, meinte Trotzki, evident: »Mit Hilfe« der dort »unbekannten autokratischen Hegemonie der illegalen

97 Bogdan Kistjakovskij, Zur Verteidigung des Rechts, in: Karl Schlögel (Hg.), Wegzeichen. Zur Krise der russischen Intelligenz, Frankfurt am Main 1990, 212–250, 238.

98 Ebd., 239.

99 Krupskaja, Erinnerungen, 126.

Organisation« werde »den Parteimitgliedern« der russischen Sozialdemokratie »eine Disziplin aufgezwungen, die nicht durch die Bedürfnisse der Arbeiterbewegung diktiert« sei, »sondern durch die künstlichen Interessen zweier miteinander konkurrierender Gruppen der marxistischen Intelligenz«.[100]

Ausländische Genossen mischten sich – ungeachtet Lenins Abneigung gegenüber solchen »Friedensstiftern« – auch nach den vergeblichen Bemühungen August Bebels weiterhin ein. Lenin sah indessen kaum einen Sinn darin, Genossen in Deutschland oder Österreich über russische Parteistreitigkeiten befinden zu lassen. Ungeachtet dessen ging u. a. der Führer der österreichischen Sozialdemokratie, Victor Adler, ebenfalls unter die Mediatoren. Nur zwei Wochen vor dem sogenannten »Blutsonntag«, an dem die erste Russische Revolution in St. Petersburg losbrach, erinnerte er Karl Kautsky an ein geplantes Treffen mit den russischen Kollegen in Zürich. Abseits einer für eher unwahrscheinlich gehaltenen, aber nichtsdestoweniger anzustrebenden »Entente« mit den polnischen Genossen sei schon viel erreicht, »wenn die Leningeschichte irgendwie gemildert« oder »neutralisiert« werden könnte.[101] Adler meinte mit der »Leningeschichte« natürlich nichts anderes als das Zerwürfnis, das am Londoner Parteitag seinen Anfang genommen hatte. Gegenüber Bebel hatte er in diesem Zusammenhang gar von einem »übergeschnappten Lenin« gesprochen[102] und der deutsche Genosse wiederum von den Streitigkeiten der Russen als »Quark« im Vergleich dazu, was auf dem Spiel stehe.[103] Die Zusammenkunft in der Schweiz, die Adler angedeutet hatte, kam nicht zustande und auch eine zuvor bereits angedachte »Russenkonferenz« in Brüssel blieb folgenlos. Pawel Axelrod von den Menschewiki verhielt sich offenbar zurückhaltend und wollte Lenin gar nicht erst zu einer »Versöhnungskonferenz«, wie sie sich die deutschen und österreichischen Genossen vorstellten, einladen. Adler blickte indessen zunehmend pessimistisch auf Schlichtungsversuche von außen, obwohl Kautsky ihn – explizit in Würdigung der Überwindung von

100 N. Trotzky, Die russische Sozialdemokratie, in: Der Kampf 2/1 (1. Oktober 1908), 25–33, 31.
101 Victor Adler. Briefwechsel mit August Bebel und Karl Kautsky. Gesammelt und erläutert von Friedrich Adler, Wien 1954, 453.
102 Ebd., 450.
103 Ebd., 446.

Differenzen innerhalb der österreichischen Partei – darum bat, sich der Sache anzunehmen.[104] Tatsächlich reichten auch die Erfahrungen des Parteiführers aus dem Habsburgerreich im Umgang mit eigenwilligen Kollegen nicht aus, um nun die russischen Genossen zur Räson zu bringen.

Die Differenzen unter den Russen enervierten in der Folge vor allem die deutschen Genossen, die von den Menschewiki immer wieder als Schiedsrichter angerufen wurden. Karl Kautsky ärgerte sich über die pausenlosen Querelen und die Halsstarrigkeit insbesondere Lenins. Seine – wenngleich schwankende – Parteinahme für Martows und Axelrods Positionen hatte weniger etwas mit einer Ablehnung von Lenins Lösung der spezifische russischen »Organisationsfragen« zu tun, sondern eher mit der größeren Vertrautheit, die ihn seit Jahren mit einzelnen Menschewiki verband. In Lenins Parteikonzept sah er keinen »prinzipiellen Gegensatz zwischen proletarischen und intellektuellen Bedürfnissen« oder aber zwischen »Demokratie und Diktatur«.[105] Schon deswegen war er zunächst davon ausgegangen, dass das »Chaos« innerhalb der russischen Marxisten bald geordnet werden könnte. In der *Neuen Zeit*, der »Wochenschrift« der deutschen Sozialdemokratie, schlug er ganz andere Töne an als im Briefverkehr mit Victor Adler, wo er sich deutlich negativer über die Aussichten auf ein baldiges Ende des Zwists geäußert hatte. Jetzt konzedierte er den russischen Sozialdemokraten sogar eine größere Einigkeit als den deutschen. Unter diesen, behauptete er, gingen in Fragen des Parteiprogramms und der »taktischen Grundsätze« die Ansichten noch weiter auseinander. Kautsky reduzierte die Gründe der Auseinandersetzung, die zwischen den russischen Genossen ausgetragen wurde, im Wesentlichen auf die »persönliche Verbitterung« einiger der Hauptprotagonisten.[106] Das war zwar nicht falsch, was den Beginn des Zerwürfnisses und all das, was ihm vorausgegangen war, anging, die Tragweite des Konflikts vermochte er mit solchen Einsichten jedoch nicht zu erfassen.

---

104 Ebd., 464.

105 Vgl. Dietrich Geyer, Die russische Parteispaltung im Urteil der deutschen Sozialdemokratie 1903–1905, in: International Review of Social History 2/3 (1958), 195–219, 208f.

106 Karl Kautsky, Die Differenzen unter den russischen Sozialisten, in: Die Neue Zeit 23/28 (1904–05), 68–79, 69.

Die »russische Krise« zog sich schier endlos dahin. Die Schlichtung der Streitigkeiten zwischen Menschewiki und Bolschewiki wurde schließlich auf die Agenda des Internationalen Sozialistenkongresses gesetzt. In Wien sollte nach Plänen des Internationalen Büros die »Vereinigung der Sozialdemokratischen Parteien in Russland« erzielt werden.[107] Der Kriegsausbruch im Sommer 1914 verhinderte allerdings die für August angedachte Befriedung.[108] Weder der Kongress der Internationale noch die mit großen Anstrengungen seitens der Bolschewiki wie auch der Menschewiki vorbereiteten jeweiligen Parteitage, die ebenfalls in Wien stattfinden sollten, konnten angesichts des beginnenden militärischen Konflikts, in dem sich sogleich auch Österreich-Ungarn und das Zarenreich als Feinde gegenüberstanden, zusammentreten. Allerdings demonstrierten die noch im Juli 1914 während einer Konferenz des Internationalen Sozialistischen Büros in Brüssel präsentierten Standpunkte Lenins dessen völliges Desinteresse an einer Vereinigung.[109] Der Führer der Bolschewiki formulierte kein Friedensangebot, sondern vielmehr eine lange Liste von Bedingungen für die Verwirklichung einer tatsächlichen Einheit der Partei, die er allerdings bereits in der Existenz der bolschewistischen Partei umgesetzt sah. Alle anderen, außerhalb dieser, d.h. *seiner*, Partei stehenden Genossen wurden realiter aufgefordert, sich von ihren Positionen zu distanzieren. Lenin verlangte ein regelrechtes Abschwören von »falschen« Haltungen und damit nichts weniger als die reuige Kapitulation seiner Widersacher.[110]

Überzeugungen

Mit den Gegenmeinungen von Parteigenossen, die viele seiner Ideen als abgehoben oder nicht umsetzbar ablehnten, tat sich Lenin stets schwer. Dennoch bekam er es ständig mit Andersdenkenden und Abtrünnigen zu tun und befand sich zuweilen selbst innerhalb der eigenen Partei in der Minderheit. In regelmäßigen Abständen beklagte er das Intrigantentum von Genossen, die nicht zögerten, an seinem Stuhl zu sägen, sobald sich seine radikalen Ansichten wieder

107 Alexej Badajew, Die Bolschewiki in der Reichsduma, Berlin 1957, 386.
108 Getzler, Martov, 138.
109 Nach Brüssel kam Inessa Armand. Sie präsentierte Lenins Stellungnahme.
110 LW, Bd. 20, 507–539.

allzu sehr von der Wirklichkeit zu entfernen schienen. Trotzdem kooperierte er auch mit ehemaligen Gegnern oder solchen, deren Haltungen er für korrekturbedürftig oder sogar für dumm hielt. Karl Radek und Leo Trotzki zum Beispiel, die zu den wichtigsten Stützen des Oktoberregimes von 1917 wurden, hatte er immer wieder entweder öffentlich beschimpft und sie gegenüber Dritten als die schlimmsten Halunken, Schufte und Verräter bezeichnet. Es darf bezweifelt werden, dass Lenin jemals vergaß, was ihn von den beiden getrennt hatte. Nicht nur einmal gab er sich stur, war nachtragend oder drohte denen, die seine Überzeugungen nicht mittrugen, sogar mit Gewalt. Die »Säuberung« von »schädlichen« Elementen, die der Bildung einer einigen, geschlossenen Partei entgegenstanden, war bereits Teil der turbulenten Frühgeschichte der SDAPR. Meinungsvielfalt und Fraktionsbildung stellten sich als Abgleiten in den Irrweg des »Demokratismus« oder gar Liberalismus bzw. als offener Widerstand dar. Die mit allergrößter Schärfe ausgetragenen innerparteilichen Kämpfe, prägten dann – allen früheren Anstrengungen um eine unangefochtene Führerschaft zum Trotz – auch Lenins Jahre an der Macht. Sie sorgten für ein weiteres, noch konsequenteres, aber nur teilweise von Erfolg gekröntes Streben nach »Purifikation«.

Gegen weitere Spaltungen waren in all den Jahren nach dem Londoner Parteitag 1903 weder die Menschewiki noch die Bolschewiki gefeit gewesen. Splittergruppen bildeten sich in den und rund um die Fraktionen – »Liquidatoren«[111], »Otsowisten« (»Abberufler«), »Gottbildner«[112], Internationalisten, rechte und linke Elemente oder aber solche, die eine Zusammenführung von Bolschewiki und Menschewiki anstrebten: Die Richtungen, die sich innerhalb der russischen Sozialdemokraten auftaten, reflektierten nicht zuletzt die Verwerfungen, die sich aus den Entwicklungen im Zarenreich ergaben. Die einen standen für den Versuch einer Positionierung der Partei auf legalen Grundlagen bei gleichzeitiger Liquidierung von

111 Vgl. Sozialistische Revolution in einem unterentwickelten Land? Texte der Menschewiki zur russischen Revolution und zum Sowjetstaat aus den Jahren 1903 bis 1940, Hamburg 1981, 44.

112 Lenins erbitterten Widerspruch forderten die sogenannten »Gottbildner« heraus, die für eine Vereinbarkeit von Religion und Marxismus eintraten – in den Augen des Bolschewikenführers nichts anderes als ein Resultat einer primitiven Missdeutung diesbezüglicher Aussagen von Marx und Engels.

Untergrundorganisationen, die anderen plädierten für einen Boykott des 1905/06 aus der Taufe gehobenen Parlamentarismus. Wieder andere bezogen Stellung gegen jedwede nationalistisch anmutende Ausprägung des Marxismus. Für eine neue Partei machten sich die 1913 in St. Petersburg gegründeten sogenannten »Meschrajonzy« – »Vereinigte Sozialdemokraten« bzw. übersetzt »Zwischenbezirkler« – stark, die sich über die Differenzen der als sektiererisch wahrgenommenen Menschewiki und Bolschewiki hinwegsetzen wollten.[113]

Die russischen Sozialdemokraten blieben ein hoffnungslos zerstrittener Haufen. Lenin vollzog inmitten dieses Chaos fallweise kleinere und größere Kurskorrekturen. Flexibilität war vor dem Hintergrund der Ereignisse, die ab 1904/05 das Romanowimperium erschütterten, besonders gefragt. Wladimir Uljanow wäre nicht der Lenin von 1917 geworden ohne die Erfahrungen, die er damals, in der ersten Russischen Revolution, sammelte.

113 Robert Service, Trotzki. Eine Biographie, Berlin 2012, 209. Die genaue Bezeichnung lautete »Zwischenbezirkliche Organisation vereinigter Sozialdemokraten«. Vgl. Badajew, Die Bolschewiki, 67. Die »Meschrajonzy« schlossen sich nach den Juliunruhen 1917 den Bolschewiki an.

5
GENERALPROBE

Zündstoff

»Von München reiste ich […] nach Wien. Der Sturm der Emigranten ergoß sich nach Rußland zurück. Victor Adler ging völlig in russischen Angelegenheiten auf: verschaffte für die Emigranten Geld, Pässe, Adressen … In seiner Wohnung veränderte ein Friseur mein Äußeres, das den russischen Spitzeln im Ausland zu gut bekannt war.«[1]

Zurück in Russland und in Anbetracht einer drohenden Verhaftung, legte sich Lenin eine Perücke zu und trug sogar Schminke auf, um seine wahre Identität zu verbergen und etwaige Verfolger abzuschütteln. Das war jedoch 1917. Obiger Bericht stammt nicht von ihm, sondern von einem anderen Revolutionär, der zwölf Jahre zuvor – 1905 – die Reise in die Heimat mit verändertem Aussehen antrat: Leo Trotzki. Während Lenin noch Monate nach Ausbruch der ersten großen Revolution in Russland keine Anstalten machte, sein Exil in der Schweiz zu verlassen, entschloss sich Trotzki bereits zu Beginn des Aufruhrs, also in den Januartagen 1905, zur Rückkehr in das Zarenreich.

Viele Emigranten taten es Trotzki gleich und stürzen sich ins Revolutionsgeschehen, andere warteten noch ab. Wie Lenin. Ihn deshalb als Feigling darzustellen,[2] der vor allem die eigene Sicherheit im Auge behielt, erscheint aber unangebracht. Etliche Sozialdemokraten – darunter auch Julij Martow – betraten erst zu dem Zeitpunkt heimatlichen Boden, als die weiteren Entwicklungen im Zarenreich Hoffnungen auf eine einigermaßen freie politische Betätigung zuzu-

1 Leo Trotzki, Mein Leben. Versuch einer Autobiographie, Frankfurt am Main 1990, 151; vgl. Orlando Figes, Die Tragödie eines Volkes. Die Epoche der Russischen Revolution 1891 bis 1924, Berlin 2008, 228.

2 Siehe Robert Service, Lenin. Eine Biographie, München 2000, 121.

lassen begannen. Immerhin wurden erst mit dem *Oktobermanifest* des Zaren die Einberufung eines Parlaments, einer Duma, in Aussicht gestellt und allgemeine Bürgerrechte gewährt. Bis dahin, also bis Herbst 1905, erschien es vielen im Ausland befindlichen Revolutionären wenig ratsam, sich bedenkenlos der russischen Staatsmacht auszuliefern.[3]

Verständnis wurde den wenig heimkehrwilligen Revolutionären nicht überall entgegengebracht. Victor Adler etwa meinte im Sommer 1905, sich – wäre er Russe gewesen – lieber »deportieren« oder »niederschießen« zu lassen, als den Umwälzungen im Zarenreich fernzubleiben. Wozu habe man schließlich ein »Leben lang Waffen« geschmiedet, wenn man dann beim »wirklichen Kampfe« fehle.[4] Diese Aussage stand allerdings in Zusammenhang mit Georgij Plechanow, der im Exil blieb – aus gesundheitlichen Gründen. Dennoch wunderte sich auch Karl Kautsky über die scheinbare Tatenlosigkeit der russischen Sozialdemokraten und schob diese auf einen isolierten »Emigrantenmarxismus«, wo es mehr ums Theoretisieren als ums Kämpfen ging. Das Diskutieren und Nachsinnen über Theorien sei den russischen Genossen derart in »Fleisch und Blut übergegangen«, dass sie lediglich zu kritisieren, nicht aber zu organisieren wüssten.[5]

Aus Kautskys Perspektive war eingetreten, was er prophezeit hatte. Später brüstete er sich damit, die Umwälzungen in Russland als Folge des ausgebrochenen Russisch-Japanischen Krieges richtig vorhergesehen zu haben. Bereits 1904, in Texten für die *Neue Zeit* hielt er einen Umsturz im Zarenreich für möglich. Freilich standen auch in den Augen vieler anderer nun die Zeichen auf Sturm. Es baute sich ein regelrechter Erwartungsdruck auf. Eine Wende in Russland wurde als quasi zwingende Perspektive beschrieben. Kautsky dachte nun gleich in größeren Dimensionen. Er sah entsprechende Auswirkungen auf Westeuropa zukommen und darüber hinaus auch eine »Entfesselung der mannigfaltigsten nationalen Fragen Osteuropas«. Die Aufgabe der »internationalen Sozialdemokratie« sah er aber lediglich darin, »das Zarentum soviel wie nur

3 Vgl. N. K. Krupskaja, Erinnerungen an Lenin, Bd. I, Moskau/Leningrad 1933, 164.

4 Victor Adler. Briefwechsel mit August Bebel und Karl Kautsky. Gesammelt und erläutert von Friedrich Adler, Wien 1954, 460.

5 Ebd., 464f.

möglich zu diskreditieren«.[6] Auf dem Amsterdamer Internationalen Sozialistenkongress vom August 1914 wurde dem russischen Proletariat in einer Grußbotschaft mitgeteilt, dass sein Kampf gegen den Absolutismus im eigenen Land gleichbedeutend mit dem Kampf für die »Befreiung des Proletariats der ganzen Welt« sei.[7]

Tatsächlich nährten sowohl der Krieg im Fernen Osten als auch politische Protestaktionen in Russland hochgeschraubte Hoffnungen, die über den Zusammenbruch des Regimes in St. Petersburg hinausreichten. Umso mehr sah die Internationale ihre Mission darin, die zerstrittenen russischen Genossen auf Kurs zu bringen.[8] Da oppositionelle Gruppen aus dem Romanowimperium vom Exil aus auf eine Art Koalition zuzusteuern schienen, hatte diese Aufgabe Priorität. Folgerichtig betonte auch der Amsterdamer Sozialistenkongress das Gebot der Einheit. An der SDAPR ging dieser Appell vorbei. Lenins und Martows Anhänger stritten sich wegen der Mandate für den Kongress. Lenin, der krankheitsbedingt zu Hause blieb, schaffte es mit viel Mühe und wüsten wechselseitigen Bezichtigungen als Begleitmusik, die Delegation der SDAPR zumindest mit zwei Gefolgsleuten zu beschicken. Während nun in Amsterdam die Anwesenheit von Vertretern unterschiedlicher und obendrein verfeindeter russischer Gruppierungen das genaue Gegenteil von Geschlossenheit vor Augen führte, begann sich Victor Adler nichtsdestoweniger Illusionen über die Möglichkeiten einer Zusammenführung der auseinanderstrebenden russischen Kräfte hinzugeben. So hatte er eine Einigung der Sozialisten des Zarenreichs sogar unter Einschluss der SRy – mitsamt ihrer »Terrorgruppe«, wie er vorschlug – vor Augen.[9] Die Erschütterungen in der k. u. k. Monarchie angesichts einer sich verschärfenden sogenannten »ungarischen Krise« mit den russischen

6 Vgl. dazu Kautskys Rückbezüge in: Karl Kautsky, Der Weg zur Macht, Frankfurt am Main 1972, sowie: Leo Trotzki, Kautsky über die russische Revolution (1906). https://sites.google.com/site/sozialistischeklassiker2punkto/trotzki/1906/leo-trotzki-kautsky-ueber-die-russische-revolution#sdfootnote2sym (8.2.2023).

7 Vgl. https://sites.google.com/site/sozialistischeklassiker2punkto/glossar/sozialistenkongress-1904 (22.4.2023).

8 Aufschlussreich dazu vor allem Antti Kujala, March Separately – Strike Together. The Paris and Geneva Conferences Held by the Russian and Minority Nationalities' Revolutionary and Opposition Parties, 1904–1905, in: Motojirõ Akashi, Rakka ryūsui. Colonel Akashi´s Report on His Secret Cooperation with the Russian Revolutionary Parties during the Russo-Japanese War, ed. by Olavi K. Fält and Antti Kujala, Helsinki 1988, 85–168.

9 Vgl. Dietrich Geyer, Die russische Parteispaltung im Urteil der deutschen Sozialdemokratie 1903–1905 (Schluss), in: International Review of Social History 3/3 (1958), 418–444, 423f.

Entwicklungen zusammengedacht, bestärkten anscheinend seinen Glauben, nunmehr entscheidenden bzw. richtungsweisenden Ereignissen entgegenzublicken. Anlass zu solchen Überlegungen bot außerdem die erste Marokkokrise, die »einen allgemeinen europäischen Zusammenstoß« auszulösen drohte.[10]

Immer wieder wurde vor diesem Hintergrund der Zusammenhalt der gesamten europäischen Sozialdemokratie beschworen. In Anbetracht der allgemeinen politischen Lage und der kaum abzuschätzenden konkreten Folgen eines Endes der Zarenherrschaft auch für die Linke im Westen erschien dieser Appell unabdingbar. Trotzdem hatte gerade der Amsterdamer Kongress offenbart, dass sich der »revolutionäre Attentismus«, den etwa ein Jean Jaurès kritisierte, in der Realität nur schwer in einen konkreten »Aktionismus« überführen ließ. Aber selbst in Deutschland, wo sich der Revisionismus zuerst geregt hatte und der »Revolutionismus« von Kritikern als überholt zurückgewiesen wurde, stellte man sich auf große Umbrüche ein. Der SPD-Funktionär Franz Mehring verwies in diesem Zusammenhang vorsorglich auf die daraus resultierenden Gefahren. Er warnte vor »Scharfmachern« im Deutschen Reich, die sich bereits aus Sorge vor bevorstehenden Unruhen gegen die heimische Sozialdemokratie in Stellung zu bringen begannen.[11]

Kautsky bat vor dem Hintergrund der nichtsdestoweniger vielversprechenden Entwicklungen in Russland Victor Adler als den, wie er meinte, geeignetsten »Nichtrussen«, möglichst »fördernd« auf »den Gang der Revolution« im Romanowimperium Einfluss zu nehmen. Überlegt wurde sogar, Wien zum Hauptquartier »der russischen Marxisten« im Ausland zu machen.[12] Tatsächlich übersiedelten einige Menschewiki im Sommer 1905 für kurze Zeit in die Residenzstadt des Habsburgerreichs, um näher an der russischen Grenze sein zu können. Lidija Dan gab sich begeistert von der Solidarität der österreichischen Arbeiter und vermerkte, wie engagiert sich die SDAPÖ-Spitzen der »russischen Sache« annahmen.[13] Dass Kautsky

10 Georges Haupt, Der Kongreß fand nicht statt. Sie sozialistische Internationale 1914, Wien/Frankfurt am Main/Zürich 1967, 24.

11 Franz Mehring, Reflexe der russischen Revolution, in: Die Neue Zeit 23/2 (1904/05), 457–460.

12 Adler, Briefwechsel, 464.

13 Vgl. Leopold Haimson, The Making of Three Russian Revolutionaries. Voices From the Past, Cambridge 1987, 189f.

und Adler sich – auf den ersten Blick – damals offenbar revolutionärer gebärdeten als ein zaudernder Lenin, der sich immer noch in der Schweiz aufhielt und wie besessen den 3. Parteitag plante, entbehrt in Anbetracht der späteren »Karriere« des Bolschewikenführers und des Wegs, dem sich indessen Erstere verpflichtet fühlten, nicht einer gewissen Ironie.

Trotzki, der militärische Kopf und maßgebliche Architekt jener Aktionen und Abläufe, die im Oktober 1917 den Umsturz der Bolschewiki ermöglichten, verstand seine Rolle von Anfang an anders. Schon im Januar 1905 reiste er also von Wien aus inkognito – mit »veränderter Frisur«, wie er im eingangs zitierten Bericht vermerkte – nach St. Petersburg. Überall, im Habsburgerreich nicht weniger als in anderen Ländern, wurden die Ereignisse im Romanowimperium mit dem allergrößten Interesse verfolgt. Noch vor der Abreise aus Wien erreichte Trotzki die Nachricht von der Ermordung des Großfürsten Sergej. Der Zarenonkel fiel einem Attentat zum Opfer, das die Kampforganisation der Partei der Sozialisten-Revolutionäre initiiert hatte. Aus der Perspektive des Zaren Nikolaus II. war es »irgend so ein Schwein« gewesen, das eine Bombe in jene Kutsche geworfen hatte, in der Sergej zum Moskauer Kreml gefahren war.[14] Das »Schwein« hieß Iwan Kaljaew. Der Attentäter wurde gefasst und abgeurteilt. Mit seiner Hinrichtung erweiterte sich die Riege der revolutionären »Märtyrer«, die ihre Taten selbst angesichts der bevorstehenden Aburteilung nicht bereuten. Die *Illustrierte Kronen Zeitung* in Österreich, die ihre Leserschaft nicht zuletzt durch lebendig gestaltete und vergleichsweise reich bebilderte Beiträge gewonnen hatte, berichtete über den Anschlag Kaljaews in großem Stil. Auf der Titelseite fand sich eine Kollage: das Porträt des Opfers, im Hintergrund der Bombenschmeißer, zuerst in Aktion als Attentäter und dann bereits im Gefängnis sitzend, neben ihm ein gekrönter Totenschädel. Der »Oheim des Zaren«, hieß es im Innenteil des Blattes, sei von der explosiven Wucht der Bombe regelrecht »in Stücke zerrissen« worden.[15]

---

14 Zit. nach György Dalos, Der letzte Zar. Der Untergang des Hauses Romanow, München 2017, 67.

15 Illustrierte Kronen Zeitung, 18.2.1905, 2.

Fast alle großen Tageszeitungen der k.u.k. Monarchie, Boulevard-Blätter ebenso wie anspruchsvollere Journale, widmeten sich dem Attentat ausführlich. Der Tod des Zarenonkels stand für den Ernst der Lage, für die Weichenstellungen, die sich nun im Russischen Reich anzukündigen schienen. Man sei, meinte Victor Adler, daran gewöhnt, Schreckliches aus dem Zarenreich zu hören. Nun, hoffte er, war womöglich »der Anfang vom Ende des Grauens« gekommen.[16]

Bereits seit dem vorangegangenen Jahr hatten sich im Nachbarstaat die Anzeichen einer bevorstehenden Umwälzung verdichtet. Die Anzahl von Streiks und Bauernunruhen schnellte in die Höhe, die »Universitäten waren in Gärung«. Die »Presse wurde immer mutiger, terroristische Akte häuften sich, die Liberalen kamen in Bewegung«.[17] Zu Jahresende 1904 hieß es in der österreichischen *Arbeiter-Zeitung* über die Entwicklungen im angrenzenden Vielvölkerreich: »Es ist Erregung und Zündstoff überall im Lande angehäuft und alles drängt zur Entscheidung: Reform oder Revolution.«[18]

Die Misserfolge der russischen Armee im Krieg gegen das japanische Kaiserreich bzw. die Folgen des Konflikts, der um die Interessenssphären in Korea und der Mandschurei ausgetragen wurde, schienen der Opposition tatsächlich den ersehnten Auftrieb zu verschaffen. Inflation und Lebensmittelmangel heizten die Stimmung im Land an. Nun bedurfte es eines überlegten Vorgehens der Staatsspitze, um die Lage zu beruhigen. Doch Nikolaus war ein untalentierter Herrscher, dem selbst sein näheres Umfeld nur sehr eingeschränkt zutraute, die Autokratie unbeschadet aus der Krise zu führen. Der eigene Vater, der verstorbene Alexander III., hatte »Nicky« nur bescheidene intellektuelle Kapazitäten attestiert und andere, die positive Eigenschaften am Thronfolger suchten, mussten sich damit begnügen, von seinen außerordentlich guten Manieren zu sprechen. Die Tragweite dessen, was sich in seinem Reich zusammenzubrauen begann, entging dem Zaren.

Während 1904 der neu gegründete »Bund der Befreiung« zunächst vor allem Vertreter der Intelligenzija sowie fortschrittliche

16 Zit. nach Christina Morina, Die Erfindung des Marxismus. Wie eine Idee die Welt eroberte, München 2017, 439.
17 Trotzki, Mein Leben, 149.
18 Arbeiter-Zeitung, 14.12.1904, 4.

Semstwo-Mitglieder mobilisierte und lautstark die Einführung einer Verfassung und politisches Mitspracherecht gefordert wurden, füllte der Zar sein Tagebuch wie üblich mit belanglosen Notizen über Spaziergänge und Teegebäck. Er strafte die Opposition entweder mit Ignoranz oder verließ sich in gewohnter Weise auf die ordnende Kraft seiner Exekutive. Seinen Mangel an Begabung für die Aufgaben eines Herrschers kompensierte Nikolaus mit der Förderung politischer Günstlinge, die sagten, was er hören wollte, und alles abblockten, was den Status quo infrage stellte.

... unter einer »Popenkutte«

Die Revolution im Zarenreich hatte sich im Vergleich zum Westen um mehr als ein Jahrhundert oder wenigstens um einige Jahrzehnte verspätet. 1904 hofften viele auf sie, jedoch erst der Januar 1905 hatte solchen Sehnsüchten konkretere Nahrung gegeben. Lenin sah das genauso. Damals, als die in Port Arthur stationierten russischen Einheiten kapitulierten, erwartete Lenin nun endgültig den so sehnsüchtig erwarteten Niedergang des Zarenreichs. In der Zeitung *Wperjod* schrieb er: »Jawohl. Die Autokratie ist geschwächt. Die Ungläubigsten beginnen an die Revolution zu glauben. Der allgemeine Glaube an die Revolution ist bereits der Beginn der Revolution. [...] Für die Unterstützung und Ausbreitung eines ernstlichen revolutionären Ansturms wird das russische Proletariat sorgen.«[19] Empört kommentierte er das in der *Iskra* zum Ausdruck gebrachte Plädoyer der Menschewiki für den Frieden, für ein Ende der Kampfhandlungen zwischen japanischen und russischen Truppen. Lenin dachte anders: Ungeachtet der Feindschaft gegenüber der japanischen nicht weniger als gegenüber der russischen Bourgeoisie müsse man aber zwischen fortschrittlicher und reaktionärer Macht unterscheiden. Ein Sieg Japans, behauptete er, würde einer Umwälzung in hohem Maße nützen. Einen Frieden galt es daher keinesfalls anzupeilen: »Das russische Volk hat durch die Niederlage des Absolutismus gewonnen. Die Kapitulation Port Arthurs ist der Prolog zur Kapitulation des Zarismus. Der Krieg ist noch lange nicht beendet, aber in seinem Fortgang

19 W. I. Lenin, Der Fall Port Arthurs (1905). https://sites.google.com/site/sozialistischeklassiker2punkto/lenin/1905/wladimir-i-lenin-der-fall-port-arthurs (1.2.2023).

verstärkt jeder Schritt die unermessliche Gärung und Empörung im russischen Volke und bringt uns dem Moment eines neuen großen Krieges näher, des Volkskrieges gegen den Absolutismus, des Krieges des Proletariats für die Freiheit. Nicht umsonst ist die sonst so ruhige und nüchterne europäische Bourgeoisie so erregt, die von ganzer Seele liberale Zugeständnisse des russischen Absolutismus begrüßen würde, die aber die russische Revolution als den Auftakt zur europäischen Revolution mehr als das Feuer fürchtet.«[20]

Damit war auch Lenins Haltung zu Beginn des Ersten Weltkriegs im Wesentlichen vorweggenommen. Er begrüßte den Krieg als Vorspiel für den Untergang des Zarenreichs und als Auftakt einer noch größeren »Schlacht«: des Befreiungskampfes des europäischen Proletariats. Und noch eine Parallele zu 1914 bzw. zu den Folgejahren tut sich auf: Die Zusammenarbeit mit einem Feindstaat bot sich schon vor dem Hintergrund des Russisch-Japanischen Krieges als Chance an, das heimatliche Regime zu stürzen. Im Ersten Weltkrieg reichte Deutschland den Bolschewiki die Hand, jetzt, 1904/05, war es Japan, das mit russischen Revolutionären ins Geschäft kommen wollte.

Der Beginn jener Umwälzung in Russland, die vielen exilierten Oppositionellen grünes Licht für die Rückkehr in die Heimat gab und Trotzki zur Heimkehr animierte, fiel mit einem Massaker an Zivilisten zusammen. Am 9. Januar 1905 wurden friedlich demonstrierende Männer, Frauen und Kinder in St. Petersburg niedergemetzelt. Dutzende starben. Ziel des Protests, der von der »Vereinigung der russischen Fabriksarbeiter« organisiert wurde, war die Überreichung einer Petition an den Zaren gewesen, in der neben der Verbesserung der allgemeinen Lebensbedingungen auch das Ende von »Despotie und Rechtlosigkeit« gefordert wurde. Die Bittschrift beinhaltete den Wunsch nach einer Verfassung und einem Parlament, reflektierte liberale Losungen und machte den Protest auch zu einer politischen Kundgebung. Die Unzufriedenheit des Industrieproletariats ließ sich anscheinend nicht mehr nur auf Forderungen des Arbeitskampfes reduzieren. Es trat also – zumindest auf den ersten Blick – genau das ein, worauf Lenins Vorstellungen von einer mündigen Arbeiterschaft hinausliefen. Wer genauer hinsah, konnte

20 Ebd.

allerdings unschwer erkennen, dass das Verlangen nach politischer Freiheit die Handschrift jener Kräfte trug, die bereits zuvor aktiv gegen das Regime opponiert hatten. Die Bolschewiki waren in diesem Zusammenhang eher randständig geblieben.

Trotzdem betrachteten die Linksparteien die Ereignisse in der Hauptstadt als vielversprechendes Anzeichen eines tiefergehenden Protests. Zehntausende Arbeiter in St. Petersburg hatten bereits Tage, bevor der Protestzug am 9. Januar in Richtung Winterpalais zog, die Arbeit niedergelegt. In weiterer Folge trug sich der Pope Georgij Gapon an, den Unmut der Arbeiter zu kanalisieren. Er hatte für den mehr oder weniger devoten Ton der Bittschrift gesorgt, die Aufbegehrenden von der Güte des Zaren überzeugt und so suggeriert, der Romanowherrscher würde sich ob seiner Weisheit und ungeachtet der weitreichenden Forderungen der Petition verständnisvoll gegenüber seinen Untertanen zeigen.[21] Aber der Zar war weder besonders weise noch befasste er sich hinreichend mit den Nöten der Menschen und am 9. Januar hielt er sich obendrein nicht einmal in der Hauptstadt auf. Trotzdem fiel die Verantwortung für das Massaker auf ihn zurück. »Väterchen Zar«, kommentierte kurze Zeit später Lenin höhnisch, hatte an diesem Tag endgültig abgedankt. Der naive Glaube an den »guten Herrscher« sei vernichtet und im Blut der demonstrierenden Arbeiter erstickt worden.[22]

Die Hintergründe der Ereignisse des 9. Januar dürfen mit einigem Recht als erstaunlich bezeichnet werden: Die Fabrikarbeiter-Vereinigung, die zuvor gestreikt hatte, war nämlich eine von den Behörden kontrollierte Gewerkschaft. Das machte den Sündenfall des sogenannten Blutsonntags, im Zuge dessen insgesamt an die 200 Menschen getötet wurden, umso größer. Es mutete regelrecht grotesk an, dass die Revolution, die ganz Russland zu erfassen begann, ihren Ursprung in einer Organisation hatte, die sich das »Regime selbst ausgedacht hatte«.[23]

Gapon wurde, wenn auch ungeplant, zum »Staatsfeind Nr. 1«. Schon im darauffolgenden Jahr endete das Leben des aufrührerischen Priesters. Als er gegenüber einem Vertrauten seine Verbindungen zu

21 Figes, Tragödie, 189f.
22 LW, Bd. 8, 99f.
23 Figes, Tragödie, 188.

den Behörden offenlegte, also bestätigte, was viele bereits ahnten, stand der vermeintliche Held plötzlich als Verräter und Kollaborateur da. Kurz nach seiner »Beichte« wurde er Opfer eines Anschlags. Als wäre seine wahre Rolle im Zuge des Blutsonntags nicht bereits kompromittierend genug gewesen, hatte er sich nach seiner Verfolgung durch die zarischen Behörden schließlich wieder auf einen Verständigungskurs mit der Regierung in St. Petersburg begeben. Die einen konzedierten ihm dabei zwar hehre Motive zugunsten der Anliegen der Arbeiterschaft, die anderen vermochten darin aber nicht mehr als einen verabscheuungswürdigen Kniefall vor der Autokratie zu sehen.[24] Im März 1906 fand man ihn an einem Kleiderhaken erhängt in einer Hütte. Einer der Mörder, der Sozialist-Revolutionär Pjotr Rutenberg, emigrierte später nach Palästina, um dort ein angesehener Unternehmer zu werden, dem auch öffentliche Würdigung zuteilwurde.[25]

Mündete die Transformation des Terroristen in eine persönliche Erfolgsstory, kostete den Priester die Wandlung zum Aufrührer das Leben. In der Partei der Sozialisten-Revolutionäre hatte der später als Doppelagent entlarvte Jewno Asef angeblich auf die Ermordung Gapons gedrängt. Er tat dies offenbar auf Geheiß der Ochrana, die den Priester als Verräter betrachtete und seine Liquidierung wünschte.[26] Einer anderen Version zufolge erfolgte die Tötung des Priesters eher aufgrund seiner Verstrickung in einigermaßen abgründige Machenschaften. Hintergrund war die von ihm selbst geförderte Kollaboration oppositioneller Exilgruppen mit den Japanern, die undurchsichtige Geldgeschäfte bis hin zu Waffenlieferungen beinhaltete.[27]

Die Geschichtsschreibung hält in diesem Zusammenhang höchst widersprüchliche Darstellungen über Lenins etwaige Verbindungen zum japanischen Geheimdienst bereit. Lange Zeit wurden diese – nicht zuletzt in Ermangelung aussagekräftiger Belege – ohnehin eher unter den Teppich gekehrt. Während evidente Hinweise auf die Zusammenarbeit von SRy und Tokios Männern im Ausland vorhanden

24 Vgl. Tjutjukin, G. V. Plechanov, Sud'ba russkogo Marksista, Moskva 1997, 11.
25 Anna Geifman, Thou Shalt Kill. Revolutionary Terrorism, 1894–1917, Princeton 2020, 253.
26 Vgl. Ebd., 65f.
27 Vgl. Eva Ingeborg Fleischhauer, Die Russische Revolution. Lenin und Ludendorff (1905–1917), Borsdorf 2017, 31–41.

sind, gibt es immer noch Unklarheiten über die Rolle, die Lenin bzw. die Bolschewiki in dieser Causa spielten. Das diesbezügliche Szenario reicht jedenfalls von einem de facto bolschewistisch gelenkten und von japanischer Seite inspirierten Blutsonntag bis hin zu der mit Geldern des ostasiatischen Inselstaates finanzierten und auf Geheiß Tokios inszenierten Meuterei der Matrosen des Panzerkreuzers Potjomkin. Selbst jener bewaffnete Aufstand in Moskau, der Ende des ersten Revolutionsjahres stattfand und dem Lenin so große Bedeutung beimaß, wird von manchen als Ergebnis einer Kooperation der Bolschewiki mit den Japanern gesehen.[28] Die Belege hierfür sind allerdings wenig zufriedenstellend. Als aufschlussreich gelten können inmitten derartiger Spekulationen aber die Aufzeichnungen eines japanischen Nachrichtenoffiziers, der zwischen 1902 und 1904 in Petersburg als Militärattaché tätig gewesen war.[29] Den Schriften des Obersten Motojirō Akashi sind durchaus vielfältige Kontakte Japans zur heterogenen russischen Opposition in der Emigration oder Hinweise auf die Unterstützung von Konferenzen in Paris und Genf zu entnehmen. Dort ging es um die Möglichkeiten eines koordinierten Kampfes von Regimegegnern gegen die Autokratie im Zarenreich. Die Menschewiki hielten allerdings den Kurs einer Annäherung an die Liberalen für vielversprechender als blanke Subversion.[30]

Während die sowjetische Historiografie das angeblich auf Betreiben Lenins erfolgte Fernbleiben[31] der Bolschewiki von den betreffenden Konferenzen in der Schweiz hervorhob, gibt es berechtigte Zweifel an dieser Darstellung. Zumindest bei der Zusammenkunft in Genf waren die Bolschewiki nämlich dabei – auch wenn sie frühzeitig wieder abzogen. Die Gründe hierfür waren vielfältig. Die Geschichte all jener Versuche, die russischen Regimegegner für bewaffnete Aktionen gegen die Zarenherrschaft zu bewegen, sind ebenfalls einigermaßen komplex. Die japanischen Diplomaten bzw. Geheimagenten des Inselstaates legten jedenfalls erstaunliche Energien an den Tag, um Russland von innen heraus zu destabilisieren. Aufgrund der antizipierten Schwäche der russischen Sozialdemokraten

28 Dazu ausführlich ebd., 31–49.
29 Vgl. Kujala, March Separately – Strike Together, 85–168.
30 Vgl. Manfred Hildermeier, Die Russische Revolution 1905–1921, Frankfurt am Main 1989, 60.
31 Manfred Hildermeier, Die sozialrevolutionäre Partei Russlands. Agrarsozialismus und Modernisierung des Zarenreichs (1900–1914), Köln/Wien 1978, 150.

galten diese aber als viel unattraktivere Partner als etwa die Protagonisten der Unabhängigkeitsbewegungen in den Randstaaten des Romanowreichs. Aus der Perspektive der Menschewiki erschien es außerdem nicht unbedingt verlockend, dem japanischen Kaiserreich dabei behilflich zu sein, eine andere Monarchie zu stürzen – und sei es, das Romanowimperium niederzuringen. Für die Vorschläge der Japaner begeisterten sich – so wie es Tokios Diplomaten vorhergesehen hatten – vor allem Finnen und Polen. Ihnen erschien ein gesponsorter Widerstand gegen St. Petersburg als durchaus willkommene Unterstützung. Währenddessen waren die russischen Sozialdemokraten noch immer damit beschäftigt, ihre Einstellung zur Nationalitätenproblematik zu klären und sich den seit dem Parteitag 1903 tobenden innerparteilichen Auseinandersetzungen zu widmen. Wechselseitiger Boykott war an der Tagesordnung. Die Meinungsverschiedenheiten wurden angesichts einer vorsichtigen Annäherung zwischen Plechanow und Lenin nicht kleiner. Ihr Konsens unter dem Motto »Getrennt marschieren – vereint schlagen« brachte weder eine Überwindung des Streits zwischen den Fraktionen noch eine gemeinsame Basis mit den anderen Parteien zuwege. Russlands Misserfolge im Krieg gegen Japan animierten Lenin parallel dazu, stetig radikalere Ansichten zu entwickeln. Wie auch anlässlich des Kriegsausbruchs 1914 propagierte er schon damals die Niederlage der russischen Armee als Grundlage revolutionärer Entwicklungen. Den Versuchen der Menschewiki, die Bolschewiki ins Abseits zu drängen, stand Lenins Streben gegenüber, seine Fraktion als die wahrhafter Revolutionäre zu positionieren.[32]

Vorwärts!

Einiges deutet darauf hin, dass Lenin mit den Japanern kooperierte. Anscheinend aber nur hinsichtlich der Verbreitung revolutionärer Literatur an russische Soldaten in Japans Gewahrsam.[33] Blieben die Kontakte aber wirklich darauf beschränkt? Begnügte sich Lenin, der

32 Vgl. Kujala, March Separately – Strike Together, 85–168.

33 Fleischhauer, Russische Revolution, 34f. Vorsichtig in diesem Zusammenhang bleibt Michael Futrell, Colonel Akashi and Japanese Contacts with Russian Revolutionaries in 1904–5, in: G. F. Hudson (Hg.), Far Eastern Affairs (= St. Antony's Papers 20), Oxford 1967, 7–23, 14–23.

parteiintern das Fehlen von Bomben und Gewehren beklagte und schon kurz nach dem Blutsonntag die »Einrichtung von Dynamitwerkstätten« gefordert hatte, damit, lediglich Propaganda unter ein paar Kriegsgefangenen zu betreiben?[34] Seine diesbezüglichen Aussagen vermitteln keineswegs diesen Eindruck. Er empörte sich vielmehr über die Menschewiki, die von der »Ausrüstung des Volkes mit dem brennenden Bedürfnis nach Bewaffnung, und zwar nach Selbstbewaffnung« sprachen. Jetzt befinde man sich bereits in einer ganz anderen Situation, echauffierte sich Lenin. Man müsse nicht mehr irgendwelche Bedürfnisse wecken, wenn diese schon da seien. Daher, meinte er, sei nur eine Losung auszugeben: »Zu den Waffen!«[35]

Gapon dachte anscheinend genauso und er traf dubiose Abmachungen. Offenbar war es dem Popen gelungen, Mittel für ein riskantes Projekt aufzutreiben: Waffenlieferungen. Die betreffenden Gewehre samt Munition, die in England besorgt wurden, erreichten allerdings ihr Ziel und damit die finnischen Freiheitskämpfer nur zum Teil.[36] Der Dampfer namens »John Grafton«, der die Waffen bringen sollte, lief auf eine Sandbank auf. Der Großteil der Munition und der Gewehre ging auf diese Weise verloren.[37] Gescheitert war ein abenteuerlicher und von vornherein mit vielen Hürden konfrontierter Plan, den Gapon mit Tokios Männern und den Sozialisten-Revolutionären ausgeheckt hatte. Letztere wollten nach gewissen Schwankungen in ihrem Kurs nichts unversucht lassen, um den Widerstand gegen das Regime zu verstärken.[38] Entsprach das nicht auch Lenins Credo?

Gapon hatte jedenfalls auch den Kontakt zu ihm gesucht. In Genf begegneten sich die beiden ungleichen Männer in einem Café. Damit war also jener Umstand erfüllt, der den Bolschewikenführer später als Co-Organisator der Waffenlieferungen erscheinen ließ. Dass es auf Betreiben der Bolschewiki zum Transport von Gewehren nach Russland gekommen war, leugnete beispielsweise Nadeschda Krupskaja

34 LW, Bd. 8, 171; vgl. dazu Vadim Medish, Lenin and Japanese Money, in: The Russian Review 24/2 (1965), 165–176.

35 LW, Bd. 8, 160f.

36 Willi Gautschi, Lenin als Emigrant in der Schweiz, Zürich u. a. 1973, 63.

37 Krupskaja, Erinnerungen, 145, und vgl. Michael Futrell, Northern Underground. Episodes of Russian Revolutionary Transport and Communications through Scandinavia and Finland 1863–1917, London 1963, 66–84.

38 Vgl. Hildermeier, Die Sozialrevolutionäre Partei, 144.

später nicht. Hierfür seien »alle Mittel und Wege ausfindig« gemacht worden.[39] Als Waffenschieber betätigte sich u.a. der spätere Volkskommissar für Auswärtige Angelegenheiten, Maxim Litwinow, dessen Lieferungen im Umfang von etwa 2000 Gewehren und mehreren Hunderttausend Stück Munition allerdings in Rumänien hängen blieben.[40] Immerhin kleine Erfolge bei der »Bewaffnung der Arbeiterwehren« verbuchte Leonid Krassin, der in engem Einvernehmen mit Lenin operierte.[41] Viel brachte das alles in Summe aber nicht. Nadeschda Krupskaja sprach vom »Tropfen in einem Meer« und einem in St. Petersburg gegründeten Kampfkomitee, das mit seinen Aktionen nur »langsam vorwärts« kam.[42] Woher aber stammte das Geld für das Kriegsgerät? Anscheinend wickelte Litwinow wenigstens eine seiner Waffenbestellungen zumindest organisatorisch, d.h. hinsichtlich der Lieferwege, ebenfalls über die Japaner bzw. Gapon ab. Dieses »Geschäft« fiel aber im wahrsten Sinne des Wortes ins Wasser, da – wie erwähnt – der Dampfer, der die Gewehre mitgeführt hatte, auf Grund lief.[43] Dabei hatte Litwinow, den seine brisanten Einkaufstouren u.a. in die Donaumonarchie führten und in Kontakt mit böhmischen Rüstungsfabriken brachten, an der estnischen Küste eigens »Lagergruben« ausheben lassen. Darin hätten die georderten Waffen, Munition und Explosivstoffe versteckt werden sollen.[44]

Lenin war in den Augen der Japaner eine »kleine Nummer«. Selbst wenn er sich darum bemüht hätte oder hatte, Gelder von ihnen zu beziehen, um das erwähnte Kampfkomitee entsprechend auszurüsten, musste er in der Hauptsache wohl auf andere Geldgeber zurückgreifen.[45] Hier boten sich beispielsweise die Zuwendungen des Moskauer Textilfabrikanten Sawwa Morosow an. Dessen großzügige Spenden zugunsten der Bolschewiki bewogen seine Familie aber schließlich dazu, ihn zu entmündigen.[46]

---

39 Krupskaja, Erinnerungen, 143f.
40 Helen Rappaport, Conspirator. Lenin in Exile, London 2009, 136f.
41 Krupskaja, Erinnerungen, 152.
42 Ebd., 144.
43 Vgl. Medish, Lenin, 174.
44 Vgl. Robert C. Williams, The Other Bolsheviks. Lenin and His Critics, 1904–1914, Bloomington/Indianapolis 1986, 72, sowie Helen Rappaport, Conspirator. Lenin in Exile, London 2009, 136–138.
45 Vgl. Medish, Lenin, 175f.
46 Vgl. Gerd Koenen, Die Farbe Rot. Ursprünge und Geschichte des Kommunismus, München 2017, 647.

Lenin rang um Handlungsspielraum. Während Gapon die Bolschewiki bei seinem Feldzug gegen die Autokratie nicht ausklammern wollte, hatte Lenin sich zunächst skeptisch gegenüber dem Priester gezeigt. Immerhin rechnete er ihn einem »niederträchtigen Stand« zu, d.h. den »Pfaffen«, die, so schrieb er, das Volk ausplünderten und demoralisierten.[47] Er betrachtete Religion als »Opium für das Volk« oder, wie Marx sich ausdrückte, als »Opium des Volkes«. Lenin bezeichnete sie als eine »Art geistigen Fusels, in dem die Sklaven des Kapitals ihr Menschenantlitz und ihre Ansprüche auf ein halbwegs menschenwürdiges Leben ersäufen«.[48] In einem Vertreter der »Unaufgeklärtheit« und einer gesteuerten »Verdummung« der Massen[49] plötzlich einen Verbündeten zu erblicken, schien zunächst unmöglich. Doch die persönliche Begegnung änderte Lenins Meinung zugunsten des widerständigen Popen. Seine Überzeugungen hinsichtlich des schädlichen, weil metaphysischen Wesens jedweder Religionen blieben davon freilich unberührt. Was ihn offenbar für Gapon einnahm, war dessen Elan. Der Gottesmann sprach sich für Massenterror und eine bewaffnete Erhebung auf Grundlage eines Zusammenwirkens zwischen SRy und Sozialdemokraten aus. Lenin zögerte nicht, solche Ideen gutzuheißen, zeigte andererseits aber wenig Enthusiasmus, wenn es darum ging, sich allzu eng mit anderen revolutionären Gruppen abzustimmen.[50] Laut Nadeschda war er vor allem von Gapons authentischem Feuer der Empörung angetan gewesen, legte aber sein Misstrauen gegenüber dem »Ochrana-Mann« nicht völlig ab. Lenins Frau hielt den ungewöhnlichen Priester jedenfalls »nur« für einen »schlauen Pfaffen« und für keinen echten Revolutionär.[51] Das Scheitern des Waffendeals, das sie nicht zuletzt dem Dilettantismus Gapons anlasteten, nahm das revolutionäre Paar mit großer Enttäuschung zur Kenntnis. Daraus wurden entsprechende Lehren gezogen: Für einen konspirativen Waffentransport bedurfte es Profis mit der Bereitschaft, große Opfer zu bringen.[52]

---

47 LW, Bd. 8, 101.
48 LW, Bd. 10, 71.
49 Ebd., 73f.
50 Kujala, March Separately, 140, 147. Vgl. über das Kampfbündnis: LW, Bd. 8, 146–154.
51 Krupskaja, Erinnerungen, 140 und vgl. LW, Bd. 8, 94.
52 Ebd., 145.

Dass ausgerechnet ein Geistlicher an der Spitze der ersten Russischen Revolution stand, war bizarr. Und vielleicht noch absurder war, dass sich die Linke seiner fragwürdigen Verbindungen bediente, um die Autokratie zu stürzen. Leo Trotzki interessierte sich indessen weniger für die Person Gapons als für die Konsequenzen des Blutsonntags – obgleich auch er nicht darum herumkam, die offenkundige Paradoxie zu registrieren. Der 9. Januar, triumphierte er nichtsdestoweniger, sei der erste politisch motivierte Protest in Russland gewesen – »wenn auch unter der Hülle einer Popenkutte«.[53]

Victor Adler wiederum hatte sich von Beginn an wenig begeistert über den prominenten, durchaus ungewöhnlichen »Neuzugang« in den Reihen der Sozialdemokraten gezeigt. Ein Jahr vor Gapons Ermordung meinte er gegenüber Leo Trotzki: »Schade … Verschwände er für immer, er würde eine schöne Legende bleiben.« Es sei besser, fügte Adler hinzu, »solche Menschen als historische Märtyrer zu haben denn als Parteigenossen«.[54]

Die Würdigung als »historische[r] Märtyrer« blieb dem rebellischen Gottesmann verwehrt. Seine Berühmtheit verblasste schnell. Der Tod Gapons wurde zwar von der internationalen Presse, die dem ungewöhnlichen Priester zuvor horrende Summen für Interviews gezahlt hatte, wahrgenommen.[55] Von viel größerem Interesse waren aber schließlich ganz andere Dinge. Während sich die *Arbeiter-Zeitung* in Österreich die Zukunft Russlands entweder in Zusammenhang mit einer wahrhaften Revolution oder aber der Einführung von Reformen vorstellte, fragte sich auch Lenin, ob der Blutsonntag bloß eine Revolte bleiben oder sich tatsächlich zu einer größer dimensionierten Umwälzung entwickeln würde. Dementsprechend ordnete er seine Prioritäten und konzentrierte sich auf die Partei als »Generalstab« der Revolution – auch wenn er das bis zum Herbst 1905 noch vom Exil aus tat. Er schüttelte den Kopf über die Weichheit seiner Bolschewiki. Diese arbeiteten auf einen Vereinigungsparteitag mit den Menschewiki hin, anstatt eine eigene Konferenz der *Wperjod*-Anhänger zu organisieren. Letzteren gegenüber gab er sich betont kämpferisch. Jetzt hieß es, eine angemessene

53 Trotzki, Mein Leben, 150.
54 Ebd., 151
55 Krupskaja, Erinnerungen, 138.

Strategie zu verfolgen, um ein Abebben der revolutionären Entwicklungen zu verhindern und der Sozialdemokratie eine tragende Rolle zu verschaffen. Die Kritik, die Alexander Parvus-Helphand in diesem Zusammenhang an die russischen Sozialdemokraten gerichtet hatte, nahm Lenin ernst. Parvus, der wie Trotzki bereits in das Zarenreich gereist war, um für den Sturz der Zarenherrschaft zu wirken, hatte den russischen Genossen das Fehlen eines »verbindenden Zentrums«, einer »leitenden Organisation« und eines Aktionsprogramms vorgehalten.[56] Lenin stimmte zu. Aber er zog seine eigenen Schlüsse aus dieser Schelte. Nun müssten, folgerte er, die Bolschewiki ihre Defizite gegenüber den Menschewiki wettmachen. Dass er selbst in dieser Situation den Fraktionenkonflikt in den Vordergrund stellte, war bezeichnend. Die Menschewiki hätten, klagte er gegenüber seinen Gefolgsleuten, »mehr Geld, mehr Literatur, mehr Transportmöglichkeiten, mehr Agenten, mehr ›Namen‹, mehr Mitarbeiter. Es wäre eine unverzeihliche Kinderei«, warnte er, »das nicht zu sehen. Und wenn wir der Welt nicht das widerliche Bild einer vertrockneten und anämischen alten Jungfer bieten wollen, die auf ihre unfruchtbare moralische Reinheit stolz ist, müssen wir begreifen, daß wir den Kampf und eine Kampforganisation brauchen.« Nötig seien, ergänzte er, finanzielle Mittel, aber auch Kämpfer, vor allem junge. Keine Mühen dürften gescheut werden, um vorrangig die Jugend zu mobilisieren. Er forderte eine unabdingbare Hingabe an die Sache ein und empfahl seinen Genossen, jeden »an die Wand zu stellen«, der an ihr zweifelte. Eine ausreichende Anzahl kampfbereiter Anhänger müsse unbedingt rekrutiert werden.[57] Lenin war fest entschlossen, die »Revolution zu organisieren«. Dazu, spottete er, sei eben jene »Organisation von Berufsrevolutionären« vonnöten, »bei deren bloßen Erwähnung unsere Neuiskristen«, also die Menschewiki, »in Ohnmacht fallen«. Es sei schlicht und einfach keine Zeit vorhanden, um im Eiltempo »Hunderttausende zu organisieren«.[58] Man brauche jetzt ganz offensichtlich die Partei als »Vortrupp«, an diesem Konzept führe eben nichts vorbei. Noch vor dem Parteitag kündigte er daher an, »den Martowschen« Paragrafen 1

56 LW, Bd. 8, 156.
57 Ebd., 134.
58 Ebd., 158.

des Organisationsstatuts »durch den Leninschen« ersetzen zu wollen, gleichzeitig aber die »Rechte der Parteiorganisationen« sowie ihr nahestehender Gruppen zu erweitern.[59]

»Zwei Taktiken«

Dem Parteitag von 1905 kam im Anbetracht der Ereignisse im Zarenreich besondere Bedeutung zu. Dieser, der dritte, fand im April in London statt. Dort blieben die Bolschewiki im Großen und Ganzen unter sich. Die Menschewiki, die sich u.a. aufgrund formaler Argumente – es ging um die undurchsichtige Ausstellung von Delegiertenmandaten – fernhielten, tagten ihrerseits in Genf.[60] Die, wie Lenin selbst eingestand, »unwürdigen Zänkereien um den Dirigentenstab« hatten ein Ende.[61] Er wurde ins ZK gewählt, das er gemeinsam mit Alexander Bogdanow und Leonid Krassin als Machtzentrum der Bolschewiki etablierte. Die Absenz der »Martowleute« verschaffte ihm die Gelegenheit, seine Positionen als bestimmende Leitlinien zu fixieren. In den Resolutionen des Parteitags wurden die »Wankelmütigkeit« der Menschewiki und ihre angebliche »Entstellung des Marxismus« festgehalten. Jetzt sollte die Arbeiterschaft sogar explizit vor ihnen gewarnt werden. Die Parteitagsbeschlüsse wurden ins Deutsche übersetzt, um sie auch in der Presse der SPD veröffentlichen zu lassen – ein Ansinnen, dem Kautsky keine Sympathien entgegenbrachte. Dieser raufte sich in Anbetracht der weiteren Verschärfung des SDAPR-Konflikts die Haare. Lenin aber preschte mit einem offensiven Programm vor. Fundamentale Umwälzungen, meinte er, könnten nur unter der Voraussetzung entsprechender Initiativen angestrebt werden. Damit beherzigte er in gewisser Weise das, was in der linken Presse im Westen schon seit Monaten im Zentrum der Diskussionen stand. Dort hatte es nicht an Ratschlägen für die russischen Sozialdemokraten gemangelt. Lenin drängte vor diesem Hintergrund auf die Vorbereitung einer großen Erhebung. Deren Ziel sollte es sein, eine provisorische revolutionäre Regierung zu etablieren. Bei alledem sei

59 Ebd., 169.
60 Vgl. dazu Israel Getzler, Martov, A Political Biography of a Russian Social Democrat, Melbourne 1967, 88f.
61 Vgl. LW, Bd. 7, 185.

das »sozialistische«, und er betonte, »das ganze sozialistische Programm« nicht »für eine Minute aus dem Auge« zu lassen. Während die Menschewiki angesichts ins Chaos abgleitender Entwicklungen im Zarenreich die Liberalen als Verbündete nicht abschrecken wollten und diese Vorsicht »mit der Gefährlichkeit des Anarchismus« begründeten, kommentierte Lenin solche Bedenken lakonisch mit dem Urteil: »fehl am Platz und unzeitgemäß«. Außerdem sollte seiner Ansicht nach der »Terror« mit »der Massenbewegung faktisch verschmelzen«.[62]

Was in den Protokollen dieses 3. Parteitags fixiert wurde, liest sich in etlichen Punkten nicht wesentlich anders als das, was Lenin 1917 in seinen berühmten *Aprilthesen* niederschrieb. Die damaligen Ereignisse gaben, so betrachtet, den Startschuss für ein Sich-Festlegen auf Grundsätze, die von nun an ins Repertoire seiner ganz konkreten Umsturzstrategie gehörten. Ein »friedliche[s] Dahingleiten«, ein Sich-Einrichten auf eine oppositionelle Rolle sei eine »abscheuliche Verzerrung« der eigentlichen Aufgaben der Sozialdemokratie, die immer für das Endziel, den Sozialismus, zu kämpfen habe.[63] Während Lenin sich auf die »technischen« Vorbereitungen des Aufstands konzentrierte, mahnten die Menschewiki dazu, einer vorbereitenden »Vertiefung und Verbreiterung der Agitation« zunächst größere Aufmerksamkeit zu schenken als gewaltsamen Aktionen. Damals genauso wie 1917 wurde der Vorwurf eines bolschewistischen Putschismus laut.[64] Die Menschewiki hielten sich bei alledem nicht für weniger revolutionär als die Bolschewiki. Für sie aber spielte die Perspektive einer proletarischen Massenbewegung eine ungleich größere Rolle. Und zwar durchgehend, während Lenin diese erst in einer zweiten Etappe für sinnvoll hielt und bis zum Erreichen konkreter Ziele den Aktionismus von Berufsrevolutionären als vielversprechender erachtete.

Dessen Hoffnungen auf die mobilisierende Wirkung des Terrors gingen jedenfalls bereits als Folge der Ereignisse von 1905 in Erfüllung – wenngleich ohne sofortigen Einfluss auf die konkrete revolutionäre Dynamik. Der individuelle Terror, den die Narodo-

62 LW, Bd. 8, 175, und vgl. Geyer, Die russische Parteispaltung (Schluss), passim.
63 LW, Bd. 9, 104.
64 Vgl. Theodor Dan, Der Ursprung des Bolschewismus. Zur Geschichte der demokratischen und sozialistischen Idee in Rußland nach der Bauernbefreiung, Hannover 1946, 242–246.

wolzen vertreten hatten, entwickelte sich nichtsdestoweniger zu einem Massenphänomen. Außerdem erweiterte sich der Opferkreis. Anschläge galten jetzt nicht ausschließlich prominenten Persönlichkeiten, sondern auch Repräsentanten des Regimes auf unterer Ebene. So kamen auch zahlreiche Polizisten und Beamte in der Provinz ums Leben. Der Tod von Unbeteiligten wurde von den Attentätern in Kauf genommen. Politische Motive mischten sich mit simplen Racheakten oder waren ganz einfach Teil einer diffusen Auflehnung. Verbindungen der Täter zu Parteistrukturen oder beispielsweise konkret zur Kampfabteilung der PSR waren nicht immer vorhanden. Der Terror wurde vor diesem Hintergrund auch losgelöst von den Parteien praktiziert. Mit ihrem Aufruf zum Kampf gegen die Unterdrückung durch die Staatsmacht befreiten sie aber gleichzeitig auch eine kriminelle bzw. im weitesten Sinne »apolitische« Gewalt von der Anrüchigkeit herkömmlicher Verbrechen.[65] Russland erlebte in den Jahren vor den beiden Revolutionen des Jahres 1917 eine Transformation in ein »Laboratorium der Gewalt«. Auch bewaffnete Selbstschutzgruppen, die sich etwa gegen Pogrome verteidigten, gerieten in den Sog der Radikalisierung. Gewaltloser Widerstand erschien zunehmend aussichtslos, während terroristische Aktionen Handlungsmöglichkeiten eröffneten und Machtpositionen auf lokaler Ebene schufen.[66]

Die Sozialdemokratie, reflektierte Lenin vor dem Hintergrund der ersten Russischen Revolution, müsse den »Massenterror billigen und zum Bestandteil ihrer Taktik machen«, ihn allerdings »organisieren und kontrollieren« sowie den »Interessen und Bedingungen der Arbeiterbewegung und des allgemeinen revolutionären Kampfes unterordnen«.[67] Diese positive Haltung zur Gewalt teilte er im Übrigen mit dem SR-Führer Viktor Tschernow, der sich freilich auf die Formen bäuerlichen Ungehorsams konzentrierte. Er plädierte für einen lokal zu organisierenden politischen Terror, der sich von einem für zwecklos erachteten »Agrarterror« mit unterschiedlichen

65 Vgl. Felix Schnell, Räume des Schreckens. Gewalt und Gruppenmilitanz in der Ukraine 1905–1933, Hamburg 2012, 76f.

66 Vgl. ebd., 96–103.

67 LW, Bd. 10, 164. Vgl. dazu auch James Ryan, »Revolution is War«. The Development of the Thought of V. I. Lenin on Violence, 1899–1907, in: The Slavonic and East European Review 89/2 (April 2011), 248–273.

Widerstandsformen gegen die Grundherren abheben und vielmehr gegen Vertreter der zarischen Administration gerichtet sein sollte. Tschernow sprach von einer zu begrüßenden »Demokratisierung« des Terrors, die er mit einem breiten Widerstand gegen die Autokratie gleichsetzte. Kein Terror gegen die Masse, sondern Terror ausgehend von der Masse als Ausdruck einer »revolutionären Armee« sei anzustreben.[68] Der Elan, mit dem gerade die SRy angesichts abflauender Energien sowohl bei der Arbeiterschaft als auch unter den Bauern versuchten, die Revolution mit gewaltsamen Aktionen am Leben zu erhalten, übertraf diesbezügliche Aktionen der Bolschewiki bei Weitem. Lenins radikale Ansichten sind zweifellos in einem größeren Spektrum des Extremismus zu verorten, der sich seinerseits als angemessene Entgegnung auf die Unterdrückung des Regimes verstand.

Aufseiten der Menschewiki riefen die Resolutionen des bolschewistischen Parteitags scharfe Kritik hervor. In der umfangreichen Broschüre *Zwei Taktiken der Sozialdemokratie in der demokratischen Revolution*, die Lenin im Sommer 1905 verfasste, präsentierte er seine Standpunkte, die sich bereits in den Parteitagsbeschlüssen wiederfanden, dennoch als logische Konsequenz der aktuellen Situation. Und er stellte die Bolschewiki als energische Revolutionäre dar, während die Menschewiki nicht mehr zu bieten hätten als langweilige Losungen und Ausflüchte, um ihre defensive Haltung zu rechtfertigen.[69] So nahm er Bezug auf einen Artikel, in dem die Frage »Dürfen wir siegen?« gestellt worden war. Damit aufgegriffen wurde Eduard Bernsteins Haltung zum Problem der Machtfrage bzw. zur Diskussion über sozialdemokratische Ambitionen. Lenin folgte hier klar Karl Kautsky, der sich gegen ein Verharren der SPD im Status einer bloßen Oppositionspartei ausgesprochen hatte. Die Sorge Bernsteins vor einer womöglich frühzeitigen Eroberung der Staatsgewalt durch eine noch unreife Arbeiterschaft wies Kautsky als unbegründet zurück. Ein Verzicht auf den Sieg bzw. auf den Kampf darum hieße für die Partei, sich in diesem Fall einfach »schlafen legen« zu müssen.[70]

68 Channu Immonen, Mečty o novoj Rossii. Viktor Černov (1873–1952), Sankt-Petersburg 2015, 82.
69 LW, Bd. 9, 97.
70 Vgl. zur Frage des »Sieges« den Schlussteil von *Zwei Taktiken der Sozialdemokratie in der demokratischen Revolution* in: LW, Bd. 9, 92–104.

Was aber Lenin von Kautsky wiederum trennte, war der Zweifel des deutschen Genossen an der Aktualität des Machtanspruchs für Russlands Sozialdemokraten. Ein Sturz der Autokratie oder aber andere Konstellationen bedeuteten ja nicht gleich den Triumpf der SDAPR und den Beginn einer sozialdemokratischen Herrschaft. In Russland noch weniger als sonst wo. Für Lenin hingegen stand unumstößlich fest, dass ein erfolgreiches Handeln sich stets an Parolen über den Sieg zu orientieren hatte.[71] Dieser wiederum werde die »revolutionär-demokratische Diktatur des Proletariats und der Bauernschaft« ermöglichen, die sich »unvermeidlich auf militärische Gewalt, auf die Bewaffnung der Massen und den Aufstand stützen« müsse. Auf »legalem« Wege sei das alles nicht zu erreichen.[72] Die Menschewiki indessen, spottete er, hätten bloß »auswendig gelernt, daß die ökonomische Grundlage der demokratischen Umwälzung die bürgerliche Revolution ist«, aber das so verstanden, dass »man die demokratischen Aufgaben des Proletariats auf das Niveau der bürgerlichen Mäßigung herabwürdigen« müsse.[73] Das Proletariat werde in der Folge zum »Anhängsel der monarchistischen Bourgeoisie« degradiert.[74] Die Menschewiki seien von der Angst gepeinigt, die Bourgeoisie von ihrem Aufbegehren gegen die Autokratie abzubringen, sobald das Proletariat »an der revolutionär-demokratischen Diktatur« teilnähme.[75] All das aber, behauptete Lenin, sei im Grunde irrelevant. Für viel wichtiger hielt er den Zusammenschluss von Proletariern und Bauern. Letztere seien zwar nicht sozialistisch und weiterhin kleinbürgerlich, aber durch ihr Interesse an der Enteignung von Landbesitz der Gutsherren »fähig«, zu den radikalsten Anhängern »der demokratischen Revolution zu werden«.[76] Deswegen gebe es nun die neue, zentrale Losung: »die revolutionäre demokratische Diktatur des Proletariats und der Bauernschaft«.[77]

Solche Perspektiven mochten sich u.a. auch auf optimistische Kommentare Karl Kautskys stützen. Zwar hatte dieser die unzweifelhafte Rückständigkeit der russischen Ökonomie und die Schwäche

71 LW, Bd. 9, 99.
72 Ebd., 44.
73 Ebd., 100.
74 Ebd., 97.
75 Ebd.
76 Ebd., 88.
77 Ebd., 47.

des Proletariats im Zarenreich betont; aber es sei eben »alles […] relativ, auch die revolutionäre Kraft einer Klasse«.[78]

»Hauptwerkzeug«

Mit der Möglichkeit eines Bündnisses zwischen Arbeitern und Bauern hatte sich Lenin zwar früh auseinandergesetzt, dennoch war die propagierte Zweckgemeinschaft etwas mehr oder weniger Abstraktes geblieben. Jetzt, vor dem Hintergrund eines massenhaften bäuerlichen Aufbegehrens mit gewalttätigen Ausschreitungen gegenüber Gutsbesitzern und spontanen Landnahmen durch die Agrarbevölkerung, die nach dem Blutsonntag den Adel in Angst und Schrecken versetzten, betonte er die eminente Bedeutung des Dorfes für die Entwicklungs- und Überlebenschancen der Revolution. Wie sich aber die geforderte »gemeinsame« Herrschaft darstellen würde, ließ Lenin offen. Nicht ausgeschlossen wurde jedenfalls die Kooperation mit einer revolutionären »Bauernpartei«.[79] So oder so werde die Landbevölkerung aber »Stütze der Revolution und der Republik« sein können, um ihre ureigensten Ziele zu erreichen, um »aus dem Schlamm der halben Leibeigenschaft, aus dem Dunkel der Geducktheit und der Knechtschaft emporzusteigen und um ihre Lebensbedingungen so weit zu verbessern, wie das im Rahmen der Warenwirtschaft überhaupt zu erreichen ist«. Sie strebe aber nicht danach, »den Kapitalismus zu vernichten«. Das, setzte Lenin hinzu, bildeten sich die Sozialisten-Revolutionäre nur ein.[80] Damit lag er nicht ganz falsch: Die Landbevölkerung schien die Forderung nach einer Sozialisierung des Bodens eher mit einem Eigentumsversprechen gleichzusetzen.[81] Außerdem herrschte nicht einmal innerhalb der PSR Einigkeit darüber, was nun eigentlich unter der Sozialisierung, dem nichtsdestoweniger zentralen Slogan der Partei, eigentlich zu verstehen sei. Manche SRy sahen keine Veranlassung, eine allzu große Differenz zur Nationalisierung zu konstruieren. Viktor Tschernow präzisierte demgegenüber: »Die Verstaatlichung des Grund und

78 Vgl. Kautskys Rückbezüge auf eigene Schriften in: Kautsky, Der Weg zur Macht, 25.
79 Vgl. Leo Trotzki, Die permanente Revolution (1929). https://www.marxists.org/deutsch/archiv/trotzki/1929/permrev/ltperm01.htm (2.2.2023).
80 LW, Bd. 9, 88.
81 Vgl. Hildermeier, Die Sozialrevolutionäre Partei, 163.

Bodens« vollziehe »sich von oben«, »die Sozialisierung« aber »von unten.« Die Verstaatlichung übertrage zudem das Land »an eine zentrale Gewalt«, die Sozialisierung aber »übertrage es ›nirgendwohin‹«.[82]

Faktum war, dass die Bauern in einem ungeheuren Ausmaß rebellierten, Herrenhäuser in Brand steckten, plünderten – und mitunter auch mordeten. Missernten hatten die Stimmung aufgeheizt. Erreicht werden sollte vor allem die Vertreibung der Landbesitzer, Übergriffe dienten nicht selten dazu, den Preis für den angetragenen Kauf des Bodens zu drücken.[83] Der Protest manifestierte sich aber nicht nur als destruktives Wüten gegen die Unterdrücker. So kam es etwa auch zur Gründung von Bauernbünden, verschiedenen Vereinen und Kooperativen.[84] Außerdem stieg die Militanz der Arbeiterproteste und Streiks, deren Organisation wenigstens teilweise von Sozialisten übernommen wurde. Als prägend erwies sich vor allem der Petersburger Sowjet, ein Rat, der dem Wunsch der Arbeiter nach Selbstverwaltung entsprach und spontan gegründet worden war, um einen Generalstreik durchzuführen. Er entstand überdies auch aus dem Bedürfnis, eine überparteiliche Organisation zu schaffen.[85] und orientierte sich am Vorbild des berufsständisch organsierten »Bund der Bünde«.[86] Dominiert wurde der Rat, der »die revolutionären Strömungen innerhalb des Proletariats vereinigen« sollte,[87] nach und nach von den Menschewiki und seine Geschicke lenkte Leo Trotzki. Von Letzterem ist allerdings bekannt, dass er Denkmalpflege in eigener Sache betrieb und seine Rolle daher wohl als übertrieben bedeutsam darstellte.[88]

Die Bolschewiki verhielten sich gegenüber der neuen Organisation, deren »Hauptwerkzeug« laut Trotzki der »politische Massenstreik« war, eher ablehnend.[89] Das galt zunächst aber sogar für die Menschewiki, die sich über »liberal-demokratische« Versuche, auf

82 Ebd., 90.
83 Hildermeier, Russische Revolution, 87.
84 Figes, Tragödie, 197f.
85 Leo Trotzki, Die Russische Revolution 1905, Berlin 2014, 104f.
86 Auf die Streikbewegung in Ivanovo-Voznesensk und seine Bedeutung als »Geburtsstunde der Sowjets« macht Manfred Hildermeier aufmerksam: Hildermeier, Russische Revolution, 54.
87 Trotzki, Revolution 1905, 104.
88 Trotzki, Mein Leben, 162.
89 Zur Geschichte des Rates siehe u.a. Leo Trotzky, Der Arbeiterdeputiertenrat und die Revolution, in: Die Neue Zeit 25/29 (1906–07), 76–86, 77.

Grundlage des Sowjets eine »nichtsozialistische Arbeiterpartei« zu gründen, besorgt gaben.[90]

Lenin trat nach seiner Ankunft im Zarenreich Ende 1905 kein einziges Mal im Petersburger Sowjet als Redner auf. Dessen Moskauer Pendant, das sich wiederum weitgehend unter Kontrolle der Bolschewiki befand, errang nie die Bedeutung des hauptstädtischen Rates.[91] Lenin zu unterstellen, er habe damals nicht auch das Potenzial der Sowjets erkannt, geht sich nicht aus. Tatsächlich würdigte er den Rat bzw. die Räte als »Organe des unmittelbaren Massenkampfes«: »Nicht irgendeine Theorie, nicht irgendein Aufruf, von wem er auch herrühren möge, nicht eine von irgend jemand erdachte Taktik, nicht eine Parteidoktrin, sondern die Kraft der Tatsachen hat diese parteilosen Massenorgane von der Notwendigkeit des Aufstands überzeugt und sie zu Organen des Aufstands gemacht.«[92] Anscheinend konnte sich Lenin aber auch andere Funktionen der Räte vorstellen – bis hin zur Grundlage von Herrschaftsausübung.[93] Ihre Überparteilichkeit galt ihm gleichzeitig eher als Makel denn als Vorteil. Darüber hinaus war die Distanz etwa konkret zum Petersburger Sowjet, den Trotzki ganz klar als »Keim einer revolutionären Regierung« betrachtete,[94] schon allein darin begründet, dass Lenin keine Rolle in ihm spielte. Aber selbst aufseiten der Menschewiki schätzten einige den Sowjet in Russlands Hauptstadt als eher chaotische Organisation ein und teilten daher keineswegs Trotzkis enthusiastische Beurteilung seiner Entwicklungsmöglichkeiten.[95]

Bis 1917 spielten die Räte in Lenins Denken so gut wie keine Rolle. Ganz einfach deswegen, weil sie über fast zwölf Jahre gar nicht existierten. 1910 rief er sie aber als »Anfang der Eroberung der politischen Macht durch das Proletariat« in Erinnerung und erkannte gleichzeitig »eine Nation von Sklaven«, die sich in der Revolution von 1905 als fähig erwiesen hatte, »unter der Führung des

90 Vgl. Martow, Geschichte, 144f.

91 Vgl. Hellmut Gross/Heiko Haumann/Heinz-Dietrich Löwe/Gottfried Schramm/Thomas Steffens, Über die Revolution zur Modernisierung im Zeichen der eingeschränkten Autokratie (1904–1914), in: Gottfried Schramm (Hg.), Handbuch der Geschichte Russlands, Bd. 3/1: 1856–1945. Von den autokratischen Reformen zum Sowjetstaat, Stuttgart 1983, 337–474, 362.

92 LW, Bd. 11, 111.

93 Dan, Ursprung des Bolschewismus, 285.

94 Trotzky, Der Arbeiterdeputiertenrat, 76.

95 Vgl. Haimson, Three Revolutionaries, 198f., und LW, Bd. 11, 112.

Proletariats den Kampf gegen die Natter der Selbstherrschaft« aufzunehmen.[96] Die Pariser Kommune erregte in Verbindung mit militärischen Aspekten ebenfalls schon 1905 Lenins Aufmerksamkeit. Symbolhafter Bezugspunkt für die Sozialdemokratie war sie freilich ohnehin seit ihrem Untergang 1871. Dennoch hatte sie als Beispiel für Erfolg und Niederlage einer Rebellion in Zeiten drohender oder schon vorhandener Konflikte besondere Konjunktur. Das galt etwa auch, als die Internationale 1912 Warnungen an die Adresse jener europäischen Regierungen formulierte, die sich anscheinend auf einen militärischen Konflikt vorbereiteten. Als konkrete »Herrschaftsform« für die Zukunft begann die Kommune Lenin aber erst ab 1914, nach Ausbruch des Weltkriegs, stärker zu beschäftigen. Schon deshalb, weil sich vergleichbare Konstellationen auftaten, war doch die Pariser Kommune gewissermaßen ein Produkt des Deutsch-Franzöischen Kriegs gewesen. In diesem Zusammenhang interessierte er sich auch für die unterschiedlichen Kräfte, die in ihr vertreten gewesen waren und für eine Vielstimmigkeit gesorgt hatten, die es – so dachte er –, bei einer Neuauflage zu vermeiden galt.[97]

Terror und Gegenterror

Das Zarenreich kam indessen nicht zur Ruhe. Auch die Soldaten, die einerseits im Krieg gegen Japan eingesetzt und andererseits zur Niederschlagung der Aufstände im eigenen Land herangezogen wurden, lehnten sich auf. Berühmtheit erlangte vor diesem Hintergrund die bereits erwähnte Meuterei der Matrosen auf dem Panzerkreuzer Potjomkin, die in weiterer Folge ein Massaker in Odessa nach sich zog. Dort feuerten die in die Stadt beorderten Truppen der Zarenarmee wahllos auf Zivilisten, die sich solidarisch mit den Meuterern gezeigt hatten. An die 2000 Menschen starben, 3000 wurden verwundet.[98]

Überall schlug das Regime erbarmungslos zurück. Auch in den Randgebieten des Riesenreichs, wo Letten und Polen protestierten, Streiks organisierten und sich Straßenschlachten mit der Polizei

96 LW, Bd. 16, 164.

97 Vgl. Jay Bergman, The Paris Commune in Bolshevik Mythology, in: The English Historical Review 129/541 (December 2014), 1412–1441; Florian Grams, Die Pariser Kommune, Köln 2014, 35–57.

98 Figes, Tragödie, 200.

lieferten. Bei alledem begannen die Grenzen zwischen einer Gewalt, die der Rebellion gegen die Autokratie galt, und jener, die sich aus kriminellen Energien speiste, mehr und mehr zu verschwimmen. Das Ausmaß an Brutalität und das Chaos, das sich breitmachte, entsprachen in Summe jener »plebejischen Kraft«, die sich Lenin herbeigewünscht hatte. Diese aber, und damit hatte Martow recht behalten, entzog sich bald jeglicher Kontrolle, verselbstständigte sich in vielerlei Hinsicht und verängstigte auf diese Weise jene Teile des Bürgertums und der Intellektuellen, deren aufgeschlossenste Vertreter sich ursprünglich an die Spitze des Protests gegen das Regime gestellt hatten. Martows Vorbehalte gegenüber der elementaren Kraft der Massen erwuchs überdies seinen Erfahrungen mit dem russischen Antisemitismus. Ein Volk, das zu Pogromen fähig war, erschien ihm als wenig zuverlässig – erst recht, wenn man es zu Exzessen regelrecht aufrief.[99]

Dem Aufbegehren seiner Untertanen begegnete der Zar indessen auch weiterhin mit Unverständnis. Daran vermochte auch die Wucht des Aufruhrs nichts zu ändern. Zugeständnisse an das unzufriedene Volk wollte er nur in geringstmöglicher Dosis machen. Eine Kommission unter dem Vorsitz des Senators Schidlowskij sollte sich der Forderungen der Arbeiterschaft annehmen. Politische Inhalte spielten dabei aber keine Rolle. In Vorwegnahme der lediglich sedierenden Wirkung, die die sogenannte Schidlowskij-Kommission nach Vorstellung des Zaren entfalten sollte, plädierten vor allem die Bolschewiki für eine Boykottpolitik.[100] Nur kosmetische Verbesserungen versprachen auch andere Vorschläge, die unter dem Eindruck des anhaltenden Protests unterbreitet wurden. Der neue Innenminister Alexander Bulygin offerierte ein Parlament, das als »Bulyginsche Duma« in die Geschichte einging. Dieses Projekt einer Volksvertretung lief auf nicht viel mehr hinaus als auf ein beratendes Gremium. Ein sehr eingeschränktes Wahlrecht sollte radikale Kräfte a priori ausschließen.[101]

Mit solchen Angeboten ließ sich die Revolution nicht aus der Welt schaffen. Im Herbst 1905 begann ein Generalstreik, der sich als

99 Vgl. Haimson, Three Revolutionaries, 195.
100 Gross/Haumann u.a., Revolution, 355.
101 Figes, Tragödie, 202.

beeindruckende Machtdemonstration des Proletariats darstellte. 1,6 Millionen Arbeiter beteiligten sich daran. Die Bolschewiki spielten bei alledem keine herausragende Rolle. Sie hinkten hinter den Ereignissen nach und riefen zur Arbeitsniederlegung auf, als diese bereits Faktum war. Fixiert auf einen bewaffneten Aufstand, blieben sie in der zweiten Reihe. Die ausländische Presse machte währenddessen aus dem Streik eine »unblutige Waffe« und sah eine »neue Epoche der Weltgeschichte« ausgelöst, in der es über den Umweg der Arbeiterproteste zu friedlichen Umwälzungen kommen würde.[102] Die Distanz, die Lenin gegenüber solchen Kommentaren einnahm, und seine Skepsis gegenüber allzu zahmen Widerstandsformen verstehen sich von selbst. Den Generalstreik als »Waffe« der Arbeiterschaft sah aber auch Jules Guesde skeptisch. Er wollte lieber die »politische Machtergreifung durch das organisierte Proletariat« ansteuern, als die Idee eines Generalstreiks verfolgen, »den er verächtlich mit einer ›Barrikade von Faulenzern‹ verglich«.[103] Andere wiederum behaupteten, die Streikbewegung im Zarenreich habe die Überflüssigkeit politischer Parteien, d.h. insbesondere der sozialdemokratischen, vor Augen geführt.[104]

Unterstützt wurde der Generalstreik in Russland von einer breiten Front regimekritischer Kräfte. Das ganze Land befand sich im Ausnahmezustand. Die Autokratie wurde nun tatsächlich in die Knie gezwungen. Als Ergebnis des massenhaften Protests erließ der Zar widerwillig das sogenannte *Oktobermanifest*, das eine Verfassung und eine gesetzgebende Duma sowie demokratische Wahlen in Aussicht stellte. Bis zuletzt hatte sich der Zar geweigert, die Deklaration zu unterzeichnen. Zur Gewährung der Bürgerrechte gezwungen worden zu sein, erlebte er als Schmach. Erst als sein Onkel, Großfürst Nikolaus, begleitet von theatralischen Gesten, die Rolle eines Militärdiktators zurückwies, lenkte er ein. Die Errichtung einer Militärdiktatur erschien nämlich als letzte Möglichkeit, um das Manifest nicht unterschreiben zu müssen. Nun aber segnete der Monarch jene Zugeständnisse an das aufrührerische Volk ab, die

102 Vgl. dazu Neues Wiener Journal, 26.10.1905, 1.

103 Pierre Rosanvallon, Die Gegen-Demokratie. Politik im Zeitalter des Misstrauens, Hamburg 2017, 141.

104 Bruno Naarden, Socialist Europe and Revolutionary Russia: Perception and Prejudice 1848–1923, Cambridge 2009, 190.

ihm Graf Sergej Witte nahegelegt hatte. Letzterer musste indessen kopfschüttelnd zur Kenntnis nehmen, dass der in Bedrängnis geratene Herrscher in »einem wahren Narrenparadies« lebte und tatsächlich davon ausging, »so stark und allmächtig« zu sein wie eh und je.[105] Dass ihm die überwiegende Mehrheit seiner Untertanen treu und ergeben geblieben war, ließ er sich nicht ausreden.[106]

Das Verhalten des Zaren glich indes dem eines eigensinnigen Kleinkindes, das nicht zu teilen gelernt hatte und trotzig sein Eigentum verteidigte: Die Krone, war er überzeugt, gebührte ihm allein, und damit auch die mit ihr verbundene vermeintliche Machtvollkommenheit. Diese wiederum empfand er als gottgegeben und damit als unantastbar. Noch im Februar 1905 hatte er angesichts des vorgebrachten Wunsches nach Bürgerrechten von Forderungen gesprochen, die »unserem Vaterland« fremd seien, und von »übelgesinnten« Kräften, die »das natürliche Band mit der Vergangenheit« zerreißen wollten.[107] Damit gemeint war nicht zuletzt das traditionelle Bündnis mit der Orthodoxie, deren Autorität eine der wichtigsten Stützen der Selbstherrschaft darstellte. Dass die Spitzen des Romanowreichs die im *Oktobermanifest* zugestandenen Rechte insgeheim mit einem Ablaufdatum versahen, um zu gegebenem Zeitpunkt den früheren Kurs fortzusetzen, kann in Anbetracht des Beharrens auf althergebrachten Privilegien und scheinbar unverrückbaren Hierarchien kaum verwundern.[108] Alles, was mit dem Versprechen, das Land in eine neue, freiere Zukunft zu führen, verbunden war, rief den Widerwillen des Monarchen hervor. Außerdem kam es auch nach der Verkündigung des *Oktobermanifests* zu blutigen Zusammenstößen zwischen Demonstranten und Ordnungskräften. Lenin verwies auf den »Widerspruch zwischen Verheißungen, Worten, papierenen Wischen« und einer »Wirklichkeit«, die all dem völlig widersprach. »Solange die faktische Macht des Zarismus« nicht gestürzt sei, so lange seien »alle Zugeständnisse, sogar einschließlich der ›konstituierenden‹

105 Zit. nach Figes, Tragödie, 206.
106 Vgl. Raphael Utz, Anti-Konstitutionalismus als kontrafaktischer Vorstellungsakt. Die russische radikale Rechte, die Autokratie und die Duma, in: Dittmar Dahlmann/Pascal Trees (Hg.), Von Duma zu Duma. Hundert Jahre russischer Parlamentarismus, Göttingen 2009, 131–154, 148.
107 Quellen zur Geschichte Russlands, Stuttgart 2014, 256.
108 Figes, Tragödie, 208.

Versammlung, nichts als Blendwerk, Lug und Trug.«[109] Trotzdem sprach er in Zusammenhang mit den Unruhen, die dem Manifest vorangegangen waren, von einer »Oktoberrevolution«.[110] Noch war sie freilich weit davon entfernt, dem zuzustreben, was sich zwölf Jahre später ereignen sollte.

Ängste

Was mit der vagen Ankündigung von Wahlen und einem Parlament sowie der Gewährung einer Konstitution erzielt wurde, war die Befriedung zumindest eines Teils der Opposition. Witte hatte richtig kalkuliert. Einige Vertreter des Bürgertums und der Semstwa wollten sich anscheinend mit dem *Oktobermanifest* als Errungenschaft der Erhebung zufriedengeben. Andere wiederum bekannten sich zur Fortsetzung des Kampfes für eine weitere Demokratisierung, verhielten sich aber gegenüber linken Losungen von einem bewaffneten Aufstand ablehnend. Das politische Spektrum erweiterte sich unterdessen um die konservativen Oktobristen, die ihr Programm auf die Prinzipien des *Oktobermanifests* zuschnitten. Ihnen gegenüber standen die »Radikalliberalen«, die Konstitutionellen Demokraten (»Kadety«), die sich ebenfalls im Oktober als Partei gründeten und sich – unter ihnen der von Lenin so bekämpfte Struwe – als Architekten der im Gange befindlichen Umwälzungen betrachteten. Freilich regten sich unter den Kadety bei aller Bereitschaft, der Autokratie die Stirn zu bieten, Ängste vor unkontrollierbaren Verhältnissen bis hin zu einer »Vernichtung der gesamten Intelligenzija«, deren Repräsentanten sich die »verbitterten Massen« als Sündenböcke für alle Fehlentwicklungen aussuchen würden.[111] Warnende Stimmen rieten der solcherart bedrohten Bildungsschicht daher, nicht länger »von der Befreiung des Volkes zu träumen«, sondern dieses Volk »mehr zu fürchten« als alle Gräuel und Repressionen, denen sich die zarische Regierung bei der Niederschlagung der Revolution schuldig gemacht hatte.[112]

Diese Zeilen wurden, wie ihr Autor, der Literaturwissenschaftler und Philosoph Michail Gerschenson, bedauerte, oft zitiert, ohne

109 LW, Bd. 9, 451.
110 LW, Bd. 10, 29.
111 Figes, Tragödie, 225.
112 Zit. nach ebd., 227.

ihren tieferen Sinn zu begreifen. Er beklagte das fatale Bündnis, das die Intelligenzija an die Autokratie fesselte. Das Volk indessen hasse die »Gebildeten« aufgrund ihrer Seelenlosigkeit. Dahinter stecke eine geradezu mystische Angst.[113] Die Intellektuellen Russlands seien vor diesem Hintergrund unfähig gewesen, die Kluft, die sie vom Volk trenne, zu erkennen. Gerschenson hielt sie ob der »ständigen Reizungen des abstrakt-moralischen Denkens« für »krank« und, nicht anders als der Schriftsteller Anton Tschechow, der sie in seinen Stücken zuweilen als ratlose Versager vorführte, für größtenteils »neurotisch«. Die russische Intelligenzija sei verhärmt ob der geistigen Friedhofsruhe, in der sie lebe, gleichzeitig aber unfähig, Eigenverantwortung zu übernehmen, um der Sinnlosigkeit zu entfliehen: »Für allen Dreck und alles Chaos wurde die Selbstherrschaft verantwortlich gemacht – niemals das Individuum.«[114] Importierte ausländische Lehren, betonte Gerschenson ebenso, hätten eine originäre nationale »Evolution des Denkens« behindert.[115]

Schon Jahre vor Gerschensons Geißelung intellektueller Isoliertheit und seiner Kritik an der Aneignung fremder Ideologien durch die russische Bildungsschicht hatten antiliberale, antimarxistische und vor allem auch antisemitische Kräfte im »Bund des russischen Volkes« zusammengefunden. Dieser besaß die Sympathien des Zaren sowie hoher Kirchenvertreter. Die Bedeutung des »Bundes« wuchs stetig, die Rechten mobilisierten Zehntausende. Diese schreckten nicht vor Gewalttaten zurück. Unter der Bezeichnung »Schwarzhunderter« waren die ultrarechten und nationalistischen Anhänger einer dubiosen Politik des »Law and Order« verantwortlich für blutige Pogrome, die sich oft genug unter Duldung der Polizei entluden. Die Konterrevolution erhob ihr Haupt. Vor allem die jüdische Bevölkerung bekam ihren Zorn zu spüren. Im zweiten Revolutionsjahr, 1906, erfuhren aber auch die Bauern, was es bedeutete, sich gegen die Obrigkeit aufzulehnen. Ganze Dörfer wurden dem Erdboden gleichgemacht und Tausende getötet. Das Zarenreich versank immer tiefer in Gewalt. Vor diesem Hintergrund sprachen viele von einem Bürgerkrieg. Auch Lenin oder Julij Martow sahen

113 Michail Geržension, Schöpferische Selbsterkenntnis, in: Karl Schlögel (Hg.), Wegzeichen. Zur Krise der russischen Intelligenz, Frankfurt am Main 1990,140–175, 165f.

114 Ebd., 166, 171.

115 Ebd., 155.

einen Konflikt, der ganz offensichtlich die »breitesten Volksmassen« erfasst hatte.[116] Dieser Volks- oder Bürgerkrieg freilich firmierte in Lenins Denken als anzustrebende Kategorie. In ihm hatte das »klassenbewusste Proletariat« seine »Pflicht« zu erfüllen.[117] Diese Wahrnehmung wiederum übertrug er auf die Phase ab 1914/17, als er Krieg, Revolution und Bürgerkrieg als »Dreieinigkeit« beschwor.[118]

Gegenschläge

Die »Volksmassen«, die sich gegen die Autokratie auflehnten, unter Kontrolle zu bringen, war dem früheren Innen- und neuen Premierminister Pjotr Stolypin aufgetragen worden, der mit eiserner Hand durchgriff. Den Forderungen des rechten Spektrums nach einer »Säuberung des Staates von der blutigen Koalition von Anarchisten und Banditen« kam er durch die Einführung von Standgerichten nach. Hunderte – auch völlig Unschuldige – wurden innerhalb nur weniger Monate hingerichtet, Tausende während der ersten drei Jahre seiner Amtszeit.[119] Der letzte Anstrich von Rechtsstaatlichkeit war somit verblasst, weite Teile der Gesellschaft nahmen die Maßnahmen der Regierung als »Staatsterror« wahr.[120] Stolypin zur Last legte die liberale Öffentlichkeit überdies die Auflösung der ersten Duma, die 1906 nur wenige Monate im Taurischen Palais in St. Petersburg getagt und den Zaren angesichts der radikalen Forderungen der Abgeordneten die Bestätigung seiner Abneigungen gegen das Parlament geliefert hatte. Dort dominierten im Übrigen Diskussionen über eine Agrarreform und über die »jüdische Frage«. Letztere drängte sich aufgrund eines besonders brutalen Pogroms in Bialystok auf. Die Beteiligung der Behörden an dem Massaker, bei dem etwa 80 Personen ums Leben kamen, erregte die Gemüter.[121]

---

116 L. Martoff, Die erste Epoche der russischen Revolution (1906). https://www.marxists.org/deutsch/archiv/martow/1906/xx/russrev.html (24.2.2023).
117 Zit. nach Morina, Erfindung, 460.
118 Vgl. Ryan, »War is Revolution«, 270–273.
119 Figes, Tragödie, 243.
120 Zit. nach Anke Hillbrenner, Terroristen in die russische Staatsduma? Zum Wechselspiel von Terrorismus und legaler politischer Partizipation, in: Dittmar Dahlmann/Pascal Trees (Hg.), Von Duma zu Duma. Hundert Jahre russischer Parlamentarismus, Göttingen 2009, 247–262, 257.
121 Vgl. Shmuel Galai, Kadet domination in the First Duma and its limits, in: Jonathan Smele/Anthony Heywood (Hg.), The Russian Revolution of 1905. Centenary Perspectives, London/New York 2005, 196–217, 204.

Im August 1906 verübten drei Maximalisten – Angehörige einer Splittergruppe der SRy – ein Attentat auf den verhassten Premier, bei dem 27 Menschen starben und Dutzende verletzt wurden, darunter Stolypins Kinder. Nicht zuletzt die Kadety, die in der ersten Duma die Mehrheit im Parlament gestellt hatten, betrachteten den Anschlag ungeachtet seiner abscheulichen Auswirkungen auf Unbeteiligte als eine Art gerechte Strafe für das willkürlich herbeigeführte Ende der Volksvertretung. Ihr Protest gegen die Auflösung der Duma, den sie im sogenannten *Wyborger Manifest* artikulierten, verhallte aber mehr oder weniger ungehört. Der von den Linksparteien ausgerufene Boykott der Duma hatte den Kadety eine günstige Ausgangslage im Parlament verschafft. Dieser Erfolg wiederum nährte ihren Glauben an eine breitere Anhängerschaft. Sich als Repräsentanten auch der unteren Schichten zu empfinden, kam aber einer fatalen Selbstüberschätzung gleich. Sie machte sich besonders schmerzhaft bemerkbar, als das Volk nun ungeachtet der Protestaufrufe weitgehend ruhig blieb.[122] Selbst die Menschewiki hatten sich vor diesem Hintergrund zu einer Kooperation mit den Sozialisten-Revolutionären zum Zwecke einer Realisierung von »Massenaufständen« und »terroristischen Aktionen« durchgerungen, ohne dass dieses Einvernehmen aber zu bemerkenswerten Ergebnissen geführt hätte. Die Menschen waren erschöpft oder desinteressiert. Die Revolution kam nicht mehr in Schwung.[123]

Die Widerständigkeit der Parlamentarier beantwortete die Regierung mit der Verhaftung von weit über 100 Kadety, die gemeinsam mit Vertretern anderer politischer Parteien vergeblich auf jenes revolutionäre Beben warteten, das 1905 das Reich erschüttert hatte. Lenin wiederum kommentierte das Ende der, wie er schrieb, »kadettischen Duma« ungerührt und mit den Worten »Friede ihrer Asche«. Sie habe dem Volk lediglich die Machtlosigkeit des Parlaments vor Augen geführt und obendrein gezeigt, dass es zuallererst die links von den Kadety stehenden Parteien – er meinte die sogenannten Trudowiki, denen u. a. der später so berühmte Alexander Kerenskij angehörte – gewesen waren, die mit radikalen Forderungen zugunsten der Massen hervorgeprescht waren. Vor allem

---

122 Hildermeier, Die Sozialrevolutionäre Partei, 163.

123 Ebd., 153f.

beschuldigte er die Konstitutionellen Demokraten einer naiven Kollaboration mit der Autokratie: »Die Kadetten träumten davon, die Leibeigenschaft, die Willkür, die Selbstherrlichkeit, das Asiatentum, die Selbstherrschaft abzuschütteln, ohne die alte Macht zu stürzen.«[124] Sie hatten also in seinen Augen »die revolutionäre Aufgabe des Kampfes um die Macht nicht bewältigt«.[125] Davor, also vor dem Einlenken der Liberalen und ihrer Bereitschaft, sich auf fragwürdige Zugeständnisse der Regierung einzulassen, hatte Lenin schon im Vorfeld der 1905 begonnenen Umwälzung gewarnt. Mit der Prognose eines »Verrats des Bürgertums an den Zielen der Revolution« war Lenin allerdings nicht allein gewesen. Des »Erfordernisses« einer »Revolution in Permanenz«, das sich nicht zuletzt aus den Erfahrungen liberaler Verständigungspolitik aufzudrängen schien, hatten sich zum Teil bereits vor dem Blutsonntag 1905 Sozialdemokraten wie Franz Mehring, Alexander Parvus-Helphand oder Leo Trotzki angenommen.[126] Letzterer erachtete eine bürgerlich-demokratische Revolution aufgrund der Schwäche der russischen Bourgeoisie notwendigerweise als proletarisch-bürgerliche »Co-Produktion«. Mit dem impliziten Übergehen in eine sozialistische Phase sei eine derartige Revolution eben »permanent«.[127] Sofort nach der demokratischen Revolution, schrieb Lenin – ebenfalls schon im Herbst 1904 –, müsse demnach der »Übergang zur sozialistischen Revolution in Angriff« genommen werden. »Wir sind«, setzte er hinzu, »für die permanente Revolution. Wir werden nicht auf halbem Wege stehen bleiben.«[128] Um dieselbe Zeit hatte auch Karl Kautsky die »historische Mission« des Zarismus darin gesehen, die »Tür für die ›Revolution in Permanenz‹ in Rußland aufzustoßen«.[129] Diese »permanente Revolution« wiederum, ließ sich schon bei Marx nachlesen, müsse so lange andauern, bis »alle mehr oder weniger besitzenden Klassen

124 LW, Bd. 11, 99.
125 Ebd., 103.
126 Trotzkis diesbezügliche Ansichten mündeten 1906 in den Aufsatz »Ergebnisse und Perspektiven«, den er im Petersburger Untersuchungsgefängnis verfasste.
127 Vgl. Manfred Hildermeier, Geschichte der Sowjetunion 1917–1991. Entstehung und Niedergang des ersten sozialistischen Staates, München 1998, 180.
128 Zit. nach Winfried Scharlau, Parvus-Helphand als Theoretiker in der deutschen Sozialdemokratie und seine Rolle in der ersten russischen Revolution (1867–1910), Münster 1964, 205; vgl. auch Winfried B. Scharlau/Zbynek A. Zeman, Freibeuter der Revolution. Parvus-Helphand. Eine politische Biographie, Köln 1964, 84–90; Figes, Tragödie, 229f.
129 Zit. nach Massimo L. Salvadori, Sozialismus und Demokratie. Karl Kautsky 1880–1938, Stuttgart 1982, 145.

von der Herrschaft verdrängt« und »die Staatsgewalt vom Proletariat erobert« sei.[130]

Niederlagen und Chancen

Aber zurück in den Herbst 1905 und damit zum Eintritt Lenins in das Geschehen in Russland selbst: Lenin beobachtete die Entwicklungen im Zarenreich etwa ein halbes Jahr lang von dessen Hauptstadt, danach von Finnland aus. Anfang November 1905 war er in St. Petersburg eingetroffen.[131] Noch im Sommer hatte er das bereits erwähnte Werk *Zwei Taktiken der Sozialdemokratie in der demokratischen Revolution* vorgelegt und die maßgeblichen Losungen für die Partei zusammengefasst. Sie verstand er als Handlungsanleitung. Da sie in groben Zügen die Vorlage auch für die Taktik 1917 abgaben, lohnt es sich, sie genauer zu betrachten: Die als Ziel definierte »Errichtung der demokratischen Republik in Rußland«, hieß es, sei nur als »Ergebnis eines siegreichen Volksaufstandes möglich«.[132] Selbst in einer »provisorischen revolutionären« Regierung müssten die Sozialdemokraten die Politik der Totalopposition verfolgen, um so »die revolutionären Errungenschaften zu verteidigen, zu festigen und zu erweitern«.[133] Ob es aber überhaupt zu einer Partizipation in einem Kabinett kommen könne, hänge von den Kräfteverhältnissen und vielen Unwägbarkeiten ab.[134] Die »Eroberung der Macht zum Zweck der sozialistischen Umwälzung« tat er damals noch als Ausfluss »halbanarchischer Ideen« ab: Der »Grad der ökonomischen Entwicklung Rußlands« und des »Klassenbewusstseins« sowie der »Organisiertheit der breiten Massen des Proletariats« sei zu gering.[135] Der »entscheidende Sieg der Revolution über den Zarismus« sei nichtsdestoweniger »die revolutionär-demokratische Diktatur des Proletariats und der Bauernschaft«, und diese – eine

130 Zit. nach Ossip K. Flechtheim/Hans-Martin Lohmann, Marx zur Einführung, Hamburg 2000, 31. Zur Genese der »permanenten Revolution« ab der Julirevolution von 1830 siehe auch: Reinhart Koselleck, Vergangene Zukunft. Zur Semantik geschichtlicher Zeiten, Frankfurt am Main 2017, 81f.

131 Service, Lenin, 237.

132 LW, Bd. 9, 9.

133 Ebd., 10.

134 Vgl. Christopher Read, Lenin. A Revolutionary Life, London/New York 2005, 79f.

135 LW, Bd. 9, 14.

»demokratische«, »keine sozialistische« – Diktatur wiederum würde sich »unvermeidlich auf militärische Gewalt, auf die Bewaffnung der Massen, auf den Aufstand stützen müssen« und nicht auf irgendwelche legalen oder friedlich »geschaffenen Einrichtungen«.[136] Die Umwälzung werde nicht »über den Rahmen der bürgerlichen gesellschaftlich-ökonomischen Verhältnisse« hinausgehen, aber für die weitere Entwicklung Russlands und »auch der ganzen Welt gigantisch sein«.[137] Ob dieser Sieg zu erreichen sei, wisse er nicht. Aber man müsse ihn anstreben. Und er behauptete: »Konkrete politische Aufgaben« müssten »in einer konkreten Situation« erfüllt werden: »Alles ist relativ, alles fließt, alles ändert sich.«[138] Auch in dieser Einschätzung ergaben sich Anknüpfungspunkte mit Karl Kautsky, der die Verschiedenheit des »Klassenkampfs« in den unterschiedlichen Ländern betont hatte.[139] Patentrezepte gab es keine. Trotzki meinte später in diesem Zusammenhang: »Lenin hat keine fertigen Gebote vom Sinai gebracht, sondern er schmiedete Gedanken und Parolen im Schmelzofen des Klassenkampfes. Er passte diese Parolen der Wirklichkeit an, konkretisierte und präzisierte sie und füllte sie zu verschiedenen Perioden mit verschiedenen Inhalten.«[140]

So sehr Lenin im Lauf der Revolution seine Losung von der Diktatur auch immer wieder abänderte bzw. mit wechselnden Szenarien verband, verabsolutierte er damit die hegemoniale Stellung der Partei im »Kampf gegen den Absolutismus«. Diese »Hegemonie« hatte er gemeinsam mit Martow und Potresow schon vor der Jahrhundertwende als Modell entwickelt.[141] Damals beruhten die diesbezüglichen Annahmen auf der Diagnose eines schwachen, politisch unterentwickelten russischen Bürgertums, das völlig passiv bleiben würde. Nun war es jedoch anders gekommen und Lenin machte klar, dass der unausweichliche Widerstand der Bourgeoisie gegen eine proletarische Agenda mit einer Diktatur gebrochen werden

---

136 Ebd., 44.
137 Ebd.
138 LW, Bd. 9, 75.
139 Karl Kautsky, Die Intelligenz und die Sozialdemokratie (1895). https://www.marxists.org/deutsch/archiv/kautsky/1895/xx/intelligenz.htmlK (23.2.2023).
140 Leo Trotzki, Die permanente Revolution (1929). https://www.marxists.org/deutsch/archiv/trotzki/1929/permrev/ltpermo6.htm (23.2.2023).
141 Dan, Ursprung des Bolschewismus, 188.

könne. Nur sie werde die erwartbare Gegenrevolution abwehren.[142] Im Wesentlichen deckte sich dieses Szenario mit den verschiedenen Perspektiven der »permanenten Revolution« von Trotzki, Parvus und Mehring, wobei Letzterer die »Erweiterung der nächsten Ziele des Proletariats in unmittelbare Abhängigkeit [...] vom Schwung der bürgerlichen Bewegung« setzte.[143] Lenin aber wollte sich nicht an diesen »Schwung« binden. Selbst Mehring aber riet den russischen Genossen, »keinen Augenblick die Waffen« abzulegen, um die Bourgeoisie auf Kurs zu halten und »proletarische Forderungen« durchzusetzen.[144] Lenin wiederum wurde schon allein in Anbetracht des wechselhaften Verlaufs der Revolution mehr und mehr bewusst, dass sie geradezu zwingend als ununterbrochener Prozess begriffen werden müsse, »der unmittelbar bis zur sozialistischen Umwälzung fortschreitet, wenn die Demokratie sich als ohnmächtig erweist, ihre Herrschaft aufzurichten«.[145] Betont wurde in diesem Zusammenhang, dass eine »politische Demokratie« ohnehin nur eine Zwischenetappe darstellen könne.[146]

1905 wankte die Autokratie, aber sie war noch nicht zusammengebrochen. Vielmehr fühlte sie sich mehr denn je herausgefordert. Gleich nach seiner Ankunft in der russischen Hauptstadt hatte sich die Ochrana dementsprechend für Lenin zu interessieren begonnen. Die Hoffnung, die Partei aus der Illegalität zu führen, stand auf wackeligen Beinen. Presse- und Redefreiheit waren Rechte ohne verbindliche Absicherung. Unter diesen Bedingungen sah er sich gezwungen, sein Quartier immer wieder zu wechseln, um lästige Polizeispitzel abzuschütteln. Trotz dieser schwierigen Begleitumstände widmete er sich mit ganzer Kraft der Parteiarbeit und tat, was er auch sonst zu tun pflegte: Er schrieb Artikel und Broschüren und verhandelte in Gremien die nächsten Schritte aus. Bei aller Skepsis gegenüber den Zugeständnissen des Regimes überwog aber zunächst die Hoffnung auf Veränderung. Lenin legte eine geradezu naive Zuversicht an den Tag. Jetzt betonte er sogar die Notwendigkeit, eine

---

142 Ebd., 258.
143 Vgl. dazu Martows Ausführungen zur »permanenten Revolution«: Geschichte der russischen Sozialdemokratie, Berlin 1926, 166.
144 Zit. nach ebd., 165.
145 Zit. nach ebd., 166.
146 Vgl. ebd., 164.

möglichst breite Basis im Volk anzustreben. Er gab eine Losung aus, die an die Initiativen der Narodniki des vorangegangenen Jahrhunderts erinnerte: nämlich »ins Volk« zu gehen.[147] Er war jetzt außerdem überzeugt von der Energie des Proletariats: »Jetzt wird sich die Initiative der Arbeiter selbst in einem Ausmaß zeigen, von dem wir gestern, als wir noch Konspiratoren und ›Zirkelveranstalter‹ waren, nicht einmal zu träumen wagten.«[148] Die Phase der Illegalität gehe zu Ende, man könne die Arbeiter »zu Hunderten und Tausenden in die Parteiorganisationen« einberufen.[149] Schließlich sprach er von einer erforderlichen Einheit unter den Sozialdemokraten. Bedenkt man seine vormalige Haltung, war das ein durchaus bemerkenswerter Umschwung. Vor Augen hatte er vor allem praktische Aufgaben. Zu lange sei in der »Emigrantenatmosphäre« vornehmlich »theoretisiert« worden. Nachdem »eine Unmenge an Tinte« und ein »Haufen Papier« für die Darlegung der Ursachen des Zwists verbraucht worden seien, müsse jetzt, ohne zu zögern, auf die Vereinigung von Bolschewiki und Menschewiki hingearbeitet werden.[150]

Der solcherart zum Ausdruck gebrachte Optimismus währte nicht lange. Im Dezember 1905 folgte ein herber Rückschlag. Ein Aufstand im Moskauer Arbeiterviertel Presnja wurde brutal niedergeschlagen. Die Ordnungskräfte setzten Artillerie ein. Das Stadtviertel wurde durchkämmt und verschanzte Arbeiter ebenso wie Unbeteiligte fielen im Kugelhagel oder wurden von schweren Geschoßen zerfetzt. Die Bilanz ließ erschaudern: Zwischen 700 und 1000 Todesopfer – die Angaben hierzu schwanken – waren zu beklagen, darunter Frauen und Kinder. Hinzu kamen etwa 3000 Verwundete. »Die »‹Kommune von Moskau‹« war »zerschlagen«.[151]

Monate später, als es um die Lehren aus dem Moskauer Aufstand ging, verurteilten einige ihn als sinnloses Manöver. Erst recht in Anbetracht der daraus resultierenden weiteren Eskalation. Die Regierung griff jetzt noch energischer durch. Von Oktober 1905 bis April 1906 verursachte der innerrussische »Krieg« etwa

147 LW, Bd. 10, 20.
148 Ebd., 21.
149 Ebd., 16.
150 Ebd., 23.
151 Koenen, Die Farbe Rot, 620.

48.000 Todesopfer.[152] Der Aufstand gilt schon deshalb als Wende in der Revolution – hin zu einer Verschärfung des Konflikts zwischen Ordnungskräften einerseits und den Aufbegehrenden andererseits.[153]

Schon kurz nach der Niederlage hatte Georgij Plechanow jene Sozialdemokraten sowie Sozialisten-Revolutionäre, die an der Spitze der Rebellion gestanden hatten, für die, wie er meinte, vorhersehbare Katastrophe verantwortlich gemacht. Die Kräfte hätten einfach nicht ausgereicht, einzelne Aktionen würden die Autokratie ohnehin nicht zu Fall bringen.[154] Lenin widersprach heftig: Mit friedlichen Streiks sei nichts auszurichten. Diese Illusion müsse man den Massen schonungslos klarmachen, und das habe der Moskauer Aufstand vor Augen geführt und schon deshalb eine wichtige Aufgabe erfüllt. Lenin plädierte, unbeeindruckt von den Toten, die in Moskau betrauert wurden, für einen Geist der Offensive und eine adäquate Bewaffnung des Proletariats. Er träumte davon, »Bomben in Massen herzustellen« und »Vorräte an Sprengstoffen, Zündern und Selbstladegewehren« anzulegen, und er blieb – wie erwähnt – nicht untätig, um für solche Reserven tatsächlich zu sorgen.[155] Dass später ein »im Grunde rein kadettisches Gekicher« solche Pläne als illusorisch ins Lächerliche zog, störte ihn nicht.[156]

Lenin hatte die Memoiren des Generals der Pariser Kommune, Gustave Paul Cluseret, eigenhändig ins Russische übersetzt.[157] Dessen Lehren aus der Konfrontation mit den Versailler Truppen maß er große Bedeutung bei. Schon Monate vor den Ereignissen in Moskau hatte er zu Cluserets Ansichten über den Straßenkampf einen Artikel veröffentlicht. Sein spezielles Interesse galt den Barrikadenkämpfen. Außerdem kannte er die Überlegungen von Marx und Engels zur Praxis des bewaffneten Kampfes. Vor allem ihre Ausführungen zur Asymmetrie eines Konflikts zwischen Staatsgewalt auf der einen und Aufrührern aus dem Volk auf der anderen Seite hatte er rezipiert. Darin spielte die politische Durchdringung der Armee als Hebel zur Überwindung der ungleichen Machtverhältnisse, die

152 Ebd., 621.
153 Vgl. Abraham Ascher, The Revolution of 1905. A Short History, Stanford 2004, 90–111.
154 Tjutjukin, Plechanov, 224.
155 LW, Bd. 11, 164.
156 LW, Bd. 10, 132.
157 Gautschi, Lenin, 63.

sich schon allein in der weitgehend fehlenden Bewaffnung des Proletariats ausdrückten, keine geringe Rolle. Diesbezügliche Analysen gipfelten schließlich in der Erkenntnis, wonach eine erfolgreiche Revolution nur von der Armee ausgehen könne.[158] Auch Lenin suchte nach Anhaltspunkten für die Neutralisierung einer asymmetrischen Kräfteverteilung, wie sie die russischen Erfahrungen gerade im Revolutionsjahr 1905 aufzeigten. Man müsse, forderte er, sich die Kampfmethoden der Gegenseite zu eigen machen. Von den 15.000 Soldaten, die zur Niederschlagung des Moskauer Aufstands eingesetzt worden waren, seien 5000 schwankend gewesen. Die Regierung sperrte sie aus diesem Grund entweder ein, griff zu Einschüchterungen, entwaffnete sie oder bestach die Zögerlichen mit der »Verteilung von Uhren, von Geld usw.« und »man sparte« scheinbar »nicht mit Schnaps«. Alkohol für Loyalität – das war ein Deal, bei dem gar nicht erst gefragt wurde, wie tiefgehend oder dauerhaft ein solches Bündnis sein konnte. Aber darum ging es gar nicht. Lenin sah das ähnlich. Auf unlautere Methoden zu verzichten, würde bedeuten, sich auf die Position »traurige[r] Pedanten« zurückziehen.[159]

Bei seinem Drängen auf den Sturz des Regimes riet er auch zu wenig erfolgversprechenden Kampfformen und beschwor Szenarien herauf, wie man sie von den heroisierenden Gemälden diverser Volksaufstände kannte. Engels hatte indessen den als heldenhaft verklärten Barrikadenkämpfen eine eher moralische als »materielle« Bedeutung zugesprochen.[160] Lenin wollte dennoch keine Methode ausklammern – so dilettantisch sie auch erscheinen mochte. Mithin sprach er sich auch für den Einsatz einzelner Individuen oder Kleinstgruppen aus, die mit Messern oder Schlagringen kämpfen sollten.[161]

Die trügerische Aussicht auf ein wenigstens ansatzweise freieres Russland hatte ihn sogar dazu bewogen, die Feindschaft mit den Menschewiki hintanzustellen und dem Ziel einer Überwindung der Zarenherrschaft auf Grundlage bzw. unter Berücksichtigung von Basisarbeit näherzukommen. Im Dezember 1905 – der Aufstand

158 Vgl. Wilfried Metsch, Die Kunst des Aufstands. Studien zu Revolution, Guerilla und Weltkrieg bei Friedrich Engels und Karl Marx, Berlin 2020, 42–88.

159 LW, Bd. 11, 161.

160 Metsch, Kunst des Aufstands, 75.

161 Christopher Read, Lenin and the 1905 Revolution, in: Jonathan Smele/Anthony Heywood (Hg.), The Russian Revolution of 1905. Centenary Perspectives, London/New York 2005, 218–240, 232.

in Moskau hatte gerade begonnen – wurden bei einer Konferenz in Tampere, wo sich Lenin und Stalin zum ersten Mal begegneten, in diesem Sinne Vereinbarungen getroffen. Im »Manchester des Nordens«, wie die finnische Stadt aufgrund ihrer Textilindustrie genannt wurde, erwies sich Lenin zur Überraschung mancher Anwesenden – noch waren die Bolschewiki unter sich – an bestimmten Fragen aber als fast schon desinteressiert. Als es um die Beteiligung der Partei an den Duma-Wahlen und damit am ersten Parlament ging, das nun in Russland zusammentreten sollte, beugte er sich mit Verweis auf sein eigenes langes Emigrantendasein und eine womöglich mangelnde Kenntnis über die Verhältnisse im Land jenen Genossen, die für einen Boykott votierten.[162] Mit nachlassender Energie hatte das nichts zu tun. Noch war alles in Schwebe. Die Hoffnung auf einen Erfolg des Aufstands rückte die Frage der Teilhabe an einer Körperschaft, von welcher der Zar sich eine Absorption revolutionärer Energien erwartete, in den Hintergrund. Dementsprechend ging es auch auf der Konferenz zu. »In den Pausen« lernten die Delegierten »schießen«.[163] Tatsächlich interessierte viele Revolutionäre die Frage der Duma gar nicht. Jetzt hieß es, die Autokratie bis zum Ende zu bekämpfen und sich nicht mit dem Köder eines Parlaments vertrösten zu lassen.[164] Vor diesem Hintergrund hatten sich beispielsweise auch Parvus und Lidija Dan, die nach der Verhaftung der Führer des Petrograder Rates eine Art Untergrundsowjet leiteten, um die Bewaffnung der Arbeiter gekümmert – allerdings mit keinem nennenswerten Erfolg.[165]

Allianzen

Am sogenannten Vereinigungsparteitag in Stockholm, wo sich die Delegierten der SDAPR im Frühjahr 1906 versammelten, befand Lenin sich – ungeachtet seiner martialischen Rhetorik und der Bereinigung organisatorischer Unstimmigkeiten zugunsten

162 Vgl. Robert Himmer, First impressions matter: Stalin's initial encounter with Lenin, Tammerfors 1905, in: Revolutionary Russia 14/2 (2001), 73–84; Robert C. Tucker, Stalin as Revolutionary 1979–1929, New York 1973, 80.

163 Krupskaja, Erinnerungen, 174.

164 Vgl. Leopold Haimson, The Making of Three Russian Revolutionaries. Voices From the Past, Cambridge 1987, 206f.

165 Vgl. ebd., 203–206.

bolschewistischer Vorstellungen – in der Defensive. Die vordergründige Harmonie widerstrebte Lenin im Grunde. Seine geradezu schwärmerischen Versöhnungsgesten vom November waren längst passé. Schon im Vorfeld des Parteitags hatte es freilich ermüdende Diskussionen über parallel verlaufende Parteitage der Fraktionen sowie über unklare »Verschmelzungsbedingungen« gegeben. Lenins Haltung zur Vereinigung mit den Menschewiki dominierte bald die Sorge, dass weiterhin konkurrierende Zentralorgane den angestrebten gemeinsamen Kurs von vornherein untergraben würden.[166] Einen Plan für ein gemeinsames Blatt gab es bezeichnenderweise nicht. Die Menschewiki blieben seiner Ansicht nach außerdem eine vernünftige »Einschätzung der Erfahrung vom Oktober und Dezember 1905« – gemeint waren der Streik und der Aufstand – schuldig. Sie verurteilten die Dezemberereignisse als überflüssigen Kraftakt und betrachteten ihn als Fehler, rangen sich aber zu keinen alternativen Konzepten durch, die Lenin in irgendeiner Weise befriedigt hätten. Dieser verwies geradezu triumphierend auf Karl Kautsky als einen Befürworter der Moskauer Erhebung. Die Zustimmung des Bolschewikenführers fand überdies dessen Vergleich mit der »Juniniederlage« der Arbeiter in Paris im Jahr 1848. Ausgehend von diesem Beispiel habe Kautsky den »Heldenmut« des russischen Proletariats hervorgehoben. Er »nörgele« nicht über den Misserfolg, sondern analysiere nüchtern, was sich ereignet habe. Kautskys »Lehren von Moskau« fasste Lenin als Ermutigung auf und zitierte dessen Prognose: »Mag das Gelichter der Gegenrevolution seinen Karneval über den Leichen der erschlagenen Freiheitshelden tanzen: schon naht sein Aschermittwoch, und danach Rote Ostern, die Auferstehung der proletarischen Revolution.«[167]

In Stockholm aber stieß er mit solchen Aussagen auf taube Ohren. Seine Ansicht, wonach man »mit verzehnfachter Energie Kampfgruppen organisieren«, den »Bürgerkrieg« proklamieren und sich von der Duma distanzieren müsse, fand keine Mehrheit.[168] Für unersprießlich hielt Lenin abseits der kritischen Einschätzungen der Moskauer Ereignisse durch die Menschewiki aber noch wei-

166 LW, Bd. 36, 126f.
167 Zit. nach LW, Bd. 10, 134.
168 Vgl. ebd., 135f.

tere Ergebnisse des Parteitags: Sein Agrarprogramm rief zum Teil heftigen Widerspruch hervor. Darin hatte er sich für die Konfiskation von Gutsherrenland sowie die Gründung von Bauernkomitees ausgesprochen.[169] Dieses, wie er sagte, »Programm des Bauernaufstands« betrachtete Georgij Plechanow als Ausdruck eines dubiosen »Narodowolzentums«. Lenin unterstellte ihm umgekehrt »Angst vor der Machtergreifung« aus »Angst vor der Bauernrevolution«.[170] Um die Ablehnung von Lenins Plänen zu rechtfertigen, bot Plechanow indessen eine recht einfache Erklärung an: In Anbetracht der Kräfteverhältnisse in Russland werde die »bevorstehende Umgestaltung nur eine kleinbürgerliche« sein können. Man solle zwar unter den Bauern agitieren und ihre revolutionäre Kraft nützen, im Zentrum müsse aber politische Aufklärungsarbeit stehen.[171] Lenin gab sich wenig begeistert über solche Perspektiven. Für die Gefahr einer »Restauration« durch die Bauern, die sich nach dem Sieg der Revolution »unweigerlich« gegen das Proletariat richten würden, hatte er außerdem eine Lösung parat, die Trotzkis Ideen der permanenten Revolution reflektierte: »Um den Sieg zu behaupten, um eine Restauration zu verhüten, braucht die russische Revolution eine nichtrussische Reserve, braucht sie Hilfe von außerhalb. Gibt es eine solche Reserve auf der Welt?«, lautete Lenins Frage. »Jawohl«, behauptete er, »es gibt eine: das sozialistische Proletariat im Westen.«[172]

Von der Signalwirkung eines russischen Umsturzes für eine proletarische Revolution im Westen hatten bereits Marx und Engels 1882 im Vorwort der zweiten russischen Auflage des *Kommunistischen Manifests* gesprochen.[173] Mit dem Fall der letzten großen »Bastion der Reaktion« verknüpften sie hohe Erwartungen an revolutionäre Entwicklungen im Rest Europas. Eine große Erhebung blieb dort 1905 aber aus. An ein Zusammenwirken zwischen dem Proletariat im Osten und den Arbeitern im Westen war nicht zu denken. Dennoch gab es auch außerhalb Russlands Anzeichen für eine Gärung. Massenstreiks beispielsweise in Deutschland, aber auch große Demonstrationen in Österreich richteten sich aber auf Interessen,

169 LW, Bd. 10, 186.
170 Ebd., 342.
171 Vgl. Martow, Geschichte, 181.
172 LW, Bd. 10, 335.
173 MEW, Bd. 19, 296.

die nicht über den jeweiligen nationalen Rahmen hinausgingen bzw. bestenfalls die prinzipielle Solidarität mit der Arbeiterschaft im Zarenreich unter Beweis stellten. Diese war immerhin bemerkenswert – nicht nur in ideeller, sondern auch in materieller Hinsicht. Von der SPD initiierte Spendenaktionen brachten hohe Summen ein. Kollekten für die russischen Revolutionäre wurden freilich auch von anderen sozialdemokratischen Parteien in Europa veranstaltet. Bolschewiki und Menschewiki profitierten von diesen Zuwendungen ebenso wie die SRy.[174] Zweitere im Übrigen sehr viel mehr als Lenins Anhang. Die Bestrebungen der »Minderheitler«, ihre politischen Konkurrenten vom »Futtertrog« fernzuhalten oder wenigstens abzudrängen, brachten sie selbst unter ansonsten gewogenen deutschen Genossen in Verruf.[175] Diesen aber konnte immerhin berichtet werden, dass mit den Spendengeldern der Druck Tausender Exemplare des Erfurter Programms ermöglicht wurde, die man unter den russischen Arbeitern verteilte. Dass die Revolutionäre mit der finanziellen Hilfe aus dem Ausland nicht nur Presseerzeugnisse finanzierten, sondern auch Waffen kauften, lag auf der Hand. In diesem Zusammenhang aktiv wurde beispielsweise Camille Huysmans, Sekretär der Zweiten Internationale. In den Erwerb und den Transport von Kriegsgütern für die Genossen im Zarenreich schaltete er sich höchstpersönlich ein.[176]

Den Parteitag in Stockholm verließ Lenin mit dem Gefühl, sich mehr denn je unabhängig machen zu müssen. Eine eigenständige Entwicklung seiner Bolschewiki hielt er nun für wichtiger denn je, auch wenn er die Fassade des Ausgleichs vorläufig noch aufrechterhielt. Bezeichnenderweise entstand aber bald ein geheimes »Bolschewistisches Zentrum«, das an der Gesamtpartei, wie sie in Stockholm vordergründig geschaffen worden war, vorbei wirkte und von einer Troika geführt wurde, der Lenin, Leonid Krassin und Alexander Bogdanow angehörten. Beide Lenin-Anhänger erwiesen sich als außergewöhnlich wandlungsfähig – genauso wie viele andere, die ihr Leben der Revolution verschrieben hatten. Bogdanow firmierte nach

174 Ernst Piper, Rosa Luxemburg. Ein Leben, München 2018, 259f.

175 Vgl. Dietrich Geyer, Die russische Parteispaltung im Urteil der deutschen Sozialdemokratie 1903–1905 (Schluss), in: International Review of Social History 3/3 (1958), 418–444, 432f.

176 Vgl. Bruno Naarden, Socialist Europe and Revolutionary Russia: Perception and Prejudice 1848–1923, Cambridge 2009, 170.

einer zeitweiligen Distanzierung von den Bolschewiki als führender Theoretiker des sogenannten Proletkults, reihte sich dann unter die Oppositionellen des Sowjetstaates ein und widmete sich als studierter Mediziner der Suche nach der ewigen Jugend. Seinen Experimenten mit Bluttransfusionen fiel er 1928 selbst zum Opfer. Krassin wiederum fand nach der ersten Russischen Revolution über einigermaßen interessante Umwege wieder zu den Bolschewiki zurück. Im Ausland ging er dubiosen Geschäften nach, die offenbar auch der Aufbesserung der bolschewistischen Parteikasse dienten. In Hinblick sowohl auf seine Bedeutung im konspirativen Untergrund der Bolschewiki als auch auf seine wertvollen Deutschlandkontakte während des Weltkriegs wird Krassin für eine der Schlüsselfiguren in Lenins Untergrund-Netzwerk gehalten.[177]

Als Folge der bereits erwähnten Auflösung der ersten Duma im Sommer 1906 hatten die Sozialisten-Revolutionäre der Regierung den »offenen Krieg« erklärt, ohne damit große Resonanz unter den Bauern auslösen zu können.[178] Umso mehr entschied sich die PSR für den soldatischen Aufruhr bzw. für den sogenannten Militärterror, d.h. den Widerstand aus der Armee heraus. Diese Taktik verband sie kurzfristig auch mit den Bolschewiki, die sich an der Organisation von Aufständen in Kronstadt und Sveaborg beteiligten. Letztere scheiterten aber nicht zuletzt aufgrund mangelnder Koordinationsarbeit. Sie legten außerdem offen, dass jene Matrosen, die sich für eine sofortige Ermordung der Offiziere aussprachen, noch radikaler waren als die Bolschewiki.[179] Nun nahmen die gegen die Regimegegner gerichteten Repressionen wieder Fahrt auf. Der Bolschewikenführer entging mit seiner Flucht nach Finnland nur knapp der Verhaftung.[180] Andere, wie etwa Julij Martow, hatten bereits einige Monate im Gefängnis zugebracht, bevor sie Russland den Rücken kehrten. Mit großer Verbitterung beobachteten die Revolutionäre, wie eine Zeitung nach der anderen verboten wurde. Konspirative Methoden waren mehr denn je gefragt. Geheime Druckereien sorgten für die Weiterexistenz bolschewistischer Blätter. Besonders vorsich-

177 Vgl. Fleischhauer, Russische Revolution, 52–58.
178 Hildermeier, Die Sozialrevolutionäre Partei, 158f.; V. A. Demin, Gosudarstvennaja Duma Rossii (1906–1917). Mechanizm funkcionirovanija, Moskva 1996, 27–30.
179 Ebd., 164–169.
180 Service, Lenin, 243f.

tig agieren mussten auch jene Genossen, die Lenin und seine Frau nun als Besucher empfingen. Unter ihnen, erinnerte sich Nadeschda Krupskaja später, war u.a. Kamo, der mit richtigem Namen Semjon Ter-Petroschjan hieß und aufgrund seiner abenteuerlichen kriminellen Vita über Russland hinaus fragwürdige Berühmtheit erlangte.[181] Kamo erschien immer mit schwerer Bewaffnung, die er dann nach St. Petersburg schaffte. Lenins Schwiegermutter, die sich mit ihm angefreundet hatte, sorgte sich offenbar um dessen Tarnung und »band ihm«, bevor er in die Hauptstadt aufbrach, »jedes Mal besonders sorgfältig die Revolver auf dem Rücken fest«.[182] Die Genossen, die nach Finnland flohen, widmeten sich ebenso unterschiedlichen Aufgaben wie jene, die in Russland blieben. Alexander Schlichter – später u.a. sowjetischer Diplomat –, übernahm zum Beispiel die Verbreitung der bolschewistischen Zeitung *Proletarij* (»Der Proletarier«) in St. Petersburg. Der Exekutive entgingen viele der illegalen Aktivitäten der Bolschewiki. Der »Polizeiapparat«, resümierte Nadeschda Krupskaja, »war 1905 und während des ganzen Jahres 1906 noch reichlich desorganisiert.«[183]

Bis Ende 1907 diente der finnische Ort Kuokkala Lenin als Hauptquartier. Hier, nahe der Grenze zu Russland, fand sich auch Rosa Luxemburg ein, die zuvor einige Monate in einem Warschauer Gefängnis inhaftiert gewesen war. Die Streikbewegung in Russland hatte sie nachhaltig beeindruckt und stieß ihre publizistische Auseinandersetzung mit dem Massenstreik als »Moment« der Revolution an.[184] So sehr sie »Aufklärung und Aufrüttelung« des Proletariats als Voraussetzung für den Massenstreik betonte, so überzeugt war sie auch von der »revolutionären Einsicht«. Das bedeutete, dass die Arbeiterschaft, »nur auf sich selbst, auf die eigene direkte Aktion angewiesen ist«. Auf diese Weise werde der »Boden für jene Momente« vorbereitet, »wo die Arbeiterklasse um wirklicher Lebensinteressen willen bereit sein wird, nicht bloß ›alle Räder stillstehen‹ zu lassen, sondern nötigenfalls auch ihr Blut im Straßenkampf zu verspritzen«.[185] Luxemburg pries

181 Vgl. David Shub, Kamo – The Legendary Old Bolshevik of the Caucasus, in: Russian Review 19/3 (1960), 227–247.
182 Krupskaja, Erinnerungen, 130.
183 Ebd., 130f.
184 Vgl. dazu Piper, Luxemburg, 267f.
185 Zit. nach ebd., 268.

die Revolution von 1905 als Beginn einer »Übergangsperiode von der kapitalistischen zur sozialistischen Gesellschaft«.[186]

Die Hoffnung auf weitere Erhebungen hegten auch andere. Kuokkala war ein Treffpunkt für weiterhin kampfbereite Revolutionäre und gleichzeitig der Ausgangspunkt für Lenins vielfältige Parteiarbeit. Von hier aus nahm er außerdem an verschiedenen Kongressen teil, bis auch Finnland, das seit Beginn des 19. Jahrhunderts Teil des Romanowimperiums war, kein sicheres Refugium mehr bot.

In dieser Phase überraschte Lenin auch einige seiner engsten Mitstreiter mit einer geänderten Einstellung gegenüber der Duma. Zwar hielt er sie nach wie vor für eine »illusionäre Veranstaltung« und für eine »Karikatur«. Jetzt aber empfahl er, das Parlament als Bühne für die sozialdemokratische Politik zu nützen, mittels derer die leeren Versprechungen der Regierung zu entlarven seien. Diese Haltung manövrierte ihn für einige Zeit ins Abseits.[187] Seine Behauptungen, wonach ein Boykott Ausdruck des »Anarchismus« sei, löste bei vielen Genossen Kopfschütteln aus.[188] Allen Bedenken der Skeptiker zum Trotz waren in der Folge 65 Abgeordnete der SDAPR in der zweiten Duma vertreten, davon 21 Bolschewiki. Letztere, resümierte Lenin später, betrieben konsequent linke Politik im Parlament, während die Menschewiki sich mit den Kadety zusammentaten. Und diese wiederum waren für ihn die schlimmsten Verräter an der Revolution, ja Konterrevolutionäre.[189]

Als 16 sozialdemokratische Abgeordnete einer militärischen Verschwörung bezichtigt wurden und die Duma sich weigerte, der von der Regierung geforderten Aufhebung der Immunität der Beschuldigten Folge zu leisten, erwies sich einmal mehr die Auflösung der Volksvertretung als Ultima ratio der Staatsführung.[190] Nachdem nun auch die zweite Duma aus dem Weg geräumt worden war und mit dem »Staatsstreich« vom Juni 1907 ein neues Wahlgesetz aus

---

186 Zit. nach Michael Brie/Jörn Schütrumpf, Rosa Luxemburg. Eine revolutionäre Marxistin an den Grenzen des Marxismus, Hamburg 2021, 119.

187 Vgl. Dietrich Grille, Lenins Rivale. Bogdanov und seine Philosophie, Köln 1966, 30.

188 W. I. Lenin, Ausgewählte Werke, Bd. I, Berlin 1951, 552.

189 LW, Bd. 13, 103f.

190 Lutz Häfner, Die »Illusion« des freien Wortes. Sprechen und Handeln der parlamentarischen Linken in der russischen Staatsduma 1906–1914, in: Dittmar Dahlmann/Pascal Trees (Hg.), Von Duma zu Duma. Hundert Jahre russischer Parlamentarismus, Göttingen 2009, 81–114, 90–93.

dem Parlament ein gänzlich willfähriges Instrument der Regierung mit klaren Mehrheiten für konservative bzw. ultrakonservative sowie russisch-nationalistische Kräfte machen sollte, erweiterten sich die Repressionen gegen eine deutlich angewachsene Gruppe von Sozialdemokraten auch im Nordwesten des Imperiums. Lenin musste Finnland verlassen. Eine abenteuerliche Flucht bei arktischen Temperaturen kostete ihn fast das Leben. Über Schweden und Deutschland kehrte er wieder in die Schweiz zurück, um im Dezember 1908 schließlich in der französischen Hauptstadt seine Zelte aufzuschlagen.[191]

Partisanen

Noch von Finnland aus hatte Lenin u.a. den 5. Parteitag, der im Frühjahr 1907 in London stattfand, besucht. Die Stimmung war miserabel gewesen, der Niedergang der Partei schon damals offenkundig geworden. Überall wurden Genossen verhaftet, nicht wenige getötet.[192] Die Differenzen zwischen den zwei Fraktionen wurden wieder mit gewohnter Härte ausgetragen. Doch trafen Lenins Lagebeurteilungen auf Zuspruch nicht zuletzt seitens der Polen unter der Führung von Rosa Luxemburg und Leo Jogiches. Deren SDKPil war 1906 der russischen Partei als autonome Gruppe und unter Beibehaltung des Parteinamens beigetreten – ein Arrangement, das angesichts des weiteren Auseinanderdriftens der zwei russischen Fraktionen nur bis 1911 Bestand hatte. 1907 aber, in London, kam Lenin die Unterstützung der Polen zugute. Obwohl er nicht ins ZK gewählt wurde, wähnten sich die Bolschewiki als Sieger des überaus stürmisch verlaufenden Parteitags. Dort vertraten die Delegierten immerhin an die 150.000 Mitglieder.[193]

Martow war nur widerwillig nach London aufgebrochen. Erwartungsgemäß preschten die Bolschewiki wieder mit ihrer Forderung nach Planung eines bewaffneten Aufstands vor. Martow widersprach heftig. Ein sozialdemokratischer Parteikongress könne sich für die Beteiligung an einem Aufstand aussprechen und die Massen dazu

191 Service, Lenin, 251.
192 Vgl. Martow, Geschichte, 216–227.
193 Read, Lenin and 1905, 236.

aufrufen, sich zu erheben, ohne jedoch eine Revolution gleichsam auf dem Reißbrett vorzubereiten. Einmal mehr erteilte er dem Konzept einer putschistischen Partei eine deutliche Absage.[194] Die Frage des Aufstands wurde auf Mehrheitsbeschluss tatsächlich von der Tagesordnung genommen – ein Umstand, den Martow als Erfolg verbuchte.[195] Außerdem wandte er sich gegen die »Kadettophobie«, also die Angst vor oder eher Ablehnung von den Kadety. Neben den Bolschewiki plädierten aber auch Rosa Luxemburg und Leo Trotzki weiterhin für eine entsprechende Distanz zu den liberalen Kräften.[196]

Mit seinen Einwürfen hatte Martow in Summe nur wenig Erfolg. Dabei gab es aus seiner Sicht viele Gründe für Bedenken und klare Kritik. Die Menschewiki missbilligten beispielsweise eine von der Mehrheit der Delegierten abgewunkene Resolution über die Vorrangstellung der Partei gegenüber den Gewerkschaften, deren Zersplitterung und womögliche Absorption durch andere politische Kräfte auf diese Weise verhindert werden sollte. Da sich aber die Delegierten des Kongresses der Internationale in Stuttgart im selben Jahr für die »Ebenbürtigkeit« von politischem und wirtschaftlichem Kampf des Proletariats und somit für eine gleichberechtigte Stellung von Partei und Gewerkschaften aussprachen, wurde die Londoner Resolution von den Russen in »sehr gemildeter Form« praktiziert.[197] Wieder offenbarte sich der Einfluss der Internationale, aber auch der SPD: Ihre Beschlüsse wollten auch die Bolschewiki keineswegs ignorieren.

»Kampfmittel«

Dass sich die Menschewiki über verwerfliche Methoden der Bolschewiki in Sachen Geldbeschaffung empörten, kümmerte Lenin wenig. Um die Revolution zu finanzieren und um Finanzressourcen für den Betrieb der Partei zur Verfügung zu haben, hatten einzelne Bolschewiki bzw. eigens formierte Kampftruppen oder kriminelle Banden, die im Namen der Partei agierten, sogenannte Expropriationen durchgeführt. Realiter wurden also Banken ausgeraubt oder

194 Getzler, Martov, 117.
195 Martow, Geschichte, 219.
196 Getzler, Martov, 118; vgl. auch Service, Lenin, 243f.
197 Vgl. Martow, Geschichte, 221.

Postämter überfallen sowie Erpressungen organisiert. Der »Erlös« solcher Aktionen kam nicht zuletzt dem Erwerb von »Kriegsgerät« zugute. Eine der spektakulärsten Aktionen im Rahmen des kriminellen Geldbeschaffungsprogramms der Bolschewiki leitete Josef Stalin, dessen Kampfgenossen in Tiflis eine Postkutsche mit hohen Summen an Bargeld, die gerade in die russische Staatsbank überstellt werden sollten, überfielen. Die zentrale Figur bei diesem Raubzug war der erwähnte Kamo gewesen. Der Coup erregte aufgrund der enormen Höhe der erbeuteten Summe und weil der Gewaltstreich mehrere Dutzend Todesopfer forderte – Ordnungskräfte und Mitglieder jenes Begleitkonvois, die den Geldtransport zu überwachen hatten –, weltweites Aufsehen.[198] Kamo und eine seiner »halbwüchsigen Pistolenbräute« händigten Lenin die Beute – ca. 250.000 Goldrubel – angeblich persönlich aus.[199]

Lenin selbst hatte die Bildung von Kampfeinheiten gefördert und ihrer Guerillataktik speziell in Phasen eines Abflauens revolutionärer Energie große Bedeutung eingeräumt. Dass einzelne Gruppen sich von der Parteizentrale lösten und geraubte Summen lieber verprassten, als sie abzuliefern, musste nolens volens in Kauf genommen werden.[200] Während aber die Menschewiki nicht mit verbrecherischen Machenschaften in Verbindung gebracht werden wollten, hatte Lenin bereits Monate vor dem Parteitag dem kritisierten Partisanenkrieg keineswegs abgeschworen. Im Gegenteil. Was ihn störte, waren lediglich unkoordinierte Aktionen. Ansonsten betrachtete er die Beutezüge, die seine Parteigenossen durchführten, als Teil des Bürgerkriegs, den er als Klassenkampf für unvermeidlich, ja notwendig erachtete. »Jede moralische Verurteilung des Bürgerkriegs« sei »vom Standpunkt des Marxismus völlig unzulässig«,[201] behauptete er. Die Ablehnung des Partisanenkampfes und ergo auch das Naserümpfen über dessen Methoden hielt er für heuchlerisch und vor allem angesichts des so vielgestaltigen Terrors der Gegenseite für völlig unangebracht. Es stimme zwar, dass der Partisanenkrieg »das klassenbewusste Proletariat den heruntergekommenen Trunkenbolden und Lumpenproletariern nahe« bringe,

198 Vgl. Sebestyen, Lenin, 223f.
199 Koenen, Die Farbe Rot, 646.
200 Vgl. Leo Trotzky, Stalin. Eine Biographie, Köln/Berlin 1952, 148f.
201 LW, Bd. 11, 209.

doch gehe es darum, dass ein solches »Kampfmittel« nun einmal »durch den aufklärenden und organisierenden Einfluß des Sozialismus veredelt werden muß«.[202]

Lenin argumentierte – wie immer, wenn er fragwürdige Positionen verteidigte – unter Verweis auf diese und jene Abstufungen oder auf zulässige Ausnahmen, um zuerst zu beschwichtigen und am Ende wie selbstverständlich, d.h. als Resultat einer vermeintlich zwingenden Logik, jedes Verbrechen als einen Dienst an der Revolution aussehen zu lassen. Lenin jonglierte mit Zitaten, die ihm mal als Belege seiner Theorien dienten, mal als Hilfestellung für die Zertrümmerung der zum Nonsens degradierten Argumente seiner Gegner. Die Wahl der Mittel für eine erfolgreiche Erhebung präsentierte er demgemäß als Ergebnis aktueller Entwicklungen und vertretbarer Anpassungen: »Die Sozialdemokratie wendet in verschiedenen Epochen verschiedene Mittel an, wobei sie ihre Anwendung stets von streng festgelegten ideologischen und organisatorischen Bedingungen abhängig macht.«[203]

Diese Elastizität, die er gleichzeitig im Kleide des Dogmatismus präsentierte, machte es auch möglich, die »Früchte« verschiedener Expropriationen – von den Bolschewiki mit der Abkürzung »Eksy« versehen – in Anspruch zu nehmen, obwohl derartige Methoden am Londoner Parteitag verurteilt wurden. Lenins Pragmatismus, den er problemlos mit den Lehrsätzen des Marxismus verknüpfen konnte, identifizierte moralische Kategorien schon allein aufgrund ihres attestierten Fehlens aufseiten der Autokratie als überflüssige Hemmnisse für den revolutionären Kampf.

Willkommen in diesem Ringen um die Revolution waren alle, sofern sie sich als sozialdemokratisch deklarierten. Das hieß, auch Prostituierte einzubeziehen und revolutionäre Prostituiertenkomitees zu bilden. Immer betonte Lenin aber, dass zum Beispiel auch Bauernkomitees sich nicht einfach als sozialdemokratisch ausgeben könnten, sondern dass die Partei diese selbst würde gründen müssen. Letztlich liefen seine Vorstellungen darauf hinaus, dass alle Sozialdemokraten zu werden hatten.[204] Ausnahmslos – und unter

202 Ebd., 211.
203 Ebd.
204 W. I. Lenin, Ausgewählte Werke, Bd. I, Berlin 1951, 542.

Kontrolle der Partei. Das verwies auf seine später in die Realität überführte Manie einer Ausgrenzung und schließlich Verfolgung all jener, die er als deviant wahrnahm, weil sie sich seinem Reinheitswahn nicht beugten und wenig Neigung verspürten, der bolschewistischen Zwangsassimilierung anheimzufallen.

Neue »Rekruten«, egal aus welcher Schicht, hielt er jedenfalls für einen Gewinn. Dass überdies Attentäter, die Anschläge gegen die Obrigkeit verübten, nun nicht mehr nur aus abgeschotteten, konspirativen Zirkeln radikaler Intellektueller kamen, sondern in nicht unerheblichem Ausmaß junge Männer waren, die aus verarmten Bauernfamilien stammten und in den Städten eine neue Generation des Proletariats bildeten, begriff er als Chance und vielversprechendes Symptom einer im Umbruch befindlichen Gesellschaft.[205] Mit etwa 30 Prozent lag der Anteil an Frauen, die terroristische Akte verübten, im Übrigen hoch. Jung waren sie alle: Das Durchschnittsalter der Attentäter:innen betrug 22 Jahre.[206]

Ethische Bedenken galten Lenin ganz grundsätzlich als bürgerlich-liberal oder dienten lediglich den Ausreden der Menschewiki, um einem bewaffneten Aufstand mit unschönen, aber erwartbaren blutigen Konsequenzen auszuweichen. Das Entsetzen über die kriminellen und gewaltsamen Praktiken der Bolschewiki brachte Martow später in einer Broschüre zum Ausdruck, die den zerstörerischen Geist des »Bolschewistischen Zentrums« anprangerte und von Lenin postwendend als verleumderisch abgetan wurde.[207] Doch nicht alle Menschewiki argumentierten gegen die Bolschewiki auf einer moralischen Ebene. Manche erachteten offenbar weniger deren Methoden als Ärgernis, sondern vielmehr die Tatsache, von einer Verteilung der ungewöhnlichen Einnahmen ausgeschlossen worden zu sein.[208] Andere wiederum taten es den Bolschewiki gleich und verübten ebenfalls Expropriationen. In Summe freilich reihten sich die Menschewiki in Sachen »Eksy« weit hinter den Bolschewiki ein

---

205 Vgl. Anna Geifman, Psychohistorical approaches to 1905 radicalism, in: Jonathan Smele/Anthony Heywood (Hg.), The Russian Revolution of 1905. Centenary Perspectives, London/New York 2005, 13–33, 14.

206 Vgl. Lutz Häfner, »Genossen«? Sozialismuskonzeption und politische Praxis der Partei der Sozialrevolutionäre Russlands und ihr Verhältnis zur SPD, in: Archiv für Sozialgeschichte 53 (2013), 67–91, 85.

207 Vgl. Julij Martov, Spasiteli ili uprazdniteli? Kto i kak razrušal R.S.D.R.P., Pariž 1911, 3–13.

208 Vgl. Geifman, Thou Shalt Kill, 118.

und diese wiederum wurden im selben Kontext eindeutig vom Elan der SRy in den Schatten gestellt.[209]

Revolutionäre Strategien

Irritationen rief allerdings nicht nur Lenins Begeisterung für den Partisanenkampf hervor. Konfusion und Befremden gab es auch anderswo. Vor allem bei den Agrarsozialisten bzw. Sozialisten-Revolutionären, die sich wie die Sozialdemokraten erst nach dem Boykott der ersten Duma für eine Partizipation im Parlament entschieden hatten. In der zweiten Duma aber blieben die SRy hinter den Trudowiki, die sich zuvor zu Fürsprechern der Bauern gemacht hatten, zurück. Nach Auflösung des Parlaments verloren sie ihre Agenda ausgerechnet an die Autokratie. Eine Agrarrevolution der besonderen Art nahm nun die Regierung oder besser gesagt Pjotr Stolypin in Angriff, und zwar zur Absicherung der Zarenherrschaft. Gleichzeitig sollten Maßnahmen getroffen werden, um künftige Aufstände unter der Landbevölkerung bereits im Keim zu ersticken. Während der gewaltsamen Bauernerhebungen hatte der Adel vor allem die Dorfgemeinde, die Obschtschina, als Ausgangspunkt des Aufbegehrens identifiziert. Darüber hinaus galt sie den SRy bekanntlich als Grundlage einer Verwirklichung des Sozialismus. Ihre Abschaffung und gleichzeitig die Förderung eines landbesitzenden Bauerntums, einer bäuerlichen Mittelschicht, bot sich nun als Lösung für die Misere an, in der sich die Autokratie angesichts der revolutionären Entwicklungen befand. Der Landarmut als einem Motor bäuerlichen Ungehorsams sollte entgegengewirkt werden. Nun konnten die Bauern Grund und Boden von den Gutsbesitzern erwerben. Doch gab es einen Haken: Der Landkauf war teuer, die Bauern verschuldeten sich. Parallel dazu ermöglichte die Befreiung aus der bäuerlichen Zwangsgemeinschaft aber die Steigerung der Produktivität durch eine Verbesserung der Bewirtschaftungsformen. Stolypins Reform begünstigte zweifellos die unternehmerisch denkenden Bauern. Diese jedoch zogen sich den Argwohn jener zu, die aus einem möglich gewordenen Verkauf früheren Gemeindelandes

209 Ebd., 120–122.

eher Nach- als Vorteile ableiteten. Der mündige Landwirt, den sich die Autokratie als loyalen Untertanen von morgen wünschte, stand somit einer Vielzahl von Skeptikern und potenziellen Verlierern der Neuerungen gegenüber.[210] Außerdem fehlten wesentliche Grundlagen zur Absicherung der Reform. Mit seinem Plan einer weitgehenden Einbeziehung der Bauern in die ländliche politische Verwaltung scheiterte Stolypin. Der Provinzadel blockte solche Vorschläge als zu weitgehend ab.

Die positiven Effekte der Stolypin'schen Agrarreform zeigten sich nur langsam, aber sie erschienen vielversprechend. Man war allem Anschein nach auf dem richtigen Weg. So lautet eine wohlwollende Beurteilung. Doch gab bzw. gibt es auch andere Stimmen. Ihnen zufolge bedingte das Fehlen geeigneter bürokratischer Rahmenbedingungen zur Umsetzung des Reformwerkes dessen Scheitern oder zumindest schwerwiegende und damit jeden Nutzen neutralisierende Verzögerungen. Unterschätzt hatte Stolypin, der eine entsprechende Umsetzung seiner Pläne für die Umgestaltung der russischen Landwirtschaft an die Dauer von mindestens 20 Jahren knüpfte, offenbar den Widerstand unter den Bauern. Viele wollten der Dorfgemeinde nicht ohne Weiteres den Rücken kehren und so einer jahrhundertealten Institution abschwören, die ungeachtet all ihrer Defizite das Leben der Landbevölkerung reguliert hatte.[211] Noch 1915 wirtschafteten mehr als 60 Prozent der Bauern des Zarenreichs im Rahmen der Obschtschina. Und auch jene, die sich dem Ideal des Farmers am ehesten annäherten, erfüllten sich den Wunsch von zusätzlichem Land in Anbetracht der hierfür aufzubringenden Summen oft nur in Form von Käufergenossenschaften.[212]

Unabhängig von einem immerhin ansatzweise sichtbar gewordenen Umbau bäuerlicher Lebenswelten und einer Modernisierung ländlicher Bewirtschaftungsformen trug der Zar die Politik seines Ministerpräsidenten, der seinerseits ganz im Selbstverständnis eines paternalistischen Systems ohne den Rückhalt demokratisch gewählter Kräfte agierte, nur bedingt mit. Die Unterstützung des Monarchen endete, als die Interessen des Adels zur Disposition standen.

210 Figes, Tragödie, 257f.
211 Ebd., 262.
212 Hildermeier, Russische Revolution, 114.

Der Premier geriet zusehends in Isolation. 1911 wurde Stolypin in der Kiewer Oper Opfer eines Revolverattentats. Der Mörder reihte sich in die Riege jener zwielichtigen Gestalten ein, die Revolutionäre und Polizeispitzel zugleich gewesen waren.

Zur Schar der Doppelagenten zählte auch der prominente Sozialist-Revolutionär Jewno Asef, dessen Machenschaften 1908 aufgedeckt worden waren. Der Asef-Skandal erschütterte die Glaubwürdigkeit der SRy zutiefst. Er riss die Partei, die sich im Gefolge der Revolution ohnehin schwertat, einen klaren Kurs zu finden, in den Abgrund. Dabei hatte diese sich zuvor auf einem regelrechten Höhenflug befunden und war von einer überschaubaren Organisation rasant zu einer Massenpartei angewachsen. Dieser Aufschwung während der ersten Revolutionsphase ging allerdings mit einer evidenten Radikalisierung ihrer Basis einher. Die Meinungen über die anzuwendende revolutionäre Strategie strebten vor diesem Hintergrund noch weiter auseinander als bisher. Die Häresie der sogenannten Maximalisten, jener kleinen Gruppe von SRy, die sich ganz dem Terror zuwandten und mit ihren Losungen über die diesbezüglichen, limitierenden Grundsätze der Mutterpartei hinausgingen, löste eine innere Zerreißprobe aus. Maßgebliche Führer der Partei kritisierten – nicht anders als Lenin – vor allem die Unkontrollierbarkeit spontaner terroristischer Aktionen und – ähnlich den Menschewiki – die negativen Rückwirkungen auf die eigene Organisation. Für die Maximalisten aber hatten diesbezügliche Selbstbeschränkungen wenig Sinn, noch dazu, wo sie von einer unmittelbar zu verwirklichenden Revolution ausgingen. Nur derjenige, meinten sie, dürfe sich überhaupt Sozialist nennen, der »an die Realisierbarkeit des Sozialismus« glaube, und zwar »jetzt«.[213] Zumindest auf dieser Ebene verband die Maximalisten mehr mit Lenin als andere linke Kräfte.

Während sich die Sozialdemokraten bzw. vorrangig die Menschewiki an den Determinismus des marxistischen Geschichtsmodelles ketteten, mussten sich die Sozialisten-Revolutionäre, in deren Augen die bürgerliche Revolution schon mit der Bauernbefreiung von 1861 erledigt war, nicht »um die Einordnung der russischen Gegenwart in ein vermeintlich universales Modell« kümmern:[214]

213 Zit. nach Hildermeier, Die Sozialrevolutionäre Partei, 135.
214 Dan, Ursprung des Bolschewismus, 255.

»Ihre Revolution konnte stattfinden, wenn die Masse dafür reif war und die politischen Umstände es erlaubten.« Dass diese Umwälzung noch keine sozialistische sein könne, sondern in eine Übergangsperiode überleiten würde, störte den revolutionären Elan nicht[215] – schon gar nicht jenen der Maximalisten. Das Credo revolutionärer Tätigkeit verpflichtete zu keiner Zurückhaltung in der Wahl der Methoden. Die Maximalisten verübten Raubüberfälle, sprachen sich für Lynchjustiz aus, beteiligten sich an Expropriationen sowie Erpressungen und verbanden sich mit spontanen, exzesshaften Massenbewegungen. Die Konfiskation von Vermögen wurde bezeichnenderweise nicht als Diebstahl, sondern als revolutionärer Akt betrachtet.

»Gewaltgeschichte«

Lenins Radikalismus besitzt allein schon unter Berücksichtigung der aufgezeigten maximalistischen Positionen kein Alleinstellungsmerkmal. Der Furor der Revolution, ihre Wucht und das Ausmaß von Gewalt, das zwischen 1905 und 1907 zutage gefördert wurde, ließen die Macht der Destruktivität zu einer unwiderstehlichen Versuchung werden. Diese zerstörerische Kraft erschien radikalen Revolutionären – Lenin und einigen Bolschewiki ebenso wie etlichen anderen Revolutionären – als probates Instrument zur Destabilisierung und schließlich Überwindung der Selbstherrschaft. Noble Zurückhaltung überließ man den Liberalen oder aber den Menschewiki, während die Bedenken eines Eduard Bernstein ohnehin nichts galten. Dessen Meinung, wonach Revolution »die wertlosesten Elemente obenauf«[216] bringe, hatte auch Kautskys Widerspruch herausgefordert: Das »Recht auf Revolution« wollte auch er sich keinesfalls nehmen lassen.

Kooperationen mit russischen Regimegegnern, die der japanische Generalstab bereits vor und erst recht während der Revolution von 1905 anbahnte, verwiesen auf die Bandbreite denkbarer Arrangements gegen die Autokratie. Der Bolschewikenführer setzte auf die Macht der Straße und die Überzeugungskraft von Gewehren – wer auch immer sie bezahlte und heranschaffte. Lenin begann

215 Manfred Hildermeier, Geschichte Russlands. Vom Mittelalter bis zur Oktoberrevolution, München 2016, 991.

216 Zit. nach Peter Kurth, Im Schatten Victor Adlers. Die österreichische Sozialdemokratie zwischen Wahlrechtskampf und Revisionismusstreit (1889–1907), Husum 1998, 178.

spätestens ab 1905 geheime Netzwerke für sein »Revolutionsprojekt« aufzubauen und nach nützlichen Allianzen zu suchen, um auf diese Weise einem Umsturz in seiner Heimat auf die Sprünge zu helfen. Er predigte Konspiration und Untergrundarbeit und er handelte danach – wenngleich während der ersten Russischen Revolution durchschlagende Erfolge ausblieben, vieles improvisiert vonstattenging und Waffengeschäfte aus unterschiedlichen Gründen scheiterten. Zu einer wichtigen Stütze im Bereich klandestiner Arbeit wurde der aus Warschau stammende Jakub Fürstenberg-Hanecki, der nach dem Oktoberumsturz zum Chef der Zentralbank in Moskau avancierte und für den sowjetrussischen Außenhandel zuständig wurde.[217] Ihm, der als »Majordomus« von Lenins »Haus- und Parteistaat« während der Exiljahre im Habsburgerreich das besondere Vertrauen des Bolschewikenführers genoss, werden geheimdienstliche Verbindungen nachgesagt, die lange vor den undurchsichtigen Absprachen zwischen den Bolschewiki und deutschen Stellen im Ersten Weltkrieg bestanden.[218]

Untergrundarbeit bedeutete aber zuweilen nicht sehr viel mehr als das Ausnutzen von Verbindungen im Rahmen der internationalen Sozialdemokratie. Umtriebige Exilanten und nach allerlei Allianzen Ausschau haltende Dissidenten auf Verschwörertum und kriminelles Wirken zu reduzieren, wie es die populäre Geschichtsschreibung nicht nur in Russland seit einiger Zeit tut, erscheint dennoch unangebracht.[219] Die Revolutionäre aus dem Zarenreich blieben selbst im Ausland nicht immer unbehelligt und sie agierten auch dort als erklärte Regimegegner. Dass sie dabei nicht immer legale Wege beschritten oder »ungewöhnliche« Bündnisse eingingen, vermag kaum zu überraschen. In Summe drängt es sich auf, die vielfältige illegale Tätigkeit der Bolschewiki als »Langzeitprojekt« und über viele Jahre bestehenden konstitutiven Teil jenes revolutionären Selbstverständnisses zu begreifen, wie Lenin es lange vor dem Oktoberumsturz entwickelte.

217 Koenen, Die Farbe Rot, 670.

218 Vgl. Fleischhauer, Russische Revolution, 31–51 – allerdings wieder mit teilweise zweifelhaften Indizienketten und mitunter sehr spekulativ erscheinenden Schlussfolgerungen. Siehe aber auch vor allem zu Hanecki: Kai von Jena, Polnische Ostpolitik nach dem Ersten Weltkrieg. Das Problem der Beziehungen zu Sowjetrußland nach dem Rigaer Frieden von 1921, Berlin/Boston 1980, 189.

219 Vgl. dazu u. a. Koenen, Die Farbe Rot, 670.

Früh war der Bolschewikenführer zu der Überzeugung gekommen, dass sich – frei nach Gorki – die Geschichte nur mit Blut umschreiben ließ. Die Revolutionen einer länger zurückliegenden Vergangenheit und auch jene von 1905/07 schienen keinen Zweifel an der Richtigkeit solcher Schlussfolgerungen zu lassen. Die Autokratie würde sich wieder erheben, solange man nicht ihr Haupt abgeschlagen hatte, das Bürgertum demütig einlenken. Demonstrierende Arbeiter aber, die kaum über geeignete Bewaffnung und Kampftaktiken verfügten, reichten ganz offensichtlich nicht aus, um den Feind niederzuringen. Das machten die Gewaltmaßnahmen von zarischer Seite gegenüber den Aufständischen ebenso deutlich wie die Repressionen, die auf den Aufruhr folgten. Eine in vielen Bereichen restaurative und aggressive Politik des Regimes, die nach den revolutionären Ereignissen von 1905 praktiziert wurde, verstärkte das Gefühl der Ohnmacht unter den Oppositionellen. Aus dieser bitteren Lektion zogen viele Dissidenten entsprechende Konsequenzen. Die einen radikalisierten sich weiter, die anderen traten den Rückzug an oder setzten auf evolutionäre Strategien.

So sehr die Ereignisse von 1905 bis 1907 den Unterschied in den Taktiken von Menschewiki und Bolschewiki hervorkehrten, so wenig Zwingendes ließ sich, meinte später Fjodor Dan, aus diesem Umstand für die Zukunft und konkret für die Revolution 1917 und ihre Folgen ableiten: »Die Masse der damaligen Menschewiken hätte sich« damals »in den zukünftigen Aposteln eines politisch-demokratischen Reformismus nicht wiedererkannt. Ebenso wenig hätten sich die Bolschewiken in zukünftigen Liquidatoren der Verfassunggebenden Versammlung und den Pionieren des ›Aufbaus des Sozialismus‹ wiedererkannt, die nicht nur den ›Weg des politischen Demokratismus‹ vermieden, sondern das Prinzip der ›räudigen‹ politischen Demokratie selbst ablehnten.«[220] Zweitere Aussage mag für den Großteil von Lenins Anhang gegolten haben, für den Bolschewikenführer selbst aber mit Sicherheit nicht. Lenin wollte weder 1905 noch 1917 »auf halbem Wege« stehen bleiben.

220 Dan, Ursprung des Bolschewismus, 267.

6
AUS DER FERNE

Abweichler

Lenins zweite Emigration, die nach seiner Flucht aus Finnland begann, war in hohem Maße geprägt vom Bewusstsein der Niederlage und einer vergeudeten Chance. Zumindest in der ersten Phase des erneuten Exils entwickelte sich vieles nicht gerade nach Lenins Wunsch. Die Meinungsverschiedenheiten zwischen jenen Bolschewiki, die sich gegen die Beteiligung der Partei an der Duma aussprachen, und jenen, die Lenins diesbezüglichen Vorgaben folgten, trieben eine Spaltung innerhalb der Fraktion voran. Die sogenannten »Otsowisten« und »Ultimatisten«, die die bolschewistischen Mandatare der dritten Duma unter Androhung des Parteiausschlusses zum Rückzug aus dem Parlament zwingen wollten bzw. gegen die Anerkennung parteiloser Organisationen wie etwa der Gewerkschaften auftraten, forcierten ihrerseits die Distanz zu Lenin.[1] Diese ergab sich auch aus unterschiedlichen Ansichten über die Art und Weise, wie die Arbeiter an die Lehren des Sozialismus herangeführt werden sollten. Für Alexander Bogdanow etwa war Lenins Überzeugung von den Intellektuellen als »Erzieher« des Proletariats falsch. Er sprach von einer eigenen »proletarischen Kultur« und betonte damit das Potenzial der Arbeiterschaft. Diese Ideen mündeten u. a. in die Gründung einer Parteischule, die bei Maxim Gorki auf Capri eingerichtet wurde. Lenin etablierte daraufhin eine eigene in Longjumeau bei Paris. »Parteischule« war allerdings eine hochtrabende Umschreibung für ein paar Vorträge vor einer Handvoll Parteigenossen.

Als fundamentalen Angriff gegen den Marxismus wertete Lenin indessen die philosophischen Untersuchungen, die Bogdanow in

1 Robert Service, Lenin. Eine Biographie, München 2000, 254; Gerd Koenen, Die Farbe Rot. Ursprünge und Geschichte des Kommunismus, München 2017, 644f.

seinem Buch *Empiriomonismus* anstellte und die u.a. als Folge der Rezeption der Lehren des Österreichers Ernst Mach und seines Empiriokritizismus entstanden waren.[2] Lenin, der seine Enttäuschung über die gescheiterte Revolution mit einer zeitweiligen Flucht in philosophische Gedankenwelten kompensierte, wandte sich scharf gegen den Machismus und seine Epigonen. 1909 legte er eine umfangreiche Abhandlung mit dem Titel *Materialismus und Empiriokritizismus* vor, die als kategorische Zurückweisung explizit auch von Bogdanows Anschauungen verfasst wurde. Dessen Skeptizismus und das Relativieren von Kategorien, die Lenin für feststehend hielt, rückten den Kritisierten seiner Meinung nach in die Nähe von Mystikern und entfernten ihn vom Weltverständnis des Marxismus. Lenin verurteilte dabei bezeichnenderweise auch Machs, wie er meinte, im Grunde »verschleierten Solipsismus«,[3] wohingegen andere Sozialdemokraten »die Darstellung der Abhängigkeit der Elemente voneinander« als eine der zentralen Ergebnisse der Mach'schen »Durchforschung der gesamten Physik« würdigten.[4] Dazu konnten sich nicht alle aufraffen. Mach erkläre, meinte zum Beispiel der deutsche Philosoph Ernst Bloch, die Materie zum »Schein« und den »Materialismus« zur »Metaphysik«. »›Genau‹ solche Metaphysik«, fügte er hinzu, »wie der christliche Jenseitsglaube (gegen den der Materialismus dann einen bloßen Bruderkampf führt), wie der Glaube der Australneger [!] an Geister und Dämonen.«[5] Damit schloss er sich Lenins Kritik an, um gleichzeitig jene säkulare Religion anzusprechen, die sich im Leninismus Bahn brach. »Ubi Lenin, ibi Jerusalem«, soll Bloch noch 1937 vor dem Hintergrund des Großen Terrors unter Stalin gesagt haben.[6]

Lenin konnte keine Lehre akzeptieren, welche »die objektive Welt und das menschliche ›Weltbild‹« nicht gleichsetzte, sondern auf das

2 Vgl. Maja Soboleva, Vom Empiriokritizismus zum Empiriomonismus. Aleksander Bogdanovs Rezeption der Epistemologie von Ernst Mach, in: Friedrich Stadler (Hg.), Ernst Mach. Zu Leben, Werk und Wirkung, Cham 2019, 87–98.

3 LW, Bd. 14, 87.

4 Friedrich W. Adler, Die Entdeckung der Weltelemente (Zu Ernst Machs 70. Geburtstag), in: Der Kampf 6 (1908), 231–240, 240.

5 Zit. nach Friedrich Stadler, Vom Positivismus zur »wissenschaftlichen Weltauffassung«. Am Beispiel der Wirkungsgeschichte von Ernst Mach in Österreich 1895 bis 1934, Wien/München 1982, 22f.

6 Zit. nach Rudolf Burger, Wozu Geschichte? Eine Warnung zur rechten Zeit, Wien/Graz/Klagenfurt 2018, 104.

Filtern und Selektieren von »menschlichen Wahrnehmungs- und Begriffsapparaten« verwies.[7] Das »objektiv reale Sein« betrachtete der Materialismus als etwas, das unabhängig war von Empfindungen oder Erfahrungen. Wer sich von ihm entferne, behauptete Lenin, gehe der »bürgerlich-reaktionären Lüge« auf den Leim, um am Ende ganz und gar in den Idealismus hineinzugeraten.[8]

Wie viele andere Texte auch verfasste Lenin sein Opus wider den Empiriokritizismus, das trotz oder aber wegen seines fast schon esoterischen Tenors später zu einem »Grundlagentext des Marxismus-Leninismus erhoben« wurde,[9] in Form einer Streitschrift. Tatsächlich orientierte er sich in seiner ganzen Publizistik an einer damals üblichen Form verschriftlichter Kommunikation mit Kritikern oder Andersdenkenden, welche die eigenen Positionen herausforderten. Während aber etwa der *Anti-Dühring* nachträglich den einflussreichsten Schriften des Marxismus zugezählt wurde, schränkte Lenin mit seiner Art des Schreibens den Kreis des potenziellen Zielpublikums von vornherein ein. Mit einer Unzahl an kryptischen oder extrem verkürzten Andeutungen über die Aussagen dieses oder jenes Philosophen bzw. Autors wandte er sich de facto nur an eine Handvoll Wissender.

Dabei zweifelte Lenin offenbar selbst an seinen Kompetenzen als Philosoph. Und damit war er nicht allein. Seine Analysen erschienen manchen oberflächlich oder allzu hastig zu Papier gebracht. Binnen nur weniger Monate hatte Lenin, urteilte etwa der österreichische Sozialdemokrat sowie studierte Mathematiker und Physiker Friedrich Adler, »wirklich alle Literatur durchgebüffelt«, aber keine Zeit erübrigt, »um sich hineinzudenken«.[10] Nicht ohne Grund hielten und halten viele Lenins Streitschrift daher für eine einigermaßen unausgereifte und fehlerhafte, ja geradezu stümperhafte Abhandlung. Die überwiegende Mehrheit seiner Mitstreiter konnte bezeichnenderweise nichts mit dem Werk des Bolschewikenführers anfangen. Sie verstanden es schlicht und einfach nicht.[11] Das

7 Koenen, Die Farbe Rot, 636.
8 Zit. nach Louis Fischer, Das Leben Lenins, Köln/Berlin 1964, 91.
9 Koenen, Die Farbe Rot, 638f.
10 Zit. nach Dieter Wittich, Lenins »Materialismus und Empiriokritizismus« – Entstehung, Wirkung, Kritik, 83. https://leibnizsozietaet.de/wp-content/uploads/2012/10/02_wittich.pdf (7.2.2023).
11 Dietrich Grille, Lenins Rivale. Bogdanov und seine Philosophie, Köln 1966, 201f.

galt in gewisser Weise auch für Ernst Mach, den Lenins Argumente in Erstaunen versetzten. Er fühlte sich bzw. seine Aussagen falsch interpretiert und sprach von unnötigen »Tüfteleien« und einem konstruierten Gegensatz zwischen seinen Positionen und jenen des Marxismus bzw. der Sozialdemokratie.[12]

Seine eigenen Zweifel an einer ausreichenden philosophischen Befähigung für einen Kampf gegen den »Machismus« taten Lenins Furor aber keinen Abbruch. Seine Ausführungen reicherte er wie gewohnt mit polemischen Entgegnungen an. Erst recht, wenn er zum Schluss kam, dass jemand den Marxismus als unumstößliches, ewig gültiges Denksystem infrage stellte.[13] Diese »Sünde« konnte er Bogdanow damals noch weniger verzeihen als dessen »Otsowismus«. So jedenfalls wollte er seine Gegenposition verstanden wissen – als Widerspruch eines wahrhaften Marxisten. Dass er die philosophischen Überzeugungen des versierten Naturwissenschaftlers, Arztes, Philosophen und Publizisten für falsch und sogar »schädlich«, ja für »philiströs und pfäffisch« hielt, ließ er diesen dann auch ohne Umschweife wissen.[14] Lenin strebte nach Eindeutigkeit – in jeder Hinsicht. Die Mach'sche Skepsis gegenüber den menschlichen Erkenntnismöglichkeiten und Bogdanows Versuche, sie mit dem dialektischen Materialismus zu verbinden, rührten scheinbar an Elementarem. Versöhnungsangebote, wie sie Bogdanow offenbar – wenn auch unter Beibehaltung eigener Standpunkte – formuliert hatte, schlug er aus. Wer sich so wie Lenin ganz und gar dem revolutionären und somit »praktischen« Marxismus verschrieben hatte, reagierte auf Kritik an den Grundfesten der eigenen Überzeugungen, die Lebenssinn generiert und Lebensinhalt bestimmt hatten, nicht nachsichtig, sondern emotionell. Der »wahrhaft Gläubige« war auf einen Abtrünnigen, einen »Renegaten« gestoßen.

Andere Motive für Lenins Schrift wider den Genossen und dessen Ansichten sind prosaischer Natur: Bogdanow drohte ihn zu übertrumpfen, ihm den Rang eines wahrhaften Revolutionärs streitig zu machen. Immerhin fiel die Auseinandersetzung zwischen den beiden in eine Phase, in der man Lenin unterstellen konnte, seinen

12 Wittich, Lenins »Materialismus und Empiriokritizismus«, 93, und vgl. Wolfgang Ruge, Lenin. Vorgänger Stalins. Eine politische Biografie, Berlin 2010, 74.

13 Koenen, Die Farbe Rot, 38.

14 LW, Bd. 34, 377.

Radikalismus, wenn nicht aufgegeben, dann zumindest gemildert zu haben. Während er sich ungeachtet früherer Tiraden gegen die Duma für den parlamentarischen Kampf aussprach, hatte Bogdanow das Abrücken von konkreten Vorbereitungen für die Revolution scharf kritisiert. Lenin wehrte sich und widersprach. Tatsächlich war er nie davon abgewichen, Volksvertretungen generell als »bürgerliche Unterdrückungswerkzeuge« zu betrachten. Ihm ging es darum, die Duma als Bühne zu nutzen: Die bolschewistischen Abgeordneten sollten die »verlogene« Politik der übrigen Parteien entlarven. Dass er damals von eigenen Genossen als Opportunist beschimpft wurde, weil er den Boykott der Duma ablehnte, beklagte er noch Jahre später. Dabei konnte er sich auch in dieser Hinsicht auf seine »Meister« berufen, die der Sozialdemokratie eine strikte Oppositionspolitik angeraten hatten, ohne damit ein grundsätzliches Fernbleiben von demokratischen »Veranstaltungen« zu verbinden. Den Rat, sich in entlarvender Opposition zu üben, beherzigte er im Übrigen auch 1917, als er gegen die Provisorische Regierung wetterte und eine klare Gegenposition bezog.[15]

Für alle sichtbar und unmissverständlich wieder gewohnt kämpferisch wahrgenommen zu werden, ergab sich dann aber für Lenin wie von selbst. Angesichts einer fortschreitenden kapitalistischen Entwicklung in Russland rückte das Trauma der erfolglosen Revolution nach und nach in den Hintergrund: Das Industrieproletariat in Russland wuchs zwischen 1909 und 1913 auf eine Zahl von 2,46 Millionen an und gab sich immer wieder aufmüpfig.[16] Da außerdem die Oberschicht anscheinend wenig aus den Ereignissen der ersten Revolution gelernt hatte, sondern ihre Maßnahmen zur Unterdrückung von Streiks eher verschärfte, regte sich aus Lenins Perspektive begründete Hoffnung auf ein neuerliches Aufbegehren der Massen. Diese Perspektive ließ sich außerdem mit den an Schärfe zunehmenden Konflikten unter den europäischen Mächten und mit einer labiler gewordenen politischen Großwetterlage ideal verknüpfen.

---

15 LW, Bd. 26, 451; MEW, Bd. 19, 163, aber auch 159.
16 Manfred Hildermeier, Die Russische Revolution 1905–1921, Frankfurt am Main 1989, 110.

Erbschaft

Die Unzufriedenheit vieler Bolschewiki mit einem für sie nicht immer nachvollziehbaren Parteikurs mündete zuvor aber in immer heftiger werdende Streitigkeiten. Bogdanows Ablehnung der von Lenin befürworteten bolschewistischen Präsenz in einem Parlament, das selbst der ehemalige Ministerpräsident Sergej Witte als »Lakaienduma« bezeichnete,[17] bescherte der Partei schwere Differenzen. Querschüsse konnte Lenin in Anbetracht seiner hochtrabenden Pläne für die Führungsrolle der Bolschewiki innerhalb der russischen Sozialdemokratie aber ebenso wenig brauchen wie einen potenziellen Konkurrenten. An Bogdanows Parteiausschluss führte kein Weg vorbei. Die Trennung von dem zuvor geschätzten Weggefährten, der die Bolschewiki überdies mit nicht unerheblichen Summen gesponsort hatte, vollzog Lenin ungeachtet verschiedentlicher Einwände konsequent. Vorgeblich erfolgte der Bruch aufgrund der Überzeugung, Bogdanow habe sich vom Marxismus abgewandt. Dass er in Wahrheit einen lästigen Rivalen hatte loswerden wollen, stritt Lenin beharrlich ab. Ungeachtet dessen verweisen seine Biograf:innen darauf, dass die Abkehr von dem früheren Weggefährten erst vollzogen wurde, als eine Erbschaft Geld in die leere Parteikasse zu spülen versprach: Nikolaj Pawlowitsch Schmit, Neffe eines reichen Industriellen, der mit den Bolschewiki sympathisiert hatte, war – offenbar als Folge von Misshandlungen während einer Haftstrafe – früh gestorben und hinterließ seinen zwei Schwestern ein stattliches Vermögen. Um die Gelder aus der Verlassenschaft für Parteizwecke zu lukrieren, sollten zwei Bolschewiki den jungen Damen den Hof machen und sich dann den Zugriff auf das Erbe sichern. Tatsächlich landeten die zwei Paare vor dem Traualtar. Lenin und seine Heiratsschwindler hinderten bei der Ausführung ihres Plans keinerlei Skrupel. Die frisch vermählten Ehemänner händigten Lenin nach der Hochzeit zwar nicht die gesamte Summe aus, die infolge der Erbschaft verfügbar war, der Betrag war aber hoch genug, um den späteren Revolutionsführer zufriedenzustellen.[18] Diese Version der Affäre des überaus versierten Lenin-Biografen Robert Service, in der nicht zuletzt die aufgrund niedriger Beweggründe ramponierte Gefühlswelt der

17 Paul Miljukow, Rußlands Zusammenbruch, Berlin 1925, 6.
18 Vgl. Service, Lenin, 258–271.

jungen, anscheinend hintergangenen Damen betont wird, unterscheidet sich in einigen Details von einer anderen Darstellung, die lange davor der deutsche Historiker Dietrich Geyer vorgelegt hatte. Darin scheint Schmit als vermögender Eigentümer einer Moskauer Möbelfabrik auf. Tatsächlich dürften Lenin und weitere Bolschewiki dafür gesorgt haben, dass ein noch minderjähriger Bruder den Besitz des Verschiedenen den beiden Schwestern überließ. Zumindest eine von ihnen, die beim Ableben ihres älteren Bruders bereits mit einem »fraktionell nicht gebundenen Sozialdemokraten« verheiratet gewesen war,[19] gab sich allerdings äußerst widerspenstig, als es um die Auszahlung der begehrten Beträge an die Bolschewiki ging. Es bleibt offen, ob sie sich überhaupt von ihrer Erbschaft oder auch nur einem Teil davon trennte. Die zweite Schwester, die bereits mit einem Bolschewiken liiert war und dennoch eine bald wieder aufgelöste Scheinehe mit einem Strohmann einging, um Lenin und seinen Genossen den Weg zur Ausschüttung des Vermögens zu ebnen, überließ Letzteren ebenfalls keineswegs alles, was ihr die beachtliche Verlassenschaft des Verstorbenen eingebracht hatte. Dass freilich die Bolschewiki finanziell vom Tod Schmits profitierten und trotz der Aufsässigkeit der Erbinnen immer noch beträchtliche Summen flossen, ist indessen unumstritten.[20] Allerdings folgte auf den undurchsichtigen Coup eine Vielzahl an Unannehmlichkeiten, da sich auch die Menschewiki und sogar der mittlerweile von Lenin erbittert bekämpfte Alexander Bogdanow für das Erbe interessierten und Anspruch auf bereits ausbezahlte Summen erhoben.[21] Die Zwistigkeiten innerhalb der SDAPR und schließlich die weitgehende organisatorische Trennung der beiden Fraktionen verkomplizierten die Lage immens.

Lenin setzte in der Folge alle Hebel in Bewegung, um die Schmit'schen Gelder für die Parteikassa zu verbuchen. Ohne ausreichende Finanzmittel war an die Herausgabe von Periodika, die den bolschewistischen Kurs nach außen vertraten und ein geeignetes Gegengewicht zu den Blättern konkurrierender Gruppen darstellen sollten, nicht zu denken.

19 Dietrich Geyer, Kautskys Russisches Dossier. Deutsche Sozialdemokraten als Treuhänder des russischen Parteivermögens 1910–1915, Frankfurt am Main u. a. 1981, 21.

20 Ebd., 20–25.

21 Ebd., 25.

Lenin selbst blieb in seiner Lebensführung verhältnismäßig bescheiden. Das bescheinigen ihm fast alle Biograf:innen. In tatsächlich ärmliche Verhältnisse abzurutschen, drohte er lange Jahre nicht. Seine vielen Reisen, die explizit der Erholung oder touristischen Aufenthalten galten, schließen eine Existenz am Abgrund aus. Seine ökonomische Lage begann sich erst während des Ersten Weltkriegs zu verschlechtern – derart, dass er darüber klagte, nicht mehr zu wissen, wovon er leben sollte.[22] Mitverantwortlich für diese Misere war der Tod der geliebten Mutter, die den Sohn bis zu ihrem Ableben unterstützt hatte. Und auch die Schwiegermutter, deren finanzielle Zuwendungen wohl ebenfalls unangenehme budgetäre Engpässe verhindert hatten, starb während des Kriegs. Das Geld wurde nun u. a. auch wegen Nadeschdas Basedow-Krankheit knapp, da sie ihr Leiden dazu zwang, »länger in den Bergen« zu leben. Das, meinte Lenin gegenüber Alexandra Kollontaj, die nach dem Oktoberumsturz Volkskommissarin für soziale Fürsorge wurde, sei eben »teuer«. Interessanterweise bat er damals die Genossin nicht für sich, sondern für seine Frau um die Vermittlung von Arbeit bei einem Verlag – als Übersetzerin oder aber für »eine pädagogisch-publizistische« Tätigkeit.[23] Er selbst, so schien es, hatte keine Zeit für solche Nebengeschäfte. Lenin blieb trotz eines beklagten Geldmangels während des Kriegs jene bittere Armut erspart, die Plechanow zu einem verhärmten Menschen werden ließ und viele andere im Exil zu abwegig erscheinenden Tätigkeiten nötigte. So etwa stellte Pawel Axelrod, um seine Familie zu ernähren, in der Schweiz eine Kefir-Firma auf die Beine, die schließlich erfolgreich genug lief, um sich Gewissensbisse über sein Doppelleben als »Kapitalist« und Revolutionär zu machen. Bei alledem fand der unfreiwillig zum Spezialisten für kaukasische Sauermilchproduktion gewordene Dissident keinen Schlaf, weil er davon ausging, die Gläser, in denen das mit speziellen Bakterien angereicherte Produkt abgefüllt wurde, alle zwei Stunden schütteln zu müssen.[24]

22 Hermann Weber, Lenin. Hamburg 1970, 104.

23 LW, Bd. 36, 396.

24 Vgl. Leopold Haimson, The Making of Three Russian Revolutionaries. Voices From the Past, Cambridge 1987, 111, und Uwe Spiekermann, Der Revolutionär als Unternehmer – Pavel Axelrods Schweizer Kephiranstalt, https://uwe-spiekermann.com/2018/05/28/der-revolutionaer-als-unternehmer-pavel-axelrods-schweizerische-kephiranstalt/ (26.2.2023).

Während Lidija Dan als wohlwollende Weggefährtin Axelrods später von dessen »idiotischem Kefir-Geschäft« sprach und diesem »Business« die Zerfahrenheit des geschätzten Genossen zuschrieb, mussten Lenin und seine Frau derart »wesensfremden« Arbeiten niemals nachgehen.[25]

Unterdessen erwies sich die Gefolgschaft des Bolschewikenführers auch nach der Entfernung Bogdanows aus der Partei als widerspenstig. Zornig registrierte Lenin ein Abgleiten seiner Mitstreiter in den Menschewismus. Sein Konzept der Nationalisierung des Bodens traf unter diesen Vorzeichen nicht einmal in den eigenen Reihen auf ungeteilten Zuspruch. Einige hielten Lenins Vorschlag für unzulänglich, da wenig attraktiv. Auf diese Weise seien die Bauern nicht für die Revolution zu gewinnen. Das Land müsse in das Eigentum der Bauern überführt werden, ohne Wenn und Aber, hieß es.[26] Lenin aber hielt die Annäherung an Genossen, die sich – so sein Urteil – nicht entscheiden konnten oder wollten, welcher der Fraktionen sie sich nun tatsächlich zugehörig fühlten, für überflüssig. Der vorgeschlagenen Zusammenarbeit mit Trotzki, der gegen die Spaltung der Partei auftrat und in Österreichs Hauptstadt erfolgreich seine Zeitung, die sogenannte Wiener *Prawda*, redigierte, konnte er daher erwartungsgemäß wenig abgewinnen. Nur widerwillig erteilte er ihr dann aber doch seinen Segen.[27]

Liquidatoren

1910 fand eine Plenarsitzung des Zentralkomitees in Paris statt, die auch als Vereinigungsplenum bezeichnet wurde. Aus Lenins Perspektive hatten hier die »Versöhnler« die Mehrheit. Das von den Menschewiki dominierte Gremium verlangte das Ende von Lenins Privat-ZK, dem »Bolschewistischen Zentrum«, und die Übergabe des Schmit'schen Vermögens an eine treuhänderische Verwaltung, die Karl Kautsky, Franz Mehring und Clara Zetkin übernahmen.[28]

25 Haimson, Three Revolutionaries, 114.
26 Robert Service, Lenin. A Political Life, Vol. 1: The Strengths of Contradiction, Bloomintgon 1985, 153.
27 Vgl. Theodor Dan, Die Sozialdemokratie Rußlands nach dem Jahre 1908, in: J. Martow, Geschichte der russischen Sozialdemokratie, Berlin 1926, 225–320, 243.
28 Service, Lenin, 265.

Der Niedergang der SDAPR als Folge der Repressionen in Russland ging mit der Verhaftung führender Funktionäre, der Auflösung bestehender lokaler Strukturen und einer daraus resultierenden defensiven Haltung bei vielen Menschewiki einher. Die sogenannten Liquidatoren, die angesichts der weitgehenden Verunmöglichung einer effektiven Parteiarbeit im Zarenreich die Auflösung der SDAPR forderten und lieber in legalen, offiziell geduldeten Arbeiterorganisationen wirken wollten, verdammte Lenin in unzähligen Schriften. Den Menschewiki unterstellte er mehr oder weniger pauschal, sich als »Zerstörer« zu betätigen. Zu Unrecht, wie Julij Martow meinte. Er erkannte die Gefahren dieser Strömung und die dadurch evidente Negation des »alten Menschewismus« durchaus.[29] Plechanow zum Beispiel machte gar keinen Hehl aus seiner Ablehnung des Liquidatorentums.[30] Trotzdem fehlte es den Menschewiki an einer einheitlichen Linie. Jeder schien seine eigenen Vorstellungen von der Partei zu haben – und genau darin lag das Problem. Den Slogan der Bolschewiki, im Sinne einer ideologischen Annäherung geschlossen gegen Abweichungen von links und rechts aufzutreten, lehnte Martow jedenfalls ab. Schon deshalb wahrscheinlich, weil er das Liquidatorentum ebenso wie beispielsweise seine Schwester, Lidija Dan, bei aller Skepsis eher als Versuch verstand, eine künftige Revolution in Anbetracht der Misserfolge von 1905 auf eine breitere Basis zu stellen. Ein kleiner illegaler Zirkel, wie ihn Lenin präferierte, war dazu offenbar nicht in der Lage gewesen.[31] Noch während der Revolution hatte Pawel Axelrod sich für die Einberufung eines großen Arbeiterkongresses starkgemacht, der putschistischen Bestrebungen von Parteigenossen eine klare Alternative entgegensetzen sollte. Dieses Konzept lief letztlich schon damals auf eine neue Partei hinaus.[32] Aus Lenins Sicht aber hatte sich das Zeitfenster, das sich mit dem *Oktobermanifest* für die Schaffung einer Massenpartei oder vielmehr für die Rekrutierung einer revolutionären Armee aus dem Proletariat geöffnet hatte, mit dem gescheiterten Dezemberaufstand gleich wieder geschlossen.

---

29 Israel Getzler, Martov. A Political Biography of a Russian Social Democrat, Melbourne 1967, 126.

30 Vgl. Samuel H. Baron, Plekhanov. The Father of Russian Marxism, Stanford 1963, 282f.

31 Vgl. Leopold Haimson, Three Revolutionaries, 206.

32 Vgl. J. Martow, Geschichte der russischen Sozialdemokratie, Berlin 1926, 203f.

Martow zog indessen eigene Lehren aus der Vergangenheit und plädierte viel eher für eine Kombination von legaler und illegaler Arbeit – ein Mittelweg, der Lenin nach eigenen Aussagen nicht befriedigte. Für die Sozialisten-Revolutionäre wurde unterdessen die Frage der Strategie ebenfalls zur zentralen Auseinandersetzung über die Zukunft der Partei. Nicht anders als bei den Sozialdemokraten tobte auch unter ihnen ein erbittert geführter Streit über einen Kurs pro oder wider die legale Parteiarbeit. In Anbetracht des repressiven politischen Klimas im Zarenreich drohte diese aber auf ein nur bescheidenes Wirken und damit auf ein bloßes Dahinvegetieren hinauszulaufen.[33]

Martow aber hielt dagegen. Er bemühte das deutsche Beispiel. Der frühere Lenin-Intimus verglich die nunmehrigen Aufgaben der Partei mit den Herausforderungen, denen sich die SPD in der Verbotsära unter Reichskanzler Bismarck gegenübergesehen hatte. Seine Orientierung an die deutsche Partei sah dennoch völlig anders aus als diejenige, die Lenin zu Beginn der Jahrhundertwende vor Augen hatte, als er sich auf die radikalen Wurzeln und revolutionären Ansagen der SPD bezog und ihre inhaltliche Ausrichtung befürwortete. Lenins Bindung an die SPD war eher ideeller Natur und fand konkrete Anknüpfungspunkte für die Parteiarbeit in noch weiter zurückliegenden Perioden, als Martow sie benannte. Auf Pawel Axelrods Ankündigung einer angestrebten »Europäisierung« der Partei, d.h. auf den Plan, diese »auf den Fundamenten aufzubauen, auf denen der Parteibau der europäischen Sozialdemokratie ruht«, reagierte Lenin daher mit derselben Häme wie auf Martows Ankündigungen.[34] In seiner Kritik an den Losungen der Menschewiki bedient er sich ähnlicher Argumente wie in *Was tun?*. Er stellte außerdem klar, dass eine konsequente Anlehnung der russischen Partei an das Vorbild der SPD nichts anderes sei, als sich als »nackter Wilder« einen »Zylinderhut« aufzusetzen und dann zu hoffen, für einen »Europäer« gehalten zu werden. Mit anderen Worten: Eine »europäische Partei« sei in Russland eben nicht zu verwirklichen – nach der gescheiterten Revolution von 1905 weniger denn je. Eine solche Konstruktion entbehrte nach Lenins Einschätzungen

33 Manfred Hildermeier, Die Russische Revolution 1905–1921, Frankfurt am Main 1989, 123.
34 LW, Bd. 18, 171.

der erforderlichen Grundlagen: Wo keine Verfassung, da auch keine konstitutionelle Opposition und folglich auch keine entsprechende Betätigungsmöglichkeit.[35] Die »Europäisierung«, welche die Liquidatoren verfolgten, misslang, so meinte später auch Fjodor Dan, weil sie diese allumfassend und orientiert an einer bereits seit Langem erfolgreichen Arbeitsweise im Westen umzusetzen versuchten und so an der russischen Realität vorbei agitierten.[36]

Haarsträubend fand Lenin auch Martows Visionen einer »besseren« Partei, die jetzt – allen Hindernissen zum Trotz – auf den Weg gebracht worden sei. Dieser prognostizierte nämlich bei allem Zweifel an den Positionen des Liquidatorentums als Resultat der unterschiedlichen Strategien die Gründung einer gefestigten, legalen Partei, die sich auch auf nicht-parteigebundene Arbeiterorganisationen wie Gewerkschaften, Bildungsvereine oder Genossenschaften stützen sollte.[37] Lenin hielt davon gar nichts. Weder eine zur Diskussion stehende »offene« Partei noch eine Neugründung sah er als erstrebenswerte Ziele. Er beharrte außerdem auf einem ins Jahr 1908 datierenden Parteibeschluss, der realiter beide Abweichungen, also jene der Liquidatoren und die der Otsowisten, klar verurteilt hatte. Warum sollte er gnädiger gegenüber den »Abweichlern« der gegnerischen als gegenüber denjenigen aus der eigenen Fraktion sein?[38]

Die Partei zerfiel immer weiter – mehr noch: Auch die Bolschewiki rieben sich im Kleinkrieg wechselseitiger Anfeindungen auf. Gestritten, ja gekämpft wurde mit harten Bandagen.[39] Lenins Bericht über die Zusammenkunft in Paris, den er Maxim Gorki zukommen ließ, klang dementsprechend alles andere als optimistisch. Vielmehr ließ sich daran ablesen, dass Lenin von all den Querelen bereits zermürbt war: »Und so quälen wir uns denn jetzt ab. Entweder werden wir – bestenfalls – die Eiterbeulen« – damit meinte er »Abberufler« sowie Liquidatoren – »aufschneiden und den Eiter herauslassen, das Kind heilen und aufziehen. Oder – schlimmstenfalls – das Kind stirbt. Dann werden wir eine Zeitl[an]g kinderlos

35 Ebd., 172.
36 Theodor Dan, Der Ursprung des Bolschewismus. Zur Geschichte der demokratischen und sozialistischen Idee in Rußland nach der Bauernbefreiung, Hannover 1946, 309.
37 LW, Bd. 20, 261.
38 LW, Bd. 19, 140.
39 Vgl. Adam B. Ulam, Die Bolschewiki. Vorgeschichte und Verlauf der kommunistischen Revolution in Rußland, Köln/Berlin 1965, 315–317.

bleiben (das will heißen: wir werden die b[olschewistische] Fraktion wiederherstellen), und dann werden wir ein gesünderes Kind zur Welt bringen.«[40]

Die bei den Sitzungen des ZK gegenüber den Menschewiki gemachten Zugeständnisse, die u.a. auf die Organisation eines gemeinsamen Parteitags hinausliefen – im Mai 1911 fand lediglich eine weitere ZK-Sitzung in Paris statt –, blieben wertlos.[41] Auch deshalb, weil einige Menschewiki das Vertrauen in die Versprechungen der Bolschewiki völlig verloren hatten. Umgekehrt fürchtete Lenin als Folge der geschlossenen, »höchst vagen« Kompromisse mit den »Minderheitlern« die komplette Sprengung der Bolschewiki. Nichts deutete bei alledem auf ein Abrücken von bereits bezogenen Positionen hin.[42] Allerdings galt das für alle Seiten. Die ohnehin zaghaft betriebene Annäherung wurde erneut vereitelt. Weitere Gespräche erschienen obsolet. Dem kleinen Häuflein von Delegierten, das sich im Frühjahr 1911 abermals in Paris zusammenfand, gehörte nur ein Menschewik an, der obendrein als Anhänger der Liquidatoren galt und kaum, dass sich die Runde konstituiert hatte, auch gleich wieder verschwand.[43]

Feldzüge

Anfang 1910 hatten die Bolschewiki ihre Fraktion unter der Bedingung der Auflösung auch anderer Gruppen begraben. Ende des Jahres wurden die in Wirklichkeit niemals wirklich »beerdigten« Bolschewiki als eigene Fraktion reaktiviert, weil Lenin nun sogar eine verstärkte »Absonderung« unter dem Rest der Genossen festgestellt hatte. Er selbst aber musste sich eingestehen, dass seine Anhängerschaft nicht unerheblich geschrumpft war.[44] Während sich ungeachtet der vorhandenen Plenarbeschlüsse weiterhin alle möglichen Gruppierungen in verschiedenen Zeitungen ihre Ansichten über die Aufgaben der russischen Sozialdemokratie an den Kopf warfen, fehlte es den Abtrünnigen bzw. »Abweichlern« an einer

40 Lenins Briefe an Gorki (1908–1913). https://www.projekt-gutenberg.org/lenin/brigorki/chap002.html (18.3.2023).

41 Service, Lenin, 271.

42 Vgl. W. I. Lenin, Briefe, Bd. II: 1905–November 1910, Berlin 1967, 234f.

43 LW, Bd. 17, 585.

44 LW, Bd. 36, 156f.

Autorität, die Lenin ebenbürtig gewesen wäre. Martow vermochte es nicht, den Erosionserscheinungen seiner Fraktion entgegenzutreten. Außerdem schreckte er zunächst sogar vor einem offenen Kampf mit Lenin zurück, da er als Resultat einen unerwünschten Rechtsruck bei den Menschewiki befürchtete.[45] Der, wie es hieß, notwendigen Reorganisierung der Partei »nach dem Muster der fortgeschrittenen europäischen Länder« standen eine schädliche »Sektenroutine« und die »Diktatur kleiner abgekapselter Zirkel« gegenüber.[46]

Diese Kritik zielte hauptsächlich auf Lenin ab. Doch der blieb unbeeindruckt von der Schelte. Er konterte seinen Gegnern gewohnt scharfzüngig. Was immer notwendig erschien, um seine Widersacher zu desavouieren, brachte er vor. So verwendete er etwa die Bezeichnungen »Menschewiki« und »Liquidatoren« noch konsequenter als bisher synonym und schilderte deren angeblich verderblichen Einfluss auf die Arbeiterschaft in den düstersten Farben. Der verbliebenen kleinen Gruppe orthodoxer Menschewiki warf er vor, die Liquidatoren nicht mit entsprechender Entschlossenheit bekämpft zu haben. Sie stünden daher vor den Trümmern ihrer Partei bzw. Fraktion, ihre Anführer seien unfähig, dem Kreislauf wechselseitiger Zerfleischung zu entkommen. Der Rest, bemerkte er hämisch, habe mehr mit den Bolschewiki gemeinsam als mit den früheren Genossen, von denen viele überdies zu den Liberalen übergelaufen seien.[47] Der Rundumschlag mündete in eine Analyse, die keinen Zweifel daran ließ, wer die Schuld an der Lage trug: Die Bolschewiki hatten die dem kompletten Untergang entgegentaumelnde Partei gerettet, die Menschewiki sie hingegen beinahe zerstört und in der Folge sich selbst. Sogar jene »Minderheitler«, die zu Lenin auf klare Distanz gegangen waren, mussten die fast vollkommene Zerrüttung der Partei zugeben.[48]

Bei seinem Feldzug gegen die Liquidatoren sparte Lenin niemanden aus, auch frühere Vertraute nicht. Ins Visier nahm er vor allem Alexander Potresow, seinen ehemaligen Weggefährten und einen der Mitgründer der *Iskra*. Ihn überschüttete er regelrecht mit derben Beschimpfungen. Aber auch Vera Sassulitsch entging seinen Beleidigungen und erniedrigenden Belehrungen nicht. Der bereits

45 Getzler, Martov, 131–133.
46 Zit. nach Geyer, Dossier, 49.
47 Vgl. LW, Bd. 15, 458f.
48 Vgl. Dan, Die Sozialdemokratie, 242–245.

im siebten Lebensjahrzent stehenden Veteranin der revolutionären Bewegung hielt er nicht nur »peinliche« Fehler bezüglich ihrer Positionen zum Liquidatorentum vor, sondern sprach ihr darüber hinaus die Fähigkeit zu jedweder vernünftigen Beurteilung der Lage und der Aufgaben der SDAPR glattweg ab. Ihre »Theorie der breiten Schicht an Stelle der Partei« vernichte die Aussicht auf jegliche Einheit unter den russischen Sozialdemokraten. Aufseiten der Liquidatoren, denen er auch Sassulitsch selbst zuzählte, sah er dementsprechend lediglich charakterlose Intellektuelle, die »sich vom konterrevolutionären Strom der Mutlosigkeit, des Unglaubens, des Spießertums« hatten »mitreißen lassen« und nun »den Liberalen« hinterhertrotteten.[49] Es gebe in Anbetracht solcher Verirrungen nur ein »Entweder – Oder«. Einen Mittelweg, betonte er, »gibt es hier nicht«. Und es sei undenkbar, eine Annäherung der verschiedenen Gruppen anzustreben: »Hier kann man nichts ›aussöhnen‹«, bekräftigte er. Und man könne darüber hinaus, ätzte Lenin weiter, »die alte Partei« nicht »›ein bißchen begraben‹ oder die neue«, die sich Sassulitsch und andere Genossen als »legale« dachten, »›ein bißchen gründen‹«.[50]

Hinzuzufügen ist, dass die bereits betagte Revolutionärin auch von Plechanow, dem sie so ergeben gewesen war, einigermaßen rüde als unberufene Kommentatorin abgekanzelt wurde. Sie hätte, meinte dieser, lieber geschwiegen. Sassulitsch konterte und entgegnete, dass eine Untergrund-Partei nur dann von Nutzen sei, wenn sie ihren Führungsanspruch zurückstelle. Sie müsse der Bewegung dienen und sie nicht einfach dirigieren wollen.[51] Ihre Haltung reflektierte die ständige Sehnsucht nach Überwindung der innerparteilichen Gegensätze. Realistisch erschienen ihre Analysen bzw. Handlungsanleitungen tatsächlich nicht. So befanden sich die Menschewiki in einem Zustand größtmöglicher Desorientierung. Das entging auch vielen ihrer prominentesten Vertreter keineswegs. Fjodor bzw. Theodor Dan bekannte in seiner Skizze zur Geschichte der russischen Sozialdemokratie nach 1908 offen: »Während der bolschewistische Teil der Partei sich in eine Kampfphalanx

49 LW, Bd. 19, 403.
50 Ebd.
51 Vgl. Stephan Rindlisbacher, Leben für die Sache. Vera Figner, Vera Zasulič und das radikale Milieu im späten Zarenreich, Wiesbaden 2014, 288f.

verwandelte […], griffen in ihrem menschewistischen Teil mehr und mehr organisatorische Zerrissenheit und Gleichgültigkeit um sich. Jene Elemente des Menschewismus, die unter Anerkennung der entscheidenden Wichtigkeit der legalen Tätigkeit und der legalen Organisationsformen gleichzeitig darauf drängten, daß diese Tätigkeit durch eine unter den obwaltenden Verhältnissen notwendige illegale Parteitätigkeit und durch fraktionellen Zusammenhalt konsolidiert und vereinigt werde, waren ohnmächtig, da ihnen nicht die genügende Anzahl von Parteifunktionären zur Verfügung stand und die absolute Leere der Parteikasse sie daran hinderte, selbst dann, wenn sie diesen Weg hätten beschreiten wollen, einen wenn auch nur kleinen Apparat von ›Berufsrevolutionären‹ ins Leben zu rufen.«[52]

Seitensprung

In die Phase seines Ringens um die Kontrolle über die Bolschewiki ebenso wie über die Gesamtpartei fiel auch Lenins Affäre mit Inessa Armand – eine außereheliche Beziehung mit einer Revolutionärin, die eine bemerkenswerte Vita aufzuweisen hatte und als überaus anziehend beschrieben wurde. Der Romanze haben sich einige Lenin-Biograf:innen mit großem Interesse und erstaunlichem Hang zu Details angenommen.[53] Nicht wenige der dazu verfassten Buchseiten kreisten um die prosaische Frage »Hat er oder hat er nicht?«. Trotz der bewussten Beseitigung seiner Briefe an Inessa durch Lenin selbst erscheint gesichert: Er hat. Mehr noch: Lenin soll auch anderweitige »Frauenbekanntschaften« gepflegt haben. So wird auch behauptet, dass der Bolschewikenchef in Paris in einschlägigen Etablissements verkehrte und sich als Folge davon mit Syphilis ansteckte.[54] Darüber hinaus sagte ihm Grigorij Alexinskij, welcher der bolschewistische Fraktionsführer in der zweiten Duma gewesen war, ein Techtelmechtel mit seiner Ehefrau nach und verspürte offenbar keine Hemmungen, Geschichten über diesen »Skandal« auch an mäßig Interessierte heranzutragen.[55]

52 Dan, Die Sozialdemokratie, 235f. und vgl. Jürgen Neffe, Marx. Der Unvollendete. München 2017, 586.

53 Vgl. die nicht unumstrittene Biografie von Stefan T. Possony, Lenin. Eine Biographie, Köln 1965.

54 Vgl. die Rezension von R. Suny, Das Buch von Helen Rappaport, in: History Today (May 2020), 60. Zur Syphilis als möglicher Ursache von Lenins Erkrankung bzw. zu seinen Schlaganfällen siehe auch Service, Lenin, 574.

55 Leopold Haimson, The Making of Three Russian Revolutionaries. Voices From the Past,

Während Nadeschda die Abwege ihres untreuen Ehemanns allem Anschein nach mehr oder weniger stoisch zur Kenntnis nahm und Inessa Armand zeitweilig sogar mit den »Lenins« zusammenlebte, dauerte das Verhältnis zwischen dem Bolschewikenführer und Inessa offenbar nur kurz. Ungeachtet einer unmissverständlichen Zurückweisung blieb die einstige »Herzdame« offenbar hartnäckig. Tatsächlich offenbarte sich aufseiten Inessas ein Hang zur Selbsterniedrigung und Unterwürfigkeit gegenüber ihrem Liebhaber, der aufmerksamen Beobachtern nicht verborgen blieb. Diese stellten in Summe eine geradezu außergewöhnliche Ergebenheit Inessas fest. Sie sei »vollständig von der Autorität und Unfehlbarkeit des Meisters erfüllt« gewesen.[56] An dieser bedingungslosen Loyalität konnten weder ihr revolutionäres Engagement noch ihre angebliche Promiskuität oder aber ihre von Lenin scharf kritisierten schriftlich niedergelegten Ausführungen über die Vorzüge und moralische Überlegenheit der freien Liebe etwas ändern. Vorhandenen Unstimmigkeiten zum Trotz hegten beide aber eine lang andauernde Zuneigung füreinander, die bis zum Tod Inessas anhielt.[57]

Lenins Prioritäten waren freilich klar. Während Inessa sich tatkräftig für Frauenrechte einsetzte und seine als Kränkung empfundene Distanziertheit verlogenen, selbstbetrügerischen Schuldgefühlen gegenüber Nadeschda zuschrieb, kämpfte der Bolschewikenführer bereits wieder an anderen Fronten: Die Partei befand sich weiterhin auf Schlingerkurs. Und Lenin ergriff die Gelegenheit, aus einer wackeligen Position heraus wieder ganz Herr der Lage zu werden. Seine Pläne kreisten nun um eine Gesamtrussische Konferenz, um auf ihr seine Anhängerschaft endgültig als maßgebliche Vertreter der Partei zu etablieren. Für die Organisation der Konferenz rekrutierte Lenin den Georgier Sergo Ordschonikidse, den seine Predigten über die Niederringung des Zarismus nachhaltig beeindruckt hatten. Der Genosse sollte nun für die Dominanz der Bolschewiki auf dem einzuberufenden Kongress sorgen. Tatsächlich fanden sich 1912 in Prag nur 18 Teilnehmer ein und lediglich zwei von ihnen waren Menschewiki. Lenin legte es bewusst darauf an, unliebsame Elemente

Cambridge 1987, 125.

56 Vgl. Angelica Balabanoff, Lenin. Psychologische Beobachtungen und Betrachtungen, Wien 1959, 49.

57 Vgl. Service, Lenin, 536–540.

auszuklammern. Diese Vorgehensweise bewog Trotzki, in Wien eine Gegenkonferenz abzuhalten, der allerdings wenig Erfolg beschieden war. Die Zusammenkunft in der österreichischen Hauptstadt im August 1912 war Abbild eines geradezu hoffnungslosen Nebeneinanders unterschiedlicher Meinungen und Positionen aufseiten der nicht-bolschewistischen russischen Sozialdemokraten. Obwohl die Delegierten – ungeachtet der offenliegenden Differenzen – die Wiedervereinigung als Ziel weiterer Bemühungen beschworen, blieben am Schluss alle wesentlichen Fragen offen.[58] Der sogenannte Augustblock erwies sich als brüchig. Die verschiedenen Gruppen gingen bald wieder ihre eigenen Wege oder es bildeten sich neue Fraktionen.[59] Trotzkis Vorhaben, mit der Zerstörung des Leninismus die Einheit der Partei wiederherzustellen, scheiterte.[60] Und Lenin seinerseits schlachtete den Zerfall des Augustblocks genüsslich aus. Er verhöhnte dessen Sympathien für westeuropäische sozialdemokratische Parteien und deren Mechanismen interner Konfliktlösung. Solchen angeblichen Vorzügen hielt er eine Tugend entgegen, die er für viel wichtiger hielt: »Prinzipienfestigkeit«.[61]

Aber nicht nur Trotzki war mit seiner Wiener Aktion gescheitert. Auch Lenin erreichte sein Ziel in Prag nicht ganz: Viele Bolschewiki distanzierten sich von der Art und Weise, wie die Menschewiki in Prag ausgebootet worden waren. Kurz vor dem Kongress hatten ein paar Genossen noch schnell Einladungen an prominente Menschewiki geschickt. Obwohl sie erwartungsgemäß ausgeschlagen wurden, tobte Lenin über den Alleingang der Versöhnungswilligen. Sie könnten natürlich einladen, wen sie wollten, und sich mit wem auch immer vereinigen. Dann aber, bekräftigte der Bolschewikenführer gegenüber den Genossen, ganz sicher ohne ihn und mit dem Resultat, dass es in diesem Fall eben zwei Konferenzen geben werde – seine und die »andere«.[62]

Der Beschluss zur Verlagerung der Organisations- und Parteiarbeit hauptsächlich nach Russland und weg von den Emigranten-

58 Robert Service, Trotzki. Eine Biographie, Berlin 2012, 164f.; Dan, Die Sozialdemokratie, 260f.
59 Dan, Die Sozialdemokratie, 263.
60 Geyer, Dossier, 209.
61 LW, Bd. 20, 42f.
62 The non-geometric Lenin. Essays on the Development of the Bolshevik Party 1910–1914, London 2011, 29.

zirkeln führte indessen zu einem weiteren personellen Aderlass der Partei. Die Ochrana verhaftete maßgebliche Funktionäre, sobald sie russischen Boden betreten hatten. Verschont blieb der Doppelagent Roman Malinowski, der nicht nur im neuen bolschewistischen Zentralkomitee saß, sondern obendrein noch einen Sitz in der vierten Staatsduma innehatte. Ansonsten aber musste die Bilanz der Verfolgungen, denen die russischen Sozialdemokraten ausgesetzt waren, erschüttern. Die Repressionen machten den Aufschwung zunichte, den die Partei durch den Zulauf ab 1905 verzeichnete. Seit 1907 reduzierte sich die Zahl der zuvor etwa 150.000 Parteimitglieder auf ca. ein Fünftel.[63] Die vielen Verhaftungen von Genossen im Zarenreich brachten die Partei auch im Exil in personelle Bedrängnis. Lenin vermochte es dennoch, neue, loyale Mitstreiter zu rekrutieren. Das festigte seine eigene Stellung. Diese verdankte er zu einem Gutteil seiner unerschütterlichen Hartnäckigkeit und wahrlich nicht immer der unumschränkten »Treue« bisheriger Anhänger.

Befreiungsschlag

Die Prager Gesamtrussische Konferenz der SDAPR, die auch als »Prager Parteitag« bezeichnet wird, wurde in der Historiografie sehr unterschiedlich bewertet. Robert Service beurteilte den Ausgang der Zusammenkunft und ihre längerfristigen Folgen als eher nachteilig für Lenin. Die nun verstärkte konspirative Arbeit habe die Reihen der Genossen zusätzlich gelichtet. Lenin sei überdies gezwungen gewesen, die eher unerfreulichen Folgen einer Begünstigung der Parteiarbeit im Zarenreich für die eigene Tätigkeit zu akzeptieren. Das Auslandsbüro bzw. das Russische Büro des ZK sei nämlich auf eine Minimalbesetzung zusammengeschrumpft. Lenin teilte sich nun die mühsame Organisationsarbeit lediglich mit Grigorij Sinowjew und der eigenen Ehefrau.[64] Andererseits aber war der »Parteitag« in der cisleithanischen Reichshälfte der k. u. k. Monarchie ein von Lenin selbst vorangetriebenes Projekt und somit vor allem eines gewesen: ein Befreiungsschlag.[65] Die Trennung von den Menschewiki

63 Adam B. Ulam, Die Bolschewiki. Vorgeschichte und Verlauf der kommunistischen Revolution in Rußland, Köln/Berlin 1965, 329.
64 Service, Lenin, 286f.; vgl. LW, Bd. 17, 595 (Fn. 129).
65 Klar nachzuvollziehen in: LW, Bd. 36, 154–158.

bzw. vielmehr den Liquidatoren – in den Dokumenten zu den Prager Beschlüssen war immer noch auch von »parteitreuen« Menschewiki die Rede, zu denen bei aller Ablehnung die Tür noch nicht ganz zugeschlagen wurde[66] – mündete nun in zwei separate Parteistrukturen. Das Organisationskomitee bzw. OK der Menschewiki konnte – und damit behielt Lenin recht – gleichzeitig keine mit den Bolschewiki vergleichbare Partei etablieren. Schon deshalb erübrigte sich das hinter den Parteinamen in Klammer gesetzte »B« oder »b« für Bolschewiki, das vielmehr die sowjetische Historiografie später bereits für diese Phase reklamierte, um die Sonderstellung von Lenins Partei zu betonen.[67] Darüber hinaus beendeten die Beratungen in Prag die aus Lenins Sicht höchst unerfreuliche Zusammenarbeit in der von Menschewiki und »Versöhnlern« dominierten Organisationskommission im Ausland, die 1911 zur Vorbereitung einer Konferenz der SDAPR gebildet worden war.[68] Selbiges galt für weitere Gremien, die sich ebenfalls mehrheitlich gegen die Bolschewiki gestellt hatten.[69] Außerdem ließen sich mit der Trennung von den Menschewiki unsaubere Machenschaften rund um die gemeinsame Parteikasse bereinigen. Darüber hinaus sollte ein wirkliches »Parteizentrum« geschaffen werden, das, meinte Lenin, zwischen 1908 und 1911 gar nicht existiert habe.[70] Jene Partei, wie er sie in *Was tun?* oder in *Ein Schritt vorwärts, zwei Schritte zurück* skizzierte, hatte es in Wirklichkeit nie gegeben. Die Partei, die er als Summe sozialdemokratischer Organisationen beschworen hatte, sah sich realiter vielen verschiedenen Gruppierungen gegenüber, die sich nicht um Lenins Visionen einer alles bestimmenden und kontrollierenden Zentrale kümmerten. 1912 bot sich ein vielversprechender Neustart an. Jetzt, meinte Lenin, müsse man »zum Wiederaufbau der illegalen Organisation der SDAPR« schreiten.[71]

Während sich Lenin, der das schier endlose Hin und Her zwischen Kooperation mit und Distanz zu den anderen Parteigruppen satthatte, endlich wieder in seinem Element fühlte, attestierten ihm

66 LW, Bd. 17, 453.
67 Lars Lih, How Lenin's Party Became (Bolshevik), https://links.org.au/lars-lih-how-lenins-party-became-bolshevik (23.1.2023).
68 Vgl. LW, Bd. 17, 586 (Fn. 77).
69 Vgl. ebd., 588 (Fn. 82).
70 Ebd., 453.
71 Ebd., 446.

selbst Unterstützer ein völliges Unverständnis für die Bedeutung einer einheitlichen Organisation der russischen Sozialdemokraten. Die Lage erschien fast schon hoffnungslos verworren.[72] Auch wenn Rosa Luxemburg viele Schuldige für die Zerrüttung der Partei ausmachte, waren es ihrer Meinung nach vor allem der »hirnlose Leninismus« und der notorische Hang des Bolschewikenchefs zu Spaltungen aller Art, die die SDAPR zu einem Konglomerat von Klein- und Kleinstgruppen gemacht hatten. Den Höhepunkt dieser Verirrung sah sie im Zwist unter den Bolschewiki selbst, die sich gegenseitig aus den Gremien ausschlossen und Prügel vor die Füße warfen.[73]

Von solchen Bezichtigungen ließ sich Lenin nicht beirren. 1912 war er voller Elan. Er wurde, wie seine Frau vermerkte, »ein anderer; er war auf einmal viel weniger nervös, war konzentrierter«.[74] Diese Zuversicht knüpfte sich an verbesserte Arbeitsbedingungen in Russland selbst, da die steigende Anzahl von Streiks das Regime dazu zwang, die Repressalien gegenüber den Sozialdemokraten abzuschwächen und das Erscheinen von Zeitungen zu gestatten.[75] Kraftvolle Lebenszeichen regten sich außerdem unter regimekritischen Kräften in Polen, als das Zarenreich angesichts der damaligen Balkankrise in einen Konflikt mit dem Habsburgerreich einzutreten schien.[76] Darüber hinaus verzeichnete die SPD bei den Wahlen 1912 ihr bestes Ergebnis. Ganz Europa stand damals, meinten manche, bereits »am Rand des Sozialismus«.[77] Für Aufsehen hatte zuvor eine Rede August Bebels im Deutschen Reichstag gesorgt. Dieser prophezeite im Dezember 1911 vor dem Hintergrund der Marokkokrise eine »Götterdämmerung der bürgerlichen Welt«. Er leitete aus einem kommenden Krieg allerdings vor allem »Massenbankerott«, »Massenelend« und »Massenarbeitslosigkeit« ab. [78]

---

72 Vgl. O. Pjatnizki, Aufzeichnungen eines Bolschewiks. Erinnerungen aus den Jahren 1896–1917, Wien/Berlin 1927, 187–211.

73 Jörn Schütrumpf (Hg.), »Mit den Leninisten können wir nicht zusammengehen …« oder: Wie Lenin Rosa Luxemburg »besiegte«. https://www.rosalux.de/fileadmin/rls_uploads/pdfs/sonst_publikationen/Online-Publikation_Lenin_Rosa.pdf (12.4.2023).

74 N. K. Krupskaja, Erinnerungen an Lenin, Bd. II, Moskau/Leningrad 1933, 75.

75 Dan, Ursprung des Bolschewismus, 309.

76 Vgl. Georges Haupt, Der Kongreß fand nicht statt. Die sozialistische Internationale 1914, Wien/Frankfurt/Zürich, 1867, 74f.

77 Luciano Canfora, Eine kurze Geschichte der Demokratie. Von Athen bis zur Europäischen Union, Köln 2006, 171.

78 August Bebel, Reden und Schriften 1906–1913, München 1997, 576.

Dem Glauben an die eigene Durchsetzungskraft und der Überzeugung, eine Mission erfüllen zu müssen, konnte die Schwierigkeit der gesetzten Ziele nichts anhaben. Eine gehörige Portion an Eigensinn legte der Bolschewikenführer außerdem in Zusammenhang mit der Wiedererlangung der mittelweile von den deutschen Genossen treuhänderisch verwalteten Gelder aus der Schmit'schen Erbschaft an den Tag. Jetzt hatte man sich schließlich auch formal von den lästigen Konkurrenten und somit »Mitbewerbern« um das begehrte Vermögen getrennt. Doch Kautsky und Mehring, die sich die ganze Zeit über bemüht hatten, die diesbezüglichen Streitigkeiten zwischen Bolschewiki und Menschewiki zu schlichten, warfen das Handtuch und legten ihre Funktion als vorläufige Vermögensverwalter zurück. Die im Gremium verbleibende Clara Zetkin bekam es in der Folge mit unentwegten Ansuchen Lenins zu tun, der sogar mit rechtlichen Schritten drohte, um seinen Willen durchzusetzen. Schließlich sollte sich auf Betreiben Kautskys, den Lenins insistierende Forderungen zunehmend vor den Kopf gestoßen hatten, das Internationale Sozialistische Büro in Brüssel der heiklen Angelegenheit annehmen und einen Kompromiss zwischen den beiden Gruppen ermöglichen. Lenin reagierte alles andere als begeistert. Nicht zu Unrecht fürchtete er, dass das Internationale Büro allen »Trennungskonferenzen« zum Trotz eine Versöhnung von Bolschewiki und Menschewiki anbahnen würde.[79]

Gleichzeitig musste Lenin, so wichtig es ihm war, den Feldherrensessel einzunehmen, akzeptieren, dass bolschewistische Politik auch außerhalb seiner Reichweite betrieben wurde. So etwa in Form der 1912 gegründeten *Prawda*, die sich trotz der im Zarenreich geltenden Restriktionen eine möglichst scharfe Blattlinie verordnete. Das innenpolitische Klima war rau, aber es bot, bei allen Verboten und willkürlichen Eingriffen, doch auch Betätigungsfelder für oppositionelle Aktivitäten. Diese »Freiheiten«, so oft sie nach der Konsolidierung des Regimes ab Ende 1905 auch beschnitten worden waren, speisten sich aus der Erkenntnis der Behörden, wonach eine erfolgreiche Bekämpfung staatsfeindlicher Strömungen nicht durch ihre vordergründige Zerschlagung, sondern vor allem durch begleitende

79 Service, Lenin, 289.

Kontrolle erfolgen könnte. Das dadurch begünstigte Wirken von Doppelagenten machten sich aller Wahrscheinlichkeit nach auch die Bolschewiki zunutze. Es war ein gefährliches Spiel und eines, das einer äußerst schwierigen Balance zugrunde lag.[80] Abseits solcher Arrangements, mithilfe derer aus Sicht der Ochrana die radikale Opposition gelenkt werden konnte, bestanden keine Zweifel, wer im Zarenreich wirklich den Ton angab. Tatsächlich war selbst nach dem Urteil Konservativer das politische Pendel in Russland weit nach rechts ausgeschlagen – als Reaktion auf den Terrorismus, der sich wie »Lepra« immer »tiefer in den Volksorganismus« hineingefressen habe,[81] und als Folge einer Politik, die sich nach außen einem ultranationalistischen und nach innen einem klar antidemokratischen Kurs verschrieben hatte. Daran änderte auch die Existenz des Parlaments nichts. Den Chauvinismus der russischen Elite trugen auch die Mitte-rechts-Parteien mit. Die Stärke des Reichs wurde solcherart an die Hegemonie der Großrussen über die »Fremdstämmigen« geknüpft. Deren zahlenmäßige Überlegenheit änderte nichts an diesem Anspruch auf eine Vorrangstellung. Die Zurücknahme jener Konzessionen, die den ethnischen Gruppen als Folge der Revolution gemacht worden waren, gehörte zur Begleitmusik eines von nationalen Ambitionen geprägten Klimas.[82]

Das vorrevolutionäre Russland atmete den Geist der Reaktion. Auftrieb für die Sozialdemokraten bewirkten vor diesem Hintergrund die Folgewirkungen eines Massakers an der Lena, als etwa 500 Bergarbeiter, die sich gegen unmenschliche Arbeitsbedingungen aufgelehnt hatten, einfach niedergemetzelt wurden. Nun setzte eine gewaltige Streikbewegung ein, die bis zum Ausbruch des Ersten Weltkriegs viele Hunderttausende Arbeiter auf die Straßen brachte.[83] Nicht wenige dieser Erzürnten begannen sich weg von den moderaten Menschewiki hin zu den radikaleren Bolschewiki zu wenden. In den von der Obrigkeit geduldeten Gewerkschaften,

80 Vgl. dazu vor allem F. Zukerman, Political Police and Revolution. The Impact of the 1905 Revolution on the Czarist Secret Police, in: Journal of Contemporary History 27/2 (1992), 279–300.

81 Aus dem Nachlass Aehrenthal, Briefe und Dokumente zur österreichisch-ungarischen Innen- und Außenpolitik 1885–1912, Teil 2: 1907–1912, Graz 1994, 573.

82 Orlando Figes, Die Tragödie eines Volkes. Die Epoche der Russischen Revolution 1891 bis 1924, Berlin 2008, 268.

83 Ebd., 266.

wo bisher vor allem die »Minderheitler« dominiert hatten, fanden die aggressiveren Parolen von Lenins Partei nun mehr Anklang.[84] Während die nachrevolutionäre »mühselige und qualvolle Arbeit um die Erhaltung und Wiederherstellung der Arbeiterorganisationen« in Russland »fast ausschließlich von jenen Sozialdemokraten« geleistet wurde, die die Bolschewiki im Ausland als »Liquidatoren« oder deren »Beschützer« titulierten, profitierten am Ende eher die Anhänger Lenins von den nunmehrigen Entwicklungen in der Arbeiterschaft als die Menschewiki.[85] Als der Erste Weltkrieg ausbrach, kontrollierten die Bolschewiki in den großen Städten und Fabrikzentren des Landes beinahe »alle Arbeiterorganisationen, Gewerkschaften und Versicherungskassen«.[86] Sie hatten sich in diesem Zusammenhang überdies einen erbitterten Kampf mit den SRy geliefert, um sie aus den Arbeiterorganisationen zu verdrängen.[87] Aufseiten der Menschewiki aber, beklagten selbst deren Führer, herrschte Lethargie: »Die Unseren sind träge, […] sie sind zu sehr Marxisten, und deshalb denken sie, daß alles sich von selbst ergeben werde!«[88]

An der Grenze

Lenin bevorzugte indessen Eigeninitiative. Um seinen Einfluss auf die Parteiarbeit in Russland nicht zu verlieren, verlegte er im Juni 1912 seinen Wohnsitz von Paris nach Krakau im österreichischen Teil der k.u.k. Monarchie. Etwa ein Jahr danach ließ er sich mit Nadeschda in Biały Dunajec bzw. Poronin nieder. Die Grenze zum Zarenreich war nicht weit und die Postverbindung in die Heimat funktionierte blendend. Entgegen späteren Darstellungen eines geradezu beschaulichen Lebens am Land, das Lenin und Krupskaja in vielem an ihre Heimat erinnerte, war Krakau eine wichtige Militärstadt, wo sich überdies eine der Hauptkundschaftsstellen der k.u.k. Armee befand. Der verschlafene Winkel, als der Galizien auch in der

84 Hildermeier, Russische Revolution, 111.
85 Dan, Die Sozialdemokratie, 252.
86 Geyer, Dossier, 238f.
87 Vgl. Lutz Häfner, »Genossen«? Sozialismuskonzeption und politische Praxis der Partei der Sozialrevolutionäre Russlands und ihr Verhältnis zur SPD, in: Archiv für Sozialgeschichte 53 (2013), 67–91, 71.
88 Geyer, Dossier, 239.

österreichischen Literatur beschrieben wurde, stellte sich aus Sicht österreichisch-ungarischer Geheimdienstoffiziere vor allem als »hot spot« der Spionage dar. Lenin und seiner Frau sowie weiteren Genossen wie etwa Grigorij Sinowjew, der sich samt Familie ebenfalls in Galizien niederließ, machten die österreichischen Behörden aber keine Probleme. Immerhin war der Zuzug russischer Staatsbürger in eine Region, wo das Zarenreich nicht ganz erfolglos Unruhe stiftete und prorussische Tendenzen nach Kräften unterstützte, sicher nicht unbemerkt geblieben. Die vielfältigen Aktivitäten, die Lenin hier entfaltete, dürften sich schwerlich dem Blickfeld der örtlichen Exekutive entzogen haben. Sie brachten ihn angeblich auch in Kontakt zu exilukrainischen Aktivisten, die von Galizien aus arbeiteten und sich bei Ausbruch des Ersten Weltkriegs zum »Bund zur Befreiung der Ukraine« zusammenschlossen. Unterstützung erfuhr der Bund in weiterer Folge nicht nur von österreichisch-ungarischen und deutschen Stellen, sondern auch von Alexander Parvus-Helphand.[89] Die Beziehungen Lenins zu den ukrainischen Protagonisten des Bundes beschränkten sich offenbar nur auf ein Angebot zur finanziellen Unterstützung, das Lenin aber nicht annahm. Der Bolschewikenführer soll Ende Dezember 1914 die Kooperation mit der, wie er meinte, »national-bourgeoisen« Vereinigung glattweg zurückgewiesen haben. Angeblich mit den Worten »Nam ne po dorogu« – »Wir haben keinen gemeinsamen Weg«.[90]

Lenins Aufenthalt in Galizien erfolgte mit behördlichem Plazet.[91] Solange sich die radikale Ausrichtung der Bolschewiki nicht auf die Sozialdemokratie des eigenen Landes übertrug – und dafür gab es damals zumindest keine besorgniserregenden Anzeichen –, erschienen Verbindungen etwa des k. u. k. militärischen Geheimdiensts mit russischen Dissidenten durchaus willkommen. Und in Anbetracht des Umstands, dass im »Kalten Krieg«, der zwischen den »Diensten« des Zarenreichs und der Donaumonarchie damals ausgetragen

89 Peter Schubert, Die Tätigkeit des k.u.k. Militärattachés in Bern während des Ersten Weltkriegs 1914–1918 (1919), Diss. Wien 1978, 26. Siehe aber auch Winfried B. Scharlau/Zbynek A. Zeman, Freibeuter der Revolution. Parvus-Helphand. Eine politische Biographie, Köln 1964, 147, mit denselben Hinweisen, die sich u. a. auch auf Angaben eines österreichischen Diplomaten beziehen.

90 Zit. nach Frank Golczewski, Deutsche und Ukrainer 1914–1939, Paderborn/München/Wien/Zürich 2010, 96.

91 Vgl. Helen Rappaport, Conspirator, Lenin in Exile, London 2009, 210f.

wurde, die Agenten Letzterer das Nachsehen hatten, waren womöglich sogar gewisse Absprachen mit einem revolutionären Exilanten, wie Lenin es war, erwünscht. Der offensiven Spionage, die russische Militärattachés und das Personal diplomatischer Vertretungen auf dem Boden der Donaumonarchie entfalteten, wollte man eventuell auf dieser Ebene etwas entgegensetzen. Tatsächlich muss all das aber spekulativ bleiben, weil Belege fehlen.[92]

Gegenüber politischen Flüchtlingen aus dem Nachbarstaat gaben sich die betreffenden zivilen Instanzen des Habsburgerreichs jedenfalls tendenziell tolerant; so viel kann gesagt werden. Realiter fehlten Gründe, russische Exilanten, die offenbar gegen die eigene Heimat arbeiteten, erbarmungslos zu schikanieren. Wenn Nadeschda Krupskaja erzählte, dass die österreichischen Sicherheitskräfte beide Augen zudrückten, wenn russische Bäuerinnen, die am Krakauer Markt ihre Waren anboten, Lenins Briefe für ein Taschengeld über die Grenze beförderten, dann passte das ins Bild.[93] Die Revolutionärin berichtete später geradezu enthusiastisch von den idealen Arbeitsbedingungen in Galizien, wo man unbehelligt von der Polizei blieb und ohne großen Aufwand illegale Grenzübertritte jener Genossen aus Russland organisieren konnte, die dem Bolschewikenführer ihre Besuche abstatteten.[94] »In unserer Wohnung«, meinte sie, »ging es wie in einem Taubenschlag zu.«[95]

Österreich beherbergte eine Vielzahl russischer Revolutionäre, die ihrerseits die ganze Bandbreite sozialistischer Strömungen repräsentierten. Lenin war also kein Sonderfall. Vor allem Wien wurde zu einem regelrechten Zentrum der oppositionellen Emigration aus dem Zarenreich, die hier ihrem politischen Geschäft einigermaßen ungestört nachgehen konnte. Trotzki gab hier seine *Prawda* heraus, Parvus-Helphand hielt sich in der kaiserlichen Residenzstadt für längere Zeit auf und auch Josef Stalin nahm 1913 für

---

92 Vgl. Verena Moritz, Perspektiven auf die Spionagethematik in der Habsburgermonarchie und den defensiven Kundschaftsdienst der k. u. k. Armee vor dem Ersten Weltkrieg, in: Verena Moritz/Wolfgang Mueller (Hg.), Erkundungen. Militärische Nachrichtendienste, Spionage und Informationsbeschaffung vor dem und im Ersten Weltkrieg, Wien 2022, 33–62.

93 Vgl. Wladislaw Hedeler, Nikolai Bucharin – Stalins tragischer Opponent. Eine politische Biographie, Berlin 2015, 83.

94 Krupskaja, Erinnerungen, 80f.

95 Ebd., 76.

einige Monate in der österreichischen Metropole Quartier, um sich der Nationalitätenfrage des Habsburgerreichs zu widmen. Sein diesbezügliches »Studium« blieb allerdings oberflächlich und mündete in eine inhaltlich wie im Umfang eher dürftige Schrift, die nichtsdestotrotz Basis für seine spätere Nationalitätenpolitik wurde. Er selbst meinte gegenüber seinem Freund Roman Malinowski in einem Brief, den er während seines Wien-Aufenthalts verfasste, dass er – bezogen auf seine Untersuchungen über die Nationalitäten – »irgendeinen Blödsinn« schreibe.[96] Abseits der Arbeit an seinem Text über den Marxismus und die »nationale Frage« lernte Stalin damals verschiedene in Wien lebende Genossen kennen, die im Haus seines Gastgebers, Alexander Trojanowskij, verkehrten. Darunter Nikolaj Bucharin, der hier als Korrespondent der *Prawda* arbeitete und Artikel über das österreichische Wahlgesetz und die Parteitage der SDAPÖ verfasste.[97]

Lenin verfolgte in der Zwischenzeit ambitioniertere Ziele als Stalin, den er eigens nach Wien beordert hatte. Das bereits in Prag erstellte Arbeitsprogramm war Grundlage für seine Tätigkeit in Galizien und die Partei insgesamt. Dementsprechend hieß es nun, die »Schaffung illegaler sozialdemokratischer Zellen, die von einem möglichst weitverzweigten Netz der verschiedenartigsten legalen Arbeitervereinigungen umgeben sind«, voranzutreiben und die Ziele der SDAPR »unter den breiten Massen der Bevölkerung« bekannt zu machen. Und dazu zählte zu allererst der »Sturz der Zarenmonarchie«.[98] Jetzt war Lenin anscheinend bereit, sich ganz auf jenes Zusammenspiel legaler und illegaler Methoden einzulassen, das er zuvor so vehement abgelehnt hatte. Dass bereits die Präsenz der Bolschewiki in der dritten Duma ein offenkundiges Zugeständnis an diese »Legalität« gewesen war, lag freilich auf der Hand. Dasselbe galt für das Engagement in Gewerkschaften und in »Selbstverwaltungsorganen der Krankenkassen«. Auch in ihnen waren nämlich Bolschewiki aktiv geworden – die Ausschaltung konkurrierender

96 Siehe Simon Sebag Montefiore, Der junge Stalin, Frankfurt am Main 2007, 356. Allerdings kommt der Autor ganz ohne Belege aus, was den Aussagewert seiner Darlegungen doch einigermaßen einschränkt.

97 Hedeler, Bucharin, 84f., und Sebag-Montefiore, Stalin, 355.

98 LW, Bd. 17, 464, 467.

linker Aktivisten inklusive.[99] Allerdings ergab sich gerade in diesem Kontext oftmals die Notwendigkeit eines Neuanfangs. Allein zwischen 1906 und 1910 waren etwa 500 Gewerkschaften im Zarenreich verboten worden, weiteren 600 wurde die Gründung verweigert. 246.000 Mitgliedern im Jahr 1907 standen nur 13.000 zwei Jahre später gegenüber.[100]

Das eigentlich Neue an der vollzogenen Trennung war aber, dass nun ohne das Störfeuer der Liquidatoren agiert wurde und Lenin sich nicht länger mit den »Abweichlern« abgeben musste. Julij Martow hatte bereits darauf hingewiesen, dass die Bolschewiki in Wahrheit illegale Aktivitäten in legale Organisationen hineingetragen und auf ihre ganz spezielle Weise das getan hatten, was vor allem Lenin nach außen hin so verurteilt und als Ausfluss eines »erbärmlichen Liquidatorentums« bezeichnet hatte. Die Bolschewiki seien daher völlig unglaubwürdig geworden. Niemand würde, behauptete Martow, die von Lenin penetrant vorgebrachten Klagen über die Liquidatoren noch länger lesen wollen.[101] Für Alexander Potresow war das Liquidatorentum ohnehin nichts weiter als das »Phantom einer morbiden Imagination« Lenins.[102] Oder mit anderen Worten: Lenin erfand das Liquidatorentum, um damit sein eigenes Streben nach Kontrolle zu übertünchen. In Wahrheit versuchten die Bolschewiki vor dem Hintergrund einer evidenten Desintegration der Partei, die sich in unzählige Gruppen und Grüppchen aufspaltete, auf russischem Boden sowohl legal als auch illegal zu arbeiten.[103]

Klare Fronten

Tatsächlich ging es Lenin bei all seinem Geschimpfe über die Liquidatoren nicht zuletzt um Hegemonie. Da sich die Partei scheinbar auflöste, war aus seiner Sicht die Führung der SDAPR

99 Vgl. Heinz-Dietrich Löwe, Duma, Regierung und russische Öffentlichkeit, 1906–1916, in: Dittmar Dahlmann/Pascal Trees (Hg.), Von Duma zu Duma. Hundert Jahre russischer Parlamentarismus, Bonn 2009, 283–316, 299.

100 Vgl. Frank Wolff, Neue Welten in der Neuen Welt. Die transnationale Geschichte des Allgemeinen Jüdischen Arbeiterbundes 1897–1947, Köln/Weimar/Wien 2014, 110.

101 Vgl. Martov, Spasiteli ili uprazdniteli? Kto i kak razrušal R.S.D.R.P., Pariž 1911.

102 Zit. nach Abraham Ascher, Pavel Axelrod and the Development of Menshevism, Harvard 1972, 280.

103 Ebd., 282.

aber ohnehin vakant. Mochten Potresow oder Martow in seiner permanenten Verurteilung des Liquidatorentums lediglich eine künstliche Erregung erkennen, hätte von Lenins Standpunkt aus ein Gutheißen dieses Kurses schlicht und ergreifend das komplette Ende der Partei bedeutet. Seine aus dem kläglichen Zustand der SDAPR resultierende Verbitterung und Empörung war – bei allem Bestreben, die Partei anzuführen und bolschewistisch zu machen – sicher nicht gespielt. Die Vorstellung einer Parteineugründung womöglich ohne seinen Einfluss rief gleichzeitig blankes Entsetzen in ihm hervor. Mindestens ebenso unannehmbar empfand er die Perspektive einer »offenen« Partei, also einer, die seiner so hartnäckig verteidigten Idee einer geschlossenen, hierarchisch organisierten und Kontrolle über alle Aktivitäten ausübenden Zentrale zuwiderlief. Nicht immer ließen sich aus seinen Texten die tiefer liegenden Gründe für sein Toben gegen die Liquidatoren herauslesen oder vermochte er klar zu argumentieren, was wirklich hinter seiner Aversion stand. Wer aber genau hinhörte, dem wurde bewusst, dass er im Falle eines Rückzugs auf rein bzw. ausschließlich legale Aktivitäten fürchtete, die Aussichten auf Streiks und Unruhen im Zarenreich von vornherein abzuwürgen. Die Arbeiter würden dann ganz ins Fahrwasser des Ökonomismus abgleiten. Damit wäre sein Revolutionsprojekt zu Grabe getragen worden. Legale Methoden lehnte er aber keineswegs prinzipiell ab, nur ein Sich-Einrichten auf die legale Existenz der SDAPR bei gleichzeitiger Aufgabe jeglicher Widerständigkeit. Dementsprechend hatte er schon 1910 erklärt: »Wir wollen die Festigung der sozialdemokratischen Partei, die alle legalen Möglichkeiten und alle Fälle eines offenen Auftretens ausnutzt; die Liquidatoren wollen die Partei zurechtstutzen, bis sie in den Rahmen der legalen und offenen Existenz (unter Stolypin) paßt. Wir kämpfen für den revolutionären Sturz der Stolypinschen Selbstherrschaft, nutzen für diesen Kampf jegliches offene Auftreten aus, verbreitern die proletarische Basis der Bewegung zu diesem Ziel hin. Die Liquidatoren kämpfen für die legale Existenz der Arbeiterbewegung ... unter Stolypin.«[104] Drei Jahre später, 1913, sprach er noch einmal unmissverständlich

104 LW Bd. 16, 84.

aus, was ihn in an den Liquidatoren so gestört und die ganze Zeit über in Rage versetzt hatte. Er betonte nun, dass die Partei, also im Grunde er, nie etwas gegen legale Parteiarbeit eingewendet habe. Aber auf das Schärfste verurteilt werden müsse »die Ersetzung der alten Partei durch irgendetwas Formloses, »Offenes«, das gar nicht als Partei bezeichnet werden kann.«[105]

Zeitweise unerfreulich gestaltete sich indessen die Zusammenarbeit mit der Redaktion der *Prawda* bzw. mit anderen sozialdemokratischen Blättern.[106] Von über 330 Artikeln, die Lenin bis Kriegsausbruch im August 1914 schrieb, wurden angeblich nicht einmal 50 akzeptiert.[107] Selbst jene Beiträge, die publiziert wurden, erschienen nicht ohne redaktionelle Eingriffe. Diese betrafen vor allem Lenins notorische Ausfälle gegen das Liquidatorentum. Martow behielt mit seiner Aussage über das abklingende Interesse an Lenins Tiraden gegen die Liquidatoren recht. Selbst bei der *Prawda* zeigte man sich ganz offensichtlich wenig begeistert über die Extrempositionen, die der »Chef« in seinen Hasspredigten gegen andere Sozialdemokraten vertrat. Da sie dem eingeschränkten Handlungsspielraum der Linken in Russland nur bedingt Rechnung trugen, erschienen sie einigermaßen deplatziert und drohten, die Parteiarbeiter vor Ort regelrecht vor den Kopf zu stoßen.[108] Vermutlich konnten die Genossen außerdem besser einschätzen, was die Zensur in Russland durchgehen ließ und was nicht. Während der im Ausland befindliche Lenin immer wieder die ewig gleichen Themen aufwärmte, mussten die Sozialdemokraten im Zarenreich meist ohnehin nichts anderes zustande bringen, als die legale und illegale Arbeit in Einklang zu bringen. Stalin, der bis zu seiner Verhaftung im Frühjahr 1913 in der *Prawda*-Redaktion saß, hielt außerdem wenig von den Versuchen des Parteichefs, die evidente Spaltung nun auch noch in die sozialdemokratische Duma-Fraktion zu tragen. Dennoch kam es Ende 1913 auch im Parlament zur Trennung von Bolschewiki und Menschewiki.[109] Lenin hatte bereits zum Jahreswechsel 1912/13 deswegen eine Konferenz der

105 W. I. Lenin, Ausgewählte Werke, Bd. I, Berlin 1951, 594.
106 Alexej Badajew, Die Bolschewiki in der Reichsduma, Berlin 1957, 364f.
107 Service, Lenin, 287.
108 Heinz-Dietrich Löwe, Stalin. Der entfesselte Revolutionär, Bd. 1, Göttingen/Zürich 2002, 71.
109 Service, Lenin, 288.

bolschewistischen Duma-Deputierten in Krakau abhalten lassen. Dort schwor er diese auf den Bruch mit den Menschewiki ein.[110] Ebenfalls auf galizischem Boden fand überdies eine Beratung über die Einberufung eines weiteren Parteitags statt. Im September 1913 wurde beschlossen, den Termin mit dem geplanten Internationalen Sozialistenkongress im August 1914 in Wien zu verbinden.[111] Lenin betonte die Wichtigkeit dieser Konferenz, da bisher die Menschewiki die internationale Arena beherrscht hatten. Auf diese Weise war es diesen gelungen, die Fürsprache vieler westeuropäischer Genossen zu gewinnen.[112]

Die Gesamtzahl der sozialdemokratischen Abgeordneten in der russischen Volksvertretung lag bei knapp über einem Dutzend. Lenins im Vorfeld der Spaltung der Duma-Fraktion erfolgten Angriffe auf eine, wie er meinte, »verlogene Einheit« erschienen schon aufgrund dieser sehr überschaubaren Gruppe von SDAPR-Repräsentanten vielen als ziemlich überflüssig. Den Vorsitz der kleinen Parlamentsfraktion hatte der Menschewik Nikolaj Tschcheidse eingenommen, sein Stellvertreter war Roman Malinowski.[113] Ersterer verfolgte nach Lenins Beurteilung einen Kurs, der auf eine Verständigung mit der Regierung hinauslief und seinen eigenen umstürzlerischen Plänen ganz und gar zuwiderlief. Malinowski wiederum war Lenins Protegé. Obwohl dieser sich im Sommer 1914 aus St. Petersburg absetzte, weil sich die Gerüchte über sein Doppelleben als Bolschewik einerseits und Ochranaspitzel andererseits verdichtet hatten, verlor er die Sympathien des Parteiführers erstaunlicherweise nicht. Dieser hielt auch nach einer innerparteilichen Untersuchung der gegen Malinowski zusammengetragenen Vorwürfe zu seinem ZK-Kollegen. Gegen Rufe nach einem Parteiausschluss des Beschuldigten nahm er wortreich Stellung. Erst recht, als er die Quelle der für ungerechtfertigt gehaltenen Bezichtigungen bei den »schmutzigen Martow-Herren« mit ihren »verabscheuungswürdigen« Verleumdungen ausmachte.[114]

110 Badajew, Bolschewiki, 114–117.
111 Ebd., 382f.
112 Ebd.
113 Ebd., 57.
114 V. I. Lenin. Neizvestnye dokumenty 1891–1922, Moskva 2017, 131f.

Die eigenwillige Bereitschaft Lenins, sich hinter den umstrittenen Genossen zu stellen, hat Vermutungen darüber genährt, dass Lenin über Malinowskis Doppelleben Bescheid wusste und ihn wissentlich als Informanten der Ochrana benutzt hatte. 1917 hat Lenin darüber im Zuge einer von der Provisorischen Regierung eingesetzten Untersuchungskommission Stellung genommen. Dass Lenin die Causa in große Nervosität versetzte und er seine Aussagen gegenüber der erwähnten Kommission mehr oder weniger angestrengt vom Blatt las, ist bezeugt. Der weitere Verlauf der Ereignisse entledigte den Bolschewikenführer jedenfalls der Verlegenheit, sich womöglich konkreter zu den Machenschaften des Genossen zu äußern, als er dies 1917 gezwungenermaßen tat. Damals stand er selbst unter dringendem Verdacht, ein »Spion« der Deutschen zu sein, und entzog sich in der Folge einer gegen ihn gerichteten polizeilichen Untersuchung durch Flucht. 1918, als immer noch Gerüchte über Lenins Partnerschaft mit dem Deutschen Reich kursierten, die das Ansehen des Revolutionsführers beeinträchtigten, wurde Malinowski gemäß Urteil eines Revolutionstribunals im Moskauer Kreml erschossen. Für Lenin erwies sich die ganze Causa als höchst unangenehm. Dass Malinowski aber die Rolle des Agent provocateur auf Geheiß des Bolschewikenführers spielte, bleibt eine Vermutung. Die probolschewistische Propagandaarbeit unter russischen Gefangenen während des Weltkriegs in Deutschland betrieb der gebürtige Pole jedenfalls nicht ohne entsprechende Kontakte zu Lenin selbst – und das obwohl das Verschwinden des früheren Genossen zu Beginn des Kriegs leicht als Schuldeingeständnis hätte gewertet werden können.[115] Die Enttarnung von Doppelagenten ramponierte freilich auch die Glaubwürdigkeit von Vertretern anderer Parteien. So musste im Oktober 1917 auch Maria Spiridonowa von der Partei der Sozialisten-Revolutionäre erfahren, dass ein enger Vertrauter für die Ochrana gearbeitet hatte. Auch sie hatte sich lange Zeit dagegen gesträubt, die Schuld eines Mannes anzuerkennen, der viele Jahre hindurch für die Partei gearbeitet hatte.[116]

115 Vgl. Carter Elwood, The Malinovskii Affair. »A Very Fishy Business«, in: Revolutionary Russia 11/1 (1998), 1–16.

116 Lutz Häfner, Die Partei der linken Sozialrevolutionäre in der russischen Revolution von 1917/18, Köln/Weimar/Wien 1994, 135.

»Verfluchte Russen«

Das wenige Monate nach dem Oktoberumsturz gefällte Todesurteil gegen Malinowski wurde, wie es hieß, im Interesse der Revolution gefällt. Von ihr sollte Schaden abgewandt werden. Milde stand unter diesen Vorzeichen nicht zur Debatte. Das galt Jahre zuvor auch aus Perspektive der Rechten, wenn sie die Nöte des Proletariats zynisch kommentierten und so vor allem die Vertreter der Linken provozierten. Nachsicht gegenüber streikenden Arbeitern und dementsprechend auch gegenüber den Deputierten aus den Reihen der Sozialdemokratie wollte beispielsweise ein Parlamentarier, der keinen Hehl aus seinen radikalen Ansichten machte, von vornherein ausschließen. Als es 1914 in der russischen Hauptstadt zu groß angelegten, von den Bolschewiki maßgeblich mitorganisierten Streiks u. a. wegen der »Vergiftungen« von Arbeiterinnen infolge des Austretens schädlicher Dämpfe in den Werkshallen kam, folgte ein Affront: Wladimir Purischkewitsch vom »Bund des russischen Volkes« forderte von der Tribüne der Duma aus die standrechtliche Aburteilung der linken Volksvertreter. Man solle sie, meinte er, »nach Gesetzen der Kriegszeit« einfach »aufhängen«.[117]

Ein weiteres Mal kompromisslos gab sich auch Lenin. Seine im Juli 1914 von Inessa Armand auf der Konferenz des Exekutivkomitees des Internationalen Sozialistischen Büros in Brüssel verlesenen Forderungen an die Liquidatoren machten kurz vor Ausbruch des Weltkriegs die martialische Haltung des Bolschewikenführers gegenüber diesen »Abweichlern« erneut deutlich. Nun bot sich ihm bzw. seinen Argumenten – Lenin war nicht persönlich erschienen – jene internationale Bühne, die er zuvor für so wichtig gehalten hatte. »Seine« Partei – das sollte nun klargestellt werden – habe im Januar 1912 in Prag die »Minderheitler«, die er nun pauschal als »Gruppe der Liquidatoren« bezeichnete, mit gutem Grund ausgeschlossen. Mehr noch: Die Partei sei in Prag wiederhergestellt worden, nachdem die Liquidatoren auf deren Sprengung hingearbeitet hatten.[118] Für Differenzierungen war kein Platz mehr. In der Vergangenheit hatte Lenin – freilich nicht zu Unrecht – die Menschewiki gerne als ein Sammelsurium untereinander zerstrittener Grüppchen dargestellt und von »parteitreuen«

117 Zit. nach Badajew, Bolschewiki, 283.
118 LW, Bd. 20, 512.

Menschewiki gesprochen, die gemeinsam mit den Bolschewiki gegen die Liquidatoren gekämpft hatten.[119] Solche Details, die abseits der beabsichtigten Herabwürdigung seiner Gegner auch auf solidarisches Wirken verwiesen, spielten jetzt keine Rolle mehr.

Die Appelle, die etwa von Rosa Luxemburg gekommen waren, verhallten. Ihre Aufforderung, bestehende Meinungsverschiedenheiten auszuräumen und eine Verständigung zwischen den verschiedenen Fraktionen und Strömungen innerhalb der Sozialdemokratie des Zarenreichs zu suchen, zielten freilich auch auf die Rückeroberung eigener Machtpositionen innerhalb der russischen Partei ab. Noch 1909 hatte sie von den Menschewiki als »die gefährlichste Pest« für die SDKPiL gesprochen, da sie diese als »Protektoren der PPS«, d.h. der Polnischen Sozialistischen Partei, und daher als »unsere erbittertsten Feinde« identifizierte.[120] Im Dezember 1913, als das Internationale Sozialistische Büro in Brüssel die »russische Frage« schon einmal behandelt hatte, haderte sie mit den Ergebnissen dieses Gremiums, da sich die Einladung zur Vereinigung der zersplitterten SDAPR auch an die »Spaltergruppe« der eigenen Partei richtete, die sich den Bolschewiki zugewandt hatte. Damals galt ihr Zorn nicht zuletzt dem einzigen anwesenden Vertreter von Lenins Partei, Maxim Litwinow. Diesen betitelte Rosa Luxemburg, die ihre Widersacher stets mit deftigen Schmähungen bedachte und es damit vielen ihrer Genossen gleichtat, als »Vollidioten« und »Deppen«.[121] Auch Lenin war empört, denn Kautsky hatte die russische Partei ganz einfach für tot erklärt und gemeint, dass »eine neue erst noch zu schaffen sei«.[122]

Den Vorwurf, die Lenin'sche Fraktion würde »die Spaltung am meisten« schüren, wies Lenin entschieden zurück. Wer gegen die »Illegalität« und für eine »legale Partei« auftrete, betreibe Desorganisation. Solche Leute, stellte er klar, müssten als »unversöhnliche Feinde unserer Partei« betrachtet werden.[123] Und zwar deshalb, weil das Eintreten zugunsten einer »legalen Partei« nichts anderes als die »Verneinung der revolutionären Taktik« impliziere.[124] In 13 Punkten

119 LW, Bd. 16, 18–191.
120 Zit. nach Ernst Piper, Rosa Luxemburg. Ein Leben, München 2018, 338f.
121 Zit. nach Geyer, Dossier, 217.
122 Zit. nach ebd., 218.
123 LW, Bd. 20, 510.
124 Ebd., 511.

führte er die Bedingungen für die Einheit der Partei an, die auf die Kapitulation konkurrierender Elemente hinausliefen und seine zentralistischen Positionen stützten. So verlangte er u.a. das Ende des »jüdischen Arbeiterbundes« als nationale Organisation, den Verzicht auf föderative Organisationsformen oder die obligatorische Bindung gewerkschaftlicher Arbeit an die Beschlüsse der illegalen Partei.[125] Ungeachtet solcher Forderungen formulierte Karl Kautsky eine Resolution über die Vereinigung der SDAPR, die mit Stimmenmehrheit angenommen wurde – ohne Beteiligung der anwesenden Bolschewiki.[126] Lenin war – wie erwähnt – entgegen früheren Plänen der Sitzung im Juli 1914 bewusst ferngeblieben, weil er wohl antizipierte, was jetzt geschah. Das »Komödienspiel«, meinte er, hätte er nicht durchgestanden, ohne ausfällig zu werden.[127] Dass Kautsky sich über seine von Inessa Armand leise und zurückhaltend vorgetragenen Erklärungen hinwegsetzte, bekräftigte Lenins bereits wachsende Distanz gegenüber dem bisher so geschätzten Genossen. Dieser sei, meinte er jetzt, eine charakterlose, »niederträchtige Person«.[128]

Ungeachtet dessen kam Kautsky Lenin entgegen, obwohl er zu diesem Zeitpunkt kaum noch daran glaubte, »die verfluchten Russen [...] versöhnen« zu können.[129] Keineswegs unwesentliche Standpunkte des Bolschewikenführers – wie etwa das Bekenntnis zu den Traditionen der illegalen Partei oder zum revolutionären Marxismus – waren als Grundprinzipien einer Vereinigung der zerstrittenen Gruppen übernommen und auf diese Weise anerkannt worden. Divergenzen in Programmfragen sollten nach Vorschlag eines Schiedsgerichts im Rahmen des kommenden Parteikongresses entschieden werden.

Insgesamt verfolgte die Resolution mit ihren partiellen Zugeständnissen an Lenin nichtsdestoweniger dessen Isolierung. Beabsichtigt war zweifellos ein Werben um Lenins Anhänger, die angesichts des Einigungsangebots der Internationale womöglich von ihm abrücken würden.[130]

125 Geyer, Dossier, 230.
126 LW, Bd. 20, 605.
127 Zit. nach Geyer, Dossier, 229.
128 Ebd.
129 Victor Adler, Briefwechsel mit August Bebel und Karl Kautsky. Gesammelt und erläutert von Friedrich Adler, Wien 1954, 594.
130 Geyer, Dossier, 232f.

Die Rechnung ging nicht auf. Schon deshalb nicht, weil der Ausbruch des Ersten Weltkriegs die Abhaltung des geplanten Kongresses in Wien verhinderte. Sich geschlagen zu geben, kam Lenin ohnehin nicht in den Sinn. In die österreichische Hauptstadt wollte er mit einer starken bolschewistischen Fraktion reisen, um den Genossen ein für alle Mal verständlich zu machen, wer befugt und befähigt war, die russische Partei zu führen. Auch ohne die Verunmöglichung des Kongresses durch den beginnenden Weltkrieg standen demnach die Chancen auf eine Beilegung des russischen Parteistreits schlecht. Diesbezüglichen Initiativen der SPD bescheinigten Historiker:innen in Summe einen von Unverständnis für die tieferen Ursachen der Spaltung durchdrungenen Dilettantismus, der mit »Leerformeln ohne politische Substanz« und moralischen Appellen operierte.[131]

Als der Erste Weltkrieg begann, war die SDAPR zerstrittener denn je. Aber nicht nur sie: Die Auseinandersetzungen um den richtigen Weg führten etwa auch zur Spaltung der PPS. Ein linker Flügel formierte sich zur PPS-Lewiza und verschrieb sich dem Ziel einer »Diktatur des Proletariats« für Polen – als Teil eines größeren kommunistischen »Staatsverbandes«.[132] Und auch die SDKPiL war in zwei Richtungen zerfallen – eine Entwicklung, die Lenin nach Kräften förderte.[133] Vor dem Hintergrund des Ersten Weltkriegs schließlich vollzogen sich weitere Spaltungen innerhalb der europäischen Sozialdemokratie, die aus Lenins Perspektive die irreversible Selbstdemontage der Internationale herbeiführten. Als Schlichtungsstelle für die russischen Probleme fiel sie ab 1914 vollständig weg.

131 Ebd., 251.
132 Ernst Piper, Rosa Luxemburg. Ein Leben, München 2018, 337.
133 Ebd. und vgl. von Jena, Polnische Ostpolitik, 189f.

7
LEHREN

Die Revolution als Akt des Willens

Die Lehren, die die unterschiedlichen Gruppen aus der ersten Russischen Revolution zogen, waren höchst unterschiedlich. Die Menschewiki stellten sich auf einen womöglich Jahrzehnte dauernden Kampf gegen die Autokratie ein. Lenin betrachtete eine derartige »Überlebensstrategie« als eine unannehmbare Akzeptanz des in Russland wirksamen »Systems Stolypin«. Ungeachtet des scharfen Gegenwinds, den die Politik des auch unter den Konservativen umstrittenen Ministerpräsidenten mit sich brachte, wehrte sich Lenin nach einer kurzen Phase der Depression und Desillusion gegen eine Parteilinie, die in seinen Augen einem geradezu selbstmörderischen Rückzug gleichkam. Umso vehementer stemmte er sich gegen Versuche aus dem eigenen Lager, eine Verständigung mit den verhassten Liquidatoren herbeizuführen. Seine Analyse der gescheiterten Revolution mündete keineswegs in eine Abkehr von bereits früher formulierten Überzeugungen. Im Gegenteil. Lenins Plädoyer für eine bewaffnete Erhebung gewann an Schärfe. Der gescheiterte Dezemberaufstand 1905 habe die reale Möglichkeit eines Sieges vor Augen geführt. Dies umso mehr, weil er der Arbeiterschaft einen revolutionären Instinkt zuschrieb, der sie die Notwendigkeit des Übergangs vom Streik zum Aufstand schneller habe erfassen lassen als ihre Führer.[1] Diese Erkenntnis bedeutete auch, dass ein mühsam und lediglich langfristig zu vermittelndes proletarisches Bewusstsein einem konstatierten Instinkt gegenüberstand, mit dem quasi als fixe Größe gerechnet werden konnte. Das wiederum machte die Aussichten auf eine weitere Erhebung auch ohne Möglichkeiten,

1 Vgl. Anna Krylova, Beyond the Spontaneity-Consciousness Paradigm: »Class Instinct« as A Promising Category of historical Analysis, in: Slavic Review 62/1 (2003), 1–23, 17.

sich der »Erziehung« der Arbeiter anzunehmen, zweifellos besser und die Frage der Reife des Proletariats zwar nicht obsolet, aber die »Entdeckung« des »Instinkts« als eine Art natürliche Eigenschaft der Klassenzugehörigkeit erleichterte Lenins »Revolutionsprojekt« enorm: Die Arbeiterschaft würde ihre Mission bei entsprechenden Rahmenbedingungen gleichsam automatisiert erfüllen.[2] Das widersprach Plechanows Sichtweisen völlig. Er sah Anarchie und Ziellosigkeit, wo die Bolschewiki einen natürlichen revolutionären Impetus des Proletariats idealisierten.[3] Andererseits aber führte Lenins Instinkt-Theorie ihn ganz nah an Marx' berühmte Definition von der »Klasse an sich« und der »Klasse für sich« heran. Dieser zufolge erzeugte die Praxis des gemeinsamen Lernens und Kämpfens Erfahrungen, die übergeordnete Klasseninteressen und somit den politischen Kampf beförderten.[4] Realiter hatte Lenin sich schon zuvor sehr viel weniger gegen diese Sichtweise gesträubt, als man ihm aufgrund der »skandalösen Passagen« in *Was tun?* über das lediglich von außen in das Proletariat hineinzutragende Bewusstsein nachgesagt hatte.[5] So pries er etwa auch 1910 die politische Reife des Proletariats, die sich anlässlich der Revolution 1905 gezeigt habe. Jetzt waren es, ätzte er, die Menschewiki, die von mangelnder Reife der Arbeiterschaft sprachen – freilich in Zusammenhang mit Lenins für völlig deplatziert und unzeitgemäß befundenen Plänen einer »Diktatur des Proletariats und der Bauernschaft«.[6]

Während Martow im Aufschwung der Bolschewiki, der sich vor dem Ersten Weltkrieg einstellte, den zweifelhaften Triumpf einer verschwörerischen und anarchistischen »Unkultur« über die »marxistische« Kultur sah,[7] konterte Lenin gegenüber solchen Einwänden mit dem Vorwurf eines erbärmlichen »Phrasengeklin-

2 Ebd.
3 Ebd., 21.
4 »Die ökonomischen Verhältnisse haben zuerst die Masse der Bevölkerung in Arbeiter verwandelt. Die Herrschaft des Kapitals hat für diese Masse eine gemeinsame Situation, gemeinsame Interessen geschaffen. So ist diese Masse bereits eine Klasse gegenüber dem Kapital, aber noch nicht für sich selbst. In dem Kampf [...] findet sich diese Masse zusammen, konstituiert sie sich als Klasse für sich selbst. Die Interessen, welche sie verteidigt, werden Klasseninteressen. Aber der Kampf von Klasse gegen Klasse ist ein politischer Kampf.« MEW, Bd. 4, 180f.
5 Vgl. dazu das Kapitel 3.
6 LW, Bd. 16, 381f.
7 Ebd., 381.

gels«.[8] Er verstand sich als Mann der Tat. Demgemäß vertrat er eine Interpretation der Revolution von 1905 und darüber hinaus jeglicher Erhebung, die der Vorstellung von der Machbarkeit einer Umwälzung zentrale Bedeutung einräumte: Der Gang der Geschichte konnte durch Wollen und Handeln von Menschen beeinflusst werden. Diese zu mobilisieren und auf den »großen Massenkampf« einzuschwören, war wiederum Aufgabe der »Avantgarde des Proletariats«.[9] Mit seiner Rechtfertigung des Moskauer Aufstands vom Dezember 1905 empfand sich Lenin überdies im Einklang mit marxistischen Standpunkten. Dass auch Niederlagen von revolutionärer Bedeutung waren, hatte etwa Friedrich Engels hervorgehoben und dabei u.a. auf das Jahr 1871 geblickt. Die gescheiterte Pariser Kommune galt seitdem unter den Linken neben der Französischen Revolution und der Revolution von 1848 mit dem Juniaufstand der Arbeiter in Paris als zentraler Bezugspunkt. Von vielen wurde sie mit großem Eifer idealisiert und sie firmierte als Beispiel dafür, dass inmitten widrigster Umstände scheinbar Unmögliches erreicht werden konnte. Und dafür lohnte es sich, zu kämpfen: Im entscheidenden Moment müsse alles gewagt, »das Schwert« gezogen werden, anstatt in Vorwegnahme eines Fehlschlags untätig zu bleiben.[10] Den »Phrasen-Revolutionären«, die sich ein Reüssieren gegen die Unterdrücker nicht als autoritäre Veranstaltung vorstellen mochten, hielt Engels im Übrigen vor Augen, dass es »nichts Autoritäreres als eine Revolution« gebe. Wer »den anderen« seinen Willen »mit Bomben und mit Gewehrkugeln« aufzwinge, »wie in jeder Revolution«, der übe zwangsläufig Autorität aus.[11]

Die Pariser Kommune endete in einem Blutbad. Über Bomben und Gewehrkugeln verfügten die Kommunarden ganz offenbar nicht oder in viel zu geringem Ausmaß im Gegensatz zu den Versailler Truppen. Etwa 10.000 Kommunarden starben, mehr als doppelt so viele wurden hingerichtet und Tausende landeten im

8 Ebd., 386.
9 Christina Morina, Die Erfindung des Marxismus. Wie eine Idee die Welt eroberte, München 2017, 457, 461, und Florian Grosser, Theorien der Revolution zur Einführung, Hamburg 2018, 118–124.
10 Trotzki, Die Russische Revolution 1905, Berlin 1923, 249.
11 Zit. nach Wilfried Metsch, Die Kunst des Aufstands. Studien zu Revolution, Guerilla und Weltkrieg bei Friedrich Engels und Karl Marx, Berlin 2020, 47f.

Gefängnis oder wurden verbannt.[12] In Marx' und Engels' Urteilen über die Ursachen des Falls der Kommune lassen sich Stellen finden, in denen sie einen verfrühten bzw. unvorbereiteten, vom »Mangel der Zentralisation« geprägten und dadurch aussichtslosen Aufstand ebenso kritisierten wie sie fehlende Entschlossenheit anprangerten. Die defensive Haltung der Kommunarden habe den Gegnern die Initiative überlassen, der Bürgerkrieg sei gewissermaßen aus falscher Zurückhaltung nicht entfacht und so der Sieg verspielt worden.[13] Hier stieß Lenin auf Aussagen, die sich mit seinen Ansichten über das Jahr 1905 in Russland hervorragend vertrugen und spätere Entscheidungswege beeinflussten. Die Fehler vergangener Niederlagen des Proletariats sollten vermieden werden und damit auch die konstatierte Zögerlichkeit der Kommunarden oder gar ihre selbstbehindernde Mäßigung. Dass sich Marx nach seinem Aufsatz über den »Bürgerkrieg in Frankreich«, der »als eine der umstrittensten Quellen seiner politischen Moral« gilt und Lenin als wichtigster Anhaltspunkt für seine Überlegungen diente, zu keiner vergleichbaren »Emphase« bzw. zu keinen ähnlich radikalen Aussagen zugunsten des Einsatzes revolutionärer Gewalt mehr hinreißen ließ,[14] kümmerte den Bolschewikenführer wenig. Selbiges gilt für Aussagen von Friedrich Engels, der vor veralteten Methoden warnte und mit größer werdender Entfernung von den vorangegangenen Aufständen den »gesetzlichen Mitteln« den Vorrang einzuräumen schien.[15] Lenin indessen gab sich hinsichtlich der Mittel zum Sturz der zarischen Autokratie weder zurückhaltend noch wählerisch. Gerade der »Staatsterror« der Autokratie, der als Folge der revolutionären Erhebung in Russland Anwendung gefunden hatte, galt ihm als Argument für seine unumwundene Akzeptanz von Gewalt im Kampf gegen die Zarenherrschaft. Zwar relativierte er die Befürwortung des Terrorismus, indem er – wie schon vor der Revolution – dessen »Organisiertheit« zur Grundbedingung machte. Dass sich der Massenterror, der ihm vorschwebte, jener »Veredelung« entzog, die ihn wahrhaft revolutionär machen sollte, wusste er allerdings nur

12 Metsch, Kunst des Aufstands, 48.
13 Zit. nach ebd., 47.
14 Bernd Ternes, Karl Marx. Eine Einführung, Konstanz 2008, 71.
15 Fritjof Meyer, Der friedliche Weg zum Sozialismus. Die Revision der Revolutionstheorie Lenins, in: Osteuropa 16/5–6 (1966), 350–363, 350.

zu gut – auch wenn er solche Ausflüchte als Rechtfertigung gegenüber seinen Kritikern heranzog. So betrachtet war Gewalt, die sich gegen die »Ausbeuter« richtete, über die Frage ihrer tatsächlichen, womöglich ziemlich banalen Motivation erhaben. Was zählte, war das Resultat. Man musste, war Lenin überzeugt, versuchen, sich das Potenzial der Destruktivität zunutze zu machen. Hier stimmte er im Übrigen auch mit Leo Trotzki überein, der beispielsweise die Aufgabe des Petersburger Arbeiterdeputiertenrates in der »Organisation der Anarchie« erblickt hatte, um so die Autokratie zu stürzen.[16]

Lenin war sich außerdem bewusst, dass es mehr brauchte als ein aufständisches Proletariat, um die Desorganisation des Staates voranzutreiben. Konsequenterweise bedauerte er, dass die Bauern 1905 im Zuge ihres Aufbegehrens nur »ein Fünfzehntel der Zahl der adligen Gutshöfe vernichtet« und somit eine »zuwenig gründliche Arbeit« geleistet hatten. Zerstört hatten sie demnach nur einen Bruchteil von dem, »was sie hätten vernichten sollen«. Lenin plädierte für eine Vollendung dieser »Arbeit«.[17] Solche Ideen stießen viele Kommentatoren der ersten Russischen Revolution vor den Kopf. Distanz zu derartigen Aussagen nahmen auch viele Menschewiki ein. In ihnen erblickte Lenin aber lediglich weltfremde Moralapostel, die der Umsetzung revolutionärer Strategien auswichen. Befürchtete Maxim Gorki im Vorfeld der bolschewistischen Machtübernahme im Oktober 1917 eine unselige Partnerschaft von Lenins Partei mit einer »verwilderten Meute«,[18] übte Lenin sich bereits lange davor in der moralischen Anspruchslosigkeit des Revolutionärs, der sein Ziel erreichen wollte – um jeden Preis.

Bündnisfragen

Ein wesentlicher Ausgangspunkt der »taktischen Meinungsverschiedenheiten« mit den Menschewiki lag Lenin zufolge aber nicht nur in der Frage des »Partisanenkampfes« oder der Rolle des »Massenterrors«, sondern – wie an anderer Stelle bereits erwähnt – in ihrer

16 Leo Trotzky, Der Arbeiterdeputiertenrat und die Revolution, in: Die Neue Zeit 25/29, (1906–07), 76–86, 86.
17 LW, Bd. 23, 257.
18 Zit. nach Dagmar Mironowa, Die Vorahnung der Revolution in den Werken russischer Schriftsteller, in: Studies in East European Thought 71/2 (2019), 63–72, 71.

Negation des Zusammenwirkens von Proletariat und Bauernschaft.[19] Martow etwa hielt die Bauern lediglich unter der Voraussetzung einer kapitalistischen Erfahrung wie im Falle Westeuropas für bündnisfähig, keineswegs aber in Russland, wo die Landbevölkerung »noch nicht von der kapitalistischen Bourgeoisie in die Schule genommen worden« sei.[20] Warnende Einschätzungen hinsichtlich der Bauern als unzuverlässige Verbündete im Kampf gegen die Autokratie kamen von vielen Sozialdemokraten. Eduard Bernstein etwa meinte, dass die Vergangenheit bereits gezeigt habe, wie schnell die Bauern nach dem Erreichen ihrer Ziele – vor allem durch eine ersehnte »Landnahme« – wieder in bestehende Herrschaftsgefüge zurückgekehrt waren. Überall dort, wo sie sich »am Baum der Revolution vollgesogen hatten«, seien sie auch wieder von ihm abgefallen – »wie Blutegel vom Körper des Patienten«.[21] Keine Illusionen über die revolutionäre Gesinnung der Landbevölkerung machte sich freilich auch Lenin. Trotzdem betonte er – bereits im Rückblick auf den Oktoberumsturz 1917 –, dass schon Marx eine Erhebung durch die Bauern auch als Chance für eine revolutionäre Situation gesehen und eine Vereinigung mit der Arbeiterschaft empfohlen habe. Es gehe um »Elastizität« und nicht um doktrinäre Standpunkte.[22]

Martows Argument, wonach die Bauernschaft im Westeuropa anders eingeschätzt werden müsse als jene in Russland, konnte nicht einfach ignoriert werden. Wieder führte alles zu Marx zurück, der sich im Übrigen mit den Eigenheiten der Agrarproblematik im Zarenreich in einer Weise beschäftigt hatte, die seine russischen Epigonen nicht ohne Weiteres zufriedenstellte.[23] Abgesehen davon hatte er die Bauern ganz grundsätzlich als sich unterzuordnende Verbündete auserkoren, welche die Führungsrolle des Proletariats anzuerkennen hatten – jene Losung also, die Lenin nun konkret auch für Russland übernahm und anwenden wollte. Im sowjetischen Narrativ handelte es sich bei Lenins Ansichten über die Rolle der Bauern um eine »schöpferische Weiterentwicklung« der »von Marx 1856 geäußerten

19 LW, Bd. 15, 46f.
20 LW, Bd. 16, 382f.
21 Zit. nach Morina, Erfindung, 436.
22 https://sites.google.com/site/sozialistischeklassiker2punkto/lenin/1923/wladimir-i-lenin-ueber-unsere-revolution (23.1.2023).
23 Ausführlich dazu: Koenen, Die Farbe Rote, 538–564.

These über die Möglichkeit einer Vereinigung der proletarischen Revolution mit dem ›Bauernkrieg‹«.[24]

Schon Marx wusste freilich um die Risiken seiner Forderung nach Enteignung und Vergesellschaftung des Grundbesitzes. Er wollte die Bauern daher nicht mit einem sofortigen Entzug des Privatbesitzes verschrecken und ins Lager der »Konterrevolution« treiben. Erste Maßnahmen nach der Machtergreifung sollten viel eher dafür sorgen, die Lage der Bauern zu verbessern. Ihren Wünschen, d.h. den Anliegen der Kleinbauern, sollte entsprochen, Nationalisierung und Vergesellschaftung aber als weitere Ziele keineswegs aufgegeben werden. Lenins diesbezügliche Überlegungen speisten sich auch aus den Beschlüssen der Internationalen Arbeiter-Assoziation, d.h. der Ersten Internationale.[25] Tatsächlich war die Bauernfrage ein viel besprochenes Thema in der Sozialdemokratie, als Lenin sich ihr in Zusammenhang mit Bündnisfragen zuwandte. Engels' klärende Ausführungen dazu, die er 1894/95 vorlegte, hatten die Diskussionen dazu keineswegs beendet und gewissermaßen nahtlos in den Revisionismusstreit übergeleitet.[26]

Zu beachten gilt es in diesem Zusammenhang auch, dass die Nationalisierung des Bodens von Marxisten als bürgerliche Forderung qualifiziert wurde. Auch Lenin, der hier vor allem die Zerschlagung des »mittelalterlichen Grundeigentums« im Auge hatte, bezeichnete sie so, weil er den Rahmen des bürgerlichen Staates betonte, den er konform mit marxistischen Standpunkten als Unterdrückungswerkzeug und System der Ausbeutung begriff. Kautsky sah die »Verstaatlichung« ebenfalls als bürgerlich an, und zwar, weil sie sich – seinen Analysen zufolge – auf einer Linie mit der Profitmaximierung auf Grundlage moderner Großbetriebe bewegte.[27] Lenin wiederum stellte, daran anknüpfend, klar, dass das »Privateigentum an Grund und Boden« ein« Hindernis für den Kapitalismus« darstelle.[28]

24 Petr Nikolaevič Pospelov, W. I. Lenin. Biographie, Berlin 1961, 7.
25 Vgl. dazu Dieter Hertz-Eichenrode, Karl Marx über das Bauerntum und die Bündnisfrage, in: International Review of Social History 11/3 (1966), 382–402.
26 Friedrich Engels' »Die Bauernfrage in Deutschland und Frankreich« wurde 1894/95 in der »Neuen Zeit« veröffentlicht.
27 Karl Kautsky, Die Agrarfrage (1899). https://www.marxists.org/deutsch/archiv/kautsky/1899/agrar/2-01-braucht.html (27.2.2023).
28 W. I. Lenin, Das Agrarprogramm der Sozialdemokratie in der ersten Russischen Revolution von 1905–1907, Berlin 1950, 162.

Die sozialdemokratischen Parteien hatten aus unterschiedlichen Gründen Probleme mit einer streng marxistischen Behandlung der Agrarfrage. Immerhin gab es Ambitionen auch in Richtung kleinbürgerlicher bzw. kleinbäuerlicher Schichten, denen das Prinzip der Bodenenteignung nur schwer zu vermitteln war. Das Interesse Letzterer sollte daher für die genossenschaftliche Umwandlung ihres Privatbetriebs bzw. -besitzes geweckt werden. Die Fixierung auf den eigenen Besitz musste als psychologische Komponente berücksichtigt werden, um keine »Rebellion« von dieser Seite zu provozieren.[29] Marx hatte, betonte Lenin, über den »Eigentümerinstinkt« des durchschnittlichen Bauern gespottet. Der träume davon, »selber ein Bourgeois zu werden, sich gegen die ganze Gesellschaft abzukapseln«, und das vorzugsweise »auf seinem eigenen Fetzen Land«, ja »auf seinem eigenen [...] Misthaufen«.[30] Solche Urteile trafen vor allem bei jenen russischen Sozialdemokraten auf Zustimmung, die ihrerseits zwar selbst meist aus bäuerlichen Familien stammten, aber der Finsternis und Rückständigkeit des Dorfes vielfach mit Verachtung den Rücken gekehrt hatten. Wenn Trotzki von einem Russland der »Ikonen und Kakerlaken« sprach, hatte er die derbe Lebensrealität der Landbevölkerung vor Augen. Aus der Perspektive eines sich für fortschrittlich und überlegen haltenden Proletariers erschien ihre himmelschreiende Armut als geradezu gerechtes Los für das Steckenbleiben in Barbarei und hoffnungsloser Ungebildetheit.[31]

Lenin dachte nicht viel anders. Außerdem wusste er, dass die russischen Bauern die Nationalisierungsforderung nur auf den gutsherrlichen Besitz bezogen und keineswegs die Einbeziehung der eigenen Ländereien damit verbanden.[32] 1899 betonte er den Nutzen eines proletarisch-bäuerlichen Bündnisses als Zweckgemeinschaft, 1903 erweiterte bzw. konkretisierte er diese Ansage mit Verweisen auf klassenkämpferische Notwendigkeiten innerhalb der Bauernschaft und im September 1905 stellte er unmissverständlich klar, dass die Unterstützung der Bauern vor allem als taktischer Zug

29 Ebd.
30 LW, Bd. 12, 469.
31 Vgl. Orlando Figes, Nataschas Tanz. Eine Kulturgeschichte Russlands, Berlin 2003, 283–287.
32 Vgl. dazu auch: Karl Kautsky, Die Agrarfrage in Russland (1905/1906). https://www.sites.google.com/site/sozialistischeklassiker2punkto/karl-kautsky/1905/karl-kautsky-die-agrarfrage-in-russland (22.2.2023).

begriffen werden musste: »Wir unterstützen die Bauernbewegung, soweit sie revolutionär-demokratisch ist. Wir bereiten uns vor (und zwar sofort, unverzüglich), sie zu bekämpfen, sobald sie sich als reaktionär, als antiproletarisch offenbaren wird.«[33] Lenin verlegte sich auf nüchterne Realpolitik. Als Fakt anzuerkennen war seinen Überlegungen zufolge die elementare Kraft der Bauernaufstände, denen die Liberalen freilich das Odium einer abzulehnenden Anarchie verpasst hatten. Gerade das Bündnis von Arbeitern und Bauern habe aber, so Lenin in seiner retrospektiven Betrachtung der Revolution, eine bemerkenswerte gestalterische Kraft offenbart, zumal »in der Praxis alle entschiedenen Aktionen, sowohl die ›Kampfaktionen‹« als auch die parlamentarischen »zwischen 1905 und 1907 [...] ›gemeinsame Aktionen‹ des Proletariats und der Bauernschaft« gewesen seien.[34] Letztere an die Arbeiterschaft zu binden, hatte Lenin folgerichtig auch zu Zeiten der zweiten Duma gefordert – im »Wissen« um die »kleinbürgerliche« und daher betrügerische »Inkonsequenz« ihrer Repräsentanten im Parlament.[35]

Die Wandlungsfähigkeit seiner diesbezüglichen Ideen stellte Lenin außerdem in Gestalt wechselnder Losungen für die Agrarproblematik unter Beweis. Nach der Revolution von 1905 und vor die Notwendigkeit gestellt, sich nach den realen Möglichkeiten sozialdemokratischer Politik zu richten, propagierte er den »amerikanischen Weg«. Das hieß nach seiner Interpretation nichts anderes, als eine entschädigungslose Enteignung des Gutsherrenlandes mit dem Ziel einer weiteren kapitalistischen Entwicklung der Landwirtschaft und der Etablierung eines modernen »Farmertums« zu fordern.[36]

Bei allen Modifikationen seiner Konzepte, die Lenin in Abstimmung mit der jeweils gegebenen Situation immer wieder vornahm, ergab sich Stück für Stück eine zukunftsweisende Gesamtanalyse der Revolution von 1905: Ihre Kernpunkte sowohl in Form eines entsprechenden Programms (das die Bauernfrage sowie die Nationalitätenproblematik als zentrale Punkte erfasste) als auch einer Handlungsanleitung (mit Strategien für den Straßenkampf oder den Massenterror) konnten 1917 abgerufen werden. In den Kriegsjahren,

33 W.I. Lenin, Ausgewählte Werke, Bd. I, Berlin 1951, 540.
34 LW, Bd. 15, 379.
35 LW, Bd. 12, 470.
36 Vgl. LW, Bd. 16, 80–86.

also ab 1914, kamen weitere, ohne Frage wichtige Präzisierungen und Ergänzungen hinzu; aber wesentliche theoretische Grundlagen sowie eine Art »Leitfaden« für eine kommende Erhebung entwarf Lenin – in Erweiterung bereits existenter Denkvorlagen (erinnert sei an die wichtige Broschüre *Zwei Taktiken der Sozialdemokratie in der demokratischen Revolution*) – zweifellos bereits während und in den Jahren nach der ersten Russischen Revolution.

Nicht ohne Grund bezeichnete Lenin später die Revolution von 1905 als »Generalprobe« für den Oktoberumsturz, der die Bolschewiki an die Macht brachte. Vieles, was 1917 nach seinen Vorstellungen und auch gegen die Bedenken seiner Genossen umgesetzt wurde, fußte auf den Untersuchungen und Schlussfolgerungen, die sich aus den damaligen Ereignissen ergaben und schon zu dieser Zeit vonseiten Lenins auf ein kompromissloses Vorantreiben einer »wahrhaften« Umwälzung hinausliefen. Die unnachgiebige Haltung gegenüber den Liberalen oder die Absage an die Unterstützung sowohl einer revolutionären Regierung mit bürgerlicher Beteiligung als auch von Volksvertretungen mit Repräsentanten aus der Bourgeoisie entsprang ebenfalls nicht nur einer spontanen Reaktion auf die Lage im Frühjahr 1917. All diesen aus tiefster Überzeugung abgelehnten Szenarien ging die Beurteilung der Ereignisse zwischen 1905 und 1907 sowie ihrer Folgen voraus. Sie mündete in eine Art Sündenregister liberaler und »opportunistischer« Kräfte. Die Konsequenzen der Verfehlungen Letzterer waren, so Lenin, gleichbedeutend mit einem Verrat an der Revolution. Damit wiederum verband er ein schleichendes Abgleiten in vorrevolutionäre Zustände und in weiterer Konsequenz die Vernichtung blutig erkämpfter Errungenschaften. Verantwortlich hierfür sei ein Stehenbleiben auf halbem Weg gewesen.

Gebote

Die durch den russischen Konstitutionalismus verwirklichte »Demokratie« brachte keine »Volksherrschaft« hervor. Gleichzeitig eignete sich das Parlament aber nicht pauschal als willkürlich lenkbare Institution, in der – wie von der Autokratie intendiert – alles abgenickt wurde, was von oben bereits sanktioniert war. Solche Nuancen waren in Lenins Beurteilung der Duma freilich wertlos. Tatsächlich war – bei aller notwendigen Differenziertheit in der Betrachtung des reellen Handlungsspielraums des Parlaments – am Ende nicht mehr erreicht worden als die Paradoxie einer »verfassungsmäßig gebundenen ›Selbstherrschaft‹«.[37] Nichtsdestoweniger hatte Russland sich nach Lenins Einschätzung zu einem modernen kapitalistischen Land entwickelt und ab 1905 die Verwandlung in ein »bürgerliches Land« durchgemacht, in dem die liberale Bourgeoisie die Revolution gemeinsam mit den »opportunistischen« Kräften der Sozialdemokratie – also den Menschewiki – erstickt hatte.[38]

Die konsequente und brutale Verfolgung anderer sozialistischer Parteien nach der »Oktoberrevolution« von 1917 wurzelte in Lenins Überzeugung, dass diese in Wahrheit kleinbürgerliche Interessen vertraten und den Kräften der Konterrevolution zugerechnet werden mussten. Schon in den Jahren nach der ersten Russischen Revolution schrieb er sich in seinen Artikeln regelrecht in Rage, wenn es darum ging, Menschewiki bzw. Liquidatoren oder Sozialisten-Revolutionäre ihrer, wie er meinte, antimarxistischen Standpunkte zu überführen. Den Kampf gegen konkurrierende sozialistische Strömungen hatte er schon lange vor dem Oktoberumsturz ausgerufen. Vor allem die Liquidatoren waren seiner Meinung nach angetreten, um die Arbeiterschaft mit einer im Grunde bürgerlichen Ideologie vom Marxismus abzubringen und die Partei, d.h. seine Partei, zu zerstören.[39] Der Großteil seiner Texte, die zwischen 1908 und 1914 entstanden, war einem erbitterten Kampf gegen die »Abweichler« gewidmet. Bei einer auch nur oberflächlichen Kenntnis all jener Schriften, in denen er sich unentwegt über die für schädlich erklärten Aktivitäten von Menschewiki bzw. Liquidatoren und »Versöhnlern« ereiferte, erklären sich die Prämissen für Lenins Haltung gegenüber den linken Parteien ab 1917 vollends. 1921, als er die damalige »Krise der Partei« analysierte und deren mangelnde Geschlossenheit beklagte, erinnerte er bezeichnenderweise an die »Geschichte der Fraktionskriege« dieser Zeit und stellte so unter Beweis, wie prägend die Periode vor dem Ersten Weltkrieg für ihn und sein

37 Manfred Hildermeier, Die Russische Revolution 1905–1921, Frankfurt am Main 1989, 108.
38 LW, Bd. 20, 183.
39 Vgl. ebd., 263–272.

Verständnis von »Einheit« gewesen war.[40] Die »Fraktionskriege« hatten das Überleben der SDAPR gefährdet. Diese Erkenntnis rechtfertigte aus seiner Perspektive jegliche Maßnahmen zu deren Rettung und machte die Konformität im Inneren der Partei verpflichtend.

Lenins Schlussfolgerungen hinsichtlich der Rolle der Parteien im Zuge der Revolution 1905 gemeinsam mit den Erfahrungen eines gescheiterten, weil von Beginn an hintertriebenen Parlamentarismus machten es ihm später leicht, die im Zuge der Februarrevolution des Jahres 1917 – wenn auch zaghaft – angestrebte bzw. vorbereitete Demokratisierung des Landes zu desavouieren und alle Versuche zu ihrer Verwirklichung als Ablenkungsmanöver konterrevolutionärer Kräfte zu verunglimpfen. Karl Marx' Überlegungen zum Parlamentarismus dienten ihm immer wieder als Bestätigung für die Ablehnung eines Systems, in dem, wie er 1917 monierte, Mitentscheidung nur alle paar Jahre an der Wahlurne vorgesehen war, während die »Kommune« als »arbeitende Körperschaft«, »vollziehend und gesetzgebend zur gleichen Zeit«, eine viel gerechtere und effizientere Alternative zu bieten schien.[41]

Lenin unterschied bei alledem streng zwischen proletarischer und bürgerlicher Demokratie,[42] wobei er das gesamte »demokratische System« als »die reinste und vollkommenste bürgerliche Ordnung« bezeichnete. In ihr ließe sich, meinte er, »neben maximaler Freiheit, Ausdehnung und Klarheit des Klassenkampfes ein Maximum an Schlichen, Kniffen, Listen und ›ideologischer‹ Einwirkung der Bourgeoisie auf die Lohnsklaven zum Zweck ihrer Ablenkung vom Kampf gegen die Lohnsklaverei beobachten«.[43] Mit dieser Ansicht war Lenin nicht alleine. Allerdings spiegelte sie sich etwa in der österreichischen oder deutschen Debatte über den Stellenwert des Parlamentarismus für die Sozialdemokratie als eine von vielen Standpunkten wider. Lenins Radikalität stach zweifellos hervor, wenngleich auch er sich schließlich gegen einen Boykott der Duma entschied, um gleichzeitig einzuschränken, dass parlamentarische Arbeit nichts anderes sein könne als ein »Kampfmittel« zur »Aufklärung, zur Erziehung und Organisierung des Proletariats zu einer

40 LW, Bd. 26, 103–114.
41 LW, Bd. 25, 434.
42 LW, Bd. 20, 276f.
43 Ebd., 462f.

selbständigen Klassenpartei«.[44] Lenin charakterisierte diesen Zugang zur Frage tätiger Partizipation am Parlamentarismus nun als Wesensmerkmal der Sozialdemokratie. Marx hatte bereits 1880 den französischen Sozialisten »in ihr Programm diktiert, dass das allgemeine Wahlrecht ›aus einem Instrument des Betrugs, das es bisher gewesen ist, in ein Instrument der Emanzipation umgewandelt‹« werden müsse.[45] Lenin aber ging es nicht um Emanzipation, sondern um Propaganda.

Tatsächlich aber stand die Sozialdemokratie vor einem Dilemma: Einerseits hatte sie für das Wahlrecht oft erbittert gekämpft, andererseits waren der tatsächlichen Umsetzung von Maßnahmen im Interesse des Volkes enge Grenzen gesetzt. So wurde seitens der Sozialdemokraten in Österreich vor einer Überschätzung des Parlamentarismus ebenso gewarnt wie vor gegenteiligen Bewertungen, die das Proletariat in die Irre führen würden.[46] Otto Bauer etwa stellte angesichts der Enttäuschung, die sich nach der Einführung des allgemeinen Männerwahlrechts 1907 bei einigen Genossen breitgemacht hatte, klar, dass die »Teilnahme« an einer »bürgerlichen« Volksvertretung lediglich der »Weg zum proletarischen Parlament« sein könne. Daraus leitete er aber auch die Bedeutung des Parlamentarismus für den Kampf des Proletariats ab und forderte dieses auf, sich vom »Gerede« über den »Niedergang des Parlamentarismus« nicht »beirren« zu lassen und seinen Wert in Hinblick auf das Erreichen weiterreichender Ziele anzuerkennen.[47] Sehr viel weniger zahm äußerte er sich aber ein paar Jahre später in der Zeitschrift *Der Kampf*, als er sich, wahrscheinlich bereits unter dem Eindruck der lähmenden Obstruktion im österreichischen Reichsrat, wo der Nationalitätenkonflikt die Arbeitsfähigkeit des Parlaments blockierte, mit den taktischen Aufgaben der österreichischen Sozialdemokratie auseinandersetzte. Darin sprach er vom »Aberglauben« der Massen

44 LW, Bd. 10, 175.
45 Zit. nach Michael Brie/Jörn Schütrumpf, Rosa Luxemburg. Eine revolutionäre Marxistin an den Grenzen des Marxismus, Hamburg 2021, 37, 70.
46 Stellvertretend für viele andere betreffend diese Diskussionen in Deutschland und Österreich: Rudolf Breitscheid, Die Bedeutung des Parlaments, in: Die Neue Zeit 4/2 (1914), 157–160; Georg Gnadnauer, Für das parlamentarische System, in: Die Neue Zeit 15/1 (1918), 337–344; Heinrich Cunow, Nochmals Volksherrschaft und parlamentarisches System, in: Die Neue Zeit 15/1 (1918), 344–346; Arbeiter-Zeitung, 25.7.1909, 1f.; 4.11.1913, 2–10.
47 Otto Bauer, Parlamentarismus und Arbeiterschaft, in: Der Kampf. Sozialdemokratische Monatsschrift 1/11 (August 1908), 481–488, 483.

an die »Allmacht des Parlaments« und von der Notwendigkeit, diese davon zu befreien.[48] Und er erinnerte daran, dass Geschichte mit »Blut und Eisen« gemacht werde, daran, dass erst der gewaltsame Druck der Straßenkämpfe in Russland und Polen 1904/05 das Wahlrecht in Österreich ermöglicht habe. Tatsächlich wurde dieses – in Anbetracht von beeindruckenden Massendemonstrationen in Wien und Prag – als »Kind der Straße« bezeichnet, das ohne die Vorgänge in Russland niemals so oder so schnell das Licht der Welt erblickt hätte.[49]

Otto Bauers weitere Schlussfolgerungen könnten auf den ersten Blick problemlos Lenin zugeschrieben werden: »Wer der Arbeiterklasse vorgaukelt, mit parlamentarischen Kunstgriffen ihr Elend aus der Welt schaffen zu können, belügt sie. Ihre Enttäuschung wird sich morgen gegen ihn kehren.«[50] Bauer skizzierte die »Stürme von morgen«, das Chaos eines zusammenstürzenden Reichs – aus seiner Perspektive gemeint war freilich die Habsburgermonarchie –, den Kampf der Nationen und er gab der festen Überzeugung Ausdruck, dass daraus jene anzustrebende Zukunft erwachsen werde, die der Arbeiterschaft vor Augen zu halten sei.[51] Inmitten seiner kämpferischen Parolen stellte er aber klar: Die »soziale Revolution« würde Jahrzehnte beanspruchen. Dieser Prozess sei erforderlich, »um unter dem Drucke grosser Ereignisse allmählich« von der »Minderheit zur Mehrheit« zu werden.[52] Kautsky argumentierte im Kern nicht sehr viel anders: Das existente parlamentarische System war voller Einschränkungen und bot daher kaum Möglichkeiten für eine »positive« Mitarbeit einer sozialdemokratischen Partei. Was blieb, war entschiedene Opposition.[53] Der Parlamentarismus als »nicht hinreichende Voraussetzung zur Transformation der Gesellschaft« würde aber helfen, »das Proletariat ›für die soziale Revolution reif‹« zu machen. Ein »Hineinwachsen« in die politische Macht über diese Partizipation sei aber ohne eine »Phase der Konfrontation« nicht möglich.[54]

48 Otto Bauer, Die Grundfrage unserer Taktik, in: Der Kampf 7/2 (1. November 1913), 49–63, 63.
49 Peter Kurth, Im Schatten Victor Adlers. Die österreichische Sozialdemokratie zwischen Wahlrechtskampf und Revisionismusstreit (1889–1907), Husum 1998, 236.
50 Bauer, Parlamentarismus und Arbeiterschaft, 62.
51 Ebd., 63.
52 Ebd., 62.
53 Vgl. Kurth, Im Schatten, 217.
54 Vgl. ebd., 218f.

Es bleibt festzuhalten, dass sich – um kurz in der k.u.k. Monarchie zu bleiben – Kritik an Parlamentarismus und Demokratie beispielsweise in Ungarn nicht nur von links regte. Einen »parlamentarischen Kretinismus« beklagten etwa auch bürgerliche Oppositionspolitiker, die eine in höchstem Maße defizitäre Volksvertretung bemängelten.[55] Der wesentliche Unterschied in der Beurteilung des Parlamentarismus zwischen Lenin auf der einen und Bauer sowie Kautsky auf der anderen Seite lag indessen wohl in den mit dem Bestehen »bürgerlicher« Parlamente verbundenen Zeitkonzepten und damit in der jeweiligen Agenda. Auch Kautsky und Bauer fühlten sich immer wieder zu Vorstellungen von einer »Abkürzung« in Richtung sozialer Revolution hingezogen. Aber Lenin verfolgte diesbezügliche Ziele bekanntlich sehr viel konkreter und ungleich konsequenter. Er sah sich bereits in einer ganzen »Epoche« von Umwälzungen angekommen. Während sich die Sozialdemokratie in Deutschland ebenso wie in Österreich einen bemerkenswerten Spagat zwischen gemäßigten und revolutionären Positionen auferlegte und im Regelfall auf längerfristige Entwicklungen vertröstet wurde, sah Lenin die Mission des Marxismus in Russland ohne Einschränkungen als klaren Auftrag zur fundamentalen Umwälzung. Nicht irgendwann, sondern unentwegt und nicht in einer aus taktischen Gründen gedämpften Version, sondern als eine Art Dauerfeuer.

Triebkräfte, Aussichten

Die Marxismus-Exegese betrieb Lenin zumindest in Hinblick auf die Entwicklungen im Zarenreich mehr und mehr in Eigenregie.[56] Dennoch schätzte er auch weiterhin Kautskys Darstellungen größerer Zusammenhänge und seine Zukunftsentwürfe. Sie inspirierten ihn und gaben eine Art roten Faden vor. Lenin übersetzte viele Kautsky-Texte ins Russische und konzentrierte sich auf verwertbare Passagen. Die Zugeständnisse des SPD-Theoretikers an die »Besonderheiten«

55 Vgl. Attila Pók, Radical Democratic Criticism of the Dualist Monarchy. A Present Day Perspective, in: András Gerö (Hg.), The Austro-Hungarian Monarchy revisited, New York 2009, 113–134, 120f.

56 Harald Koth, »Meine Zeit wird wieder kommen …« Das Leben des Karl Kautsky, Berlin 1993, 110.

der Verhältnisse im Zarenreich dienten ihm immer wieder als Bestätigung eigener Sichtweisen.[57]

Als Kautsky sich zu den »Triebkräften und Aussichten der russischen Revolution« äußerte, sprach er nicht zuletzt von ihren spezifischen Voraussetzungen. Sie habe sich »an der Grenzscheide zwischen bürgerlicher und sozialistischer Gesellschaft« vollzogen. Man stehe nun vor einer »völlig neuen Situation« und vor »Problemen, an die keine bisherige Schablone passt«. An eine »Diktatur des Proletariats« in Russland glaubte er damals aufgrund einer noch kaum vorhandenen und unterentwickelten Arbeiterschaft nicht. Für nicht ausgeschlossen hielt er aber einen »Sieg der sozialdemokratischen Partei«, die allerdings der Unterstützung anderer Klassen bedürfe und daher vor allem auch deren Interessen zu berücksichtigen habe.[58]

Solche Aussagen Kautskys wertete Lenin in Summe als Zustimmung zu seiner Losung von der »Diktatur des Proletariats und der Bauernschaft«. Ja, er machte den deutschen »Marxismus-Papst« geradezu zum eigentlichen Urheber. Kautskys Aufsatz über die *Triebkräfte und Aussichten der russischen Revolution* bezeichnete Lenin in seiner Ende 1907 verfassten und kurz vor dem Druck von der Polizei konfiszierten Arbeit über das Agrarprogramm der SDAPR als »größte ideologische Errungenschaft des Bolschewismus in der internationalen Sozialdemokratie«.[59] In der zweiten Auflage von *Die soziale Revolution* habe Kautsky außerdem ein weiteres Mal die Koalition von Arbeitern und Bauern als Voraussetzung für den »Sieg der russischen Sozialdemokratie in absehbarer Zeit« wiederholt. Triumphierend erklärte Lenin, dass Kautsky die Irrtümer Plechanows entlarvt und ebenso wie die Bolschewiki das Konzept einer proletarisch-bäuerlichen »Interessensgemeinschaft« als zukunftsweisend erkannt habe. Die Frage des »Entwicklungstempos« der russischen Bauern sei im Grunde irrelevant. Darin lag eine wichtige Erkenntnis: Lenin betrachtete die bäuerliche Revolution als eine »Abart der

57 Zit. nach Gerd Koenen, Die Farbe Rot. Ursprünge und Geschichte des Kommunismus, München 2017, 606.

58 Karl Kautsky, Triebkräfte und Aussichten der russischen Revolution (1907). https://sites.google.com/site/sozialistischeklassiker2punkto/karl-kautsky/1906/karl-kautsky-triebkraefte-und-aussichten-der-russischen-revolution (24.1.2023).

59 W. I. Lenin, Das Agrarprogramm der Sozialdemokratie in der ersten Russischen Revolution von 1905–1907, Berlin 1950, 162.

bürgerlichen Revolution« – eine Schlussfolgerung, die es ihm erlaubte, die Bourgeoisie als treibende Kraft einer Umwälzung ganz beiseitezulassen. »Die Zeit der bürgerlichen Revolution« sei »vorüber«. Das habe auch Kautsky gesagt.[60]

Von einer konsequenten sozialdemokratischen Politik war man indessen auch im wilhelminischen Kaiserreich immer noch weit entfernt. Außerdem versuchte die Regierung mit sozialen Maßnahmen einer Radikalisierung der Arbeiterschaft vorzubeugen. Vor diesem Hintergrund drohte – so sah es nicht zuletzt Lenin – die deutsche Partei im Stadium einer mühevollen Kompromisspolitik steckenzubleiben. Was er als nachahmenswert empfand, waren demgemäß die vorhandenen Massenorganisationen unter Kontrolle der SPD und nicht ihre politische Arbeit, schon gar nicht im Parlament.[61] Die von den Mächtigen lediglich »geduldeten« Volksvertretungen eigneten sich nach Lenins Ansicht in Deutschland genauso wie in anderen Ländern höchstens als Bühne für eine entschlossene revolutionäre Agitation. Das Endziel des politischen Kampfes, der ihm vorschwebte, konnte daher niemals sein, sich den Spielregeln einer Demokratie anzupassen, in der eine elitäre Oberschicht und die Vertreter des Kapitals bestenfalls daran Interesse hatten, das Proletariat ruhigzustellen und ihm den »Legalismus« der sozialdemokratischen Partei als Belohnung für seinen Gehorsam anzutragen. So betrachtet war der »bürgerliche Parlamentarismus« nichts anderes als – ähnlich dachte auch Rosa Luxemburg – der »Nährboden« opportunistischer Strömungen. Sie aber lokalisierte dieses Problem vor allem dort, wo es bereits eine hohe »Entwicklungsstufe der sozialdemokratischen Bewegung« gab und nicht im absolutistisch regierten, rückständigen Russland. Das war ein Aspekt, den sie noch vor der ersten Russischen Revolution in ihrer Analyse zu den Fragen der Organisation der russischen Sozialdemokratie hervorhob, um Lenins Diagnosen als fehlerhaft darzustellen.[62] Nicht in Russland, sondern in Deutschland lief die Partei Gefahr, vom »sozialistischen Tugendpfad« abzukommen, meinte sie. Bereits Friedrich Engels hatte eine

60 Ebd.
61 Vgl. dazu etwa LW, Bd. 9, 285f.
62 Rosa Luxemburg, Die Russische Revolution. Eingeleitet und herausgegeben von Ossip K. Flechtheim, Frankfurt am Main 1963, 24f.

»Verbürgerlichung« der SPD befürchtet.[63] Jetzt gerierte sich Rosa Luxemburg als Mahnerin.

Einwände irritieren den Bolschewikenführer wie gewohnt kaum. Weder vor und noch weniger nach der Revolution hielt er ein Abweichen von eigenen Positionen für erforderlich. Die Erfahrungen der »Oktoberrevolution« von 1905 sowie des Dezemberaufstands beeindruckten immerhin auch die deutschen Sozialdemokraten. In Anerkennung der revolutionären Kraft, die im Zarenreich vor Augen geführt wurde, begannen auch sie zum Teil darüber nachdenken, ebenfalls »russisch zu sprechen« – wenn auch nur kurzfristig. Die Ereignisse im Zarenreich inspirierten und dienten jenen, die »die marxistische Theorie von der proletarischen Revolution und von der situationsbedingten Dialektik von Reform und Revolution im Klassenkampf verteidigt hatten, – bei allem Abwägen der unterschiedlichen Entwicklungsstufe der europäischen Länder – als Bestätigung ihrer Orientierung. Das galt nicht zuletzt für Kautsky.«[64] Das Zarenreich übernahm dabei – durchaus in der Tradition des bisherigen Russlandbildes, das die Internationale pflegte – die Rolle eines ausgelagerten »Revolutionsschauplatzes« für die Sozialdemokratie im Westen. Während man für den eigenen Einflussbereich alternative Szenarien diskutierte, konnte die Agenda einer kommenden Umwälzung an die russischen Genossen abgetreten werden – mit Folgen, die wahrscheinlich auch auf das jeweils eigene Land zurückwirken würden.

Das Lehrer-Schüler-Verhältnis, das zwischen deutscher und russischer Sozialdemokratie bestand, begann sich vor diesem Hintergrund wenigstens teilweise zu lockern bzw. trug zur Stärkung des Selbstbewusstseins Letzterer bei. Außerdem reichten Lenins Pläne so oder so weit über den »Demokratismus« hinaus, den andere Sozialdemokraten im Zarenreich ebenso wie im Rest Europas vertraten bzw. anstrebten. Seine sich schon vor Ausbruch des Weltkriegs langsam steigernde Abscheu vor einer »anpasslerischen« Sozialdemokratie im Westen änderte aber nichts daran, das dortige Proletariat

63 Metsch, Kunst des Aufstands, 81.

64 Annelies Laschitza, Karl Kautsky im Widerstreit zwischen Marxismus und Opportunismus 1905 bis 1914, in: Jürgen Rojahn/Till Schelz/Hans-Josef Steinberg (Hg.), Marxismus und Demokratie. Karl Kautskys Bedeutung in der sozialistischen Arbeiterbewegung, Frankfurt am Main/New York 1992, 126–139, 126f.

als wesentlichen Faktor in Verbindung mit größeren Zusammenhängen zu würdigen. In seine Überlegungen zur Frage des Erfolgs einer weiteren Umwälzung im Romanowimperium integrierte er bereits erwogene Konzepte der permanenten Revolution, die das konkrete Zusammenspiel mit der westeuropäischen Arbeiterschaft berücksichtigten. Dass der Sozialismus nur unter internationalen Gesichtspunkten zu erreichen war, ließ sich freilich einer Vielzahl marxistischer Schriften und Grundsatzerklärungen entnehmen. Der Krieg, der im Sommer 1914 ausbrach und zuvor geradezu utopisch wirkende Möglichkeiten für eine neue Ordnung nicht nur in Russland, sondern weltweit eröffnete, beflügelte Lenins Visionen einer Verwirklichung des Sozialismus. Seine diesbezüglichen Vorstellungen setzten einmal mehr bei den Verheißungen seiner »Säulenheiligen« an. Marx' und Engels' Vorhersagen von jener umfassenden Umwälzung, um die die Überlegungen ihrer Epigonen kreisten, trafen in Lenins Revolution in mancher Hinsicht auf Entsprechungen. Der bolschewistische Umsturz im Oktober 1917 realisierte gleichzeitig aber auch jenes Szenario, vor dem Marx und Engels gewarnt hatten: vor dem Einfluss von Verschwörern und ihrem reflexhaften Wechsel vom »gelungenen insurrektionellen Handstreich« zur Diktatur, »wohlverstanden, nicht der ganzen revolutionären Klasse, des Proletariats, sondern der kleinen Zahl derer, die den Handstreich gemacht haben und die selbst schon im Voraus wieder unter der Diktatur eines oder weniger organisiert sind«.[65]

Die Erfahrung der ersten Russischen Revolution und die nachfolgende, von Erbitterung und Machtwillen gleichermaßen gekennzeichnete Auseinandersetzung mit den übrigen politischen Kräften im Allgemeinen und dem Liquidatorentum im Speziellen schufen grundlegende Voraussetzungen für Lenins Haltung zur Einparteienherrschaft ab dem Jahr 1917. Lenin war von der Gewissheit durchdrungen, die Revolution zu einem Projekt unter seiner Ägide machen und das Überleben der SDAPR an die Machtfrage knüpfen zu müssen. Für den Bolschewikenführer stand fest: Teile der russischen Sozialdemokratie hatten versucht, die Partei zu zerstören, während er sie stark zu machen gedachte. Diese Überzeugung von der

65 Zit. nach ebd., 121f.

eigenen Rolle als Retter der Partei und der – so empfundenen – Abkehr vieler Sozialdemokraten vom revolutionären Marxismus prägte sein Denken. Einem notorischen Hang zu Kompromissen, den er seinen Gegnern attestierte, stellte er eine Partei gegenüber, die er nicht nur als Zentrum eines entschiedenen Kampfes gegen das zarische Regime begriff, sondern auch als anti-revisionistische Bastion gegen Genossen, die die soziale Revolution in eine allzu ferne Zukunft verbannten.

8 WIRKLICHKEITEN, MÖGLICHKEITEN

Vaterlandsverteidigung

Das Ziel, die »unvollendete« Revolution des Jahres 1905 zum Abschluss zu bringen, begriff Lenin auch im Exil als Auftrag.[1] Die internationale Lage entwickelte sich kontinuierlich zugunsten seiner Erwartungen. Große Umbrüche schienen sich anzukündigen.

Wenige Tage nach der Konferenz in Brüssel, bei der das Internationale Sozialistische Büro über die Differenzen der russischen Sozialdemokraten beraten hatte, trafen prominente Vertreter der europäischen Parteien im Juli 1914 ein weiteres Mal in der belgischen Hauptstadt aufeinander. Grund hierfür war der drohende Beginn eines großen Krieges. Die Zusammenkunft endete mit der Verurteilung eines militärischen Konflikts und der Ankündigung, die Arbeiterschaft in den betreffenden Ländern zu Demonstrationen gegen den Krieg aufzurufen.

Angeknüpft wurde solcherart an den Stuttgarter Kongress von 1907, bei dem sich die Delegierten dezidiert gegen den Militarismus und für konkrete Maßnahmen zur Verhinderung eines bewaffneten Staatenkonflikts ausgesprochen hatten. Eine noch größere Rolle spielte in diesem Zusammenhang der Internationale Sozialistenkongress, der 1912 in Basel abgehalten wurde und explizit das Unterdrückungsregime des Zarenreichs brandmarkte. Beide Zusammenkünfte verabschiedeten Manifeste, die die Sozialdemokratie dazu verpflichteten, einen möglichen Krieg unter Aufbietung aller geeigneten Maßnahmen abzuwenden. Im Falle einer trotz aller Anstrengungen nicht zu verhindernden gewaltsamen Auseinandersetzung sollte deren rasche Beendigung herbeigeführt und die prophezeite

1 Vgl. Christopher Read, Lenin. A Revolutionary Life, London/New York 2005, 139.

wirtschaftliche und politische Krise im Gefolge des Waffengangs »zur Aufrüttelung des Volkes ausgenutzt werden, um dadurch die Beseitigung der kapitalistischen Klassenherrschaft zu beschleunigen«.[2] Diese Erklärung fand sich in beiden Resolutionen – 1907 genauso wie 1912. Schon in Stuttgart hatten Lenin und Rosa Luxemburg, aber auch Julij Martow explizit um eine dahingehende Ergänzung des diesbezüglichen Textentwurfes von August Bebel gebeten.[3] Damals war die deutsche Sozialdemokratin Clara Zetkin Lenin das erste Mal persönlich begegnet. Rosa Luxemburg meinte ihr gegenüber: »Schau den da gut an! Das ist Lenin. Sieh den eigenwilligen, hartnäckigen Schädel! Ein echt russischer Bauernschädel mit einigen leicht asiatischen Linien. Dieser Schädel hat die Absicht, Mauern umzustoßen. Vielleicht, daß er daran zerschmettert. Nachgeben wird er nie.«[4]

Nachgegeben hatte vielmehr August Bebel. Die eingeforderte Erweiterung der Resolution wurde akzeptiert. Damit war der Sozialdemokratie eine Agenda auferlegt worden – Ausnutzung einer kriegsbedingten Krise zugunsten einer sozialen Revolution –, deren Tragweite nicht erkannt oder nicht ernst genommen und daher in den Debatten des Kongresses auch nicht weiter besprochen wurde.[5] Dabei blieb es auch in den folgenden Jahren. Auf eine eingehende Erläuterung der betreffenden Passage wurde nicht anders als in Stuttgart oder beim Internationalen Sozialistenkongress in Kopenhagen 1910 auch bei der Baseler Konferenz 1912 verzichtet. Dieselbe Textstelle der Stuttgarter Erklärung kam jetzt auch in der neuen Resolution vor.[6]

Es hätte also Möglichkeiten und Zeit gegeben, die durchaus rabiate Ansage, die u. a. auf Lenin zurückging, eventuell abzuschwächen oder gar zu eliminieren. In der Schweiz aber standen die Delegierten ganz unter dem Eindruck der Balkankriege und konzentrierten sich vor allem auf den Gegensatz zwischen Russland, Österreich-Ungarn und dem Osmanischen Reich. Der Arbeiterklasse Deutschlands, Frankreichs und Großbritanniens wurde in diesem Zusammen-

---

2 Zit. nach Laura Polexe, Netzwerke und Freundschaft. Sozialdemokraten in Rumänien, Russland und der Schweiz an der Schwelle zum 20. Jahrhundert, Göttingen 2011, 83.
3 Vgl. Internationaler Sozialisten-Kongreß. Stuttgart 1907 vom 18. bis 24. August, Berlin 1907, 102.
4 https://www.projekt-gutenberg.org/zetkin/lenin/chap001.html (12.3.2023).
5 Julius Braunthal, Geschichte der Internationale, Bd. 1, Hannover 1961, 344.
6 Vgl. dazu im Übrigen: Internationaler Sozialisten-Kongreß zu Kopenhagen. 28. August bis 3. September 1910, Berlin 1910.

hang überdies eine entscheidende Rolle zugeschrieben. Sie sollte die Unterstützung der genannten Streitparteien verhindern und Neutralität gewährleisten. Dezidiert gewarnt wurden die Regierungen der Großmächte außerdem vor einer drohenden Revolution – mit Verweisen auf die Kommune 1871, aber auch auf die erste Russische Revolution als Folge des Konflikts zwischen dem Zarenreich und Japan. Der Aggression der Herrschenden stellten die Delegierten der Internationale eine »proletarische Welt des Friedens und der Verbrüderung der Völker« gegenüber.[7] Jene, die, wie etwa Karl Radek, Anton Pannekoek oder Paul Lensch, eine Verhinderung des Kriegs von vornherein für illusorisch hielten, blieben randständig.[8]

Im Juli 1914 spitzte sich die Lage in Europa gefährlich zu. Auf die Ermordung des österreichisch-ungarischen Thronfolgers Erzherzog Franz Ferdinand in Sarajewo folgte eine Krise, die ganz Europa in Atem hielt. Der schon lange schwelende Konflikt zwischen der Donaumonarchie und Serbien zog immer weitere Kreise. Österreich-Ungarns unnachgiebige Haltung gegenüber dem südslawischen Königreich machte eine friedliche Beilegung der Spannungen unwahrscheinlich. Die Dynamik des europäischen Bündnissystems drohte alle Großmächte auf den Plan zu rufen. Das konnte auch in Brüssel kaum ignoriert werden. Seine Skepsis gegenüber den Chancen, das Blutvergießen mit groß angelegten Arbeiterprotesten zu verhindern, brachte dort nicht zuletzt Victor Adler zum Ausdruck.[9] Verunsicherung herrschte auch bei anderen Sozialdemokraten. Als mit dem berühmten Ultimatum, das Wien Ende Juli 1914 an Belgrad übermittelte, die militärische Auseinandersetzung schließlich unausweichlich erschien, zeigte sich Karl Kautsky gegenüber dem österreichischen Parteiführer – offenbar noch ohne Ahnung von der künftigen Rolle Deutschlands – ratlos. Die künftige Rolle der SPD war völlig unklar. Lediglich »die Greuel des Kriegs« zu »beklagen«, sei keine Politik. Aber »gleichzeitig auf die Zertrümmerung Österreichs und die des Zarismus« hinzuarbeiten, ebenso wenig.[10]

7 Braunthal, Internationale, 353.
8 Georges Haupt, Der Kongreß fand nicht statt. Die sozialistische Internationale 1914, Wien/Frankfurt am Main/Zürich, 1867, 73
9 Ernst Piper, Rosa Luxemburg. Ein Leben, München 2018, 452f.
10 Victor Adler. Briefwechsel mit August Bebel und Karl Kautsky. Gesammelt und erläutert von Friedrich Adler, Wien 1954, 596f.

Die Mobilisierung der k.u.k. Armee gegen Serbien löste einen Dominoeffekt aus. Binnen weniger Tage war der große Krieg Realität. Das Habsburgerreich stand nicht nur den Truppen des widerspenstigen Königreichs auf dem Balkan gegenüber, sondern auch dem Millionenheer des Zarenreichs. Die Soldaten kamen dem Einberufungsbefehl der Militärzentralen überall mehr oder weniger bereitwillig nach. Auch in Russland. Nirgends regte sich ernst zu nehmender oder breiter Protest gegen den Waffengang. Deutschlands und Österreich-Ungarns Armeen stemmten sich gegen die »russische Dampfwalze«, während die zarischen Generäle ihre Truppen an sich beständig ausdehnende Fronten im Westen des Landes dirigierten.

Die Führer der europäischen Sozialdemokratie hatten sich dem Kriegskurs ihrer Regierungen schnell angepasst. Der Kampf gegen das autokratische Russland und die damit in Aussicht gestellte Befreiung des Landes vom Joch des zarischen Unrechtssystems dienten sowohl der SPD als auch der SDAP in Österreich als Rechtfertigung für das Ausblenden all dessen, was noch kurz vor dem Beginn des Konflikts so feierlich beschworen worden war. In der österreichischen *Arbeiter-Zeitung* war der Schuldige schnell gefunden und folglich vom »Weltkrieg des Zaren« die Rede.[11] Der »Wahnsinn siegt«, hieß es dort.[12] Ihn aufzuhalten, sah sich die Sozialdemokratie nicht imstande. Der begonnene Krieg nötigte vielmehr dazu, auch die Arbeiterschaft auf die Pflichten der Vaterlandsverteidigung einzuschwören. Unter die »Räder des zarischen Despotismus« wolle schließlich keiner geraten, lautete die Rechtfertigung. Es bleibe die Hoffnung, dass das Leiden nicht umsonst sein werde und aus dem blutgetränkten Boden endlich »die Sonne der Freiheit entsprießen« könne.[13]

Selbst im autokratischen Russland fanden sich unter den Sozialdemokraten »Vaterlandsverteidiger«, die ihrerseits den Feldzug gegen das wilhelminische Deutschland und seinen militaristischen Ungeist zur patriotischen Pflicht erklärten. Zu ihnen gehörten Georgij Plechanow und Alexander Potresow, die ebenso wie Lenin im

11 Arbeiter-Zeitung, 2.8.1914, 1.
12 Ebd.
13 Arbeiter-Zeitung, 7.8.1914, 1.

Ausland weilten.[14] Außerdem gaben die von Lenin verhöhnten »Vaterlandsverteidiger« zu bedenken, dass Deutschland Russland den Krieg erklärt habe und nicht umgekehrt. Der »gemeinsame Feind« des Proletariats, die ausbeuterischen und machtgierigen Kapitalisten schienen sich in Luft aufgelöst zu haben. Die Arbeiter jener Länder, die in der Zweiten Internationale vertreten waren, standen sich jetzt als Feinde an verschiedenen Fronten gegenüber. Für all jene in der Minderheit gebliebenen Sozialdemokraten, die sich von Beginn an gegen die sogenannte Burgfriedenspolitik ihrer Parteien und damit eine sozialdemokratische Unterstützung des Kriegskurses ihrer Heimatregierungen aussprachen, präsentierte sich dieses Szenario als größtmögliche Katastrophe. Die Haltung, die nun an den Tag gelegt wurde, war in ihren Augen nichts anderes als Negation all dessen, was zuvor von den Protagonisten der Zweiten Internationale gepredigt worden war.

Für Lenin bedeutete der Ausbruch des Krieges, dass er sich als Staatsbürger des russischen Zarenreichs nun in einem feindlichen Land befand. Vor allem in den Grenzgebieten des Habsburgerreichs war die Nervosität der Behörden groß, die Furcht vor Spionen und Saboteuren enorm. Der Russe Lenin wurde vor diesem Hintergrund für einige Tage in polizeilichen Gewahrsam genommen. Schon zuvor hatte er Jakub Fürstenberg-Hanecki um Hilfe gebeten, der seinerseits sofort an den sozialdemokratischen Reichratsabgeordneten Zygmunt Marek telegrafierte.[15] Letzterer übte eine wichtige Funktion im Verein zur Unterstützung politischer Gefangener in Russland aus und verfügte über die besten Verbindungen zur österreichischen Parteispitze.[16] So kamen die Dinge schnell in Gang: Die Fürsprache Victor Adlers sorgte dafür, dass Lenin und seine Frau Galizien verlassen und nach einem Zwischenaufenthalt in Wien weiterreisen konnten. Der österreichische Parteiführer hatte gegenüber dem k.k. Innenminister versichert, dass Lenin gewiss nichts zur Unterstützung des Regimes in Russland unternehmen würde – im Gegenteil.[17]

---

14 Vgl. Agnes Blänsdorf, Die Zweite Internationale und der Krieg. Die Diskussionen über die internationale Zusammenarbeit der sozialistischen Parteien 1914–1917, Stuttgart 1979, 47.

15 N. K. Krupskaja, Erinnerungen an Lenin, Bd. I, Moskau/Leningrad 1933, 124.

16 https://www.biographien.ac.at/oebl/oebl_M/Marek_Zygmunt_1872_1931.xml (1.3.2023).

17 Vgl. Verena Moritz, 1917. Österreichische Stimmen zur Russischen Revolution, Salzburg/Wien 2017, 109.

Lenins weiterer Weg führte ihn in die Schweiz. Die ursprünglich beabsichtigte Übersiedlung in das ebenfalls neutrale Schweden, von wo aus der Kontakt in die Heimat einfacher gewesen wäre, unterblieb aus Kostengründen.[18] Den Aufenthalt in Stockholm konnte sich der Bolschewikenführer nicht leisten. In Wien, wo er eine Zwischenstation einlegte, um u. a. Adler persönlich zu danken, traf Lenin dann mit dem dort ansässig gewordenen Sozialdemokraten David Rjasanow zusammen, der 1921 Leiter des neu gegründeten Marx-Engels-Instituts in Moskau wurde. Der umtriebige Marx-Forscher hatte in Wien überdies auch mit seinem ehemaligen Schulfreund Alexander Parvus-Helphand in Kontakt gestanden. Und dieser wiederum leitete bald alles Notwendige in die Wege, um die deutschen Behörden für seine Pläne einer Revolutionierung Russlands zu gewinnen.[19] Darin spielte Lenin keine unerhebliche Rolle.[20]

Einlenken

Der Weltkrieg bewirkte eine tiefgreifende Zäsur für die internationale Sozialdemokratie. In Lenins Diktion war von einem »Geschwür« die Rede, das nun aufgebrochen sei und sich in Wirklichkeit bereits seit vielen Jahren herausgebildet hatte.[21]

Ohne Zweifel herrschte unter vielen Sozialdemokraten in Anbetracht der Rolle, die ihre Parteien oder zumindest ihre führenden Genossen im August 1914 spielten, regelrechte Bestürzung. Umgehend wurden Rechtfertigungen für den nun an den Tag gelegten, alle Prinzipien vergessen machenden Patriotismus vorgebracht. Hinter den Kulissen war das Klima unter den Linken vielfach vergiftet. Der Österreicher Friedrich Adler, rebellischer Sohn des Parteiführers, sprach später von einem unerträglichen Geist der »Verlogenheit«,

18 Michael Futrell, Northern Underground. Episodes of Russian Revolutionary Transport and Communications through Scandinavia and Finland 1863–1917, London 1963, 87.

19 Winfried B. Scharlau/Zbynek A. Zeman, Freibeuter der Revolution. Parvus-Helphand. Eine politische Biographie, Köln 1964, 155–158. Die Autoren stützen sich hinsichtlich der Begegnung Rjazanows mit Lenin auf die Aufzeichnungen des Bundisten und Menschewiken Rafail Abramovič (Raphael Abramowitsch), der ebenfalls in Wien als Emigrant lebte, nach der »Oktoberrevolution« Russland verlassen musste und später einige Publikationen über die Sowjetherrschaft vorlegte.

20 Ebd., 161.

21 LW, Bd. 21, 177.

der sich mit Kriegsbeginn der SDAPÖ bemächtigt hatte, und von einem Parteivorstand, den er als konterrevolutionär empfand. Tatsächlich hatte vermutlich lediglich der Umstand, dass das cisleithanische Parlament seit März 1914 sistiert war, die Sozialdemokratie in Österreich von der Verlegenheit befreit, ebenso wie die SPD Entscheidungen zugunsten von Kriegskrediten oder anderen kriegsunterstützenden Maßnahmen in der Volksvertretung mitzutragen. Über die Auswirkungen des »Völkerringens« auf die Bevölkerung – Hunger, sich verschlechternde Arbeitsbedingungen bis hin zu Arbeitszwang und einem bald kaum noch zu verheimlichenden oder kleinzuredenden Blutzoll – konnten die sozialdemokratischen Parteien aber auf Dauer nicht hinwegsehen. Ihre Glaubwürdigkeit stand auf dem Spiel. Innerparteiliche Spannungen nahmen zu. Den aufsehenerregenden Mord an dem k. k. Ministerpräsidenten Karl Stürgkh, den Friedrich Adler im Herbst 1916 beging, bezeichnete der Angeklagte im Rahmen seiner Verteidigungsrede vor Gericht als Protest gegen den »Verrat«, der seit August 1914 an der Partei und allem, was sie bisher vertreten hatte, begangen worden sei.[22]

Weder Friedrich Adler noch Lenin ließen gelten, dass das Einlenken der Sozialdemokratie bei Kriegsbeginn einer patriotischen Hochstimmung weiter Teile der Bevölkerung Rechnung trug. In Deutschland gingen bei Antikriegsdemonstrationen bis Ende Juli immerhin mehr als 500.000 Menschen auf die Straße. Doch der politische Druck der SPD blieb aus, die Proteste verpufften.[23] Die Ermordung des französischen Sozialisten und Pazifisten Jean Jaurès durch einen Nationalisten machte zudem deutlich, auf welche Widerstände gerade jetzt Losungen vom Zusammenhalt jenseits aller Grenzen stießen. Jaurès, dessen Mörder nach dem Krieg freigesprochen wurde, hatte sich für eine Verständigung mit Deutschland ausgesprochen und bezahlte dafür mit dem Leben. Dieses Beispiel und die Sorge um die eigene Existenz mochten die Zurückhaltung der Sozialdemokratie gerade auch in Deutschland erklären. Dort fürchtete die SPD als Folge eines gegen die eigene Regierung gerichteten Antikriegskurses nicht zu Unrecht, in die

22 Friedrich Adler, Der Zustand der Partei im Krieg, in: Alfred Pfabigan (Hg.), Vision und Wirklichkeit. Ein Lesebuch zum Austromarxismus, Wien 1989, 51–54.

23 Vgl. Wolfgang Kruse, Krieg und nationale Integration. Eine Neuinterpretation des sozialdemokratischen Burgfriedensschlusses 1914/15, Essen 1994, 30–53.

Verbotsära zurückkatapultiert zu werden. Die Erinnerung an die Verfolgung von Sozialdemokraten, die vor dem Hintergrund des Deutsch-Französischen Krieges 1870/71 gegen Kriegsanleihen und eine annexionistische Politik von Kanzler Bismarck aufgetreten waren, war ebenfalls noch nicht verblasst. »Das Bekenntnis zur Pariser Kommune, die mit ausdrücklichem Einverständnis Bismarcks von französischen Truppen blutig niedergeworfen wurde«, hatte August Bebel damals »in den Augen der ›staatspolitischen Kräfte‹ endgültig zu einem mit Hilfe der Klassenjustiz zu disziplinierenden ›Hochverräter‹ abgestempelt«. Gemeinsam mit Wilhelm Liebknecht wurde er daraufhin zu einer zweijährigen Festungshaft verurteilt.[24] Jetzt, mehr als 40 Jahre später, mahnten diesbezügliche Reminiszenzen zur Vorsicht. Im Falle eines gegen den Krieg gerichteten Aktionismus wäre der Partei der Vorwurf des Vaterlandsverrats nicht erspart geblieben. Die SPD nahm vor diesem Hintergrund die Chance wahr, sich als patriotische, wahrhaft deutsche Partei zu positionieren. Mit dem Zarenreich als Feind fiel das vielen Genossen leicht. Bebel hatte schon 1904 erklärt, »bei einem Angriff Russlands auf Deutschland werde er die Flinte schultern«.[25] Der sozialdemokratische Antizarismus blieb in der Folge aber durchaus nicht frei vom kulturellen Rassismus der staatlichen Propaganda. Diese warnte bei ungenügendem Widerstand vor einem Szenario, in dem deutsche Frauen und Kinder als potenzielle Opfer aller möglichen Bestialitäten durch die »buntgemengten Völkerschaften des Zaren« dargestellt wurden.[26]

Rosa Luxemburg bezeichnete 1916 in ihrer berühmten *Junius*-Broschüre den Kurs der SPD als völlig verfehlt und sprach von billigen Ausflüchten ihrer Genossen. Sie, die viele Male verhaftet worden war und auch während des Krieges für ihre Überzeugungen Gefängnisstrafen ausfasste, warf ihren Kollegen vor, aus purer Feigheit und Rückgratlosigkeit ihre Prinzipien über Bord geworfen zu haben. Friedrich Adler stimmte zu. Noch im August 1914 hatte er gegenüber seinem Vater Victor gemeint, es wäre besser, wenn »wir

---

24 Detlef Lehnert, Sozialdemokratie zwischen Protestbewegung und Regierungspartei 1848–1983, Frankfurt am Main 1983, 67.

25 Bernd Faulenbach, Geschichte der SPD. Von den Anfängen bis zur Gegenwart, München 2012, 33f.

26 Zit. nach Kruse, Krieg und nationale Integration, 72.

alle im Loch«, also im Gefängnis, »sitzen würden«, anstatt bei der Lektüre der *Arbeiter-Zeitung* »der täglichen Dokumentierung unserer Schmach« gewahr zu werden.[27]

Lenin würdigte 1916 die, wie er schrieb, »Hinrichtung« des österreichischen Ministerpräsidenten durch Friedrich Adler überschwänglich, indem er sie als wahrhaft revolutionäre Tat interpretierte. Gleichzeitig hoffte er auf Nachahmer und Folgeaktionen. Ansonsten, meinte er, würde der Anschlag ein isolierter und daher unbedeutender Akt der Empörung bleiben.[28] Er selbst griff nicht zur Waffe, sondern einmal mehr zur Feder. Lenin verwandelte die Enttäuschung über den – europaweit – von namhaften Genossen mitgetragenen Kriegskurs bald in eine wutschnaubende Anklage gegen die »chauvinistische«, patriotische Haltung der meisten Führer der Zweiten Internationale. Schon im November 1914 wurde in der Zeitung *Sozial-Demokrat* ein Artikel veröffentlicht, in dem Lenin die Resolution des Baseler Friedenskongresses der Internationale aufgriff und daraus die Losung zur Umwandlung des »imperialistischen Krieges in den Bürgerkrieg« machte. Die durch den Krieg herbeigeführte bzw. gewiss eintretende Krise sei dazu zu nutzen, dem Beispiel der Pariser Kommune zu folgen.[29] Zudem sprach er bereits von einer zu gründenden Dritten Internationale, die das Proletariat »zum revolutionären Ansturm« gegen die kapitalistischen Regierungen organisieren sollte, »zum Bürgerkrieg gegen die Bourgeoisie aller Länder für die politische Macht, für den Sieg des Sozialismus!«.[30]

Woher kam die so emotionell vorgetragene Kritik an der Internationale? Warum war Lenins Frust derart groß, dass er nicht zögerte, sofort an die Gründung einer neuen Organisation anstelle der bisherigen zu denken? Weshalb drängte er bereits 1914 so nachdrücklich auf konkrete Aktionen?

---

27 Zit. nach Wolfgang Maderthaner, Die Entstehung einer demokratischen Massenpartei: Sozialdemokratische Organisation von 1889 bis 1918, in: Wolfgang Maderthaner/Wolfgang C. Müller (Hg.), Die Organisation der österreichischen Sozialdemokratie 1889–1995, 21–92, 81.

28 Vgl. dazu auch LW, Bd. 23, 120f., sowie Bd. 24, 65.

29 LW, Bd. 21, 26.

30 Ebd., 28.

Versprechungen

Das Jahr 1889 hat er später als jenes genannt, in dem seine Hinwendung zum Marxismus ihren eigentlichen Anfang nahm. Damals entdeckte er jene richtungsweisende Lektüre für sich, die ihn von nun an ganz für die marxistische Ideologie einnahm.[31] Im selben Jahr fand aber auch ein Internationaler Arbeiter-Kongress in Paris statt: 1889 traten der Revolutionär und Kommunarde Pjotr Lawrow sowie Georgij Plechanow als Vertreter Russlands beim Gründungskongress der Zweiten Internationale auf. Die beiden schilderten damals die Verhältnisse im Zarenreich, die Schwierigkeiten, die einer Entfaltung des Sozialismus entgegenstanden, hoben die Bedeutung einer zu gründenden russischen Partei hervor und sahen die Überwindung der Despotie in ihrer Heimat eingebettet in ein Gemeinschaftsprojekt der nun ins Leben gerufenen Zweiten Internationale. Alle waren sich im Übrigen einig, dass das Zarenreich einen krassen Sonderfall darstellte, weil es nicht nur für Unterdrückung nach innen stand, sondern – seit der »Heiligen Allianz« von 1815 – auch für die Bekämpfung von Rebellionen in ganz Europa.[32]

Der neunzehnjährige Lenin mag 1889 noch keine Ahnung von dem gehabt haben, was sich im fernen Frankreich zutrug. Aber es ist davon auszugehen, dass er bald in Erfahrung brachte, welche Ziele sich der Internationale Arbeiter-Kongress gesetzt hatte. Bis zum Ausbruch des Ersten Weltkriegs leitete ihn die Überzeugung, unter dem Dach der Internationale jene Unterstützung für die Revolution in Russland gefunden zu haben, die es für ein Ende der Autokratie und den Start in eine helle Zukunft brauchte. Vor dem Hintergrund des Russisch-Japanischen Krieges hatte sich die Internationale als erbitterter Feind des Zarenreichs deklariert und ihrerseits die Förderung der revolutionären Bewegung im Zarenreich betrieben. Der Internationalismus, der 1889 beschworen und nicht zuletzt vor dem Hintergrund der ersten Russischen Revolution bekräftigt wurde, war Lenin beinahe schon heilig. Jene klaren Signale zur Unterstützung einer Umwälzung im Zarenreich, welche die Internationale damals ausgesandt hatte, erwartete er sich auch 1914. Chancen, das

31 Siehe das erste Kapitel in diesem Band.
32 Vgl. dazu die auch online einzusehenden Protokolle: https://www.marxists.org/deutsch/geschichte/international/2-int/1-kongress/index.htm (2.3.2023).

Ende der Zarenherrschaft herbeizuführen, taten sich seiner Meinung nach gerade jetzt auf. Lenin rechnete fest mit der Hilfe der Internationale, weil er den Sturz der russischen Autokratie für ihr prioritäres Ziel hielt. Die Stimmen jener SPD-Funktionäre, die anlässlich der Revolution 1905 und damals vorhandener Ambitionen in Richtung größerer Umwälzungen auch im Westen erleichtert über das Ende einer »kurzen Maiblüte« des deutschen »Revolutionarismus« geschrieben hatten, erachtete er als ebenso unmaßgeblich wie die Positionen der Revisionisten.[33] Schon 1905 aber unterlag der »revolutionäre Romantizismus« einem nüchternen Pragmatismus.

Die Konstellation von 1904/05 war in Summe nicht vergleichbar mit 1914. Lenins Fokussierung auf den Sturz des Romanowregimes führte zu einem Ausblenden einer ganzen Reihe von Faktoren, die sich in den letzten zehn Jahren verändert hatten. Das betraf primär die Schwäche der Zweiten Internationale. Ihre »mangelnde organisatorische Geschlossenheit und ideologische Uneinheitlichkeit, die [...] nur zeitweise durch das Übergewicht der reichsdeutschen Sozialdemokratie und der von ihr finanziell unterstützten Parteien verdeckt« wurden, wollte er nicht wahrhaben.[34] Als problematisch erwies sich nicht zuletzt der deutsch-französische Antagonismus, der sich nach der zweiten Marokkokrise verstärkt hatte. Bestürzung unter den Linken löste 1911 überdies der »sacro egoismo« der sozialistischen Partei Italiens aus. Sie wandelte sich, geködert vom Versprechen der Regierung, das allgemeine Wahlrecht einzuführen, zu einem Anhänger des »tripolitanischen Krieges«.[35] Die Internationale, die sich die Erhaltung des Friedens zur Aufgabe gemacht hatte, reagierte auf die Vorkriegskrisen aber eher mit Improvisation als mit klaren Konzepten. 1914 rächte sich dieses Fehlen einer Richtschnur. Anders als noch eine Dekade zuvor gab es in der westeuropäischen Sozialdemokratie außerdem nicht einmal eine »kurze Maiblüte« des »Revolutionismus«. Jene Aufbruchstimmung, die sich damals u. a. in einem regelrecht enthusiastischen Optimismus einiger ihrer prominentesten

33 Carl E. Schorske, Die große Spaltung. Die deutsche Sozialdemokratie 1905–1917, Berlin 1981, 81.

34 Hans Mommsen, Die Sozialdemokratie und die Nationalitätenfrage im habsburgischen Vielvölkerstaat. Bd. I: Das Ringen um die supranationale Integration der zisleithanischen Arbeiterbewegung (1867–1907), Wien 1963, 424.

35 Vgl. Haupt, Der Kongreß fand nicht statt., 40–53.

Exponenten – darunter Karl Kautsky und Victor Adler – manifestiert hatte, stellte sich weit und breit nicht ein. Eine Parallele zwischen 1904/05 und 1914 gab es aber trotzdem: den Glauben an die Revolution in Russland. Diese Perspektive ließ sich noch dazu als Entlastung für die eigene Lehargie bzw. Willfährigkeit heranziehen. Als sich Vertreter der Internationalen noch ein letztes Mal am 29. und 30. Juli 1914 in Brüssel trafen, versicherte Pawel Axelrod den Anwesenden, dass im Falle eines Krieges die Revolution im Zarenreich mit Sicherheit ausbrechen werde. Ein zweiter Repräsentant der russischen Linken stimmte zu – mit den Worten: »Das russische Proletariat ist revolutionärer als die Partei.«[36]

Revolutionärer als Lenin zu sein, erschien freilich kaum möglich. Warum er bei Ausbruch des Weltkriegs so vehement auf Interventionen seitens der Internationale drängte, erklärt sich zusätzlich zu den genannten Gründen auch aus den spezifischen russischen Verhältnissen im Sommer 1914: Das Zarenreich war nämlich im Juli 1914 von beachtlichen Streiks erschüttert worden. Die Bolschewiki sprachen von einer konstanten Zahl von etwa 150.000 Arbeitern, die in den Ausstand getreten waren. Erst die Kriegserklärung hatte die »Juli-Bewegung« zum Stillstand gebracht. Es schien also bereits eine solide Grundlage für einen Aufruhr vorhanden zu sein.[37]

Lenin fühlte sich betrogen. Umso mehr versuchte er nachzuweisen, dass die Internationale vor August 1914 nichts anderes gewollt habe, als den allumfassenden Bürgerkrieg, dessen Proklamation er jetzt, wie er meinte, legitimerweise einforderte. Neben dem *Baseler Manifest* diente ihm vor allem Kautskys Schrift *Der Weg zur Macht* als Beleg für diese Sicht der Dinge. Im Dezember 1914 zitierte er – wieder für einen Artikel im *Sozial-Demokrat* – einzelne Sätze aus dem 1909 erschienenen Werk des SPD-Theoretikers, um die Ausmaße des »Verrats« der Internationale und ihrer prominentesten Vertreter zu dokumentieren. Sein Urteil über Kautsky, der als Sündenbock für die ganze Internationale herhalten musste, lautete: Der frühere revolutionäre Marxist war durch eine kaum nachzuvollziehende Wandlung zu einem verachtenswerten Opportunisten und »Phrasendrescher« herabgesunken. Habe er zuvor ein »neues

36 Ebd., 187f.
37 Alexej Badajew, Die Bolschewiki in der Reichsduma. Erinnerungen, Berlin 1957, 362.

Zeitalter der Revolutionen« nahen gesehen und eine Revolution als wünschenswerte Kriegsfolge nicht negiert, also im Großen und Ganzen Lenins Ansichten geteilt, erkläre er jetzt, während der tatsächlich stattfindenden militärischen Konfrontation der Großmächte, die Wahrung der Parteiprinzipien für vorübergehend außer Kraft gesetzt. Somit reihe er sich in die Riege kleinbürgerlicher »Vaterlandsverteidiger« ein.[38]

Erwartungen

Eine »Krieg-in-Sicht-Stimmung«, die sich Jahre vor dem Ersten Weltkrieg breitgemacht hatte, war nicht spurlos an der Sozialdemokratie vorübergegangen. U. a hatte sie Überlegungen genährt, wie sie Kautsky vor allem in *Der Weg zur Macht* anstellte. Damals stand er unter dem Eindruck der Annexionskrise, die der Einverleibung Bosnien-Herzegowinas durch das Habsburgerreich folgte. Die Spannungen zwischen Wien und St. Petersburg drohten vor diesem Hintergrund zu eskalieren. Es folgten aber noch weitere Krisen und somit Anzeichen eines nahenden Konflikts. Diese und ein sich verschärfender »kapitalistischer Kampf« um Absatzmärkte, Rohstoffe und Einflusssphären veranlassten beispielsweise auch die österreichischen Sozialdemokraten im Frühjahr 1911, von einer »neuen Epoche der Kriege und der Revolutionen« mit »Staatsgründungen« und »Verfassungsumwälzungen« zu sprechen.[39]

Lenin ließ sich von solchen Entwicklungen nicht minder leiten. Anlässlich der Balkankriege, die 1912/13 abermals die Gefahr eines europäischen Kriegs vor Augen führten, und unter Bezugnahme auf Kautsky hatte er von einer schnell reifenden Zuspitzung der Gegensätze gesprochen, von der »Kriegslüsternheit« der Großmächte und von einem »Imperialismus«, der sich in einer »scharfen Konkurrenz um die Märkte« befinde und einen Konflikt unter den Nationen ansteuere. Seine Losung lautete: »Krieg dem Kriege!« Ähnliches schwebte ihm auch 1914 vor, als er außerdem über die »nützlichen« Begleiterscheinungen eines militärischen Kampfes sinnierte. Lenin zufolge hatten »die Sozialisten die Kriege unter den Völkern« zwar

38 LW, Bd. 21, 83–85, 313.
39 Vgl. Arbeiter-Zeitung, 12.3.1911, 2.

stets als »barbarisch« verurteilt, sie andererseits aber auch als Basis für weitreichende Umwälzungen identifiziert. Im Grunde steckte in dieser Sichtweise also eine Kriegsbejahung. Lenin erinnerte an militärische Auseinandersetzungen, die zwar unendlich viel an Gräuel und Leiden hervorgerufen hatten, gleichzeitig, meinte er, erwiesen sie sich aber als »fortschrittlich«. Sie hätten »der Entwicklung der Menschen Nutzen« gebracht, »da sie halfen«, Absolutismus und Leibeigenschaft »zu untergraben«.[40]

Damit wiederum stimmte er tendenziell mit einem Text Karl Kautskys aus dem Jahr 1907 überein. In dieser – gleichlautenden – Schrift hatte sich der deutsche Genosse mit *Patriotismus und Sozialdemokratie* auseinandergesetzt und gegen den französischen Sozialisten Gustave Hervé Stellung bezogen. Letzterer hatte auf der Stuttgarter Konferenz für den Fall eines Kriegsausbruchs Massenstreiks gefordert, um Kampfhandlungen zu verhindern. Kautsky hielt damals den Erfolg eines derartigen Protests für illusorisch. Würde es zu einem bewaffneten Konflikt kommen, dann sei die Sozialdemokratie im Frieden ganz einfach zu schwach gewesen, um den Militarismus effektiv zu bekämpfen. Außerdem werde das Kriegsrecht sogleich jeglichen Widerstand ersticken.

Ausgerechnet Georgij Plechanow, der bei Ausbruch des Weltkriegs aus Lenins Sicht zum verachtenswerten »Vaterlandsverteidiger« wurde, negierte 1907 Hervés Ideen, weil sich dann Westeuropa wehrlos machen und den »russischen Kosaken« ausliefern würde.[41] Lenin sah das zumindest teilweise ähnlich. Da er sich gegen den Massenstreik und damit ebenfalls gegen Hervés Ansichten wandte, wurde diese Ablehnung in der Historiografie aber kurioserweise als Ausdruck einer gemäßigten Haltung Lenins interpretiert.[42] Das Gegenteil war der Fall: Lenin wollte den Krieg. Er hielt wenig von pazifistischen Protesten. Noch 1913 hatte er darüber geklagt, dass bedauerlicherweise der Zar und Franz Joseph ihm kaum den Gefallen tun würden, einen militärischen Konflikt vom Zaun zu brechen. In einem Brief an Gorki hieß es wörtlich: »Ein Krieg zwischen Österreich und Rußland wäre eine für die Revolution (in ganz

---

40 LW, Bd. 21, 299.
41 Neil Harding, Leninism, Houndmills/Basingstoke 1996, 70f.
42 Ebd., 72.

Ost-Europa) sehr nützliche Sache, aber es ist nicht sehr wahrscheinlich, daß Franz Joseph und Nikolascha«, also Nikolaus II., »uns dies Vergnügen machen werden.«[43]

Die Übereinstimmung mit Kautsky gründete sich auf dessen Zuversicht, derzufolge sich die Arbeiterschaft im Zuge eines vermutlich nicht zu verhindernden Kriegs wie von selbst den Standpunkten der Sozialdemokratie annähern würde: »Sicher, die Arbeiterklasse hat heute jeder Politik, die zu einem Kriege zu führen droht, mit allen ihr zu Gebote stehenden Mitteln entgegenzuwirken. Sollte sie jedoch trotzdem nicht stark genug sein, eine solche Politik unmöglich zu machen, und führt diese zum Kriege, dann muss es genügen, dass die Vorkämpfer und Vertreter des Proletariats vor der Masse der Bevölkerung als diejenigen dastehen, die sich dem Kriege mit allen Kräften widersetzten. Das mag der Sozialdemokratie im Beginne des Krieges sehr schaden, wenn dieser alle chauvinistischen Leidenschaften entfacht, es muss das Vertrauen der Massen zu ihr in dem Maße steigern, in dem der Krieg sich hinzieht, die Leiden und Opfer zunehmen, die er verursacht, und ihnen gegenüber das Kampfobjekt immer geringfügiger erscheint. Je länger der Krieg dauert, desto mehr werden die Massen auf uns hören, desto mehr muss unser politisches Ansehen und unsere politische Kraft zunehmen. Dann, am Ende des Krieges, können wir auf große Erfolge rechnen. Aber wir wären außerstande, diese Erfolge einzuheimsen, wenn wir am Anfang des Krieges eine Kraftprobe provozierten, die uns für lange hinaus das Rückgrat brechen müsste!«[44]

Während Hervé sich 1914 zum glühenden Nationalisten wandelte, scheint Lenin die Aussagen Kautskys über die prognostizierten »Erfolge« der Sozialdemokratie im Kriegsfall verinnerlicht zu haben. Lenin sah den Krieg als Starthilfe für eine Revolution – so wie das nach seiner eigenen Lesart auch Kautsky getan hatte. Tatsächlich konnte man auch aus der von den Kongressdelegierten 1907 und 1912 abgesegneten Forderung nach einer beschleunigten Beseitigung der

43 Lenins Briefe an Gorki (1908–1913). https://www.projekt-gutenberg.org/lenin/brigorki/chap002.html (31.3.2023).

44 Karl Kautsky, Patriotismus und Sozialdemokratie (1907). https://www.marxists.org/deutsch/archiv/kautsky/1907/xx/patriotismus.htm (12.3.2023). Vgl. auch Uli Schöler, Verzweifeltes Festhalten am Ziel der Einheit der Sozialdemokratie: Karl Kautsky, in: Uli Schöler/Thilo Scholle (Hg.), Weltkrieg, Spaltung, Revolution. Sozialdemokratie 1916–1922, Bonn 2018, 230–242, 233.

kapitalistischen Herrschaft eine scharfe, ja aggressive Taktik herauslesen. Lenin machte daraus einen allseits akzeptierten Entschluss, nicht nur revolutionäre Aktionen zu setzten, sondern den »großen Bürgerkrieg« zu entfachen. Außerdem entnahm er den Resolutionen von Basel und Stuttgart das Eingeständnis, dass der Krieg mehr oder weniger gleichbedeutend war mit jener sozialen Krise, die zur Grundvoraussetzung einer großen Revolution benötigt wurde.[45] Daraus folgte in logischer Konsequenz sein Desinteresse an einem baldigen Kriegsende. Aus dieser Überzeugung heraus machte er daher nur wenige Wochen nach Beginn der Kampfhandlungen gegenüber seinem Parteifreund Alexander Schljapnikow klar, dass der Ruf nach Frieden völlig fehl am Platze sei. Lenin sprach von spießbürgerlichen Forderungen und einer »Pfaffenlosung«. Trotz eines wahrscheinlich langwierigen Prozesses hin zu einem umfassenden Klassenkampf müsse sofort zum Bürgerkrieg aufgerufen werden – egal, wann dieser dann tatsächlich ausbrechen würde.[46]

Der Weg zur Macht

Gegen den Untergang des autokratischen Zarenreichs, dessen Herbeiführung im *Baseler Manifest* als eine der »vornehmsten Aufgaben« der Internationale bezeichnet wurde, hatte Lenin gewiss nichts einzuwenden.[47] Seine Kritik zielte auf die Passivität der Sozialdemokratie bzw. ihren »Opportunismus« ab. Lenin wehrte sich dagegen, das Manifest als »leere Deklamation«, als »bombastische Phrase« und »nicht ernst zu nehmende Drohung« abzutun.[48] Wer die »Wahrheit« des Versagens der Internationale nicht sehe, sei nichts weiter als ein »Lakai der Bourgeoise«, ein korrumpierter Angehöriger der »Arbeiteraristokratie«, die sich als Ergebnis des schmachvollen Pakts mit den Regierungen der kriegführenden Staaten Vorteile für sich selbst ausrechne. Die viel beschworene »Vaterlandsverteidigung«, derentwillen nun das Proletariat auf die Schlachtfelder gejagt werde oder sich in Verblendung der eigentlichen Motive des Konflikts frei-

45 LW, Bd. 21, 449.
46 LW, Bd. 35, 137, 139. Vgl. Lars T. Lih, Lenin's Aggressive Unoriginality, 1914–1916, in: Socialist Studies. The Journal of the Society for Socialist Studies 5/2 (Fall 2009), 90–112.
47 Arbeiter-Zeitung, 26.11.1912, 2.
48 LW, Bd. 21, 449.

willig totschießen lasse, diene einzig und allein der Verschleierung imperialistischer Ziele. Diese Zuschreibung war deswegen wichtig, weil in diesem Kontext lange Zeit nur Kolonial- oder Eroberungskriege betrachtet worden waren. Die so unterschiedlichen Ansichten über das Wesen des Imperialismus harrten einer eingehenden Erörterung im Rahmen der Internationale – ein Projekt, das aufgrund des Kriegsausbruchs nicht mehr verwirklicht wurde.[49] Kautsky hatte allerdings schon nach dem Stuttgarter Kongress bisherige Schemata bei der Charakterisierung militärischer Konflikte als überholt abgetan.[50] Lenin stimmte zu. Erst recht 1914. Es gehe jetzt, mitten in Europa, um Ausplünderung und Unterjochung, die Aufteilung von Ressourcen und Märkten sowie um die Erhöhung von Profiten.[51] Die Verschleierung der wahren Hintergründe des Konflikts durch Bezeichnungen wie Verteidigungs- oder Angriffskrieg sei offensichtlich. Wer die Losung des Bürgerkriegs in dieser Situation für »Wahnsinn« halte, versperre sich der simplen Tatsache, dass Revolutionen »nie fertig zur Welt« kämen, sondern ihnen eine Gärung vorangehe, die jetzt von der Sozialdemokratie vorangetrieben werden müsse.[52]

Demgegenüber hatten sich angesichts des Wettrüstens in den Jahren vor dem Ersten Weltkrieg beispielsweise innerhalb der SPD differenzierte Haltungen zu einem womöglich bevorstehenden Krieg herausgebildet. Wieder sah Lenin nur das, was er sehen wollte. Wer nahende Epochen des Umbruchs begrüßte, musste nicht unbedingt, so wie er, stur darauf zusteuern. Die deutschen Genossen gaben sich einerseits keinerlei Illusionen über eine reflexhafte Vaterlandsverteidigung auch unter der Arbeiterschaft hin, warnten aber andererseits vor einem – kriegsbedingt – in Trümmern liegenden Kapitalismus. Er würde, befürchteten sie, schlechte Voraussetzungen für eine »sozialistische Revolution« mit sich bringen und der Sozialdemokratie die »Heilung des aus tausend Kriegswunden blutenden Volkskörpers« auferlegen.[53] Das waren keine erstrebenswerten Perspektiven. Bei alledem bemühte sich Karl Kautsky darum, die sogenannte

49 Vgl. Haupt, Der Kongreß fand nicht statt., 1867, 116–129.
50 Vgl. ebd, 29.
51 LW, Bd. 21, passim.
52 Ebd., 458f.
53 Zit. nach Ursula Ratz, Karl Kautsky und die Abrüstungskontroversen in der deutschen Sozialdemokratie 1911–12, in: International Review of Social History 11/2 (1996), 197–227, 220.

Ermattungsstrategie von revisionistischen Richtlinien abzugrenzen und dennoch die Niederwerfungsstrategie als Agitationsmittel nicht abzuschreiben.[54] Rosa Luxemburg hielt das freilich für Unsinn. Ein »defensives Abwarten bis zur Stunde einer Entscheidung«, um dann »die Macht zu übernehmen, die einem wie eine reife Frucht in den Schoß fallen würde«, erachtete sie als völlig verfehlt.[55] Als »bürgerlicher Friedensschwärmer« wollte Kautsky trotzdem nicht gelten, weder in Zusammenhang mit der Massenstreikdebatte noch hinsichtlich der Rüstungsfrage. Die Widersprüche, die sich hierbei auftaten, vermochte er allerdings nicht zu beseitigen. Viele seiner Einstellungen rückten ihn näher an eine reformorientierte Politik heran, »als er es eingestehen wollte«.[56] Trotzdem, heißt es in Darstellungen zur Entwicklung der SPD vor dem Weltkrieg, lässt sich diese nicht als »kontinuierliche Integration« in die »bestehende Staats- und Gesellschaftsordnung« beschreiben. Hierfür waren die Voraussetzungen – mit preußischem Dreiklassenwahlrecht, staatlichen Repressionsmaßnahmen und enttäuschenden Beziehungen zu den Liberalen – alles andere als ideal.[57]

Eine derartige Diagnose misst den Schwankungen und Richtungswechseln, die den Kurs der SPD vor 1914 zweifellos prägten, vielleicht zu geringe Bedeutung bei. Lenin hielt sich bei alledem aber stets an Kautsky, weil er ihn – trotz einer seit Längerem schon gewachsenen Distanz – als immer noch richtungsweisenden Exponenten des orthodoxen Marxismus betrachtete. Den Schwenk des Parteitheoretikers zum Zentrismus und eine schleichende Anpassung der SPD an die offizielle Politik des Kaiserreichs nicht zuletzt unter nationalen Vorzeichen nahm er vor 1914 – nolens volens – zur Kenntnis, aber er beharrte dennoch auf der Gültigkeit früherer Aussagen.[58] Seine Bindung an den »revolutionären Kautsky« gab er nie auf.[59] Auch dann nicht, als

---

54 Vgl. Karl Kautsky, Was nun? (1910). Der Artikel wurde 1910 in der »Neuen Zeit« veröffentlicht und entstand vor dem Hintergrund der Massenstreikdebatte. https://www.marxists.org/deutsch/archiv/kautsky/1910/xx/wasnun.htm (1.12.2022).

55 Zit. nach Michael Brie/Jörn Schütrumpf, Rosa Luxemburg. Eine revolutionäre Marxistin an den Grenzen des Marxismus, Hamburg 2021, 41.

56 Gerd Koenen, Die Farbe Rot. Ursprünge und Geschichte des Kommunismus, München 2017, 444.

57 Lehnert, Sozialdemokratie, 109f.

58 Vgl. Brie/Schütrumpf, Luxemburg, 130–133.

59 Vgl. Lih, Lenin's Aggressive Unoriginality, 90–112.

er ihn bereits als Renegaten beschimpfte.[60] »In der Person Kautskys«, meinte er, habe sich die deutsche Sozialdemokratie für »revolutionäre Anschauungen« ausgesprochen, die »Unausbleiblichkeit der sozialen Revolution des Proletariats« anerkannt und eine neue Ära »der Revolutionen« angekündigt.[61]

Lenin war ein Sammler und Arrangeur von Zitaten, und zwar vor allem von solchen, die sich in seine Vorstellungen von einem Umsturz integrieren ließen und als Bestätigung oder Rechtfertigung herhalten konnten. Er ging bei dieser Suche nach einer Untermauerung seiner Ansichten und dem Ausmerzen gegenläufiger Standpunkte regelrecht »primitiv« vor, kritisierten später Weggefährten.[62] Kautskys Schrift *Der Weg zur Macht*, deren Nachdruck der deutsche Parteivorstand 1909 zunächst verbot, kam in jedem Fall eine besondere Rolle zu. Lenin übersetzte den Text für den Eigengebrauch, publiziert wurde er erst 1918.[63] Die Schrift war Anker für seinen Glauben an eine nahende Veränderung größerer Dimension. Sie diente ihm, wie er selbst eingestand, »als Maßstab dafür«, was »die deutsche Sozialdemokratie vor dem imperialistischen Krieg zu sein versprach«.[64]

Die Ablehnung seines Textes empfanden Kautsky sowie auch andere Genossen damals, 1909, als Ausdruck der »Angstmeierei« innerhalb der SPD-Führung.[65] Parteikollegin Clara Zetkin ärgerte sich, dass die Interventionen der Genossen an der Spitze zugunsten der Revisionisten erfolgt waren.[66] In der Broschüre, die so viel Staub aufgewirbelt hatte, zitierte Kautsky sich u. a. selbst, und zwar eine berühmt gewordene Textstelle aus dem Jahr 1893, die alles andere als radikal daherkam: Die deutsche Sozialdemokratie, meinte er, sei in Anbetracht der im Allgemeinen höheren Entwicklungsstufe im Westen als in Osteuropa eine »revolutionäre, aber keine Revolution

60 W. I. Lenin, Ausgewählte Werke, Bd. VII, Zürich 1934, 102.

61 Ebd., 103; vgl. Georg Fülberth, Karl Kautskys Schrift »Der Weg zur Macht« und seine Kontroversen mit dem Parteivorstand der SPD 1909, in: Karl Kautsky, Der Weg zur Macht, Frankfurt am Main 1972, VII–XXIII.

62 Vgl. Angelica Balabanoff, Lenin. Psychologische Beobachtungen und Betrachtungen, Bremen 1961, 8.

63 Lenin, Ausgewählte Werke, Bd. VII, 102.

64 Ebd.

65 Ursula Ratz, Briefe zum Erscheinen von Karl Kautskys »Weg zur Macht«, in: International Review of Social History 12/3 (1967), 432–477, 475f.

66 Ebd., 475.

machende Partei«.[67] Dann betonte er das Vertrauen in die evolutionäre Entwicklung der Arbeiterschaft, die gewaltsame Revolutionen des Proletariats unwahrscheinlicher mache als früher. Die Arbeiter verfügten, so Kautsky, nun über »bessere Waffen des ökonomischen, politischen und moralischen Widerstandes« als in den vorherigen Epochen. In diesem Zusammenhang führte er das Wahlrecht oder die Pressefreiheit an. Bei alledem sei »nur Russland die Ausnahme«.[68] In Anbetracht der wachsenden Macht des Proletariats in Deutschland sprach er von einer unausweichlichen »Niederlage des Kapitalismus«. Wann jedoch »die letzten entscheidenden Schlachten in diesem sozialen Krieg« stattfinden würden, könne man nur sehr vage vermuten.[69] Schließlich hob er die Bedeutung eines »revolutionären Enthusiasmus« hervor und warnte vor dem »Schwinden des revolutionären Charakters unserer Partei«: »Wir könnten die friedliche Entwicklung nur gefährden durch allzu große Friedlichkeit.«[70] 1893 war er angetreten, die Sozialdemokraten nicht als »Revolutionäre im Schlafrock« aussehen zu lassen, um gleichzeitig einem sinnlosen »Revolutionismus« entgegenzutreten. 1909 glaubte er, diese Richtigstellung noch einmal vornehmen zu müssen. Und zwar zugunsten eines »revolutionären Enthusiasmus«, den er mit abermals veränderten Gegebenheiten verknüpfte. Die in den 1890er Jahren prognostizierte »ruhige Weiterentwicklung« des Klassenkampfes müsse abgehakt werden.[71]

Für Lenin von Belang war zum einen das wiederholte Zugeständnis, Russland als Sonderfall zu betrachten, und zum anderen Kautskys Vorverlegung der realen Chance einer proletarischen Revolution. Nicht in einer unabsehbaren Ferne, sondern in greifbarer Nähe verortete der deutsche Genosse jetzt eine große Umwälzung. Die nächste Revolution würde, meinte er, eine proletarische sein.[72] Während diese Prophezeiung auch Lenins Meinung abbildete, rückte der deutsche Parteivorstand Kautskys Schrift in die Nähe des »Hochverrats«.[73] Er bestand auf eine Art »Desinfektion« des Werks durch

67 Vgl. dazu Koenen, Die Farbe Rot, 607.
68 Karl Kautsky, Der Weg zur Macht, Frankfurt am Main 1972, 52f.
69 Ebd., 52.
70 Vgl. ebd..
71 Ebd., 60f.
72 Ebd., 18, 21.
73 Vgl. LW, Bd. 23, 246f. und 261.

ein Vorwort, das die persönliche Meinung des Autors unterstreichen und damit die Distanz zur Partei sicherstellen sollte.[74]

Aus Zetkins Sicht knickte Kautsky ein: Für den Nachdruck nahm er ein paar Änderungen im Text vor und versah ihn mit dem vom Parteivorstand geforderten Vorwort. Trotzdem blieben wesentliche Aussagen unverändert: Der Beginn eines neuen »Zeitalters der Revolutionen« wurde – grob zusammengefasst – nach Kautskys Beurteilung durch folgende Faktoren begünstigt: »1) Zunehmendes Wettrüsten als Folge des Imperialismus und der Kolonialpolitik vermehre die internationalen Reibungsflächen und verstärke die Kriegsgefahr und damit die Aussichten des Proletariats auf die Eroberung der politischen Macht. 2) Nationale Revolutionen im Osten im Vollzuge des Modernisierungsprozesses müßten das politische Gleichgewicht des europäischen Westens ins Wanken bringen. 3) Der moralische Verfall der herrschenden Klassen sei unaufhaltsam und treibe auch das Kleinbürgertum in die Arme der Sozialdemokratie.«[75]

Viele Aussagen in *Der Weg zur Macht* fanden ihre Entsprechung in Lenins Credo. Zum Beispiel auch Kautskys strikte Ablehnung einer sozialdemokratischen Beteiligung an einer bürgerlichen Regierung. Der deutsche Genosse sprach vielmehr von einem »Mitschuldigwerden« einer proletarischen Partei an »Handlungen zur Niederhaltung des Proletariats« im Falle einer Kooperation mit bürgerlichen Kräften.[76] Außerdem erklärte Kautsky den »Friedensschwätzereien« einer Bertha von Suttner eine deutliche Absage: »Das jetzige Wettrüsten ist vor allem eine Folge der Kolonialpolitik und des Imperialismus, und es hilft nichts, Friedenspropaganda zu machen, solange man diese Politik mitmacht.«[77]

In Bezug auf die Kolonialpolitik sprach er freilich ein evidentes Problem an. Die Sozialdemokratie, nicht nur in Deutschland, vertrat dazu nämlich einigermaßen ambivalente Standpunkte. Der Kolonialismus als »Zivilisationsprojekt« wurde mitunter positiv bewertet, und manche sahen in Anbetracht der wirtschaftlichen Vorteile auch über das Problem einer evidenten Ausbeutung der »Naturvölker«

74 Vgl. Ratz, Briefe, 437–476.
75 Ebd., 434.
76 Kautsky, Der Weg zur Macht, 20.
77 Ebd., 90.

hinweg.[78] Im deutschen Reichstag vertieften sich daher auch Sozialdemokraten im Zusammenhang mit der Marokkokrise einigermaßen bedenkenlos in die Frage günstiger territorialer »Kompensationen« für das Kaiserreich im Kongo oder in Kamerun.[79] Kautsky indessen erinnerte an das »Befreiungsprojekt« der Sozialdemokratie in einer umfassenden Dimension.[80]

Die Voraussetzungen für eine Annäherung an das »Fernziel« waren aber auch abseits des Kolonialismusproblems alles andere als einfach. Ein kampfloses Erreichen des Sozialismus hielt Kautsky für illusorisch, ja naiv. Man könne nicht einfach »unmerklich aus dem Militärstaat und dem Absolutismus in die Demokratie, aus dem erobernden Imperialismus in den Bund freier Völker ›hineinwachsen‹«.[81] Die Zeiten hätten sich geändert. Noch 1891 habe Engels eine aus einem Krieg hervorgehende Revolution für verfrüht gehalten. Das sei jetzt anders: »Das Proletariat ist heute so erstarkt, daß es einem Kriege mit mehr Ruhe entgegensehen darf.«[82] Die »revolutionäre Periode« der Bourgeoise habe von 1789 bis 1871 gedauert. Wie viel Zeit die »proletarische« in Anspruch nehmen werde, sei unklar. Allerdings habe sich das »Kampffeld« seit dem 19. Jahrhundert erweitert und die »ganze Welt« miteinbezogen.[83] Am Ende seiner Ausführungen sprach Kautsky, der dann doch konkreter in seinen Zeitangaben wurde und die revolutionäre Ära auf »vielleicht ein Menschenalter« festlegte, obendrein von der »Elite« des Proletariats, das die »zurückgebliebensten Elemente organisieren und bilden« und mit »Hoffnungsfreudigkeit und Einsicht erfüllen« müsse. »Glücklich jeder, der berufen ist, an diesem erhabenen Kampfe und herrlichen Siege teilzunehmen!«[84]

Spätere Kommentator:innen werteten Kautskys Schrift als Versuch, »die revolutionäre Theorie in den Dienst der reformistischen

78 Vgl. dazu zum Beispiel Kautskys kritische Betrachtungen: Karl Kautsky, Sozialismus und Kolonialpolitik, Berlin 1907. https://www.marxists.org/deutsch/archiv/kautsky/1907/kolonial/kolonialpolitik.pdf (1.3.2023).
79 Vgl. dazu die Ausführungen zur Kolonialismusthematik bei Haupt, Der Kongreß fand nicht statt., 37.
80 Ebd., 67.
81 Kautsky, Der Weg zur Macht, 92.
82 Ebd., 105
83 Ebd., 112.
84 Ebd.

Praxis zu stellen«.[85] Sie entnahmen dessen Ausführungen ein passives Proletariat als Nutznießer eines unweigerlichen Prozesses bourgeois-kapitalistischer Selbstzerstörung, während Lenin – ganz anders – als Folge der Lektüre von *Der Weg zur Macht* das allgemeine Szenario einer Revolution mit einer durchaus aktiven Arbeiterschaft vor Augen hatte. Erst 1912, als der Niederländer Anton Pannekoek dem deutschen Theoretiker einen »passiven Radikalismus« zum Vorwurf machte, rückte auch für Lenin die »Jämmerlichkeit« des »Kautskyanertums« in den Vordergrund.[86] Das änderte aber nichts an Lenins kategorischem Festhalten an der Stichhaltigkeit von Kautskys revolutionären »Ansagen«.[87]

»Das Leben lehrt …«

Lenin hielt sich an Kautskys revolutionären Optimismus von 1909 und er erinnerte sich womöglich an dessen Vorhersagen von einer Revolution in Russland, als der Krieg mit Japan ausbrach. Die zahlreichen Konditionalsätze, mit denen Kautsky seine Thesen in *Der Weg zur Macht* umrahmte, und die deutsche Perspektive, der sie im Wesentlichen zugrunde lagen, schob er 1914 beiseite bzw. integrierte sie in seine Vorstellungen von einer bevorstehenden Revolution. Dass ein verlustreicher und mäßig erfolgreich bis unglücklich verlaufender Krieg destabilisierend auf bestehende Herrschaftssysteme wirkte, war eine Binsenweisheit. Schon 1905, meinte Lenin außerdem, sei es die Aufgabe des Proletariats gewesen, die bürgerliche Revolution in Russland zu Ende zu führen, »um die proletarische« im Westen zu »entfachen«. Die krisenhaften Voraussetzungen für eine Revolution seien überdies durch den nunmehrigen Krieg grenzüberschreitend, also in mehreren Staaten vorhanden. Eine »Einzellösung der revolutionären Aufgaben in diesem oder jenem Lande« erschien gar nicht mehr möglich.[88] Lenin resümierte: »Das Leben lehrt. Das Leben geht den Weg über die Niederlage Rußlands zur Revolution in Rußland und über diese Revolution, in Verbin-

85 Schorske, Spaltung, 154f.
86 Lenin, Ausgewählte Werke, Bd. VII, 103.
87 Leo Trotzki, Karl Kautsky (1938). https://www.marxists.org/deutsch/archiv/trotzki/1938/11/kautsky.htm (15.3.2023).
88 LW, Bd. 21., 385.

dung mit ihr, zum Bürgerkrieg in Europa. Das Leben hat diesen Weg eingeschlagen.«[89]

Das hielt Lenin nicht nur fast zwei Jahre vor dem Oktoberumsturz fest, sondern auch bevor er mit seinem 1916 erschienenen Werk *Der Imperialismus als höchstes Stadium des Kapitalismus* den, wie er meinte, sterbenden Kapitalismus zum Vorboten der Weltrevolution deklarierte. Anders als Rudolf Hilferding und später auch Karl Kautsky, die sich langfristig eine quasi friedliche Kooperation kapitalistischer Staaten zum Zwecke einer gemeinsamen Ausbeutung von Dritten, d.h. vor allem der Kolonien, vorstellen konnten, prognostizierte er einen unentwegten Konflikt imperialer Reiche, der zwangsläufig in immer neue Kriege und schließlich in Revolutionen münden müsse.[90] Die, heute würde man sagen, »Globalisierung« der Wirtschaft als ausbeuterisches Großprojekt des Imperialismus, der für ihn das »monopolistische Stadium des Kapitalismus« darstellte,[91] beziehe ebenso Russland ein und ermögliche somit auch hier trotz seiner Rückständigkeit eine soziale Revolution.[92] So lauten Bilanzen über Lenins berühmte Schrift, die 1916 in Zürich entstand und im russischen Original eigentlich den Titel »Der Imperialismus als die neueste Etappe des Kapitalismus« trug – »neueste« bzw. »jüngste«, weil Lenin dem »Finanzkapital« eine prägende Rolle in diesem »andersartigen« Kapitalismus zuschrieb, der sich seiner Analyse zufolge über das Prinzip der freien Konkurrenz erhob und jegliche Fortschrittlichkeit eingebüßt hatte.[93]

War die zentrale Frage demnach der kapitalistische Entwicklungsgrad Russlands? Ging es »nur« um den Umsturz im Zarenreich oder darüber hinaus um die soziale Revolution in ihrer impliziten internationalen Dimension? Bereits Lenins Hinwendung zum Marxismus gründete auf der Überzeugung, dass die Revolution im Zarenreich als Projekt der internationalen Sozialdemokratie trotz der wirtschaftlichen Rückständigkeit seiner Heimat möglich sein würde. Der Sozialismus war von Beginn an als Ziel formuliert. Nun aber rückten die konkreten Voraussetzungen für all das in den Vorder-

89 Ebd., 388.
90 Robert Service, Lenin. Eine Biographie, München 2000, 327.
91 LW, Bd. 22, 270.
92 Hermann Weber, Lenin, Hamburg 1970, 100f.
93 LW, Bd. 22, 270f.

grund. Lenin wollte in seiner Schrift über den Imperialismus nach eigenen Worten den Beweis erbringen, dass der Krieg, der 1914 seinen Anfang genommen hatte, kein simpler Konflikt zwischen den einzelnen Staaten war, ein Krieg der Nationen also, sondern ein umfassender Eroberungs-, Raub- und »Plünderkrieg« mit dem Ziel einer Neuaufteilung der Welt.[94] Gleichzeitig identifizierte er den Imperialismus bzw. »sterbenden Kapitalismus« bereits als »Übergang zum Sozialismus« – durch die Auflösung eines quasi traditionellen Kapitalismus zugunsten von Kartellen, Syndikaten und Trusts und damit eine Transformation in einen Monopolkapitalismus, den er gleichsetzte mit der »gewaltigen Vergesellschaftung der Arbeit« bzw. mit einer ökonomischen »Verflechtung«.[95] Zu zeigen galt es also vor allem, dass der Imperialismus bzw. der daraus entstandene Konflikt als »Morgengrauen« der sozialistischen Revolution im Weltmaßstab wahrgenommen werden musste.[96]

Dieser Imperialismustheorie hatte er sich bereits vor dem Ersten Weltkrieg, stimuliert von vielen diesbezüglichen Debatten und wahrscheinlich nicht zuletzt von Kautskys Versprechungen einer unmittelbar bevorstehenden Epoche der Revolutionen sowie vor allem von seinem eigenen Optimismus, sukzessive angenähert. Wenngleich viele seiner Argumente bruchstückhaft geblieben waren, deuteten sie im Wesentlichen bereits in Richtung seiner Darlegungen von 1916.[97] War der Kriegsausbruch 1914 dennoch die entscheidende Zäsur für Lenins Denken? Muss er als Geburtsstunde des Leninismus gesehen werden, wie einige behaupten?[98]

Lenin selbst trug zweifellos zu dieser Sichtweise bei, weil er so tat, als hätten sich konkurrierende Imperialismus-Interpretationen erst nach Kriegsausbruch aufgetan. Diese Darstellung der Dinge diente ihm als Hauptargument gegen Kautsky, von dem er behauptete, dass er quasi über Nacht zum Renegaten geworden war. In Wirklichkeit hatte sich die Linie der SPD schon vor dem Krieg schrittweise zugunsten einer Art Arrangement mit den Bedingungen des

94 Ebd., 194.
95 W. I. Lenin, Sämtliche Werke. Imperialismus und Revolution 1916–1917, Bd. XIX, Wien/Berlin 1930, 380.
96 LW, Bd. 22, 192.
97 Vgl. etwa LW, Bd. 18, 409.
98 Vgl. Harding, Leninism, 77f.

Imperialismus und einer globalisierten Wirtschaft verändert. Das hieß auch, den Kapitalismus als keineswegs zum Scheitern verurteiltes Projekt zu akzeptieren und sozialdemokratische Entfaltungsmöglichkeiten dahingehend zu adaptieren. Kautskys Ansichten von der nahenden Revolutionsepoche bewegten sich hin zur Vision eines wandlungsfähigen Kapitalismus, der das Potenzial baldiger Umstürze neutralisieren würde.[99] Komplex ist die Rezeption seiner Theorie aber allein deshalb, weil er sie mehrmals abänderte.[100]

Lenin widersprach Kautskys sogenanntem »Ultraimperialismus« und damit einer Interpretation, die keine »Phase des Kapitalismus« sehen wollte, sondern einfach »die vom Finanzkapital ›bevorzugte Politik‹«.[101] Bitter beschwerte er sich auch über Rosa Luxemburgs »Marx-Verstümmelung« in ihrem Werk über die »Akkumulation des Kapitals«, wobei sich seine Ablehnung vor allem auf ihre Ausführungen zur Marx'schen Mehrwerttheorie bezogen. »Die Krisenhaftigkeit des Kapitalismus und dessen Expansionstendenzen erklärten sich für Lenin durch die Ungleichmäßigkeit der Entwicklung der einzelnen Industriezweige« und nicht – wie Luxemburg meinte – aus einer »Überproduktion an unrealisierbarem Mehrwert, der erst in nichtkapitalistischen Ländern realisiert werden« könne.[102] Hilferdings Ansichten über das Finanzkapital als die »höchste und abstrakteste Erscheinungsform« des Kapitals gingen Lenin hinsichtlich dessen destruktiver Wirkung bzw. vor allem aufgrund des angenommenen langsamen Tempos des Niedergangs wiederum nicht weit genug.[103] Er selbst sprach von »Fäulnis« und von einem bereits sterbenden, »parasitären« Kapitalismus.[104] Aus dieser Analyse ergab sich auch, dass das Proletariat nichts zu schaffen hatte mit dieser Art

99 Vgl. Holm Arno Leonhardt, Zur Geschichte der Ultraimperialismus-Theorie 1902–1930 – die Ideengeschichte einer frühen Theorie der politischen Globalisierung, 1–32, 1–10. https://www.uni-hildesheim.de/media/fb1/geschichte/beitraege_diskussionspapiere/Ultraimperialismustheorie.pdf (2.3.2023).

100 Vgl. Toshimichi Matsuoka, Karl Kautskys Imperialismustheorie, der Ausbruch des Ersten Weltkriegs und die »Ultraimperialismustheorie«, in: Jürgen Rojahn/Till Schelz/Hans-Josef Steinberg (Hg.), Marxismus und Demokratie. Karl Kautskys Bedeutung in der sozialistischen Arbeiterbewegung, Frankfurt am Main/New York 1992, 174–182.

101 Lenin, Sämtliche Werke, Bd. XIX, 380.

102 Paul Mattick, Die Gegensätze zwischen Luxemburg und Lenin (1935). https://www.marxists.org/deutsch/archiv/mattick/1935/10/luxemburglenin.htm (2.6.2023).

103 Zit. nach Paul Mason, Postkapitalismus. Grundrisse einer kommenden Ökonomie, Berlin 2016, 94.

104 LW, Bd. 22, 305 und Lenin, Sämtliche Werke, Bd. XIX, 380.

Die Familie Uljanow, 1879. Von links nach rechts: (stehend) Olga, Alexander, Anna; (sitzend) Maria Alexandrowna (Mutter) mit Tochter Maria, Dimitrij, Ilja Nikolajewitsch (Lenins Vater), Wladimir

Lenin als Schüler, 1879

Das Attentat auf den Zaren Alexander II.

Alexander Uljanow

Lenin und seine Mutter nach der Nachricht über die Hinrichtung Alexanders

Der »Petersburger Kampfbund«: Lenin (Mitte), Julij Martow (sitzend, rechts), 1896

Internationaler Sozialistenkongress (1904): Rosa Luxemburg (Mitte),
Victor Adler (rechts oben), Georgij Plechanow (rechts unten)

Nadeschda Krupskaja, 1898

Julij Martow, 1900

Karl Kautsky, 1921

Zar Nikolaus II.

Versammlung russischer Fabrikarbeiter (Januar 1905): Georgij Gapon (Mitte), rechts von ihm: Polizeigeneral Fulon

Lenins Ankunft in Petrograd im April 1917 (das Gemälde stammt aus späterer Zeit, Stalin wurde gleich hinter Lenin hinzugefügt)

Protestzug im Juli 1917 in Petrograd. Auf dem Spruchband ist zu lesen: »Weg mit den Kapitalisten-Ministern, alle Macht den Sowjets!«

Leo Trotzki

Alexander Kerenskij

Inessa Armand, 1917

Lenin mit Perücke, 1917

Lawr Kornilow, 1918

Soldaten wählen die Abgeordneten für den 1. Sowjetkongress, 1917

Friedensvertrag von Brest-Litowsk mit der Ukraine, Februar 1918

Lenin und Nadeschda Krupskaja im Auto, davor Schwester Maria, 1918

Lenin auf dem Roten Platz, 1918

Hungersnot in Russland, 1921

Auf dem Kongress der Dritten Internationale.
Rechts neben Lenin Grigorij Sinowjew, 1921

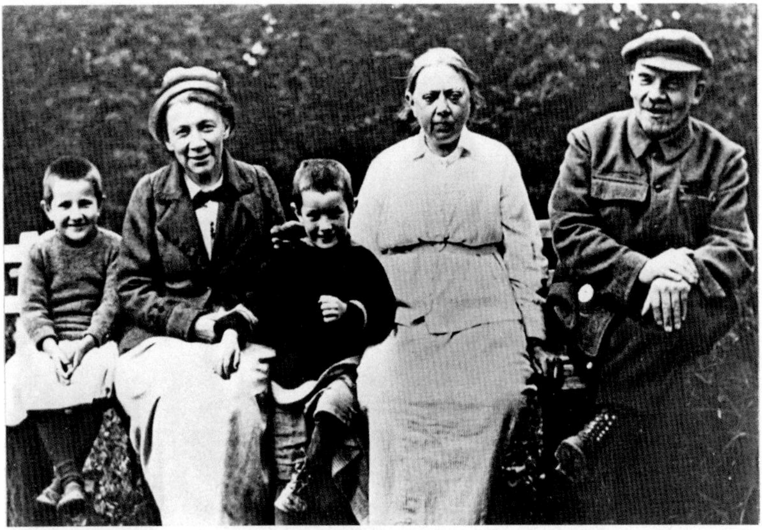

Lenin mit Nadeschda Kruspkaja und der Schwester Maria, 1922

Lenin und Stalin, 1922

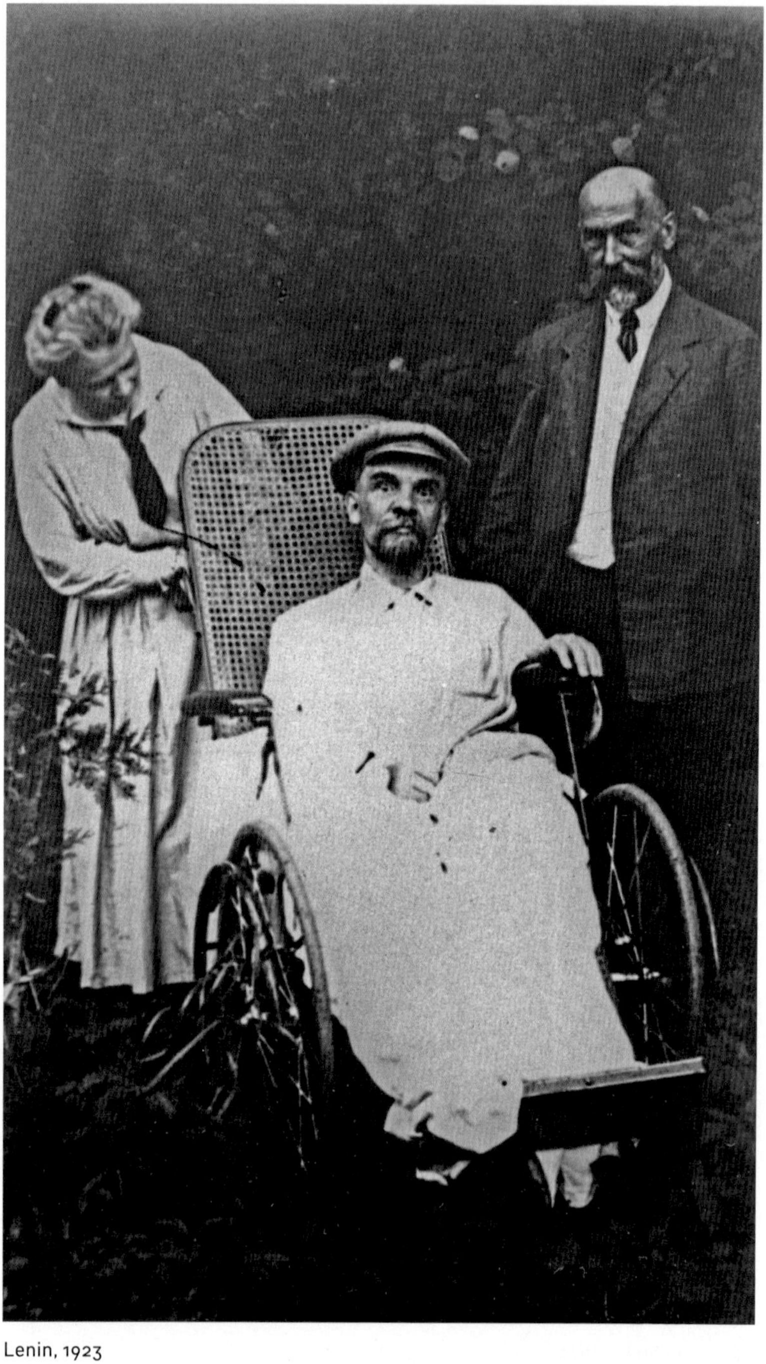

Lenin, 1923

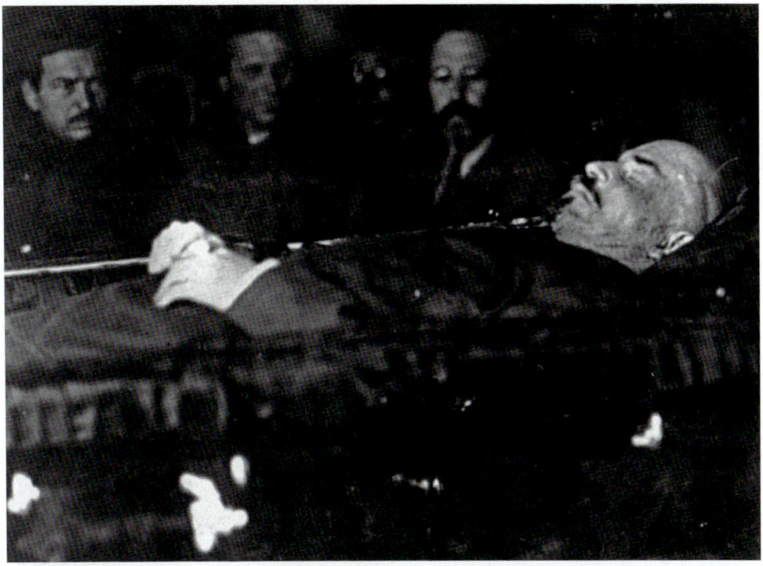

Aufbahrung von Lenins Leichnam, 1924

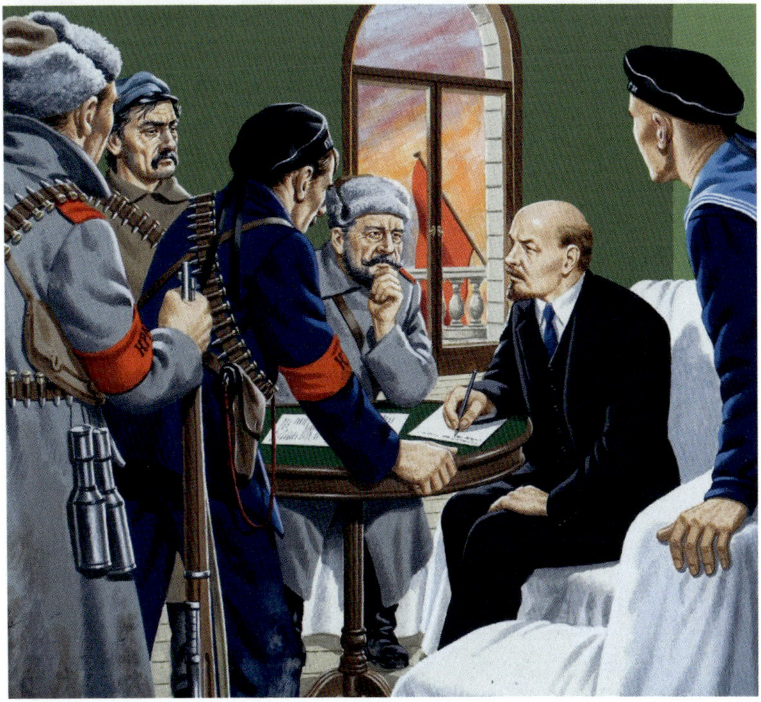

Ein Beispiel für den Leninkult

Nadeschda Krupskaja, 1935

von Krieg, der es zur Kollaboration mit einer gierigen Oligarchie zwinge. Nicht das Vaterland werde verteidigt, sondern ein System der Unfreiheit und einer rücksichtslosen Gewinnsucht. Die Haltung der Internationale, die Burgfriedenspolitik der europäischen Sozialdemokratie, sei also grundfalsch. Und sie verabsäume es außerdem, die wahren Motive der Regierenden aufzudecken. Der »Spießbürger«, schimpfte er, begnüge sich aber ohnehin mit der »Erklärung: ›der Feind greift an‹, ›der Feind ist in mein Land eingefallen‹, ohne sich Gedanken darüber zu machen, worum der Krieg geführt wird, von welchen Klassen, um welchen politischen Zieles willen«.[105] In diesem Zusammenhang geißelte er vor allem den »großrussischen Chauvinismus«, den er als Erbe einer »sklavischen Vergangenheit« identifizierte: »Niemand ist schuld daran, daß er als Sklave geboren wurde; aber ein Sklave, dem nicht nur alle Freiheitsbestrebungen fremd sind, sondern der seine Sklaverei noch rechtfertigt und beschönigt (der beispielsweise die Erdrosselung Polens, der Ukraine usw. als ›Vaterlandsverteidigung‹ der Großrussen bezeichnet) – ein solcher Sklave ist ein Lump und ein Schuft, der ein berechtigtes Gefühl der Empörung, der Verachtung und des Ekels hervorruft.«[106]

Kompass

Die sozialistische Friedensmission der Internationale vor dem Krieg lief am Ende auf einen Modus Vivendi mit dem bestehenden System hinaus und übertünchte die virulenten Spannungen unter den nationalen »Sozialdemokratien«.[107] Da der wirtschaftliche Zusammenschluss der europäischen Staaten nicht stattfand und es nicht gelang, die »Raubtiereinflüsse« des Kapitalismus zu beseitigen, empfahl sich die Notwendigkeit alternativer Perspektiven.[108] Daraus wiederum ergab sich, dass die SPD nach August 1914 mit der Theorie der »zwei Imperialismen« operierte, wobei sie dem deutschen eine friedliche Absicht unterstellte und daher um dessen Unterstützung gegen einen aggressiven der Entente warb.[109]

105 LW, Bd. 23, 24.
106 LW, Bd. 21, 93.
107 Vgl. Braunthal, Internationale, 340–354.
108 Leonhardt, Ultraimperialismus-Theorie, 9.
109 Ebd., 14.

1916, als das militärische Ringen die Welt schon seit eineinhalb Jahren in Atem hielt, mehrten sich Anzeichen für ein Einlenken Russlands zugunsten des eigenen Überlebens. Ein Separatfrieden, ausgehend von Nikolaus II., stellte freilich für Lenin ein Horrorszenario dar.[110] Der Krieg war ein Motor für die Revolution, sein Ende daher nicht erstrebenswert. Noch nie waren nach Lenins Ansicht die Aussichten für den Umsturz im Zarenreich und eine soziale Revolution so günstig gewesen. Dabei hatte Karl Kautsky schon in Zusammenhang mit der ersten Russischen Revolution die ökonomische Rückständigkeit des Zarenreichs in Verbindung mit einer Umwälzung in Deutschland für überwindbar gehalten. Bereits 1905 erschien daher die soziale Revolution in Russland – bei entsprechender Hilfe und mit entsprechenden »Laufzeiten« für eine solche Transformation – möglich.[111] Es brauchte also nicht erst den Ersten Weltkrieg, um das zwar im Aufholprozess befindliche, aber wirtschaftlich immer noch relativ schwache Romanowimperium als potenziellen Ausgangspunkt weitreichender revolutionärer Entwicklungen zu denken. In Lenins Lesart hatten bereits die Ereignisse von 1905 die Aufgabe von einem »Vorspiel der kommenden europäischen Revolution«[112] erfüllt. Das predigte er wenige Wochen vor der Februarrevolution und anlässlich des zwölften Jahrestags des Blutsonntags.

Tatsächlich wusste aber 1916, inmitten des Weltkriegs, niemand, in welchem der europäischen Länder die Revolution zuerst ausbrechen würde, auch Lenin nicht. Was sich im Februar 1917 in der Hauptstadt des Zarenreichs zutragen würde, konnte er nicht ahnen. Er hatte wohl erwartungsgemäß zunächst Russland im Blick, weil sich dort immerhin vor Jahren ein Umsturz ereignet hatte und weil der Krieg einen weiteren zu begünstigen schien. Dennoch konnte er nicht ausschließen, dass sich eine Umwälzung anderswo zuerst ereignen würde. So mehrten sich angesichts der wachsenden ökonomischen Krise als Folge des Abnützungskrieges vor allem bei den Mittelmächten Anzeichen für eine vielversprechende Destabili-

110 Vgl. dazu Lenin, Sämtliche Werke, Bd. XIX, 461.
111 Vgl. Mike Schmeitzner, Antinomie und Verflechtung. Kautsky, Lenin, Trotzki und der Deutungskampf um die »Diktatur des Proletariats«, in: Mike Schmeitzner (Hg.), Die Diktatur des Proletariats. Begriff – Staat – Revision, Baden-Baden 2022, 43–64, 54f.
112 LW, Bd. 35, 261.

sierung. Angeschlagen erschien auch ein durch Misswirtschaft zunehmend gelähmtes russisches Regime. Der irische Osteraufstand verwies überdies auf eine weitere Achillesferse der kriegführenden Mächte: nationale Unabhängigkeitsbestrebungen und Einflussnahmen von außen, die sich solche Phänomene zunutze machen wollten.

Lenin begriff den Krieg als Chance. Folgerichtig nahm er alles, was seinen ungestümen revolutionären Fantasien entgegenkam, dankbar auf, um es seinen Umsturzkonzepten einzuverleiben – 1914 nicht sehr viel anders als in den Jahren zuvor. Er unterschied sich darin beispielsweise von Rosa Luxemburg mitunter weniger als es ihre Kritik an der, wie sie schrieb, »Lenin-Partei« vermuten ließ. Zumindest trifft das auf ihr Verständnis des Marxismus als revolutionäres Versprechen zu und auf die Verpflichtung, dieses unbedingt einzulösen. In ihren Augen hatte die »marxistische Erkenntnis« der Arbeiterklasse überall auf der Welt »einen Kompass in die Hand« gegeben, »um sich im Strudel der Tagesereignisse zurechtzufinden, um die Kampftaktik jede Stunde nach dem unverrückbaren Endziel zu richten«.[113] Dieses aber hatte selbst Friedrich Engels negiert und die »Frage nach einer in sich ruhenden Zukunftsvision« als falsch gestellt zurückgewiesen, weil sie der Marx'schen Theorie des historischen Wandels widersprach.[114] Er meinte: »Wir haben gar kein Endziel. Wir sind Evolutionisten, wir haben nicht die Absicht, der Menschheit endgültige Gesetze zu diktieren.«[115]

»Politik des Wirklichen«

Während Kautsky später vor allem den Weg zum Sozialismus als Ziel beschrieb, der revolutionäre Elan von 1909 merklich nachließ und er eher auf die Dynamik des Wandels innerhalb eines kapitalistischen Rahmens setzte, steuerte Lenin unbeirrt jenes Endziel an, das tatsächlich eher einem »Versprechen« glich als einer konkreten Perspektive. Gleichzeitig gab er sich dabei mit etwaigen

113 Zit. nach Bernd Röttger, Zwischen betrieblichen Kämpfen und Staat. Politikkunst für die institutionelle Arbeiterbewegung, in: Michael Brie/Frigga Haug (Hg.), Zwischen Klassenstaat und Selbstbefreiung. Zum Staatsverständnis von Rosa Luxemburg, Baden-Baden 2011, 62–93, 66.

114 Detlev Lehnert, Sozialdemokratie zwischen Protestbewegung und Regierungspartei 1848 bis 1983, Frankfurt am Main 1983, 94.

115 Zit. nach ebd.

Übergangsperioden zufrieden, mit vorübergehenden Lösungen, die – bis andere Länder eine Umwälzung zustande bringen würden – auch eine zeitlich befristete Version vom »Sozialismus in einem Land« beinhalteten.[116] Die Weltrevolution war ja nur eine Frage der Zeit. Der Krieg erwies sich als mächtiger Regisseur und Beschleuniger, der durch all die von ihm angestoßenen Krisen den »Gang der Weltgeschichte« verändert hatte.[117] Jetzt stellte sich Russlands Reife für die Umwälzung in Richtung sozialer Revolution noch plausibler dar. Das Zarenreich war eingespeist in ein krisengeschütteltes »Weltsystem«. Angesichts der vorhandenen wirtschaftlichen Verflechtungen und supranationalen Ausbeutungs- und Unterdrückungsmechanismen konnte das kapitalistisch-imperialistische System Lenins Prognose zufolge gerade dort zuerst zu zerbröseln beginnen, wo es seine größten Schwachstellen aufwies. Auf welchem Platz in der »Rangordnung« des kapitalistischen »Verbandes« sich das Zarenreich befand, war also im Grunde irrelevant.[118]

Es ist in Summe zweifelhaft, ob Lenins Beschäftigung mit dem Imperialismus oder aber mit der Philosophie, die ihn 1915 und 1916 zu detaillierten Studien animierte, wirklich so gravierende Änderungen in seinem Denken reflektierte.[119] Tatsächlich stellte Nadeschda Krupskaja seine Auseinandersetzung mit Hegel und anderen Philosophen in dieser Phase als Suche nach einer »Methode dar«, die »die Philosophie in eine konkrete Anleitung zum Handeln umgestalten konnte«.[120] Bereits die Passivität der Zweiten Internationale machte das Kreieren und Identifizieren neuer Gestaltungsmöglichkeiten erforderlich. Der »revolutionäre« Kautsky lieferte hierfür zweifellos einige Stichworte, indem er die Besonderheiten des imperialistischen Zeitalters als Basis für eine Epoche proletarischer Revolutionen präsentiert hatte. Wenn – was im Übrigen einer Definition Stalins entspricht[121] – der Leninismus eine

116 Vgl. Erik Ree, Lenin's Concept of Socialism in One Country, 1915–1917, in: Revolutionary Russia 23/2 (2010), 159–181.
117 Zit. nach Frank Jacob, 1917 – Die korrumpierte Revolution, Marburg 2020, 121.
118 Über die selbst von britischer Seite als gnadenlos wahrgenommene Politik gegenüber dem russischen Verbündeten siehe u. a. Catherine Merridale, Lenins Zug. Die Reise in die Revolution, Frankfurt am Main 2017, 303f.
119 Service, Lenin, 323–325; Weber, Lenin, 100f.
120 Krupskaja, Erinnerungen, Bd. II, 142.
121 Vgl. J. Stalin, Über die Grundlagen des Leninismus, Wien 1949, 4f.

Weiterentwicklung des Marxismus unter den Bedingungen des Imperialismus war, dann löste der Weltkrieg in Lenin etwas aus, das er lediglich zu transformieren brauchte, weil es sich bereits Jahre zuvor mehr oder weniger parallel zu Kautskys »Revolutionismus« entwickelt hatte. Eine fundamentale Neuorientierung war hierfür nicht erforderlich. Viel eher ging es um eine Bestätigung und praxisorientierte sowie situationsangepasste Weiterentwicklung bestehender Denkansätze. Die Trennung von einer Sozialdemokratie, die auf die Häresie des Revisionismus zugetrieben war, vollzog er gleichsam naturgemäß. Geändert hatten sich nicht seine Überzeugungen, sondern, so sah er es, die der anderen.[122]

Der sterbende Imperialismus, von dem Lenin sprach, lieferte praktischerweise die potenzielle wirtschaftliche Grundlage für den aufzubauenden Sozialismus. Hier gab es Parallelen zu den Vorstellungen von einem verschränkten Wirtschaftssystem, das die »Renegaten« der Internationale im Projekt eines »vereinten Europas« verwirklicht sahen. Lenin aber konzentrierte sich auf bevorstehende destruktive Szenarien. Den »großen Kladderadatsch«, den bereits August Bebel vor Augen gehabt hatte, stellte sich Lenin als prozesshaften Niedergang mit einzelnen Brennpunkten vor. Das Zarenreich würde nur einer von ihnen sein. In welchem Land es zuerst zu einem Umsturz kommen würde, hielt er ungeachtet seiner Parolen über Russlands Vorreiterrolle und Beispiel für den Rest der Welt letztlich für sekundär. In einem Brief an Inessa Armand, den er Ende 1916 verfasste, erklärte er seiner »lieben Freundin«: »Die Politik des Marxismus basiert auf dem Wirklichen und nicht auf dem ›Möglichen‹. Möglich ist, daß eine Erscheinung sich in eine andere verwandelt – und unsere Taktik ist nicht starr. Parlez-moi de la réalité et non pas des possibilités!«[123]

Dieser Aussage entsprechend schenkte er auch der Kommune als konkreter Herrschaftsidee ab 1914 eine Aufmerksamkeit, die er ihr in seinen Texten zuvor nur aus historischer Perspektive zuteilwerden ließ. Der damalige Krieg als Voraussetzung für die Geburt der Kommune 1870/71 und der nunmehrige Weltkrieg verwiesen auf die

122 Vgl. Lars T. Lih, Lenin, London 2011, 125; W. I. Lenin, Über unsere Revolution (1917). https://sites.google.com/site/sozialistischeklassiker2punkto/lenin/1923/wladimir-i-lenin-ueber-unsere-revolution (27.2.2023).

123 LW, Bd. 35, 243.

Möglichkeit, einen »Kommunenstaat« zu schaffen. Seine diesbezüglichen Standpunkte veränderten sich bis 1917 allerdings mehrmals. Sein Insistieren auf die Erfolgschancen eines »Kommunenstaats« verknüpfte er in jedem Fall mit einer veränderten Zusammensetzung der Heere als Folge der allgemeinen Wehrpflicht. Immerhin seien im Unterschied zu früher ungleich mehr Arbeiter und Bauern Teil der Streitkräfte.[124]

Fäulnis

Lenin konzipierte seine Schrift über den Imperialismus nicht zuletzt auch als einen Beleg dafür, dass seine unentwegte Bezugnahme auf das *Baseler Manifest* richtig gewesen war, weil sich die darin erwähnte wirtschaftliche Krise eben und gerade 1916 tatsächlich einigermaßen sichtbar eingestellt hatte. Als Reaktion darauf, so schlussfolgerte er weiter, musste der Weg zur »Beseitigung der kapitalistischen Klassenherrschaft« konsequent beschritten werden. Dem marxistischen Modell wurde, wenn auch mit kreativen »Sprüngen«, Genüge getan: Die große ökonomische Krise war da, die Weltrevolution konnte ihr Haupt erheben. Und selbst, wenn sie es nicht sofort tun würde und, wie er 1916 schrieb, einige Länder als Folge der Kämpfe zunächst »bürgerlich oder vorbürgerlich« bleiben würden,[125] so ging es dennoch um den anzustrebenden Anfang der »Weltenwende«, das Anstoßen revolutionärer Entwicklungen.

Erhoben hagiografische Schriften später den Revolutionsführer zu einem Universalgenie, entdeckten andere in seinen Analysen und Argumenten etliche Defizite.[126] Kritiker:innen bescheinigten seiner Imperialismustheorie lediglich eingeschränkte Validität. Die Ausführungen seien voller Widersprüche gewesen. Die Anpassungsfähigkeit des Kapitalismus und seine Attraktivität auch für die Arbeiterschaft, die sich später zumindest in Teilen der Welt eine Teilhabe an Wohlstand und Prosperität sicherte, habe er komplett

124 Vgl. Jay Bergman, The Paris Commune in Bolshevik Mythology, in: The English Historical Review 129/541 (December 2014), 1412–1441, und W. I. Lenin, Über die Pariser Kommune. Ein Sammelband, Berlin 1952.

125 LW, Bd. 23, 74.

126 Vgl. Koenen, Die Farbe Rot, 675f.

unterschätzt.[127] Selbiges gilt für die Rolle der USA, deren ökonomische Potenz er aufgrund seines Eurozentrismus nicht richtig erkannt habe.[128] Andererseits findet sich in Lenins Kapitalismuskritik nicht anders als in etlichen anderen diesbezüglichen Analysen der damaligen Zeit die eine oder andere Überlegung, die bis heute nichts an Aktualität eingebüßt hat. Die Wahrnehmung der Weltwirtschaft als verflochtenen »ökonomischen und politischen Organismus« teilte Lenin jedenfalls mit vielen Zeitgenossen, die sich aus unterschiedlichen Perspektiven mit Politik und Wirtschaft beschäftigten. Innovativ war vor diesem Hintergrund an Lenins Überlegungen so gut wie nichts. Er bediente sich großzügig bei Hilferding und John Hobson. Deren Arbeiten kannte er seit vielen Jahren.[129] Nicht zuletzt Hilferdings Ansichten von einer »vergesellschaftenden« Funktion des Finanzkapitals als Grundlage des kommenden Sozialismus erwiesen sich für Lenin als überaus attraktiv. Die Verbindung von Weltkrieg und Weltkrise als Impetus großer Umwälzungen spielte außerdem auch in den Überlegungen anderer Revolutionäre eine Rolle. Alexander Parvus-Helphand beispielsweise hatte bereits 1911 einen kommenden Weltkrieg als Ausgangspunkt der Weltrevolution betrachtet, weil »alle kapitalistischen Gegensätze auf die Spitze« getrieben würden.[130] Leo Trotzki hielt angesichts einer fortschreitenden wirtschaftlichen »Globalisierung« revolutionäre Entwicklungen in Russland sogar ohne einen Krieg als Auslöser für vorstellbar.[131] Lenin selbst wiederum hatte 1899 – ganz auf einer Linie mit Kautsky – die Existenz einer spezifischen Zusammenbruchstheorie von Marx und Engels auf Basis einer zwingenden »Wirtschaftskrise« geleugnet.[132] Wenn er 1916 dem kapitalistischen System in Verbindung mit der konstatierten »Herrschaft von drei bis fünf Riesenbanken« eine nunmehr evident gewordene Morbidität bescheinigte, ging das aber fraglos über die Diagnosen

127 Vgl. ebd., 675.
128 Vgl. Luciano Canfora, Eine kurze Geschichte der Demokratie. Von Athen bis zur Europäischen Union, Köln 2006, 344.
129 Vgl. zum Beispiel seine Rezensionen u.a. über Werke von Hobson oder Kautsky in LW, Bd. 4.
130 Scharlau/Zemann, Freibeuter, 122.
131 Gerd Placke, Historische und soziale Analyse der Revolution bei Leo Trotzki. Ein Beitrag zur Theorie der permanenten Revolution und ihrer Entwicklung in den Jahren 1923–1933, Wien u.a. 1994, 31.
132 Vgl. LW, Bd. 4, 192f.

und Perspektiven nicht nur seiner Zeitgenossen, sondern auch über eigene frühere Analysen hinaus.[133] Was für ihn zählte, was das Hier und Jetzt, das Greif- und Unmittelbare.

Seine damalige Auseinandersetzung mit dem berühmten Buch *Vom Kriege* des preußischen Generals Carl von Clausewitz spricht darüber hinaus für einen ganzheitlichen Erklärungsansatz der Entwicklungen ab 1914. Erkennbar wird das Bestreben, ebenso wie etwa Friedrich Engels, »kriegskundliche« Überlegungen in Verbindung mit revolutionären Prozessen anzustellen und Entfaltungsmöglichkeiten sozialer Umwälzungen vor dem Hintergrund militärischer Konflikte auszuloten.[134] In Clausewitz' Buch fand Lenin vielfältige Anregungen für seine Losung vom kommenden Bürgerkrieg. Dass – so die berühmte Formel des Generals – Krieg lediglich eine »Fortsetzung des politischen Verkehrs mit Einmischung anderer Mittel« bzw. »ein Instrument der Politik« sei, fand Lenins volle Zustimmung. Er fügte dieser Stelle im Buch von Clausewitz eine Randbemerkung bei, die affirmativ zu deuten ist: »Krieg = Politik, welche ›die Feder mit dem Degen‹ vertauscht hat.«[135]

133 Lenin, Sämtliche Werke, Bd. XIX, 378.
134 Willi Gautschi, Lenin als Emigrant in der Schweiz, Zürich u.a. 1973, 125.
135 Zit. nach ebd., 130.

9
ZUKUNFTSPERSPEKTIVEN

»Linien in den leeren Raum«

Während der Krieg wütete und kein Ende absehbar schien, regte sich in den sozialdemokratischen Parteien Europas allmählich Unbehagen über die seit August 1914 bezogenen Haltungen. Überall vergrößerte sich die Distanz zu willfährigen Parteiführungen, wenngleich die Anzahl jener Kritiker, die bereits an Spaltung bzw. Sezession dachten, immer noch sehr überschaubar blieb. Dennoch wuchs in der westlichen Sozialdemokratie die Sorge vor internen Zerwürfnissen mit womöglich irreversiblen Konsequenzen. Lenin, der sich weit weg von der Heimat befand, kannte seinerseits seit mehr als zehn Jahren nichts anderes als eine unentwegte Schlammschlacht unter den russischen Genossen. Konflikte scheute er nicht. Immerhin stand er einer Partei vor, deren Mitglieder ihn zwischenzeitlich regelrecht bekämpft hatten. Die Spaltung der SDAPR war außerdem formell seit 1912 Realität. Die Trennung von Genossen, die einen »Schmeichelkurs« gegenüber den Regierenden eingeschlagen hatten, hielt er für ein Modell, das Nachahmung finden sollte. Im Juli 1915 forderte er im Brief an den niederländischen Sozialisten David Wijnkoop zwar nicht »die sofortige Spaltung einer jeden Partei« ein, an einem »vollständigen Bruch mit dem Opportunismus« führte seiner Ansicht nach aber nichts vorbei.[1]

Nicht zuletzt aufgrund eigener Erfahrungen verspürte er keinerlei Hemmung, maximale Radikalität an den Tag zu legen, und er hatte keine Angst davor, als Außenseiter auch unter den eigenen Parteigängern zu gelten. Den Widerstand verschiedener Sozialdemokraten gegen die Linie ihrer nationalen Parteien fand er erwartungsgemäß

---

1 LW, Bd. 35, 171.

viel zu zahm. Er, der sich schon seit 1914 als anzustrebendes Ziel auf das Szenario eines europäischen und in weiterer Folge Weltbürgerkrieges festlegte, entdeckte im Protest enttäuschter Linker angesichts der Burgfriedenspolitik ihrer Parteien allzu viele Anzeichen, die auf Verständigung und das Zuschütten von Gräben hinausliefen. Die Rebellion, wie Friedrich Adler sie mit seinem Attentat zum Ausdruck brachte, blieb eine Ausnahme. Abseits davon erschienen eine Versöhnung in Form einer Wiederbelebung der Zweiten Internationale und die Berücksichtigung von pazifistischen Bestrebungen selbst unter den größten Widerständlern innerhalb der Sozialdemokratie als anzustrebendes Ziel. Beides lehnte Lenin kategorisch ab. Die Rehabilitierung reuiger »Sozialpatrioten« und damit auch die Entlastung Karl Kautskys missbilligte Lenin zutiefst. So sehr dieser sich auch von früheren Positionen zu entfernen begann, so unrealistisch war es dennoch, in ihm nun einen Unterstützer zu finden. Wenig attraktiv erschien vor allem der von Kautsky an den Tag gelegte Pazifismus. Mit Friedensparolen hatte Lenin nichts am Hut. Mit seinen apokalyptischen Visionen des Bürgerkriegs vertrugen sich Appelle zur Beendigung des Konflikts ganz und gar nicht.

Ein harmonischeres Klima wurde – sehr zu Lenins Missfallen – aber auch auf einer anderen Ebene angedacht. Unter den russischen Genossen regte sich wieder einmal der Wunsch nach Vereinigung der einzelnen linken Gruppen. Vor allem die sogenannten Internationalisten, die sich gegen den »Sozialpatriotismus« ihrer Parteigänger stellten, mahnten angesichts der allgemeinen Lage eine gemeinsame Linie ein. Der Versuch, die verschiedenen Strömungen zusammenzuführen, misslang. Lenin, der das »Fiasko« prophezeit hatte, sah sich bestätigt. Mit Genossen, die er realiter für »nationalliberal« hielt, zusammenzuarbeiten, kam für ihn ohnehin nicht infrage.[2] Wie aber sollten seine hochtrabenden Ziele eines anzustoßenden Bürgerkriegs verwirklicht werden, wenn die Propaganda hierfür ausblieb und die Sozialdemokraten – die russischen noch mehr als alle anderen – untereinander völlig zerstritten waren? Wer sollte die Arbeiterschaft auf einen konsequenten Widerstand gegen die Regierung einschwören? Martow sah hier unüberwindbare Hürden und

2 LW, Bd. 21, 186–191.

hielt Lenin für einen unverbesserlichen Fantasten: Er ziehe »Linien in den leeren Raum«.[3]

Martows Urteil kam nicht von ungefähr. Die Grundlagen für eine Propaganda, wie Lenin sie im Sinne hatte, fehlten weitgehend. Seine eigene Anhängerschaft im Zarenreich geriet immer mehr unter Druck. Namhafte Bolschewiki wurden verhaftet und nach Sibirien geschickt. Außerdem wirkten Lenins Aufrufe zum Defätismus, zum Hinarbeiten auf die Niederlage des eigenen Landes, um es auf diese Weise revolutionsreif zu machen, alles andere als attraktiv: Niemand wollte bedenkenlos zum Hochverräter werden und dafür mit dem Tod oder bestenfalls mit langer Haft büßen. Diese und andere durchaus angebrachten Einwände schob Lenin zur Seite, als er unermüdlich die »Praxis« der Revolution einforderte. Für ihn aber stand weiterhin fest, dass ein militärischer Erfolg Russlands verhindert werden musste, um an eine Revolution auch nur denken zu können.[4] Übel stieß ihm überdies eine Devise auf, die beispielsweise Leo Trotzki propagierte. Sie lautete »Weder Sieg noch Niederlage!«[5] und nahm damit jene berühmte Formel vorweg, die Trotzki etwa drei Jahre später, angesichts drückender deutscher Forderungen im Vorfeld des Friedens von Brest-Litowsk verwendete: »Weder Krieg noch Frieden!« 1915 lief ein derartiges Credo, so urteilte Lenin, letztlich auf einen verkappten Chauvinismus hinaus, auf jene »Vaterlandsverteidigung«, die sich seinem Dafürhalten nach auch in der Parole »Nicht für den Krieg, aber gegen die Niederlage« des deutschen Sozialdemokraten Eduard David widerspiegelte.[6]

Ablehnung rief nicht nur sein Aufruf, die Niederlage des eigenen Heimatlandes anzustreben, hervor. Auch Lenins Friedensverweigerung löste bei vielen Stirnrunzeln aus. Er aber schulmeisterte Zweifler immer wieder mit dem Hinweis darauf, dass das »Geschwätz« über den Frieden lediglich bürgerlichen Motiven entstamme. Alle wollten schließlich den Frieden – nur eben zu ihren Bedingungen und unter Beibehaltung bestehender Herrschaftssysteme. Die Sozialisten müssten die Massen daher darüber aufklären, dass »auch nur ein halbwegs demokratischer Frieden eine Unmöglichkeit ist«

3 Zit. nach Willi Gautschi, Lenin als Emigrant in der Schweiz, Zürich u. a. 1973, 204.
4 LW, Bd. 21, 276.
5 Ebd., 277.
6 Ebd., 276.

und dass eine »Reihe von Revolutionen« bevorstünde, die dann eine tatsächliche Grundlage für einen »proletarischen Frieden« mit sich brächten.[7]

Bereits 1914 verwies Lenin darauf, dass es ihm zunächst vor allem um einen Konsens der europäischen Sozialdemokratie zugunsten einer revolutionären Agitation ging. Ob, wann und unter welchen Umständen dieses Agitieren zum Ziel führen würde, ließ sich seiner Ansicht nach nur schwer voraussagen.[8] Auch ein weiterer Weltkrieg könne auf dem Weg dorthin nicht ausgeschlossen werden. »Wir können nicht wissen«, räumte er ein, »ob die ›erste entscheidende‹ Schlacht zwischen Proletariat und Bourgeoisie in vier oder in zwei oder in zehn Jahren oder noch später stattfinden wird und ob es nach einem weiteren Jahrzehnt zu einer ›zweiten‹ entscheidenden Schlacht kommen wird.«[9]

Manifeste

Vor diesem Hintergrund verwundert es kaum, dass Lenin die Ergebnisse der berühmt gewordenen Zimmerwalder Konferenz vom September 1915 in einer Weise kommentierte, die bei aller Anerkennung zumindest der Tatsache eines Zusammenschlusses gewissermaßen abtrünniger Sozialdemokraten primär Befremden über allzu harmlose Parolen zum Ausdruck brachte. Von den anwesenden 38 Delegierten vertrat nicht einmal ein Viertel Lenins radikale Positionen. In Anbetracht der Millionen von Arbeitern, deren Interessen es vorgeblich zu vertreten galt, nahm sich die Teilnehmerzahl ohnehin ziemlich kläglich aus. Die Bedeutung der Konferenz, die der Schweizer Robert Grimm als notwendigerweise konspirative Zusammenkunft organisiert hatte, blieb gering. Das Manifest, auf das sich die Anwesenden einigten, fand außerhalb der Schweiz aufgrund der Zensurvorschriften kaum Verbreitung. Immerhin wurde nicht nur das Selbstbestimmungsrecht der Nationen, sondern auch ein Frieden ohne Annexionen und Kriegsentschädigungen bzw. Kontributionen gefordert. Lenins Mitstreiter, die

7 Ebd., 289–294.
8 LW, Bd. 35, 137.
9 LW, Bd. 21, 405.

als »Zimmerwalder Linke« bezeichnet wurden, der neben Grigorij Sinowjew und Karl Radek u.a. auch der Schweizer Fritz Platten angehörte, schafften es indessen ebenfalls nur mit Müh und Not, den Text ihrer Konferenzanträge zu veröffentlichen. Das Manifest der »Zimmerwalder Linken«, das Lenins Aufruf zum Bürgerkrieg enthielt, bekam kaum jemand zu lesen. Was Lenin darin forderte, war von der Mehrheit der in Zimmerwald versammelten Genossen abgelehnt worden – u.a. deshalb, weil einige fanden, dass seine Losungen überzogen waren und schon gar nicht von »Fernfuchtlern« ausgegeben werden sollten, die fernab der Schlachtfelder saßen und aus sicherer Deckung zu einem noch größeren Blutbad als dem gegenwärtigen aufforderten.[10]

Es war die Ambivalenz, die den Bolschewikenführer an der in Zimmerwald verabschiedeten Resolution störte. Darin forderten die Unterzeichner – Lenin inklusive – zu einem »unversöhnlichen Klassenkampf« auf, gleichzeitig aber war die Rede vom anzustrebenden »Frieden unter den Völkern«. Lenin verlangte aber klare Positionen. Entweder rufe man zur Revolution auf, weil man aufgrund der ökonomischen und sozial-politischen Lage die Zeit hierfür gekommen sah, oder man tue das nicht. Dann allerdings meinte er, solle man nicht »leere Worte vom Krieg gegen den Krieg im Munde führen«.[11] Während die meisten Sozialisten, die in das kleine, beschauliche Bergdorf Zimmerwald gekommen waren, pazifistisch eingestellt waren, aber keinen Bruch mit den »Sozialpatrioten« ihrer Parteien wünschten oder als Zentristen die Mitte zwischen Radikalität und ihren Konsequenzen suchten, ließen es die »Linken« nicht an Eindeutigkeit mangeln. Das traf auch auf den deutschen Sozialdemokraten Karl Liebknecht zu, der als Frontsoldat nicht anwesend sein konnte und daher einen offenen Brief an die Konferenzteilnehmer schickte. Darin plädierte er für einen »Burgkrieg« und nicht für einen »Burgfrieden«.[12]

Dieses Mal trieb Lenin die Differenzen mit den Gemäßigten nicht auf die Spitze. Er unterschrieb das Manifest, aber er setzte durch, dass dem offiziellen Konferenzprotokoll eine Zusatzerklärung

10 Vgl. Gautschi, Lenin, 149.
11 LW, Bd. 21, 398.
12 Zit. nach Gautschi, Lenin, 150.

angefügt wurde, die seine Vorbehalte zum Ausdruck brachte.[13] Für diese Vorgehensweise konnten sich allerdings nur mehr sechs der ursprünglich acht »Linken« erwärmen.[14] Dennoch war es Lenin immerhin gelungen, seine Positionen auch vor internationalen Kollegen zu erläutern. Detailliert dargelegt worden waren sie zuvor bereits auf der im Februar und März 1915 in Bern einberufenen Konferenz der Auslandssektionen der SDAPR, die als bolschewistische Parteikonferenz gelten kann.[15] Die gefassten Resolutionen betrafen den Bürgerkrieg ebenso wie das Selbstbestimmungsrecht der Nationen und die Forderung nach einer Dritten Internationale, die 1919 in Gestalt der Kommunistischen Internationale Wirklichkeit werden sollte. Die Konferenz in Zimmerwald hatte demgegenüber lediglich die Etablierung einer Internationalen Sozialistischen Kommission mit Sitz in Bern beschlossen, die sich als »provisorische Informations- und Verbindungsstelle«, nicht aber als Konkurrenz zum Internationalen Sozialistischen Büro der Zweiten Internationale empfand.[16]

Insgesamt blieb Lenin in Zimmerwald zurückhaltend, beteiligte sich nur wenige Male mit eigenen Redebeiträgen und zog sich vor allem auf die Rolle des Beobachters zurück. Angesichts der größtenteils schon zuvor bekannten und von ihm antizipierten Haltung der Konferenzteilenehmer konnte er kaum darauf bauen, diese von seinen Ansichten zu überzeugen. Schon vor der Konferenz hatte er gegenüber Karl Radek offen über seine Erwartungen geschrieben: »Die Dreckskerle« – gemeint waren die Delegierten – »werden zusammenkommen, sagen, daß sie ›gegen die Politik des 4. August‹ sind« – an diesem Tag waren die Kriegskredite im deutschen Reichstag genehmigt worden –, »daß sie ›für den Frieden‹, ›gegen Annexionen‹ und … und … sind und werden somit der Bourgeoisie helfen, die revolutionäre Stimmung im Keime zu ersticken.«[17]

Tatsächlich aber sah der Großteil der Delegierten jene revolutionäre Stimmung, von der Lenin sprach, gar nicht. Ein Großteil der

13 Vgl. den Text dazu in: Bernard Degen/Julia Richers (Hg.), Zimmerwald und Kiental. Weltgeschichte auf dem Dorfe, Zürich 2015, 218.
14 Gautschi, Lenin, 151.
15 LW, Bd. 21, 147–153.
16 Gautschi, Lenin, 153.
17 Zit. nach Wolf-Dieter Gutjahr, Revolution muss sein! Karl Radek. Die Biographie, Köln/Weimar/Wien 2012, 245.

Arbeiterschaft sei immer noch unter dem Eindruck des »August 1914« der Vaterlandsverteidigung verpflichtet. Man müsse sich darauf beschränken, durch Propaganda die Grundideen des Sozialismus an die Massen heranzutragen.[18] Diese Ansichten lehnte Lenin als Rückzug auf rein defensive Taktiken ab. Eine Annäherung an die ebenfalls in Zimmerwald erschienenen Landsleute wie Pawel Axelrod, Julij Martow oder Leo Trotzki erfolgte – wenig überraschend – nicht. Im Mai 1915 verspottete er die zuvor angestrebten Vereinigungsbestrebungen seitens der Menschewiki und sprach von einem »Bankrott des platonischen Internationalismus«.[19]

Die Zimmerwalder Konferenz erfuhr erst Jahrzehnte später und ausgehend vor allem von der Sowjetunion, wo im Zuge des »Tauwetters« unter Nikita Chruschtschow die Schweiz als Geburtsstätte des Leninismus entdeckt wurde, eine unverhältnismäßige Aufwertung.[20] Zuvor hatte Stalin dafür gesorgt, dass »Zimmerwald«, das in einer frühen Phase des Sowjetstaates durchaus öffentliche Beachtung gefunden hatte, weitgehend ausgeblendet wurde. Viele »Zimmerwalder« wurden Opfer des Großen Terrors der 1930er Jahre.[21] Als welthistorisch schätzte damals, 1915, die Konferenz freilich kaum jemand ein. Sozialdemokraten wie etwa Victor Adler hielten die Initiative der »Zimmerwalder« für randständig und eher kontraproduktiv. Die in der Schweiz versammelten Delegierten hätten sich im Wesentlichen lediglich selbst vertreten, ansonsten aber zumeist über kein entsprechendes Mandat der Parteien ihrer Herkunftsländer verfügt. In einem Artikel der Wiener *Arbeiter-Zeitung* mit dem Titel »Auf dem Wege zur Internationale«, in dem die Zensur eine umfangreichere Passage getilgt hatte, bezeichnete der österreichische Parteiführer im November 1915 die Konferenz in der Schweiz als eine Aktion der »Ungeduldigen«.[22] Lenin hatte er damit wohl treffend charakterisiert, obwohl

18 Agnes Blänsdorf, Die Zweite Internationale und der Krieg. Die Diskussionen über die internationale Zusammenarbeit der sozialistischen Parteien 1914–1917, Stuttgart 1979, 229–233.

19 LW, Bd. 21, 186–191.

20 Vgl. Julia Richers, Erinnern und Vergessenwollen in der Gemeinde Zimmerwald, in: Degen/Richers (Hg.), Zimmerwald und Kiental, 187–195, 189.

21 Vgl. Julia Richers, Zimmerwald als sowjetischer Erinnerungsort, in: Degen/Richers (Hg.), Zimmerwald und Kiental, Zürich 2015, 171–180, 173f.

22 Arbeiter-Zeitung, 14.11.1915, 2.

dieser nicht – worauf Adler eigentlich hinauswollte – die Wiederherstellung der Internationale vorantreiben wollte, sondern seine Idee vom Bürgerkrieg. Adler aber rechtfertigte nach wie vor die 1914 eingenommene Haltung der meisten europäischen Sozialdemokraten. Auch klassenbewusste Arbeiter, räumte er ein, seien »solidarisch mit dem Volke verknüpft« und somit verpflichtet, sich an der Verteidigung des Vaterlands zu beteiligen. Der »Burgfrieden«, warnte er aber die Regierenden, könne angesichts unverhältnismäßig verteilter Opfer zu Lasten des Proletariats auch »in Scherben« gehen.[23]

Obwohl sich Lenin darüber ärgerte, dass die »Zimmerwalder Mehrheit« die Forderungen der »Linken« mehr oder weniger ignorierte und Anstrengungen, ein regelmäßig erscheinendes Publikationsorgan zu realisieren, aus unterschiedlichen Gründen scheiterten, nahm er zu Ostern 1916 auch an der Konferenz in Kiental teil, die als Fortsetzung der Zimmerwalder Zusammenkunft organisiert wurde. Wieder blieb die Zahl der Delegierten überschaubar. Wieder erschienen keine 40 in dem »am Fuße der Blüemlisalp« gelegenen Dorf.[24] Der eingeladene Kautsky kam nicht, was Lenin mit Erleichterung zur Kenntnis nahm. Die Verhandlungen verliefen äußerst turbulent – inklusive eines kurzfristigen Auszugs der »Linken«, begleitet von »gespielter Entrüstung«.[25] Abermals stießen Lenins radikale Forderungen nach einem Bürgerkrieg sowie die Idee einer zu bildenden Dritten Internationale auf Widerspruch. Er aber erklärte die Zweite Internationale unumwunden für tot, während Pawel Axelrod sich gegen den von Lenin ausgestellten »Totenschein« wandte und dafür plädierte, den »Kranken« nicht bereits abzuschreiben, sondern ihm vielmehr eine »Erholungsphase« einzuräumen.[26] Karl Radek wiederum verlas, unbeeindruckt von einer auch dieses Mal erwartbaren Zurückweisung durch die Konferenzmehrheit, eine Resolution, die den revolutionären Massenkampf propagierte: »Aufruf des internationalen Proletariats zu diesen Kämpfen, seine Organisierung zum Sturm auf den Kapitalismus, das ist das einzige Friedensprogramm der Sozialdemokratie. Senkt die Waffen, richtet sie gegen

23 Ebd., 1.
24 Gautschi, Lenin, 202.
25 Zit. nach Gutjahr, Radek, 162.
26 Gautschi, Lenin, 203.

den gemeinsamen Feind, die kapitalistischen Regierungen! Das ist die Friedensbotschaft der Internationale.«[27]

Kein Glück mit ihrer Resolution hatten auch die anwesenden Menschewiki. Der betreffende Entwurf umfasste zwölf Seiten, gespickt mit einer Vielzahl theoretischer Erörterungen, aber ohne irgendeine konkrete Handlungsanleitung.[28] Es war Robert Grimm, der sich mit seinen kompromisshaften Formulierungen durchsetzte und dafür sorgte, dass die Debatten der Konferenzteilnehmer in eine Erklärung mit dem Titel »An die Völker, die man zu Grunde richtet und tötet« überführt werden konnten. Den »geselligen« Abschluss fand die Konferenz der streitbaren Genossen bei einem Abendessen im Hotel »Bären«, wo ein paar trinkfreudige Jodler für Unterhaltung sorgten.[29]

Wurde das Manifest in der Presse der neutralen Schweiz noch im Mai 1916 abgedruckt, verirrten sich – meist sehr viel später – lediglich nichtssagende und völlig zusammenhanglose Nachrichten über die Konferenz in die von der Zensur kontrollierten Zeitungen der kriegführenden Staaten. Als Resultat der Kientaler Konferenz konnte indessen Lenin immerhin vermerken, dass trotz der unveränderten Außenseiterrolle der »Linken« die Delegierten sich zu radikaleren Losungen als noch im Jahr zuvor durchgerungen hatten. Der Aufruf zur »Eroberung der politischen Macht« durch die Arbeiterklasse war aber immer noch keine Bürgerkriegslosung.

Finanzspritzen

Zu einem aufmerksamen Leser bereits des *Zimmerwalder Manifests* war der Diplomat Gisbert von Romberg geworden, ohne sich freilich zur Anhängerschaft der Sozialdemokratie, geschweige denn der Linken rund um Lenin zu zählen. Der deutsche Gesandte in Bern lotete vielmehr aus, inwiefern die Pläne russischer Emigranten und ihre Gegnerschaft zum Zarenregime nützlich für den Erfolg der eigenen Streitkräfte sein konnten. Schon bei Kriegsbeginn hatten die Mittelmächte mit einem revolutionären Umsturz im Zarenreich gerechnet

27 Zit. nach ebd.
28 Vgl. ebd., 204.
29 Ebd., 207.

und daraus willkommene potenzielle Vorteile für ihre Kriegführung abgeleitet. Je länger die Revolution ausblieb, desto besser schien es, auf handfeste Aktionen Dritter zu vertrauen. Mit anderen Worten: Es musste nachgeholfen werden. Stimmung gegen das Romanowimperium gemacht wurde unter diesen Vorzeichen sogar unter den eingebrachten russischen Kriegsgefangenen. Nationaler Propaganda zum Nachteil des militärischen Gegners bediente sich – wenn auch zögerlich – selbst das habsburgische Vielvölkerreich, indem beispielsweise kriegsgefangene Ukrainer und Polen sowie muslimische Untertanen des Zaren zum Widerstand gegen dessen Herrschaft animiert werden sollten. Der militärische Geheimdienst der k.u.k. Armee unterhielt zudem Kontakt zum polnischen Sozialistenführer Józef Piłsudski, der bereits im Gefolge der ersten Russischen Revolution mit Japan in Verhandlungen getreten war, um gegen das verhasste Regime in St. Petersburg zu wirken.[30] Das Zarenreich indessen verlegte sich auf die Privilegierung slawischer Kriegsgefangener. Während deutsche bzw. deutsch-österreichische Soldaten der k.u.k. Armee nach Sibirien verschickt wurden, blieben beispielsweise Tschechen und Slowaken, die vormals in der habsburgischen Armee gedient hatten, im europäischen Teil Russlands konzentriert. Einige von ihnen wurden überdies später in Kampfeinheiten zusammengefasst. Diese spielten 1918 in Gestalt der Tschechoslowakischen Legion eine zentrale Rolle im russischen Bürgerkrieg und im Kampf gegen die Bolschewiki.

Zu Beginn des Krieges ließen sich die vielgestaltigen Auswirkungen jener nationalen Propaganda, die die kriegführenden Mächte zum Schaden der jeweiligen Gegner entfalteten, kaum abschätzen. Man dachte kurzfristig und handelte demgemäß. Der militärische Erfolg stand im Zentrum aller Erwägungen, kein Preis dafür schien zu hoch, kein Unternehmen, um ihn zu erreichen, zu abwegig oder zu riskant. Die in der Schweiz gestrandeten russischen Revolutionäre waren unter diesen Vorzeichen nicht die Einzigen, die sich als potenzielle Verbündete im Kampf gegen das Zarenreich anboten. Von anderen hoben sie am ehesten ihre lang währende Opposition und die Entschiedenheit ihrer Gegnerschaft gegenüber dem zarischen

30 Vgl. Orlando Figes, Die Tragödie eines Volkes. Die Epoche der Russischen Revolution 1891 bis 1924, Berlin 2008, 200.

Regime ab. Die Beschlüsse der Berner Konferenz der bolschewistischen Auslandssektionen, die als »Aktionsplan der russischen Sozialisten« auch der deutschen Regierung zur Kenntnis gelangten, erschienen besonders vielversprechend. Immerhin strebten Lenin und seine Anhänger ja unmissverständlich die Niederlage des Russischen Reichs an. Zumindest dachten das die deutschen Diplomaten, während man auf österreichisch-ungarischer Seite die »Zimmerwalder Richtung« insgesamt im Blick hatte und diese für ziemlich harmlos hielt. Das k. u. k. Armeeoberkommando jedenfalls war der Meinung, dass das, was auf der Zimmerwalder Konferenz bzw. in Kiental vertreten worden war, »rein theoretisch« gewesen sei und im Grunde nur »evolutionär«. Man wolle die »Massen eher belehren«, als sie »zur Tätigkeit anspornen«.[31] Lenin hätte dieser Einschätzung wahrscheinlich zugestimmt. Er und seine radikalen Äußerungen befanden sich aber offenbar nicht auf dem Radar der österreichisch-ungarischen Militärs.

Romberg allerdings bewertete die Dinge anders und konzentrierte sich von Anfang an auf das Potenzial der »Linken Zimmerwalder«. Als wichtigster Verbindungsmann zwischen den russischen Revolutionären und Romberg fungierte in der Folge der Este Alexander Kesküla, der vor dem Krieg in der Schweiz studiert und schon 1905/06 »für den bolschewistischen Untergrund gearbeitet hatte«.[32] Kesküla wiederum stellte den Kontakt zu Lenin und den Bolschewiki her – persönlich oder aber über weitere Mittelsmänner. Und das womöglich bereits seit Herbst 1914. Deutsche Gelder flossen nun vor allem zur Finanzierung bolschewistischer Broschüren. Im Sommer 1915 unterbreitete Kesküla, der gleichzeitig über die Unzugänglichkeit der russischen Revolutionäre klagte, dem deutschen Diplomaten in Bern deren Bedingungen für den Friedensschluss mit Deutschland – im Falle einer erfolgreichen Erhebung in ihrem Heimatland. Die Forderungen trugen unverkennbar die Handschrift Lenins. Sie enthielten einige seiner bekannten revolutionären Losungen, darunter auch den eingemahnten Verzicht Deutschlands auf Annexionen und Kontributionen. So realitätsfern dieser »Wunschzettel« auch

---

31 Zit. nach Peter Schubert, Die Tätigkeit des k. u. k. Militärattachés in Bern während des Ersten Weltkriegs 1914–1918 (1919), Diss. Wien 1978, 183.

32 Koenen, Die Farbe Rot, 668.

erscheinen mochte, so typisch war er für Lenin. Die – man bedenke seinen überaus eingeschränkten Handlungsspielraum – geradezu unverschämten Forderungen an Deutschland zeugen von der Unbeirrbarkeit eines Zeloten. Die vorgebrachten Bedingungen legten Berlin auf Gegenleistungen fest, die aus Perspektive des Generalstabs einigermaßen anmaßend klingen mussten. Ein »Lakai« des wilhelminischen Kaiserreichs, den Lenins politische Gegner später aus ihm machten, hätte sich womöglich auf gemäßigtere Forderungen beschränkt. Was Kesküla hier an Romberg weitergab, hielt Lenin überdies nicht einmal geheim. Im Oktober 1915 wurden im *Sozial-Demokrat* die Bedingungen, die überdies auch auf der Zimmerwalder Konferenz in ähnlicher Form auf den Tisch gelegt worden waren, im Wesentlichen wiederholt. Hier meinte Lenin aber auch, dass eine proletarische Regierung allen kriegführenden Staaten den Frieden anbieten würde, um einzuschränken, dass ohnehin nicht von deren Zustimmung auszugehen wäre. In diesem Fall aber müsste der revolutionäre Krieg geführt werden, um in der Folge auch alle »von den Grossrussen unterdrückten Völker« sowie alle Kolonien und »abhängigen Länder Asiens […] zum Aufstand zu bringen«.[33]

Fallhöhe

Kesküla beschrieb Lenin gegenüber deutschen Stellen als organisatorisches Talent, als Mann von »brutalste[r] und rücksichtlosester Energie«, der »merkwürdigerweise immer Geld« habe. Der Bolschewikenführer, hieß es weiter, zeichne sich durch bedenkenlose »Draufgängerei« aus und sei ein »echter Moskowiter«. Der estnische Revolutionär verstand diese Charakterisierung durchaus als Lob.[34]

Lenins Forderungskatalog an Berlin verwies auf zweierlei. Erstens auf seinen Fanatismus und ein beachtliches Selbstbewusstsein: Trotz seiner prekären Lage als Emigrant und des überschaubaren Einflusses einer randständigen, kleinen bolschewistischen Partei – Anfang 1917 bestand sie aus etwa 10.000 Mitgliedern[35] – trat er als Quasi-Staatsmann und Sprecher einer fiktiven proletarischen

33 Zit. nach Werner Hahlweg, Lenins Rückkehr nach Russland 1917, Leiden 1957, 41 (Fn. 7).
34 Zit. nach Gerd Koenen, Der Russland-Komplex, München 2005, 93.
35 Figes, Tragödie, 327.

Revolutionsregierung auf. Und zweitens auf den abgebrühten Taktiker Lenin sowie auf ein Denken, das scheinbare Unvereinbarkeiten als logische Abfolge von Prozessen ordnete, so als wären die Visionen von einem alle Kontinente erfassenden Bürgerkrieg das Selbstverständlichste der Welt. Freilich hatte Lenin für erwartbare Einwände Argumente parat. Wäre, meinte er gegenüber Kritikern, der »Bürgerkrieg des Proletariats gegen die Bourgeoisie« reine Utopie, sei es unverständlich, warum sich die Gefängnisse überall in Europa mit »Pazifisten« bzw. Kriegsgegnern füllten.[36] Die Vorstellung von einem grenzübergreifenden Zusammenwirken des Proletariats begleitete Lenin seit Anbeginn seiner marxistischen »Bekehrung«. Jetzt setzte er diese internationale Kooperation als Teil seines revolutionären Plans voraus. Deutschland einen Separatfrieden anzubieten, den er – vorgeblich – für nicht realistisch hielt, ergab dann einen Sinn, wenn er mit diesem Schritt den Beginn der Weltrevolution verknüpfte. Genau darauf zielte er ab: Die Arbeiterschaft in ganz Europa würde, war Lenin überzeugt, spätestens zu dem Zeitpunkt, da die verschiedenen nationalen Regierungen Russlands Friedensgeste ignorierten, verstehen, dass eine Beendigung des Krieges nur nach Überwindung bestehender Herrschaftssysteme zu erreichen sei. Die Stringenz dieser Schlussfolgerung hielt Lenin für unanfechtbar.

Bezeichnenderweise stritt er den bereits kurz nach seiner Rückkehr nach Russland öffentlich und breitenwirksam erhobenen Vorwurf, er hätte Deutschland einen Separatfrieden angeboten, entschieden ab. Im Blick behalten habe er stets einen allgemeinen Frieden. Die Machthaber in Berlin, fügte er hinzu, hielt er schließlich für ebenso »räuberisch« und »verbrecherisch« wie die Staatsspitzen in allen anderen kriegführenden Ländern auch.[37]

Gegen die Finanzierung bolschewistischer Druckschriften mit deutschen »Beihilfen« dürfte sich Lenin kaum gewehrt haben. Die Realisierung solcher Projekte stellte sich aber mitunter als mühsam dar. Auch deshalb, weil Gelder dort und da versickerten. Persönlich bereichert hat sich Lenin aber laut den allermeisten seiner Biograf:innen nicht. Davon zeugen, wird argumentiert, viele Klagen über Geldnot und das regelmäßige Jammern über gestiegene Preise,

---

36 LW, Bd. 23, 203.
37 LW, Bd. 24, 100.

die es ihm mit fortschreitender Kriegsdauer schwer machten, für Kost und Logis aufzukommen. Feststeht in jedem Fall, dass Lenin darauf bedacht war, eine Kompromittierung seiner Person zu vermeiden. Nicht auszudenken, welches politische Kapital seine Gegner aus einer aufgedeckten Zusammenarbeit mit den Diplomaten des Kaiserreichs geschlagen hätten – schon 1915. Direkte Kontakte mit den deutschen Stellen gab es allein deshalb nicht. Die Fäden im Hintergrund zog Alexander Kesküla. Als Verbindungsmann für die Aufrechterhaltung der Verbindung zwischen den Bolschewiki in der Schweiz und dem umtriebigen Esten, der u.a. von Skandinavien aus operierte, stellte sich Arthur Siefeldt zur Verfügung – auch er ein estnischer Sozialist.[38]

Zunächst ohne klare Ablehnung seitens der deutschen und der k.u.k. Behörden wurde ab dem Frühjahr 1915 außerdem versucht, die russischen Kriegsgefangenen im Gewahrsam der Mittelmächte in revolutionärem Sinne zu beeinflussen. Zu diesem Zweck entstand die sogenannte Berner Kommission, in der Nadeschda Krupskaja sowie Inessa Armand die Hauptarbeit übernahmen. Für die angestrebte Ideologisierung der Gefangenen benötigt wurden nicht nur entsprechende Druckschriften, sondern auch Personen, die bereit waren, Agitationsarbeit zu betreiben. Unter ihnen befand sich interessanterweise der ins Ausland geflohene Doppelagent Roman Malinowski, den Lenin vor dem Krieg gegen die Angriffe aus den eigenen Reihen so vehement in Schutz genommen hatte. So sehr sich Lenin später von Malinowski auch distanzierte, so bedenkenlos hielt er den Kontakt mit dem ins Zwielicht geratenen Genossen auch in den Kriegsjahren.[39] Obwohl die Propagandaarbeit der Berner Kommission in ihrer Wirkung nicht überschätzt werden darf, verweist auch sie auf Finanzquellen, die sich allem Anschein nach außerhalb der bolschewistischen Parteikasse auftaten, und auf Verbindungen, die über den Kreis der Bolschewiki hinausgingen.

Dass es in diesem undurchsichtigen Geflecht von Kontakten und Abmachungen oder aber in der Grauzone zwischen Unterstützung und Gewähren-Lassen am Ende doch nicht nur um die Abgeltung

38 Vgl. Gautschi, Lenin, 169f., 172f.

39 Vgl. Verena Moritz/Hannes Leidinger, Zwischen Nutzen und Bedrohung. Die russischen Kriegsgefangenen in Österreich 1914–1920, Bonn 2005, 189–200.

von Druckkosten ging, scheint sich aus weiteren Aktivitäten Keskülas ableiten zu lassen. Umfassender formuliert wurden offenbar Hilfsangebote an Alexander Schljapnikow, dem Vertrauensmann Lenins in Stockholm, dem der finnische Verbindungsmann sogar Gewehre versprochen haben soll, um konsequent auf die Revolution in Russland hinzuarbeiten. Ab 1915/16 diente deutsches Geld allem Anschein nach auch dazu, Waffen und Munition nach Russland zu schleusen – ein Umstand, den Schljapnikow später abstritt. Er, behauptete der Lenin-Intimus, habe vielmehr den »Nachweis« erbracht, »dass sich dahinter ein strategisches Manöver« des deutschen »Militarismus verbarg«.[40] Es kann aber nicht überraschen, dass Schljapnikow in seinen Anfang der 1920er Jahre erschienenen mehrbändigen Betrachtungen der Ereignisse von 1917 den Kontakt mit Kesküla kleinredete und mit den üblichen Phrasen über schurkische Kapitalisten und arglistige Militaristen deutsche Subventionen in Abrede stellte.

Import – Export

Nicht alle russischen Sozialdemokraten in der Schweiz eigneten sich als Ansprechpartner für die deutschen Diplomaten gleich gut wie die Bolschewiki. Fernab jeglicher patriotischer Regungen, bereit, die Niederlage der eigenen Heimat herbeizuführen und auf den Trümmern eines verlorenen Krieges den Sozialismus zu errichten, hatte sich vor allem Lenin als potenziell tauglichster Partner für die Mittelmächte exponiert. Insofern kann es kaum verwundern, dass der Bolschewikenführer die Aufmerksamkeit einer ganzen Reihe von Personen auf sich zog bzw. von mehreren Seiten bearbeitet und für eine weitreichende Kooperation mit Deutschland gewonnen werden sollte. Der russisch-deutsche Doppelstaatsbürger und alte Bekannte Lenins aus der Frühzeit der *Iskra*, Alexander Parvus-Helphand, brachte alle Voraussetzungen für ein gedeihliches Zusammenwirken mit dem Bolschewikenführer mit. Er kannte dessen radikale Positionen. Das Interesse des Auswärtigen Amts in Berlin an der Förderung revolutionärer russischer Kräfte hatte er mit Erfolg geweckt

40 Zit. nach Catherine Merridale, Lenins Zug. Die Reise in die Revolution, Frankfurt am Main 2017, 87.

und tatsächlich mehrere Millionen Mark zugesprochen bekommen. Die eigentliche Unvereinbarkeit seiner Pläne in Gestalt eines »sozialistischen Endziels« mit dem Bestreben Berlins, einen Sonderfrieden mit Russland herbeizuführen, eliminierten die zumindest kurzfristigen Interessensüberschneidungen. Der deutsche Gesandte in Kopenhagen, Ulrich von Brockdorff-Rantzau, warnte aber den Unterstaatssekretär Arthur Zimmermann vor einer – in Anbetracht jener Kräfte, die hinter Parvus standen – gewagten Zusammenarbeit mit dem schillernden Revolutionär. Immerhin schien fraglich, ob man nicht die Kontrolle über das gesamte »Projekt« verlieren würde.[41] Allen Bedenken zum Trotz kam der Deal mit Parvus zustande. Dessen Suche nach Verbündeten verlief aber nicht ganz nach Wunsch. Bei Lenin, den er 1915 in der Schweiz aufsuchte, blitzte er ab. Er hatte dem Bolschewikenführer die Revolution in Russland als Folge deutscher Siege vor Augen geführt. Lenin aber, meinte Parvus, »träumte von der Herausgabe einer kommunistischen Zeitschrift, mit der er unverzüglich das europäische Proletariat aus den Schützengräben heraus- und in die Revolution hineintreiben zu können glaubte«.[42]

Dass Lenin tatsächlich nur auf die Kraft des Wortes setzte, um die Autokratie in Russland zu Fall zu bringen, erscheint höchst unwahrscheinlich. Schon in der ersten Russischen Revolution hatte er sich um Waffenlieferungen für die Arbeiter im Zarenreich bemüht. Warum also sollte er ausgerechnet jetzt auf Hilfsangebote verzichten, die der Bewaffnung des heimatlichen Proletariats dienten? Parvus ließ sich so oder so von seinem Weg nicht abbringen. Er arbeitete in der Folge unverdrossen auf das Ende der Romanowherrschaft hin und gründete hierfür die Zeitung *Die Glocke*. In Skandinavien unterstützte ihn bei dieser und anderen Aufgaben Jakub Fürstenberg-Hanecki, der gleichzeitig das besondere Vertrauen des Bolschewikenführers genoss. Außerdem hatten ihn seine Erfahrungen als »Transportspezialist und Schmuggler« zum »Fachmann« für jene Art von Untergrundarbeit prädestiniert, die seit dem »Prager Parteitag« 1912 von Lenin bewusst forciert worden war.[43] Bei Parvus heuerte auch der polnische Rechtsanwalt Mieczysław Kozłowski an,

41 Winfried Scharlau/Zbynek A. Zeman, Freibeuter der Revolution: Parvus-Helphand. Eine politische Biographie, Köln 1964,170.
42 Zit. nach Gautschi, Lenin, 173.
43 Scharlau/Zeman, Freibeuter, 183.

der nach dem Oktoberumsturz Positionen im sowjetrussischen Justizsektor und im Geheimdienst bekleidete und allem Anschein nach wesentlich daran beteiligt war, deutsche Gelder in die Parteikasse der Bolschewiki zu schleusen.[44]

Eine direkte Kooperation zwischen Lenin und Parvus kam nicht zustande. Trotzdem blieben wohl die Kanäle zwischen den beiden Männern offen. Hanecki übernahm allem Anschein nach die Rolle des Mittlers. Parvus indessen betrieb vom neutralen Ausland aus ein verzweigtes Netz an Handelsgeschäften, durch die das deutsche Geld nach Russland befördert und revolutionären Zwecken zugeführt werden konnte.[45] Ein florierendes »Import- und Exportbüro«, das Schreibwaren ebenso wie Kondome im Angebot hatte, arbeitete derart geschickt, dass, wie der Verbindungsmann des deutschen Auswärtigen Amtes Max Zimmer meinte, die Mitarbeiter des dubiosen Unternehmens gar nicht merkten, »daß unsere Regierung hinter allem steht«.[46] Das Kopenhagener Handelskontor, in dem Parvus, Hanecki und Georg Sklarz als Handelsagent des Berliner Generalstabs eine Art Triumvirat bildeten, kooperierte mit Petrograder Geschäftspartnern, die mittels getürkter Verrechnungen Gelder »abzweigten und auf Konten leiteten«, die Mieczysław Kozłowski verwaltete.[47] So schloss sich der Kreis. Subventionen, die direkt über den »Reptilienfonds der deutschen Reichsregierung« flossen, dürften demgegenüber die Ausnahme geblieben sein.[48]

Ob tatsächlich alle in Parvus' Firma so ahnungslos waren, wie Zimmer behauptete, ist ebenso unklar wie die Frage, was Lenin genau über die Netzwerke wusste, die sein alter Bekannter in Russland unterhielt. Zimmer jedenfalls bestätigte gegenüber seinen Ansprechpartnern in Deutschland, dass Lenin »abseits« stand und eine Einbindung desselben erst dann möglich sein würde, wenn sich die Spannungen zwischen den beiden Männern »ausgeglichen« hätten.[49] 1915 beschränkte sich der Bolschewikenführer anscheinend auf die über Kesküla laufenden Verbindungen und überließ

44 Ebd., 182f.
45 Ebd., 187.
46 Zit. nach ebd., 185. Über Zimmer siehe ebd., 146. Vgl. auch Koenen, Die Farbe Rot, 670f.
47 Koenen, Die Farbe Rot, 670.
48 Ebd., 670.
49 Zit. nach Scharlau/Zeman, Freibeuter, 186.

seinem Mitarbeiterstab den Rest der Geschäfte. Ende November 1915 zog er im *Sozial-Demokrat* wüst über Parvus und seine revolutionäre Propaganda her. Von einer Überwindung bestehender Differenzen, die Max Zimmer angesprochen hatte, konnte – zumindest nach außen hin – keine Rede sein. *Die Glocke* bezeichnete Lenin damals als »Kloake des deutschen Chauvinismus«. Parvus habe sich bereits während der Revolution 1905 als »Abenteurer« erwiesen, sei nun ganz »auf den Hund gekommen« und habe sich den »deutschen Opportunisten« angebiedert, während er die englischen »Sozialpatrioten« als »Chauvinisten und Schleppträger der Bourgeoisie« beschimpfe.[50] In Hinblick darauf, dass Lenin 1918 mit dem Friedensvertrag von Brest-Litowsk einen höchst umstrittenen Deal mit Deutschland einging, dessen »Notwendigkeit« sich selbst vielen Anhängern nicht erschloss und der ihm den Vorwurf eines schändlichen Vaterlandsverräters einbrachte, erscheinen folgende Anwürfe besonders pikant: Parvus, schrieb Lenin, »leckt Hindenburg die Stiefel, indem er den Lesern versichert, ›der deutsche Generalstab‹ sei ›für die Revolution in Rußland eingetreten‹, und indem er knechtselige Lobeshymnen auf diese ›Verkörperung der deutschen Volksseele‹ und sein ›starkes revolutionäres Empfinden‹ veröffentlicht. […] Herr Parvus entblödet sich nicht, der Öffentlichkeit mit eiserner Stirn zu verkünden, es sei seine ›Mission‹, ›eine ideelle Verbindung herzustellen zwischen dem bewaffneten deutschen und dem revolutionären russischen Proletariat‹. Es genügt, diese possenreißerische Phrase dem Spott der russischen Arbeiter preiszugeben.«[51]

»Nationen und Natiönchen«[52]

Das Selbstbestimmungsrecht der Nationen fand sich als eine der Bedingungen für einen Friedensschluss mit dem Hohenzollernreich auch in jenem Papier, das Alexander Kesküla an deutsche Diplomaten in der Schweiz weiterreichte. Lenin wich von dieser Position

50 LW, Bd. 21, 428.
51 Ebd., 429.
52 Vgl. Rosa Luxemburg, Fragment über Krieg, nationale Frage und Revolution (1918). https://sites.google.com/site/sozialistischeklassiker2punkto/luxemburg/luxemburg-1918/rosa-luxemburg-fragment-ueber-krieg-nationale-frage-und-revolution (14.12.2022).

auch in der Folgezeit nicht ab. Wer sich einen raschen Überblick über die Geschichte Russlands in und nach der »Oktoberrevolution« verschaffen möchte, könnte freilich zu dem Schluss kommen, dass das Zugeständnis an nach Selbstständigkeit strebende Nationen 1917 von Lenin als geradezu spontanes »Geschenk« entstand und den Völkern offeriert wurde, um Gefolgschaft zu sichern, wo Loyalitäten erst neu entstehen mussten. Die Bolschewiki verkündeten ein dahingehendes Dekret nach dem Oktoberumsturz und auch der amerikanische Präsident Woodrow Wilson präsentierte seine Angebote an die Nationen im Januar 1918 im Rahmen des berühmten 14-Punkte-Programms. Darin war u.a. die Rede von einem unabhängigen polnischen Staat und den autonomen Entwicklungen der Völker des Habsburgerreichs. Letzteres galt vielen Sozialdemokraten als unzeitgemäße Monstrosität. Moderne Nationalstaaten als Ergebnis eines »bürgerlichen Projekts« entsprachen, so Lenin, im Gegensatz dazu den Erfordernissen des Kapitalismus viel besser. Während Rosa Luxemburg einen strikten Internationalismus verfocht, vertrat Lenin das Selbstbestimmungsrecht der Nationen nicht zuletzt als Forderung zur Befreiung unterdrückter Völker vom Alpdruck der Zarenherrschaft. Eine solche Losung abzulehnen, setzte er gleich mit der Unterstützung der zarischen Autokratie und des großrussischen Chauvinismus. Immer wieder erinnerte er an die Überzahl sogenannter »Fremdstämmiger« im Russischen Imperium und daran, dass die Großrussen selbst nicht einmal die Hälfte der Gesamtbevölkerung im Zarenreich stellten.

Im Februar 1914 hatte Lenin der Frage der Selbstbestimmung der Nationen eine größere Abhandlung gewidmet, die sich – nicht das erste Mal – vor allem gegen diesbezügliche Ansichten Rosa Luxemburgs wandte und eine schon lange ausgetragene Kontroverse zusammenfasste. Eine abermalige Absage erteilte er darin auch der viel diskutierten »national-kulturellen Autonomie« von Otto Bauer, die er als im Grunde bürgerliche Idee disqualifizierte, weil sie, wie er kritisierte, bereits für den schulischen Unterricht »Absonderungen« nach nationalen Kriterien vorsah und somit die Arbeitermassen voneinander entfremden würde. Im Schlagabtausch mit Rosa Luxemburg, die oft auf die Problematik des habsburgischen Vielvölkerreichs Bezug nahm, verwarf er außerdem das Argument, wonach die österreichischen Sozialdemokraten auf das Selbstbestimmungsrecht in ihrem Programm verzichtet hätten. Es sei, meinte er, zwar nicht explizit im berühmten Brünner Programm erwähnt, aber in den Protokollen des Parteitags als explizites Ziel der ruthenischen bzw. ukrainischen sowie polnischen Delegierten formuliert worden. Ergo gab es die Forderung der Selbstbestimmung auch im österreichischen Parteiprogramm, das realiter die Umwandlung Österreichs in einen demokratischen Nationalitätenbundesstaat proklamierte und national abgegrenzte Selbstverwaltungskörper vorsah. Diese »Beweisführung« war typisch für Lenin. In Wirklichkeit hatten die Ruthenen zwar die Solidarität mit ihren »Brüdern« im Zarenreich betont und »die nationale Freiheit ihrer ganzen Nation« als Ziel formuliert, aber keinen »ukrainischen Nationalstaat« gefordert.[53]

Eine Befürwortung der Selbstbestimmung präsentierte sich für Lenin nicht, wie seine Kritiker ihm vorwarfen, als ein Nachbeten bourgeoiser Politik oder gar als Unterstützung bürgerlich-nationalistischer Bestrebungen, sondern als eine mit proletarischen Zielsetzungen erfüllte Forderung: »Die Schaffung eines selbstständigen und unabhängigen Nationalstaates bleibt in Rußland bis jetzt das Privileg allein der großrussischen Nation. Wir großrussischen Proletarier, die wir keinerlei Privilegien verteidigen, verteidigen auch dieses Privileg nicht. Wir kämpfen auf dem Boden des gegebenen Staates, vereinigen die Arbeiter aller Nationen des gegebenen Staates, wir können uns nicht für diesen oder jenen Weg der nationalen Entwicklung verbürgen, wir verfolgen auf allen möglichen Wegen unser Klassenziel.«[54] Er wisse nicht, setzte Lenin fort, ob es zum Beispiel der Ukraine »beschieden sein« werde, »einen selbständigen Staat zu bilden«. Das nämlich hänge von »1000 Faktoren ab, die im voraus nicht bekannt sind«.[55] Aber, betonte er, nur über die Gewährung nationaler Selbstständigkeit könne ein proletarischer Internationalismus gedeihen. Im Frühjahr 1917 behauptete er, dass sich die Ukraine von einer Sowjetrepublik gar nicht würde abspalten wollen.[56]

53 Kerstin S. Jobst, Zwischen Nationalismus und Internationalismus. Die polnische und ukrainische Sozialdemokratie in Galizien von 1890 bis 1914. Ein Beitrag zur Nationalitätenfrage im Habsburgerreich, Hamburg 1996, 105.

54 LW, Bd. 20, 416.

55 Ebd.

56 LW, Bd. 24, 293.

Lenin stellte dennoch klar, dass das »Recht auf Selbstbestimmung für alle zum Staat gehörenden Nationen«, das bereits im SDAPR-Programm von 1903 formuliert worden war, selbstverständlich auch die Option auf völlige Lostrennung beinhaltet hatte und dass nach dem Eintritt der polnischen Marxisten in die Partei »niemals« auch nur ein einziger Antrag auf Abänderung des entsprechenden Paragrafen eingebracht worden war.[57] Er erinnerte außerdem an die Resolution des Londoner Internationalen Kongresses von 1896, in der das volle Selbstbestimmungsrecht »aller Nationen« bei gleichzeitiger »Überwindung des internationalen Kapitalismus« und »Durchsetzung der Ziele der internationalen Sozialdemokratie« befürwortet worden war.[58] Tatsächlich war diese Thematik allein schon durch die Behandlung der Kolonialfrage bei allen großen Konferenzen der Internationale vor 1914 besprochen worden.[59] Solcherart präsentierte Lenin das Selbstbestimmungsrecht als Agenda der internationalen Sozialdemokratie und stellte das Bekenntnis dazu als konsensualen und für alle quasi bindenden Beschluss dar. Mit diesen Argumenten wandte er sich gegen polnische Genossen, die Autonomie für ihre Heimat forderten und obendrein zu beweisen versuchten, dass Selbstständigkeit und Lostrennung zwei völlig verschiedene Dinge seien. Lenin ignorierte darüber hinaus die ungeheure Komplexität der Nationalitätenproblematik, die sich nicht zuletzt exemplarisch am habsburgischen Vielvölkerreich und der Positionierung der dortigen Sozialdemokratie ablesen ließ. Darüber hinaus hatten Marx und Engels sich »nur mit Vorbehalten« dem »Nationalitätenprinzip als einem ›natürlichen‹ Recht der Völker auf Selbstbestimmung angeschlossen«, weil es der Schaffung von Großräumen als Ideal für die sozialistische Entwicklung widersprach.[60] Lenin neigte zu Vereinfachungen – so auch in seinen Zusammenfassungen des erwähnten Londoner Kongresses. Die Internationale hatte zwar der dort eingebrachten polnischen Resolution, in der die »Unabhängigkeit Polens« gefordert wurde, entsprochen, aber sie vermied die »ausdrückliche Aufnahme des Selbstbestimmungsrechtes«

57 LW, Bd. 20, 452.
58 Ebd., 435.
59 Vgl. Julius Braunthal, Geschichte der Internationale, Bd. I, Hannover 1961, 311.
60 Zit. nach Helmut Konrad, Nationalismus und Internationalismus. Die österreichische Arbeiterbewegung vor dem Ersten Weltkrieg, Wien 1976, 13.

und ersetzte es durch eine Verlegenheitsformel, wonach jedes Land über sein Schicksal selbst bestimmen könne.[61] Die Internationale war tatsächlich weit entfernt von einer einheitlichen Linie in dieser Frage. Am Beispiel Polens fühlte sie sich verpflichtet, für das Selbstbestimmungsrecht einzutreten, setzte sich aber »niemals ernsthaft mit dem Problem auseinander, wie die Ansprüche der kleinen Nationalitäten mit den Erfordernissen umfassender politischer Organisation in Übereinstimmung gebracht werden könnten«.[62] Gerade in Bezug auf das Selbstbestimmungsrecht gelang es ihr in der Folge nur ansatzweise, die Fiktion eines gemeinsamen Kurses aufrechtzuerhalten. Über die »Bekundung eines formalen Internationalismus und eines politisch wenig realen Pazifismus« gelangte sie nicht hinaus.[63]

»Seifenblasen«

Die in den Jahren vor dem Ersten Weltkrieg zu Papier gebrachten Überlegungen und Konzepte europäischer Sozialdemokraten zur Nationalitätenproblematik, egal ob sie von Otto Bauer, Karl Renner, Rosa Luxemburg, Karl Kautsky oder Lenin stammen, stellen auch heute noch eine gewinnbringende Lektüre dar. Sie zeigen Probleme und Lösungsmöglichkeiten auf, die einerseits durchaus zeitgebunden und aufgrund der nachfolgenden Entwicklungen überholt, zum Teil auch abwegig erscheinen, andererseits aber auch ganz grundsätzliche, nach wie vor anregende Reflexionen beinhalten. Zu beachten bei alledem ist, dass Lenins Konzepte – im Unterschied beispielsweise zu jenen der österreichischen Genossen – den gesamtstaatlichen Rahmen als gegebenen Raum für zu verwirklichende Reformen und Umgestaltungen negierten. Lenin richtete zum einen die Nationalitätenthematik strikt auf das Ziel der Überwindung der zarischen Autokratie und damit auf die Zerstörung des Romanowimperiums aus und legte zum anderen eine von vielen abgelehnte oder aber – aus seiner Sicht – missverstandene Elastizität

61 Vgl. Hans Mommsen, Die Sozialdemokratie und die Nationalitätenfrage im habsburgischen Vielvölkerstaat. Bd. I: Das Ringen um die supranationale Integration der zisleithanischen Arbeiterbewegung (1867–1907), Wien 1963, 248, 425.

62 Ebd., 25.

63 Ebd., 424.

in der Frage des Selbstbestimmungsrechts nahe, die eine quasi-nationalstaatliche Ordnung in Einklang mit dem Internationalismus der Sozialdemokratie brachte.[64] All das führte ihn weit weg von den Überlegungen der österreichischen Sozialdemokratie und unterfütterte darüber hinaus jene bolschewistische Machtpolitik, die ab 1917 das »Wiedereinsammeln russischer Erde« als logische Konsequenz ureigenster Maximen der Linken legitimierte.

Auf die Ukraine umgemünzt ging die Rechnung nach vielschichtigen Auseinandersetzungen, einem kurzen Intermezzo der Okkupation durch die Mittelmächte und blutigen Kämpfen im Bauern- und Bürgerkrieg auf. Die Ukraine wurde territorial neu geschaffen und Teil der Ende 1922 aus der Taufe gehobenen Union der Sozialistischen Sowjetrepubliken. Polen aber ließ sich nach einem an zahlreichen Wendungen reichen Krieg mit Lenins Sowjetmacht vorläufig nicht in das »proletarische Paradies« der Bolschewiki integrieren. Finnland wiederum, wo sich zunächst die Sozialdemokraten an die Spitze des Kampfes für Unabhängigkeit stellten, bezahlte den Wunsch nach »Selbstbestimmung« mit einem hohen Blutzoll. Georgien wurde bereits 1921 gewaltsam in die UdSSR eingegliedert – ein weiterer »Sündenfall« des Sowjetregimes, den die europäische Sozialdemokratie anprangerte, ohne allerdings solidarische Bindungen an den »ersten sozialistischen Staat« zu kappen.

Die Prinzipien, die Lenins Zugang zur Nationalitätenproblematik in Russland – mit dem primären Ziel der Überwindung der Zarenherrschaft und dem sekundären einer Ausdehnung von Einflusssphären unter roter Flagge – charakterisierten, erfüllten ihren Zweck. Sein Verständnis sowohl des Selbstbestimmungsrechts als auch der Annexionsproblematik erlaubte und rechtfertigte territoriale Expansion, solange sie im Namen des Sozialismus erfolgte: »Nicht jede Angliederung eines Landes durch Kriegsgewalt ist Annexion«, meinte er, »denn die Sozialisten können Gewaltanwendung und Kriege, die im Interesse der Mehrheit der Bevölkerung geführt

---

64 Dazu u. a. Ulla Plener, Die Debatte zwischen Rosa Luxemburg und Lenin über die nationale Frage 1903–1918. https://marx200.org/sites/default/files/nationale_frage_plener.pdf (5.2.2023) sowie Walter Baier, Von Nationen und »Natiönchen«, historischen und »geschichtslosen« Völkern – Rosa Luxemburg, W. I. Lenin und Otto Bauer, in: Michael Brie/Frigga Haug (Hg.), Zwischen Klassenstaat und Selbstbefreiung. Zum Staatsverständnis von Rosa Luxemburg, Baden-Baden 2011, 145–169.

werden, nicht grundsätzlich ablehnen. Unter Annexion verstehen wir bloß die Angliederung eines Landes gegen den Willen seiner Bewohner. Mit anderen Worten«, hieß es in jenen Thesen, die er 1916 dem ZK der Partei vorlegte: »Der Begriff der Annexion ist mit dem Begriff des Selbstbestimmungsrechtes aufs engste verbunden.«[65] Weil diese und andere seiner Aussagen zum Nationalitätenproblem damals nicht alle seiner Genossen so richtig verstanden und nicht wenige sich irritiert gaben, sah er sich des Öfteren gezwungen, Erläuterungen nachzuliefern. Auch 1917, als sich erneut Erklärungsbedarf auftat und die Lage sich in Anbetracht des bereits erfolgten Sturzes der Zarenherrschaft grundlegend verändert hatte. Noch vor dem Oktoberumsturz bekräftigte er sein Bekenntnis zu einem »möglichst großen Staat« und einem »möglichst engen Bund einer möglichst großen Zahl von Nationen«. Nicht Trennung, sondern Vereinigung laute die Losung. Das zuerkannte Recht auf Lostrennung bedeute keineswegs den Verzicht auf einen Zusammenschluss. Das alles sei friedlich und als Ergebnis eines jeweiligen nationalen Prozesses und entsprechender Propaganda zu vollziehen.[66] Bereits im Dezember 1917 konnte sich die ukrainische Rada davon überzeugen, dass aus Sicht der Bolschewiki genügend Gründe vorlagen, eine friedliche Überwindung vorhandener Gegensätze hintanzustellen.[67] Musste damals der Vorwurf der Kollaboration mit sowjetfeindlichen Kräften für eine bewaffnete Konfrontation herhalten, erklärte Lenin am Parteitag im März 1919, dass bei allem Hochhalten des Selbstbestimmungsrechts – sinngemäß – die Ukraine eben eine Ausnahme sei. Die »nationale Bewegung« habe dort »keine tiefen Wurzeln geschlagen«. Selbst mit dem Ukrainischen sei es nicht so einfach: Man wisse nicht, ob es nun die »Sprache der Massen« sei oder nicht.[68]

1918 entlarvte die Polin Rosa Luxemburg, die den ukrainischen Nationalismus bis zur »Oktoberrevolution« nur für eine »Fatzkerei«, eine »Seifenblase« hielt, das Wesen des Nationalismus als bloße »Formel«. »Der Kern«, der historische Inhalt, »der dahintersteckt«, schrieb sie, »ist so mannigfaltig und beziehungsreich, wie die Formel der nationalen Selbstbestimmung, unter der er sich verbirgt,

65 LW, Bd. 22, 178.
66 LW, Bd. 26, 163.
67 Ebd., 358–360.
68 LW, Bd. 29, 180.

hohl und dürftig ist. […] So spiegelt der Nationalismus alle denkbaren Interessen, Nuancen, geschichtlichen Situationen wider. Er schillert in allen Farben. Er ist nichts und alles, er ist bloß die ideologische Hülle, alles kommt darauf an, seinen jeweiligen sozialen Kern zu bestimmen.«[69] Luxemburg spottete über Nationen und »Natiönchen«, die im Gefolge des Weltkriegs und der Revolution ihre Selbstständigkeit beanspruchten. Über die Tragweite dieser Entwicklung war sie sich bewusst. Was angesichts der bereits entfachten bzw. herannahenden Konflikte zwischen den Völkern bedenklich stimmen musste, galt Lenin als unvermeidliche Konsequenz revolutionärer Umbrüche. Luxemburg wiederum geißelte den aggressiven Nationalismus, der sich 1918 zu entladen begann, akzeptierte ihn aber ebenfalls als hinzunehmende Begleiterscheinung des auszufechtenden Klassenkampfes. Nicht ausgeblendet werden darf bei alledem, dass nicht Lenin – weder mit dem Dekret über das Selbstbestimmungsrecht der Nationen Ende 1917 noch mit seinen bereits zuvor dazu ventilierten Ansichten – jene Entwicklungen ins Rollen brachte, die nicht nur den russischen Bürgerkrieg zu einem so umfassenden und komplexen Ringen machten, sondern ganz Osteuropa in »bloodlands« verwandelte.[70]

Es brauchte nicht den Bolschewikenführer oder wenigstens nicht zwingend, um – wenn man so will – den Geist aus der Flasche zu lassen. Die Nationalitätenfrage tat sich bereits kurz nach der Februarrevolution 1917 als akut gewordenes Problem für die Provisorische Regierung, aber auch für den Petrograder Sowjet auf. Ganz zu schweigen von stärker werdenden nationalen »Lebenszeichen« auch außerhalb des russischen Riesenreichs, die ihrerseits den jeweiligen Regierenden konkrete Lösungen aufzunötigen begannen. Freilich gab es verschiedene Förderer der »Nationalitätenbefreiung«, die sehr unterschiedliche Ziele verfolgten. Lenin war nur einer von vielen selbst ernannten »Befreiern«. Den Vorbehalten und der Hinhaltetaktik sowie den Widersprüchen und Schwankungen, mit denen die Politik des Februarregimes Autonomie- und Selbstständigkeitsforderungen der sogenannten »Fremdvölker« begegnete, hielt Lenin

69 Rosa Luxemburg, Fragment über Krieg, nationale Frage und Revolution, https://sites.google.com/site/sozialistischeklassiker2punkto/luxemburg/luxemburg-1918/rosa-luxemburg-fragment-ueber-krieg-nationale-frage-und-revolution (12.2.2023).

70 Dazu Timothy Snyder, Bloodlands. Europa zwischen Hitler und Stalin, München 2022.

jedenfalls eine einfache, aber brandgefährliche Formel entgegen: Die Forderung nach dem Selbstbestimmungsrecht der Völker trug die Dimension eines potenziellen kriegerischen Konflikts mehr oder weniger zwangsläufig in sich – egal in wessen Namen sie erhoben wurde.

Zugeständnisse

Nicht zuletzt die Streiks und Proteste, die 1905 in Polen und Lettland beobachtet werden konnten, hatten Lenin vor Augen gehalten, wie sehr nationale »Leidenschaften« die Zarenherrschaft herauszufordern vermochten.[71] Befreiungsbewegungen in den Randgebieten des Romanowreichs hatten sich als ein destabilisierender Faktor bewährt, auf den Lenin bei seinen Umsturzplänen nicht verzichten wollte. Andere »Player« erkannten das Potenzial der Selbstbestimmungsfrage ebenso. Wie sehr sich die Frage der Unabhängigkeit eines Landes dazu eignete, nationale Interessen für jeweilige machtpolitische Zwecke oder die Selbstdarstellung als »gütiger« Protektor zu benützen, zeigte sich im Zuge des Ersten Weltkriegs vor allem am Beispiel Polens. Die Mittelmächte offerierten mit der Ende 1916 erfolgten Proklamation des Königreichs Polen ein scheinbar attraktives Gegenangebot zur zarischen Despotie. General Ludendorff aber wünschte sich bei alledem und zuvorderst gleichsam dankbare polnische Soldaten als Verstärkung für die deutsche Heeresmacht und hatte es in erster Linie auf zusätzliches »Kanonenfutter« im Kampf gegen Russland abgesehen.[72] Polnische Freiheitsbestrebungen anzuerkennen, fiel wiederum der aus dem Februarumsturz 1917 hervorgegangenen Provisorischen Regierung in Petrograd leicht: Solange vormals »russländisches« Territorium ohnehin von den Mittelmächten besetzt war, konnten die fragwürdige Zugeständnisse Deutschlands und Österreich-Ungarns an Polen konsequenzlos und ohne Sorge vor realen Auswirkungen übertrumpft werden. Es wurde gepokert und man machte große Versprechungen, die bei näherer Betrachtung einigermaßen wertlos waren.

71 Vgl. dazu Manfred Hildermeier, Die Russische Revolution 1905–1921, Frankfurt am Main 1989, 55.

72 Vgl. Lothar Höbelt, Die austro-polnische Lösung, in: Heeresgeschichtliches Museum (Hg.), Der Erste Weltkrieg und der Vielvölkerstaat Symposium, 4.11.2011, Wien 2012, 35–54, 41.

Wer sich, wie etwa Karl Radek, auch nach dem Zimmerwalder Kongress gegen das Selbstbestimmungsrecht für Polen wandte und einer Autonomielösung anhing, weil ansonsten, wie er argumentierte, die Arbeiterschaft zum Werkzeug bourgeoiser imperialistischer Bestrebungen werden könnte, zog sich Lenins Zorn zu. Dasselbe galt auch für Nikolaj Bucharin, der sich in diesem Punkt ebenfalls von den Berner Beschlüssen distanzierte.[73] Lenin fühlte sich vor diesem Hintergrund zu einer weiteren Erläuterung genötigt, die im Herbst 1916 unter dem Titel *Die Ergebnisse der Diskussion über die Selbstbestimmung der Nationen* veröffentlicht wurde. Darin fanden sich nicht nur komplexe Darlegungen zur polnischen Frage, sondern auch wortreiche Plädoyers für das Recht auf Lostrennung. Dieses brachte Lenin in Verbindung mit einer konsequenten »Erziehung« der Arbeiterschaft zum Internationalismus und mit einer beschleunigten »Annäherung und Verschmelzung der Nationen, die durch das Absterben des Staates vollendet wird«.[74] Die Widersprüchlichkeit seiner Argumente, die Kritiker ihm vorwarfen, wollte er nicht sehen. Für die Schlüssigkeit seiner Darlegungen galt ihm einmal mehr die – auch von der Internationale so verwendete – Unterscheidung zwischen unterdrückten und unterdrückenden Völkern als Grundlage. Die Zarenherrschaft identifizierte er freilich als Ausgeburt der allerschlimmsten Tyrannei. Und er zollte den Anstrengungen der kriegführenden Mächte, die Schwächen ihrer Gegner auszunutzen und nationale ebenso wie revolutionäre Bewegungen zu unterstützten, im Sinne einer nachahmenswerten Taktik Anerkennung. Nicht anders hatte er 1905 angesichts des Erfolgs zarischer Maßnahmen zur Unterdrückung des Dezemberaufstands gedacht. Und auch jetzt fand er unmissverständliche Worte: »Wir wären sehr schlechte Revolutionäre, wenn wir es nicht verstünden, im großen Befreiungskampf des Proletariats für den Sozialismus jede Volksbewegung gegen die einzelnen Bedrängnisse des Imperialismus zur Verschärfung und Ausweitung der Krise auszunutzen.«[75]

Lenins Haltung zum Selbstbestimmungsrecht stieß aber weiterhin unter vielen Genossen auf Unverständnis. In Petrograd hatte es

73 Vgl. Gutjahr, Radek, 169f.
74 LW, Bd. 22, 331.
75 Ebd., 366.

Alexander Schljapnikow, der Ende 1916 in die russische Hauptstadt kam, schwer, die dortigen Bolschewiki von Lenins Kurs zu überzeugen.[76] In seinen damals verfassten Briefen vor allem an Schljapnikow und Inessa Armand ließ der Bolschewikenführer seinem Unmut freien Lauf, wenn er Ablehnung und Gegenwind unter der Anhängerschaft witterte. Überall sah er »Narren« und »Verräter«, die entweder nicht verstanden, was er für logisch hielt, oder aber wie etwa Karl Radek ein doppeltes Spiel zu treiben schienen. Als Letzterer ihn beispielsweise in Zusammenhang mit der neu gegründeten Zeitung *Der Vorbote* ausmanövrierte oder zumindest Lenin ihm dies unterstellte, beschwerte er sich bitter und gab das Bild eines von allen betrogenen und verzweifelten Einzelkämpfers ab.[77]

Aber auch in emotioneller Hinsicht war es keine leichte Zeit für Lenin. Zu verarbeiten galt es neben dem Ableben von Mutter und Schwiegermutter in dieser Phase überdies den schlechten Gesundheitszustand seiner Frau, die als Folge ihrer Basedow-Krankheit mit erheblichen Beschwerden zu kämpfen hatte. Stützen waren ihm in dieser Zeit die Schwestern Anna und Maria sowie der Schwager Mark Jelisarow, sie alle erfüllten verschiedene Aufgaben in Lenins »Partei-Unternehmen«.[78] Dennoch blieb immer noch viel an ihm selbst hängen, seine Gesundheit litt. Er klagte über Kopfschmerzen und fühlte sich kraftlos. Der Ärger über uneinsichtige Genossen zehrte an ihm. Erfolglos verlief zudem sein betriebsames Engagement unter den Schweizer Sozialdemokraten: Seine unablässigen Bemühungen, eine Spaltung in die eidgenössische sozialdemokratische Partei hineinzutragen, misslangen. Sie trugen ihm die tiefe Abneigung eines Mannes ein, der ihm nichtsdestoweniger behilflich war, die Schweiz im Frühjahr 1917 hinter sich lassen und die Heimat anzusteuern: Robert Grimm.[79] Lenin hielt den Schweizer Genossen in jeder Hinsicht für eine Fehlbesetzung. Er sah ihn ihm, der an der Spitze der Zimmerwalder Konferenz gestanden hatte, in Wahrheit einen Totengräber des »Zimmerwaldismus«. In diversen Briefen bezeichnete er ihn folgerichtig als »Lumpen«, »Schurken«

76 Barbara C. Allen, Alexander Shlyapnikov, 1885–1937. Life of an Old Bolshevik, Leiden/Boston 2015, 77.
77 Vgl. Gutjahr, Radek, 155f.
78 Vgl. Koenen, Die Farbe Rot, 670.
79 Gautschi, Lenin, 219–235.

und »Schuft«.[80] Während Grimm den Abschluss der Verhandlungen mit deutschen Stellen über die genauen Rahmenbedingungen von Lenins Reise nach Russland anderen überließ, endete seine eigene Fahrt nach Petrograd in einem Fiasko. Seine Friedensbemühungen brachten nicht nur die neutrale Schweiz in Bedrängnis, sondern ließen ihn überdies als Fürsprecher des deutschen Militarismus dastehen. Der Menschewik Nikolaj Suchanow urteilte über Grimm, er sei tatsächlich kein »Zimmerwalder« gewesen und schon gar kein »deutscher Agent«, sondern vielmehr ein »verirrter Pazifist«.[81]

Lenin seinerseits war weit davon entfernt, ein Pazifist zu sein. Er erklärte bei seiner Heimkehr nach Russland im April 1917, einen »wahrhaften demokratischen Frieden« nur nach dem Übergang der Macht in die Hände des Proletariats und der armen Bauernschaft für ein mögliches Szenario zu halten. Das bedeutete in letzter Konsequenz, dass er einen Frieden, den nicht er, sondern andere schließen würden, für inakzeptabel hielt.

80 Ebd., passim.
81 Nikolaj N. Suchanov, 1917. Tagebuch der russischen Revolution, München 1967, 383.

10
LENIN WEIST DEN WEG

Die »Stunde Null« der Revolution

Das Jahr 1917 als große historische Zäsur erscheint immer noch als geradezu übermächtig. In ihm bündelt sich eine Vielzahl richtungsweisender Begebenheiten und Entscheidungen, die einen Systembruch ungeheuren Ausmaßes herbeiführten. Lenins Rückkehr nach Russland im April 1917 ist eine der wichtigsten Stationen auf dem Weg zu diesem Einschnitt. Die sowjetische Geschichtsdarstellung überhöhte die Heimkehr des Bolschewikenführers demgemäß als Wendepunkt, hinter dem selbst die Februarrevolution zum beinahe marginalen Prolog schrumpfte und der Weltkrieg eine mitunter diffuse Kulisse abgab.

Untrennbar mit dieser Interpretation verbunden war die Hervorhebung der *Aprilthesen*. Tatsächlich ist ihre Bedeutung für den weiteren Verlauf der Ereignisse eminent. Als der Bolschewikenführer im Frühjahr 1917 in Petrograd – wie St. Petersburg seit Beginn des Ersten Weltkriegs hieß – ankam, erregten diese *Thesen*, die den weiteren Kurs seiner Partei vorgaben, gelinde gesagt Erstaunen. Seine Ziele machte der Heimkehrer, den die Februarrevolution in die Heimat gezogen hatte, Punkt für Punkt deutlich; darunter eine klare Opposition der Bolschewiki zur Provisorischen Regierung, die als Folge des Februarumsturzes installiert worden war, die Errichtung einer Sowjetregierung und einer Räterepublik, die Nationalisierung des Bodens sowie die Verbrüderung an der Front, wo sich russische Soldaten und Streitkräfte der Mittelmächte nach bald drei Jahren immer noch als Feinde gegenüberstanden. Eine parlamentarische Republik hielt er für rückschrittlich und die Abschaffung von Polizei und Beamtenschaft für angezeigt. Die Armee schließlich sollte durch die Maßnahme einer allgemeinen

Volksbewaffnung ersetzt werden. Außerdem sprach er sich für den Verzicht auf jedwede Annexionen, d.h. territoriale Angliederungen, aus. Der Bolschewikenführer wies also den Weg. So wollte es – analog zu den wechselnden Richtlinien für die offiziell abgesegnete Darstellungsweise[1] – die sowjetische Historiografie. Ihre Narrative setzten sich zuweilen aber auch in westlichen Geschichtsdarstellungen ohne gröbere Korrekturen fest. Allerdings folgten die damit einhergehenden Bewertungen Jahrzehnte hindurch nicht zuletzt weltanschaulichen Parametern.

Lenins Wirken und sein Einfluss auf die Ereignisse, die 1917 und zweifellos auch in den Folgejahren die Welt erschüttern sollten, werden bis heute denkbar hoch eingeschätzt. Dabei geht es u.a. um die Konzentration auf Lenin als Einzelperson, als gewissermaßen demiurgischen Gestalter all dessen, was sich nach seiner Ankunft in Petrograd ereignete. Er sei, heißt es beispielsweise in Zusammenhang mit seinen dubiosen Verbindungen zu deutschen Stellen und deren an ihn bzw. seine Heimkehr gebundenen Hoffnungen auf eine Destabilisierung Russlands, eine »one-man demolition crew« gewesen.[2]

Gerade die Sowjethistorie musste sich dem konstatierten Alleingang des Revolutionsführers unter spezifischen Gesichtspunkten nähern. Vor allem erforderlich war die Gewichtung dieses nicht unproblematischen Narrativs gegenüber der Existenz eines anderen, nicht minder erforderlichen Akteurs: den herbeigeschriebenen probolschewistischen Massen. Die Mission eines allwissenden Führers durfte nicht auf Kollisionskurs mit den heroischen Proletariern der »Oktoberrevolution« geschickt werden. Lenin übernahm also die Rolle des Lehrmeisters. Der »Künder eines neuen Zeitalters« war dem Volk nicht entrückt, sondern der »nächste Freund« aller Werktätigen.[3]

Die Überhöhung von 1917 als ruhmvoller Beginn des ersten sozialistischen Staates der Welt machte aus dem symbolhaft aufgeladenen Jahr eine »Stunde Null« und aus Lenin einen Messias, der seine Frohbotschaften im Frühjahr 1917 als Offenbarung verkündete, Blinde sehend, also einsichtig machte und Ungläubige bekehrte.

1 Vgl. Leo Trotzki, Geschichte der Russischen Revolution. Zweiter Teil: Oktoberrevolution (2), Frankfurt am Main 1982, 812.
2 Sean McMeekin, The Russian Revolution. A New History, London 2017, 131.
3 Zit. nach Benno Ennker, Die Anfänge des Leninkults in der Sowjetunion, Köln/Wien 1997, 130.

Da Lenin die *Aprilthesen*, seine bolschewistischen »Zehn Gebote«, unterwegs, auf der Reise von der Schweiz über Deutschland nach Russland im »plombierten« Waggon, der bekanntermaßen gar nicht plombiert gewesen war, zu Papier brachte, entstand bei vielen der Eindruck, seine Leitsätze seien Ergebnis spontaner Erleuchtung gewesen. Das führte u.a. auch dazu, dass einige seiner Ziele, die im Gefolge des Oktoberumsturzes in Dekrete gegossen wurden – wie etwa das Selbstbestimmungsrecht der Nationen –, an das Revolutionsjahr gebunden und oft langer Vorgeschichten entledigt wurden. Neu, weil für die meisten offenbar völlig unerwartet, erschien auch Lenins auf Radikalopposition hinauslaufender Kurs, der abgesehen von der Gegnerschaft gegen die Provisorische Regierung auch einen harten Trennstrich zur Politik der übrigen Sowjetparteien, vor allem der Menschewiki und Sozialisten-Revolutionäre, zog. Konnte aber diejenigen, die Lenin und seine Überzeugungen – zum Teil seit vielen Jahren – kannten, wirklich so sehr überraschen, was er an Richtlinien bei seiner Ankunft in Russland vorgab? Hatte man ihn falsch eingeschätzt oder war das, was er in seinen *Aprilthesen* als Arbeitsprogramm für die Partei der Bolschewiki präsentierte, tatsächlich einer »Fieberphantasie« erwachsen, wie etwa Georgij Plechanow spottete? Unterschieden sich seine Botschaften im Frühjahr 1917 so gravierend von all dem, was er zuvor gepredigt hatte?

Februar

Die Februarrevolution 1917 machte Lenins Exil ein Ende. Der Umsturz ebenso wie die Monate, die ihm folgten, präsentieren sich angesichts ihrer Komplexität und all der »Irrungen und Wirrungen«, vielgestaltigen Widersprüche sowie unerwarteten Wendungen als ein über die Maßen faszinierender Zeitabschnitt. Dieser wiederum wirft eine Reihe kontroversiell debattierter Fragen auf. Zum Beispiel bereits in Bezug auf die Bedeutung, die der Krieg für die Umwälzung hatte, ob also die Revolution 1917 ohne die folgenschwere Entscheidung des Zaren für einen Waffengang im Juli bzw. August 1914 überhaupt stattgefunden hätte. Die russische Historiografie befasste sich nicht zuletzt anlässlich des 100-Jahre-Gedenkens 1914/2014 durchaus intensiv mit der Geschichte des großen »Völkerringens«. Dort kam und kommt, bemängeln Kritiker:innen im Westen, aber die mit großem Aufwand betriebene Sozialgeschichte neuerdings ohne einen genaueren Blick auf den Krieg und seine Auswirkungen auf die revolutionären Entwicklungen des Jahres 1917 aus. Das hat wohl auch damit zu tun, dass die damaligen Umwälzungen heute, in Putins Russland, tendenziell als etwas »Künstliches« bzw. als Ergebnis importierter Einflüsse betrachtet werden und nicht oder sehr viel weniger als Resultat kriegsbedingter Not, gesellschaftlicher Zuspitzungen oder eines »Missmanagements« der zarischen Eliten. Lenin und die Bolschewiki firmieren mehr denn je als Fremdkörper, die revolutionäre Arbeiterbewegung stellt sich fast schon als reine Erfindung dar.[4] Unabhängig von der Validität solcher Schlussfolgerungen, die zum Teil auf zweifellos beachtlichen Recherchen und fundierten Kenntnissen basieren, münden viele davon in ein problematisches Geschichtsbild. Der Erste Weltkrieg gilt unter diesen Vorzeichen als Beginn einer unheilvollen Zerstörung des Imperiums, der Umsturz 1917 als ein von seinen inneren wie äußeren Feinden herbeigeführter Coup, der das Land schutzlos machte, und somit als Ereignis, das »unpatriotischer« nicht sein könnte. Von solchen Sichtweisen sind beide Revolutionen von 1917 mehr oder weniger stark betroffen. Die Messlatte für eine positive Aufladung der russischen Geschichte liegt im Russland der Gegenwart aber in der Frage ihrer »Großartigkeit«, ihres Potenzials für einen zu hebenden »Nationalstolz«.[5]

Die wenigsten Historiker:innen zeichnen eine lineare Niedergangsgeschichte Russlands vor 1914. Die Meinung, wonach es ohne Krieg nicht zur Revolution gekommen wäre, wird, hieß es anlässlich einer »Werkschau« zu »100 Jahre Russische Revolution« und der damit einhergegangenen Publikationsflut, mittlerweile mehr oder weniger einhellig vertreten.[6] So dachten die allermeisten zeitgenössischen Beobachter jedoch mit Sicherheit nicht. Das zumindest wandten einflussreiche Interpreten der Russischen Revolution vor Jahren ein: Optimisten, die sich die weitere Entwicklung Russlands

4 Vgl. Editors, On the Centenary of Revolution, in: Kritika. Explorations in Russian and Eurasian History 18/2 (2017), 229–235.

5 Vgl. Nikita Sokolov, Die staatliche Geschichtspolitik Russlands und die russischen Historiker. https://www.memorial.de/index.php/aktuell/veranstaltungen/8067-die-staatliche-geschichtspolitik-russlands-und-die-russischen-historiker (17.3.2023).

6 Susanne Schattenberg, 1917 – Hundert Jahre Revolution und nur noch Langeweile?, in: Neue Politische Literatur 64/3 (2019), 481–511, 487.

ganz ohne Revolution vorstellen konnten, habe man 1914 viel eher »mit der Lupe« suchen müssen.[7]

Die Frage, ob sich der nicht zuletzt von der zeitgenössischen russischen Forschung hervorgehobene wirtschaftliche Aufholprozess und sozial wie politisch für vielversprechend gehaltene Reformen gerade vor 1914 wirklich so positiv beurteilen lassen und sich unweigerlich ein »modernes« Russland ohne irgendwelche Umwälzungen entwickelt hätte, lässt sich nicht ohne Weiteres beantworten. Nicht nur dazu gibt es in der Geschichtsschreibung in Russland einerseits und im Westen andererseits divergierende Meinungen. Bis heute wird beispielsweise auch darüber gestritten, ob die Teilnahme am Weltkrieg Konsequenz eines vorangegangenen aggressiven, expansionistischen Nationalismus gewesen ist oder bloß ein logisches Resultat der deutschen Bedrohung, die sich in der Kriegserklärung Berlins am 1. August 1914 manifestierte. Manche bewerten die Mobilisierung der Zarenarmee überdies als eher reflexhafte Reaktion auf einen antizipierten Angriff der k. u. k. Armee, der aus geheimdienstlichen Informationen abgeleitet wurde, die während der Balkankrise 1912/13 im russischen Generalstab landeten.[8]

Einer nostalgischen Betrachtung des untergegangenen Romanowimperiums stehen in jedem Fall immer noch überzeugende konkurrierende Sichtweisen entgegen. Was die einen, nicht zuletzt in Anbetracht der Schrecken des russischen Bürgerkrieges und der Verbrechen der bolschewistischen Herrschaft, als rettenswerten und aufstrebenden Staat präsentieren, sehen andere als ein in Summe immer noch rückständiges Land mit einem erstarrten und repressiven Regime. Solchen Bewertungen zufolge habe die Zarenherrschaft Unterdrückungsmaßnahmen zum Allheilmittel für jegliche Probleme und Widerstände erklärt, die sich aus sozialer Ungleichheit oder gesellschaftlichem Reformstreben ergaben. Insgesamt scheint wenig gewonnen, wenn sowjetische Narrative über die Zarenherrschaft heute mitunter schlicht ins Gegenteil verkehrt werden.

---

7 Eric Hobsbawm, Das Zeitalter der Extreme. Weltgeschichte des 20. Jahrhunderts, München/Wien 1995, 81.

8 Vgl. Bruce W. Menning, The Mobilization Crises of 1912 and 1914 in Russian Perspective: Overlooked and Neglected Linkages, in: Andreas Gestrich/Hartmut Pogge von Strandmann (Hg.), Bid for World Power? New Research on the Outbreak of the First World War, Oxford 2017, 223–262.

Der Einfluss politischer Eliten auf die Frage der Kriegsbeteiligung oder auf den Umsturz im Februar 1917 wird in der Geschichtsschreibung jedenfalls schon seit einigen Jahren stärker gewichtet.[9] Eine günstige Beurteilung jener Persönlichkeiten, die damals Russlands Geschicke lenkten, zerschellt an den Tatsachen. An der zentralen Verantwortung des Zaren, Nikolaus II., und eines kleinen Kreises weiterer Entscheidungsträger kann kaum ein Zweifel bestehen. Daran nicht viel zu ändern vermag auch der Verweis auf den Einfluss nationalistischer und ultranationalistischer Kräfte, die den Zaren nicht zuletzt auch zum Getriebenen und zum Medium radikaler Einflüsterungen machten.[10]

Der Februarrevolution von 1917 ging in jedem Fall eine beispiellose Kette an fragwürdigen Entschlüssen voraus. Russlands Herrscher erwies sich, nicht anders als bereits infolge der Krise seit 1905, als gleichermaßen unfähig wie unwillig, sachorientierte Beschlüsse zu fassen und die allseits anzutreffende Misswirtschaft und Korruption auch nur ansatzweise zu bekämpfen. Zeitgenossen verglichen ihn mit einem »wahnsinnigen Chauffeur«, der einen gefährlichen Abhang mit überhöhter Geschwindigkeit hinunterraste, aber von den besorgten Insassen nicht gestoppt wurde, weil sie Angst davor hatten, einen Unfall mit letalem Ausgang herbeizuführen.[11]

Nikolaus' Herrschaft stützte eine einerseits in Agonie verharrende und andererseits von Machtgelüsten und wirtschaftlichen Interessen getriebene Oberschicht, die von der Bevölkerung und ihren Bedürfnissen abgekoppelt agierte. Für solche Charakterisierungen bedurfte es nicht der Polemik irgendwelcher »Lenins« oder anderer Regimegegner, keiner Demagogie und keiner revolutionären Phrasen. Der Spätzarismus begegnete bereits Ansätzen eines Gestaltungswillens, der nicht von ganz oben kam, mit dem

9 Vgl. Semion Lyandres, The Fall of Tsarism. Untold Stories of the February Revolution, Oxford 2013, sowie der umfangreiche Aufsatz zur Historiografie über die Russischen Revolutionen und die »Frage der agency«: Frank Wolff/Gleb J. Albert, Neue Perspektiven auf die Russischen Revolutionen und die Frage der Agency, in: Archiv für Sozialgeschichte 52 (2012), 825–858.

10 Siehe McMeekin, Revolution, 55–58, und vgl. auch Heinz-Dietrich Löwe, Duma, Regierung und russische Öffentlichkeit, 1906–1918, in: Dittmar Dahlmann/Pascal Trees (Hg.), Von Duma zu Duma. Hundert Jahre russischer Parlamentarismus, Göttingen 2009, 283–316, 312f., und Dominic Lieven, Russia and the Origins of the First World War, Basingstoke/London 1983, 118ff.

11 Orlando Figes, Die Tragödie eines Volkes. Die Epoche der Russischen Revolution 1891 bis 1924, Berlin 2008, 300.

Reflex der Repression oder zumindest des Misstrauens. Anstatt sich konsequent auf den Kurs notwendiger, wenn auch schmerzhafter Reformen einzulassen, wurden alte Pfründe verteidigt und Grundsatzdebatten auf unbestimmte Zeit vertagt. Ablenkung von inneren Problemen verhieß bei alledem ein ambitionierter außenpolitischer Plan, der als verbindendes Element über die Parteigrenzen hinweg diente.[12]

Der Krieg aber brachte keine Ablenkung und er machte eine Politik des Handelns erforderlich, eine, die Probleme anging und nicht einfach untersagte, über sie zu reden. Der Zarenarmee mangelte es schon bald an Nachschubgütern und angesichts verlustreicher Schlachten zunehmend auch an der Kampfbereitschaft ihrer Soldaten. Das Gros der in Uniformen gesteckten Bauern sah sich der Strenge eines aristokratischen Offizierskorps ausgeliefert, das sich wenig um das Wohl der eigenen Mannschaft kümmerte. »Väterchen Zar« aber hatte keine Lösungen für die Nöte seiner Untertanen und Fehlentwicklungen im Versorgungswesen parat – im Gegenteil. Den Oberbefehl über eine ohnehin angeschlagene Streitmacht zu übernehmen, reihte sich in eine Vielzahl von Missgriffen ein. Der von Natur aus introvertierte und wankelmütige Monarch gab einen denkbar ungeeigneten Heerführer ab. Der politischen Krise wiederum begegnete Nikolaus mit wiederholten Neubesetzungen von Premier- und Ministerposten, ohne dass der unentwegte Austausch an Köpfen irgendeine positive Wirkung gezeitigt hätte. Die Kooperationsangebote, die vonseiten fast aller politischen Parteien ebenso kamen wie von einer vorwiegend patriotisch eingestellten Gesellschaft, die sich bemühte, die wirtschaftlichen Defizite in der Kriegsindustrie auszugleichen, trafen auf Skepsis. In den von Liberalen dominierten sogenannten Kriegsindustriekomitees, denen Alexander Gutschkow von den konservativen Oktobristen vorstand, wirkten sogar die dem Defensismus, d. h. der Vaterlandsverteidigung, zugeneigten Menschewiki mit. Auch sie waren bestrebt, die schwächelnde Rüstungsproduktion aufrechtzuerhalten. Die Zarin aber, die großen Einfluss auf Nikolaus ausübte, sah den Zusammenschluss verschiedener politischer Kräfte zur Stützung der

12 Vgl. Raphael Utz, Rußlands unbrauchbare Vergangenheit. Nationalismus und Außenpolitik im Zarenreich, Wiesbaden, 2008, 242–246.

Kriegswirtschaft nicht als nützlich, sondern – im Gegenteil – als schädlich an. Sie mutmaßte über den Einfluss finsterer Kräfte, die bereits am Stuhl ihres »Nicky« sägten, glaubte an im Gange befindliche Verschwörungen gegen das Herrscherhaus und meinte gegenüber ihrem Ehemann, dass es besser sei, Gutschkow einfach »aufhängen« zu lassen.[13]

Der menschewistische Duma-Abgeordnete Nikolaj Tschcheidse, der für den Verständigungskurs der Sozialdemokraten stand, zog sich die erbittertste Feindschaft und größtmögliche Verachtung Lenins zu.[14] Tschcheidses Haltung aber spiegelte den – allen Widrigkeiten zum Trotz – vorhandenen Willen auch unter Teilen der Arbeiterschaft des Zarenreichs wider, sich aktiv an der Verteidigung des Landes zu beteiligen. Die vor diesem Hintergrund aufkeimende Hoffnung, dem bisher wenig kompromissgeneigten Herrscher und einer den Problemen und Wünschen der Bevölkerung nicht minder unzugänglichen Regierung politische Freiheiten und Reformen abzuringen, erfüllten sich nicht. Während angesichts steigender Preise und erbärmlicher Arbeitsbedingungen die Anzahl der Streiks kontinuierlich stieg, begann auch in der Armee die Disziplin zu bröckeln.[15]

Unzureichende Maßnahmen der Behörden in Zusammenhang mit der Aufbringung und Verteilung von Lebensmitteln mündeten primär in den Städten in Nahrungsmittelknappheit. Vor allem dort begann es mehr und mehr zu brodeln. Kriegsmüdigkeit machte sich breit, die Unzufriedenheit mit der hilf- und planlosen Politik einer abgehobenen Clique, die an den Schalthebeln der Macht saß, wuchs – ganz unten, aber auch weiter oben. In der Duma etwa fragte Pawel Miljukow von den liberalen Kadety, ob Dummheit oder Verrat verantwortlich gemacht werden müssten für die vielen Fälle von Machtmissbrauch und Inkompetenz, die das Land an den Rand des Zusammenbruchs gebracht hätten. Nicht zuletzt seine Rede trug dazu bei, Vermutungen über Intrigen und abgründige Absprachen weiter zu nähren. Sie lieferte jenen einen Anhaltspunkt, die beispielsweise den Gerüchten über eine deutsche Verschwörung

13 Figes, Tragödie, 303.
14 Ausführlich dazu LW, Bd. 23, 172–176.
15 Vgl. Figes, Tragödie, 286.

Glauben schenkten, in deren Zentrum die als Spionin verdächtigte Zarin vermutet wurde. Ins Visier der »Patrioten« geriet neben der aus Hessen stammenden Kaiserin Alexandra Fjodorowna auch der dubiose Wunderheiler Rasputin. Als vermeintlicher Konfident im Sold des Hohenzollernreichs, der – so der Vorwurf – die Entscheidungen des Zaren bewusst zugunsten der Interessen Berlins manipuliert hatte, wurde er zur Jahreswende 1916/17 von einer Gruppe selbst ernannter »Patrioten« ermordet. Der Tod des zwielichtigen Popen aber änderte weder etwas an der desaströsen Situation im Land selbst noch an der prekären Lage an den Fronten. Endzeitstimmung setzte ein. Während die Oberschicht rauschende Feste feierte, als ob es kein Morgen gäbe, fürchteten Russlands Verbündete, Franzosen und Briten, immer mehr um den Beistand ihres in Chaos und Desorientierung versinkenden Alliierten. Eine Palastrevolution zugunsten eines energischen Kriegskurses erschien unausweichlich. Die Zeit drängte und die Unzufriedenheit unter der Bevölkerung wuchs. Die Stimmung zu Beginn des Jahres 1917 war explosiv und es gab offenbar tatsächlich eine erhebliche Anzahl an Personen, die sich an Verschwörungen beteiligten, um einen Monarchen loszuwerden, der sich als Totengräber des Imperiums zu betätigen schien.[16]

Eine Demonstration in der Hauptstadt, die Ende Februar bzw. nach gregorianischem Kalender Anfang März, am Internationalen Frauentag, abgehalten wurde, stand am Anfang jener Revolution, die Lenin wenige Monate später zur Starthilfe für seine eigene benützte. Bis heute ist nicht restlos geklärt, wie spontan oder aber wie organisiert das Aufbegehren gewesen war, ob der revolutionäre Untergrund seine Finger im Spiel hatte bzw. ob linke Agitatoren »nur« als Trittbrettfahrer agierten.[17] Daran, dass die Bolschewiki schon vor den Unruhen Propaganda betrieben, die sich gegen den Krieg wandte und für einen Sturz der Zarenmonarchie stand, gibt es freilich keinen Zweifel. Selbst jene »Palastrevolutionäre«, die dann doch keine wurden, mussten sich eingestehen, dass die Stimmung »aufrührerisch« und ihnen »schon über den Kopf gewachsen« war.

16 Vgl. Lyandes, The Fall of Tsarism, 271–278.

17 Vgl. Semion Lyandres/Andrei Borisovich Nikolaev, Contemporary Russian Scholarship on the February Revolution in Petrograd: Some Centenary Oberservations, in: Revolutionary Russia 30 (2017), 158–191, 159.

Man höre, klagten sie, nicht auf die Regimekritiker in der Duma, sondern »auf jene, die weiter linksstehen«.[18]

Zehntausende bevölkerten jedenfalls am 23. Februar und an den folgenden Tagen die Straßen Petrograds und forderten nicht nur Brot und Frieden, sondern darüber hinaus auch den Sturz des Zaren. Dass der Protest ausgerechnet am Internationalen Frauentag begann, verweist auf die seit Kriegsbeginn veränderten Verhältnisse in der Industrie. Dort betrug der Anteil an Frauen 1917 bereits mehr als 40 Prozent. Die meist schlecht bezahlten Fabriksarbeiterinnen reagierten nicht zuletzt in Hinblick auf die prekäre Lage ihrer Familien besonders sensibel auf Versorgungsengpässe.[19] Blutige Zusammenstöße zwischen der demonstrierenden Arbeiterschaft einerseits und der Polizei sowie den Kosaken bzw. den Soldaten der Garnison andererseits blieben in der Folge nicht aus. Es gab Tote und Verwundete. Binnen weniger Tage verwandelte sich die Stadt in ein Schlachtfeld. Das entscheidende Signal in Richtung Revolution aber gab die Meuterei zweier in der Hauptstadt stationierter Regimenter. Die Soldaten versagten den Gehorsam. Sie weigerten sich, auf die Demonstranten zu schießen, und schlossen sich den Rebellierenden an. Der Furor der Straße, der sich nun entlud, war gewaltig. Es wurde geplündert und gelyncht, geraubt und gemeuchelt. Allein in Petrograd zählte man an die 1500 Todesopfer.[20]

Radikale Bolschewiki aus dem Wyborger Arbeiterviertel dachten nun bereits daran, die Macht an sich zu reißen und eine provisorische Revolutionsregierung zu schaffen, während sich die Aufmerksamkeit der meisten Unzufriedenen auf die Duma zu verlagern begann. Da sich der weitere Verlauf der Ereignisse kaum abschätzen ließ, begegneten die Parlamentarier der neuen Lage zunächst einigermaßen ratlos. Die Gründung eines provisorischen Komitees der Duma »zur Wiederherstellung der Ordnung in der Hauptstadt« war das Maximum an Intervention, wozu sich einige ihrer Mitglieder durchrangen. Nur wenig später wurde – ebenfalls im Taurischen Palais, das die immer wieder in ihren Rechten

---

18 Zit. nach Horst Günther Linke, Das zarische Russland und der erste Weltkrieg. Diplomatie und Kriegsziele 1914–1917, München 1982, 126.

19 Vgl. V. P. Buldakov, Dynamics of Violence. 1914–17, in: Daniel Orlovsky (Hg.), A Companion to the Russian Revolution, Hoboken 2020, 85–94, 87.

20 Figes, Tragödie, 347.

beschnittene und an ihrer Arbeit gehinderte Volksvertretung beherbergte – der Petrograder Sowjet gegründet. Er sollte die Revolution repräsentieren und die Stadt verwalten. Die Erfahrungen des Jahres 1905 dienten als Vorlage. An der Spitze des Rates stand Nikolaj Tschcheidse. Dem Exekutivkomitee gehörten auch zwei Bolschewiki an, einer von ihnen Alexander Schljapnikow. Sowohl im Duma-Komitee als auch im Sowjet vertreten war des Weiteren Alexander Kerenskij. Als einziger Sozialist war er in weiterer Folge auch Mitglied in der Provisorischen Regierung, die gemeinsam mit dem Sowjet jene verhängnisvolle sogenannte »Doppelherrschaft« darstellte, die das Land bis zum Herbst 1917 einer unentwegten Zerreißprobe aussetzte.

Beide Gremien begriffen sich im Wesentlichen als Notlösung, als vorläufige Einrichtungen und Begleiter eines Prozesses, an dessen Ende die Verfassunggebende Versammlung, die Konstituante, stehen solle. Lenin wiederum betrachtete die Doppelherrschaft als Kuriosum.[21] Tatsächlich konnte man die oft konstatierte, wenngleich wohl übertrieben dargestellte Zurückhaltung, mit der die »Helden« der Umwälzung ihre Rollen ausfüllten, für irritierend halten. Die Personen, die nun das Sagen hatten und auf eigentümliche Art und Weise interagierten, taten dies – abseits der Spekulationen über ihren Antrieb und eine womöglich gebremste Bereitschaft zum energischen Handeln – mit der Hypothek eines unklaren Provisoriums und im Bewusstsein einer Ausnahmesituation. Besonders schwer wog zweifellos, dass Russland sich mitten im Krieg befand und parallel dazu eine innere Krise schier unbegreiflichen Ausmaßes das Land erfasste. Wer sich jetzt exponierte, der musste damit rechnen, den Startschuss für ein blutiges Ringen um das weitere Schicksal des Landes abzugeben. Abgesehen von ein paar heißblütigen Bolschewiki legte der Petrograder Sowjet in Anbetracht solcher Perspektiven wenig Interesse an den Tag, eine andere Funktion als die des Kontrolleurs über die neu gebildete Regierung auszufüllen. Alexander Schljapnikow und Wjatscheslaw Molotow, die damals das Russische Büro des bolschewistischen ZK in Petrograd dominierten, packten ihre ursprünglich radikalen Resolutionen von einer nicht

21 LW, Bd. 23, 312.

zu unterstützenden, weil konterrevolutionären und bourgeoisen Regierung wieder ein, als sich die allgemeine Stimmung einer Lösung zuneigte, die eher die Aufsicht des Rates über die Regierung guthieß als eine sofortige Totalopposition.[22] Mäßigung schien der Situation eher angemessen zu sein als ungestümer Aktionismus. Von energischem Auftreten hielten den Rat bzw. den Großteil seiner Mitglieder überdies ganz grundsätzliche Standpunkte ab. Die proletarische Machtergreifung blieb zumindest für die Menschewiki als Fernziel in der Warteschleife. Tatsächlich zwang der Glaube an die »Phasenlehre« der Revolution dazu, eine Arbeiterregierung erst am Ende einer abgeschlossenen bürgerlichen Revolution anzustreben. Und bis dahin, waren die Menschewiki überzeugt, würde es noch sehr lange dauern. Im Laufe dieses Prozesses ökonomischen und gesellschaftlichen Wandels werde es aber möglich sein, nach und nach zu einer Massenpartei anzuwachsen und die Arbeiterschaft jene Schule der Demokratie durchlaufen zu lassen, die ihr die Zarenherrschaft bisher verwehrt hatte.

Auch als Nikolaus Anfang März die Unterstützung seiner Generäle verlor und abdanken musste, gewann die Aussicht auf die Führung der Staatsgeschäfte nicht an Attraktivität. Im Gegenteil: Die Lage war verworrener denn je. Die Doppelherrschaft, die vor allem die hauptstädtische Realität abbildete, spaltete sich im Rest des Landes in eine Vielzahl lokaler Herrschaften und Machtkonstellationen auf.[23]

So sehr die Historiografie später – zweifellos zu Recht – die Kluft zwischen Rat und Regierung betont hat, so deutlich wird bei näherer Betrachtung auch, dass die Doppelherrschaft an prinzipiellen Differenzen ebenso zugrunde ging wie an ihrer scheinbar unauflöslichen Verschränktheit. Beide Gremien waren voneinander abhängig. Diese im Sowjet vorherrschende Überzeugung von einer notwendigen Interdependenz zeigte sich später auch im verzweifelten Festhalten an koalitionären Lösungen für den Erhalt des Februarregimes. Der Rat brauchte die Konstellation einer dualen Macht, weil er an der Idee

22 Vgl. Erik Van Ree, Stalin's bolshevism: The year of the revolution, in: Revolutionary Russia 13/1 (2000), 29–54, 37; Lars T. Lih, The Bolsheviks and their Messages in 1917, in: Daniel Orlovsky (Hg.), A Companion to the Russian Revolution, Hoboken 2020, 323–336.

23 Eine »Triple Power« sieht indessen Tsuyoshi Hasegawa: Ders., The Duma Committee, the Provisional Government, and the Birth of »Triple Power« in the February Revolution, in: Orlovsky (Hg.), Companion to the Russian Revolution, 53–67.

einer bürgerlichen Herrschaft festhielt und gleichzeitig die Revolution am Leben erhalten wollte; die Provisorische Regierung, weil ihr ohne Rat die Verbindung vor allem zur Arbeiterschaft und zu den Soldaten fehlte. Die Umwälzung zum Ausgangspunkt einer weitreichenden Umgestaltung des Landes zu machen, bot sich ohnehin erst nach Ende des Krieges an. Obwohl sich die Konstitutionellen Demokraten, die Kadety, diesem »Experiment« immer weniger verpflichtet fühlten und andere, wie etwa die konservativen Oktobristen, sich völlig zurückzogen, stand zumindest am Anfang der Revolution der Versuch eines – wenn auch erzwungenen – Miteinanders, das Veränderungen anstoßen wollte. Dazu mahnten überdies die Lage an den Fronten und die schwer einschätzbare Stimmung unter den Soldaten. Letztere längerfristig an die eben erst und unter widrigsten Umständen hervorgebrachten Autoritäten zu binden, stellte sich als eine der heikelsten Aufgaben dar. Fakt ist, dass die Zwangsehe, die Sowjet und Regierung eingingen, nicht jenen Effekt einer Konsolidierung der inneren Verhältnisse mit sich brachte, den beide erhofft hatten, sondern sie einschnürte und ihre Glaubwürdigkeit untergrub.

Eine fragwürdige Gemeinsamkeit der beiden Gremien bestand letztlich im Gefühl der Verunsicherung. Der unübersichtlichen Lage nach den revolutionären Erschütterungen und der Sorge vor einer Armee, die sich unter dem Befehl immer noch schwer einschätzbarer Generäle womöglich gegen das Regime in Petrograd richten würde, war demgemäß der berühmt gewordene »Befehl Nr. 1« des Petrograder Sowjets der Arbeiter- und Soldatendelegierten zuzurechnen. Er wurde innerhalb nur weniger Minuten zu Papier gebracht und stand ganz unter dem Eindruck von Desorientiertheit und der Angst vor gegenrevolutionären Entwicklungen. Mit seiner Aufforderung, die Soldaten mögen ihre eigenen Vertretungen wählen und Befehle nur dann ausführen, sofern sie nicht im Widerspruch zum Petrograder Rat standen, manifestierte der Befehl außerdem das Misstrauen gegenüber der Regierung und beschleunigte eine ohnehin bereits begonnene Erosion von Disziplin und Gehorsam. Geordnete Verhältnisse innerhalb der Truppen aber waren aus Sicht sowohl der Regierung als auch des Sowjets unabdingbar, wollte man nicht einer Niederlage gegen Deutschland entgegensehen.

Der Zerfall der Armee begann schleichend, noch bevor Lenins zerstörerische Propaganda, die eine Verbrüderung an der Front zum Ziel hatte, ins Spiel kam. Der »Befehl Nr. 1«, sind sich die Historiker:innen im Wesentlichen einig, setzte einen schier unumkehrbaren, allmählichen Desintegrationsprozess unter den russischen Streitkräften in Gang. Und dieser erschien zunächst nicht einmal im Interesse der Petrograder Bolschewiki, die sich besorgt über den solcherart zum Ausdruck gebrachten »Anarchismus« zeigten. Der Rat ruderte jedenfalls zurück und ergänzte den »Befehl Nr. 1« mit zusätzlichen Erläuterungen, in denen aber ein wesentlicher Punkt weiterhin offenblieb: die Frage der Kontrolle über die Waffen.[24] Die »Demokratisierung« der Armee und damit die Essenz dessen, was die besagte Order ausmachte, erklärte ungeachtet dessen Wochen später das Sowjetexekutivkomitee noch einmal zu einer der Grundbedingungen für den Eintritt menschewistischer Vertreter in die Provisorische Regierung.[25] Es erscheint demnach unangebracht, hinter dem Prozess des Zerfalls der Zarenarmee Lenin als quasi alleinverantwortlichen »demolition man« zu benennen.[26]

Einem patriotischen Verteidigungswillen und der damit korrespondierenden Politik, die Schlagkräftigkeit der Armee zu gewährleisten, standen freilich die Friedenssehnsüchte von Teilen der Bevölkerung gegenüber. Diese konträren Wünsche und Stimmungen auf einen Nenner zu bringen, sollte zu einem schier aussichtslosen Unterfangen werden. So sehr die Revolution bei den Mittelmächten die Hoffnung auf einen Frieden geweckt hatte, so diffus blieb der diesbezügliche Kurs der neuen Machthaber. Vor allem Konservative und Rechte erinnerten nicht nur an die Verpflichtungen gegenüber den Bündnispartnern im Westen, sondern auch an das Gebot der Abwehr der deutschen »Invasoren«. Der als Außenminister in der Provisorischen Regierung wirkende Pawel Miljukow wollte darüber hinaus an einem Siegfrieden inklusive der zarischen Kriegsziele und damit an der territorialen Vergrößerung des Reichs festhalten. Der Rat indessen appellierte »an die Völker der Welt«, in ihren

24 Vgl. Manfred Hildermeier, Die Russische Revolution 1905–1921, Frankfurt am Main 1989, 154.
25 Helmut Altrichter, Russland 1917. Ein Land auf der Suche nach sich selbst, Paderborn 2017, 159.
26 Eva Ingeborg Fleischhauer, Die Russische Revolution. Lenin und Ludendorff (1905–1917), Borsdorf 2017, 495–509.

Heimatländern gegen den imperialistischen Krieg zu protestieren, um schließlich einen revolutionären Defensismus zu vertreten, der die Verteidigung Russlands in Verbindung mit einem internationalen Frieden ohne Annexionen und Reparationen propagierte. Wer sich die Kriegszielpolitik der Mächte mit all ihren weitreichenden territorialen Begehrlichkeiten inner- und außerhalb Europas und das meist unbeirrte Festhalten an der Ausdehnung von Einflusssphären vergegenwärtigte, musste allerdings stark daran zweifeln, dass solche Appelle irgendeine Wirkung haben würden.

Ein Ende des Blutvergießens ließ unter diesen Vorzeichen auf sich warten. Demgegenüber harrten weitere Probleme einer möglichst raschen Lösung. Nicht vorhersehbar war schließlich, ob es gelingen könnte, ein Auseinanderbrechen des Staatsterritoriums zu verhindern. Nationalistische Bestrebungen bekamen angesichts der Revolution Aufwind und es war fraglich, ob der Appell, die Einheit des Reichs zu bewahren und die Revolution zu verteidigen, attraktiv genug sein würde, um den drohenden Zerfall zu stoppen oder wenigstens abzubremsen. Wenig entgegenzusetzen hatte die Regierung schließlich der Ungeduld der Bauern, die sich eine umgehende Inangriffnahme der Bodenfrage wünschten und die bereits infolge der ersten Russischen Revolution geforderte Enteignung des Gutsherrenbesitzes verlangten. Parallel dazu entbehrte die Regierung, an deren Spitze der liberale Fürst Georgij Lwow stand, einer demokratischen Legitimierung. Die Wahlen zur Konstituierenden Versammlung wurden angekündigt, aber in Anbetracht der multiplen Krise, die es zu meistern galt, immer wieder hinausgezögert.

Gemeinsame Sprache

Die Provisorische Regierung war eine bürgerliche. Das ist freilich nur die halbe Wahrheit, die sich aber nahtlos in das bolschewistische bzw. sowjetische Narrativ von der Februarrevolution einfügte. Tatsächlich traten als Folge des Ausscheidens von Kriegsminister Alexander Gutschkow und Außenminister Pawel Miljukow aus der Regierung im Mai 1917 sechs Vertreter sozialistischer Parteien in das Kabinett ein, darunter die Menschewiki Iraklij Zereteli und Matwej Skobelew sowie der SR Viktor Tschernow – Letzterer zuständig für die Landwirtschaft. Der ehemalige Justizminister Kerenskij, der von den Trudowiki zu den SRy übergegangen war, übernahm das Kriegsministerium. Diese Beteiligung der Linken an den Regierungsgeschäften erfolgte aus der Sorge vor einer Autoritätskrise und einem Erstarken sowohl der extremen Linken als auch der radikalen Rechten. Tatsächlich hatte der von Miljukow vertretene Kriegskurs für eine gefährliche Polarisierung des Klimas gesorgt. In der russischen Hauptstadt kam es wieder zu Unruhen und diese wurden nicht zuletzt mit der Agitation der Bolschewiki in Verbindung gebracht. Was sich damals ereignete, betrachten manche Historiker:innen als Lenins ersten Versuch einer Machtübernahme. So oder so: Jetzt war Besonnenheit gefragt. Premier Lwow sah die Lösung in einer Einbeziehung der Linken und hatte sich daher um die Verständigung mit den Sozialisten bemüht. Die Doppelherrschaft ließ sich damit nicht überwinden, der Rat verstand sich weiterhin als Kontrollorgan. Die neuen Minister blieben in der Minderheit – aus Prinzip und wohlkalkuliert. Sie übernahmen knapp weniger als die Hälfte der vorhandenen Ressorts. Die Koalitionsregierung, die angetreten war, um einen Ausgleich in der Gesellschaft herbeizuführen, trug entgegen allen Hoffnungen und Absichten zu einer weiteren Verschärfung der Gegensätze bei. Sowohl unter den Kadety als auch unter den Linken wurden Tendenzen befeuert, die Kompromisse erschwerten bzw. verunmöglichten. Die Konstitutionellen Demokraten vertraten mehr und mehr dezidiert konservative, nationalistische Positionen, plädierten für Recht und Ordnung sowie den Schutz des Eigentums, während die Basis der linken Parteien noch vehementer auf soziale Reformen und auf die Beendigung des Krieges drängte. Die Außenpolitik übernahm indessen mit dem parteilosen Michail Tereschtschenko ein Mann, der den Kurs seines Vorgängers Pawel Miljukow bedenkenlos fortsetzte und somit den Kriegszielen des Zarenregimes keineswegs abschwor.[27]

Die Zusammenarbeit mit der Regierung machte die Koalitionsparteien angreifbar. An den linken Rändern der Menschewiki und SRy hatte man begründeterweise vor den kompromittierenden Folgen des mitgetragenen Rettungskurses gewarnt. Die Unterstützung der Regie-

27 Linke, Das zarische Russland, 232f.

rung diskreditierte die in den Räten dominierenden Kräfte. Der Spagat zwischen Ministersessel und Tribüne des Revolutionärs wollte den linken Neo-»Staatsmännern« nicht gelingen. Was sie zuvor als legitimen Widerstand bezeichnet hatten, mussten Menschewiki und SRy in ihren neuen Funktionen als Repräsentanten des Staates nun verurteilen. Arbeiterproteste, chaotisch verlaufende, willkürliche Landnahmen der Bauern sowie der Disziplinverfall unter den Soldaten trugen mit einem Mal den Makel der zersetzenden Anarchie. Ihre revolutionäre Agenda opferten Menschewiki und SRy Kompromissen, die ihre Klientel nicht oder nur partiell zufriedenstellen konnten.

Parallel dazu gaben sich die Liberalen zum Teil immer noch der Vorstellung hin, aus Russland ein von demokratischen Werten durchdrungenes Land machen zu können, mit einer Verfassungspraxis und einer Politik, die sich an westlichen Beispielen orientierten. Tatsächlich aber – so lautet ein Kommentar zur Stimmung im Land – erwartete sich das Gros der Bevölkerung eine soziale Revolution und sehr viel weniger politische Reformen oder ein zweifelhaftes Mitspracherecht. Diesbezügliche Illusionen hatte, soweit sie vorhanden gewesen waren, bereits der zarische »Scheinkonstitutionalismus«, der die Duma zu einem machtlosen Appendix der Staatsgewalt herabdrückte, weitgehend zerstört. Und da der Bevölkerung die Abhaltung der Wahlen zur Verfassunggebenden Versammlung wie eine Karotte vor die Nase gehalten wurde, erübrigte es sich auch, auf dieses Versprechen konkrete Hoffnungen zu setzen. Das unablässige Heraufbeschwören einer noch zu schaffenden Volksvertretung entledigte sie ihres Glanzes. Anstatt sie zu einem attraktiven bzw. konkreten Ziel zu machen und Vertrauen in ein künftiges Parlament zu generieren, galten die Prioritäten der Regierung anderen Projekten.[28] Es gab also genug Gründe, warum die Etablierung einer Demokratie von der Bevölkerung als nicht unbedingt prioritär erkannt wurde. Trotzdem gibt es Anzeichen dafür, dass die Konstituante nicht a priori und nicht von allen als überflüssige »Quatschbude« gesehen wurde, als die sie Lenin darstellte. Immerhin gingen Millionen nach dem Oktoberumsturz zur Wahl, obwohl sich die Forderung nach »aller Macht den Sowjets« scheinbar erfüllt hatte.

28 Vgl. Figes, Tragödie, 408f.

In Summe aber musste eine Politik, die zentral um die Frage des Krieges und seine Fortführung kreiste und sich schon deshalb nicht mehr als auf Provisorien bei den dringendsten Problemen des Landes – an erster Stelle die Agrarfrage – festlegen wollte, die Bedürfnisse der Menschen geradezu zwangsläufig verfehlen. Die Regierung verkörperte eine abstrakte Macht und trug alles dazu bei, dass ihre Ankündigungen und Versprechen als ebenso wirklichkeitsfremd wahrgenommen wurden. »Die Bauern und die Arbeiter verstanden unter Macht gewöhnlich etwas, was sich auf gesellschaftliche Dominanz und auf Zwang stützte und nicht auf die Ausübung von Recht.« Mit der Revolution verbanden sie vor allem die Gelegenheit, »Autonomie zu gewinnen und den Spieß gegen ihre früheren Herren umzudrehen, anstatt das Machtsystem auf universalen Rechtsprinzipien neu aufzubauen. Vergeltung und nicht eine Verfassung hatte anscheinend oberste Priorität bei den Menschen.«[29]

Lenin verstand und sprach ihre Sprache. Ungeachtet des Umstands, dass er, wie er gegenüber Maxim Gorki gestand, seine Heimat aufgrund des langen Emigrantendaseins kaum kannte, reichte für das Verständnis der allgemeinen Stimmung in Russland ein politischer Instinkt, der auch die Niederungen menschlichen Verhaltens nachvollziehen konnte. Nikolaj Suchanow stießen »sein unbekümmerter Radikalismus« und seine »primitive Demagogie« ab. Aber, räumte er ein, die einfachen Menschen, »deren einzige Schule die zaristischen Knuten gewesen war«, folgten Lenin, weil er wusste, wie er mit ihnen zu reden hatte.[30]

Erwartungen und erste Analysen

Als Lenin in Zürich von der Umwälzung in seiner Heimat erfuhr, traf ihn diese Nachricht wie ein Blitz. Nur wenig später bezeichnete er die Revolution als »Wunder«. Die Tatsache, dass die »Welt sich« in wenigen Tagen verändert hatte, beeindruckte ihn zutiefst. Gleichzeitig betonte er als eine unerlässliche Voraussetzung hierfür die »Revolution 1905–07«. Sie erst habe »den Boden aufgewühlt«. Er fühlte sich in fast all seinen bisherigen Analysen bestätigt – auch in Bezug auf

29 Ebd.
30 Nikolaj N. Suchanov, 1917. Tagebuch der russischen Revolution, München 1967, 302.

die Rolle, die dabei der gesamten »Bourgeoisie« und der »gutsherrlich-kapitalistischen Klasse« Russlands sowie den »höheren Offiziere der Armee« zufiel.[31] Dem – wie er jetzt meinte – »ungenügend entwickelten« Klassenbewusstsein des Proletariats gab er die Schuld dafür, dass man dem Bürgertum die Macht überlassen habe, anstatt sie selbst zu beanspruchen.[32] Er ließ keine Zeit verstreichen, um auf Grundlage seiner, wie er einräumte, spärlichen Informationen bereits Anfang März, also Wochen vor seiner Ankunft in Petrograd, erste Thesen zur Lage zu formulieren. Darin nahm er das Scheitern der Provisorischen Regierung vorweg. Sie bestehe, meinte er, aus »notorischen Anhängern und Verteidigern des imperialistischen Kriegs mit Deutschland« und könne den »Völkern Rußlands« in Wirklichkeit »weder Frieden und Brot noch volle Freiheit geben«.[33] Nur eine Arbeiterregierung, schrieb er kurz darauf, sei dazu in der Lage. Diese wiederum bzw. zumindest ihre »Keimzelle« erkannte er im Sowjet. Außerdem forderte er eine Bewaffnung des Proletariats, um so den Zarismus endgültig zu vernichten.[34] Lenin war, wie sich in vielen Texten zeigte, die in den folgenden Monaten von ihm verfasst wurden, regelrecht gepeinigt von der Furcht vor einer Restauration, einer Rückkehr zu früheren Herrschaftsverhältnissen mit lediglich kosmetischen Veränderungen und liberalen »Geschenken«. Blickte er auf die erste Russische Revolution zurück, war diese Sorge zweifellos nicht unbegründet. Seine Aufrufe zur Militarisierung des Proletariats, die er als notwendigen, prophylaktischen Schutz vor einer womöglich wiedererstehenden unterdrückerischen Polizei und willkürlich agierenden Staatsgewalt anriet, wiederholte er ab April 1917 geradezu gebetsmühlenartig. Schon vor seiner Abreise nach Russland, also noch vor der Niederschrift seiner berühmten *Thesen* im Zug nach Deutschland, legte er sich auf eine Opposition nicht nur gegenüber der Regierung, sondern auch gegenüber allen sozialistischen Parteien fest, gleich ob es sich um die SRy oder um die »›marxistischen‹ Sozialpatrioten« handelte.[35] Lenin fürchtete einen neuen Nikolaus auf dem Thron wahrscheinlich nicht weniger als das

31 LW, Bd. 36, 10.
32 Ebd., 425.
33 LW, Bd. 23, 302.
34 Ebd., 320.
35 Ebd., 318–320.

Abflauen revolutionärer Energien und die Etablierung einer legalen, in seiner Beurteilung »opportunistischen«, weil kooperationsbereiten sozialdemokratischen Partei, womöglich mit Tschcheidse an ihrer Spitze.[36] Als wirksamstes Rezept dagegen verordnete er seinen Genossen – wie auch in der Vergangenheit – eine klare Distanzierung vom Rest der russischen Linken.

In seinen Aussagen klang vieles durch, was er schon 1905 vor dem Hintergrund der ersten Russischen Revolution niedergeschrieben hatte. Auch wenn die Situation 1917 zum Teil klar von dem abwich, was sich damals ereignet hatte – mit dem Zarentum etwa war es beispielsweise bereits vorbei und der Petrograder Sowjet eine lebendige Verkörperung revolutionärer Macht –, unterschied sich etwa seine Einstellung zur Provisorischen Regierung in ihren Grundzügen nicht von seiner damaligen Sicht der Dinge. 1905 wurde so eine Regierung allerdings bloß erwartet und über sie als Möglichkeit geschrieben. Lenin hatte dennoch schon damals eine dezidierte Meinung zur Position der Sozialdemokratie gegenüber einer »bürgerlichen Herrschaft« vertreten: die schärfste Opposition und die Verweigerung einer bloß »dienenden« Partizipation. Umgehend hinzuarbeiten sei auf ein Vorantreiben der Revolution und eine »revolutionär-demokratische Diktatur des Proletariats und der Bauernschaft«. Erreicht werden könne das durch Straßendemonstrationen, Angriffsaktionen und schließlich den gewaltsamen Sturz der Regierung.[37] Das hatte er 1905 festgelegt und das war es im Wesentlichen auch, was Lenin sich 1917 unter Opposition vorstellte. Eine Regierungsbeteiligung stand überhaupt nicht zur Debatte. Diese strikte Ablehnung teilte er mit vielen Genossen im Ausland, die sich vor dem Krieg mit reformorientierten Kollegen darüber gestritten hatten, ob eine derartige Form der Kooperation mit den »Bürgerlichen« nicht einer völligen Beseitigung revolutionärer Wurzeln gleichkomme. Zwischen 1899 und 1902 waren vor dem Hintergrund des »Falls Millerand« kontroversielle Diskussionen geführt worden, die auch Lenin mit großem Interesse verfolgte. Der französische Sozialist Alexandre Millerand war gegen den Willen vieler Partei-

36 Vgl. Werner Hahlweg, Lenins Rückkehr nach Russland 1917, Leiden 1957, 13.
37 Vgl. dazu Lenins bereits besprochene Schrift »Zwei Taktiken der Sozialdemokratie in der demokratischen Revolution«.

kollegen in das damalige Kabinett des Ministerpräsidenten Pierre Waldeck-Rousseau eingetreten. Einen sozialdemokratischen »Ministerialismus« wollten die meisten Linken aber entweder gar nicht oder aber nur unter den besonderen Umständen der erforderlichen Rettung einer in die Krise geratenen bzw. gefährdeten Demokratie billigen. Diese Einschränkung traf auf das damalige Frankreich durchaus zu.[38]

Rosa Luxemburg wiederum hatte sich der, wie sie schrieb, »sozialistischen Krise« eingehend gewidmet und die Übernahme eines Ministerpostens in der »Regierung der republikanischen Verteidigung« durch Millerand als Paradebeispiel opportunistischer Verirrung bezeichnet: »Der Sozialismus, der zur Beseitigung des Privateigentums an den Produktionsmitteln und zur Aufhebung der bürgerlichen Klassenherrschaft berufen ist, nimmt an der Regierung des bürgerlichen Staates teil, welche die Aufgabe hat, das Privateigentum zu konservieren und die Klassenherrschaft der Bourgeoisie zu verewigen. Die Sozialisten, berufen, das Proletariat zu einer besonderen Klassenpartei zu organisieren und gegen alle bürgerlichen Klassen in den Kampf zu führen, verwandeln die Arbeiterklasse in ein Anhängsel der republikanischen Bourgeoisie. Mitwirkung an der Unterjochung des Proletariats als Mittel zur Befreiung des Proletariats und politische Zusammenkettung mit bürgerlichen Parteien als Mittel des Kampfes gegen die Bourgeoisie – der innere Widerspruch scheint in die Augen zu springen.«[39] Kurze Zeit später, vor dem Hintergrund der ersten Russischen Revolution, konnte sich Luxemburg immerhin eine Art Doppelherrschaft vorstellen – freilich nur in Form einer sozialistischen Regierung einerseits und eines Parlaments andererseits.[40] Lenin hielt auch unter solchen Bedingungen nichts davon, die Macht zu teilen.

Kein Sozialdemokrat war nach der Februarrevolution wahrscheinlich weiter entfernt von Gedankenspielen einer linken Regierungsbeteiligung als der Bolschewikenführer. Den Part eines Millerand hatte in gewisser Weise Alexander Kerenskij als Mitglied

38 Vgl. Michael Brie/Jörn Schütrumpf, Rosa Luxemburg. Eine revolutionäre Marxistin an den Grenzen des Marxismus, Hamburg 2021, 37, 88–91.

39 Rosa Luxemburg, Die sozialistische Krise in Frankreich (1901). https://www.marxists.org/deutsch/archiv/luxemburg/1901/sozkrfr/kap5.htm (2.3.2023).

40 Vgl. Brie/Schütrumpf, Rosa Luxemburg, 129.

der Provisorischen Regierung übernommen. Ihn sah Lenin im Schlepptau von »liberalen Bourgeois und Gutsbesitzern«.[41] Er aber drängte auf die Bildung von weiteren Sowjets, auch von Bauernräten. Sie sollten jene breite Basis bilden, auf die sich die nachfolgenden Umwälzungen stützen würden. Was den Frieden anbelangte, wiederholte er seine Losungen der vorangegangenen Jahre. Man müsse begreifen, dass die von den französischen und britischen Alliierten gelenkten Liberalen nicht davon ablassen würden, »unsinnigen« Kriegszielen hinterherzulaufen.[42] Frieden sei nur möglich als proletarischer Frieden. Eine zweite, eine »wirkliche« Revolution müsse daher angestrebt werden, in einer »mehr oder weniger nahen Zukunft«.[43] Darüber hinaus deutete er an, was er wenig später in seiner Schrift *Staat und Revolution* ausführlicher darlegte: die Notwendigkeit einer revolutionären Staatsmacht unter Beibehaltung des »alten« Staates, »für eine bestimmte Übergangsperiode«.[44]

Schon in seinen *Briefen aus der Ferne*, die er bis zu seiner Abreise aus Zürich verfasste und von denen zumindest einer gekürzt in der *Prawda* abgedruckt wurde, präsentierte Lenin eine teilweise erstaunliche, weil durchaus zutreffende Analyse der Verhältnisse in Petrograd.[45] Das Dilemma, in dem sich Regierung und Sowjet befanden, erkannte er messerscharf, ebenso das verhängnisvolle Festhalten an der Fortführung des Krieges. All das verknüpfte er mit einer über Russland hinausgehenden Perspektive.

Trotz seiner Fähigkeit, die Schwächen des Februarregimes zu erkennen, stellten sich die Ergebnisse der Umwälzung in seiner Heimat, wie er im April 1917 ohne Umschweife zugab, doch als einigermaßen außergewöhnlich dar. Zwar seien die »bolschewistischen Losungen und Ideen« im »allgemeinen durch die Geschichte vollauf bestätigt worden«, »konkret aber«, setzt er hinzu, »haben sich die Dinge anders gestaltet als ich (oder wer auch immer) es erwarten konnte – origineller, eigenartiger, bunter«.[46]

---

41 LW, Bd. 23, 301.
42 Ebd., 331.
43 Ebd., 337f.
44 Ebd., 339.
45 Vgl. Lars Lih, Letters from Afar, Corrections from Up Close: The Bolshevik Consensus of March 1917, in: Kritika. Explorations in Russian and Eurasian History 16/4 (Fall 2015), 799–834.
46 LW, Bd. 24, 26.

Seine ebenso originelle Schlussfolgerung lautete, dass die »revolutionär-demokratische Diktatur des Proletariats und der Bauernschaft« auf Grundlage der Existenz und der Rolle des Petrograder Sowjets bereits Wirklichkeit geworden war. Jetzt aber müsse man diese von kleinbürgerlichen Elementen, »Vaterlandsverteidigern« und anderen, wie er meinte, schädlichen Kräften trennen. Die Lehre von der abgeschlossenen bürgerlichen Revolution, die der Herrschaft des Proletariats vorangehe, sei überholt. Im »lebendigen Leben« sei es »anders gekommen« – durch die »Verflechtung des einen mit dem anderen«: »Es besteht nebeneinander, zusammen, zu ein und derselben Zeit sowohl die Herrschaft der Bourgeoisie« – damit meinte er die Provisorische Regierung – »als auch die revolutionär-demokratische Diktatur des Proletariats und der Bauernschaft, die die Macht freiwillig an die Bourgeoisie abtritt, freiwillig zu ihrem Anhängsel wird.«[47] In den Sowjets aber– tatsächlich hatten sich seit Februar zusätzlich zum Petrograder Rat weitere Räte gebildet –, räumte er ein, seien mit den Bauern in Summe die kleinbürgerlichen Elemente in der Überzahl. Und daher könne eine sofortige Machtergreifung gar nicht erst gefordert worden.[48]

Während Lenin um Klarstellung bemüht war, hielt sein Parteigenosse Lew Kamenew, nicht anders etwa als Georgij Plechanow, ihm die angestrebte Verwirklichung verfehlter und verfrühter, ja geradezu irrealer Pläne vor. Die kurze Zeit danach in den *Aprilthesen* angesprochene Einführung des Sozialismus, die sich Lenin nicht als unmittelbares Ziel gesetzt, sondern als Einleitung einer ersten Etappe dorthin gedacht hatte, hielten sie auch in dieser »Light«-Version, die sich der Parteiführer in Form verschiedener Kontroll- und Verteilungsmechanismen vorstellte, für völlig absurd. Lenin konterte souverän, und er betonte noch einmal die Sinnhaftigkeit seiner vorgeblichen »Salamitaktik«: Nicht Umsturz, sondern etappenweise Weiterentwicklung der Revolution stehe an. Die, wie er festhielt, »Abspaltung« von den kleinbürgerlichen und den Krieg unterstützenden Elementen im Sowjet bedeute freilich nichts anderes als die Eroberung der Mehrheit – und damit der Macht. Erst dann aber sei die Einführung eines »Kommunenstaates«, nach »dem Vorbild der

47 Ebd., 28.
48 Ebd., 35.

Pariser Kommune«, ein erreichbares Ziel. Und nun übertraf er sich regelrecht in seiner für ihn typischen Art der Argumentation: Der »Kommunenstaat« sei in Gestalt des Sowjets ohnehin bereits Realität als »Staatstypus«. Der Sozialismus aber, mit dessen Einführung die Pariser Kommune »leider« zu sehr »gezögert« habe, stehe gar nicht erst am Programm des gegenwärtigen Sowjets.[49] Resultat also war – mit anderen Worten – ein »Kommunenstaat« ohne Kommunismus und ein Rat, der nicht verstand, dass er Lenin zufolge nach der Macht greifen musste und der obendrein nicht darauf abzielte, den Sozialismus anzusteuern.

Lenins Thesen und Pläne, die bei genauerer Betrachtung keineswegs aus dem Nichts kamen, sondern durchaus bekannte Standpunkte enthielten, stießen dennoch auf unerwartet großes Unverständnis. Vor allem fiel es einigen Adressaten seiner Botschaften schwer, sich so unvermittelt vom Konstrukt der Doppelherrschaft zu lösen. Kritiker unter den Parteigenossen kanzelte Lenin nun als »alte Bolschewiken« ab, als gleichsam Zurückgebliebene, denen es angesichts der jüngsten Entwicklungen an intellektueller Anpassungsfähigkeit mangelte. Er sprach von einer »Vertrauensseligkeit« gegenüber der Provisorischen Regierung, die er sich nur durch den allgemeinen »Revolutionstaumel« auch unter seinen Anhängern erklären konnte.[50] Nun aber sei es an der Zeit, sich von solchen Gemütszuständen zu befreien. Andernfalls werde er eigene Wege gehen. Er beteuerte, lieber »in der Minderheit« zu bleiben, als von seinen Ansichten abzurücken.[51] Diese Position nahm die Einstellung zur ungeliebten Schwesterpartei vorweg. Doch auch seine unversöhnliche Haltung gegenüber den Menschewiki, die alles andere als neu war, verstörte. Die Revolution als Kitt für die Wiederherstellung einer ohnehin nie Realität gewordenen Einheit der russischen Sozialdemokratie zu begreifen, passte freilich in keiner Weise zu Lenins bisherigem Kurs. »Versöhnlern« wurde unmissverständlich eine Abfuhr erteilt: Kein Zusammengehen mit den linken »Vaterlandsverteidigern!« So lautete Lenins Devise.

---

49 Ebd., 35f.
50 LW, Bd. 36, 425.
51 Ebd., 26.

Heimkehr

Die Vorbehalte, die der schon vor der Abreise nach Russland skizzierte Kurs unter seiner Anhängerschaft hervorrief, empfand Lenin aber wohl als nicht weniger besorgniserregend als die Anschuldigungen, die in Anbetracht seiner abenteuerlichen Heimkehr von politischen Gegnern vorgebracht wurden. Überraschend kamen solche Anwürfe nicht. Lenin hatte antizipiert, dass seine Ankunft in Russland als Ergebnis einer Kollaboration und daraus abgeleiteter verräterischer Abmachungen mit dem Kriegsgegner Deutschland gedeutet würde. Immerhin hatte Berlin das Okay für seine Reise quer durch das mit Russland verfeindete wilhelminische Kaiserreich gegeben, während sich die französischen und britischen Verbündeten als denkbar ungeeignete Ansprechpartner für Lenins Heimkehrpläne erwiesen hatten: Warum sollten sie einem Revolutionär die Rückkehr ermöglichen, der alles daran setzte, die seit August 1914 geltenden und vom Zarenregime abgesegneten Abmachungen über Bord zu werfen? Demgegenüber konnte sich der Rat – so sehr Lenin ihn bzw. seine Spitzen bereits »aus der Ferne« offen attackierte – kaum dagegen sperren, dem seit vielen Jahren im Exil weilenden Revolutionär und Genossen die Heimkehr zu versagen. Das »freieste Land der Welt«, zu dem Russland infolge einer Fülle erlassener Verordnungen nach Antritt der Provisorischen Regierung und im Rausch der Beseitigung früherer Bedrückungen geworden war, musste Lenin schon aus Prinzip die Einreise gestatten.[52] Allen Schmähschriften und polternden Ankündigungen zum Trotz konnte also ein Mann ins Land kommen, der bereits zuvor angekündigt hatte, die bestehende Ordnung zu bekämpfen und weitreichende Veränderungen anzustreben. Die Versuche des Außenministers Pawel Miljukow, sich Lenin und andere Revolutionäre vom Hals zu halten, scheiterten kläglich.[53]

Der Historiker Gerd Koenen betrachtet das, was andere vor ihm als »Teufelspakt« bezeichnet haben, d.h. die Reisegenehmigung, die der Revolutionsführer von der deutschen Reichsleitung als Quasi-Gegenleistung für den Umsturz in Russland erhielt, als »Eröffnung einer politischen Handlungslinie«. Damit hergestellt

52 Vgl. Figes, Tragödie, 382.
53 Vgl. Suchanov, 1917, 279.

worden sei eine »Kräftekonstellation, die mitentscheidend sein würde, um Deutschland eine letzte Chance auf Sieg im Weltkrieg zu eröffnen und die Bolschewiki an die Macht zu tragen bzw. dort zu erhalten«.[54] In Anbetracht dessen und der Tatsache, dass diese »Konstellation bzw. Kollaboration« weit »über Krieg und Niederlage, Revolution und Konterrevolution« hinausreichte, zeigt Koenen sich erstaunt über den »immer wieder« festzustellenden historiografischen Umgang mit der Thematik. Er wundert sich über das »Abdrängen« von Lenins Heimkehr »ins rein Episodische und jedenfalls Nebensächliche«.[55]

Für Lenin selbst war die Rückkehr nach Russland natürlich alles andere als unerheblich. Angesichts der Ereignisse in der Heimat drängte er auf die Heimreise und fühlte sich in Zürich »wie im Käfig«. Er war, meinte Parvus-Helphand, »eingepfropft wie in einer Falsche«.[56] Bis Lenin russischen Boden betreten konnte, vergingen Wochen voller unermüdlicher Anstrengungen, die heikle Unternehmung zu organisieren. Diese Zeitspanne ebenso wie die Zugfahrt an sich sind von Historiker:innen minutiös rekonstruiert worden. Jedes Detail wurde recherchiert – bis hin zu tatsächlichen Nebensächlichkeiten, nämlich die Lage der Toiletten in den Waggons oder diverse Geschichten über Lenins restriktiven Umgang mit Tabak rauchenden Genossen. Man weiß – oder Zweiflern zufolge glaubt man es nur, zu wissen –, mit wem er sich während der auch von der Presse mitverfolgten Reise traf und mit wem nicht. Zum Beispiel nicht mit Parvus, der sich Hoffnungen auf ein Treffen mit dem Bolschewikenführer anlässlich eines geplanten Halts in Stockholm gemacht hatte. Über Parvus wussten immerhin alle, dass er im Sold Deutschlands stand. Schon deshalb war es ratsam, sich nicht mit ihm zu zeigen und das »schmutzige« Geschäft mit dem »deutschen Gold« lieber an nachrangige Genossen zu delegieren. Hierfür zuständig waren u. a. Jakub Fürstenberg-Hanecki und Karl Radek.

Über etwaige brisante Außenkontakte der Passagiere bei einem längeren Zwischenstopp in Deutschland gibt es divergierende Darstellungen. Verwiesen wird beispielsweise auf Gespräche, die Lenin

54 Gerd Koenen, Die Farbe Rot. Ursprünge und Geschichte des Kommunismus, München 2017, 669.

55 Ebd., 668.

56 Zit. nach Hahlweg, Lenins Rückkehr, 12.

vor dem Hintergrund seines speziellen Deals mit dem Kaiserreich geführt haben soll.[57] Nicht alle der in diesem Zusammenhang herangezogenen Quellen vermögen restlos zu überzeugen. Weitgehender Konsens herrscht hingegen in Bezug auf die Koinzidenz all der unterschiedlichen Bemühungen, die der Reise vorangingen. In Deutschland erhoffte man sich jedenfalls von der Rückkehr des Bolschewikenführers in die Heimat den baldigen Umsturz eines Regimes, das immer noch daran festhielt, den Krieg gegen die Mittelmächte weiterzuführen. In Anbetracht des Kriegseintritts der USA, der Anfang April 1917 erfolgte, war das Kaiserreich umso mehr an einem Separatfrieden mit Russland interessiert. Graf Ulrich von Brockdorff-Rantzau, Gesandter in Kopenhagen, fand gegenüber seinen Ansprechpartnern in Berlin deutliche Worte. Man müsse die Gegensätze zwischen den Parteien in Russland »unter der Hand« vertiefen und die »extremen Elemente« begünstigen. »Größtmögliches Chaos« sei anzustreben und eine Entwicklung zu forcieren, »die den Bestand des russischen Reiches erschüttern« werde.[58]

Lenin war nicht der einzige Revolutionär, der angesichts der Februarereignisse zurück in die Heimat drängte. Auch Julij Martow, der sich ebenso wie Lenin und viele andere russische Dissidenten im Schweizer Exil befand, hoffte auf eine baldige Heimkehr. Ihm war gleichfalls bewusst, dass die Reise nicht im Geheimen stattfinden durfte. Als »Mietling« des deutschen Kaiserreichs dastehen wollte niemand, Geheimnistuerei war fehl am Platz. Martow brachte vor diesem Hintergrund offenbar auch die Idee einer Art Gegengeschäft mit den Mittelmächten ein. Als Kompensation für die Erlaubnis einer durch Deutschland führenden Fahrt nach Russland sollten Internierte aus dem Kaiserreich bzw. aus Österreich-Ungarn, die sich in Russland befanden, heimgeschickt werden.

Martow gehörte nicht jener Gruppe von Revolutionären an, die zusammen mit dem Bolschewikenführer Anfang April die Schweiz verließen. Er traf erst später in Russland ein. Lenin verfolgte eigene Pläne. Er hatte mithilfe des Schweizer Gewerkschaftsführers Fritz Platten spezielle Bedingungen für seine Zugreise via Deutschland

57 Vgl. Fleischhauer, Die Russische Revolution, 525–549; siehe auch: McMeekin, Russian Revolution, 130f.
58 Zit. nach Willi Gautschi, Lenin als Emigrant in der Schweiz, Zürich u.a. 1973, 254.

ausgehandelt, nachdem er sich von Robert Grimm als Vermittler distanziert hatte. Während die diplomatischen Vertreter des Kaiserreichs schließlich grünes Licht gaben und auch die Oberste Heeresleitung (OHL) in die Causa eingeweiht wurde, war ein Plazet von alliierter Seite ausgeblieben. Lenin hatte bis zuletzt versucht, die Amerikaner, die eben erst zu Verbündeten Russlands geworden waren, für seine Sache einzunehmen und die Heimkehrpläne zu unterstützen. Vergeblich. Ein Anruf Lenins in der US-amerikanischen Botschaft in Bern schlug fehl. Der Diplomat, der den Hörer abnahm, war Allen Dulles. Dieser hatte schlicht und einfach keine Zeit für das Telefongespräch und wimmelte den ungeduldigen Bittsteller ab. Der spätere CIA-Chef gab diese Geschichte später wiederholt zum Besten. Lenin indessen hakte die Episode schnell ab. Der Reisetermin stand bereits fest. Der Abfahrt der Revolutionäre aus Zürich ging u. a. eine Abschiedsrede Lenins voraus, in der er erklärte, trotz der Drohung des russischen Außenministers Pawel Miljukow, die heimreisenden Revolutionäre nach ihrer Ankunft zu verhaften, mit bereits konkreten Plänen in die Heimat zu fahren. Er werde die Revolution »in ihr zweites Stadium« überführen und »die europäische Linke in Brand« setzen.[59]

Der von Martow vorgebrachte Vorschlag eines Austauschs blieb währenddessen ein Thema: In seinen in der *Prawda* und der *Iswestija* veröffentlichten Schilderungen der Begleitumstände seiner Heimkehr verwies Lenin auf fortgesetzte Bemühungen, in Russland internierte Sozialisten freizubekommen – darunter, wie er schrieb, den »namhaften österreichischen Sozialisten Otto Bauer«.[60] Dieser befand sich seit Ende 1914 in russischer Kriegsgefangenschaft. Lenin stellte in diesem Zusammenhang seine Reise als eine Art Gemeinschaftsprojekt einer Reihe internationaler Genossen vor, deren Bestrebungen vorrangig der Befreiung bzw. dem Austausch gefangener Sozialisten gegolten hätten. So betrachtet war auch er lediglich der »Profiteur« einer unverfänglich erscheinenden Austauschaktion. Auf diese Weise wollte er den Vorwurf, ein Spion Deutschlands zu sein, entkräften. Immer noch negativ wirkte überdies die Entlarvung seines Parteifreundes Roman Malinowski

59 Catherine Merridale, Lenins Zug. Die Reise in die Revolution, Frankfurt am Main 2017, 173.
60 LW, Bd. 24, 11.

und eines weiteren Bolschewiken namens Miron Tschernomasow als Ochranaagenten nach. Dass Lenins Partei das Bild eines Stützpunkts für Spitzel und Verräter abgab, war Munition für den politischen Gegner. Die Glaubwürdigkeit der Bolschewiki stand auf dem Spiel.[61]

Lenins Hinweis auf Otto Bauer verwies nicht nur auf die ursprüngliche Martow-Idee im Vorfeld der Reise, sondern auch auf einen Plan, den Lenin nur kurze Zeit später tatsächlich in Angriff nahm: die Heimsendung von österreichisch-ungarischen und deutschen Kriegsgefangenen als Sendboten der erhofften Weltrevolution. Otto Bauer kam – noch vor der »Oktoberrevolution« – infolge der Fürsprache sozialistischer Kollegen frei. Zuvor verbrachte er noch einige Wochen in Petrograd, wo er mit verschiedenen Menschewiki in Verbindung stand und wesentliche Etappen des Februarregimes aus nächster Nähe miterlebte. Obwohl sich der österreichische Sozialdemokrat nicht in die Riege von Lenins »Sendlingen« einreihte, reichte sein kurzer Aufenthalt in der russischen Hauptstadt, um ihn in den Augen antimarxistischer heimatlicher Kräfte ebenso wie im Urteil der Alliierten von nun an als gefährlichen »Bolschewiken« wahrzunehmen.[62]

Die verwickelten Begleitumstände von Lenins Heimreise und die nicht zu verbergende und allen Ablenkungsmanövern und Erklärungen zum Trotz dubios erscheinende Nähe zu deutschen Stellen drängten die Bolschewiki zur Offensive. Diese begann bereits anlässlich Lenins Ankunft. Der Parteiführer sollte demgemäß nicht klammheimlich in Petrograd ankommen, sondern triumphal empfangen werden. Obwohl die Meldung über das Eintreffen Lenins sehr spät in der Petrograder Zentrale der Bolschewiki einging, gelang es ihnen binnen kürzester Zeit, ein »Riesenspektakel« zu veranstalten.[63] Menschenmassen mit bunten Spruchbändern und roten Fahnen marschierten auf, eine Musikkapelle hatte am Bahnsteig Aufstellung genommen. Beeindruckt von diesem Aufgebot zeigte sich auch Nikolaj Suchanow, wenngleich seine Skepsis in Anbetracht des ganzen Rummels überwog. Unter den Klängen der

61 Merridale, Zug, 247f.

62 Vgl. Verena Moritz/Hannes Leidinger, Otto Bauer 1914–1919. Kriegsgefangenschaft und Heimkehr als Problem einer Biographie, in: Wiener Geschichtsblätter 54/1 (1999), 1–21.

63 Catherine Merridale, Lenins Zug. Die Reise in die Revolution, Frankfurt am Main 2017, 253.

»Marseillaise« stieg Lenin am 3. April aus dem Zug. Die erste seiner Reden, die er nun hielt, endete mit der Verheißung einer noch viel fundamentaleren Umwälzung als die, die sich nur Wochen zuvor in Russland ereignet hatte: »Es lebe die sozialistische Weltrevolution!«[64]

64 Zit. nach Suchanov, 1917, 281.

II
BRANDREDEN

Der ungeduldige »Spion«

Will man die Geschichte oder besser die Überlieferung der Russischen Revolution mit einem Gebäude vergleichen, dann ist es eines mit vielen Rissen, notdürftig ausgebesserten Schäden, fehlenden oder abgetragenen Teilen und etlichen nachträglich eingefügten Zubauten. Es kann nicht überraschen, dass dieser Befund mit vielen Fragen verknüpft ist, die Lenins Wirken nach dem 3. April 1917 betreffen. War zum Beispiel Lenins Einfluss auf die Entwicklungen bis zum Oktober 1917 wirklich so zentral oder muss zumindest teilweise nicht auch der Macht des Zufalls die Verantwortung für den Gang der Dinge zugeschoben werden? Und wie steht es um den Aufstieg der Bolschewiki? Lag ihr Erfolg nicht auch an den Gegnern, die sich – wenn auch unfreiwillig – zu Wegbereitern des Oktoberumsturzes machten? Für viele steht die exzeptionelle Rolle Lenins für den Verlauf der Ereignisse im Revolutionsjahr 1917 so oder so außer Zweifel: »Ohne Lenins Intervention«, d. h. also ohne seinen beharrlichen Kurs in Richtung Aufstand, wäre, meint etwa der britische Russland-Experte Orlando Figes, die Machtergreifung vom Oktober 1917 »vermutlich niemals geschehen«.[1]

Die Beschäftigung mit dem Revolutionsjahr 1917 hat eine unüberschaubare Masse an Publikationen hervorgebracht, die sich den vielen unterschiedlichen Aspekten des Umsturzes zuwenden. Demgemäß, so hält etwa Karl Schlögel bei seinen »archäologischen« Erkundungen durch das »sowjetische Jahrhundert« fest, »ist unser Wissen über die Ereignisse ins Unendliche gewachsen«.[2] Anläss-

1 Orlando Figes, Die Tragödie eines Volkes. Die Epoche der Russischen Revolution 1891 bis 1924, Berlin 2008, 482.

2 Karl Schlögel, Das sowjetische Jahrhundert. Archäologie einer untergegangenen Welt, München 2017, 59.

lich des Zentenniums 1917/2017 und der daraus resultierenden Vielzahl an Buchneuerscheinungen wurde zunächst befürchtet, dass in Summe nur mehr Details zum Vorschein kämen, das Wesentliche jedoch bereits erzählt und analysiert sei.[3] Tatsächlich aber bleiben manche Vorgänge rätselhaft oder splittet sich das, was darüber geschrieben wurde, in scheinbar völlig konträre Narrative auf.

Die Geschehnisse vom Februar 1917 bis zur Erhebung der Bolschewiki sind reich an geheimen Absprachen, Mauscheleien und Verschwörungen, tatsächlichen und konstruierten. Bis heute machen es die damit verbundenen Erzählungen den Historiker:innen mitunter schwer zu entscheiden, was tatsächlich als Komplott zu bezeichnen ist und was womöglich nur als solches dargestellt wurde oder fast zwangsläufig so erscheinen musste. Zum Überangebot an unterschiedlichen Machenschaften trat schließlich auch noch die vermeintliche Allgegenwart von Spionen und Spitzeln, ausländischen Agenten und Provokateuren. Das Russland des Ersten Weltkriegs war voll und ganz von einer hysterischen »spy mania« erfasst worden. Dass die Zarin als deutsche Spionin verdächtigt oder Kriegsminister Wladimir Suchomlinow wegen Verrats zugunsten Deutschlands verhaftet wurde, war sozusagen nur die Spitze des Eisbergs. Was immer an Gerüchten über die Illoyalität prominenter ebenso wie weniger bekannter Einzelpersonen ausgestreut wurde, hatte gute Chancen zu gedeihen. Das galt gerade auch für die Zeit nach der Februarrevolution. Verräter, Verschwörer und Putschisten warteten offenbar auf günstige Gelegenheiten, um das revolutionäre Russland zu Fall zu bringen. Untersuchungsrichter und Spionagechefs begaben sich auf ihre Spuren und die Presse machte sie auf allen Seiten aus. Das geradezu hypertroph betriebene Demaskieren und Entlarven von »Verführern« sollte dem Volk als Warnung davor dienen, sich gutgläubig und leichtfertig vermeintlichen Erlösern auszuliefern. Dieser Strategie bedienten sich im Prinzip alle politischen Kräfte. Volksfeinde konnten auf diese Weise geradezu beliebig benannt werden. Gegen Häme und Bloßstellung gefeit war unter diesen Vorzeichen kaum jemand, der im politischen Geschehen auf die eine oder andere Weise mitmischte. Lenin stand bereits ab dem

3 Vgl. Susanne Schattenberg, 1917 – Hundert Jahre Revolution und nur noch Langeweile?, in: Neue Politische Literatur 64/3 (2019), 481–511, 487.

Frühjahr 1917 im Mittelpunkt solcher Kampagnen und auch sein größter Gegenspieler in diesen Monaten, Alexander Kerenskij, landete wenig später am medialen Pranger. In beiden Fällen spielte der Vorwurf der Verschwörung eine zentrale Rolle.

Die Version, wonach Lenin als Spion in die Heimat kam, der im Auftrag Berlins das frühere Romanowimperium im Alleingang zum wehrlosen Opfer des deutschen Militarismus und Expansionismus degradierte, hat auch in unseren Tagen nicht ausgedient. Darstellungen, die ihn auf ein Werkzeug Wilhelms II. oder seines Generals Erich Ludendorff reduzieren und auf diese Weise suggerieren, er hätte die ihm angetragene und zweifellos gerne übernommene Rolle des – mutmaßlich großzügig gesponserten – Umstürzlers ohne Wenn und Aber der Regie Berlins überlassen, sind ebenfalls nicht vom Tisch. Die Dimension seiner Verstrickungen in deutsche Machenschaften und das Ausmaß jener Unterstützung des Hohenzollernreichs, deren genaue Wege sich nach mehr als hundert Jahren nur ansatzweise rekonstruieren lassen, ist freilich aus mehreren Gründen von Belang. Damit verbundene Fragen betreffen nicht nur die umstrittene Reputation des Revolutionsführers, die manche bis heute vehement verteidigen, sondern auch den Verlauf der Ereignisse ab Februar 1917 im Allgemeinen. Viele Namen und Pseudonyme sind dabei im Spiel. Drahtzieher und Handlanger, Hinter- und Mittelsmänner, Mitläufer und Profiteure – niemand aus der illustren Gruppe der Involvierten hatte später Interesse daran, die Hintergründe der ungewöhnlichen Partnerschaft zwischen dem Deutschen Reich und dem Bolschewikenführer vollständig zu enthüllen. Das Zweckbündnis sorgte dennoch für Gesprächsstoff und wirbelte bereits 1917 erheblich mehr Staub auf, als Lenin gedacht hatte. Die Causa erhitzte die Gemüter und sorgte für handfeste Skandale. Trotzdem wurde – zumindest in der Sowjetunion und ihren »Bruderstaaten« – das heikle Arrangement, das zwischen Lenin und Repräsentanten Deutschlands zustande kam, schon bald, d. h. nach der Konsolidierung der bolschewistischen Herrschaft, erfolgreich beschwiegen, jahrzehntelang. Umso reißerischer verkauften diverse Publikationen oder auch Dokumentarfilme im postsowjetischen Russland Lenins Kontakte zu Deutschland als Sensation. Diese wiederum wurde in den entscheidenden Beweis für eine neue Saga umgewandelt: Die Revolution war ein mit ausländischem Geld finanzierter Import einer verräterischen Clique, die Russland auf Grundlage einer westlichen Ideologie – des Marxismus – einem grausamen Experiment auslieferte und die Menschen in ein schreckliches Blutbad – den Bürgerkrieg – führte. Hauptzweck sei aber vor allem die vollständige Niederwerfung des ehemaligen Zarenreichs und seine anschließende Aufteilung unter den ausländischen Mächten gewesen. Der Erfolg der Bolschewiki, der Zuspruch, den sie im Herbst 1917 erfuhren, gründete sich lediglich auf Täuschungen. Die Machtergreifung und in weiterer Folge auch die Herrschaft von Lenins Partei spiegelte keinesfalls die tatsächliche Haltung der Bevölkerung wider usw. Der Denkmalsturz begann. Aus dem panegyrisch verehrten Revolutionsführer wurde der schlimmste Verbrecher, den das 20. Jahrhundert hervorgebracht hatte.[4]

Im sowjetischen Narrativ durfte Lenin – was Wunder – kein skrupelloser Intrigant und unpatriotischer Defätist sein, kein schamloser Verschwörer und bedenkenloser Verräter, der seine Heimat gewissermaßen verkaufte. Der Bolschewikenführer wurde vielmehr als Revolutionär vorgestellt, der die Umwälzung gemäß dem Willen des Volkes dekretierte, mit viel Überzeugungskraft Schwankende auf den »richtigen Weg« leitete und vor allem dank eines unvergleichlichen Charismas und genialen Weitblicks verwirklichte, was noch kurz zuvor als Utopie galt. Die Festigung solcher Sichtweisen bedurfte einiger Eingriffe, das »deutsche Gold« durfte es ebenso wenig geben wie Schriftstücke, die unangenehme Fragen herausforderten: Akten verschwanden entweder für immer oder landeten in besonderen Depots, andere wurden manipuliert und wieder andere einfach fabriziert. Zeitzeugen wiederum, die über gewisse Einblicke in angebliche oder tatsächliche »dunkle« Geschäfte verfügten, berichteten meist eher entlang ihrer Gesinnung und weniger im Dienst authentischer Schilderungen. Reicht die Quellenlage aus, um den bolschewistischen Umsturz vom Oktober bzw. November 1917 als »gekaufte Revolution« zu bezeichnen? Oder anders gefragt: Ließ sich Lenin kaufen?

---

4 Vgl. Akim Arutjunov, Dos'e bez retuši. Lenin. Ličnostnaja i političeskaja biografija, tom 1–2, Moskva 2002.

»Aktionseinheit«?

Nichts deutet darauf hin, dass Lenin sein Ziel aus den Augen verlor. Nach seiner Ankunft am Finnischen Bahnhof in Petrograd sollten die Bolschewiki umgehend das sogenannte Minimal- durch das Maximalprogramm der SDAPR ersetzen.[5] Das bedeutete konkret: Lenin hakte einen Teil des Vor-Februar-Programms der Sozialdemokratie mit Reformforderungen für Arbeits- und Lohnfragen und dem Verlangen nach dem Gewähren von Bürger- und Freiheitsrechten ab. Alle diese Anliegen sah er im – wie er in den *Aprilthesen* meinte – »freiesten Land der Welt«, das er im revolutionären Russland erblickte, bereits erfüllt. Das Maximalprogramm aber, das im allgemeinen Teil des Parteiprogramms von 1903 dargelegt worden war und grundlegende sozialdemokratische Positionen abbildete, wie sie auch in anderen, üblicherweise zweiteiligen Programmen verankert waren, lief auf das Endziel hinaus. Das hieß de facto nichts anderes, als »praktisch mögliche« Schritte zur Verwirklichung des Sozialismus zu setzen – Vorstellungen, die sich nicht durch mitreißende Reden allein realisieren ließen.[6] Zunächst bedurfte es entsprechender Aufklärungsarbeit und geeigneter Rahmenbedingungen. Lenin forderte die Bewaffnung der Arbeiter, sprach nach seinem Eintreffen in der russischen Hauptstadt unentwegt von einer Volksmiliz und war sich bei alledem der Bedeutung einer möglichst breiten Unterstützung durch die Soldaten bewusst. Es brauchte Agitation, aber auch genügend Gelder, um die erforderlichen Propagandamaßnahmen zu finanzieren. Tatsächlich übertrafen die Bolschewiki vor dem Hintergrund einer ab dem Frühjahr 1917 insgesamt prosperierenden »Zeitungslandschaft« in Sachen »Medienpropaganda« konkurrierende Parteien.[7] Lenins Gefolgschaft verfügte, wie es schien, über ausreichende Mittel, um ihre in steigender Auflagezahl erscheinenden Presseerzeugnisse zu finanzieren. Abseits davon standen aber auch personelle Ressourcen zur Verfügung, beispielsweise für die Schaffung einer bolschewistischen Militärorganisation, der Lenin besonderes Interesse

5 LW, Bd. 24, 269–272.
6 Ebd., 83 und 298–301.
7 Vgl. Lutz Häfner/Hannu Immonen, Russian Political parties in the Russian Revolution of 1917/18, in: Daniel Orlovsky (Hg), A Companion to the Russian Revolution, Hoboken 2020, 95–111, 107.

entgegenbrachte.[8] Im Sommer 1917 hatte die Partei etwa 240.000 Mitglieder und konnte über 300.000 Exemplare ihrer mehr als 40 Zeitungen bzw. Zeitschriften drucken.[9]

So deutlich auch verschiedene Genossen gegenteilige Meinungen zu Lenins Plänen formulierten und es ganz offensichtlich an Gleichklang mangelte, setzte Lenin alle Hebel in Bewegung, um aus der Partei eine »Aktionseinheit« zu machen, die sich von seiner Entschlusskraft führen lassen sollte. Hier begegnete er, wie bereits gezeigt wurde, zunächst erheblichem Widerstand. In Anbetracht der bisherigen Parteigeschichte und Lenins altbekannten Überzeugungen, erscheint es manchen allerdings plausibel, die Differenzen, die sich zwischen seinen und den Positionen parteiinterner Kritiker auftaten, als nicht sehr gravierend zu sehen. Sie hätten sich demzufolge nur zu einem geringen Teil auf Inhaltliches bezogen und vielmehr Fragen der praktischen Vorgehensweise tangiert.[10] Tatsächlich waren viele, ja fast alle Ansichten, die Lenin nach seiner Ankunft in Petrograd vertrat, aus seinen bisherigen Artikeln und Broschüren bekannt. Wirklich überraschend erschienen demgegenüber seine Forderung nach ersten konkreten Maßnahmen Richtung Sozialismus und seine Behauptung, wonach der Sowjet bereits über das Stadium eines herkömmlichen Parlamentarismus hinausgewachsen war.[11] Auch wenn man sich dieser durchaus nachvollziehbaren Interpretation hinsichtlich eines zweifelhaften Neuigkeitswerts der *Aprilthesen* anschließt, machten sich in den Monaten vor dem Oktoberumsturz dennoch erhebliche Meinungsverschiedenheiten innerhalb der Partei bemerkbar. Das Tempo Richtung Umsturz spielte dabei eine zentrale Rolle. Das bedeutet jedoch auch, dass es dieses plötzliche Umschalten vom Minimal- auf das Maximalprogramm war, das die Genossen irritierte. In unterschiedlichem Ausmaß, wie es scheint. Der Mehrheit von Lenins Anhängern, die, wie die Bolschewikin Jelena Stasowa später behauptete, sich schon am Tag nach der Verkündung der Thesen ihres Parteichefs von deren Radikalität

8 Nikolaj Suchanov, 1917. Tagebuch der russischen Revolution, München 1967, 393.

9 Vgl. Richard Pipes, Die Russische Revolution, Bd. 2: Die Macht der Bolschewiki, Berlin 1992, 129f.

10 Vgl. Lars Lih, All Power to the Soviets! Part 1: Biography of a slogan. https://johnriddell.com/2014/08/18/all-power-to-the-soviets-biography-of-a-slogan-by-lars-lih/ (31.3.2023).

11 Vgl. Lars Lih, Lenin and Bolshevism, in: Stephen Anthony Smith (Hg.), The Oxford Handbook of the History of Communism, Oxford 2017, 33–71, 65–67.

erholte und sich ganz auf die Seite ihres Führers schlug,[12] standen ein paar lautstarke Kritiker gegenüber. Es gab Genossen, meinte Lenin, die »Angst vor dem Kampf um die Macht« empfanden und geneigt waren, »diesen Kampf durch Resolutionen, Proteste und Kongresse zu ersetzen«.[13] Die Partei, kommentierte Leo Trotzki, tickte anders als Lenin selbst: »Jeder neuen Situation paßte« sie sich »nur auf dem Weg innerer Krisen an«.[14]

Nach Lenins Heimkehr kamen seine Anhänger und mit ihnen ganz Russland jedenfalls nicht mehr zur Ruhe. Entgegen seinen Predigten von einer »geduldigen« Taktik, mit denen er die Kritik an seinen Thesen abzuschwächen versuchte, war das Ziel der Machtübernahme – vorgeblich durch das Proletariat und die sich ihm anschließende Bauernschaft – sofort allgegenwärtig.

Erster Versuch?

Wenngleich der als Revolution der Massen gepriesene Umsturz im Oktober 1917 nur wenig bis gar nichts mit Sergej Eisensteins wuchtigen Filmszenen über das aufbegehrende Volk gemein hatte, waren die Bolschewiki zum Zeitpunkt der Machtergreifung nicht mehr jene eher marginale Gruppe, als die sie Lenin im April 1917 vorgefunden hatte. Das galt allerdings im Wesentlichen für urbane Zentren und vor allem für die zwei »Hauptstädte«, also Petrograd und Moskau. Primär dort erlebten die Bolschewiki einen bemerkenswerten Aufstieg. Die städtischen Massen spielten in diesem Zusammenhang eine aus Sicht der Bolschewiki aber nicht immer glückliche Rolle. Sie erwiesen sich als nur schwer kontrollierbare Akteure.

Die Resonanz auf die sogenannte *Miljukow-Note* vom 18. April 1917, in welcher der Außenminister der Provisorischen Regierung seine Befürwortung der Kriegsziele des untergegangenen Regimes zum Ausdruck brachte, verwies – ähnlich wie im Februar – auf die enorme Sprengkraft der Frage über Krieg oder Frieden. Ihre Bedeutung für die Existenz des neuen Regimes war essenziell. Vor diesem

---

12 Vgl. Yuri Slezkine, The House of Government. A Saga of the Russian Revolution, Princeton 2017, 131.

13 Leo Trotzki, Geschichte der Russischen Revolution. Zweiter Teil: Oktoberrevolution (2), Frankfurt am Main 1982, 807

14 Ebd., 807.

Hintergrund kam es zu bewaffneten Demonstrationen von Arbeitern und Soldaten, die sich der Formel des Sowjets nach einem Frieden ohne Annexionen und Kontributionen angeschlossen hatten. Sie forderten nun die Absetzung der bürgerlichen Minister und eine neue Revolutionsregierung. Einer der Hauptprotagonisten des Aufruhrs war der junge Offizier Theodor Linde, der im Februaraufstand eine wesentliche Rolle gespielt hatte, indem er Soldaten auf die Seite der Revolution zog. Linde aber opponierte durchaus nicht gegen eine Weiterführung des Krieges. Er empfand sich als »Patriot«. Im Zentrum stand nun die Frage, ob das revolutionäre Russland bereit sein würde, für jene »räuberischen« Ziele zu kämpfen, deretwegen die Großmächte 1914 ins Feld gezogen waren. Es ging also darum, den Krieg zwar nicht sofort zu beenden, aber dem Frieden eine »demokratische« Zielrichtung zu geben. Gebietsgewinne auf Kosten unterlegener Staaten gutzuheißen, schloss sich unter diesen Vorzeichen aus. Linde, der kurze Zeit später ironischerweise aufgrund seines deutschen Namens von Soldaten, die er zum Weiterkämpfen aufforderte, als vermeintlicher Spion gelyncht wurde, gehörte auch dem Exekutivkomitee des Petrogader Rates an.[15] Dieses wiederum distanzierte sich von dem Protest, der in Anbetracht wütender Gegenmanifestationen von »Patrioten« zu blutigen Straßenkämpfen führte. Der seit Anbeginn der Revolution befürchtete Bürgerkrieg schien unvermeidlich. Die Einheiten General Lawr Kornilows, Kommandant der Petrograder Garnison, standen bereit, um die Unruhen zu beenden. Die Regierung scheute jedoch davor zurück, die Waffen gegen das Volk zu erheben, und der Rat sah sich veranlasst, die »Rettung der Revolution« durch die Unterstützung der Regierung herbeizuführen. Wollte man Chaos und weitere Gewalt verhindern, bot sich anscheinend nur dieser eine Ausweg an. So entstand eine Koalition, in der auch Repräsentanten der Räteparteien vertreten waren, und es etablierte sich jenes Motivations- und Handlungsmuster des Sowjets, das den Monaten vor dem Oktober 1917 seinen Stempel verlieh.

Die Frage, welche Rolle die Bolschewiki im Zuge der erwähnten Demonstrationen spielten, haben Historiker:innen unterschiedlich beantwortet. Die einen folgen Lenins Erklärung, wonach sich die

15 Pipes, Die Russische Revolution, 115.

Bolschewiki lediglich mit Aufrufen zu einer friedlichen Beteiligung ins Spiel brachten, die anderen sehen Aktionen zumindest von Teilen der Partei, die eher für eine Eskalation, wenn nicht gar für einen versuchten Umsturz sprechen. Lenin selbst habe demzufolge mit schwachen Entgegnungen und am Ende entlarvenden Erklärungen nach den Unruhen – vermutlich unbeabsichtigt – eingestanden, dass die Demonstrationen mehr waren als nur eine »friedliche Erkundung der feindlichen Kräfte«.[16] Der Sturz der Provisorischen Regierung hätte damals aber aufgrund fehlender bolschewistischer Mehrheiten in den Sowjets – im Falle einer auf den Weg gebrachten Rätemacht – nicht jenen Triumpf für Lenins Partei ermöglicht, der im Oktober verbucht wurde. Lenin wusste das. Seine Partei war zu schwach in den Sowjets vertreten, um sich an die Spitze zu stellen. Daher müsse, riet er seinen Genossen, vorrangig Propaganda betrieben und die Provisorische Regierung demaskiert, d.h. ihr »Betrug« am Volk aufgedeckt werden.[17] Kritikern erklärte er wortreich die Richtigkeit seiner Taktik, die er als besonnenes, aber energisches Stufenprogramm darstellte. Gleichzeitig war alles, was er in seinen Reden – u.a. vor den Soldaten des Ismailowo-Regiments – von sich gab, nichts anderes als ein Aufruf zum Handeln: Die Revolution müsse fortgesetzt, die ganze Macht dem Sowjet überlassen werden. Die Regierung der Kapitalisten führe den Krieg ansonsten unbeirrt weiter.[18] Diese Art der »Aufklärung«, die seine Bolschewiki unter den »Massen« durchführen sollten, entsprach in Wirklichkeit der Rhetorik von Rädelsführern.

Tatsächlich sprechen schon Lenins Ansichten, die er vom Dezemberaufstand 1905 vertrat, für eine bewusste Instrumentalisierung der Straße. Die abwartende Haltung gegenüber den Demonstrationen im Frühjahr 1917 ging offenbar mit dem Kalkül einher, je nach Verlauf der Ereignisse zum Rückzug aufzufordern oder aber sich an die Spitze der Proteste zu stellen. Dass die gegen die Regierung gerichteten Parolen verfrüht in Umlauf gesetzt worden waren, gestand das ZK nach dem absehbaren Abflauen bzw. Scheitern der Unruhen

16 Zit. nach ebd., 21.
17 LW, Bd. 36, 426.
18 LW, Bd. 24, 93–95. Vgl. auch Manfred Hildermeier, Die Russische Revolution 1905–1921, Frankfurt am Main 1989, 158f.

ein.[19] Erst vor diesem Hintergrund wurde schließlich die Notbremse gezogen und der Aufruhr nicht weiter vorangetrieben. Dass auch Niederlagen sinnvoll sein konnten und ein bewaffneter Aufstand selbst im Falle seines Scheiterns wertvolle Erfahrungen generierte sowie Bezugspunkt für weitere Erhebungen sein würde, hatte Lenin bereits als wichtige Lektion der ersten Russischen Revolution begriffen. Das bedeutete auch, dass die Massen »in starker Spannung und Kampfbereitschaft« gehalten werden mussten. Der revolutionäre Elan durfte nicht nachlassen – zumindest das war mit den Unruhen vom April erreicht.[20]

Immer mehr drängten nun die Zwänge des fortgeführten Krieges die nicht-bolschewistischen Sowjetparteien in eine unpopuläre Zusammenarbeit mit der Bourgeoisie und jenen »Patrioten«, die nationale Ziele zur Leitlinie ihrer Politik gemacht hatten. Die Linke, die vor diesem Hintergrund teilweise tatsächlich begann, (national-)liberale Positionen zu vertreten, verband – eingedenk der Minderheit, in der sich das Proletariat in Russland befand – mit der Lenin'schen Haltung einen Bürgerkrieg im eigenen Land. In diesem wiederum rechneten sich die Räteparteien im Allgemeinen keine Aussichten auf Erfolg aus. Schon deswegen scheuten sie ihn. Nicht so Lenin, den ja auch die Perspektive eines Gemetzels im Weltmaßstab nicht abschreckte.

Interessanterweise wird immer wieder behauptet, dass Lenin oder die Bolschewiki den Frieden forderten. In den *Aprilthesen* ist davon aber nichts zu lesen – zumindest nicht als unmittelbare Konsequenz. Eine plumpe Friedenslosung wäre auch in Anbetracht all dessen, was Lenin zuvor gepredigt hatte, völlig absurd gewesen. Er erklärte lediglich der Unterstützung eines imperialistischen Krieges eine Absage, also jenes, den das Februarregime immer noch austrug, und er verknüpfte die Führung eines Krieges mit einigen Voraussetzungen: Übergang der Macht an das Proletariat und die ärmsten Teile der Bauernschaft, Verzicht auf Annexionen, Bruch mit den Interessen des Kapitals. Nur auf dieser Basis sei der Krieg ein wahrhaft revolutionärer und nur dann werde auch ein wahrhaft demokratischer Frieden möglich sein. Die Betonung des »demokratischen

19 Ebd., 120.
20 Vgl. Pipes, Revolution, 112.

Friedens« verwies außerdem auf Lenins Diagnose weitgehend »entdemokratisierter« Gesellschaften unter den Bedingungen von Kriegsrecht und Ausnahmegesetzgebungen. Das hieß auch, dass sich solcherart ramponierte westliche Demokratien unter weiterhin wirksamen imperialistischen Bedingungen nicht von ihren Fesseln befreien könnten. Vielmehr würden sich dort autoritäre Regime festsetzen oder bestenfalls Pseudodemokratien weiterbestehen – als politische Entsprechung eines »entarteten« Kapitalismus.[21]

Wer also genauer hinsah, erkannte, dass sich Lenin nicht so recht darauf festlegte, was nach einer Machtübernahme durch Proletarier und Bauern passieren und ob Krieg oder Frieden auf die Menschen zukommen würde. Gleichzeitig behauptete er, dass lediglich eine große Revolution mit internationaler Reichweite das Ende des imperialistischen Krieges, den die Bourgeoisie ansonsten unverdrossen weiterführen werde, bringen könne. Das »Völkerringen« dauere bereits drei Jahre und werde, meinte er, vielleicht sogar zehn dauern, wenn man jetzt vor einer »schwierigen, harten Revolution« zurückschrecke.[22]

Martow traf es auf den Punkt, wenn er behauptete, dass es Lenin, als er im April nach Russland kam, nie um den Frieden an sich gegangen war, sondern immer nur um die Revolution, d.h. zunächst um einen bolschewistischen Umsturz. Und er hätte, meinte Martow weiter, für den Fall, dass die Provisorische Regierung oder sonst jemand dazu in der Lage gewesen wäre, Russland wirklich den Frieden zu bringen, seine Taktik schnell wieder umgestellt. Dann nämlich hätte er dem Proletariat weisgemacht, dass der Krieg verantwortungslos und vorschnell beendet worden sei – mit dem unverzeihlichen Defizit des Verzichts auf ein Bezwingen des deutschen Militarismus und dem Makel eines bürgerlichen Friedens.[23] Martow durchschaute Lenin, und dieser hätte der Analyse seines früheren Weggefährten wahrscheinlich sogar zugestimmt.

Lenin strapazierte in allen seinen damaligen Texten und Reden das Bild von einer derart vertrackten Weltlage, dass – so seine Behauptung – nur ein Gewaltstreich in der Lage sein würde, den

21 Vgl. Neil Harding, Leninism, Houndmills/Basingstoke 1996, 268f.
22 LW, Bd. 24, 418.
23 I. G. Cereteli, Vospominanija o Fevral'skoj Revoljicii. Kniga pervaja, Paris 1963, 242.

Gordischen Knoten zu zerschlagen und den imperialistischen Krieg zu beenden. Tatsächlich zeigte sich etwa durch die ablehnende, ja destruktive Haltung der Entente gegenüber einer sozialistischen Friedenskonferenz in Stockholm die schiere Unmöglichkeit eines Kriegsendes unter Beibehaltung bestehender Machtkonstellationen. Auch in der krisengeschüttelten und kriegsmüden Donaumonarchie, wo Außenminister Ottokar Czernin die Februarrevolution in Russland mit der Aussicht auf einen Separatfrieden verknüpfte, ließ man die Vertreter der SDAPÖ nur unter Aufsicht zu den Vorkonferenzen nach Schweden reisen – aus Misstrauen gleichermaßen wie in der tiefen Überzeugung, dass das Unterfangen fehlschlagen würde.[24] Andere wiederum, wie etwa Albert Thomas, Émile Vandervelde oder Arthur Henderson, die aus Frankreich, Belgien und Großbritannien nach Russland kamen, verdeutlichten mit ihren Initiativen die tiefe Kluft innerhalb der internationalen Arbeiterorganisation. Die drei Sozialisten wandten sich marktschreierisch an ein potenziell »patriotisch« eingestelltes Publikum in Moskau, um für die Weiterführung des Krieges zu werben[25] – Wasser auf den Mühlen Lenins! Gravierend wirkte sich das Scheitern der sozialistischen Friedenskonferenz in Stockholm vor allem auf den Petrograder Sowjet sowie die Provisorische Regierung aus. Sie hatten vergeblich versucht, über eine Revision der Kriegsziele zu einem allgemeinen Frieden zu gelangen. Die Politik der kleinen Schritte scheiterte und ließ die Machthaber in Russland de facto ohne einen Plan B zurück.[26] Auch diese Entwicklung spielte Lenin in die Hände. Er rückte jetzt noch weiter von der ohnehin kleinen Gruppe der »Zimmerwalder« ab. Umso mehr widmete er sich seinen Plänen für eine Dritte Internationale.[27] Der Umstand, dass im April 1917 die bereits seit Monaten drohende Spaltung der SPD zur Parteigründung der Unabhängigen Sozialdemokratischen Partei Deutschlands (USPD) führte, nährte Lenins Hoffnung auf

---

24 Vgl. Francesco Marin, Die deutsch-österreichische Sozialdemokratie und die Friedensbestrebungen 1917, in: Andreas Gottsmann (Hg.), Karl I. (IV.). Der Erste Weltkrieg und das Ende der Donaumonarchie, Wien 2007, 33–46.

25 Figes, Tragödie, 436f.

26 Vgl. Agnes Blänsdorf, Die Zweite Internationale und der Krieg. Die Diskussion über die internationale Zusammenarbeit der sozialistischen Parteien 1914–1917, Stuttgart 1979, 372f.

27 Vgl. Wolf-Dietrich Gutjahr, Revolution muss sein! Karl Radek. Die Biographie, Köln/Weimar/Wien 2012, 189–234.

radikalere Entwicklungen in Deutschland außerdem zusätzlich. Die Unterstützung der »deutschen Brüder« bzw. ein Zusammenwirken mit ihnen hielt er für über die Maßen bedeutsam.

Keine Frage, Teile der Bevölkerung im ehemaligen Zarenreich ließen sich für patriotische Parolen begeistern. Die Kraft und vor allem auch die Beständigkeit dieser Haltung bei gleichzeitiger Verschlechterung der wirtschaftlichen Verhältnisse wurden aber wohl überschätzt – von Regierung und Rat gleichermaßen. Vor allem im Proletariat, aber auch unter den Soldaten, die das Februarregime vorgeblich von der verhassten Allmacht der Offiziere befreit hatte, setzten sich die Parolen der Bolschewiki mehr und mehr fest. Die Anzahl von Lenins Anhängerschaft nahm zu, im Petrograder Sowjet eroberte seine Partei im September 1917 die Mehrheit. Zweifellos spielte vieles, was sich innerhalb, aber auch außerhalb Russlands zwischen April und Oktober bzw. November 1917 ereignete, den Bolschewiki in die Hände. Aufseiten der Regierung und des Rates wurden Chancen nicht ergriffen oder fatale Allianzen gebildet. Unentschlossenheit und Zweifel überwogen, wo klare Entscheidungen vonnöten gewesen wären. Lenins Kompromisslosigkeit aber schien einem größer werdenden Bevölkerungsteil die fehlende Klarheit bieten zu können.

Brandreden

Lenin setzte auf griffige Botschaften. Der bolschewistische Slogan »Alle Macht den Sowjets!« ist untrennbar verbunden mit der Russischen Revolution. Er stammte allerdings nicht von Lenin, sondern war eine Schöpfung der »Straße«, skandiert von Demonstranten, die so den Forderungen nach einer Beseitigung der Provisorischen Regierung Nachdruck verliehen. Der Bolschewikenführer griff die einfache Formel auf und machte sie gleichsam zum Inbegriff bolschewistischer Politik. Die »Alleinherrschaft der Sowjets der Arbeiter-, Soldaten-, Bauern- usw. Deputierten im ganzen Land, von unten bis oben« forderte er freilich schon kurz nach seiner Ankunft in Petrograd.[28] Gleichzeitig schränkte er ein, dass diese exklusive

28 LW, Bd. 24, 85.

Macht nur dann zu verwirklichen sei, wenn der Sowjet sich zur Politik der Bolschewiki bekennen und die Unterstützung der Provisorischen Regierung beenden würde.[29] So wurde, etwa in der *Prawda* »Alle Macht den Sowjets!« gefordert, um den Petrograder Rat gleichzeitig als Handlanger der Bourgeoisie darzustellen.[30]

Noch größere Vorbehalte galten den Bauern. Lenin brandmarkte ihre Haltung als »chauvinistisch«, um gleichzeitig davon zu sprechen, wie wichtig es sei, sie »zur Revolution zu drängen«.[31] Ihre Beteiligung an einer weiteren Umwälzung hielt er für unverzichtbar. Um die Agrarbevölkerung zum Partner der Revolution zu machen, waren allerdings klare Perspektiven gefragt. Schon im Frühjahr 1917 begannen die Bauern, eigenmächtig Gutsherrenland in Besitz zunehmen – eine Entwicklung, die sich bis zum Sommer beschleunigte und schließlich immer größere Ausmaße annahm. Lenin hatte schon in den *Aprilthesen* die Nationalisierung des Bodens gefordert, um gleichzeitig darauf hinzuweisen, dass die Agrarbevölkerung gar nicht wüsste, was das bedeutete. Sie würde lediglich ihren primitiven Eigentümerinstinkten folgen. Aus dieser Einschätzung resultierte aber selbstverständlich nicht der Verzicht, die Bauern zu instrumentalisieren oder eine Verurteilung spontaner Landnahmen auszusprechen. Lenin sabotierte die Agrarpolitik der Provisorischen Regierung insofern, als er die Bauern dazu aufrief, sich den Grund und Boden noch vor den in Aussicht gestellten Beschlüssen der Konstituierenden Versammlung einzuverleiben. Er negierte zwar eine dadurch legitimierte Besitzergreifung im Sinne des Eigentums, verwies aber auf eine notwendige Bewirtschaftung von landwirtschaftlichen Flächen, um Versorgungsengpässe abzuwehren. Außerdem konnte er damit argumentieren, dass niemand wusste, wann die Wahlen zur Konstituante nun wirklich stattfinden würden.[32] Als Effekt dieser von den Bolschewiki gewissermaßen angeratenen und für rechtmäßig erklärten Selbstermächtigung fürchtete die Provisorische Regierung Chaos.

Die Ungeduld der Bauern wuchs aber auch ohne Zutun Dritter. Sie fühlten sich mit Ankündigungen und Zwischenlösungen abge-

29 Ebd., 199.
30 Ebd., 308, 326–329.
31 Ebd., 234f.
32 Ebd., 449–508.

speist. So hatten sie sich die Revolution nicht vorgestellt. Die Politik des Landwirtschaftsministers und SR Viktor Tschernow, die er auf ein mehrstufiges Reformprogramm festlegte, war den nichtsozialistischen Koalitionspartnern in der Regierung andererseits zu »revolutionär«.[33] Das Februarregime verlor vor diesem Hintergrund die Kontrolle über die Bauernschaft. »Nicht zuletzt auf dem Dorfe grub« sich die Provisorische Regierung »ihr eigenes Grab«.[34] Darüber hinaus entfernten sich Linke SRy sukzessive vom Rest der Partei, eine Entwicklung, die schließlich in deren Sezession im Oktober 1917 gipfelte. Die Verankerung der Sozialisten-Revolutionäre in der Agrarbevölkerung war aber trotz dieser internen Probleme evident. Sie schlug sich dementsprechend in ihrer Dominanz in den Räten nieder. Die Bolschewiki blieben hingegen in den Bauernsowjets eine verschwindend kleine Gruppe.[35]

Ungeduld und Unzufriedenheit kennzeichneten aber auch die Stimmung anderer. Als ungestüm erwiesen sich vor allem die Kronstädter Matrosen sowie – nicht anders als bereits im Februar oder im April 1917 – die Bolschewiki des Wyborger Bezirkes. Lenin goss Öl ins Feuer, indem er ein drastisches Szenario heraufbeschwor. Bei seiner Rede im Verlauf des 1. Allrussischen Kongresses der Arbeiter- und Soldatendeputierten am 4. Juni 1917, an dem 105 Abgeordnete der Bolschewiki 285 Repräsentanten der PSR und 248 Vertretern der Menschewiki gegenüberstanden, sagte Lenin den anwesenden Sowjetvertretern bei einem Fortbestehen einer bürgerlichen Regierung das Ende der Räte voraus.[36] Und er machte auf die Gefahr einer Konterrevolution aufmerksam. Es gehe, bekräftige er, um »Sein oder Nichtsein«[37] und um klare Schritte, mit denen man sich von einer »reformistischen Demokratie unter einer kapitalistischen Regierung« distanzieren müsse. Eine militärische Offensive, für die sich vor allem Alexander Kerenskij als neuer Kriegsminister der Koalitionsregierung stark gemacht hatte, bezeichnete Lenin überdies zu Recht als »Wende in der gesamten russischen Revolution«,

33 Vgl. Hannu Immonen, Viktor Chernov in 1917: A Reappraisal, in: Revolutionary Russia 3/1 (2017), 55–77.
34 Hildermeier, Revolution, 204.
35 Ebd., 193–201.
36 Ebd., 174.
37 LW, Bd. 25, 5.

weil sie – so sein Argument – »die Fortsetzung des imperialistischen Völkermordens, der Vernichtung von Hunderttausenden, von Millionen Menschenleben« bedeute.[38]

Lenin, heißt es, habe mit seiner Rede vor dem Kongress und damit mit seinem ersten großen Auftritt vor einem gesamtrussischen Publikum – die Abgeordneten kamen aus verschiedenen Teilen des ehemaligen Zarenreichs – ein eher schwaches »Debüt« gegeben.[39] Trotzdem blieb gerade diese Ansprache in Erinnerung. Warum? Lenin tat das, was er wie kein anderer beherrschte: Er widersprach allen anderen, und zwar so, dass keiner der Anwesenden davon unbeeindruckt blieb. Sein Vorredner, der Menschewik Iraklij Zereteli, der das Ministerium für Post- und Telegraphenwesen leitete, hatte – so Lenin – behauptet, »dass es in Russland keine politische Partei« gebe, die »sich bereit erklären würde, die gesamte Macht zu übernehmen«. Lenin konterte und antwortete, gefolgt von Beifall, aber auch Gelächter: »Doch! Keine einzige Partei kann das ablehnen, und unsere Partei lehnt das nicht ab: sie ist jeden Augenblick bereit, die gesamte Macht zu übernehmen!«[40] Diese Aussage wurde später oft zitiert – als Beleg für den Machtanspruch der Bolschewiki oder besser Lenins Machtwillen, ungeachtet der zu diesem Zeitpunkt noch nachrangigen Stellung seiner Partei in den Räten. Damals aber erregte interessanterweise eine andere seiner Äußerungen noch größere Aufmerksamkeit: Die erste und wichtigste Aufgabe einer tatsächlich revolutionären Regierung, meinte er, wäre der sofortige Arrest von 50 Fabrikanten gewesen. Diese Behauptung gab jenen zu denken, die sich in ihrem Entgegenkommen gegenüber der Provisorischen Regierung ertappt fühlten, und auch jenen, die eine Revolution dieser Art fürchteten.[41]

Niemand hätte die Unvereinbarkeit der Positionen von Bolschewiki und »orthodoxen« Menschewiki in der Frage der Machtübernahme wahrscheinlich besser verkörpern können als Zereteli. Der Georgier war zutiefst überzeugt von der Notwendigkeit eines bürgerlichen Regimes und als einer der wichtigsten Architekten der

38 Ebd., 15.
39 Hildermeier, Revolution, 175.
40 LW, Bd. 25, 6.
41 Vgl. Revoljucionnaja Rossija. 1917 god v pis'mach A. Lunačarskogo i Ju. Martova, Moskva 2007, 205.

Doppelherrschaft ständig damit beschäftigt, diese von Beginn an instabile Konstruktion vor dem Einsturz zu bewahren. Lenins Destruktivität war ihm zutiefst zuwider.

Dass es abseits der von der Mehrheit der Sowjets vertretenen Politik Mittel zu geben schien, um die Frage der Macht auf revolutionäre Art zu klären, bewiesen im Juni Aufstände in fast 30 hauptstädtischen Fabriken und durchaus bedrohlich wirkende Demonstrationen. Auslöser hierfür war das Vorgehen von Regierungskräften gegen die in der Villa des ehemaligen zarischen Innenministers Pjotr Durnowo residierenden Anarchisten gewesen. Dafür, dass den anarchistischen Unruhestiftern, die vor roher Gewaltanwendung nicht zurückscheuten, Einhalt geboten wurde, sprach sich auch der Großteil der Sowjetdelegierten aus. Was nun entstand, beschrieb Nikolaj Suchanow als einigermaßen undurchsichtiges Durcheinander, in dem auch die Bolschewiki relativ planlos wirkten, gleichzeitig jedoch zumindest teilweise nicht abgeneigt schienen, die Dinge einer Eskalation zuzutreiben.[42] Tatsächlich gärte es in den Arbeitervierteln der Hauptstadt und bolschewistische Losungen waren allgegenwärtig – darunter die Forderungen nach der Machtübergabe an die Sowjets und nach der Absetzung der »kapitalistischen« Minister in der Provisorischen Regierung. Die Lage drohte außer Kontrolle zu geraten und gipfelte schließlich in einer Machtprobe zwischen dem Petrograder Sowjet und den Bolschewiki. Lenin zog die Reißleine, während Stalin die angekündigten Demonstrationen angeblich in ein handfesteres Kräftemessen überleiten wollte.[43] Immerhin gaben sich die Vertreter jener bolschewistischen Militärorganisation, die in der Petrograder Garnison eingerichtet worden war, überzeugt, im Bedarfsfall an die 60.000 Mann bereitstellen zu können.[44] Auch andere Parteien hatten die Bedeutung einer Kontrolle über die in der Hauptstadt stationierten Regimenter erkannt und unter ihnen agitiert. Am erfolgreichsten aber traten dort Lenins Anhänger auf. Sie begriffen, dass alles davon abhing, die Soldaten zu Verbündeten zu machen.[45]

---

42 Suchanov, 1917, 394–400.
43 Figes, Tragödie, 422f.; Hildermeier, Revolution, 176.
44 Figes, Tragödie, 421.
45 Alexander Rabinowitch, Prelude to Revolution. The Petrograd Bolsheviks and the July 1917 Uprising, Bloomington 1968, 49–51.

Nikolaj Suchanow schätzte die Bolschewiki schon damals als militärisch potent genug ein, um den Aufstand zu wagen.[46] Jetzt verfügte Lenin über Kräfte, die er sich 1905 nur herbeiwünschen hatte können. Eine offene Konfrontation hielt er aber für verfrüht und fürchtete eine Schwächung seiner Partei im Sowjet.[47]

Nicht alle Genossen verstanden, warum Lenin jetzt einen Rückzieher machte. In Anbetracht einer weiteren Rede, die Lenin vor dem 1. Sowjetkongress gehalten hatte, wollte sich dieses Verständnis erst recht nicht einstellen.[48] Schwächelte er bei seinem Debüt, so kam dieser Vortrag einer Brandrede gleich. Lenin forderte den endgültigen Bruch mit den Kapitalisten und Bankiers im eigenen Land und warf der Regierung in Anspielung auf ihre Haltung gegenüber den Selbstbestimmungsbewegungen in Finnland und der Ukraine eine Annexionspolitik nach innen vor. Der einzige Ausweg aus dem Krieg sei die Revolution und ein unmissverständliches Lossagen von der »Kapitalistenklasse«. »Nur das ist Sozialismus«, schulmeisterte er die anwesenden Sowjetdelegierten, deren Kurs er als widersprüchlich und völlig verfehlt charakterisierte.[49] Das Resultat der Umwälzung im Februar sei eine »Quasirepublik« mit denselben imperialistischen Zielsetzungen, wie sie die Zarenherrschaft verfolgt habe.[50] Kein einziges Argument für die Politik, die der Sowjet und die Regierung vertraten, ließ er gelten – auch nicht die ins Treffen geführten Beschränkungen und Zwänge, wie sie etwa die dargestellte allumfassende Abhängigkeit von Großbritannien und Frankreich bedingte. Das Weiterführen des Bündnisses beschrieben die Verantwortlichen auf diese Weise als gleichsam alternativlos. Lenin hatte einen völlig anderen Blick auf die Dinge. Die fortgesetzte Bindung an die beiden Ententestaaten, das Festhalten an einer Allianz, die auf das Konto der zarischen Regierung ging, seien, entgegnete er, so hilfreich wie der »Strick« für »den Gehenkten«.[51] Tatsächlich wuchs

46 Suchanov, 1917, 402.

47 Figes, Tragödie, 423. Vgl. dazu auch: Petrogradskij Sovet Rabočich i Soldatskich Deputatov v 1917 godu. Protokoly, stenogammy i otčety, resoljucii i postanovlenija obščich sobranij, sobranij sekcij, zasedanij Ispolnitel'nogo komiteta, Bjuro Ispolnitel'nogo komiteta i frakcij. Tom tretij. 6 maja–2 ijulja 1917 goda, Moskva 2002, 7f.

48 Die Rede wurde am 9. Juni gehalten.

49 LW, Bd. 25, 25.

50 Ebd., 26.

51 Ebd., 29.

der Argwohn der Alliierten gegenüber den schwächelnden Verbündeten. Die Provisorische Regierung aber respektierte die Vorkriegsabsprachen und suchte ihr Heil in einer militärischen Offensive, von der sie sich neues Prestige und ein Wiedererlangen früherer Handlungsspielräume erhoffte. Nur so würde ein für Russland günstiger Frieden möglich sein.[52]

Juli

Seine »Brandrede« hielt Lenin zu einem Zeitpunkt, als Petrograd nur mehr eine Handbreit von einer blutigen Konfrontation entfernt war. Und ebenso wenig hatte gefehlt, den ursprünglich geplanten »bewaffneten Aufmarsch«, der nach außen als »friedlich« angekündigt wurde, tatsächlich durchzuführen.[53] Jetzt war von einer Verschwörung bolschewistischer Abenteurer, einer versuchten Machtübernahme und von notwendigen Maßnahmen gegen die Bolschewiki die Rede.[54] Die »bourgeoise Presse«, klagte etwa Anatolij Lunatscharskij, hatte schon Tage davor und in Anbetracht der am Sowjetkongress von Anfang an aggressiven Äußerungen der bolschewistischen Redner die Verhaftung Lenins, Trotzkis sowie weiterer Radikaler gefordert.[55] Auf einer für den 18. Juni anberaumten Demonstration, die der Petrograder Rat organisiert hatte, zeigten die Bolschewiki dann ihre Stärke. An die 400.000 Menschen kamen, und die meisten von ihnen skandierten die Losung »Alle Macht den Räten!«.[56] Am selben Tag berichtete die *Prawda* über als empörend bezeichnete Forderungen nach jenen militärischen Operationen der russischen Armee, die nun bereits anzulaufen begannen. Gleichzeitig, wurde in dem Blatt kritisiert, seien keinerlei ernst zu nehmende Schritte in Richtung eines allgemeinen Friedens gesetzt worden.[57]

Ebenfalls in der *Prawda* veröffentlicht und somit einem größeren Publikum zugänglich wurde Lenins »Brandrede« erst Ende Juni und Anfang Juli – in drei Teilen. Diese Periode wiederum deckte sich mit

52 Figes, Tragödie, 424.
53 Ebd., 421.
54 Vgl. Petrogradskij Sovet rabočich i soldatskich deputatov v 1917 godu. Protokoly, 299–305.
55 Revoljucionnaja Rossija. 1917 god v pis'mach, 208.
56 Figes, Tragödie, 423.
57 Pravda, 18. 6. 1917, 1.

jener Aufregung über die von Kriegsminister Kerenskij in die Wege geleitete Offensive, welche die Regierung, aber auch den Sowjet in noch schlimmere Turbulenzen stürzte als die zuvor geschilderten Ereignisse.

An der Front stand eine Armee, deren Soldaten nicht mehr kämpfen wollten. Hunderttausende wurden schlecht ausgerüstet und mit wirren Befehlen in das gegnerische Feuer getrieben. Anfängliche Erfolge gegen österreichisch-ungarische Truppen hatten deutsche Einheiten zunichte gemacht. Ganz Galizien wurde nun wieder von den Mittelmächten kontrolliert. Die Offensive endete für Russland mit einem Fiasko, militärisch ebenso wie auf politischer Ebene. Der revolutionäre Defensismus der Räteparteien war ebenso gescheitert wie die nationale Politik der Konstitutionellen Demokraten, die sich immer weiter rechts positioniert hatten. Angesichts zugestandener Autonomierechte an die Rada, den nach der Februarrevolution installierten Zentralrat in Kiew, traten die Kadety aus der Regierung aus.[58] Die Ankündigung der Ukrainer, eine eigene Armee bilden zu wollen, brachte das Fass zum Überlaufen. Die Erklärung Kiews, weitere Entscheide über die Stellung gegenüber dem »Mutterland« vom Zusammentritt der Konstituierenden Versammlung abhängig zu machen, hatte die Situation nicht entschärft.[59] Die Koalition stand vor der Auflösung.[60]

Noch bevor Sondierungen für ein Nachfolgekabinett angekündigt wurden und Ministerpräsident Georgij Lwow seinen Posten zur Verfügung stellte, begannen die in der Hauptstadt stationierten revolutionären Soldaten immer heftiger auf einen Sturz der Provisorischen Regierung zu drängen.[61] Hintergrund war die Verlegung eines Teils des 1. Maschinengewehrregiments an die Front. Der Abzug aus Petrograd betraf Soldaten, die sich ihrerseits als Schutztruppe der Revolution betrachteten. Die Provisorische Regierung aber empfand sich zunehmend als Geisel dieser Soldaten. Aus deren Perspektive aber bestätigten sich die Behauptungen der Bolschewiki, die die Regierung als konterrevolutionär bezeich-

58 Figes, Tragödie, 444; Hildermeier, Revolution, 180, 211f.
59 Hildermeier, Revolution, 180.
60 Suchanov, 1917, 416.
61 Helmut Altrichter, Russland 1917. Ein Land auf der Suche nach sich selbst, Paderborn 2017, 192.

neten. Das Szenario vom Juni wiederholte sich. Während sich die bolschewistische Militärorganisation wieder auf die Seite der Ungestümen stellte, plädierte das Zentralkomitee der Bolschewiki für Zurückhaltung. Die Sorge vor einer konterrevolutionären Provinz war groß, ein Aufstand unter diesen Bedingungen erschien als ein aussichtsloses Unterfangen. Das Beispiel der Pariser Kommune, die in Frankreich eine »Insel« geblieben war und in Anbetracht ihrer Isolation vom Rest des Landes schließlich gewaltsam zerschlagen wurde, riet zur Vorsicht. Lenin befand sich, als die Demonstrationen immer größere Ausmaße anzunehmen begannen und sich neben den Soldaten auch Arbeiter beteiligten, darüber hinaus gar nicht in Petrograd. Er war nach Finnland gefahren, zur Datscha von Wladimir Bontsch-Brujewitsch, seinem getreuen Genossen und Mitstreiter. Lenin hatte Erholung nötig. Er fühlte sich angeschlagen – angeblich.[62]

Die Absenz des Bolschewikenführers in einer der heißesten Phase der Russischen Revolution ließ später Spielraum für alle möglichen Spekulationen, von denen die gewagtesten ein von Finnland aus koordiniertes Einvernehmen mit den heranrückenden deutschen Truppen suggerieren.[63] Fest steht jedenfalls, dass er dort, wo der Aufruhr seinen Ausgang nahm, nicht Herr der Lage war, ja gar nicht sein konnte. Was aber in der Hauptstadt vor sich ging, strebte nun augenscheinlich wirklich jenem Aufstand zu, den Lenin erst kurz zuvor als verfrüht angesehen, gleichzeitig jedoch regelrecht herbeigeredet bzw. -geschrieben hatte. In der Arbeitersektion des Sowjets war es ausgerechnet Lew Kamenew, einer von Lenins schärfsten Kritikern und Gegner des Aprilkurses, der jetzt den »Aufstand offiziell sanktionierte«. Er schlug immerhin vor, den Massen eine Führung zu geben.[64] Abseits davon bildete sich ein provisorisches Revolutionskomitee, dem der Bolschewik Nikolaj Semaschko von der Militärorganisation vorstand. Auf Grundlage seiner Order wurden nun Arbeiter und Soldaten mobilisiert. Viele waren bewaffnet. Unter ihnen befanden sich auch Rotgardisten, Angehörige von Arbeiterbrigaden, die sich im Februar

62 Robert Service, Lenin. Eine Biographie, München 2000, 373.

63 Vgl. Eva Ingeborg Fleischhauer, Die Russische Revolution. Lenin und Ludendorff (1905–1917), Borsdorf 2017, 571–593.

64 Suchanov, 1917, 424.

zur Verteidigung der Fabriken gebildet hatten und mehrheitlich unter bolschewistischer Kontrolle standen.[65] Die Stimmung war aggressiv, Schüsse fielen. Was fehlte, war nach wie vor ein Plan. Im Sowjet herrschte indessen Unklarheit über die weiteren Schritte, während die vor dem Taurischen Palais versammelte Menge »Alle Macht den Räten!« schrie. Die Situation war grotesk. Weil sich Gerüchte über eine neue Koalitionsregierung und damit ein fortgesetztes Entgegenkommen der Sowjetparteien gegenüber der »Bourgeoisie« verbreiteten, forderten einige Demonstranten die Verhaftung der Räteführer. Die Bolschewiki tendierten jetzt allem Anschein nach mehrheitlich dazu, sich nicht als Bremsblöcke der nunmehrigen revolutionären Welle zu erweisen. Lenin sollte daher aus Finnland zurückgeholt werden. Die Lage, teilte man ihm mit, sei außer Kontrolle, harte Gegenmaßnahmen der Regierung müssten befürchtet werden. In Wirklichkeit machte diese jedoch eine eher jämmerliche Figur, unmittelbare Gefahr schien von ihr nicht auszugehen. Einige Minister verschanzten sich im Gebäude des Generalstabs gegenüber vom Winterpalais, Kerenskij war in Richtung Front abgezogen.[66] Noch dauerte es, bis loyale Truppen sich sammelten, um zur Verteidigung des Februarregimes auszurücken.[67]

Am Morgen des 4. Juli fuhr Lenin per Zug in die Hauptstadt.[68] Wer, wenn nicht er, sollte jetzt klare Worte finden? Doch er fand sie nicht. Als sich die Kronstädter Matrosen vor dem Hauptquartier der Bolschewiki, der Villa Kscheschinskaja, versammelten, trat Lenin nur widerwillig auf den Balkon und speiste die aufgebrachte Meute mit nichtssagenden Floskeln ab. Er hielt seine Ansprache so kurz, weil er, wie er sich später rechtfertigte, krank gewesen war.[69] Die Matrosen zogen jedenfalls mehr oder weniger unbefriedigt ab und vereinigten sich mit Tausenden von Arbeitern, die wieder zum Taurischen Palais zogen. Erneut kam es zu Gewaltakten. Hunderte wurden getötet oder verletzt. Maxim Gorki wurde zum Augenzeugen, empörte sich über das »Gesindel«, das die Straßen in Schlacht-

65 Figes, Tragödie, 393.
66 Ebd., 454.
67 Ebd., 458.
68 Service, Lenin, 374.
69 LW, Bd. 25.

felder verwandelte.[70] Lenin wies später den Vorwurf zurück, die demonstrierenden Arbeiter und Soldaten oder die Bolschewiki seien hierfür verantwortlich gewesen. Seiner Ansicht nach gingen viele Opfer auf das Konto »provokatorische[r] Schüsse« rechter Gruppierungen.[71]

Vor dem Sitz des Sowjets kam es schließlich zu wüsten Szenen. Aufgebrachte Matrosen nahmen Viktor Tschernow als Geisel. Aus dieser misslichen Lage befreit wurde der Sozialist-Revolutionär ausgerechnet von Leo Trotzki, der seinerseits nicht wenig Mühe hatte, die Menge zu beruhigen und Tschernow ebenso wie sich selbst unbeschadet in Sicherheit zu bringen. Nikolaj Suchanow beschreibt in seinen Aufzeichnungen weitere Zwischenfälle, in denen die Rätevertreter ebenfalls mit den rauen Sitten des Volkes konfrontiert wurden: Soldaten drangen in das Palais ein, stellten die Delegierten zur Rede, forderten die Sowjetmacht und bedrohten gleichzeitig deren Exponenten. Die Empörung über einen Rat, der die Macht auch dann, wenn sie ihm angetragen wurde, nicht ergreifen wollte, konnte unschwer mit Lenins Tiraden gegen den Sowjet in Verbindung gebracht werden.[72] Der Bolschewikenführer selbst hatte sich jetzt – krank oder nicht – höchstpersönlich zum Taurischen Palais begeben. Er wartete im Verborgenen ab. So schilderte es später der Petrograder Bolschewikenführer Fjodor Raskolnikow.[73]

Lenin bekam seinen Auftritt nicht. Weder, um sich im Namen der Sowjetmacht zu deren Führer zu erklären, noch, um sich nun doch offensiv an die Spitze größer werdender Demonstrationen zu stellen. Immerhin schlossen sich den Bolschewiki nun 8000 Soldaten der Peter-Paul-Festung an.[74] Doch der Aufruhr ebbte ab, durch Zufälle, etwa einen Wolkenbruch, aber auch durch die Aktionen des Sowjets, der sich bemühte, die Gemüter abzukühlen. Nicht zuletzt trug die Desorganisiertheit der Bolschewiki zu einer Beruhigung der Lage bei. Lenin behauptete hingegen später, dass es seine Parteileute gewesen waren, die dazu aufriefen, die

70 Figes, Tragödie, 454.
71 LW, Bd. 25, 205.
72 Vgl. Suchanov, 1917, 435–453.
73 Pipes, Revolution, 163.
74 Ebd.

Demonstrationen abzubrechen.[75] Der entscheidende Grund dafür, dass die revolutionären Energien schwanden, ist aber wohl in verschiedenen Meldungen über Lenins Verbindungen zu Deutschland zu finden. Diese Gerüchte schlugen ein wie eine Bombe. Loyale Einheiten setzten sich in Bewegung. Bis dahin war die Regierung so gut wie wehrlos gewesen. Jetzt galt die Empörung der Soldaten einem Mann, der, wie es schien, mit dem Feind kollaboriert hatte. Den Bolschewikenführer holten seine Kontakte mit Berlin ein. Schon im April hatte er den Sowjet um eine Art Personenschutz gebeten. Er wusste, dass viele Soldaten ihn regelrecht hassten. Berichte über seine Deutschlandkontakte gab es immerhin bereits seit seiner Ankunft in Petrograd. Angesichts der aktuellen Enthüllungen hatte er erst recht Gründe, sich schleunigst in Sicherheit zu bringen.[76]

Bei der Beschreibung der Juliereignisse folgten viele Historiker:innen den Darstellungen Nikolaj Suchanows. Auch die obigen Ausführungen orientieren sich zum Teil an dessen Schilderungen. Die Erzählung des Menschewiken und Internationalisten ist packend, entstammt aber, wie er selbst zugab, seinen »persönlichen Erinnerungen« über Ereignisse, die er als »außerordentlich verwickelt« bezeichnete.[77] Er werde, stellte er seinem Bericht voran, »nicht die geringste Verpflichtung übernehmen, den Knoten zu entwirren«. Eine »richtige Darstellung« könne er nicht anbieten.[78] Historiker:innen, meinte er, sollten sich später dieser Aufgabe widmen. Das taten diese zweifelsohne. Viele Fragen bleiben trotzdem ungeklärt. So gibt es unterschiedliche Ansichten darüber, ob die Bolschewiki unter Umständen bereits im Juli 1917 jene Umwälzung herbeiführen wollten, zu der es dann schließlich erst ein paar Monate später kam. Die Annahme, es habe sich um eine geplante Aktion und einen quasi vorverlegten Oktoberumsturz gehandelt, widersprechen aber Lenins diesbezüglichen Aussagen. Die Diskussion über die Hintergründe der Juliereignisse konnte er damit jedenfalls nicht beenden. Steckte also tatsächlich ein gescheiterter Putschversuch der Bolschewiki hinter all dem oder handelte es sich

75 LW, Bd. 25, 211.
76 I. G. Cereteli, Vospominanija o Fevral'skoj Revoljucii. Kniga pervaja, Paris 1963, 91.
77 Suchanov, 1917, 419.
78 Ebd., 419.

»nur« um einen spontanen Aufruhr, der außer Kontrolle geriet? War es Zufall, dass Lenins »Brandrede« kurz vor den Ereignissen des Juli 1917 veröffentlicht wurde? Mussten in der Folge die wahren Absichten der Bolschewiki deshalb im Dunkeln bleiben, weil sie sich nicht eingestehen wollten, dass ihr womöglich bereits dritter Versuch einer Machtübernahme wieder misslungen war? Diente der ganze Aufwand wirklich nur dazu, die Sowjets zur Macht zu drängen? Haben allenfalls diejenigen recht, die uns quasi in allem einen Lenin vorführen, der seine Umsturzpläne geradezu servil mit dem deutschen Generalstab koordinierte und so die Erfolgschancen eines Umsturzes zu verbessern hoffte? War der »Juliputsch« demnach gescheitert, weil der Vormarsch der deutschen Truppen später erfolgte als ursprünglich von Ludendorff in Aussicht genommen wurde und so die Bolschewiki zur Hilflosigkeit verurteilte? Hatte also einfach das Timing zwischen Lenin und Ludendorff nicht gestimmt?[79]

Bei aller Bereitschaft zum Querdenken muss man Darstellungen, die eine direkte Absprache zwischen Lenin und der deutschen Generalität mit einem geplanten »Juliputsch« in Verbindung bringen, für ziemlich kühn halten. Vor allem fehlen hierfür die Belege. Dass andererseits die Frage der »deutschen Gefahr«, also die Angst vor einem Vordringen der Hohenzollerntruppen bis in die russische Hauptstadt, die weiteren Ereignisse bis zum Oktoberumsturz – und auch danach – erheblich beeinflusste, ist nicht von der Hand zu weisen. Dasselbe gilt für die Attraktivität, die ein deutscher Sieg just in Verbindung mit den Ereignissen in der russischen Hauptstadt für die Bolschewiki besaß. Trotzki, der später von einem »halben Aufstand« sprach, war das nur zu bewusst.[80] Antibolschewistische Stimmen haben später diese Aussage als eine Art Schuldeingeständnis gewertet und auf die Vielzahl deutscher Agenten hingewiesen, die sich damals in Petrograd aufhielten und angeblich beste Kontakte zu Lenins Partei unterhielten.[81]

---

79 Vgl. Fleischhauer, Die Russische Revolution, 571–593. Zu den unterschiedlichen Sichtweisen über den sogenannten Juliputsch siehe: Figes, Tragödie, 461.

80 Leo Trotzki, Geschichte der Russischen Revolution. Zweiter Teil: Oktoberrevolution (1), Frankfurt am Main 1982, 459.

81 Vgl. B. V. Nikitine, The Fatal Years. Fresh Revelations on a Chapter of Underground History, Eastport 1977, 161.

Putsch?

Trotzki stellte später interessanterweise die »Was wäre wenn«-Frage, als er mehr oder weniger bedauernd über den »verspäteten« Durchbruch deutscher Einheiten bei Tarnopol und seine Beinahe-Koinzidenz mit den Juliereignissen sinnierte. Hätte man die Demonstrationen hinausschieben können, hätten sie angesichts der deutschen Erfolge auch in der Provinz mit ungleich stärkerer Wucht stattgefunden – inklusive der Massenbewegung an der Front. Die Regierung wäre »politisch entblößt« worden, die Lage der Bolschewiki »in jeder Hinsicht vorteilhafter gewesen«. Aber: Eine »unmittelbare Machteroberung« wäre dennoch nicht möglich gewesen.[82] Warum? Weil der »Stand des Bewußtseins der Volksmassen« noch nicht reif gewesen sei und die »Nabelschnur des Februar«, die das Proletariat mit den »Versöhnlern«, also den übrigen Räteparteien, »verband«, noch »nicht zerrissen« war.[83] Das war derselbe Ton, den Lenin nach den Juliereignissen anschlug, um Vorwürfe hinsichtlich eines bolschewistischen Putschismus zurückzuweisen. An anderer Stelle heißt es dann aber bei Trotzki, dass die Bolschewiki den Zusammenbruch der russischen Offensive als gleichsam unausweichlich angenommen hatten und abwarteten, »was zu unternehmen« sei: »Die Berechnung«, meinte Trotzki, »war durchaus richtig. Jedoch besitzen die Ereignisse ihre eigene Logik, die nicht nach politischen Berechnungen fragt, und diesmal brach sie grausam über die Köpfe der Bolschewiki herein.«[84] Folgt man den Ausführungen Trotzkis weiter, dann hatten sich die Bolschewiki einfach verzettelt, gleichzeitig aber im entscheidenden Moment verantwortlich gehandelt. Ohne die versuchte Lenkung der Demonstrationen durch sie wäre der »Aufstand« zu einer »Tragödie der Petrograder Kommune« geworden.[85] Diese »Tragödie« hatte sich an der Front tatsächlich abgespielt. Der Gegenstoß der Mittelmächte am 5. Juli besiegelte das Debakel der Kerenskij-Offensive.[86] Bis zu einer Million Soldaten der russischen Armee waren im Verlauf der militärischen Operationen getötet, verwundet oder gefangen genommen worden.[87]

82 Trotzki, Geschichte der Russischen Revolution (1), 468f.
83 Ebd., 462, 466.
84 Ebd., 466.
85 Ebd., 474.
86 Vgl. Hildermeier, Revolution, 173.
87 John Keegan, Der Erste Weltkrieg – Eine europäische Tragödie, Reinbek bei Hamburg 2004, 425.

Diese ungeheuren Verluste mit dem damit verbundenen kaum fassbaren menschlichen Leid wogen schwer. Das Februarregime hatte keine Trümpfe mehr in der Hand.

Es war Suchanow, der Hinweise auf einen sehr wohl von Lenin selbst initiierten bewaffneten Aufstand im Juli lieferte. Er berichtete von einem projektierten Triumvirat, bestehend aus dem Bolschewikenführer, Trotzki und Anatolij Lunatscharskij, das nach der Machtübernahme zum Einsatz kommen sollte. Als Kronzeugen hierfür benannte er Lunatscharskij. Dieser wiederum bezichtigte Suchanow später der falschen Wiedergabe seiner diesbezüglichen Bemerkungen. Einen Masterplan der Bolschewiki habe es nie gegeben. Es stand also Aussage gegen Aussage.[88] Trotzdem fiel Lunatscharskijs Entgegnung am Ende zweideutig aus. Immerhin räumte er ein, dass eine erfolgreiche Machtübernahme des Sowjets im Juli den Bolschewiki den Weg an die Spitze erleichtert hätte.[89]

Auch sonst sprechen die Quellen oft keine eindeutige Sprache. Greifbare zeitgenössische Darstellungen über die Ereignisse sind in etlichen Details widersprüchlich und nicht selten parteiisch, weil sie in der Regel spezifische Interessen verfolgten oder von Propagandaabsichten durchdrungen waren. Pro oder contra, für oder wider die Bolschewiki: Nur sehr wenige Zeitgenossen qualifizierten sich als objektive Beobachter. Und wenn, dann verfügten sie kaum über den notwendigen Einblick in die damaligen Abläufe. Umso interessanter sind in Anbetracht dessen die Aussagen des Geheimdienstchefs B. V. Nikitin. Ungeachtet seiner unzweifelhaft tiefen Ablehnung der Bolschewiki und aller möglichen Anschuldigungen, die er ihnen gegenüber erhob, war er der Meinung, dass diese keinen Coup geplant hatten.[90] Tatsächlich waren sie hin und her gerissen zwischen dem Drang zum Losschlagen und der Sorge um Loyalitäten, die immer noch dem Sowjet per se und nicht ihrer Partei galten.[91]

Wenn man nun davon ausgeht, dass die Protokolle jenes Parteitags der Bolschewiki, der nach den Ereignissen stattfand, ohne Retuschen geblieben sind, dann ist jedenfalls klar: Die Bolschewiki waren von den Demonstrationen überrumpelt worden und

88 Vgl. Suchanov, 1917, 472–474.
89 Cereteli, Vospominanija, 303f.
90 Nikitine, The Fatal Years, 161.
91 Vgl. dazu LW, Bd. 25, 210f.

scheiterten daran, diese in einen Aufstand zu überführen. Wortreich beklagten die Genossen die begangenen Fehler und die offenkundigen Versäumnisse. Selbst im Falle eines erfolgreicheren Verlaufs wären ihnen außerdem keine Kommunikationsmittel zur Verfügung gestanden. Von der Provinz wären sie abgeschnitten geblieben. Lenin hatte sich womöglich deshalb so einsilbig auf dem Balkon der Villa Kscheschinskaja aus der Affäre gezogen, weil er sich all dieser Defizite bewusst war.[92] Demgegenüber stand aber ein anderes Credo: »Zuerst stürzt man sich ins Gefecht, das Weitre wird sich finden.« Lenin orientierte sich immerhin seit dem Dezemberaufstand 1905 an diesem Ausspruch Napoleons.[93] Demonstrationen, Streiks, Aufmärsche – all das führte vielleicht nicht gleich zum Erfolg, aber es verunsicherte die Staatsmacht und verursachte weitere Spannungen. Die Lage würde sich zuspitzen, und das war gut so.

Weniger erfreulich empfand Lenin aber wohl den Umstand, dass die Provisorische Regierung Maßnahmen gegen seine Person plante. Vorhandene Hinweise legen nahe, dass er bei seiner widerwilligen »Balkonrede« bereits über Befehle für seine beabsichtigte Verhaftung Bescheid wusste. Spitzel saßen überall und die Bolschewiki verfügten auch in den Ministerien über »Augen und Ohren«. So könnte also dieser Umstand dazu beigetragen haben, dass der Aufstand an Kraft verlor – weil Lenin als Anführer der »Putschisten« in die Defensive gedrängt wurde und ihm bewusst war, dass man ihn jagte.[94] Andere wiederum meinen, der Bolschewikenführer sei noch früher über den Haftbefehl informiert gewesen bzw. habe diesen antizipiert. Deswegen sei er nach Finnland zu seinem Freund Bontsch-Brujewitsch gefahren und nicht, um sich auszukurieren. Lenin wusste demzufolge schon Ende Juni, dass sein Name auf einer Verhaftungsliste stand, und kam nur deswegen nach Petrograd zurück, weil die Entwicklungen seine Anwesenheit erforderten und ihn die Genossen in ihrer Ratlosigkeit zurückholten.[95]

---

92 Vgl. dazu: Protokoly s"ezdov i konferencij vsesojuznoj Kommunističeskoj Partii (b). Šestoj S"ezd RSDRP(b). Avgust 1917, Moskva 1934, v. a. 4–71.

93 Vgl. Pipes, Revolution, 110.

94 Vgl. dazu: Semion Lyandres, The Bolsheviks' »German Gold« Revisited. An Inquiry into the 1917 Accusations, Pittsburgh 1995, 112.

95 Pipes, Revolution, 148f.

Die Folgen der Unruhen waren in jedem Fall weitreichend, nicht zuletzt für Lenin selbst. Am 5. Juli lagen Zeitungsmeldungen über die »Spionage« des Bolschewikenführers vor, am 6. wurde der Haftbefehl ausgestellt. Zunächst tauchte Lenin in Petrograd unter, dann in einem kleinen Dorf in der Nähe der Newa-Metropole, bis er sich schließlich nach Finnland absetzte – mit abrasiertem Bart und einer Perücke unter der tief ins Gesicht gezogenen Schirmmütze. Die Erzählungen über seine Flucht sind voller Details über kargen Proviant – »drei kleine Gurken« –, verschiedene Wege und Umwege sowie Begleiter, deren mangelnder Orientierungssinn für allerlei Kalamitäten sorgte. Die Reise ins Exil war beschwerlich und bedurfte offenbar immer wieder der Improvisation – darunter auch eine neue Verkleidung, die Lenin das Auftragen von Gesichtsschminke abverlangte. Im August traf der Bolschewikenführer ins Helsinki ein.[96]

Angeblich hatte Lenin angesichts der verbreiteten Spionagevorwürfe ursprünglich dazu tendiert, sich einem Gerichtsverfahren zu stellen. Dann aber kamen ihm Zweifel an der vorprogrammierten Rolle eines Märtyrers. Er fürchtete, am Galgen zu enden oder erschossen zu werden. Einem fairen Prozess gab er keine Chance. Schließlich würde ihn das Gericht einer »Militärdiktatur« aburteilen.[97]

Lenins Flucht wurde nicht von allen Anhängern gebilligt. Angesichts der Repressionen, die nun einsetzten, mussten sie sich, heißt es, alleingelassen, wenn nicht verraten gefühlt haben. Die *Prawda* wurde verboten, das Redaktionsgebäude verwüstet und viele Bolschewiki landeten im Gefängnis, darunter Kamenew und Trotzki.[98] Tatsächlich aber ist den Protokollen des Juliparteitags zu entnehmen, dass die damals versammelten Genossen nach anfänglichen Zweifeln Verständnis für Lenins Entscheidung zeigten. Nikolaj Bucharin beispielsweise machte darauf aufmerksam, dass bei einem Gerichtsverfahren Verbindungen von Lenin zu Parvus und Hanecki thematisiert würden. »Beweise mal, dass Parvus kein Spion ist!«, gab er zu bedenken.[99]

96 Service, Lenin, 378–386.
97 V. I. Lenin, Sočinenija, ijun'-sentjabr' 1917. tom 25, Moskva 1949, 155f.
98 Vgl. Service, Lenin, 374–378.
99 Protokoly s"ezdov i konferencij vsesojuznoj Kommunističeskoj Partii (b). Šestoj S"ezd RSDRP(b). Avgust 1917, Moskva 1934, 35.

Maxim Gorki meinte angesichts der Geschehnisse und vor allem mit Blick auf den Spionageverdacht, der auf Lenin gefallen war: »Ich fürchte, Lenin ist da in eine miese Geschichte hineingeraten, er selbst ist natürlich in Ordnung, aber seine nächsten Genossen sind offenbar wirklich Gauner und Schurken.«[100]

100 Zit. nach Figes, Tragödie, 461.

12
ENDE DER ILLUSIONEN

Beweise, Indizien, Spekulationen

Die Vorstellung vom arglosen Revolutionsführer, der niemals Geld von den Deutschen genommen hat, und das Bild der allein kraft ihres revolutionären Elans und des Zuspruchs der Massen siegreichen Bolschewiki wurden von vielen vehement verteidigt. Für die entschiedene Abwehr der Anschuldigungen genügte der Hinweis auf fehlendes Beweismaterial. Der Umstand, dass selbst antibolschewistische Linke einen von Deutschland bezahlten Lenin für das Konstrukt bürgerlicher Propaganda hielten, festigte das Image vom makellosen Revolutionsführer. Das deutsche Auswärtige Amt erschien gleichzeitig als mehr oder weniger unbedarftes »Reisebüro« für heimwärts strebende Revolutionäre. Hinzu kommen Lenins eigene Verteidigungsreden, in denen er alle gegen ihn vorgebrachten Vorwürfe auf das Entschiedenste von sich wies und sich als Opfer böswilliger Verschwörungen präsentierte.

Die Beweise, die die Provisorische Regierung bei einem Prozess gegen Lenin hätte präsentieren können, waren realiter nicht ganz wasserdicht. Die abgefangenen Telegramme, die auf eine Geldquelle in Stockholm verwiesen, lagen fast alle in verschlüsselter Form vor. Aber man stieß auch auf konkrete Namen, darunter jene von Parvus oder von Wazlaw Worowski, der nach der Machtergreifung der Bolschewiki weiterhin im »Finanzsektor« tätig war und im Auftrag der Partei riskante Geldgeschäfte übernahm.[1] Trotz der zahlreichen Defizite und Ungereimtheiten, die das vom französischen Verbündeten gesammelte und der Regierung in Petrogad überlassene Material aufwies, reichten die Dokumente nach Ansicht des russischen

1 Richard Pipes, Die Russische Revolution, Bd. 2: Die Macht der Bolschewiki, Berlin 1992, 407.

Generalstaatsanwaltes aus, um Lenin in Abwesenheit für schuldig zu befinden. Besonders schwer wog dabei das Geständnis von einer Frau namens Jewgenija Sumenson, die gemeinsam mit Mieczysław Kozłowski in Petrograd einen pharmazeutischen Handel aufgezogen hatte, um das Geld, das aus Stockholm via Hanecki eintraf, zu waschen. Da Kozłowski für die Bolschewiki im Sowjet saß und darüber hinaus dem ZK der Petrograder Partei angehörte, erschien die Beichte von Sumenson besonders kompromittierend.[2] Was aber fehlte, war sozusagen das letzte Glied. Außerdem entwerteten weitere »Beweise« das ganze zuvor gesammelte Material: Die Aussagen eines Leutnant Jermolenko, der während seiner Zeit in deutscher Kriegsgefangenschaft irgendwo aufgeschnappt hatte, dass Lenin im Auftrag Berlins spioniert habe, wirkten wenig glaubwürdig. Sie nährten eher die vorhandenen Zweifel an den erhobenen Vorwürfen.[3]

Die Verschleierung der ominösen Geschäftskontakte der Bolschewiki nach Skandinavien und die nachfolgende Beseitigung betreffender Unterlagen konnten in der Folge vom Sowjetstaat gründlich und unbehelligt von neugierigen Ermittlern organisiert werden. Was dann noch an brisanten Akten vorhanden war, wurde über Jahrzehnte weggeschlossen. Selbst die Öffnung der russischen Archive Anfang der 1990er Jahre brachte nur bedingt Licht in die Causa. Auch auf Grundlage der damals einzusehenden Telegramme und Korrespondenzen war es nicht möglich, alle Fragen über die inkriminierten Geldflüsse zu klären. Außerdem scheiden sich immer noch die Geister über den Quellenwert von Dokumenten, die einer Zeit entstammen, in der die Fälschung von Akten und der An- und Verkauf von authentischem Material ebenso wie von eher dubiosen Unterlagen fast schon Usus geworden waren. Desinformation gehörte zum Geschäft von Geheimdiensten ebenso wie von zwielichtigen Zuträgern oder von Parteien, die es, wie die Bolschewiki, gewohnt waren, konspirativ zu arbeiten. Auf politischer Ebene schien es überall wenig Hemmungen zu geben, Fake News zu produzieren bzw. diese gezielt und zum Schaden des Gegners einzusetzen.[4]

2 Ebd., 134.
3 Ebd., 167.
4 Vgl. John Maxwell Hamilton/Christina Georgacopoulos, The Sisson Documents and their »distinguished place« in the history of disinformation, in: Intelligence and National Security 36/6 (2021), 881–897.

So verlockend es auch sein mag, scheinbar Schlüssiges in den Rang des unangreifbaren Nachweises zu erheben, so sehr drängt es sich dennoch auf, eine berechtigte Skepsis nicht als unangenehmes Hindernis für den Fluss der Erzählung zu beseitigen.

Am Umstand einer mit großem Nachdruck betriebenen deutschen Propagandaarbeit, die mit der finanziellen Förderung eines Umsturzes in Russland einherging, ist demgegenüber gar nicht erst zu rütteln. Die Frage aber bleibt, wie das alles organisiert wurde. Das bolschewistische Auslandsbüro in Stockholm, über dessen Schaffung Lenin gemeinsam mit Karl Radek und Jakub Fürstenberg-Hanecki noch vor seiner Ankunft in Petrograd befand, war wahrscheinlich nicht nur dazu da, die Verbindung zum revolutionären deutschen Proletariat zu halten.[5] Im betreffenden Büro gaben sich Radek, Hanecki, Parvus und Wazlaw Worowski gleichsam die Klinke in die Hand. Allem Anschein nach war es vor allem Letzterer, der dann auch in der entscheidenden Phase für die Aushandlung eines Waffenstillstands zwischen Russland und den Mittelmächten Ende 1917 die Kommunikation zwischen den Bolschewiki und den Kanzleien in Berlin und Wien aufrechterhielt.[6]

Parvus wiederum stellte später alle Behauptungen über seine Funktion als Mittler zwischen Berlin und den Bolschewiki sowie als geheimer »Geldverteiler« in Abrede, wobei er gleichzeitig zu einem Rundumschlag ausholte: In Lenins Russland sah er einen »revolutionären Chauvinismus« und eine Führungsriege am Werk, an der er kein gutes Haar ließ. Er negierte die Möglichkeit eines Überspringens der kapitalistischen und liberalen Etappe. Für ihn war Sozialismus nicht der Aufbau, sondern die Umgestaltung einer bereits vorhandenen Industriegesellschaft. Seine Vorstellungen von der »Arbeiterdemokratie« entsprachen der Schaffung von »sozialistischen Massenorganisationen« in einer bürgerlich-liberalen Gesellschaft.[7] Noch bevor sich aber das Wesen der bolschewistischen Herrschaft voll offenbart hatte, drängte es Parvus in die Heimat. Lenin ließ sich gleich von mehreren Gründen leiten, als er dessen Ansuchen um

5 Über Radeks Aktivitäten in Stockholm: Wolf-Dieter Gutjahr, Revolution muss sein! Karl Radek. Die Biographie, Köln/Weimar/Wien 2012, 189–234.

6 Vgl. Winfried B. Scharlau/Zbynek A. Zeman, Freibeuter der Revolution. Parvus-Helphand. Eine politische Biographie, Köln 1964, 215f.

7 Ebd., 297.

Rückkehr abwies. Er fürchtete Parvus' Einfluss auf die Partei und damit die Torpedierung seines Kurses. Außerdem hätte eine Versöhnung zwischen den beiden Männern all jene Anschuldigungen bestätigt, die seine früheren Kontakte nach Deutschland betrafen. Karl Radek sollte Parvus die schlechte Nachricht überbringen. Lenin, ließ er diesen wissen, könne nicht erlauben, dass die »›Sache der Revolution mit schmutzigen Händen‹ angefaßt werde«.[8] Parvus rächte sich postwendend mit einem antibolschewistischen Presseprojekt, dem allerdings eine nur kurze Überlebensdauer gegönnt war.[9] 1918 veröffentlichte er außerdem eine Broschüre, wo er auf fast 70 Seiten gegen verschiedene »Lügen« über seine Person anschrieb und seine früheren Geschäfte als rein kommerzielle Unternehmungen bezeichnete.[10]

Fake?

Mag sein, dass ihn die Enttäuschung über das Ergebnis seiner vielgestaltigen Initiativen für ein »anderes« Russland dazu bewog, sich auf diese Weise aus der Affäre zu ziehen. Parvus' Verstrickungen in die von Deutschland geförderten Projekte zur Revolutionierung seiner Heimat sind demgegenüber eine Tatsache. Daran nichts zu ändern vermag auch die zeitweilige Entfremdung zwischen ihm und seinen Ansprechpartnern im deutschen Auswärtigen Amt.[11] Vermutlich aber erschien es ihm auch angesichts des unsicheren politischen Klimas in Deutschland klüger, sich in den öffentlich geführten Diskussionen über die Finanzierung von Lenins Partei nicht weiter zu exponieren. Ungeachtet dessen machte sein Name auch in der Folge Schlagzeilen. Zum Beispiel in Zusammenhang mit der sogenannten Affäre um den Kaufmann Georg Sklarz, die ihn Ende 1919 nicht nur wieder als Drahtzieher klandestiner Unternehmungen im Auftrag des deutschen Nachrichtendienstes dastehen ließ, sondern auch als Profiteur hochgradig dubioser Geschäfte vorführte. Der Umstand, dass in Verbindung mit der Causa auch die Namen hochrangiger sozialdemokratischer Führer Deutschlands fielen, sorgte für ent-

8 Ebd., 299.

9 Ebd., 308–310.

10 Parvus, Im Kampf um die Wahrheit, Berlin 1918, 30.

11 Vgl. Werner Hahlweg, Lenins Reise durch Deutschland im April 1917, in: Vierteljahreshefte für Zeitgeschichte, 5/4 (1957), 307–333.

sprechendes Aufsehen. Die vorgebrachten Hinweise auf Verbindungen Berlins mit den Bolschewiki rückten im Vergleich dazu fast in den Hintergrund.[12]

Lenins Korrespondenz mit Radek enthält indessen verschiedene Hinweise, die ohne viel Fantasie als Indiz für die eigentliche oder zumindest zusätzliche Funktion des erwähnten Auslandsbüros als Transferstelle deutscher Gelder gedeutet werden können.[13] Sichere Beweise gibt es freilich nur dafür, dass im August 1917 mehr als 200.000 deutsche Reichsmark bei Radek in Stockholm »hängen« blieben – Gelder, die er anscheinend für »das Projekt einer internationalen linkssozialistischen Friedenskonferenz« verwendete.[14] Diese Summen wiederum flossen nicht über das Parvus-Netzwerk, sondern stammten vom Schweizer Sozialisten Carl Moor. Der verteilte allerdings nicht nur Geschenke, sondern betrachtete seine finanziellen Aushilfen u. a. auch als Darlehen, das er später wieder einforderte.[15] In dem klandestinen Subventionierungsunternehmen mischte im Übrigen auch Moors Freundin Maria Aebi-Mutschler mit, die unter dem Decknamen »Desdemona« agierte. In Abstimmung mit den Berliner Regierungsstellen sollten gerade jene Transaktionen, die vordergründig dem »Friedensprojekt« der Bolschewiki dienten, so »sauber« wie nur möglich vonstatten gehen. Zu vermeiden galt es vor allem, Verbindungen zum deutschen Generalstab offenzulegen. Selbst der so kooperationsbereite Karl Radek sollte daher nicht in alles eingeweiht werden, was Ursprung und Verlauf der Finanzkanäle anbelangte.[16]

Wer sich indessen nur auf jene Schriftstücke konzentriert, die von der Provisorischen Regierung ins Treffen geführt wurden, um Lenin im Juli 1917 als bezahlten Verräter zu entlarven, mag auch jetzt noch – bei viel gutem Willen – auf »unschuldig« plädieren und Zweifel am Sponsoring Berlins zugunsten Lenins Partei anmelden.

12 Vgl. dazu etwa: Arbeiter-Zeitung, 26.11.1919, 3; Neues Wiener Journal, 26.11.1919, 4; Pester Lloyd, 27.11.1919, 5.

13 Gutjahr, Radek, 203f.

14 Catherine Merridale, Lenins Zug. Die Reise in die Revolution, Frankfurt am Main 2017, 298; vgl. auch Altrichter, Russland. Ein Land auf der Suche nach sich selbst, Paderborn 2017, 190.

15 Vgl. Semion Lyandres, The Bolsheviks' »German Gold« Revisited. An Inquiry into the 1917 Accusations, Pittsburgh 1995, 103f. Über die vielfältigen Verbindungen zwischen Lenin und Moor: Leonhard Haas, Carl Vital Moor 1852–1932. Ein Leben für Marx und Lenin, Köln 1970.

16 Vgl. dazu Leo Haupts, Gustav Mayer und die Stockholmer Konferenz der II. Internationale 1917, in: Historische Zeitschrift 247/3 (1988), 551–583.

Manche Historiker:innen gehen auch heute noch davon aus, dass dieses Material keine eindeutigen Schlüsse zulässt. Für noch weniger vertrauenswürdig gelten indessen die später als »Sisson Documents« berühmt gewordenen Unterlagen, die ein Vertreter der amerikanischen Propagandaabteilung in Russland (Committee on Public Information, CPI) erwarb. Sie speisten sich aus abenteuerlichen Quellen, die Lenin nicht nur als Empfänger von Subventionen der Mittelmächte, sondern darüber hinaus als gefügigen Kollaborateur darstellten, der den Deutschen sogar Einfluss auf allerlei parteiinterne Abläufe gewährt habe. Die Dokumente wurden dem Amerikaner und CPI-Mann Edgar Sisson von russischen Journalisten in Petrograd angetragen, die sich bereits an der Veröffentlichung der im Juli 1917 präsentierten Anschuldigungen gegen Lenin bzw. seine »Spionagetätigkeit« beteiligt hatten. Sisson selbst bezeichnet sich zudem als Auftraggeber eines Einbruchs in das Smolnyj-Institut, bei dem – einen Tag vor der Unterzeichnung des Friedensvertrages zwischen Sowjetrussland und den Mittelmächten – zusätzliche Unterlagen über die Bolschewiki und ihre Beziehungen zu Berlin zum Vorschein kamen.[17] Die »Sisson Documents« dürften allerdings – einer seriösen Expertise zufolge – entweder zur Gänze oder wenigstens in ihrer überwiegenden Mehrheit Fälschungen sein, etliche davon durchaus plumpe. Der amerikanische Diplomat und Historiker George Kennan präsentierte 1956 eine auch heute noch in ihren Ergebnissen als plausibel einzuschätzende Analyse der Dokumente.[18]

Gerade in Zusammenhang mit den Friedensverhandlungen von Brest-Litowsk, die zur Jahreswende 1917/18 ihren Anfang nahmen, erschien aus »westlicher« Perspektive freilich die Entlarvung des Bolschewikenführers als Marionette Deutschlands als nahezu unwiderstehliche »Intervention«. Veröffentlicht wurden die Dokumente aber erst im Herbst 1918, als es darum ging, die militärische Präsenz von US-Truppen auf »russischem Boden« zu rechtfertigen.[19] Schon damals tendierten maßgebliche Personen auf amerikanischer Seite dazu, die von Sisson gesammelten Unterlagen als Fake

17 Hamilton/Georgacopoulos, Sisson Documents, 884.

18 Vgl. George F. Kennan, The Sisson Documents, in: The Journal of Modern History 28/2 (1956), 130–154.

19 Hamilton/Georgacopoulos, Sisson Documents, 881.

zu beurteilen. Die öffentliche Resonanz auf die – allen Bedenken zum Trotz – publizierten Dokumente blieb aber angesichts des Zerfalls ganzer europäischer Imperien eher gering.[20] Dennoch fehlte es nicht an Einsprüchen. Erwartungsgemäß kamen sie von linker Seite, darunter vom Journalisten John Reed, der sich als glühender Anhänger der Bolschewiki mit einer eigenen Publikation wider die »Sisson Documents« zu Wort meldete.[21] Andere differenzierten: Im Sold Berlins zu stehen, bedeutete nicht automatisch, ein willfähriger Exekutor deutscher Forderungen oder gar ein Spion im Auftrag Wilhelms zu sein. Das stimmte auch mit einer Beurteilung überein, die im State Department vorherrschte. Trotzdem wurden später das Kassieren von Geldgeschenken und die ergebene Entgegennahme von Befehlen Berlins notorisch miteinander vermischt.

Subventionen

Lange bevor Russland zumindest einen Teil der bislang im Giftschrank aufbewahrten Dokumente über die Spionagevorwürfe gegen Lenin der Forschung zugänglich machte und neuerliche Diskussionen über Lenins Verrat bzw. seine Käuflichkeit ausgelöst wurden, lagen Dokumente deutscher Provenienz vor, die nun wirklich keinen Zweifel an einschlägigen Arrangements zugunsten der Bolschewiki ließen oder lassen.[22] Richard von Kühlmann, Staatssekretär im Auswärtigen Amt, notierte nach der Oktoberumwälzung und noch vor Einleitung des Waffenstillstands Ende 1917, dass die »Unterstützung der Bolschewiki« – das Wort »kräftige« vor »Unterstützung« war im betreffenden Dokument durchgestrichen worden – dem Zweck gedient hatte, Russland als »schwächstes Glied in der feindlichen Kette« womöglich »herauszulösen«. »Erst die Mittel, die den Bolschewiki auf verschiedenen Kanälen und unter wechselnder Etikette von unserer Seite dauernd zugeflossen« waren, hätten es ihnen »ermöglicht, die ›Prawda‹, ihr Hauptorgan auszugestalten und die anfangs schmale Basis ihrer Partei zu verbreitern.« Es sei nicht abzusehen, schrieb Kühlmann weiter, wie lange

20 Kennan, Sisson Documents, 133.

21 Hamilton/Georgacopoulos, Sisson Documents, 890.

22 Eva Ingeborg Fleischhauer, Die Russische Revolution. Lenin und Ludendorff (1905–1917), Borsdorf 2017, 662–666.

sich die Bolschewiki an der Macht halten würden. Der Abschluss eines Waffenstillstands würde ihnen genauso helfen, wie er auch im Interesse Deutschlands liege.[23] Der Diplomat prophezeite als Folge des potenziellen Ausscheidens Russlands aus dem Krieg Spannungen mit der Entente und schloss auf ein »Anlehnungsbedürfnis« des nunmehrigen Sowjetstaates an Deutschland. Daran wiederum knüpfte er die Entfaltung wünschenswerter wirtschaftlicher Kontakte und weitere Entwicklungen zum Vorteil des eigenen Landes.[24] Gegenüber den Diplomaten des Habsburgerreichs prahlten ihre deutschen Kollegen, dass sie die allerbesten Kontakte zu Lenins Partei unterhielten. Noch bevor konkrete Friedensbekundungen seitens des Oktoberregimes vorlagen, gab Kühlmann an, dass »die deutsche Regierung« über »Organe« verfüge, welche »die Tätigkeit der Bolschewiki zu überwachen hätten«. Solche Behauptungen wurden just zu einem Zeitpunkt aufgestellt, als sich Wien besorgt über die Chancen für einen baldigen Frieden mit Russland zeigte. Der Habsburgerkaiser drängte auf ein Ende des Kriegs im Osten.[25] Kühlmann wollte die nervösen Österreicher gewiss beruhigen, als er eine Art Kontrolle über die Bolschewiki andeutete, die – wenn es sie denn gab oder sie als solche bezeichnet werden konnte –, nicht so recht zu funktionieren schien.

Berlins Pläne im Osten waren in jedem Fall ambitioniert. Die Bereitstellung von Geldern für die Presse der Bolschewiki, die nach sowjetischer Lesart angeblich eine Kollekte unter den Arbeitern Petrograds eingebracht hatte, sollte sich ebenso rechnen wie die Unterstützung anderer revolutionärer »Projekte«. Dabei übertrafen die Visionen der Generalität jene des Auswärtige Amtes. Angestrebt wurden erhebliche territoriale Zugewinne. Es ging in Summe um Vorstellungen eines deutsch beherrschten Osteuropas, um »von dort aus den nächsten Krieg gegen das britische Weltreich« vorzubereiten.[26] Zuallererst aber musste die Front gegen Russland ruhiggestellt werden.

23 Ebd., 662f.; Merridale, Zug, 300f.
24 Z. A. B. Zeman, Germany and the Revolution in Russia 1915–1918, New York/Toronto 1958, 94f.; Fleischhauer, Russische Revolution, 662–666.
25 Graf Czernin an Demblin, Wien am 18. November 1917, Telegramm Nr. 41. HHStA (Haus-, Hof- und Staatsarchiv) PA XL, Kt 262 Interna, Telegramme an Demblin 1917–1918.
26 Wolfram Pyta, Hindenburg. Herrschaft zwischen Hohenzollern und Hitler, München 2009, 322.

Von einer geplanten Herbeiführung eines Separatfriedens mit dem Kaiserreich, den ihm seine politischen Gegner als von Berlin verlangte Gegenleistung für seine Heimkehr und finanzielle Beihilfen unterstellten, wollte Lenin im Frühjahr 1917 nichts wissen. Es gehe darum, betonte er immer wieder, Friedensangebote an alle kriegführenden Staaten zu richten – selbstverständlich von einer bereits bolschewistischen Regierung.[27] Sollten aber »die deutschen, die englischen, die französischen usw. Kapitalisten« einen »demokratischen Frieden« ablehnen, dann würden »wir«, hieß es in einer Resolution der Bolschewiki, »einen revolutionären Krieg führen und die Arbeiter aller Länder zum Bündnis mit uns aufrufen«.[28] Gleichzeitig stellte Lenin die Dinge aber so dar, als wäre ohnehin jeder angestrebte Frieden zwangsläufig nur einer mit Deutschland – was immer man den übrigen kriegführenden Staaten auch anbieten würde. Seine Begründung hierfür lautete: Weil das deutsche Kaiserreich im Vergleich zu allen anderen imperialistischen Großmächten den Frieden am dringendsten benötige, wäre eine Verständigung a priori nur mit Berlin möglich.[29] Im September 1917 behauptete er im Übrigen, dass die Chancen zumindest für einen Waffenstillstand mit Deutschland »neunundneunzig zu eins« stünden.[30] Woher kam diese Gewissheit? Gründete sie sich auf tatsächlich getroffene Absprachen, auf einen bestehenden Deal mit Deutschland? Gab es wirklich einen »Frieden auf Bestellung«? Oder war Lenins Sicht der Dinge lediglich Ergebnis einer tiefblickenden Analyse, die ihm der Kriegsverlauf und all das, was er über das deutsche Interesse am friedenswilligen Teil der russischen Revolutionäre wissen konnte, nahelegte?

Die Diplomaten der Mittelmächte und mit ihnen auch deren Generalität unterschätzten Lenin und seine Mitstreiter jedenfalls gewaltig – ein Umstand, der die Unterstützung Berlins über das Ende des Deutschen Reichs hinaus nicht nur zu einer blamablen Angelegenheit machte, sondern außerdem als fahrlässiges und völlig verantwortungsloses Unternehmen aussehen ließ. Die nach dem Krieg aufgestellten Behauptungen des deutschen Sozialdemokraten Eduard

27 LW, Bd. 24, 100.
28 Ebd., 52.
29 LW, Bd. 25, 22.
30 LW, Bd. 26, 7.

Bernstein, wonach die Regierung 50 Millionen Reichsmark hatte springen lassen, um die Bolschewiki und ihre revolutionäre Agitation zu fördern, sorgten allerdings nur vorübergehend für Aufsehen. Zu viele waren offenbar daran interessiert, dieses, wie Bernstein schrieb, »dunkle Kapitel« der jüngsten Vergangenheit ruhen zu lassen.[31]

Wie sieht es nun mit Spuren aus, die direkt zu Lenin führen? Nach Jahrzehnten, in denen jenes Material für immer verschwinden konnte, das womöglich unerwünschte Fragen hätte aufwerfen können, lässt sich lediglich beweisen, dass Lenin vor seiner Reise in die Heimat einen nicht allzu hohen Betrag von Hanecki für sich und Sinowjew angenommen hatte. Später tat er im Übrigen so, als habe er mit seinem langjährigen Freund, also Hanecki, gar nichts zu tun gehabt. Damit stellte er lediglich unter Beweis, dass ihn keinerlei Skrupel daran hinderten, Unwahrheiten zu erzählen, solange sie ihm die Haut retteten oder seinen angeschlagenen Ruf wiederherzustellen halfen.[32] Das sehr viel größere Geschäft, das weit über ein Taschengeld für die Reise hinausging und das Kühlmann in seinen Darlegungen über die Unterstützung der Bolschewiki skizziert hatte, hinterließ nur vereinzelte Spuren.[33] Der russische Historiker Semjon Lyandres, der sich akribisch mit der Frage Berliner Zuschüsse befasst hat, zweifelt zwar an der Glaubwürdigkeit jener »Beweise«, die von den Organen der Provisorischen Regierung vorgelegt worden waren, aber er stellt nicht infrage, dass es deutsche Finanzspritzen an die Bolschewiki gegeben hatte.[34] Nur, räumt auch er ein, bleibt offen, wie der Deal im Einzelnen abgewickelt wurde. Varianten hierfür, kommt die britische Historikerin Catherine Merridale zum Schluss, gab es viele. Mit Blick auf Lenins Verstrickung in die betreffenden Machenschaften resümiert sie: »Wer immer noch nicht glauben will, dass der größte Sozialist der Erde im Hinblick auf ein Bündel deutscher Banknoten gelogen haben könnte, muss sich mit der Alternative abfinden, dass Lenin sich aus den Kriegsgewinnen des Schwarzmarkthandels mit Bleistiften und Kondomen (mit Reservoir) bediente.«[35]

---

31 Vgl. Pipes, Revolution, 132.
32 Vgl. Gerd Koenen, Die Farbe Rot. Ursprünge und Geschichte des Kommunismus, München 2017, 741f.
33 Vgl. Zeman, Germany, 94f.; Fleischhauer, Russische Revolution, 662–666.
34 Vgl. Lyandres, »German Gold«, 93–104.
35 Merridale, Zug, 302.

Wenngleich sich kein Erkenntnisgewinn aus der in Klammer gesetzten Information ergibt, steht also nun wirklich fest: Die Bolschewiki erhielten Geld von deutscher Seite.[36]

Agonie

Im Sommer 1917 sah es nicht so aus, als würde auch nur ein geringer Teil von Lenins Plänen Wirklichkeit werden. In seinem finnischen Exil bekam es der Bolschewikenführer außerdem erneut mit Gegenwind aus den eigenen Reihen zu tun. Differenzen mit den Genossen erzeugte nach den Juliunruhen seine Absage an den so erfolgreich eingesetzten Slogan »Alle Macht den Sowjets!« Als das Zentralkomitee der Bolschewiki nach den Juliereignissen in Lenins Abwesenheit tagte, lagen ihnen neue »Thesen« des Parteichefs vor.[37] Iljitsch, wie er respektvoll von seinen Genossen genannt wurde, räumte darin gründlich mit bisherigen Perspektiven auf. In Anbetracht der seiner Meinung nach offen konterrevolutionären Politik der Menschewiki und Sozialisten-Revolutionäre sei eine friedliche Entwicklung nun nicht mehr denkbar und das Verlangen nach der Machtübergabe an die Sowjets hinfällig. Konsequent müsse nun ein bewaffneter Aufstand geplant werden, ohne »zersplitterte Aktionen« zuzulassen. Das Ziel danach, also nach dem Umsturz, sei der »Übergang der Macht an das von der armen Bauernschaft unterstützte Proletariat«, um »das Programm unserer Partei zu verwirklichen«.[38] Diese Ansichten, die Lenin am 10. Juli verfasste und die am 20. Juli in der Zeitung *Proletarskoje Delo* unter dem Kürzel »W.« veröffentlicht wurden, teilte das ZK der Partei offenkundig ganz und gar nicht. Man stehe zu den Sowjets, soll Stalin zusammengefasst haben.[39] An dieser Version ist Zweifel anzumelden. Bei genauerer Lektüre der Protokolle, die zum 6. Parteitag vorliegen, wird zwar klar, dass die Haltungen zum Slogan »Alle Macht den Sowjets« unter den versammelten Genossen durchaus gemischt gewesen waren. Aber es herrschte ein weitgehen-

36 Die »Hauptmasse der Subventionen« aus Deutschland floss angeblich erst nach dem Oktoberumsturz – ein Umstand, der bei allen erforderlichen Vorbehalten gegenüber allzu weitreichenden Interpretationen für das fortgesetzte Einfordern von »Gegendiensten« seitens der Geldgeber spräche. Vgl. Koenen, Die Farbe Rot, 741.

37 Robert Service, Lenin. Eine Biographie, München 2000, 379.

38 LW, Bd. 25, 176.

39 Service, Lenin, 380.

der Konsens darüber, dass der Rat die viel beschworene Macht ganz offensichtlich nicht anstrebte und den vorhandenen Einfluss freiwillig und stückchenweise abgegeben hatte. Schon deshalb folgten die meisten am Ende Lenins Standpunkt. Auch und gerade Stalin. Er hielt lediglich fest, dass der diesbezügliche Befund keine Abkehr von den Sowjets bedeuten müsse. Vielmehr sei den Massen zu vermitteln, dass die übrigen Räteparteien in Wahrheit konterrevolutionär agierten.[40] Die hitzig geführten Debatten verdeutlichten, dass etliche Bolschewiki schon bisher die mit den Sowjets verbundene Devise nicht als Äquivalent zum eigentlichen Ziel einer »Diktatur des Proletariats« erachteten. In der Folge entsagten die Bolschewiki der Losung »Alle Macht den Sowjets« und ersetzten sie durch eine eher schwerfällige Alternative, derzufolge die »ärmste Bauernschaft« und das Proletariat sowie die in den Sowjets organisierte »revolutionäre Demokratie« die Macht übernehmen sollten.[41] Das entsprach wiederum eher den Formulierungen in den *Aprilthesen*. Lenins Ansichten hatten am Ende überzeugt.

Aus Lenins »Julithesen« ließ sich die Verfassung ihres Autors herauslesen. Dieser muss wohl von unbändigem Zorn durchdrungen gewesen sein, als er seine Gedanken zu Papier brachte. Jetzt, schrieb er, war sie da, die Konterrevolution, die ihm und seiner Partei wieder das diktiere, was vor dem Krieg Realität gewesen war: legale und illegale Arbeit, »wie in den Jahren 1912–1914«. Von friedlichen und »konstitutionellen« Illusionen müsse man sich jetzt endgültig verabschieden. »Die Umorganisierung« habe »sofort und beharrlich auf der ganzen Linie« zu erfolgen.[42] Neu war diese Haltung tatsächlich nur bedingt. Die dezidierte Abgrenzung von Menschewiki und SRy hatte er schon zuvor unentwegt eingefordert. Jetzt ging es lediglich um ein noch klareres Abrücken. Den Großteil seiner Exilzeit hindurch hatte Lenin die Distanzierung von anderen sozialistischen Gruppen fast schon zelebriert und in den *Aprilthesen* die Annäherung an die »Vaterlandsverteidiger« unter den Linken strikt ausgeschlossen. Gemeinsamkeiten konnte er lediglich mit den »Meschrajonzy« entdecken. Im Zuge des 6. Parteitags, als Lenin sich

40 Protokoly s"ezdov i konferencij vsesojoznoj Kommunističeskoj Partii (b). Šestoj S"ezd RSDRP(b). Avgust 1917. Moskva 1934, 140.
41 Service, Lenin, 393.
42 LW, Bd. 25, 176.

in Finnland aufhielt, wurde der Zusammenschluss mit den »Zwischenbezirklern« vollzogen.[43] Somit gehörte auch Leo Trotzki, der infolge der Julitumulte verhaftet wurde, den Bolschewiki an.

Die Konterrevolution, vor der Lenin gewarnt und die er nach seiner Ankunft in Russland immer wieder angesprochen hatte, präsentierte sich schließlich als Zerrbild jener völlig verfahrenen Lage, in der sich die Doppelherrschaft befand. Dabei ist aber auch zu berücksichtigen, dass in Anbetracht eines weitgehenden Rückzugs von früheren konservativen und rechten Parteien die Kadety umso mehr in die Rolle der Advokaten dieser zumindest in der Regierung abwesenden Kräfte hineinwuchsen. Eine weitgehende Billigung der Überwindung des Ancien Régime auch in diesen Kreisen ist indessen nicht von der Hand zu weisen. Von der Agenda der Linksparteien fühlten sie sich gleichzeitig in hohem Maße abgestoßen.[44] Parallel dazu herrschte im »einfachen Volk« offenbar wenig Verständnis für die Differenzen, die eine gemeinsame Front sozialistischer Parteien verhinderten.[45] Diese Stimmung erfasste nicht zuletzt Julij Martow, der allerdings mit seinen internationalistischen Menschewiki eine verhältnismäßig kleine Splittergruppe repräsentierte. Während er bereits Anfang Juli eine gesamtsozialistische Regierung gefordert hatte, setzte sich im Rest des Sowjets die Ansicht durch, wonach immer noch eine Koalition mit der Bourgeoisie zu unterstützen sei. Einen kompromisslosen Weg in Richtung Sozialismus, wie Lenin ihn vor Augen hatte, hielten die Räteparteien abseits der Bolschewiki für unzeitgemäß oder sogar völlig utopisch. Mit Reformen sollte der unzufriedenen und ungeduldiger werdenden Bevölkerung aber ein deutliches Signal gegeben werden. Nachdem jedoch die liberalen Kadety aus der Regierung ausgetreten waren, verfügte das Rumpfkabinett, in dem nun linke Kräfte die Merhheit bildeten, über keine entsprechende Autorität. Menschewiki und Sozialisten-Revolutionäre, bemüht, das Volk zu versöhnen, hatten den Ministerpräsidenten Lwow mit ihren Maßnahmen nun endgültig vor den Kopf gestoßen. Vor allem die versprochene »Übergabe des Landes

43 Ebd., 546.

44 Vgl. dazu Matthew Rendle, Counter-Revolution and the Tsarist Elite, in: Daniel Orlovsky (Hg.), A Companion to the Russian Revolution, Hoboken 2020, 195–201.

45 Vgl. dazu Lutz Häfner/Hannu Immonen, Russian Political Parties in the Russian Revolution, in: Orlovsky (Hg.), A Companion, 95–111, 105f.

an diejenigen, die es bearbeiten«, fasste er als »Festschreibung der Bodenenteignung« auf und demissionierte.[46] Ihm folgte nun als Premier der mit seiner Offensive so kolossal gescheiterte Alexander Kerenskij nach. Für die Niederlage machte er aber vor allem die jede militärische Disziplin zersetzende Propaganda der Bolschewiki verantwortlich. Als weiterer Schuldiger am Desaster der Armee herhalten musste auch der bisher so erfolgreiche General Alexander Brussilow, den Kerenskij durch den neuen Oberbefehlshaber Lawr Kornilow ersetzte. Außerdem ließ sich der nunmehrige Mann an der Spitze Russlands als Retter vor Chaos und Anarchie feiern, der unter Aufbietung loyaler Fronttruppen die Hauptstadt vor dem Mob bewahrt hatte. Zusätzlich drängten die prekäre Lage im Kampfgebiet und schließlich die Sorge vor einer Militärdiktatur auch den Sowjet dazu, eine »Regierung für die Rettung der Revolution« zu fordern und dieser »unbegrenzte Vollmachten« zuzugestehen.[47] Kerenskij sah sich folglich in der Position, relativ frei schalten und walten zu können. Die Verfolgung der Bolschewiki und Bestrafung der Rädelsführer des Juliaufruhrs betrieb er energisch. Die Arbeitermilizen wurden entwaffnet, aufmüpfige Soldaten zur Räson gebracht. Suchanow resümierte: »Der Rückschlag war gewaltig. Die ungeheure Kräftereserve der Revolution war vergeudet worden. Die Massen waren gedemütigt und geschwächt. Die Bourgeoisie faßte neuen Mut und drängte zum Kampf.«[48]

Ungeachtet dieser »Säuberung« brachte Kerenskij keine konsensfähige Regierung zustande. Die Gegensätze vor allem zwischen den SRy und den Kadety, die nach Wunsch des Premiers wieder Ministerposten erhalten sollten, kochten hoch. Als Folge des Gezänks trat zuerst Agrarminister Tschernow zurück, gefolgt von anderen Kollegen. Angesichts dessen tat es ihnen schließlich sogar Kerenskij gleich. Er verschwand für zwei Wochen aus der Hauptstadt.

Eine Krisensitzung wurde einberufen, an der sich Vertreter der Parteien, des Sowjets und der Duma beteiligten. Kerenskijs Quasi-Rücktritt wurde nicht angenommen. Dieser hatte es allem Anschein nach darauf angelegt, aus seinem »Schmollwinkel« zurückgeholt zu

---

46 Manfred Hildermeier, Die Russische Revolution 1905–1921, Frankfurt am Main 1989, 181.
47 Helmut Altrichter, 1917, 195.
48 Nikolaj Suchanov, 1917. Tagebuch der russischen Revolution, München 1967, 482.

werden, um dann als rettende »Lichtgestalt« aufzutreten. Die Unterredungen liefen in jedem Fall auf eine seltsame Konstruktion hinaus, in der die künftigen Minister als gleichsam unabhängige Individuen wirken sollten, ohne Verantwortlichkeit gegenüber ihren Parteien oder dem Sowjet.[49] Obwohl die in der zweiten bzw. dritten Koalition – zählt man die kurzlebige Vorgängerin hinzu – vertretenen sozialistischen Minister die Mehrheit hatten, kennzeichnete das nun folgende Kabinett ein Rechtsruck. Suchanow sprach von einer »bürgerlichen Diktatur« – allerdings einer machtlosen.[50] Die gewünschte Rückdeckung einer breiten Bevölkerung erhielten weder Kerenskij noch sein Kabinett. Bezeichnenderweise auch nicht von der im August in Moskau zusammengetretenen Staatskonferenz, die etwa 2400 Delegierte aus unterschiedlichen Organisationen des Landes, von Stadtparlamenten über Universitätsverwaltungen bis hin zu Gewerkschaften und Räten, aufzubieten hatte.[51] Die Redebeiträge der erschienenen Abgesandten verdeutlichten vielmehr, wie sehr die Ansichten über die Zukunft des Landes und den einzuschlagenden politischen Kurs auseinandergingen. Sie verwiesen überdies auf die Lebendigkeit jener Kräfte, die den bislang eher in den Hintergrund getretenen Eliten des untergegangenen Regimes angehörten. Diese wiederum einte der Wunsch nach einer Politik, die das Land vor militärischer Wehrlosigkeit und dem Schreckensszenario vorrückender deutscher Truppen bewahren sollte.

Hinter den Kulissen wurden indessen Vorkehrungen getroffen, um durch die Verlegung von Fronttruppen in die Hauptstadt einen neuerlichen Aufruhr zu verhindern. Die Erfolge der Bolschewiki bei den Petrograder Kommunalwahlen, die ihnen etwa ein Drittel der Stimmen einbrachten, alarmierten nicht zuletzt die Generalität. Diese wünschte sich überdies eine härtere Gangart gegenüber den Soldaten. Die Wiedereinführung der Todesstrafe, die General Kornilow erwirkt hatte, entsprach den Wünschen einer Militärkaste, die den subversiven Einfluss der Bolschewiki auf die Armee als empörende Schändlichkeit verurteilte.[52] Kornilow ließ Deserteure erschießen und ihre Leichen zur Abschreckung entlang von Straßen

49 Altrichter, 1917, 196.
50 Suchanov, 1917, 490.
51 Altrichter, 1917, 197–203.
52 Hildermeier, Revolution, 222.

ausstellen.[53] Eine Militärdiktatur, die bereits seit April der Doppelherrschaft als dunkle Alternative gegenüberstand, war seit Bildung der neuen Koalition keineswegs unrealistischer geworden – im Gegenteil.[54]

Die Gefahr von links hatte der Premier offensichtlich gebannt. Vom Sowjet hatte er sich einigermaßen erfolgreich befreit, mithilfe des Rates. Dessen Versuche, Russland vor dem Chaos zu bewahren und gleichzeitig an der Doppelherrschaft festzuhalten, mündeten in eine verhängnisvolle Selbstverleugnung und schließlich in eine gnadenlose Beschneidung seines Einflusses. Der zuvor so mächtige Zereteli war nicht mehr in der Regierung vertreten. Allein das verdeutlichte, wie wenig von der einstmaligen Autorität des Sowjets geblieben war.[55] Die gescheiterte Politik des Rates hatte ihm der Kadet Nikolaj Nekrassow im Zuge der erwähnten Krisensitzung, die nach dem Rücktritt Kerenskijs einberufen worden war, ganz ohne Umschweife vor Augen gehalten. Wenn, was offenbar der Fall sei, dem Sowjet der Wille fehle, die Macht ganz in die Hände zu nehmen, dann sollte er diese eben der Regierung überlassen. Dann aber, meinte Nekrassow, »mischen Sie sich auch nicht in ihre Arbeit ein«.[56]

Die Voraussetzungen für das Funktionieren der neuen Koalition waren denkbar ungünstig, das Klima unter den Ministern nach wie vor von Parteiinteressen diktiert. Die vor allem von den Kadety vertretene Meinung, wonach erst der Krieg zu beenden sei, bevor an tiefgreifende Reformen gedacht werden könnte, setzte sich durch. Die damit verbundene Unbestimmtheit des weiteren Kurses machte es obsolet, die Wahlen zur Verfassungsgebenden Versammlung in absehbarer Zeit abzuhalten. Den Umstand, dass die Einberufung der Konstituante auch weiterhin verschoben wurde, verwandelte Lenin sofort in verbale Munition. Die Wahlen würden, prophezeite er, eine Mehrheit für die Bauern ergeben, die »weiter links stehen« als die SRy. Schon deshalb habe die Bourgeoisie gar keine Ambitio-

53 Jörg Baberowski, Das Handwerk des Tötens. Boris Sawinkow und der russische Terorismus, in: Boris Sawinkow, Das fahle Pferd. Roman eines Terroristen, Berlin 2015, 205–234, 226.
54 Hildermeier, Revolution, 220.
55 Figes, Tragödie, 464; Suchanov, 1917, 489.
56 Suchanov, 1917, 487.

nen, den Urnengang stattfinden zu lassen.[57] Ohne eine neue Revolution würde die Konstituante entweder nie einberufen werden oder nichts anderes als eine »Schwatzbude« sein.[58] Die Menschewiki und SRy aber seien so gut wie neutralisiert und zitterten angesichts der Entwicklungen »um ihr eigenes Schicksal«. Sie hätten die Konterrevolution entfesselt und sich mitschuldig gemacht an der Unterdrückung der Bolschewiki. »Sie sind«, geiferte er, »bis auf den Grund der widerlichen konterrevolutionären Mistgrube abgesunken« und würden der Regierung nur als »Kulisse« für die Übergabe der Staatsmacht in die »Hände der Militärclique« dienen.[59] Dass sich Menschewiki und Sozialisten-Revolutionäre an der Verfolgung der Bolschewiki nach den Juliunruhen beteiligt hatten, vergaß ihnen Lenin nie. Er interpretierte diese Versuche, ihn und seine Partei kaltzustellen, als Verrat, der ihn später keinen Gedanken an eine Rest-Solidarität gegenüber den Genossen anderer linker Parteien verschwenden ließ.

Rettung

Nach nur etwa drei Wochen, Ende August bzw. Anfang September, erlebte Russland das, was die einen als Rettungsversuch zu Gunsten der Provisorischen Regierung, andere wiederum als versuchten Militärputsch qualifizierten. Im Mittelpunkt der vorgeblichen Anstrengungen, das Regime unter Alexander Kerenskij vor einem weiteren Handstreich der Bolschewiki zu bewahren oder die Regierung zu stürzen und eine Diktatur zu errichten, stand der Oberbefehlshaber der Armee Lawr Kornilow. Die Abläufe, die dem sogenannten Kornilow-Putsch vorausgingen, könnten verworrener nicht sein. Missverständnisse, Täuschungen und Verzerrungen – was sich in den letzten Augusttagen 1917 in der Kommunikation zwischen Kerenskij, Kornilow und einer Handvoll weiterer Dramatis Personae abspielte, ließe sich in seiner ganzen Komplexität nur in einer ausufernden Darstellung wiedergeben.[60] Fest steht zweifelsfrei, dass der Kornilow-Putsch, der nur wenig Rückhalt von der Armee erhielt

57 LW, Bd. 25, 195.
58 Ebd., 197.
59 LW, Bd. 25, 206f.
60 Vgl. Pipes, Revolution, 198–220; Figes, Tragödie, 465–479.

und vor allem die allgemeine Ratlosigkeit und Hilflosigkeit reflektierte, eine entscheidende Weichenstellung in Richtung des Oktoberumsturzes darstellte. Er untergrub die ohnehin bereits stark angegriffene Glaubwürdigkeit Kerenskijs zusätzlich. Die Unterstützung seiner, d.h. der Partei der SRy büßte er jetzt mehr und mehr ein. Während sich der Premier damals ebenso wie in seinen »umfangreichen und verlogenen Memorien« als Opfer der Ränke Kornilows präsentierte, hatte offenbar auch er mit der Rolle eines Diktators geliebäugelt, sich dann aber für die Unschädlichmachung eines potenziellen Konkurrenten, also Kornilows, entschieden oder entscheiden müssen.[61] Zu Kerenskijs Kokettieren mit der Position eines unumschränkten Herrschers passten der Hang zur Selbstüberhöhung und der Anspruch, in einer Reihe mit den früheren Herrschern Russlands gesehen zu werden. Durch seinen Umzug ins Winterpalais hatte Kerenskij den fatalen Eindruck vermittelt, als Erbe imperialer Macht und autoritärer Politik auftreten zu wollen. Sowohl in der linken als auch in der rechten Presse machte ihn das zum Ziel massiver Angriffe: Wer im Zarenpalast sein Quartier aufschlug, bezweckte womöglich mehr als nur die Inanspruchnahme komfortabler Zimmer oder den Vorzug der strategisch günstigen bzw. zentralen Lage des neuen Domizils.[62] Noch dazu hatte sich der Premier mit Personen umgeben, die sich ungeachtet scheinbar fehlender realer Möglichkeiten für einen rechtsgerichteten Staatsstreich durchaus intensiv mit solchen Szenarien beschäftigten. Die Existenz der Provisorischen Regierung ließ sich mit derartigen Plänen keineswegs vereinbaren.[63] Unter diesen Hardlinern befand sich beispielsweise Boris Sawinkow, der als stellvertretender Kriegsminister General Kornilow die »meisten« seiner »politischen Erklärungen« in den Mund gelegt hatte.[64] Der Sozialist-Revolutionär und ehemalige Terrorist, der vor seiner Rückkehr nach Russland seine gewaltvolle Vergangenheit auf literarische Art und Weise verarbeitet hatte, lehnte den Sowjet ab. Kerenskij betrachtete ihn offenbar als einen zweiten Lenin, aber einen, der auf der »anderen

61 Figes, Tragödie, 471.
62 Vgl. Boris Kolonitskii, Krensky as »Traitor«. Symbolic Politics, Rumours and the Political Deployment of Rumours in the Revolutionary Period, in: Revolutionary Russia 34/1 (2021), 1–18.
63 Vgl. Figes, Tragödie, 471.
64 Ebd., 469.

Seite« stand.[65] Tatsächlich war Sawinkow ein »Terrorist aus Leidenschaft« gewesen, »kalt gegenüber sich selbst und den Massen, die er zutiefst verachtete«.[66]

Als Kerenskij nach Aufdeckung von Kornilows Plänen diesen als Oberbefehlshaber entließ und der General daraufhin mit Fronttruppen auf die Hauptstadt zumarschierte, waren es die dort stationierten Soldaten sowie Arbeitermilizen, koordiniert vom Petrograder Sowjet, die den Putsch erfolgreich liquidierten. Hierfür geschaffen wurde ein Militärrevolutionäres Komitee, in dem auch Bolschewiki vertreten waren. Dieses Komitee, das, wie Nikolaj Suchanow ausführt, nach der Kornilow-Revolte »in Anabiose« verfiel, spielte für die Organisation des Oktoberumsturzes eine zentrale Rolle.[67]

Als Folge der Ereignisse sah sich Kerenskij bemüßigt, verhaftete Bolschewiki zu amnestieren und jenen die Hand zu reichen, die sich am Kampf gegen die Konterrevolution beteiligt hatten. Gab der Premier damit nur einer allgemeinen Stimmung nach oder hoffte er, auf diese Weise die Bolschewiki für eine Kooperation gewinnen zu können? In jedem Fall sprach diese Geste der Versöhnung nicht unbedingt für politischen Weitblick. Ganz im Gegenteil. Vergleiche mit Napoleon, von denen sich Kerenskij geschmeichelt fühlte, hätten allein aufgrund dieses Gnadenerlasses unpassender nicht sein können. Kerenskij war kein Stratege. Zu Recht befürchtete man nun im rechten Lager, dass die Bolschewiki Oberwasser im Rat bekommen und zur Verwirklichung ihres Programms schreiten würden.[68] Tatsächlich erwartete Lenin als Folge des Kornilow-Putschs einen Stimmungsumschwung in der Bevölkerung. Der Aufstieg der Bolschewiki in den hauptstädtischen Räten bestärkte ihn zusätzlich darin, endgültig Klarheit zu schaffen. Bereits Wochen zuvor hatte er die weitere Entwicklung entweder in der »Wendung zur Konterrevolution« oder zum »Jakobinertum« gesehen. Letztgenanntes Szenario präsentierte er als »Rettung vor Zerrüttung und Krieg«.[69]

Die Bolschewisierung der Armee hatte, meinen manche, schon vor der Kornilow-Revolte die Unterstützung eines autoritären Militär-

65 Ebd.
66 Baberowski, Handwerk des Tötens, 205–234, 211.
67 Suchanov, 1917, 508.
68 Ebd., 517.
69 LW, Bd. 25, 113f.

regimes durch die Streitkräfte verunmöglicht.[70] Die Chancen für eine neuerliche Revolution schienen also gut zu stehen. Diese Ansicht vertrat auch Parvus, der jenseits der Grenzen Russlands die Entwicklungen mit Spannung verfolgte. Er zeigte sich überzeugt, dass »die revolutionäre Bewegung in Russland bald so erstarken wird, daß sie den Frieden durchsetzen wird. Kerenski und seine Narrengarde werden dadurch, daß sie die Unterdrückungsmittel des zarischen Systems wieder auffrischen, sich gegen den Strom nicht halten können. Wenn sie die Stufe der Macht wieder hinunterpurzeln, über die sie durch die Ereignisse hinaufgetragen worden sind, wird man staunen, wie winzig und albern sie sind. Aber bei jeder Sturmflut schwimmt der seichteste Dreck nach oben.«[71]

Zukunft

Auch Lenin beobachtete die Vorgänge in der Hauptstadt »aus der Ferne«. Seit seiner Flucht nach den Juliunruhen hielt er sich in Finnland auf. Dort verfasste er seine Schrift *Staat und Revolution*. Der Text gilt als »Vermächtnis an künftige Generationen«, als »Entwurf für die revolutionäre Strategie nach dem Sturz der kapitalistischen Ordnung«.[72] Sie entstand womöglich als Ergebnis einer resignativen Stimmung. Parallelen zu seiner Flucht im Zuge der ersten Russischen Revolution taten sich auf. Damals bot sich ihm keine zweite Chance mehr. Was zu tun blieb, war also vielleicht nicht mehr als der Versuch, die Hoffnung auf die Revolution am Leben zu erhalten und sie als reales Ziel zu beschreiben.

Staat und Revolution bewerten die einen – hinter oder neben *Was tun?* – als Lenins wichtigstes Werk, während andere es als geradezu vernachlässigenswert abtun. Diese Geringschätzung resultiert aus der Diskrepanz zwischen dem geschriebenen Wort und der Realität des Sowjetstaates, wie er sich ab dem Oktoberumsturz herauszubilden begann.[73] Tatsächlich legte die Schrift Lenins zentrale Überzeugungen dar und konzentrierte sich dabei auf Themen, die seiner Ansicht nach bisher vernachlässigt worden waren. Das hieß,

70 Sean McMeekin, The Russian Revolution. A New History, London 2017, 194–197.
71 Zit. nach Scharlau/Zeman, Freibeuter, 278.
72 Pipes, Revolution, 226.
73 Service, Lenin, 39. Service widmet dem Werk nur einen kurzen Absatz.

sich nun mit der »Lehre des Marxismus vom Staat« und den »Aufgaben des Proletariats in der Revolution« auseinanderzusetzen. Den Staat bezeichnete er als ein »Produkt der Unversöhnlichkeit der Klassengegensätze« und ein »Organ der Unterdrückung«.[74] Er werde aber unter den Bedingungen des Sozialismus absterben, weil zuvor die Mehrheit der Bevölkerung in die Lage versetzt worden sei, »Staatsfunktionen« auszuüben.[75] Darüber hinaus betonte er die Notwendigkeit einer vorübergehenden Existenz des Staates nach der installierten »Diktatur des Proletariats«: »Das Proletariat braucht die Staatsmacht, eine zentralisierte Organisation der Macht sowohl zur Unterdrückung des Widerstands der Ausbeuter als auch zur Leitung der ungeheuren Masse der Bevölkerung, der Bauernschaft, des Kleinbürgertums, der Halbproletarier, um die sozialistische Wirtschaft ›in Gang zu bringen‹.«[76] Das bedeute aber auch, dass die alten Strukturen nicht reformiert, sondern, wie er meinte, völlig vernichtet, »zerschlagen« und »zerbrochen« werden mussten, um neue, wahrhaft revolutionäre, zu schaffen.[77] Im Kommunismus schließlich werde der Staat überflüssig sein, weil dann niemand mehr da sein würde, den es »niederzuhalten« gelte, »niemand«, schrieb er, »im Sinne der Klasse«.[78]

Außerdem ging Lenin einmal mehr mit dem »korrupten und verfaulten Parlamentarismus« ins Gericht und sprach von »Körperschaften, in denen die Freiheit des Urteils und der Beratung nicht in Betrug ausartet, denn die Parlamentarier müssen selbst arbeiten, selbst ihre Gesetze ausführen, selbst kontrollieren, was bei der Durchführung herauskommt, selbst unmittelbar vor ihren Wählern Verantwortung tragen«.[79] Hinsichtlich der ökonomischen Entwicklung machte er klar, dass, bevor es zur »höheren« Phase des Kommunismus kommen könne, ein System der »strengste[n]« Kontrolle über »das Maß der Arbeit und das Maß der Konsumation« bei gleichzeitiger »Expropriation der Kapitalisten« bestehen müsse.[80] Zum Schluss folgte ein eigenes Kapitel über die »Vulgarisierung

74 LW, Bd. 25, 397, 399.
75 Pipes, Revolution, 227.
76 LW, Bd. 25, 416.
77 Ebd., 418.
78 Ebd., 477.
79 Ebd., 37.
80 Ebd., 484.

des Marxismus durch die Opportunisten«, wo er sich, wie so oft, über die »Irrungen« Plechanows, Kautskys und anderer Sozialisten echauffierte.

Kritikern, die seinen Überlegungen zum Staat und zur Revolution mangelnde Wirklichkeitsnähe vorwarfen, hatte Lenin aber tatsächlich eher schwammige Ausführungen entgegenzuhalten. Seine Vorstellungen präsentierte er nichtsdestoweniger als Grundlagen eines, wie er meinte, keineswegs utopischen kommunistischen »Projektes«. Immer wieder hob er – ganz konform mit der Marx'schen Lehre – die Besonderheit der »Übergangsphase« hervor, das Hinübergehen von der ersten, der »niederen« Phase des Sozialismus zum Kommunismus. In der ersten Stufe werde der Kommunismus »ökonomisch noch nicht völlig reif, völlig frei von den Traditionen, von den Spuren des Kapitalismus sein«. Eine »gewisse Zeit« müsse daher auch das »bürgerliche Recht« weiterbestehen und sogar, setzte er hinzu, »der bürgerliche Staat – ohne Bourgeoisie!«[81] Das Arbeiten an der »Übergangsphase« – gegen alle Widerstände und trotz der schier monströsen Aufgabe – gab jene Richtung vor, welche die bolschewistische Herrschaftspraxis ab dem »Roten Oktober« einschlug: Der Staat bestand – nicht zuletzt in Anbetracht einer ausbleibenden Weltrevolution – vorläufig als eine Art Kopie der bourgeoisen Vorlage weiter und bediente sich jener Zwangsinstrumente, die Lenin zuvor so oft an den Pranger gestellt hatte. In der Praxis taugten seine hochtrabenden Pläne von der »wirklichen« Demokratie wenig. Seine holzschnittartigen Vorstellungen vom Funktionieren und vom Zusammenspiel der Kommunen leitete er von Marx und Engels ab, die er als erklärte Zentralisten vorführte. Deren Idee des Zentralismus, meinte er, schließe eine »weitgehende lokale Selbstverwaltung nicht im geringsten aus, die, bei freiwilliger Verteidigung der Einheit des Staates durch ›Kommunen‹ und Provinzen, jeden Bureaukratismus und jedes ›Kommandieren‹ von oben absolut beseitigt«.[82] Lenin verbreiterte sich über einen »freiwilligen« Zentralismus »von unten«, und zwar durch die »Vereinigung der Kommunen zur Nation«. Er prophezeite eine »freiwillige Verschmelzung der proletarischen Kommunen zur Zerstörung der bürgerlichen Herrschaft und

81 Ebd., 485.
82 Lenin, Ausgewählte Werke, Bd. VII, Zürich 1934, 67.

der bürgerlichen Staatsmaschine«.[83] Selbstverwaltung und Zentralismus dachte er als ineinandergreifende Phänomene. In der Praxis wandte er sich Zweiterem zu. Seine Abneigung gegenüber »halbautonomen regionalen Zusammenschlüssen« speiste sich 1918 nicht zuletzt aus der Sorge, die Kontrolle an Kräfte abzugeben, die nicht durch und durch bolschewistisch waren.[84] Die Selbstverwaltung blieb einer klassenlosen Gesellschaft vorbehalten, die es, belehrte er seine Genossen vier Jahre nach der Revolution, so schnell nicht geben werde.[85]

Lenins Version vom »Werdegang« des Sozialismus stellte den historischen Materialismus auf den Kopf, »indem erst die Revolution erfolgte, auf deren Basis anschließend eine Industriegesellschaft errichtet werden sollte«.[86] Diese Reihung erforderte ein spezifisches Programm für die Gestaltung der transitorischen Phase zum Sozialismus – eine Herausforderung, die viele für ganz und gar unbewältigbar hielten. Selbst im Bewusstsein einer »richtigen« Abfolge der Entwicklungen tappten viele Sozialdemokraten im Dunkeln, wenn es um das Erreichen des Endziels ging. Rosa Luxemburg sah den Sozialismus bzw. den Weg dorthin im Nebel der Zukunft. Lenin trug mit *Staat und Revolution* wenig dazu bei, diesen Nebel zu lichten.

Der Bolschewikenführer war ein Theoretiker der Revolution, der immer schon nach Abkürzungen Ausschau gehalten hatte, um ihre Verwirklichung im proletarischen Sinne voranzutreiben. Mit der Frage, was genau nach dem Umsturz kommen würde, hatte er sich – wie andere Sozialisten auch – vergleichsweise wenig auseinandergesetzt. Kernaussagen gipfelten nun in der Umkehrung bestehender Herrschaftsverhältnisse und vor allem im schon zuvor oft und oft verwendeten Slogan von der »Diktatur des Proletariats«. Die Anhaltspunkte, die er im Zuge seiner Beschäftigung mit den Perspektiven für eine erfolgreiche Umwälzung bei Marx oder Engels fand, hatte er in *Staat und Revolution* über weite Strecken entweder zitiert oder paraphrasiert. Seine Verweise auf die Pariser Kom-

83 Ebd., 49f.
84 Alexander Rabinowitch, Die Sowjetmacht. Das erste Jahr, Essen 2010, 377.
85 Vgl. Helmut Altrichter, Staat und Revolution in Sowjetrussland 1917–1922/23, Darmstadt 1996, 131.
86 Lutz Häfner, Die Partei der linken Sozialrevolutionäre in der russischen Revolution von 1917/18, Köln/Weimar/Wien 1994, 179.

mune mündeten in Ausführungen, die großteils seine bisherigen aufgriffen.

Selbst Marx, dessen Hauptwerk, wie oft betont wird, nicht *Der Sozialismus,* sondern bekanntlich *Das Kapital* hieß, hatte sich keineswegs erschöpfend über die Entwicklungsschritte hin zur klassenlosen Gesellschaft geäußert. Zumindest wurde festgehalten, dass sogar eine bereits »kommunistische Gesellschaft« immer noch von den »Muttermalen der alten Gesellschaft, von deren Schoß sie herkommt«, behaftet sein würde.[87] Wenn dem so war, dann hieß das, den Sozialismus und schließlich Kommunismus auf den Trümmern jenes Kapitalismus aufzubauen, dessen Entwicklung in Russland dem Vergleich mit seinen westlichen Erscheinungsformen nicht standhielt. Dieser Diagnose überzeugende Alternativmodelle entgegenzusetzen, vermochten Lenins nachrevolutionäre Rezepte für einen sozialistischen Eilkurs letztlich ebenso wenig wie sein Basteln an einem »anschlussfähigen« sogenannten Staatskapitalismus. Dieser »Anschluss«, der ihm vorschwebte, bezog sich auf das ökonomisch potente Deutschland, wo allerdings die Revolution, die Lenin so herbeisehnte, auf sich warten ließ. Die sowjetische Wirtschaftspolitik ging unter den Vorzeichen der ausbleibenden »externen« Unterstützung, der kriegsbedingten Zerrüttung, des Verlusts ökonomisch wertvoller Gebiete und der inneren Konflikte keinen geradlinigen Weg. Staatskapitalismus, Kriegskommunismus und Neue Ökonomische Politik, zentrale Lenkung durch einen Volkswirtschaftsrat und Planwirtschaft – all das resultierte nicht nur, wie Lenin es im Nachhinein gerne darstellte, aus den Zwängen des Bürgerkriegs, der Gegnerschaft westlicher Staaten oder der Sabotage von »Klassenfeinden« und Konterrevolutionären. Der ökonomische Schlingerkurs des Sowjetstaates war im Kern das Resultat eines vagen Konzepts, das nicht realistischer wurde, nur weil man es in alle möglichen Übergangsperioden aufspaltete.[88]

Lenin kannte Kautskys 1902 veröffentlichte Schrift *Am Tage nach der sozialen Revolution*. Er hatte sie selbst übersetzt. Auch in *Staat und Revolution* bezog er sich darauf. In diesem »Bädeker für

87 Karl Marx, Kritik am Gothaer Programm. Randglossen zum Programm der deutschen Arbeiterpartei (1890/91). (https://www.marxists.org/deutsch/archiv/marx-engels/1875/kritik/randglos.htm (7.2.2023).

88 Vgl. Altrichter, Staat und Revolution, 71–136.

den Zukunftsstaat«[89], von dem aus sich immer wieder Parallelen zu Lenins Programm nach der Machtergreifung ziehen lassen, präsentierte Kautsky eigenen Aussagen zufolge zwar keine »Rezepte für die Garküche der Zukunft«. Aber er hielt es damals für eine »gute Denkübung und für ein Mittel, politische Klarheit und Beständigkeit zu fördern«, wenn versucht würde, »die Konsequenzen unseres Strebens zu ziehen und die Probleme zu erforschen, die uns aus der Eroberung der politischen Macht erwachsen dürften«.[90] Kautsky hatte freilich vorausgeschickt, die Vorausetzungen, um am Sozialismus bauen zu können, für das Ergebnis eines langen historischen Prozesses zu halten. Das galt erst recht für das Erreichen des Kommunismus. Diesbezüglich hatte schon Marx vor unrealistischen Erwartungen gewarnt. Kautskys Überlegungen orientierten sich an den Grundpfeilern marxistischer Forderungen. Die »Expropriation der Expropriateure« wurde demgemäß ebenso behandelt wie die Frage der Produktionsprozesse. Man muss allerdings anmerken, dass Kautskys Ausführungen sich nicht weniger utopisch präsentierten als das, was Lenin dann ab 1917/18 in die Praxis umsetzen wollte. Nur vollzog sich diese Utopie im »Zukunftsstaat«, wie ihn der deutsche Kollege vor Augen führte, humaner, ausgehend von der Vorstellung, wonach sich aufgrund einer bereits vorhandenen »Reife« der Gesellschaft und einer vorweggenommenen »Arbeitslust« der Proletarier ein »Arbeitszwang« erübrigen würde.[91] Außerdem stellte Kautsky in einer Replik auf die Kritiker seiner Schrift klar, was genau er habe zeigen wollen, nämlich, »daß dort, wo das Proletariat die politische Macht erobert hat, die sozialistische Produktion mit Naturnotwendigkeit daraus folgt, auch dann, wenn dieses Proletariat nicht zu sozialistischem Denken gelangt ist. Sein Klasseninteresse und die ökonomische Notwendigkeit zwingen es, Maßregeln zu ergreifen, die zu sozialistischer Produktion führen.«[92] »Reife« war dann also doch etwas sehr Relatives.

89 Karl Kautsky, Das Werden eines Marxisten (1924). https://www.marxists.org/deutsch/archiv/kautsky/1924/xx/werden.htm (7.2.2023).
90 Karl Kautsky, Am Tage nach der sozialen Revolution (1902). https://www.marxists.org/deutsch/archiv/kautsky/1902/sozrevolution/index.htm (2.2.2023).
91 Ebd.
92 Karl Kautsky, Allerhand Revolutionäres, in: Die Neue Zeit 1/19 (1903–04),588–598, 590.

Plechanow hatte Lenin bereits nach dem zweiten Parteikongress vorgeworfen, er habe Kautskys Aussagen zur sozialen Revolution gründlich missverstanden.[93] Egal, ob man diesem Urteil nun folgen kann oder nicht, lässt sich anhand der oben zitierten Passage mit einiger Sicherheit sagen, dass Lenin Kautsky wörtlich nahm. Nach der Machtergreifung vertraute er auf die Ingangsetzung einer »sozialistischen Produktion« als etwas, das – mit wenigen Federstrichen dekretiert und umrissen – fast von selbst passieren würde; unabhängig davon, wie viel nun die Arbeiter vom Sozialismus wussten oder eher nicht wussten.

Lenin hatte Kautskys Buch über den Sozialismus »viel außerordentlich Wertvolles« entnommen, vermisste darin aber gerade »die Frage des Staates«.[94] Dieses Defizit behob er nun in seiner eigenen Schrift. Nikolaj Suchanow suchte indessen in seiner bereits nach dem Umsturz verfassten Rezension zu *Staat und Revolution* vergeblich nach einer tiefgehenden Auseinandersetzung mit praktischen Vorgaben für den Bau am Sozialismus. Lenin hatte, meinte er, auf die Darstellung eines auch nur ansatzweise adäquaten Wirtschaftsprogramms verzichtet. Seine Ratschläge erschöpften sich vielmehr im Aufruf zur Enteignung der Bourgeoisie. Das entsprach zwar marxistischen Forderungen, erschien dann aber doch als einigermaßen dürftiges Rezept für eine fundamentale ökonomische Umgestaltung. Suchanow hatte darüber hinaus bereits in Lenins Entwurf eines neuen Parteiprogramms »alle Elemente des utopischen Staatsaufbaus« entdeckt. Diese habe er dann in *Staat und Revolution* »grimmig verteidigt«, um sie dann »nach den bitteren Erfahrungen der Praxis […] eigenhändig als kindliche Verirrungen und unbrauchbaren Ramsch über Bord« zu werfen.[95] Lenin aber sah sich in voller Übereinstimmung mit Marx. Den Kommunismus begriff dieser als »Programm für einen Prozess«, für den er keine doktrinären Prinzipien bereithielt. Er war »klug genug, sich allen Versuchungen zu verweigern, mehr zu wissen, als ein Mensch wissen kann«.[96]

---

93 Vgl. Richard Mullin, The Russian Social-Democratic Labour Party, 1899–1904, Leiden/Boston 2015, 560f.

94 W. I. Lenin, Ausgewählte Werke, Bd. VII, 99.

95 Suchanov, 1917, 414.

96 Jürgen Neffe, Marx. Der Unvollendete, München 2017, 142.

13 UMSTURZ

Entscheidungen

Was die »Erhebung« im Oktober 1917 auszeichnet, ist nicht zuletzt die Offenheit, mit der sie angestrebt wurde. Ungeachtet der konspirativen Vorbereitungen des Coups in Form innerparteilicher Beratungen und anderer geheimer Aktivitäten mussten die Bolschewiki aufgrund von Indiskretionen aus den eigenen Reihen bald relativ deutlich zu Vorwürfen einer geplanten Machtergreifung Stellung nehmen. Gerüchte darüber drangen weit über die Grenzen Russlands hinaus. Dass die Drehbühne der russischen Politik nach den Ereignissen im Spätsommer 1917 nicht zum Stillstand kommen würde, galt allerorts als wahrscheinlich. Der Oktoberumsturz erscheint daher als Resultat einer gewissermaßen öffentlich diskutierten Verschwörung. Die Beseitigung der Provisorischen Regierung und die Forderung nach der Rätemacht war darüber hinaus eine viel verwendete Losung bereits Monate vor dem »Roten Oktober«, die ungestüme Politik der Bolschewiki und ihr Drängen auf neue Machtverhältnisse alles andere als ein Novum. Spätestens seit dem Juli 1917 erschien der bolschewistische Putschismus als reale Gefahr. Die Anziehungskraft der Bolschewiki wuchs parallel zu einem größer werdenden politischen Chaos und dem planlosen Schlingerkurs einer Regierung, die sich auf ein provisorisches Verwalten im Rahmen einer umstrittenen Kriegspolitik zurückzog. Das Februarregime hatte die vielen Probleme der alten Staatsmacht geerbt, darunter einen schwachen Behördenapparat und die dadurch bedingte oft fehlende Verbindung zum Volk. Diese Problematik vermengte sich mit einer generellen Autoritätskrise. In einer Gesellschaft mit fragmentierten Entitäten hieß das, dass der Kopf nun völlig vom Rumpf abgetrennt wurde. Die Menschen im ehemaligen Zarenreich

»sprachen nicht mit einer Sprache. Sie lebten nicht einmal in einer Gesellschaft.«[1] Wie konnte man sie erreichen, wie sie lenken?

Lenin versuchte erst gar nicht, sich diesen Herausforderungen zu stellen. Die Geschichte hatte gezeigt, dass Revolutionen in den Städten geboren wurden. Das traf auch auf Russland zu – obwohl dort nur 15 Prozent der Bevölkerung in urbanen Gebieten lebten.[2] Sein Hauptaugenmerk galt Petrograd. Die Metropole war der Ausgangspunkt der Umwälzungen von 1905 und vom Februar 1917 gewesen und sie war die Heimat Hunderttausender Arbeiter. Ihnen und den unzufriedenen Soldaten in ihren Garnisonen galt sein Hauptaugenmerk. Die Bauern beabsichtigte er, anderweitig mitzureißen oder wenigstens ruhigzustellen. Man würde ihnen einfach geben, wonach sie strebten: Land. »Was ist die Bauernschaft?«, fragte Lenin in einer gleich nach der Ankunft in Petrograd vor seiner Anhängerschaft gehaltenen Rede. Die Antwort lautete: »Wir wissen es nicht, es gibt keine Statistik darüber, wir wissen aber, dass sie eine Macht darstellt. Wenn sie«, also die Bauern, »das Land nehmen, so seid überzeugt, dass sie es euch nicht zurückgeben, uns nicht fragen werden.« Der »russische Bauer« werde die Revolution am Ende entscheiden, wenn nicht, dann »der deutsche Arbeiter«.[3]

Die Städte waren das Terrain der Bolschewiki. Vor allem dort profitierten sie von größer werdenden Sorgen vor einer Rückkehr zum alten, vorrevolutionären System und nicht zuletzt vor einer Versorgungskrise. Viele waren enttäuscht. Die Massenaufmärsche im Frühjahr und Sommer 1917 waren Ausdruck einer stetig zunehmenden Unzufriedenheit gewesen. Lenin hatte ein Gespür dafür, wie man sich unter diesen Bedingungen Gehör verschaffen konnte: durch klare Feindbilder und ebensolche Botschaften. Nach dem Kornilow-Putsch und dem – wenngleich nicht immer mit lauteren Mitteln ermöglichten – Siegeszug in den Räten hatte Lenin die Forderung nach der Sowjetmacht bedenkenlos wiederbeleben können. Sie und die bolschewistische Machtergreifung waren jetzt idente Ziele. Wenngleich der Zuspruch von nicht unerheblichen Teilen der

1 Jörg Baberowski, Was war die Oktoberrevolution? (2007), 3. https://www.bpb.de/shop/zeitschriften/apuz/30140/was-war-die-oktoberrevolution/ (12.3.2023).

2 Vgl. Laura Engelstein, Russia in Flames. War, Revolution, Civil War 1914–1921, Oxford 2018, xix.

3 LW, Bd. 36, 429.

Bevölkerung für die Räte keineswegs gleichbedeutend war mit der Billigung einer bolschewistischen Alleinherrschaft, fußte der Erfolg der Machtergreifung auf der demonstrativen Rettung der Sowjets durch Lenins Partei. Die immer unpopulärer werdende Provisorische Regierung unter Alexander Kerenskij ebnete den Weg dorthin allein aufgrund ihrer weitgehenden Passivität.[4]

Im Nachhinein erschien das Februarregime als unweigerlich dem »Untergang geweihtes Unternehmen, dessen kurzlebige Elite wie auf einer schlüpfrigen schiefen Ebene unaufhaltsam abrutschte, bis alles in den fast kampflosen bolschewistischen Oktoberumsturz mündete«.[5] Scheiterte dieses Regime, weil es »die Revolution ins Recht setzte« und als Ergebnis dieser Politik dem Ruin »der staatlichen Ordnung« nichts entgegenzuhalten hatte?[6] Oder ging seine Niederlage vielmehr auf das Konto mangelnder Kooperationswilligkeit der politischen Kräfte und der Unvereinbarkeit ihrer Programme? War der Krieg jener Todeskeim, der ein Überleben von vornherein ausschloss? Trug die Zerstörung der militärischen Hierarchien, mit der bereits kurz nach der Februarrevolution die Autoritätsverhältnisse in der Armee infrage gestellt wurden und die das Regime zur Geisel der Soldaten machte, die Hauptschuld an den Entwicklungen? Oder ist alles dem Faktor Zeit anzulasten, weil die Regierung zu wenig davon hatte und die Lage zum Handeln drängte, als Lenin allem Anschein nach der Einzige war, der sich bereit zeigte, die Initiative zu ergreifen?

Ungeachtet all der Versäumnisse, die der Provisorischen Regierung auf dem Weg in den Untergang ebenso anzulasten sind wie dem Sowjet, standen der konstatierten Zwangsläufigkeit Optionen für einen anderen Weg gegenüber – so unattraktiv sie den meisten Akteuren auch schienen. Wie sich freilich ein vor- oder rechtzeitiges Ausscheiden aus dem Krieg, eine bereits früher durchgeführte Wahl zur Konstituierenden Versammlung oder eine entschiedene Kampagne gegen die Bolschewiki über den Juli hinaus ausgewirkt hätten, lässt sich kaum beantworten. Die Tatenlosigkeit, die den

4 Vgl. Eva Ingeborg Fleischhauer, Die Russische Revolution. Lenin und Ludendorff (1905–1917), Borsdorf 2017, 631–653.

5 Gerd Koenen, Die Farbe Rot. Ursprünge und Geschichte des Kommunismus, München 2017, 730.

6 Baberowski, Was war die Oktoberrevolution?, 6.

Verantwortlichen später vorgeworfen wurde, lief am Ende immer wieder auf ein Argument hinaus: die Angst vor einem Bürgerkrieg, vor einem gewaltsamen Aufbrechen der Gegensätze, welche die Februarrevolution und der Konsens über die erforderliche Beseitigung des Ancien Régime augenscheinlich nur vorübergehend außer Kraft gesetzt hatten.

Wenngleich die Möglichkeiten, sich der genannten Optionen zu bedienen, sukzessive schwanden, stellt sich dennoch die Frage, warum SRy und Menschewiki, die über Monate hindurch die Geschicke der Räte gelenkt hatten, im Oktober den Bolschewiki das Feld scheinbar so unbedarft, ja leichtfertig überließen. Weshalb gelang es Lenin einigermaßen problemlos, den am 25. Oktober einberufenen Sowjetkongress zum Ausgangspunkt der bolschewistischen Parteidiktatur zu machen? Während sich seine Anhänger als Verteidiger des Sowjets gerierten, zogen es die zuvor tonangebenden Räteparteien vor, ihren Protest gegen die Bolschewiki mit einer Abkehr von dieser aus der Revolution im Februar geborenen symbolträchtigen Einrichtung zu verknüpfen. War diese Lossagung, mit der sie die Wurzeln der revolutionären Umwälzung vom Februar scheinbar bedenkenlos ausrissen, unvermeidlich?

»Fortwursteln«

Kerenskij, der wohl durchaus mit dem Szenario einer Militärdiktatur kokettiert hatte, konnte indessen keinerlei Nutzen aus der Kornilow-Affäre ziehen.[7] Im Gegenteil: Man sah ihn nicht als Retter, sondern vielmehr als Beteiligten, ja Verursacher einer verhängnisvollen Konspiration. Sein vermeintlicher Sieg über die Gegenrevolution wandelte sich zu einer offenkundigen Niederlage. Jetzt hätte es außerordentlicher Befähigungen bedurft, um dem drohenden politischen Fiasko entgegenzuwirken. Doch sein politischer Ehrgeiz korrespondierte nur rudimentär mit seinem Potenzial als Staatsmann. Dementsprechend realisierte er erst nach und nach, wie sehr ihn die vorangegangenen Entwicklungen in ein Vakuum manövriert und seinen Handlungsspielraum reduziert hatten. Auf allen Seiten

7 Vgl. S. V. Tjutjukin, Aleksandr Kerenskij. Stranicy političeskoj biografii (1905–1917 gg.), Moskva 2012, 17.

brachen die Stützen seines Regimes weg. Etwaige Verbündete im konservativen und rechten Lager hatte er verprellt. Die Linke, d.h. diejenigen Räteparteien, die sich als Geburtshelfer eines parlamentarischen Systems und einer Demokratie nach westlichen Vorbildern verstanden, setzte bis auf Weiteres ihren immer fragwürdiger erscheinenden Verständigungskurs fort. Mehr und mehr regte sich aber der Wunsch nach einer Legitimierung dieser Politik durch die Bevölkerung. Während auf diese Weise die Frage der Konstituante und abzuhaltender Wahlen an Aktualität gewann, regierte Kerenskij mit einem Rumpfkabinett, einem fünfköpfigen sogenannten Direktorium. Diese Bezeichnung wurde nicht zufällig gewählt. Die Rückbesinnung auf die Französische Revolution zwang aber auch dazu, die Entscheidung für eine neue Staatsform zu treffen. Russland zur Republik zu machen, zielte vor allem auf eine Besänftigung der Linken ab. Im Zuge einer sogenannten Demokratischen Konferenz mit mehreren Hundert Delegierten aus den Räten, verschiedenen Selbstverwaltungen, Soldatenkomitees und etlichen weiteren Gremien sollte außerdem die unmittelbare politische Zukunft des Landes diskutiert werden. Zahlreichen Unstimmigkeiten und Unregelmäßigkeiten bei der Stimmabgabe zum Trotz ergab sich am Ende ein Votum für eine Neuauflage der Koalition. Zunächst aber schien die Aussicht auf eine Regierung der »revolutionären Demokratie« sogar größer zu sein als ein prolongiertes »Fortwursteln«. Auf den Weg gebracht wurde dann immerhin ein aus den versammelten Delegierten sowie 150 Vertretern des »bürgerlichen« Russlands gebildetes Vorparlament. Diesem Temporären Rat der Russländischen Republik gegenüber hatte die Regierung allerdings keine Verantwortungspflicht.[8] So blieb es am Ende ein mehr oder weniger bedeutungsloses Gremium. Das Vorparlament spielte auf diese Weise die undankbare Rolle eines bloßen Platzhalters für die Konstituante, die im November gewählt werden sollte. Ein Boykott dieses Provisoriums seitens der Bolschewiki, das aus Lenins Perspektive eine misslungene und völlig überflüssige Schöpfung kleinbürgerlicher Möchtegernsozialisten verkörperte, zeichnete sich noch nicht ab.[9]

8 Manfred Hildermeier, Die Russische Revolution 1905–1921, Frankfurt am Main 1989, 226. Vgl. dazu Svetlana E. Rudneva, Predparlament. Oktjabr' 1917 goda. Opyt istoričeskoj rekonstrukcii, Moskva 2006.

9 Nikolaj N. Suchanov, 1917. Tagebuch der russischen Revolution, München 1967, 553.

Wieder hatten sich die rechten Flügel von Menschewiki und SRy gegenüber jenen Parteigenossen durchgesetzt, die sich – vor der drohenden Kulisse einer Spaltung – gegen die Neuauflage einer Koalition mit den Liberalen stemmten. Den Verzicht der maßgeblichen Sowjetvertreter auf die ursprünglich geforderte Verantwortung der Regierung gegenüber dem Vorparlament wertete die Basis als unverzeihlichen Kniefall und als freiwillige Unterordnung. Während nun den Menschewiki ihre Mitglieder förmlich davonliefen, wuchs die Popularität der Bolschewiki. Ihre ablehnende Haltung gegenüber der Regierung formulierten sie unmissverständlich. Den im Koalitionskabinett vertretenen Sozialisten unterstellte aber auch Nikolaj Suchanow eine fast vollständige Interessenkongruenz mit den Kadety. Deren Verstrickung in den Kornilow-Putsch hatte ihnen in den Augen der jeweils linken Flügel der Räteparteien und der Bolschewiki den letzten Rest an Glaubwürdigkeit genommen. Insgesamt präsentierte sich die neue Ministerriege als quasi letztes Aufgebot. Mit »obskuren« Linken aus der Provinz und Kadety, die ihre Aufgabe vor allem darin sahen, bis zu den Wahlen im November im Amt zu bleiben, ließ sich nichts bewegen.[10] Da außerdem Kerenskij fest mit einer Niederlage Deutschlands als Folge des bereits im Frühjahr erfolgten Kriegseintritts der USA rechnete, schien es zu reichen, die weiteren Entwicklungen abzuwarten.[11] Die Regierung wollte durchhalten – und verkalkulierte sich.

Die von den Bolschewiki verdammte, ja dämonisierte Kerenskij-Herrschaft war vor allem eines: machtlos. Die Beurteilung der gesamten Regierung als im Grunde antidemokratische, bourgeoise Veranstaltung war Bestandteil einer erfolgreichen bolschewistischen Propaganda. In diesem Zusammenhang erwiesen sie sich einmal mehr als Nutznießer des Kornilow-Putschs, der dem Premier und seinen damaligen Ministern den Verdacht auf diktatorische Gelüste eingebracht hatte. Auch in Bezug auf die Vorgängerkabinette richteten die Bolschewiki ihre Presseattacken vorrangig gegen jene Regierungsmitglieder, die wenig mit den Interessen des Volkes zu tun zu haben schienen. Bereits im Frühjahr hatten sie daher die »kapita-

10 Vgl. Orlando Figes, Die Tragödie eines Volkes. Die Epoche der Russischen Revolution 1891 bis 1924, Berlin 2008, 493.

11 Vgl. Alexander F. Kerenski, Die Kerenski-Memoiren. Russland und der Wendepunkt der Geschichte, Wien/Hamburg 1966, 439f.

listischen Minister« der »bürgerlichen« Regierung ins Visier genommen. Eine Statistik über die Parteizugehörigkeit sämtlicher Minister aller von der Februarrevolution bis zum Oktoberumsturz im Amt befindlichen Regierungen verweist allerdings auf eine nur geringfügige Mehrheit von Repräsentanten aus dem liberalen bzw. rechten Spektrum. Zudem waren die Kabinettsmitglieder bis 1917 mehrheitlich mit der Autokratie in Konflikt geraten, hatten Gefängnisstrafen abgebüßt, waren in die Verbannung geschickt worden, hatten Berufsverbot erhalten oder waren von Bildungseinrichtungen ausgeschlossen worden. Nicht nur die linken Vertreter der Provisorischen Regierungen zählten also zu den früheren Dissidenten.[12] Liberale freilich galten in Lenins Denkschema als die schlimmsten »Lakaien der Bourgeoisie« und Menschewiki sowie Sozialisten-Revolutionäre hatte er schon vor 1917 pauschal dem Kleinbürgertum zugerechnet.

Über Kompromisse

Noch bevor die Beratungen der Demokratischen Konferenz die Zustimmung zu einer neuerlichen Koalition mit den Kadety ergaben, schlug der Bolschewikenführer auf den ersten Blick ungewohnte Töne an. In der Zeitung *Rabotschij Put* (»Arbeiterweg«) wurde am 6. September 1917 ein Artikel Lenins veröffentlicht, der den Titel »Über Kompromisse« trug. Den Text durchzog ungeachtet der vorgeblichen Bereitschaft zu Konzessionen vor allem Lenins Siegesgewissheit. Bei näherer Betrachtung nahmen sich die angebotenen Kompromisse nämlich als wenig attraktiv aus. Lenins ungewöhnliches Entgegenkommen gegenüber Menschewiki und SRy reduzierte sich im Wesentlichen auf eine offerierte Atempause. Diese beinhaltete den Verzicht der Bolschewiki auf einen unverzüglichen »Übergang der Macht an das Proletariat und die armen Bauern«. Das bedeutete natürlich keineswegs ein grundsätzliches Abrücken von bisherigen Zielen. Nun schlug er den Räteparteien die Bildung einer dem Sowjet verantwortlichen Regierung vor, machte aber klar, dass sich die Bolschewiki nicht an ihr beteiligen würden. Als Folge der geforderten vollen »Agitationsfreiheit« für seine Partei würde sich die Revolution

12 Rossija v 1917 godu. Ėncyklopedija, Moskva 2017, 186.

aber auf friedlichem Wege weiterentwickeln und auch der »Parteienkampf« auf diese Weise geführt werden. Außerdem nannte er die »Einberufung der Konstituierenden Versammlung ohne neue Verzögerungen oder sogar zu einem früheren Termin« als Bedingung.[13]

Seine schon 1905 festgelegte Opposition gegen eine Provisorische Regierung wurde auf eine womöglich zustande kommende Links-Regierung übertragen. Tatsächlich bekannte Lenin ganz offen, dass die Bolschewiki »wie jede andere politische Partei die politische Herrschaft für sich« beanspruchten. Jetzt, nach dem Kornilow-Putsch, könne die Losung »Alle Macht den Sowjets« wiederaufgenommen und den »›herrschenden‹ kleinbürgerlich-demokratischen Parteien, den Sozialrevolutionären und den Menschwiki« ein »freiwilliger Kompromiss« offeriert werden – ein Vorschlag, den er sofort mit einem auf wenige Tage befristeten Ablaufdatum versah.[14] Bei alledem hielt er außerdem an der Notwendigkeit eines Aufstands seiner Partei und der Verwirklichung der Kommune fest.[15] In diesem Zusammenhang räumte er – einigermaßen verklausuliert – die Gefahr eines Scheiterns kommender bolschewistischer Umsturzversuche ein.[16] Mit seinem pseudo-generösen Kompromissangebot tat sich also eine Möglichkeit auf, riskante Experimente und womöglich verlustreiche Niederlagen zu vermeiden – die blutigen Julitage waren noch in bester Erinnerung. Wer genauer hinschaute, konnte unschwer die Doppelbödigkeit der ganzen Idee erkennen: Lenin gestand den Räteparteien einerseits die Verwirklichung ihrer Programme im Rahmen einer sozialistischen Regierung zu, kündigte gleichzeitig aber auch die Opposition der Bolschewiki mit all den weitreichenden Visionen einer »Diktatur des Proletariats« an – als Folge eines nach wie vor angestrebten Aufstands.

In Wahrheit prophezeite Lenin den Menschewiki und SRy das Abdrängen ins politische Abseits. Nur eben auf Basis einer vielleicht etwas weniger ungestümen Taktik. Eine Erörterung der vom Bolschewikenführer unterbreiteten Vorschläge erübrigte sich freilich in Anbetracht der weiteren Entwicklungen. Lenin selbst verkündete die Wertlosigkeit seines Kompromissangebots, sobald der Rat die aber-

13 LW, Bd. 25, 315.
14 Ebd., 314.
15 Ebd., 317.
16 Ebd.

malige Kooperation mit den Kadety sanktioniert hatte. Die Geste wurde hinfällig, kaum dass er sich zu ihr durchgerungen hatte.[17]

Trotzdem zeigte sein fragwürdiges Entgegenkommen Wirkung. Allerdings nicht in der beabsichtigten Art und Weise. Allem Anschein nach legten sich nämlich die Bolschewiki darauf fest, jenen friedlichen Weg einer Machtergreifung durch den Sowjet zu beschreiten, den Lenin infolge der prolongierten Kooperation von Räteparteien und Bourgeoisie mittlerweile bereits für obsolet hielt. Schon die Teilnahme der Bolschewiki an der Demokratischen Konferenz lehnte er entschieden ab. Seinen Genossen legte er nahe, die Delegiertenversammlung zu umzingeln und alle Anwesenden zu verhaften.[18] Das Mindeste, was er sich von den Bolschewiki erwartet hatte, wäre deren Weigerung gewesen, sich »das niederträchtige Geschwätz« der Konferenzteilnehmer überhaupt anzuhören. Die offenbar vorhandene Bereitschaft seiner Mitstreiter, einem Zusammenwirken mit anderen Parteien nicht sofort zu entsagen, brachte ihn in Rage.[19]

Unwillige Revolutionäre

Aber Lenin war immer noch im finnischen Exil. Seine Möglichkeiten, Einfluss auf den Kurs des ZK zu nehmen, blieben begrenzt. Alles, was er tun konnte, war, Briefe zu schreiben, in denen er seine Parteikollegen von jenen Kompromissen abzubringen versuchte, die er kurz zuvor selbst formuliert hatte. Mitte September setzte er den bewaffneten Aufstand auf die Tagesordnung. Dessen Dringlichkeit rechtfertigte er mit dem Vorrücken deutscher Truppen und der Behauptung, die Regierung werde Petrograd preisgeben. In weiterer Konsequenz würden, warnte er, »unsere Chancen […] hundertfach schlechter werden«.[20] Eine »formelle« Mehrheit der Bolschewiki müsse man im Übrigen gar nicht erst abwarten, denn »keine Revolution« warte auf Mehrheiten.[21] Andererseits, fügte er hinzu, wäre nun, im Unterschied zu den Julitagen, »die Mehrheit der Klasse, der

17 Ebd., 319.
18 Suchanov, 1917, 348.
19 LW, Bd. 26, 31.
20 Ebd., 2.
21 Ebd., 3.

Avantgarde der Revolution, der Avantgarde des Volkes, die fähig ist, die Massen mitzureißen«, auf der Seite der Bolschewiki.[22] Darüber hinaus klärte er seine Genossen über die Unsinnigkeit auf, weiter an eine Verständigung zwischen den unterschiedlichen Kräften des Landes zu glauben. Dafür sei die Demokratische Konferenz außerdem gar nicht die richtige Adresse, da sie lediglich eine »Minderheit des Volkes« repräsentiere. Und schließlich skizzierte er das aus seiner Sicht allerwahrscheinlichste Szenario nach einem erfolgreichen Aufstand: den Waffenstillstand mit Deutschland.[23] »Jetzt aber einen Waffenstillstand erhalten«, behauptete er, »heißt schon die ganze Welt besiegen.«[24]

Lenin hielt seinen Genossen überdies die drohende »Aufteilung« Russlands durch die »Imperialisten« beider Bündnisse vor Augen, d.h. das Absichern von Machtsphären auf dem Territorium des ehemaligen Zarenreichs durch Deutschland, Großbritannien und Frankreich.[25] Die propagierte »Rettung der Revolution« deckte sich so betrachtet auch mit der »Rettung des Vaterlandes«. Bedenkt man Lenins früher kommunizierte Ansichten über patriotische Regungen, war das eine fast schon bizarre Koinzidenz.

Der Parteichef belehrte seine Genossen außerdem über die »Kunst des Aufstands« und berief sich dabei auf Marx und Engels. Der präsentierte Aufstandsplan, den er als beispielhafte Anleitung vorstellte, beinhaltete u.a. als Maßnahmen die Verhaftung von Generalstab und Regierung sowie die Besetzung des hauptstädtischen Telegrafenamtes und der Telefonzentrale.[26] Doch seine Briefe an das ZK der SDAPR, in denen er auf ein sofortiges Abgehen von »versöhnlerischen« Positionen insistierte, waren das eine, die veröffentlichten Artikel das andere. In der Zeitung *Rabotschij Put* wurde ein Text abgedruckt, in dem Lenin fast zeitgleich mit der intern kommunizierten Schelte über die Kompromissbereitschaft seiner Genossen nach wie vor die mögliche Kooperation der Linksparteien auf Ebene der Räte ansprach: »Wenn es eine absolut unstrittige, durch die Tatsachen restlos bewiesene Lehre der Revolution gibt, so nur die, daß

22 Ebd., 6.
23 Ebd., 7.
24 Ebd., 8.
25 Ebd.
26 Ebd., 9.

einzig und allein ein Bündnis der Bolschewiki mit den Sozialrevolutionären und Menschewiki, einzig und allein der sofortige Übergang der ganzen Macht in die Hände der Sowjets einen Bürgerkrieg in Rußland unmöglich machen würde.«[27] Dieses Programm las sich erneut wie ein Angebot. Wieder war die Rede von einem friedlichen Verlauf der Revolution, der aufgrund der einzigartigen Situation in Russland nicht nur »möglich«, sondern sogar »wahrscheinlich« sei.[28] Den Kassandrarufen vom drohenden Bürgerkrieg hielt Lenin entgegen, dass der Bourgeoise hierfür jene Massen fehlen würden, über die hingegen die Sowjets seiner Meinung nach verfügen könnten.[29]

Viel wurde über den Dissens zwischen Lenin und den Bolschewiki in den Wochen vor dem Oktoberumsturz geschrieben. Lenin war damals gewiss weitgehend isoliert. Er wurde von seinen eigenen Gefolgsleuten regelrecht kaltgestellt. Ihr Unmut über die radikale Linie des Parteichefs, der jetzt so vehement den Aufstand forderte, war derart groß, dass ein erheblicher Teil der Bolschewiki dafür plädierte, die Anweisungen des »Chefs« einfach unter den Teppich zu kehren.[30] Offenbar gingen die parteiinternen Lenin-Kritiker noch weiter und griffen zum Mittel der Manipulation. Um den eigenen Kurs fortsetzen und vor ihrer Anhängerschaft vertreten zu können, hielten sie die von Lenin längst schon ad acta gelegte Kompromissbereitschaft künstlich aufrecht, indem sie alte bzw. inhaltlich überholte Texte ihres Parteiführers veröffentlichten.[31] Was man dort lesen konnte, war aus Lenins Sicht Schnee von gestern, das Kompromissangebot an die Räteparteien längst passé.

Was immer sich die Bolschewiki infolgedessen an Zurechtweisungen durch den »Genossen Iljitsch« ausrechneten – es kam schlimmer. Leo Trotzki vermerkte später, dass die Adressaten von Lenins Strafpredigten angesichts der verbalen Entgleisungen des »Chefs« regelrecht – so im Original – »paff« gewesen waren.[32] Seine nachdrückliche Forderung nach einem sofortigen Aufstand ergänzte der Bolschewikenführer nämlich mit allerlei Beschimpfungen und

27 Ebd., 19.
28 Ebd., 20.
29 Ebd., 20f.
30 Hildermeier, Die Russische Revolution, 231.
31 Figes, Tragödie, 496.
32 Leo Trotzki, Geschichte der Russischen Revolution. Zweiter Teil: Oktoberrevolution (2), Frankfurt am Main 1982, 803.

Drohungen gegenüber den Zauderern. Trotzdem hielten die Genossen an der Meinung fest, mit einer Erhebung nur in Petrograd und Moskau erfolgreich sein zu können, aber nicht in der Provinz.[33] Lenins viel optimistischere Einschätzungen teilten sie nicht, ebenso wenig wie seine Überzeugung, den Aufstand noch vor Abhaltung des 2. Allrussischen Sowjetkongresses realisieren zu müssen. Lenin aber blieb hart. Er war wenig erpicht darauf, den Räten die Entscheidung über die weitere Vorgehensweise zu überlassen. Deren Ziele würden sich allerhöchstens in einer koalitionären Sowjetregierung erschöpfen – mit einem selbst auferlegten Ablaufdatum bis zum Zusammentritt der Verfassunggebenden Versammlung, wo sich aus seiner Sicht unbefriedigende Kräfteverhältnisse ergeben würden. Vor solchen Perspektiven graute ihm. Dasselbe galt für das Zusammengehen mit den linken Flügeln der Menschewiki und SRy, deren »Schwankungen« er für jämmerlich befand. Die bessere Variante sei vielmehr ein Bündnis mit den »linksorientierten Massen«, belehrte er seine Genossen.[34]

Allen Widrigkeiten zum Trotz gab der Bolschewikenführer nicht auf. Auch nicht, als er, auf dem Gipfel seiner Empörung und in maßloser Wut über die Passivtät der Genossen seinen »Austritt aus dem Zentralkomitee« ankündigte und diese Drohung offenbar niemanden beeindruckte.[35] Die Entfremdung zwischen Lenin und dem ZK ging so weit, dass sich die Bolschewiki offenbar auch eine Zukunft ohne den polternden Parteichef vorstellen konnten. Dieser hatte zur Kenntnis nehmen müssen, dass seine Appelle ignoriert wurden und die Parteipresse seine Artikel nur mit großen Verzögerungen oder mit entstellenden Eingriffen abdruckte. Andere Texte, in denen er die Fehler der Partei aufzählte und hier vor allem die Beteiligung am Vorparlament anprangerte, blieben unter Verschluss. Sie enthielten Tiraden gegen die Räteparteien, die radikaler nicht hätten sein können. Unverhohlen hieß es jetzt: »Nieder mit den Menschewiki und den Sozialrevolutionären!« Man müsse sie »schonungslos aus allen revolutionären Organisationen […] verjagen« und keinerlei »Verhandlungen« mit ihnen zulassen.[36]

33 Ebd.
34 LW, Bd. 26, 193.
35 Hildermeier, Revolution, 232; vgl. auch Trotzki, Geschichte der Russischen Revolution, 805.
36 LW, Bd. 26, 40.

Lenin konnte noch so wüten. Vorwürfe, denen zufolge die »Schwankungen« in der Partei alles »zugrunde richten« würden, ließen das ZK kalt.[37] Jetzt sah er sich gezwungen, am Zentralkomitee vorbeizuarbeiten. Lenin suchte sich Verbündete außerhalb der russischen Hauptstadt. An der Dringlichkeit klarer Schritte hielt er fest. Er drängte auf das Zusammenziehen bewaffneter Einheiten und setzte dabei auf die tätige Hilfe finnischer Genossen. Gleichzeitig bemühte er sich, die Basis der Bolschewiki zum Widerstand gegen die Haltung des ZK zu bewegen. Jedes Mittel war recht, um die Zauderer auf Kurs zu bringen. Ende September übersiedelte Lenin nach Wyborg und verkürzte damit die Distanz zu Petrograd. In seinem Schlupfwinkel hielt er Hof. Dorthin bestellte er »einzelne Bolschewiki« ein und »veranstaltete peinlichste Verhöre, überprüfte Worte und Handlungen der Führer, ließ auf Umwegen seine Parolen in die Partei, nach unten, in die Tiefe, dringen, um das Zentralkomitee vor die Notwendigkeit zu stellen, zu handeln und bis ans Ende zu gehen«.[38]

Tatsächlich erlahmte der Widerstand in der Parteiführung, wenngleich jene Entscheidungen, die Lenins Plänen entgegenkamen, mit nur knappen Mehrheiten getroffen wurden. Das erste signifikante Umschwenken auf die Linie des ungeduldigen Revolutionsführers bzw. eher Umstürzlers stellte der am 7. Oktober verkündete Boykott des Vorparlaments dar. Die Nachwelt verdankt Nikolaj Suchanow eine lebendige Schilderung des theatralischen Auszugs der Bolschewiki aus diesem Gremium, dem eine von empörten Zwischenrufen gestörte Rede Trotzkis den Höhepunkt verlieh. Trotzki wiederholte darin im Wesentlichen Lenins Kritikpunkte am Vorparlament sowie seine Warnungen vor einem neuerlichen gegenrevolutionären Streich und hob nicht zuletzt das Fehlen einer »rechenschaftspflichtigen Staatsautorität« hervor.[39] Das bisherige Regime habe komplett versagt, hinter den Kulissen sei zugunsten des Großbürgertums paktiert worden und so weiter und so fort. Es kam zu tumultartigen Szenen, als Trotzki die Regierung des Verrats beschuldigte und von der tödlichen Gefahr sprach, der die Revolution angesichts des ge-

37 Ebd., 41.
38 Trotzki, Geschichte der Russischen Revolution, 805.
39 Suchanov, 1917, 570.

schilderten Szenarios ausgesetzt sei.[40] Trotzki beendete seinen Auftritt mit einem Hochruf auf die Konstituierende Versammlung, an der Lenin ungeachtet seiner diesbezüglichen Aussagen gar kein Interesse hatte. Dennoch positionierte sich Trotzki, der am 25. September Tschcheidse als Vorsitzenden des Petrograder Sowjets abgelöst hatte, jetzt offensichtlich ganz im Lager des Bolschewikenführers. Sein Gespür für die »Kunst des Aufstands« und die operativen Voraussetzungen für den Coup verhalfen dem Oktoberumsturz mindestens ebenso sehr zum Erfolg wie die Hartnäckigkeit des Parteichefs.

Dass Lenin so auf den Umsturz drängte, verknüpfte Alexander Kerenskij später damit, dass dieser von seinen eigenen Plänen für das Erreichen eines »ehrenvollen« Friedens Wind bekommen hatte. Lenin musste ihm, unterstellte er, zuvorkommen. Diese »hehren« Ziele waren freilich alles andere als ein Geheimnis. Bereits der Entschluss zur Offensive im Sommer ging auf das Motiv einer Stärkung der russischen Position zurück. Als Störfaktor erwies sich aber auch Kriegsminister Alexander Werchowskij. Dieser wurde zwei Tage vor dem Oktoberumsturz von seinem Posten entfernt, weil er laut über einen Frieden mit den Mittelmächten nachgedacht hatte.[41] Die Eile des Bolschewikenführers brachte Kerenskij wiederum auch mit der Ungeduld Berlins in Zusammenhang, wo man mit Sorge auf die friedenswilligen Verbündeten im kriegsmüden Habsburgerreich schielte, die ihrerseits alles zu versuchen schienen, um die Kämpfe im Osten zu beenden.[42] Kerenskij führte ein »Geheimdossier« des k.u.k. Außenministers Czernin ins Treffen, in dem Russland von der Donaumonarchie ein Frieden auch »ohne Wissen Deutschlands« offeriert wurde.[43]

In seinen Memoiren bestätigte der oberste Diplomat des Habsburgerreichs zwar die Konflikte, die angesichts der Haltung Berlins zu einem Separatfrieden die Beziehungen zwischen den Verbündeten trübten, hob aber auch die Unmöglichkeit eines Alleingangs vonseiten Österreich-Ungarns hervor. Ein Frieden mit Russland ohne das Plazet des Alliierten wäre nichts anderes gewesen, als sich »aus Angst vor dem Tode« zu erschießen. Das setzte er nach eigener

40 Ebd., 572.
41 Richard Pipes, Die Russische Revolution, Bd. 2: Die Macht der Bolschewiki, Berlin 1992, 263.
42 Vgl. Kerenski, Kerenski-Memoiren, 451f.
43 Ebd., 453.

Darstellung auch Kaiser Karl auseinander.[44] Dass andererseits die deutsche Politik alles unternommen habe, »um Kerenski zu stürzen«, weil dieser sich nicht auf ein Ruhen der Waffen einlassen wollte, hielt er ebenso fest.[45] Fest steht zweifellos, dass Wiens Loyalität ziemlich wankte. Czernin ließ in seinen Erinnerungen bezeichnenderweise einige interessante Details in diesem Zusammenhang weg. Dazu zählten u. a. Pläne aus dem Sommer 1917, als er sich nach den Juliunruhen direkt mit dem Petrograder Sowjet über die Bedingungen eines Separatfriedens verständigen wollte.[46]

General Ludendorff rechnete den Außenminister des Habsburgerreichs wahrlich nicht ohne Grund dem aus seiner Sicht verderblichen Kreis der »Friedensapostel« zu, die auch in Deutschland immer energischer auftraten. Diese machte er für die allseits nachlassende Unterstützung eines auf den Sieg und territoriale Gewinne beharrenden Kriegskurses verantwortlich. Für besonders schädlich hielt der deutsche General Czernins Aktivitäten in Zusammenhang mit einer im Juli 1917 im deutschen Reichstag eingebrachten Resolution, in der ein Friede der »Verständigung« bei gleichzeitiger Absage an jegliche »Eroberungssucht« gefordert wurde.[47]

Alternativen?

Kerenskij schoss mit seinen Andeutungen über ein Ausscheiden Österreich-Ungarns aus Deutschlands Patronat und die daraus resultierenden Folgen für die Zeitpläne Lenins vielleicht nur knapp übers Ziel. Andere Szenarien, die er in Zusammenhang mit dem Drängen des Bolschewikenführers vorbrachte, deckten sich noch mehr mit Lenins Überlegungen. Dessen Warnungen vor einer bevorstehenden Verständigung der »Imperialisten«, also konkret vor Absprachen zwischen Großbritannien und Deutschland und einer gleichsam

44 Ottokar Czernin, Im Weltkriege, Berlin/Wien 1919, 299.

45 Ebd., 298.

46 Dazu u. a. Rex Wade, The Russian Search for Peace. February–October 1917, Stanford 1969; siehe auch Leonhard Haas, Carl Vital Moor 1852–1932. Ein Leben für Marx und Lenin, Köln 1970, 180f. Zu den Friedensmöglichkeiten noch unter dem Zaren: Horst Günther Linke, Das zarische Russland und der Erste Weltkrieg. Diplomatie und Kriegsziele 1914–1917, München 1982, 110–127.

47 116. Sitzung des Reichstags, Donnerstag, den 19. Juli 1917, in: Verhandlungen des Reichstags, XIII. Legislaturperiode, II. Session, Bd. 310: Stenographische Berichte, Berlin 1917, 3573.

konzertierten Okkupation russischen Territoriums, waren offenbar nicht ganz unbegründet. Noch im September 1917 gab es in diesem Zusammenhang Gespräche, die durch Vermittlung des Vatikans geführt wurden, aber freilich gleich wieder versandeten.[48] Darüber hinaus drohten bereits die Nachwehen des Kornilow-Putschs den Deutschen jenes Szenario zu liefern, das sie sich für das frühere Zarenreich wünschten: innere Auflösung und daraus resultierende Neutralisierung der russischen Streitkräfte.[49] Dann aber wäre der »große Auftritt«, auf den Lenin mit einem Umsturz der Bolschewiki hinarbeitete, möglicherweise ins Wasser gefallen. Die Deutschen hätten sich ganz einfach andere Ansprechpartner im Land gesucht und Lenin wäre mitsamt seiner Partei in der Versenkung verschwunden. Für einen raschen Aufstand sprachen aber nach Einschätzung des Bolschewikenführers auch die Unruhen, die kurz zuvor die deutsche Flotte erschüttertet hatten. Dort war es im Sommer zu Protesten von Matrosen gekommen, die über Verbindungen zur USPD verfügten und offenbar weiterreichende Aktionen geplant hatten. Zehn Männer wurden zum Tode verurteilt. Lenin begriff diese Ereignisse als Wetterleuchten einer großen Revolution in Deutschland.[50]

Fernab der Frage, wie viel Lenin über deutsch-britische Verhandlungen oder österreichisch-ungarische Friedensfühler wissen konnte und ob all seine anderen Argumente für die unaufschiebbare Beseitigung des Regimes mehr waren als Blendwerk, um Widerspenstige in der eigenen Partei auf Kurs zu bringen, ergab sich ein kurioses Gesamtbild: Die Passivität Kerenskijs und seines Regimes trug allem Anschein nach tatsächlich alles dazu bei, um Russland »sturmreif« zu machen. Nicht von der Hand weisen lässt sich vor diesem Hintergrund der größer werdende Zweifel der Verbündeten an der Kompetenz und den Führungsqualitäten des Premiers. Noch im September hatte Kerenskij seinen britischen Amtskollegen, David Lloyd George, darüber informiert, dass das eigene Heer »in der Stärke reduziert werde«. Die gleichzeitig angekündigte »Umorganisation« der russischen Streitkräfte verwies auf eine längere Inaktivität der

48 Czernin, Im Weltkriege, 356f.
49 Vgl. Manfred Nebelin, Ludendorff. Diktator im Ersten Weltkrieg, München 2010, 354.
50 Vgl. Stephan Huck, Marinestreiks und Matrosenaufstände. Menetekel der Revolution?, in: Doris Tillmann/Sonja Kinzler (Hg.): Die Stunde der Matrosen. Kiel und die deutsche Revolution 1918, Darmstadt 2018, 78–83.

Truppen. Zu einer eigenständigen Offensive sei man, so Kerenskij, nicht in der Lage.[51] Das war gewiss nicht das, was man in London hören wollte. Die vom russischen Premier artikulierte, weiterhin bestehende Bündnistreue musste infolgedessen einigermaßen zweifelhaft erscheinen. Die Alliierten gingen auf Distanz zu Kerenskij. Der frühere »Held der Revolution« geriet zunehmend in Isolation, kämpfte mit nervösen Zuständen und konnte seinen Pflichten als Folge von Schwächeanfällen tagelang nicht nachkommen. Die »Verleumdungen«, denen er ausgesetzt war, belasteten ihn, klagte er noch viele Jahre später, »außerordentlich«.[52] Gründe für seine innere Zerrüttung gab es zweifellos viele. Kerenskij war zur Unperson geworden, man traute ihm nicht mehr. Seinen Sekretär hielt das britische Außenministerium für einen deutschen Spion und in Russland selbst setzte die Presse ihn gnadenlosem Spott aus. Er kleide sich, hieß es, gerne wie eine Frau und habe auch sonst Vorlieben, die schlichtweg als »unmännlich« galten. Dann wieder war zu hören, er sei eigentlich Jude oder aber ein Kokainist, der sich vor allem für seine Liebschaften interessiere und schamlos in Luxus schwelge. Solche Meldungen blieben nicht ohne Wirkung, weder im Ausland noch in Russland selbst. So groß bei manchen die Abneigung gegenüber den Bolschewiki auch war, so wenig konnten sie sich vorstellen, im entscheidenden Moment Partei für Kerenskij zu ergreifen.[53] Seine Verdienste rund um die Februarrevolution interessierten nun niemanden mehr.

Wen seine Warnungen vor einer bevorstehenden Fremdherrschaft und imperialistischen »Aasgeiern« nicht beeindruckten, den versuchte der Bolschewikenführer anderweitig von der Dringlichkeit eines Aufstands zu überzeugen. Die Entwicklungen in der Provinz lieferten in seinen Augen den vielleicht wichtigsten Grund, warum gerade jetzt agiert werden musste. Auf dem Land kam es zu einer »sozialen Explosion«, die sich bereits seit dem Frühjahr in Form vieler kleinerer Gewaltakte gegen die Gutsbesitzer oder in Gestalt von Diebstählen und Expropriationen angekündigt hatte.[54]

51 Kerenski, Kerenski-Memoiren, 441.
52 Ebd., 447f.
53 Vgl. Figes, Tragödie, 506f.
54 Wadim Leonidowitsch Telizyn, Vom Februar zum Oktober. Das soziale Experiment im russischen Dorf. Wesen und Dynamik. Methodologische Aspekte, in: Wladislaw Hedeler u.a. (Hg.), Die Russische Revolution 1917. Wegweiser oder Sackgasse?, Berlin 1997, 86–94.

Während Lenin sich angesichts der wachsenden Unruhe unter der Agrarbevölkerung und des Anstiegs gewaltsamer Landnahmen ab dem Sommer in seinem geradezu obsessiven Drängen auf den Umsturz bestätigt fühlte, blieb aber aus Sicht seiner Genossen immer noch vieles offen[55] – nach wie vor auch die Frage des richtigen Zeitpunkts. Hier schien sich Lenin endgültig darauf festzulegen, den Aufstand vor Abhaltung des 2. Allrussischen Rätekongresses stattfinden zu lassen. Ein Großteil der Bolschewiki aber erwartete sich von dieser Versammlung die Legitimation für den geplanten Staatsstreich und daran anschließend eine gesamtsozialistische Lösung der Machtfrage. Diese Koinzidenz barg aber Lenins Meinung nach die Gefahr in sich, der Provisorischen Regierung zu einer termingerechten Vorbereitung von Gegenmaßnahmen zu verhelfen und weiteren Arrangements zwischen den Räteparteien und der Regierung den Weg zu ebnen.[56] Ganz abgesehen davon, dass er nichts von gesamtsozialistischen Lösungen hielt. Es erscheint daher völlig nachvollziehbar, wenn Trotzki später behauptete, dass Lenin den Sowjetkongress in seinen Planungen schließlich gar nicht mehr berücksichtigen wollte. Dieser »interessiere ihn« überhaupt nicht, meinte »Genosse Iljitsch« angeblich, die Hauptsache sei, der Aufstand finde statt. Die Räte in ihrer gegenwärtigen Form seien völlig unwichtig, und erst recht der Kongress. Falls dieser überhaupt zustande käme, könne man später »mit ihm reden«.[57]

Eine wie immer geartete Verbindung des Aufstands mit dem Sowjetkongress anzustreben, erschien aber mit Blick auf die Soldaten durchaus ratsam. Ihre Unterstützung aufs Spiel zu setzen, hielt Trotzki für riskant. Die Garnison, legte er dar, war aufgrund der bisherigen Propaganda fixiert auf die Sowjetmacht und hätte auf eine von den Räten losgelöste bolschewistische Machtergreifung womöglich ablehnend reagiert. Nicht einmal dieses Argument vermochte Lenin gänzlich zu überzeugen. So blieb er bei seiner Ansicht, die Erhebung – wenn schon in Zusammenhang mit dem Kongress – wenigstens vor seiner Einberufung zu vollziehen.[58] Auch das von

55 Vgl. Leo Trotzki, Über Lenin. Material für einen Biographen, Frankfurt am Main 1964, 67.
56 LW, Bd. 26, 128.
57 Trotzki, Über Lenin, 71.
58 Ebd., 72.

manchen Genossen favorisierte Warten auf die Konstituierende Versammlung, um vom Boden eines neu gewählten Parlaments aus weitere Umwälzungen anzupeilen, bezeichnete Lenin konsequenterweise als haarsträubenden Fehler. Die Konstituante, belehrte er die Fürsprecher eines für prioritär erklärten Plebiszits, würde »offenkundig nicht auf unserer Seite sein« und, gab er zu bedenken, »unsere Aufgabe komplizieren«.[59]

Verwirrung

Parteiintern kompliziert war die Lage aber vermutlich auch deswegen, weil Lenin sie dazu machte. Liest man die Texte des Bolschewikenführers, die er noch vor all den Streitigkeiten über den Aufstand verfasst hatte, muss man zu dem Schluss kommen, dass es seinen Erklärungen dort und da an Stringenz mangelte und dass diverse Volten seiner Argumentation womöglich zu den »Abwegen« seiner Genossen beitrugen. Nicht nur eine – obendrein willentlich – durcheinander gebrachte Reihenfolge von Lenins veröffentlichten Texten durch das ZK sorgte für Verwirrung. Einen klaren Kurs des Parteichefs zu identifizieren, fiel auch jenen schwer, die sehr wohl zwischen dem unterscheiden konnten, was dieser nach außen kommunizierte und was er intern an Vorgaben machte. Mal griff er die Provisorische Regierung wegen der wiederholten Verschiebung der Wahlen zur Konstituante an und suggerierte damit die große Bedeutung des Urnengangs, mal qualifizierte er Letztere bereits im Vorhinein als verzichtbare, weil aller Voraussicht nach »kleinbürgerlich« dominierte Veranstaltung ab. Er sprach abwertend vom »Konstituantentum«, um gleich darauf die Einberufung der Verfassunggebenden Versammlung an einen erfolgreichen Aufstand zu knüpfen. Denn, führte er aus, man dürfe sich nicht auf die »Güte« der Bourgeoise verlassen, die sich womöglich auf die Bekämpfung des Parlaments verlegen werde.[60] Ähnliches galt für die Sowjets. Lenins Aussagen über ihre weitere Bestimmung ließen klare Vorgaben vermissen. Der Slogan »Alle Macht den Räten« wurde reaktiviert, was ihn aber nicht darin hinderte, ihre Bedeutung auf

59 LW, Bd. 26, 176.
60 Vgl. ebd., 186–189.

»Organe« des Aufstands zu reduzieren und die Entscheidungen des kommenden Rätekongresses als mehr oder weniger irrelevant zu betrachten. Der Bolschewik Wladimir Antonow-Owsejenko kritisierte später – ganz in diesem Sinne – die unzulässige »Fetischisierung« der »Sowjetlegalität« durch parteiinterne Gegner der Erhebung. Mit einer derartigen Haltung hätten sich diese einer kämpferischen Parteilinie, wie sie Lenin vertrat, verweigert. Denn, betonte er – freilich erst im Nachhinein –, nicht »unbedingt« die Sowjets, sondern die Partei habe die Initiative ergreifen müssen.[61] Ebenfalls retrospektiv dozierte Lenin über die Flexibilität der damaligen Losungen: 1917 habe man gesagt, dass eine »bürgerliche Republik mit Konstituante besser« sei als eine »ohne Konstituante«, dass aber eine »Sowjetrepublik« wiederum besser sei »als jedwede bürgerlich-demokratische, parlamentarische Republik«.[62] Alles war also eine Frage der etappenweisen Anpassung an die realen Gegebenheiten.

Volksentscheide sollten endlich auf den Weg gebracht werden. In diesen Tagen scheuten aber andererseits viele vor einem Referendum zurück. Der Zuspruch, den die Bolschewiki in Petrograd und Moskau bei den vergangenen Kommunalwahlen erhalten hatten, verwies auf bevorstehende weitere Machtverschiebungen. Noch viel bedrohlicher wirkte der Erfolg von Lenins Partei in den Räten, der sich nun auch abseits der beiden Metropolen beobachten ließ.[63] Menschewiki und SRy bemühten sich vor diesem Hintergrund, die Einberufung des Sowjetkongresses zu verschleppen. Für ihre Politik des Ausgleichs und der Verständigung mit der Provisorischen Regierung an den Wahlurnen bedankt zu werden, erschien illusorisch. Außerdem sollte den Wahlen zur Konstituante Vorrang eingeräumt werden und nicht der Abstimmung für den Sowjetkongress. Als auf Druck der Bolschewiki und der Linken SRy sowie der Internationalisten um Martow die Abhaltung des Rätekongresses für den 20. Oktober festgesetzt wurde, verlegten sich die übrigen Sowjetparteien auf einen Wahlboykott. Weil sie von dieser Taktik dann aber doch wieder abrückten und

61 W. Antonow-Owsejenko, Im Jahre Siebzehn. Erinnerungen an die Oktoberrevolution Berlin 198, 133f.
62 LW, Bd. 31, 15.
63 Figes, Tragödie, 485.

sich als Resultat dieser Sinnesänderung zu spät für die Teilnahme entschieden, verpuffte ihre ganze Wahlagitation. Die Aussichten auf eine günstige Stimmenverteilung im Kongress waren dementsprechend düster.[64] De facto erreichten Menschewiki und SRy das Gegenteil von dem, was beabsichtigt worden war. Anstatt die Bolschewiki auszutricksen, legten sie sich selbst lahm. Der ursprünglich geplante Angriff auf die Rechtmäßigkeit des Kongresses durch einen Boykott und das resultierende Unterschreiten des erforderlichen Quorums war abgeblasen worden. Jetzt drohte als Folge der verspäteten Wahlkampagne ein desaströses Abstimmungsergebnis. Nicht zuletzt diese Fehlentscheidungen legten die Räteparteien kurze Zeit später auf die stumpfe Waffe der Sezession aus dem Sowjetkongress fest.

Lenin drängte indessen weiterhin unaufhörlich darauf, das ZK zu konkreten Schritten zu veranlassen. Nichts und niemand konnte ihn davon abbringen, seinen Willen durchzusetzen. Am 10. Oktober kam er nach Petrograd. Wieder half das Tragen einer Perücke, um unerkannt zu bleiben. Viele Bolschewiki waren nach dem Kornilow-Putsch amnestiert worden, Lenin gehörte nicht zu ihnen. Er agierte also immer noch als Justiz-Flüchtling, dem die Verhaftung drohte. Die Abhaltung einer ZK-Sitzung hatte er allen Widrigkeiten zum Trotz dennoch ultimativ gefordert. Jetzt sollten alle Unklarheiten beseitigt werden. »Vom Ausgang dieser Zusammenkunft machte Lenin seine weitere Politik abhängig: mit dem Zentralkomitee oder gegen das Zentralkomitee.«[65] Von den 21 Mitgliedern des ZK waren nur zwölf zugegen. Am Ende stimmten zehn für den Aufstand.[66] Im Rahmen einer weiteren ZK-Sitzung, die nur wenige Tage später, am 16. Oktober, stattfand, entschied sich die Mehrheit der anwesenden Mitglieder abermals für die Erhebung. Anzeichen für weiterhin bestehende große Zweifel an einer, wie Lenin forderte, rasch zu vollziehenden Aktion gab es dennoch. Außerdem riet jetzt gerade der Sowjetkongress der Nordregion, auf den Lenin in Anbetracht seiner Vision einer »Militärinvasion aus der baltischen

64 Lutz Häfner, Die Partei der linken Sozialrevolutionäre in der russischen Revolution von 1917/18, Köln/Weimar/Wien 1994, 102f.; vgl. Rex Wade, The Russian Revolution 1917, Cambridge 2017, 227.
65 Trotzki, Geschichte der Russischen Revolution, 814.
66 Ebd.

Region« als Hauptstütze für den Aufstand große Hoffnungen gesetzt hatte, zu Geduld.[67] Hartnäckig bei ihrer ablehnenden Haltung blieben Kamenew und Sinowjew. Sie verfolgten ganz andere Ziele als der Parteiführer. Ihnen schwebten nach dem Zerfall der Regierungskoalition Mehrheiten in der Konstituante gemeinsam mit den Linken SRy vor. Diese Konstellation galt es anzustreben, nicht einen Putsch, wie Lenin ihn forderte.[68] Dessen Aufstandspläne drohten die Perspektive einer parlamentarischen Kooperation mit den Linken SRy zunichtezumachen. Kamenew ging in die Offensive. Er machte seine Bedenken inklusive »objektiver« Gegenargumente in der Zeitung *Nowaja Schisn* publik. Lenin schäumte. Trotzki brachten unterdessen die Enthüllungen des Parteifreunds in die unangenehme Lage, den nunmehr öffentlich angesprochenen Coup der Bolschewiki dementieren zu müssen. Lenin forderte daraufhin den Parteiausschluss sowohl von Kamenew als auch von Sinowjew.[69] Ihre »verlogene Denunziation« bezeichnet er als über die Maßen »niederträchtig« und sprach von »Gaunerei«.[70] Am 19. Oktober, also knapp eine Woche vor dem Umsturz, beklagte er sich noch einmal bitter über die Indiskretionen der beiden Abtrünnigen und über die Folgen des »Verrats«. Die »Frage des bewaffneten Aufstandes« müsse womöglich »auf lange Zeit hinausgeschoben« werden und die Erhebung »zu einem ungünstigeren Zeitpunkt« stattfinden.[71] Michail Kalinin, ein Parteigenosse, der später hohe Ämter im Sowjetstaat bekleidete, nahm solche Perspektiven im Unterschied zu Lenin leicht. Er hatte schon zuvor auf eher längerfristige Entwicklungen gesetzt. Der Aufstand, meinte er, werde »vielleicht in einem Jahr« über die Bühne gehen.[72]

---

67 Vgl. Figes, Tragödie, 503.
68 Vgl. dazu Alexis Pogorelskin, Kamenev in Conflict with Lenin and Trotzki. The Perils of Revolutionary Biography, in: Korine Amacher/Fritjof Benjamin Schenk/Anthony J. Heywood/Adele Lindenmeyr (Hg.), Personal Trajectories in Russia's Great War and Revolution, 1914–22. Biographical Itineraries, Individual Experiences, Autobiographical Reflections, Bloomington/Indiana 2021, 291–312, 294.
69 Figes, Tragödie, 504.
70 LW, Bd. 26, 211, 213.
71 Ebd., 214f.
72 Zit. nach Figes, Tragödie, 502.

»Verteidigung«

Lenin hatte unentwegt getrommelt und fast schon verzweifelt versucht, zögerliche Genossen von seinen Plänen zu überzeugen. Während das ZK jetzt größtenteils seinen Argumenten folgte, drohte aber Kamenews Indiskretion all seine Bemühungen zunichte zu machen. In jene Vorgänge, die – unabhängig vom »Verrat« des Genossen – Stück für Stück die Grundlagen für die Realisierung des Aufstands schufen, war er unterdessen gar nicht erst involviert.

Bereits am 9. Oktober hatte der Kommandeur der Petrograder Garnison einen bedeutsamen Befehl der Provisorischen Regierung bestätigt. Dieser sah vor, die Truppen der Hauptstadt an die Front zu schicken. Es wiederholte sich, was bereits im Sommer für Unruhe gesorgt hatte. Hinter der Order der Regierung vermuteten ihre Kritiker, allen voran die Bolschewiki sowie die betroffenen Soldaten, eine Entscheidung zu Gunsten eines weiteren Putschs à la Kornilow. Die Entfernung der Soldaten aus der Hauptstadt sollte, so der Verdacht, eine erfolgreiche Gegenwehr prosowjetischer Kräfte verhindern. Was jetzt offenbar drohte, waren eine Konterrevolution und eine militärische Entblößung Petrograds, das ohne nennenswerte Verteidigung gegen die Deutschen dastehen würde.[73] Bereits in der Vergangenheit waren Gerüchte über eine beabsichtigte Preisgabe Petrograds im Umlauf gewesen. Jetzt desavouierten solche Behauptungen die Regierung noch mehr. Tatsächlich gab es Stimmen, die eine Einnahme der Hauptstadt durch Truppen des Hohenzollernreichs im Vergleich zu einer rein sozialistischen Regierung für das geringere Übel hielten. Aus Perspektive der Menschewiki und SRy hieß das zwar, dass man Kerenskij mit steigendem Misstrauen begegnete. Noch viel dringlicher aber war, die Verteidigung der Hauptstadt sicherzustellen. Für die Bolschewiki wiederum bot sich die Gelegenheit, die daraus resultierenden Maßnahmen mit der Kontrolle über das in Petrograd vorhandene militärische Potenzial zu verknüpfen. Es war vor allem Trotzki, der bald zu begreifen begann, welches Geschenk die ursprünglich von den Menschewiki initiierte Neugründung des Militärrevolutionären Komitees (MRK) des Petrograder Sowjets darstellte. Das Gremium

73 Hildermeier, Revolution, 234f.

entriss, so Nikolaj Suchanow, vor aller Augen der Regierung die Macht. Währenddessen fiel es den Bolschewiki nicht schwer, alles, was jetzt unternommen wurde, als »Unterstützung der äußeren Verteidigung« zu präsentieren und die Tätigkeit des Militärrevolutionären Komitees gleichzeitig als vom Sowjet gesteuerte Abwehr einer Konterrevolution zu legitimieren.[74] Als die Menschewiki aber offen den Verdacht äußerten, wonach das Militärrevolutionäre Komitee nichts anderes sei »als ein revolutionärer Stab für die Eroberung der Macht«, ein »Instrument des Staatsstreichs«,[75] bemühte sich Trotzki gar nicht erst, die Vorwürfe zu entkräften. Er unterstellte jenen, die den vermuteten Missbrauch des Komitees durch Lenins Anhänger zur Sprache brachten und vor den Folgen der »Umwidmung« des MRK in einen bolschewistischen Revolutionsstab warnten, ganz einfach eine Parteinahme zugunsten Kerenskijs.[76] Außerdem stünde es allen Sowjetparteien frei, sich in das MRK einzubringen. Dieses sei »nicht irgendein Verschwörerzentrum, sondern ein Hilfsorgan des Exekutivkomitees des Petrograder Sowjets! Seine Arbeit vollzieht sich in der breiten Öffentlichkeit.«[77] Geradezu hämisch hielt Antonow-Owsejenko später fest, dass sich neben den Bolschewiki an der Arbeit des MRK noch ein paar Linke SRy beteiligten, die, meinte er, für eine »gute Tarnung« sorgten.[78] Nach und nach kontrollierten die Bolschewiki die gesamte Garnison und die Kommanden der Schiffsbesatzungen. Der Umsturz, behauptete Nikolaj Suchanow, vollzog sich eigentlich bereits »in dem Augenblick, als die Petersburger Garnison, die die Stütze der Provisorischen Regierung sein sollte, den Sowjet als ihre oberste Autorität und das militär-revolutionäre Komitee als ihren unmittelbaren Vorgesetzten anerkannte«.[79] Am 23. Oktober fiel das riesige Arsenal der Peter-Paul-Festung dem MRK in die Hände. »Und sofort ergoß sich auf Weisung des Stabs der Roten Garde ein Strom von Waffen in die Arbeiterviertel.«[80] Jetzt aber erwies sich, kritisierte Antonow-Owsejenko, Trotzki als Bremser. Immer noch wollte er den nunmehr auf den 25. Oktober

74 Suchanov, 1917, 594.
75 Antonow-Owsejenko, Im Jahre Siebzehn, 206.
76 Suchanov, 1917, 494f.
77 Antonow-Owsejenko, Im Jahre Siebzehn, 222.
78 Ebd.
79 Suchanov, 1917, 621.
80 Antonow-Owsejenko, Im Jahre Siebzehn, 238.

verschobenen Kongress der Sowjetdeputierten abwarten.[81] Die SRy hatten den Entschluss einer neuerlichen Terminverlegung gefasst, weil der Großteil der erwarteten Sowjetdeputierten noch nicht in der Hauptstadt eingetroffen war.[82]

Den Wunsch, dem Sowjetkongress die Initiative zu überlassen und in seinem Namen zu agieren, hegten nach wie vor viele Bolschewiki. Nicht nur Trotzki. Die einen freuten sich über zusätzliche Tage, die nun für die Vorbereitung des Aufstands genutzt werden konnten, die anderen mehr noch über eine realistische Synchronisierung mit dem Kongress, die der Zeitgewinn versprach. Wieder andere befürchteten eine Abkühlung der revolutionären Stimmung – vor allem Lenin. Bis knapp vor dem Umsturz traf er sich immer wieder mit ZK-Mitgliedern, die ihm über die Lage berichten mussten. Die zentrale Bedeutung des MRK erfasste er aber möglicherweise erst zu dem Zeitpunkt, als es zu den ersten Konfrontationen mit den Regierungskräften kam.

Ansonsten herrschte größtmögliche Ratlosigkeit. Bei Weitem nicht alle begriffen den Ernst der Lage. Und das, obwohl die Bolschewiki ohne Umschweife auf die Realisierung der Rätemacht im Rahmen des bevorstehenden Sowjetkongresses verwiesen und keinen Zweifel daran ließen, dass sie gegen die Konterrevolution gnadenlos und »bis zum Ende« kämpfen würden.[83] Während Kerenskij die Verhaftung der MRK-Mitglieder ins Auge fasste, sich anschließend aber auf ein gezieltes Vorgehen gegen die bolschewistische Presse beschränkte, schwebte Martow ein »Komitee für die öffentliche Sicherheit« vor, das die »Liquidierung des aktiven Auftretens der Anarchie und der Pogrombewegung« besorgen sollte.[84] Der Vorschlag kam zu spät und seine Realisierung entbehrte der notwendigen Grundlage. Die Kontrolle hatten längst andere übernommen.

Noch am 23. Oktober verlangte der Petrograder Sowjet einen Bericht vom MRK. Alle Redner sprachen sich für einen raschen Friedensschluss und die uneingeschränkte Macht der Räte aus. »Die Armee«, hieß es, »vertraut dem Petrograder Sowjet und wartet

81 Ebd.
82 Wade, Russian Revolution, 227.
83 Vgl. dazu Trotzkis Auftritt im Petrograder Sowjet am 18. Oktober 1917. Petrogradskij Sovet rabočich i soldatskich deputatov v 1917 godu. Dokumenty i materialy, Moskva 2003, 538.
84 Antonow-Owsejenko, Im Jahre Siebzehn, 264f.

auf den Sowjetkongreß, der die Macht ergreifen soll.«[85] Antonow-Owsejenko referierte über die Tätigkeit des Komitees, das er als Instrument zur Vollstreckung des Willens des »revolutionären Sowjets« präsentierte: »Wir marschieren vorwärts und errichten die revolutionäre Ordnung; damit nähern wir uns dem Zeitpunkt, an dem die Sowjetmacht nach der Entwaffnung der Konterrevolution den Triumpf der revolutionären Kräfte herbeiführt.«[86] Die Menschewiki warnten in Richtung Bolschewiki: »Ihr spaltet die Demokratie! Und ihr seid euch selbst nicht einig ... Ihr entfesselt ein Chaos, das ihr nicht mehr werdet beherrschen können! Es wird keinen Aufstand geben, sondern nur eine blutige Rauferei.«[87] Doch die Mehrheit des Rates billigte das Vorgehen des MRK und rief dazu auf, »es in jeder Weise zu unterstützen«.[88]

Startschuss

Und trotzdem war der Weg zum Aufstand nicht zu 100 Prozent vorgezeichnet. Nicht einmal die von Kerenskij angeordnete Schließung zweier bolschewistischer Zeitungen, die am 24. Oktober erfolgte, wollte Trotzki offenbar als definitives Signal zur Erhebung nutzen. Er sprach von Verteidigung. Diese allerdings beinhaltete die Alarmbereitschaft des MRK. Warum aber einen bewaffneten Konflikt riskieren, wenn mit der Verwirklichung der Rätemacht bereits im Zuge des für 25. Oktober anberaumten Sowjetkongresses zu rechnen war?[89] Rotarmisten und Soldaten sicherten unterdessen das Smolnyj-Institut, seit Sommer 1917 Sitz des Petrograder Sowjets und seit wenigen Tagen Hauptquartier des MRK.

Nikolaj Suchanow betonte später, dass Trotzki dem Rätekongress als einer Zusammenkunft mit keineswegs offenem Ausgang entgegensah. Er hatte öffentlich bekannt, dass die Bolschewiki die Macht »in Gestalt der Mehrheit« des Sowjetkongresses »in ihre Hand nehmen« würden.[90] Tatsächlich zweifelte am 24. Oktober niemand

85 Ebd., 239.
86 Ebd., 242.
87 Ebd., 243.
88 Ebd.
89 Figes, Tragödie, 510
90 Suchanov, 1917, 630.

mehr daran, dass die Machtfrage neu gestellt werden müsste. Die Frage war nur: Wie und mit welchen Konsequenzen? Die am Abend des 24. Oktober vorgeschlagene Schaffung eines Wohlfahrtskomitees, das einen Aufstand verhindern bzw. bekämpfen sollte, hatte zwar die Mehrheit der Abgeordneten des Vorparlaments befürwortet, konkrete Schritte folgten aber so gut wie keine. Was blieb, war der Eindruck, dass die Regierung längst schon keine Handhabe mehr hatte. Realiter stellten die Beschlüsse des Vorparlaments weder ein eindeutiges Misstrauensvotum gegen sie noch eine sinnvolle Unterstützung für sie dar. Der in Anbetracht fehlender klarer Loyalitätsbekundungen rücktrittsbereite Kerenskij blieb dann doch im Amt, enttäuscht und mehr oder weniger ohnmächtig. Wieder traten diejenigen, die sich gegen die Bolschewiki positionierten, auf der Stelle, verstrickten sich in Widersprüche und Spitzfindigkeiten.[91] Die einen setzten auf eine Prolongierung der bisherigen Kompromisspolitik gegenüber den Liberalen im Vertrauen, auf diese Weise die Unterstützung konservativer Kräfte sowie der Armee zu bekommen. Die anderen hielten es für angezeigt, der Regierung in dieser Situation die Erfüllung dezidiert linker Forderungen ultimativ abzuverlangen. Tatsächlich aber glaubten beispielsweise eher rechtsgerichtete Gruppierungen, dass ein Erfolg der Bolschewiki der Startschuss für die endgültige Zerschlagung des »Sowjetexperiments«, also der Räte, wie sie seit Februar existierten, sein würde. Gemeinsam mit den Kadety sahen sie daher keine Veranlassung, dem schwankenden Kerenskij jetzt unter die Arme zu greifen. Dass die Regierung zu wenig gegen die Bolschewiki getan hatte, war gleichzeitig ein Vorwurf, den auch die Räteparteien erhoben. Die Suche nach einem Ausweg und rasch wirksamen Rezepten, um die vorhersehbare Machtverschiebung doch noch abzuwenden, endete in einer Sackgasse. Die Vorschläge der Menschewiki, in einer Art Schnellverfahren die Alliierten von einem Waffenstillstand und allgemeinen Friedensgesprächen zu überzeugen, gingen ins Leere.

Wenn Fjodor Dan sich am Vorabend des Oktoberumsturzes eingestand, dass die ganze Politik der Sowjets auf der Illusion aufgebaut gewesen war, einen günstigen Frieden für das Land zu erlangen,

91 Vgl. ebd., 639–641.

dann kam diese Erkenntnis definitiv zu spät.[92] Auf verlorenem Posten stand er offenbar auch, als er in einer eilig einberufenen Sitzung des Zentralen Exekutivkomitees (ZEK) der Arbeiter und Soldaten die Anwesenden – unter ihnen mehrheitlich die Teilnehmer des Aufstands – geradezu anflehte, das Vorhaben aufzugeben. Die Angesprochenen gähnten. All das habe man acht Monate lang gehört und ebenso lange gewartet. »Mit eurem Blutsauger, diesem Kerenskij«, bekam Dan zu hören, sei jetzt ein für alle Mal Schluss.[93] Der Plan, Lenins Partei zu spalten und gemäßigte bzw. verunsicherte Bolschewiki mit Verweisen auf eine durch den Aufstand provozierte Konterrevolution zum Einlenken zu bewegen, scheiterte gründlich. Trotzdem soll etwa Lew Kamenew ungefähr zeitgleich verzweifelt versucht haben, Verbündete für die Idee einer gesamtsozialistischen Regierung aufzutreiben.[94]

Eine von der Presse unterstellte Kollaboration mit Deutschland hatte die Glaubwürdigkeit des Premiers endgültig ruiniert. Als er Petrograd verließ, tat er das bereits als Verfemter. Während Kerenskij einen entschlossenen Kampf ankündigte und sich in realitätsfremdem Optimismus auf die fast aussichtslose Suche nach »treuen« Armeeeinheiten begab, begannen sich die Dinge zu verselbstständigen.[95] Die Verteidigungsmaßen des MRK wandelten sich zum Aufstand. Was immer die Regierung gegen die Bolschewiki bzw. alle jene Kräfte aufbot, die sich als Beschützer der Revolution erachteten, war viel zu wenig, um die »Revolutionäre« aufzuhalten. Die Erhebung, wie sie sich Lenin erhofft hatte, war das aber noch nicht.

Der Bolschewikenführer befand sich immer noch in seinem Versteck. Von dort aus beobachtete er die Vorgänge mit wachsender Sorge. In seinen Augen verfuhr das MRK mehr oder weniger ziellos und alles andere als energisch. Für ihn stand bereits die Machtergreifung auf dem Plan, die Provisorische Regierung musste weg, und zwar jetzt. Wer nominell an ihrer Stelle die Macht übernehmen werde, sei völlig irrelevant. Das Militärrevolutionäre Komitee oder irgendeine andere Körperschaft habe zu erklären, die Macht »nur

92 Vgl. Leopold H. Haimson, The Mensheviks in 1917, in: Ders. (Hg.), The Mensheviks. From the Revolution of 1917 to the Second World War, Chicago/London 1974, 1–92, 37–42.

93 Vgl. Suchanov, 1917, 644.

94 Vgl. Figes, Tragödie, 510.

95 Suchanov, 1917, 645.

den wahreren Vertretern« von Arbeitern, Soldaten und Bauern zu übergeben, und die Enteignung des Gutsbesitzes sowie die Landverteilung und den Frieden zu versprechen.[96] Das würde vorläufig ausreichen. Und noch etwas setzte er hinzu: »Wenn wir heute die Macht ergreifen, so ergreifen wir sie nicht gegen die Sowjets, sondern für sie.«[97] Diese bemerkenswerte Klarstellung richtete sich an seine schwankende Anhängerschaft. Letztere wollte eine Erhebung nur im Einklang mit dem Sowjetkongress durchführen und hielt Lenins Perspektiven einer exklusiven Gewaltausübung aufgrund befürchteter Gegenwehr oder weitgehender Isolation für nicht erstrebenswert und – was besonders schwer wog – offensichtlich für sowjetfeindlich. Interessant ist außerdem, dass Lenin nun so tat, als sei das »politische Ziel« eine Frage der Entwicklungen und nicht, wie er zuvor oft betonte, Sache der Partei, und zwar ausschließlich der Partei. Den gemäßigten Bolschewiki wurde jetzt eine – ungeachtet des ultimativ geforderten Umsturzes – immer noch mögliche konsensuale Entscheidung in der Machtfrage suggeriert. Dass Lenin in Wirklichkeit keineswegs kompromissbereit war, spielte jetzt keine Rolle, Hauptsache, die Genossen handelten. Diese aber begriffen offenbar immer noch nicht die – aus Lenins Sicht – Erfordernis eines sofortigen Umsturzes. Nicht einmal, als er die Argumente hierfür noch einmal in einem Schreiben zusammenfasste und dieses ins Smolnyj bringen ließ. Jetzt hielt ihn nichts mehr: In Verkleidung, d.h. mit Perücke und einem Kopfverband, der sein Gesicht verdecken sollte, machte er sich auf den Weg und traf am späten Abend des 24. Oktober im Smolnyj ein. Umgehend trat dort nun das ZK zusammen. Der Startschuss zum Aufstand, wie Lenin ihn seit Wochen gefordert hatte, erfolgte. Dass sein Erscheinen den Ausschlag gab, gilt als sicher. »Die entscheidenden Operationen des Militär-revolutionären Komitees begannen gegen 2 Uhr nachts«, notiert Nikolaj Suchanow in seinen Aufzeichnungen.[98] Man schrieb bereits den 25. Oktober. Suchanows Bericht bestätigt, dass der Entschluss zur Erhebung fiel, kurz nachdem Lenin im Smolnyj aufgetaucht war. Innerhalb weniger Stunden kontrollierten Rotgardisten

---

96 Zit. nach Robert Service, Lenin. Eine Biographie, München 2000, 402.
97 LW, Bd. 26, 224.
98 Suchanov, 1917, 647.

und Soldaten gemäß den Anweisungen des MRK die Stadt. Petrograd verwandelte sich in ein Feldlager. In Ermangelung größerer Gegenwehr stellte sich Lenins »Oktoberrevolution« als ziemlich unspektakulärer Machtwechsel dar.

... ergebnisoffen ...?

Nikolaj Suchanow hielt das Verhalten der Soldaten für entscheidend: Ihre bereits Tage zuvor erfolgte Weigerung, den Befehlen der Regierung Folge zu leisten, sei der augenblicklichen Demontage des Kerenskij-Regimes gleichgekommen.[99] Lenin sah das anders: Die Kontrolle der Garnison war lediglich das Präludium zur Machtergreifung gewesen, ihre militärische Grundlage. Außerdem hielt er nichts von einem solcherart suggerierten Quasi-Hinübergleiten in die »Diktatur des Proletariats«, gewissermaßen auf Gnade von ein paar Soldaten. Das wäre nicht revolutionär, sondern – mit seinen Worten gesprochen – »jämmerlich« gewesen. Trotzdem gab er unumwunden zu, dass die später als heroisches Ereignis gepriesene »Oktoberrevolution« ein »Kinderspiel« gewesen war. Im Lande »eines Nikolaus und Rasputin« sei eine solche Umwälzung eben viel eher möglich gewesen als in den hochentwickelten kapitalistischen Ländern mit einer zivilisierten Bevölkerung.[100] Diese Einsicht war, bedenkt man marxistische Vorgaben für die Voraussetzung revolutionärer Dynamiken, doch einigermaßen erstaunlich.

Während Einigkeit über Lenins entscheidende Rolle für den Beginn des Aufstands herrscht, erscheint nicht ganz klar, welche Zielsetzungen die Bolschewiki nun tatsächlich für den Ablauf des Sowjetkongresses festlegten.[101] Immerhin konnte Lenin bei allem Pochen auf treue Gefolgschaft nicht an jenen Genossen vorbeiagieren, die seinen Kurs offenbar nicht vorbehaltlos unterstützten. Interessanterweise wird hier Nikolaj Miljutin als derjenige angeführt, der zu Besprechungen drängte. Offenbar wollte er wissen, wie sich die Bolschewiki auf dem Sowjetkongress verhalten sollten.[102] Miljutin gehörte allerdings zum rechten Flügel der Bolschewiki und

99 Ebd., 620.
100 LW, Bd. 27, 85.
101 Vgl. Figes, Tragödie, 511f.; Service, Lenin, 408.
102 Service, Lenin, 408.

verließ obendrein kurze Zeit später das ZK aus Protest gegen Lenins Vorstellungen einer Einparteienherrschaft.[103] Die besagte Unterredung mit »Vorentscheidungen« über die neue Regierung fand in den Morgenstunden des 25. Oktober statt.[104] Wenn man bedenkt, dass, Miljutin eingeschlossen, nach wie vor nicht wenige Bolschewiki eine gesamtsozialistische Regierung präferierten, fragt man sich, wie diese »Vorentscheidungen« im Detail ausgesehen haben. Es ist anzunehmen, dass die Gespräche, die Lenin und seine Genossen führten, ähnlich turbulent verliefen wie die Beratungen der übrigen Räteparteien. Diese Unterredungen führten u.a. zu einer endgültigen Entzweiung der SRy in einen rechten und einen linken Flügel und mündeten in die Parteigründung der Linken SRy.

Wie wurde die Machtfrage konkret gelöst? Folgt man Trotzkis Aufzeichnungen, dann stimmten die ZK-Mitglieder für Lenins Idee einer rein bolschewistischen Regierung, weil »Verhandlungen über eine Koalition der ›gesamten Demokratie‹ vorläufig zu keinem Ergebnis geführt« hatten und weil die Linken Sozialisten-Revolutionäre eine Partizipation wider Erwarten zurückwiesen.[105] Nach dieser Lesart blieb Lenin sozusagen gar nichts anderes übrig, als für die Alleinregierung zu plädieren – eine Auslegung, welcher sich der Bolschewikenführer im Übrigen gerne bediente, um Kritikern, die diesen Vorgang verurteilten, den Wind aus den Segeln zu nehmen. Am 26. Oktober präsentiert wurde ein ausschließlich aus Bolschewiki bestehendes Kabinett. Der Rat der Volkskommissare, der sogenannte Sownarkom, nahm seine Arbeit auf und Lenin stand an seiner Spitze. Dass er das Amt eigentlich Trotzki überlassen hatte wollen, um weiterhin im ZK der Bolschewiki als immer noch nicht formalisierter Parteiführer zu wirken, verdeutlicht vor allem eines: Lenins Verständnis von Macht, die er zuallererst als Aufgabe und Privileg der Partei verstand. Der Staat, war er ja überzeugt, würde irgendwann »absterben«, die Partei aber bleiben. [106]

Hatte er bei alledem vorhersehen können, wie sich seine politischen Gegner im Rahmen der in den Abendstunden des 25. Oktober beginnenden Sitzung des Sowjetkongresses positionieren würden?

103 Figes, Tragödie, 409.
104 Service, Lenin, 408.
105 Vgl. Trotzki, Geschichte der Russischen Revolution, 960.
106 Pipes, Revolution, 277.

Ließ sich Lenin auf einen »ergebnisoffenen« Sowjetkongress ein? Um diese Fragen zu beantworten, ist eine Rückkehr zu den Ereignissen des »Tages der Erhebung« erforderlich.

Kalkulationen

Als Trotzki am Nachmittag des 25. Oktober den Delegierten des Petrograder Rates von der Verhaftung einiger Mitglieder der Provisorischen Regierung berichtete, entsprach diese Mitteilung nicht ganz jener Bekanntmachung, deren Text Lenin ein paar Stunden zuvor verfasst hatte. Dort war bereits vom Sturz der Regierung die Rede und von der »Staatsmacht« in den Händen des Militärrevolutionären Komitees als Organ des Petrograder Sowjets.[107] Niemand ahnte zu diesem Zeitpunkt, dass Kerenskij die Hauptstadt verlassen hatte und sich bereits nach kampfwilligen Einheiten zur Rettung der Regierung umsah. Im Winterpalais verschanzten sich unterdessen jene Regierungsmitglieder, die noch nicht den Bolschewiki in die Hände gefallen waren. Trotzki ruderte zurück. Er versprach aber die baldige Einnahme des Zarenpalasts bzw. die Verhaftung der dort versammelten Minister und kündigte daraufhin Lenin als Redner an. Dieser sprach bereits von einer dritten Russischen Revolution, an deren Ende der »Sieg des Sozialismus« stehen werde. Er beschwor darüber hinaus das Kommen der Weltrevolution und verwies auf den jetzt schon in Angriff zu nehmenden Aufbau des »proletarischen sozialistischen Staates«.[108]

Lenin nahm die Ovationen der Delegierten des Petrograder Rates entgegen. Es folgte eine Resolution, die seine Kernbotschaften aufgriff: Sofortiger Kurs auf den Sozialismus als einziges Mittel zur »Rettung des Landes«, gefolgt von der zum Ausdruck gebrachten Überzeugung, wonach »das Proletariat der westeuropäischen Länder uns helfen wird, die Sache des Sozialismus zum vollen Siege zu führen«.[109] Der anwesende Suchanow hatte Lenins Ankündigungen ungläubig zugehört. Mit den »allgemeinen Grundsätzen des wissenschaftlichen Sozialismus« habe das nichts gemein gehabt, meinte

107 LW, Bd. 26, 227.
108 Petrogradskij Sovet rabočich i soldatskich deputatov v 1917 godu. Dokumenty i materialy, Moskva 2003, 582f.
109 Zit. nach Suchanov, 1917, 659.

er.[110] Die Zuversicht Lenins, aus dem bäuerlichen Russland mitten im Krieg ein sozialistisches Land zu machen, war zuvor immer wieder als Utopie belächelt worden. Jetzt, so meinte Suchanow, klang das alles nach wie vor unklar, aber dann doch irgendwie beängstigend real und »äußerst verdächtig«.[111]

Bereits im Rahmen dieser Versammlung des Petrograder Rates zogen die anwesenden Menschewiki dieselben Konsequenzen aus dem »kriminellen Abenteuer« der Bolschewiki wie einige Stunden später auf dem Allrussischen Sowjetkongress. Sie traten zurück, und zwar, wie sie betonten, im Einvernehmen mit dem ZK ihrer Partei, die im Sommer die Vereinigung – fast – aller menschewistischer Splittergruppen vollzogen hatte.[112] Die Bolschewiki, die noch im April zu diesem Zusammenschluss eingeladen worden waren, nahmen – was Wunder – an dieser Konferenz nicht teil.

Dem großen Sowjetkongress, der auf die Sitzung des Petrograder Rates folgte, blieb Lenin zunächst fern. Bedenkt man die Bedeutung dieser »Veranstaltung«, erscheint es durchaus erstaunlich, dass Lenin hier fehlte. Warum? Immer noch konnte er sich nicht sicher fühlen. Deswegen musste er sich vorläufig in die Rolle des Zuschauers fügen.[113] Tatsächlich befand sich das Winterpalais immer noch nicht in der Gewalt der Aufständischen. Lenin konnte also nicht gänzlich ausschließen, wie im Juli, dem Schicksal eines gesuchten Hochverräters entgegenzusehen. »Iljitsch« wollte, behauptet Trotzki, »vorläufig noch beobachten, die Fäden fester in seinen Händen anziehen und einstweilen hinter den Kulissen bleiben«.[114] Allerdings schien von offizieller Seite kaum noch Gefahr zu drohen. Der Petrograder Polizeichef, der am 25. Oktober Order bekommen hatte, die Mitglieder des bolschewistisch dominierten MRK zu verhaften, legte die entsprechende Anweisung beiseite und zog es vor, seine Essenspause nicht zu unterbrechen und wie gewohnt seinen Tee zu trinken.[115]

110 Ebd., 658.
111 Ebd., 658f.
112 Haimson, The Mensheviks in 1917, 45.
113 Vgl. dazu auch Service, Lenin, 409.
114 Trotzki, Geschichte der Russischen Revolution, 946.
115 Jonathan W. Daly, The Watchful State. Security Police and Opposition in Russia 1906–1917, DeKalb/Illinois 2004, 214.

Über den Verlauf der Sitzung der Sowjetdeputierten am Abend des 25. Oktober, die von beispielloser Unordnung und Tumulten begleitet wurde, ließ Lenin sich freilich einigermaßen lückenlos informieren.[116] Seine Absenz wird aber auch als eine Art Zugeständnis an die gemäßigten Kräfte in der Partei interpretiert, die es für klüger hielten, ihren aufgrund seiner Radikalität berühmt-berüchtigten Führer nicht gleich als Hauptredner »von der Leine zu lassen«.[117] Wenn dem so war, musste Lenin also fürchten, dass seine »geplante Provokation«, sprich der Aufstand,[118] nicht das Ergebnis bringen würde, das er sich wünschte? Die »Versöhnler« in den eigenen Reihen, die er auch als »Halb-« und »Viertelbolschewiki« abgekanzelt hatte, waren augenscheinlich immer noch nicht auf einer Linie mit dem eigenwilligen Parteichef.[119] War demnach eine gesamtsozialistische Regierung eine mögliche Perspektive und ein Szenario, auf das Lenin sich nun tatsächlich eingelassen hatte?

Die Notwendigkeit einer Machtübernahme durch seine Partei stand für Lenin außer Frage. Diese wäre, meinte er drei Wochen vor dem Oktoberumsturz, »in jeder Hinsicht ein klägliches Nichts«, würde sie, sei »einmal die Möglichkeit der Machtübernahme gegeben, auf die Macht verzichten«.[120] In dieser Phase hatten sich etwa die Kadety damit beruhigt, dass augenscheinlich die »versöhnlerisch« gestimmten Bolschewiki diese Macht gar nicht übernehmen wollten. Auch Kerenskij schien auf ein derartiges Szenario zu setzen. Die gemäßigten Sozialisten-Revolutionäre wiederum, also diejenigen, die den Erhalt der Provisorischen Regierung mitgetragen hatten, sagten bereits voraus, dass womöglich die Bolschewiki »ein Kabinett« würden »bilden müssen«. Nur ein solches Vorgehen entspräche ihrer von Hetze gegen die Regierung und das »Paktierertum« geleiteten Politik.[121] Wie sich die SRy ihrerseits dieses »Kabinett« genau vorstellten, blieb unklar. Die Menschewiki indessen nahmen in ihrer Propaganda, die sich gegen die beobachtete Radikalisierung der Arbeiter richtete, bereits den Erfolg einer

116 Trotzki, Geschichte der Russischen Revolution, 946; Suchanov, 1917, 666.
117 Service, Lenin, 410.
118 Figes, Tragödie, 518.
119 LW, Bd. 26, 3.
120 Ebd., 72f.
121 Ebd., 74.

bolschewistischen Machtergreifung vorweg. Schon im September erklärten sie, die für völlig falsch und verhängnisvoll gehaltene Politik von Lenins Partei nicht mittragen zu können. Man werde keine Verantwortung übernehmen für den Kurs der Sowjetmajorität, d. h. der Mehrheit der Bolschewiki. Deren angekündigten Aufstand bezeichnete man als Beginn der Konterrevolution und eines Blutbades mit apokalyptischen Ausmaßen.[122]

Wenn sie nicht ohnehin eine Alleinregierung der Bolschewiki voraussahen, dann zumindest antizipierten die Räteparteien, dass die Bolschewiki die Initiative zur Regierungsbildung ergreifen würden. Die Frage war nur, welcher Handlungsspielraum den SRy und Menschewiki dann, also im Falle ihrer ohnehin sehr unwahrscheinlichen Kooperationswilligkeit, noch geblieben wäre. Der bereits vorformulierte Dissens mit der Mehrheit in den Sowjets ließ jedenfalls kaum noch Zweifel an der Distanz zum Kongress. Tatsächlich lief es dort aber zunächst so gar nicht nach Lenins Vorstellungen. Immerhin aber stand außer Zweifel, dass seine Genossen ihn trotz seiner Abwesenheit als Mitglied des Präsidiums vorschlagen würden – was sie auch taten.[123] Doch dann ergriff sein Freund aus längst vergangenen Tagen, Julij Martow, das Wort und überzeugte mit seinem Plädoyer für eine friedliche Lösung der Krise und die »Schaffung einer Macht, die in der gesamten Demokratie anerkannt ist«, alle Delegierten. Auch die Bolschewiki, die nicht ganz die Hälfte der Stimmberechtigten stellten, aber zahlenmäßig alle anderen Parteien einigermaßen weit hinter sich zurückließen.[124]

Martows Resolution wurde einstimmig angenommen. Über die Anzahl der Anwesenden, die sich hierfür aussprachen, gibt es unterschiedliche Angaben. Sie schwanken zwischen 560 und 670 Delegierten.[125] Ihr Votum aber blieb folgenlos, die Gräben waren zu

---

122 Haimson, The Mensheviks in 1917, 35.

123 Vgl. Vtoroj Vserossijskij s"ezd sovetov rabočich I soldatskich deputatov. Sbornik dokumentov i materialov, Moskva 1997, 36.

124 Vgl. Revoljucionnaja Rossija. 1917 god v pis'mach A. Lučarskogo i Ju. Martova, Moskva 2007, 289f.; Helmut Altrichter, Russland 1917. Ein Land auf der Suche nach sich selbst, Paderborn 2017, 221.

125 Figes, Tragödie, 517; Lutz Häfner, Die Partei der linken Sozialrevolutionäre in der russischen Revolution von 1917/18, Köln/Weimar/Wien 1994, 103; vgl. auch Vtoroj Vserossijskij s"ezd sovetov, 36. Dort ist von 560 anwesenden Delegierten die Rede, obwohl vorab nur 513 gezählt worden waren.

tief. Martows Rettungsversuch schlug fehl. Seinem Appell folgten offene, emotionell vorgetragene Anklagen gegen die Bolschewiki. Menschewiki und Rechte Sozialisten-Revolutionäre wiederholten zum Teil das, was bereits seit Tagen und Wochen in ihrer Presse nachzulesen war. Sie wandten sich mit aller Schärfe gegen die »Verschwörung« von Lenins Partei, vor allem aber gegen die jetzt zu beobachtenden Gewaltmaßnahmen des MRK und eine »verbrecherische« Politik, die in den Bruderkrieg münden würde. Es sei bereits Blut geflossen, auf den hauptstädtischen Straßen habe man Genossen verhaftet und drangsaliert, die nicht anders als viele Bolschewiki ihr Leben für die Revolution aufs Spiel gesetzt hatten, in zarischen Gefängnissen gesessen waren oder Jahre in Verbannung und Exil zubringen hatten müssen. Der Tumult war perfekt, es wurde herumgeschrien und -getrampelt. Niemanden hielt es auf den Sitzen. Der Lärm war ohrenbetäubend, der »Saal kochte bald über«.[126]

Die Unruhe war deswegen so enorm, weil einer der Delegierten eine friedliche Lösung, wie sie Martow gefordert hatte, in Anbetracht der Beschießung des Winterpalais bereits für abgehakt erklärte. Vielmehr müsse die Ablehnung des bolschewistischen Vorgehens unmissverständlich zum Ausdruck gebracht werden. Martows Vorschlag wurde auf diese Weise das Wasser abgegraben. Der menschewistische Abgeordnete Lew Chintschuk erklärte schließlich, den einzigen Ausweg aus der nunmehr entstandenen chaotischen Situation in Verhandlungen mit der Provisorischen Regierung zu sehen. Auf diesem Wege sei dann »die Bildung einer neuen Regierung einzuleiten, die sich auf alle Schichten« der Bevölkerung stützen werde. Damit waren alle Brücken, die Martow zu legen versucht hatte, abgebrochen. Chintschuk, der im Übrigen 1920 den Bolschewiki beitrat und Karriere als Diplomat machte – Anfang der 1930er Jahre als Botschafter in Deutschland –, hatte die momentane »Harmonie« nach dem Votum zu Gunsten Martows Formel in das absolute Gegenteil verkehrt.[127]

---

126 Suchanov, 1917, 668.
127 Vtoroj Vserossijskij s"ezd sovetov, 38.

Sezession

Chintschuk verlas eine Resolution, deren Inhalt sich im Wesentlichen mit den Aussagen seiner Vorredner deckte und lediglich die bereits im Raume stehende bzw. zuvor parteiintern abgesprochene Sezession aus dem Sowjetkongress bekräftigte.[128] Nachdem nun die meisten Vertreter der Menschewiki und der Rechten SRy den Sitzungssaal verließen, hielt Martow, dessen Vorschlag nicht einmal mehr erörtert worden war, im Namen seiner kleinen Gruppe der internationalistischen Menschewiki immer noch an der Illusion einer Kompromisslösung fest. Er wurde konkreter, forderte die Bildung einer gesamtsozialistischen Regierung bzw. eine diesbezügliche Verständigung unter den Parteien und sprach von einer hierfür zu bildenden Delegation. Der Sowjetkongress habe bis zur Vorlage entsprechender Ergebnisse die Arbeit einzustellen. Für solche Perspektiven erübrigte Trotzki nur Häme. Die Bolschewiki würden nicht auf den Sieg, der dem »Willen der Massen« entspreche, verzichten und stattdessen die Verständigung mit einem »kläglichen Häuflein« suchen, das über keinen Rückhalt in der Bevölkerung verfüge: »Jenen, die von hier weggegangen sind, wie jenen, die mit solchen Vorschlägen kommen, müssen wir sagen: ihr seid armselige Einzelkämpfer, ihr seid Bankrotteure, eure Rolle ist ausgespielt, schert euch hin, wohin ihr von nun an gehört: auf den Kehrrichthaufen der Geschichte!«[129] In der Folge zogen sich auch Martow und seine kleine Anhängerschaft nach einer von bangen Gefühlen und größtmöglicher Fassungslosigkeit begleiteten internen Abstimmung aus dem Kongress zurück.

Die Berücksichtigung einer Handvoll Linker Sozialisten-Revolutionäre in einer von ihm selbst angeführten Regierung war das Maximum an Entgegenkommen gegenüber nicht-bolschewistischen Kräften, das Lenin akzeptieren konnte. Eine gesamtsozialistische Regierung aber – so sehr sich diese etwa Lew Kamenew, Sinowjew oder Miljutin gewünscht hatten – stellte sich als ziemlich unrealistische Perspektive dar. Das Faktum des Aufstands ebenso wie die unüberwindbaren Gegensätze, die sich in den Monaten zuvor zwischen den Bolschewiki und den übrigen Sowjetparteien aufgetan

128 Vgl. ebd.
129 Trotzki, Geschichte der Russischen Revolution, 951.

hatten, sprachen eher für den Bruch. Dazu brauchte es Lenins intransigente Haltung im Oktober gar nicht mehr. Für die Menschewiki und die Rechten Sozialisten-Revolutionäre wäre ein – ohnehin kaum erwartbarer – Kompromiss mit den Bolschewiki einer selbst gewählten Marginalisierung gleichgekommen. Die Kräfteverteilung auf dem Sowjetkongress ließ den Räteparteien, die sich bis zuletzt zu keiner Distanzierung von der Provisorischen Regierung durchgerungen hatten, von vornherein kaum eine andere Option als die Sezession. Den Umsturz abzusegnen, den Alleingang der Bolschewiki zu billigen, wäre auf eine komplette Umkehrung ihrer bisherigen Positionen hinausgelaufen. Ihre Sezession betrachteten sie nicht als Selbstaufgabe, sondern vielmehr als wirksamstes Mittel zur Isolation der Bolschewiki.[130] Auf einen Verständigungswillen der Parteien hofften – entgegen all dieser Hemmnisse – jene, die vorwiegend um das bisher Erreichte fürchteten: allen voran Julij Martow, den Trotzki später als »Hamlet des demokratischen Sozialismus« bezeichnete.[131]

Menschewiki und Rechte SRy ließen sich aber auch von ganz grundsätzlichen Überzeugungen leiten, als sie vom Rätekongress abzogen. Sie betrachteten die Sowjets keineswegs als Träger einer neuen Ordnung, sondern hatten sie stets als Organe einer Übergangsperiode empfunden. Nicht der Rätekongress, sondern die Konstituante musste ihrer Meinung nach über die Machtfrage entscheiden. Dass sie in den Wochen vor dem Umsturz dem Sowjet immer öfter fernblieben und von den 1000 Delegierten des Petrograder Rates nur 400 bis 500 bei den Sitzungen anwesend waren, hatten die Bolschewiki genüsslich ausgeschlachtet und als Beweis für die Missachtung dieses Gremiums herangezogen.[132] Für Martow und seine Genossen lagen die Dinge etwas anders. Ihren Weggang aus dem Kongress empfanden sie als schmerzhafte Trennung von einer untrennbar mit der Revolution verbundenen Einrichtung. Symptomatisch für die Unübersichtlichkeit der Lage war außerdem, dass vereinzelte Vertreter der oppositionellen Räteparteien dem Boykott nicht gefolgt waren und auch am 26. Oktober der Sitzung

130 Vgl. George William Buchanan, Meine Mission in Russland, Göttingen 2010, 386f.
131 Trotzki, Geschichte der Russischen Revolution, 951.
132 Vgl. Pipes, Revolution, 230f.

des Sowjetkongresses beiwohnten. Dort beteiligten sie sich im Übrigen einigermaßen rege an den Diskussionen beispielsweise über das von Lenin vorgelegte »Dekret über den Frieden«.[133]

In der Nacht vom 25. auf den 26. Oktober, nachdem Meldungen über die erfolgreiche Erstürmung des Winterpalais eingetroffen waren, wurde die Sowjetmacht proklamiert – nach einem von Lenin verfassten Text. Die Arbeiter- und Bauernregierung, die der Bolschewikenführer dann am 26. Oktober präsentierte, als er nunmehr persönlich vor den Rätekongress trat, war nominell eine »provisorische«.[134] Diesen Umstand und die bevorstehenden Wahlen für die Konstituante sowie einen zu dieser Zeit noch vielversprechend erscheinenden bewaffneten Widerstand gegen die Bolschewiki vor Augen, erfassten Menschewiki und Rechte SRy die Tragweite ihres Ausscheidens aus dem Kongress nicht. Kaum jemand glaubte daran, dass Lenins Partei die Macht behaupten würde. Nicht zuletzt die Rechten SRy, die sich aufgrund ihrer Rolle als Vertreter vor allem der Bauern in einer überlegenen Position wähnten, unterschätzten Lenins Beharrungsvermögen und seine Bereitschaft, gewaltsame Maßnahmen zur Absicherung der bolschewistischen Macht anzuwenden, völlig. Bis zuletzt sahen sie in Lenins Partei eine abgehobene Sekte, die als Folge ihrer Radikalität zwar erstaunliche Energien entfaltete, aber sich aufgrund innerer Unstimmigkeiten und mangelnden Rückhalts in der Bevölkerung womöglich bald selbst neutralisieren würde. Ihre Bereitschaft, adäquate Vorbereitungen für eine Konfrontation mit den Bolschewiki zu treffen, hemmten solche Beurteilungen ebenso wie das erwähnte näher rückende Datum für die Wahlen zur Verfassunggebenden Versammlung.[135]

133 Vgl. Vtoroj Vserossijskij s"ezd sovetov, 47–49.
134 LW, Bd. 26, 254f.
135 Vgl. dazu Oliver Henry Radkey, The Sickle Under the Hammer. The Russian Socialist Revolutionaries in the Early Months of Soviet Rule, New York 1963.

Kehrrichthaufen

Unter diesen Bedingungen war vieles bereits vorweggenommen, als der Kongress am 25. Oktober eröffnet wurde: Lenin wollte keine gesamtsozialistische Regierung und SRy sowie Menschewiki wollten sie auch nicht. Schon vor Eröffnung des Rätekongresses hatten Letztere entschieden, die Versammlung zu verlassen. Die Erstürmung des Winterpalais löste diesen Entschluss also nicht aus, sondern bestätigte höchstens, dass die Entscheidung für den Boykott richtig gewesen war.[136] Lenin antizipierte das Verhalten der Menschewiki und SRy. Er rechnete wohl mit deren Sezession. Immerhin hatten sie sich schon am Nachmittag des 25. Oktober aus dem Petrograder Rat zurückgezogen. Trotzdem blieb aus seiner Sicht das Restrisiko einer gesamtsozialistischen Regierung bestehen – eine Idee, die am 25. Oktober offenbar alle, inklusive die bisher eher radikal gepolten Bolschewiki, nicht völlig abzulehnen schienen. Wie weit die Delegierten dabei tatsächlich gegangen wären – hätte eine Diskussion von Martows Vorschlägen stattgefunden –, bleibt spekulativ. Die weiteren Entwicklungen zeigten, dass der Realisierung einer gesamtsozialistischen Regierung unüberwindbare Differenzen im Weg standen.

Trotzki wiederum trug Lenins Kurs nun voll und ganz mit. Er hatte den »Sezessionisten« demgemäß den »Kehrrichthaufen der Geschichte« zugewiesen. Gleichzeitig war er sich des Umstands, dass mit ihnen »zweifellos« das »moralische Prinzip [...] die Türe hinter sich zugeworfen hatte«,[137] bewusst. Seinem Verdammungsurteil stellte er einen ungenierten Zynismus zur Seite, wie er für ihn nicht weniger typisch war als für Lenin. Gemeint war mit der Aussage über den Verlust der Moral als einen handlungsleitenden Vektor oder ein einhegendes Korrektiv vor allem eine Person: Julij Martow. Dieser sinnierte nur kurze Zeit später, im Dezember 1917, über einen Kasernen- und Quasisozialismus, der individuelle Freiheiten negierte und nach einer Phase des Anarchismus »irgendeinem Cäsarismus« entgegengehen würde.[138]

136 Vgl. Suchanov, 1917, 664f.
137 Trotzki, Geschichte der Russischen Revolution, 950.
138 Revoljucionnaja Rossija. 1917 v pis'mach, 305.

Als Martow diese Prognose abgab, hatte bereits die »Außerordentliche Kommission zur Bekämpfung von Konterrevolution, Spekulation und Spionage«, die Tscheka, das Militärrevolutionäre Komitee abgelöst. Der Grundstein für ein menschenverachtendes Unterdrückungssystem, das den Terror gegen alle, die das bolschewistische Regime ablehnten, als Verteidigung gegen die »Klassenfeinde« und ihre Machenschaften legitimierte, war gelegt worden. Aus den Schwächen des zarischen Sicherheitswesens sollte gelernt werden, ein direkter Draht zu den »Kommandohöhen« des neuen Regimes gewährleistet sein. Eines der Rezepte hierfür hieß Zentralisierung. Daneben aber galt es auch, die Gleichgültigkeit und Behäbigkeit des alten Systems auszuschließen. Immerhin hatten nicht wenige Revolutionäre, die vor 1917 in Gefängnissen saßen oder in sibirischer Verbannung, auf wundersame Weise gleich mehrere erfolgreiche Fluchtversuche unternehmen können.[139] Die Tscheka strebte größere Effizienz an. Bis 1920 landeten etwa 14.000 Personen in Konzentrations-, mehr als 4000 in Arbeitslagern, 36.500 im Gefängnis. 9600 Geiseln wurden genommen, fast 13.000 Menschen hingerichtet. Solche Zahlen, die aus den Amtsstuben der Henker stammen, dürften aber zu niedrig sein. Realistischer erscheinen Schätzungen, die zwischen Oktober 1917 und Februar 1922 von etwa 280.000 Todesopfern infolge von Exekutionen und der Unterdrückung von Aufständen ausgehen.[140]

Sinngemäß schlossen sich dem Urteil Martows viele Vertreter der internationalen Sozialdemokratie an, darunter Karl Kautsky oder Otto Bauer. Auch Rosa Luxemburg kritisierte – bei aller Bewunderung einer Revolution im Namen des Proletariats und bei aller Würdigung einer »mutigen« Arbeiterschaft – bald schon die Methoden der Bolschewiki. Während sie aber »die Freiheit der Andersdenkenden« in Russland vermisste und damit einen später oft zitierten Einwand formulierte, machte Lenin klar, dass Freiheit und Demokratie »nicht für alle« da seien, sondern lediglich für die »werktätigen und ausgebeuteten Massen im Interesse ihrer Befreiung von der Ausbeutung«.[141]

139 Vgl. Daly, The Watchful State, 224.
140 Manfred Hildermeier, Geschichte der Sowjetunion 1917–1991. Entstehung und Niedergang des ersten sozialistischen Staates, München 1998, 151; vgl. auch: Julia Landau/Irina Scherbakowa (Hg.), GULAG. Texte und Dokumente 1929–1956, Göttingen 2014.
141 LW, Bd. 27, 142.

Wikschel

Den Auszug der Menschewiki und der SRy aus dem Sowjetkongress schlachtete Lenin in der Folge immer wieder aus. Sie hätten sich, betonte er, aus freien Stücken so entschieden und damit »ein Verbrechen begangen«.[142] Dieser Vorwurf bezog sich nicht zuletzt auf die zentrale Rolle, die Rechte SRy nach dem Oktoberumsturz im sogenannten Komitee zur Rettung des Vaterlandes und der Revolution spielten. Den von Pathos durchdrungenen Bekenntnissen, die den Kampf für die Revolution auf Leben und Tod vorhersagten und bereits Wochen vor dem Oktoberumsturz die eigene Anhängerschaft zu Heroismus ermuntern sollten, folgen nach dem 25. Oktober auch Taten.[143] Doch der Widerstand blieb erfolglos. Allerdings stellten sich einem kompromisslosen Kampf von vornherein hemmende Skrupel entgegen. Die Menschewiki zum Beispiel schreckten davor zurück, auf Proletarier zu schießen. Es mussten daher andere Wege für den Widerstand gegen die Bolschewiki gefunden werden. Die Chancen hierfür standen angesichts parteiinterner Unstimmigkeiten schlecht.

Als potenzielle Verbündete blieben den Bolschewiki am Ende nur die Linken SRy. Noch am 26. Oktober waren Koalitionsverhandlungen geführt worden. Die Umworbenen, die immer noch die gesamtsozialistische Regierung forderten, lehnten die Kooperation vorerst ab. Am 27. Oktober war die bolschewistische Alleinregierung fix.[144] Über die Linken SRy zog Lenin in den kommenden Wochen immer wieder her und warf ihnen Verbohrtheit vor. Die Tatsache, dass es überhaupt zu einem Kooperationsangebot gekommen war, ging aber wahrscheinlich auf Kamenews Betreiben zurück und nicht so sehr auf Lenins Wunsch.[145] Nach außen mimte der streitlustige Revolutionsführer aber den Kompromisswilligen. Gleichzeitig entwarf er das Bild uneinsichtiger sezessionistischer Genossen, die sich einer Zusammenarbeit verweigert hatten. Intern jedoch beschuldigte er diejenigen Bolschewiki, die auch nach dem Sowjetkongress an der Möglichkeit einer Kooperation mit den Räteparteien festhielten, des

142 LW, Bd. 26, 290.
143 Vgl. Radkey, Sickle, 19f.
144 Vgl. Geoffrey Swain, A Soviet Government?, in: Daniel Orlovsky (Hg.), A Companion to the Russian Revolution, Hoboken 2020, 337–45, 338.
145 LW, Bd. 26, 290.

Verrats. Er sprach vom verlangten »Verzicht des Sieges« und rief zur Parteidisziplin auf.[146]

Aber: Gab es wirklich noch reale Chancen auf eine Lösung, wie Martow sie vorgeschlagen hatte? Und wer trat jetzt dafür ein? Das Allrussische Exekutivkomitee der Eisenbahnarbeiter, kurz Wikschel[147], in dem die Linken SRy mit neun Abgeordneten vertreten waren und somit die zahlenstärkste Fraktion bildeten, forderte bereits kurz nach dem Rätekongress von allen sozialistischen Parteien ultimativ die Aufnahme von Koalitionsverhandlungen. Widrigenfalls drohten sie mit Streik – ein gefährliches Szenario. Vom Schienenverkehr hing immerhin die Versorgung, d.h. der Transport von Lebensmitteln und anderen wichtigen Gütern, ab. Außerdem waren der Ausgang der von Kerenskij initiierten Angriffsoperationen gegen Petrograd und das Resultat der erbittert geführten Kämpfe in Moskau noch offen.[148] Nur so erklärt sich die widerwillige Bereitschaft der bolschewistischen Hardliner, sich auf Verhandlungen überhaupt einzulassen. Auch einige Menschewiki und Rechte SRy rangen sich nur zähneknirschend zu einer Teilnahme an Gesprächen durch. Differenzen durchzogen die gesamten Unterredungen. Von Beginn an. Sie machten sich insbesondere in den Diskussionen über die Mitglieder einer neuen Regierung unverzüglich bemerkbar. Lenin und Trotzki schieden als mögliche Kandidaten aus. Umgekehrt wiesen auch die kompromissbereitesten Bolschewiki eine Beteiligung Kerenskijs sofort zurück. Abseits davon wurde nach anderen Varianten gesucht. Pläne vonseiten der SRy, allen voran von Viktor Tschernow, in Kooperation mit dem neuen Oberbefehlshaber, Nikolaj Duchonin, auf eine Regierung ohne Bolschewiki oder mit möglichst wenigen davon hinzuarbeiten, lösten sich aber bald schon in nichts auf.[149]

Lenin seinerseits sah einem Abbruch der Wikschel-Verhandlungen ungeduldig entgegen. Den Zeitpunkt hierfür sah er spätestens mit der Niederlage antibolschewistischer Truppen unter General Pjotr Krasnow und in Anbetracht der erfolgreichen Behauptung der Bolschewiki in Moskau gekommen. Schon zuvor hatte er sich bemüht, die Rahmenbedingungen für die Unterredungen mit den

146 Ebd., 271-273.
147 Vikžel = Vserossijskij Isponitel'nyj Komitet Železnodorožnogo Profsojuza.
148 Vgl. Häfner, Die Partei, 184.
149 Haimson, The Mensheviks in 1917, 72.

Menschewiki und SRy so zu gestalten, dass Letztere ihr Interesse an einer Verständigung zu verlieren begannen.[150] Das Vorgehen der neuen Machthaber gegen die Pressefreiheit beeinträchtigte das Verhandlungsklima gravierend. Nicht nur konservative und liberale, sondern auch sozialistische Blätter waren von den repressiven Maßnahmen betroffen. Einwände gegen die Beschneidung der Meinungsfreiheit ebenso wie den Protest gegen Gewaltakte und zahlreiche Verhaftungen wies Lenin unbeeindruckt zurück. Indem er alle Unterdrückungsmaßnahmen als legitime Reaktion auf die Umtriebe von Konterrevolutionären rechtfertigte, konnten Kritiker leicht mundtot gemacht werden. Jene Bolschewiki, die sich für ein positives Ergebnis der Sondierungsgespräche engagiert hatten, zwang er zu entsprechenden Konsequenzen. Fünf ZK-Mitglieder, darunter Kamenew und Sinowjew, traten daraufhin aus dem Komitee aus, drei von ihnen auch aus der Regierung. Da sie aber immer noch der Partei angehörten, verlangte Lenin ihnen unmissverständlich die Unterordnung unter die Beschlüsse des ZK ab.[151] Er sprach von einer womöglich unumgänglichen innerparteilichen Spaltung und bekräftigte seine eigenen Standpunkte.[152]

Die kommenden Jahre zeigten, dass Lenins Führerschaft und seine Politik auch weiterhin zum Teil auf massiven Widerspruch unter den Genossen trafen. Ihm, der sich so kompromisslos an die Spitze gekämpft und der Partei all die Jahre die Zielrichtung vorgegeben hatte, versagte die eigene Gefolgschaft immer wieder den Gehorsam. Lenins Drohungen und Belehrungen vermochten die Gegensätze nicht aufzulösen. Nach seiner Rückkehr aus dem Exil begannen sich Meinungsverschiedenheiten immer wieder gefährlich zuzuspitzen. So sehr er sich im Exil auch den Rang einer Autorität erworben hatte, so wenig schien diese Vorrangstellung seine Genossen jetzt davon abzuhalten, den Kurs des Parteichefs in einer ganzen Reihe wesentlicher Punkte infrage zu stellen. Lenins Prioritäten verstörten, vieles erschien nicht logisch oder beinhaltete unkalkulierbare Risiken. Auch der frühe Abgesang auf die zuvor heraufbeschworene Macht der Sowjets, den Lenin schon kurz nach

---

150 Ausführlich dazu Häfner, Die Partei der linken Sozialrevolutionäre, 184–197.
151 LW, Bd. 26, 296.
152 Vgl. Alexander Rabinowitch, Die Sowjetmacht. Das erste Jahr, Essen 2010, 43.

dem Oktober anstimmte, ging manchen Genossen entschieden zu weit. Die einen standen für einen moderaten Kurs, die anderen gebärdeten sich noch radikaler als Lenin. Dieser mahnte seine Genossen im Dezember 1917 bei einem außerordentlichen Parteikongress zur einträchtigen Befolgung von Parteibeschlüssen. Die Geschlossenheit nach außen sollte aufrechterhalten werden. In der Partei selbst wurden abweichende Standpunkte von »Minderheiten«, wie es hieß, geduldet - noch.[153] Wenn Lenin deviante Meinungen zuließ, dann im Regelfall nicht, weil er sich Anregungen für etwaig zu korrigierende Überzeugungen seinerseits erhoffte. Er wollte im Grunde immer recht behalten. Selbst wenn er Fehler einräumte - und er tat dies mit Blick auf erwartbare Rückschläge beim Aufbau des Sozialismus immer wieder –, dann hatte er sie nach eigener Darstellung immerhin richtig vorausgesehen. Lenin genoss es, andere zu belehren, sie lächerlich zu machen und ihre »Perlen« - so nannte er für besonders dumm oder unzulässig gehaltene Aussagen - als Belege für unzureichende Fähigkeiten anzuführen. Mehr noch: Er weidete sich förmlich an den angeblichen Missgriffen und Fehlschlüssen anderer. Sein berühmt gewordenes Pamphlet gegen Karl Kautsky, den er als verlogenen und geradezu minderbemittelten »Renegaten« beschimpfte, stellt einen der Höhepunkte seiner aggressiven und von Selbstgewissheit durchdrungenen Publizistik dar.[154] Andere kanzelte er wie ungezogene oder zurückgebliebene Kinder ab. Nicht ohne Grund war ihm für zu Papier gebrachte Rügen von irrenden bzw. »unreifen« Genossen der Vergleich mit der »Kinderkrankheit« eingefallen. Wenn er Mitstreiter lobte, dann, weil sie entsprachen oder - endlich - zu ähnlichen Ergebnissen wie er selbst gekommen waren. Mit anderen zu diskutieren, bedeutete daher vor allem, seine Überlegenheit zu demonstrieren. Während sein Vater sich damit zufrieden gab, möglichst vielen Dorfschülern zu elementarer Bildung zu verhelfen, verstand Lenin sich als gleichsam universaler Lehrmeister.

---

153 David Dallin and George Denicke, Chronology of Events (October 1917–January 1918), in: Leopold H. Haimson (Hg.), The Mensheviks. From the Revolution of 1917 to the Second World War, Chicago/London 1974, 94: I–94: vi, 94: iv.

154 Die Schrift *Die proletarische Revolution und der Renegat Kautsky* entstand 1918. Über Kautskys Haltung zum Bolschewismus und seine letzten Lebensjahre: Harald Koth, »Meine Zeit wird kommen ...«. Das Leben des Karl Kautsky, Berlin 1993, 192–242.

14 WEICHENSTELLUNGEN

Erste Schritte

Dem Bild eines durchsetzungsstarken Parteichefs entsprach die offene Rebellion von jener Dimension, mit der Lenin sich vor und noch mehr nach dem Oktoberumsturz seitens der eigenen Genossen konfrontiert sah, kaum. Solche Details störten jedoch den Erfolg des posthumen Führerkults nicht. Zu betonen galt es primär die Weitsicht Lenins und natürlich sein Charisma, das ihm sogar Kritiker nachsagten. Trotzdem vermochte er, der im Umgang mit der Anhängerschaft zwischen autoritärem Gehabe, pedantischem Zurechtweisen und jovialer Leutseligkeit pendelte, den vorhandenen Dissonanzen nur mit größter Mühe beizukommen. Viele seiner Anhänger kannte er, der so lange im Exil gelebt hatte, noch dazu nur von kurzen Begegnungen oder aus brieflicher Korrespondenz. Engere Beziehungen über einen längeren Zeitraum hatte er lediglich zu ganz wenigen Genossen pflegen können. Die Partei war de facto eine Organisation von nur lose miteinander verbundenen Grüppchen. Eine »staatstragende« Regierungspartei auf Basis einer regelmäßigen gremialen Verständigung war etwas vollkommen anderes als ein konspirativer Zirkel, der Waffengeschäfte einfädelte, unterminierende Propaganda betrieb und Zeitungen mit revolutionären Artikeln füllte.

Das Interagieren nach dem Umsturz stellte die Bolschewiki vor völlig neue Herausforderungen. Lenins Mitstreiter hatten sich ihre Sporen als Revolutionäre verdient, sie waren keine Staatsmänner. Genauso wenig oder so viel wie ihre Kollegen aus den Räteparteien, die sich an der Provisorischen Regierung beteiligt hatten. Würden die Bolschewiki beides sein können?

Lenin glaubte fest an diese Vereinbarkeit – so sehr er natürlich ein explizit proletarisches Staatswesen im Blick hatte, ohne die

Auswüchse einer bourgeoisen Bürokratie. Schon kurz nach seiner Ankunft in Petrograd, im April 1917, hatte er seinen Genossen erklärt: »Die Kunst zu regieren lernt man nicht aus Büchern. Probiere, mache Fehler, lerne regieren.«[1]

Gegenüber jenen aufmüpfigen Parteikollegen, die sich bereits auf einen revolutionären Krieg vorbereiteten und wenig vom Verwalten eines Staates hielten, den sie über kurz oder lang zerschlagen wollten, setzte Lenin sich jedoch nur mit großer Mühe durch. Gerade in den ersten Jahren wankte das Oktoberregime nicht zuletzt aufgrund der innerparteilichen Differenzen, denen oft genug persönliche Rivalitäten unter den Genossen zugrunde lagen. Manche konnten sich nicht ausstehen, ja hassten sich sogar. Andere wiederum zweifelten an der revolutionären Hingabe ihrer Kameraden oder entdeckten anderweitige Schwächen an ihnen. Der Konflikt zwischen Trotzki und Stalin ging schon kurz nach der Machtergreifung in die erste Runde. Dass Russland nicht reif für eine Revolution nach Lenins Vorstellungen war, sahen viele so. Aber wie stand es um die Partei der Bolschewiki? War sie oder waren ihre Mitglieder reif für das, was der »Revolution« folgte?

Eiserner Willen

Mehr als ein Dutzend prominenter Parteimitglieder artikulierte nur wenige Tage nach dem Oktoberumsturz und angesichts des Scheiterns der Koalitionsverhandlungen seine Bedenken: Eine rein bolschewistische Regierung könne nur durch Terror aufrechterhalten werden.[2] Es ist bemerkenswert, dass die innerparteiliche Opposition jene Diktatur, an deren Ausgestaltung sie sich kurze Zeit später tatkräftig beteiligte, damals so vehement ablehnte. Viele Gründe mögen dafür verantwortlich gewesen sein, dass ihre Abwehrhaltung schließlich dem Verlangen nach Partizipation wich und dabei auch die Ausgrenzung, Verfolgung und Vernichtung Andersdenkender gutgeheißen oder sogar eingefordert wurde.

---

1 LW, Bd. 36, 428.

2 Orlando Figes, Die Tragödie eines Volkes. Die Epoche der Russischen Revolution 1891 bis 1924, Berlin 2008, 529.

Lenin indessen versprach die Umsetzung utopisch erscheinender Ziele in der Manier eines Missionars. Konsequent ging er ans Werk. Die Flut an Dekreten, die binnen weniger Wochen das Zarenreich zumindest formal völlig umkrempelten, zeugt davon. Machtstreben paarte sich mit fanatischer Hingabe an die Sache. Lenin rechtfertigte »seinen Weg« als alternativlos. Die Skepsis gegenüber seinen Plänen, die ihm selbst in seinem nächsten Umfeld begegnete, schob er beiseite. Schließlich sei alles eine Frage des Willens. Die Hürden, die er bei der Umgestaltung des Landes vorfand, schienen aber nahezu unüberwindbar zu sein. Probleme ergaben sich schon angesichts einer fragwürdigen Motivation an der Basis. Ganz offensichtlich wurden die bevorstehenden Herausforderungen unterschätzt. Lenin gerierte sich wieder als Lehrmeister: »Unwissenheit und Schlamperei« seien in Anbetracht der großen Aufgabe des »Bauens am Sozialismus« abzuschütteln. Das alles sei selbstverständlich »viel schwieriger, als den Idioten Romanow oder den Dümmling Kerenski zu stürzen«.[3]

Lenin pochte auf die Überwindung »allzu menschlicher« Unzulänglichkeiten – nicht anders als etwa Rosa Luxemburg, die ungefähr ein Jahr später, vor dem Hintergrund der »deutschen Revolution«, über die Herausforderungen einer sozialistischen Transformation sinnierte. Sie kam zu folgendem Schluss: »Mit faulen, leichtsinnigen, egoistischen, gedankenlosen und gleichgültigen Menschen kann man keinen Sozialismus verwirklichen. Sozialistische Gesellschaft braucht Menschen, von denen jeder an seinem Platz voller Glut und Begeisterung für das allgemeine Wohl ist, voller Opferfreudigkeit und Mitgefühl für seine Mitmenschen, voller Mut und Zähigkeit, um sich an das Schwerste zu wagen.«[4] Lenin hätte zugestimmt, wenngleich Luxemburg vor allem den, wie sie schrieb, »Wegfall« des Kapitalisten »mit der Peitsche« betonte. Entsprechende Disziplin unter der Arbeiterschaft forderte sie trotzdem ein, nur dass sie dabei einen »Zwang ohne Gewalt« vor Augen hatte – wie auch immer das dann in der Praxis aussehen hätte sollen.[5]

---

3 LW, Bd. 27, 215.

4 Rosa Luxemburg, Die Sozialisierung der Gesellschaft (1918). https://www.rosalux.de/stiftung/historisches-zentrum/rosa-luxemburg/die-sozialisierung-der-gesellschaft (14.2.2023).

5 Ebd.

Wie aber sah nun Lenin abseits der schon früh konstatierten Defizite des in Russland verfügbaren »Menschenmaterials« die allgemeinen Voraussetzungen für das »sozialistische Experiment«? Revolution und Bürgerkrieg hatte er immer zusammengedacht. Ausufernde Gewalt stellte sich für ihn als eine Art Purgatorium des Sozialismus dar. War beides möglich? Krieg und Sozialismus, also Aufbau einer neuen Gesellschaft unter den Bedingungen blutiger Exzesse und innerer Wirren?

Lenin hatte seit jeher offen von apokalyptischen Szenarien gesprochen. Ja, er gab zu, solche Zustände geradezu anzustreben; sie entsprachen lediglich den erwartbaren »Geburtswehen« einer neuen Gesellschaft. Trotzdem hatte er sich noch vor der Machtergreifung den Bürgerkrieg in Russland eher als kurzes Scharmützel ausgemalt. Zumindest diente ihm der schwache Widerstand während der Kornilow-Revolte dazu, seine schwankenden Genossen im September 1917 mit der Perspektive eines leicht zu erringenden Sieges über ein lediglich kleines Häuflein antirevolutionärer Kräfte zu beschwichtigen.[6] Außerdem betonte er die weit über Russland hinausreichenden Konsequenzen einer Umwälzung: Die Weltrevolution, meinte er, würde dem russischen Proletariat zu Hilfe kommen, und zwar dann, wenn es doch und entgegen aller Voraussicht zu größerer Gegenwehr seitens der »Reaktion« kommen sollte. Das und seine Bezugnahme auf die Pariser Kommune, wo sich umgehend neue, »revolutionäre« Strukturen herausgebildet hatten, bestärkten ihn darin, nach dem Oktoberumsturz den Aufbau des Sozialismus umgehend in Angriff zu nehmen. Schon im April 1917 hatte er erste konkrete Maßnahmen gefordert – und war verlacht worden, sogar von den eigenen Genossen. Dennoch hatte er bereits die Existenz des Sowjets der »Arbeiter- und Soldatendeputierten« als einen »Schritt zum Sozialismus«, als Verkörperung der »Kommune« qualifiziert.[7] Schon damals orientierte er sich außerdem an den Mechanismen der Kriegswirtschaft. Dieser Staatsdirigismus beinhaltete die Außerkraftsetzung der Gesetze des Marktes und die Einführung von Zwangsmaßnahmen.[8] Im Wesentlich galt es, die

6 Vgl. Lenins Ausführungen zu den Möglichkeiten des Machterhalts nach der Revolution: LW, Bd. 26, 171–221.
7 LW, Bd. 36, 428.
8 Vgl. Manfred Hildermeier, Die Russische Revolution 1905–1921, Frankfurt am Main 1989, 151f.

Effizienz der deutschen Kriegsökonomie anzustreben. Sie diente ihm als Vorbild. Das System der russischen Kriegswirtschaft hatte demgegenüber eine Vielzahl von Defiziten aufgewiesen. Dennoch: Den Sozialismus würde man auf Grundlage teilweise bereits vorhandener Strukturen einführen können. Im Frühjahr 1917 hatte er dabei vor allem die »Kontrolle über die gesellschaftliche Produktion« und die Verteilung von Gütern »durch den Sowjet der Arbeiterdeputierten« im Blick.[9]

Nicht nur Lenin wandte sich solchen Überlegungen zu. Auch in Deutschland war vom »Kriegs-Sozialismus« die Rede und von Perspektiven, welche die seit 1914 geltende Organisation der Wirtschaft zur Basis staatssozialistischer Maßnahmen mit anhaltender Wirkung auf das kapitalistische Wirtschaftssystem erklärten. Gepaart mit der Erwartung eine Demokratisierung des Reichs träumte man von einer Entwicklung, entlang derer man »immer mehr auf die Bahn sozialistischer Organisation der Volkswirtschaft« geraten werde.[10] Selbst weniger euphorische SPD-Stimmen sprachen immerhin vom »größten praktischen Triumpf, den bisher der Sozialismus über den Kapitalismus« errungen habe, da dessen »Produktionsweise« augenscheinlich zusammengebrochen sei.[11] Dass solche Interpretationen nicht zuletzt einer Rechtfertigung der eigenen kriegsbejahenden Politik von 1914 dienten und schließlich von eher langfristigen Perspektiven für einen sozialistischen Weg ausgegangen wurde, irritierte Lenin nicht.[12] Dasselbe galt wohl auch für die diesbezüglichen Bedenken des österreichischen Sozialdemokraten Max Adler, der sich entschieden dagegen wehrte, den Sozialismus als »kriegsgeborenes« Mangel- und Zwangssystem vorzuführen.[13]

Lenin aber schaute weiterhin nach Deutschland. Der Frieden mit dem Kaiserreich stand sozusagen vor der Türe, das dortige Proletariat würde sich erheben und einem gemeinsamen Aufbau des Sozialismus stünde dann nichts mehr im Wege. Die Erfahrungen und Kenntnisse der deutschen Brüder würden die Defizite des

9 LW, Bd. 36, 430.
10 Zit. nach Wolfgang Kruse, Krieg und nationale Integration. Eine Neuinterpretation des sozialdemokratischen Burgfriedensschlusses 1914/15, Essen 1994, 122f.
11 Zit. nach ebd., 123.
12 Robert Sigel, Die Lensch-Cunow-Haensich-Gruppe. Eine Studie zum rechten Flügel der SPD im Ersten Weltkrieg, Berlin 1976, 54f.
13 Max Adler, Ueber den Kriegssozialismus, in: Arbeiter-Zeitung, 13.4.1914, 2.

agrarischen Russlands beseitigen helfen. Alles schien sehr einfach zu sein. Was er in *Staat und Revolution* geschrieben hatte, musste nur umgesetzt werden. In diesem dürftigen »Masterplan« hieß es u.a.: »Rechnungsführung und Kontrolle – das ist das Wichtigste, was zum ›Ingangsetzen‹, zum richtigen Funktionieren der kommunistischen Gesellschaft in ihrer ersten Phase erforderlich ist. Alle Bürger verwandeln sich hier in entlohnte Angestellte des Staates, den die bewaffneten Arbeiter bilden. Alle Bürger werden Angestellte und Arbeiter eines das gesamte Volk umfassenden Staatssyndikats. Es handelt sich nur darum, dass sie alle gleichermaßen arbeiten, das Maß der Arbeit richtig einhalten und gleichermaßen Lohn bekommen. Die Rechnungsführung und Kontrolle darüber ist durch den Kapitalismus bis zum äußersten vereinfacht, in außergewöhnlich einfache Operationen verwandelt worden, die zu verrichten jeder des Lesens und Schreibens Kundige imstande ist, er braucht nur zu beaufsichtigen und zu notieren, es genügt, daß er die vier Grundrechenarten beherrscht und entsprechende Quittungen ausstellen kann.«[14]

Die sofortige Verstaatlichung der Banken und die Aufhebung des Privateigentums entsprachen einem mit Ungeduld betriebenen Umgestaltungskurs ebenso wie die sogenannte Arbeiterkontrolle. Im »Dekret über den Grund und Boden« wurden außerdem weitgehende Zugeständnisse an die Bauern publik gemacht. Mit einem Waffenstillstandsangebot wandten sich die Bolschewiki überdies an alle »kriegführenden Völker und ihre Regierungen«. Noch am 26. Oktober gab sich Lenin vor den Delegierten des Sowjetkongresses überzeugt, dass die Bevölkerung in allen Staaten nun für den Frieden und gegen die herrschende Bourgeoisie auftreten werde.[15] Zu Recht wurde betont, dass Lenin im »Dekret über den Frieden« jene Formel vom »Verständigungsfrieden« benutzte, die bereits die Provisorische Regierung »seit Mai im Mund geführt hatte«.[16] Allerdings kündigten die Bolschewiki darüber hinaus die Entlassung aller nichtrussischen Völker aus dem Staatsverband an. Und was noch wichtiger war: Jetzt wurde die Bereitschaft signalisiert, »Friedensbedingungen

14 Lenin, Ausgewählte Werke, Bd. VII, 92.

15 Vtoroj Vserossijskij S"ezd sovetov rabočich i soldatskich deputatov. 25–26 oktobrja 1917 g. Sbornik dokumentov i materialov, Moskva 1997, 103.

16 Hildermeier, Revolution, 255.

zu erwägen«, die gegebenenfalls vom angepeilten »gerechten demokratischen« Frieden abweichen durften.[17] Lenin stieß also die Türen in alle Richtungen auf.[18]

»Sei's drum«

Die Dekrete, die er am 26. Oktober vor dem Sowjetkongress verkündete, hatte er in der vorangegangenen Nacht in der Wohnung von Wladimir Bontsch-Brujewitsch verfasst. Wenn man der Berichterstattung in den bolschewistischen Zeitungen Glauben schenkt, dann erklomm er an diesem Tag das Rednerpult unter stürmischem Beifall und frenetischen Ovationen der Kongressabgeordneten.[19] Von nun an wurde der Hinweis auf nicht enden wollende Begeisterungsstürme anlässlich seines Auftretens und seiner öffentlichen Reden obligatorischer Zusatz in der Presseberichterstattung. Der Exilant, der den breiten Massen unbekannt war, empfing den Applaus eines Stars. Lenin wurde zur Kultfigur.

Die Tatsache, dass der Bolschewikenführer mit dem »Dekret über den Grund und Boden« das Agrarprogramm der Sozialisten-Revolutionäre plagiierte, überraschte offenbar nicht wenige. »Sozialisierung des Landes« und »ausgleichende« Nutzung des Bodens gehörten zu den Kernforderungen der SRy und begünstigten eine bäuerliche Familienwirtschaft, die Lenin mit seinen Vorstellungen von industrialisierten Großbetrieben für völlig überholt hielt. Eine umfassende Lösung der Bodenfrage delegierte er allerdings an die Beschlüsse der Konstituierenden Versammlung. Er tat also das, was er an den kurzlebigen Vorgängerregierungen so wortreich kritisiert hatte: Er gab die Ausarbeitung genauerer Regelungen aufgrund der konstatierten Komplexität des Problems ab. Da sich die Bauern das Gutsherrenland meist ohnehin schon eigenmächtig einverleibt hatten, sah er hier keinen Grund für Eile. Die Ausformulierung legistischer Rahmenbedingungen für die Landreform konnte warten. Auf Zwischenrufe der Anwesenden, die ihn darauf aufmerksam machten, dass er mit Inhalten hausieren ging, die dem Ideengut

17 Ebd., 256.
18 Original abrufbar unter: https://www.1000dokumente.de/index.html?c=dokument_ru&dokument=0005_fri&object=facsimile&pimage=1&v=150&nav=&l=de (1.3.2023).
19 Vtoroj Vserossijskij S"ezd, 57.

der SRy entstammten, reagierte er mit unfassbarer Dreistigkeit. Er entgegnete lapidar: »Pust' tak«, also »Sei's drum.«[20]

Da mit dem Auszug der Menschewiki und Rechten SRy aus dem Sitzungssaal der Sowjetdelegierten auch die Stenographen verschwunden waren, fehlen eingehendere und vor allem authentische Schilderungen über die Reaktionen auf Lenins Aussage. Auffallend ist jedenfalls, dass die damals noch aktiven oppositionellen Zeitungen wenig über das solcherart präsentierte Landdekret berichteten.[21] Es sei einerlei, meinte Lenin indessen unbekümmert, wer es abgefasst habe. Seinen weiteren Erklärungen ließ sich schließlich entnehmen, dass er selbst, der immer die Nationalisierung des Bodens gepredigt hatte, den Erlass inhaltlich gar nicht mittrug. Er sah ihn lediglich als quasi unumgängliches Zugeständnis an den Willen der Volksmassen, dem er sich in Anbetracht der bäuerlichen Bevölkerungsmehrheit nicht versperren wollte. In Aussicht stellte er aber eine Art Harmonisierung von bolschewistischem Agrarprogramm und den Konzepten der Sozialisten-Revolutionäre – obwohl er, was er auch offen sagte, davon ausging, dass die Bauern ohnehin den SRy und nicht den Bolschewiki zuneigen würden.[22] Angedeutet wurde damit auch die Frage des kommenden Plebiszits, d. h. der Wahlen zur Konstituierenden Versammlung. Lenin wäre diesen am liebsten ausgewichen, weil er die Präferenzen der Bauern antizipierte. In der Frage des bevorstehenden Urnengangs beugte er sich aber den Einwänden seiner Parteigenossen, die von einer Absage des Referendums abrieten. Sie fürchteten wütende Proteste und einen schweren Prestigeverlust für die Partei. Manche bangten für diesen Fall sogar um das Fortbestehen der SDAPR. Lenin lenkte nur deswegen ein, weil er bereits das »Begräbnis« der Konstituante zu planen begann.

In Anbetracht des erwartbaren Votums der Agrarbevölkerung für eine Partei, die sie als ihre wichtigste Interessensvertretung empfand, war der Eintritt der Linken SRy in Lenins Regierung ein Geschenk. Außerdem hatte die PSR schon vor dem Krieg wesentlich zur Gründung verschiedener Kooperativen beigetragen. Das solcherart geschaffene Netzwerk an Konsum- und

20 Ebd.
21 Vtoroj Vserossijskij S"ezd sovetov, passim.
22 LW, Bd. 26, 252.

landwirtschaftlichen Produktivgenossenschaften erschien wohl auch den Bolschewiki als attraktive Grundlage für ihre Politik.[23] Nachteilig war freilich der Umstand, dass die PSR sich ja mittlerweile gespalten hatte und sich der bäuerliche Zuspruch für die Sozialisten-Revolutionäre auf zwei Fraktionen aufteilen würde. Ende Dezember 1917 saßen in jedem Fall sieben SR-Volkskommissare im Sownarkom. Zuvor übernahm ihre Partei gemeinsam mit den Bolschewiki die Kontrolle über den Bauernsowjet. Mithilfe einer ungezügelten Radaupolitik gelang ihnen dort die Spaltung des Rates. Die Rechten SRy zogen daraufhin aus dem 2. Allrussischen Bauernkongress aus. Ihre »Gegenveranstaltung« in Form einer alternativen Konferenz wurde daraufhin von den Bolschewiki terrorisiert und erlangte keinerlei Bedeutung.[24]

Die Linken SRy hatten sich zu Komplizen der Bolschewiki gemacht. Der Verwirklichung ihres Programms räumten sie am Ende Priorität ein. Ihr Ziel, die diktatorische Politik der Bolschewiki einzuhegen, geriet in den Hintergrund.[25] In Summe profitierten die Bolschewiki mehr von den Linken SRy als umgekehrt. Der Einfluss von Lenins Partei auf die Bauernvertreter wuchs, während der Handlungsspielraum der Sozialisten-Revolutionäre mit der schrittweisen Beschneidung der Sowjetkompetenzen sank. Die Räte wurden zurückgedrängt, die Regierung, d.h. der Sownarkom, gestärkt.[26] Lenin hatte die Sowjets zuvor scharf kritisiert. Menschewiki und SRy, behauptete er, hätten es vor dem Oktoberumsturz »zuwege gebracht«, die Räte nach dem bürgerlichen parlamentarischen Prinzip zu »versauen«.[27] Ungeachtet dessen galten sie allein aufgrund ihrer hohen Mitgliederanzahl von mehreren Hundert Delegierten als schwerfällig. Entscheidungsprozesse waren aber nach Lenins Meinung nach Möglichkeit kurz zu halten. Die Einrichtung des aus nur fünf Vollmitgliedern – darunter natürlich Lenin – und einer

23 Vgl. . Lutz Häfner, »Genossen«? Sozialismuskonzeption und politische Praxis der Partei der Sozialrevolutionäre Russlands und ihr Verhältnis zur SPD, in: Archiv für Sozialgeschichte 53 (2013), 67–91, 72.

24 Genau und anschaulich beschrieben bei Lutz Häfner, Die Partei der linken Sozialrevolutionäre in der Russischen Revolution von 1917/18, Köln/Weimar/Wien 1994, 282–305.

25 Ebd., 200.

26 Vgl. Helmut Altrichter, Staat und Revolution in Sowjetrussland 1917–1922/23, Darmstadt 1996, 212.

27 W. I. Lenin, Ausgewählte Werke, Bd. VII, Zürich 1934, 43.

Handvoll »Kandidaten« bestehenden Politbüros im Frühjahr 1919 legte die Entscheidungsgewalt dann definitiv in die Hand der Partei. Hier wurden alle wesentlichen Fragen zur Innen- wie Außen-, Wirtschafts- und Finanzpolitik »vorberaten«.[28] Das ZEK der Räte indessen trat ab 1918 kaum noch zu regulären Sitzungen zusammen.[29] Der Partei wurde die »Direktiv-, den Sowjets aber die Exekutivgewalt« zugeordnet.[30]

Während die Linken SRy die Kooperation mit den Bolschewiki primär deswegen eingegangen waren, um ihre Agrarpolitik abzusichern und Kontrolle über den Reformprozess am Land zu erlangen, spekulierte Lenin auf ein lediglich kurzfristiges Bündnis.[31] Zu unterschiedlich erschienen ihm die Ziele, zu groß die Diskrepanzen hinsichtlich des Tempos für die Umgestaltung. Während der Sownarkom-Chef Russland eine Art Crashkurs in Sachen Sozialismus verordnete, rechneten die Linken SRy mit etwa 50 bis 100 Jahren, um ihre Pläne für die Sozialisierung des Landes verwirklichen zu können.[32] Lenin betonte zwar die politische »Zurückgebliebenheit« der Bauern und eine erforderliche Phase, um sie zu »erziehen«, aber er drängte gleichzeitig auf einen möglichst schnellen sozialistischen Wandel – gerade auch im Agrarsektor. Gleichzeitig war die Kontrolle über die dörfliche Bevölkerung noch lang nicht erreicht. Die Herausbildung bolschewistischer Parteizellen schritt nur sehr langsam voran.[33]

Es lohnt sich, an dieser Stelle an Lenins grundsätzliche Einstellung zu den Bauern zu erinnern. 1905 schrieb er, dass dem »Bauernaufstand auf jegliche Weise« geholfen werden müsse, »bis hin zur Konfiskation der Ländereien – aber durchaus nicht bis zu allerhand kleinbürgerlichen Projekten«. Folgerichtig erklärte er: »Wir unterstützen die Bauernbewegung, soweit sie revolutionär-demokratisch ist. Wir bereiten uns vor (und zwar sofort, unverzüglich), sie zu bekämpfen, sobald sie sich als reaktionär, als antiproletarisch offenbaren wird.« Darin, meinte er, bestünde das »ganze Wesen des

28 Altrichter, Staat und Revolution, 227.
29 Ebd., 223.
30 Ebd., 226.
31 Häfner, Die Partei der linken Sozialrevolutionäre, 210.
32 Ebd., 329.
33 Vgl. ebd., 304f.

Marxismus«, in dieser »zweifachen Aufgabe«.[34] Dann fügte er hinzu, dass die Unterstützung der Bauern nur dazu diene, »die demokratische Revolution zu vollbringen, damit es uns, der Partei des Proletariats, umso leichter sei, möglichst rasch zu einer neuen und höheren Aufgabe, zur sozialistischen Revolution, überzugehen.«[35]

Die Bereitschaft, das SR-Agrarprogramm 1917 ganz einfach zu übernehmen, kam bei genauerer Betrachtung also keineswegs so unerwartet, wie das auf den ersten Blick erscheinen mochte. Lenin dachte und handelte in Etappen. Zum einen mussten die Bauern zumindest kurzfristig zufriedengestellt werden, zum anderen ging es um die Absicherung fundamentaler Umwälzungen. Das Element der »Zertrümmerung« einer mittelalterlichen russischen Landwirtschaft hatte Lenin bei aller Distanz zu den SRy in deren Konzepten schon vor vielen Jahren gewürdigt.[36] Und nur diese irreversible Zerstörung des Gutsbesitzes interessierte ihn auch 1917. Die »kleinbürgerlichen« Ziele der SRy, die über die Vernichtung gutsherrlicher Besitzverhältnisse hinausgingen, würde man nur zum Schein mittragen. Bereits 1907 hatte er in diesem Sinne festgehalten, dass die »Schaffung von Verhältnissen eines größtmöglichen sozialen Friedens« zugunsten bäuerlicher Interessen den Plänen der SRy entsprach, nicht aber seinen. Ihm ging es um den Klassenkampf und nicht um das »›warme Nest‹« irgendwelcher »Kleinbesitzer« oder um ein »kleinbürgerliches Reformatorentum«.[37]

An der hochkomplexen Frage, welche Rolle der Bauernschaft in der Revolution zukam oder zukommen sollte sowie an der Agrarproblematik im Allgemeinen, arbeiteten sich Lenins Weggefährten und Epigonen gleichermaßen ab. Alle möglichen Zitate aus dem Œuvre des »Meisters« wurden hierfür herangezogen. Trotzki etwa betonte, dass Lenin in Anbetracht des bäuerlichen »Anteils« an der Machtergreifung 1917 wiederholt sogar von einer »bürgerlichen Oktoberrevolution« gesprochen hatte. Lenin aber versah die »Oktoberrevolution« immer wieder mit wechselnden Attributen. Ungeachtet dessen konnte ihr nur jene »Bauernpolitik« folgen, die er schon 1905

34 W. I. Lenin, Ausgewählte Werke, Bd. I, Berlin 1951, 540.
35 Ebd., 542.
36 Vgl. LW, Bd. 18, 137f.
37 W. I. Lenin, Das Agrarprogramm der Sozialdemokratie in der ersten Russischen Revolution von 1905–1907, Berlin 1950, 172.

prophezeit hatte: die Einleitung des Klassenkampfes im Dorf.[38] Dies fiel umso leichter, als die Lebensmittelbeschaffung für die Städte ab dem Frühjahr 1918 Priorität bekam und sich parallel dazu Widerstand unter der Landbevölkerung regte.[39]

Den Bauern brachte die dekretierte Umverteilung des Landes bzw. die Enteignung des Gutsbesitzes in Summe wenig ein. Den Zielen der Bolschewiki liefen die Folgen des Landdekrets insofern zuwider, als sich die Zahl der Klein- und Kleinstbetriebe erhöhte. Noch zu Mitte der 1920er Jahre bewirtschaftete der russische Bauer »im Durchschnitt 16 voneinander getrennte Bodenanteile«.[40] Diese Entwicklung in Richtung einer weiteren Zerstückelung des Bodens hielt Lenin nicht davon ab, sich auf die noch verbliebenen »Kulaken und Dorfwucherer« zu konzentrieren. Ab Mitte 1918 – bereits vor dem Hintergrund sich ausweitender innerer Kämpfe – wurde mit den sogenannten Kombedy, den »Komitees der Dorfarmut«, der Klassenkampf gleichsam nach Plan ins Dorf getragen. Die Lebensmittelversorgung sollte mithilfe von Requirierungen und Bespitzelungen vermeintlich konterrevolutionärer »reicher« Landwirte sichergestellt werden.[41] In Anbetracht der um sich greifenden Hungersnot kannte Lenins Hass auf die Kulaken keine Grenzen. Der Anteil dieser »kapitalistischen Bauern« an der Landbevölkerung war aber in Wirklichkeit gering. Auf »Lohnarbeit« griffen bis 1917 nur etwa zwei Prozent der bäuerlichen Haushalte zurück.[42] Lenin aber bekannte sich offen zur Spaltung der Bauernschaft. Er behauptete darüber hinaus, dass das »Landproletariat« der Ausbeutung nur durch die Schaffung von Großbetrieben und bäuerlichen Genossenschaften entkommen könne. Unablässig hetzte er zur Gewalt gegen die Kulaken und forderte dazu auf, von diesen verstecktes bzw. dem Regime vorenthaltenes Getreide aufzuspüren.[43] Als Resultat erntete er aber keineswegs die gewünschte Einsicht der Bauern. Seine Werbung für kollektiv-

38 Vgl. Leo Trotzki, Die permanente Revolution (1929). https://www.marxists.org/deutsch/archiv/trotzki/1929/permrev/ltperm04.htm (12.1.2023).

39 Vgl. Alexander Rabinowitch, Die Sowjetmacht. Das erste Jahr, Essen 2010, 362f.

40 Vgl. Markus Wehner, Bauernpolitik im proletarischen Staat. Die Bauernfrage als zentrales Problem der sowjetischen Innenpolitik 1921–1928, Köln/Weimar/Wien 1998, 18.

41 Helmut Altrichter, Russland 1917. Ein Land auf der Suche nach sich selbst, Paderborn 2017, 366; Donald J. Raleigh, Experiencing Russia's Civil War. Politics, Society and Revolutionary Culture in Saratov, 1917–1922, Princeton/New York 2002, 318–320.

42 Vgl. Figes, Tragödie, 653.

43 Vgl. LW, Bd. 27, 164–173.

wirtschaftliche Arbeitsweisen vermochte nicht zu begeistern und der Kreuzzug gegen die Kulaken wurde mehrheitlich abgelehnt. Widerstand löste folgerichtig die Errichtung landwirtschaftlicher Kommunen aus. Dennoch gab es bereits im Sommer 1919 mehr als 2000 derartige Kollektive.[44]

Überall trafen die Bolschewiki auf die Ablehnung und Renitenz der Landbevölkerung. Diese Abwehrhaltung brachte Lenin vor allem dann in Rage, wenn er eine »Kollaboration« von Kulaken und Weißgardisten, d.h. antibolschewistischen Einheiten, vor Augen hatte. Die »Rädelsführer« aufständischer Kulaken sollte man in diesem Fall »erhängen«, »Geiseln aus der Mitte der Reichen« ausheben und so lange festhalten, bis vorhandene Getreideüberschüsse samt und sonders abgeliefert würden.[45] Der »Bauernkrieg«, der sich entfaltete, war zu einem Gutteil nichts anderes als jener geschürte Klassenkampf, den Lenin – seinen Denkkategorien zufolge – brauchte, um die soziale Revolution anzusteuern. Er sprach schließlich von einer »Oktoberrevolution«, die sich auf dem Land erst zeitverzögert, d.h. im Sommer und Herbst 1918, zu verwirklichen begann. Diese »Revolution« wiederum vollzog sich – so stellte er es dar – unter Zuhilfenahme bewaffneter Arbeiter, die den armen Bauern gegen die Großbauern Unterstützung gewährten.[46] Klarer hatte sich in diesem Kontext Lenins Parteikollege Jakow Swerdlow ausgedrückt: »Wenn es uns gelingt, das Dorf in zwei Lager zu spalten, dort den Bürgerkrieg zu entfachen, dann gelingt uns im Dorf die gleiche Revolution wie in den Städten.«[47]

Zwang

Lenin zog die Sendlinge der »Dorfarmut«, die als Exekutoren eines erbarmungslosen Terrors auftraten, bald wieder ab. Nicht, weil er einen solcherart ausgetragenen Klassenkampf plötzlich für grausam hielt, sondern weil der Plan sich nicht bewährte. Die Gewalt verschwand damit aber nicht aus dem Dorf. Die Rote Armee, deren Aufbau in den ersten Monaten des Jahres 1918 in Angriff genommen

44 Vgl. Wehner, Bauernpolitik im proletarischen Staat, 32.
45 LW, Bd. 25, 331.
46 Lenin, Ausgewählte Werke, Bd. VI, 500–504.
47 Zit. nach Hélène d´Encausse, Hélene, Lenin, München 2000, 336.

wurde, musste versorgt werden. Mithilfe von Getreiderequirierungen und der zwangsweisen Beschaffung anderer Güter geschah das hauptsächlich auf Kosten der Landbevölkerung.

Der »Kriegskommunismus«, der sich als Bezeichnung für die Phase zwischen Oktober 1917 und der Einführung einer neuen Wirtschaftspolitik 1921 »eingebürgert hat«, war nicht der Kommunismus »während der Kriegszeit«, also des Bürgerkriegs, sondern »die Strategie des direkten Aufbaus des Kommunismus, die sich auf ›kriegsmäßige‹ Methoden, Begriffe und Organisationsformen stützte«.[48] Das bedeutete auch, die destruktiven Kräfte des inneren Konflikts als natürliche Elemente des Systemwechsels zu integrieren. So betrachtet sollte beispielsweise die Inflation gezwungenermaßen zur Abschaffung des Geldes führen und ein »sozialistischer Produktentausch« die Marktwirtschaft ersetzen. Ihre Eingriffe wiederum sahen die Bolschewiki als Grundlagen für die weitere Planung und Lenkung der Wirtschaft.[49] Während Lenin das Scheitern des Kriegskommunismus vor allem widrigen Umständen oder halbherzig durchgeführten Maßnahmen anlastete, ließ sich dieses eher auf eine theoriegeleitete Realitätsferne zurückführen. Anzufügen ist freilich, wie kontrovers das Phänomen diskutiert wird. In aktuellen Kommentaren werden Bürgerkrieg und Kriegskommunismus als weitgehend idente Erscheinungen begriffen: Der Bürgerkrieg *war* demnach der Kriegskommunismus und vice versa.[50]

Auch die noch 1917 eilig eingeführte Arbeiterkontrolle, die dem Proletariat die Zuständigkeit für Produktion und Verteilung der Güter überließ, mündete bald in erhebliche Misserfolge. Zusätzlich zu organisatorischen Schwierigkeiten und der Überforderung der Arbeiter fehlten die Rohstoffe. Viele Fabriken mussten schließen, Zehntausende Arbeiter verloren ihre Existenzgrundlage.[51] Bereits im Frühjahr 1918 blieb Lenin nichts anderes übrig, als das Scheitern des Experiments einzugestehen. Wie die gewünschten Ergebnisse zu erreichen waren, wusste er aber genau: »Durch die Unterordnung

48 Stephan Merl (Hg.), Sowjetmacht und Bauern. Dokumente zur Agrarpolitik und zur Entwicklung der Landwirtschaft während des »Kriegskommunismus« und der Neuen Ökonomischen Politik, Berlin 1993, 29.

49 Ebd.

50 Erik C. Landis, The Political Economy of War Communism, in: Daniel Orlovsky (Hg.), A Companion to the Russian Revolution, Hoboken 2020, 347–361, 347.

51 Altrichter, 1917, 302–307.

des Willens von tausenden unter den Willen eines einzelnen.«[52] Schon in *Staat und Revolution* hatte er klargestellt, dass »man sich der bewaffneten Avantgarde aller Ausgebeuteten und Werktätigen«, d.h. dem Proletariat, zu beugen hatte.[53] Und er legitimierte entsprechende Druckmittel. Die »Form des Zwangs«, führte er aus, werde »bestimmt durch den Entwicklungsgrad der gegebenen revolutionären Klasse, ferner durch solche besonderen Umstände wie zum Beispiel die Erbschaft eines langen und reaktionären Krieges, ferner durch die Formen des Widerstandes der Bourgeoisie und des Kleinbürgertums«. Daher gebe es »entschieden keinerlei prinzipiellen Widerspruch zwischen dem sowjetischen (d.h. dem sozialistischen) Demokratismus und der Anwendung der diktatorischen Gewalt einzelner Personen«.[54]

Allerdings mangelte es diesen »einzelnen Personen« oft an Kompetenzen. Erst nach und nach sickerte die Erkenntnis ein, wonach es zumindest in der ersten Phase »Spezialisten« aus den Reihen der verpönten Intelligenty und »Burschujs«, also der Bürgerlichen, brauchte, um die Wirtschaft und später auch die Rote Armee zu organisieren bzw. zu führen. Solche Kompromisse stießen manche Bolschewiki, die Lenins Losungen von der endgültigen Beseitigung der früheren Eliten verinnerlicht hatten, vor den Kopf. Demgegenüber wurden ehemalige zarische Offiziere nicht selten unter Gewaltanwendung dazu gezwungen, sich nunmehr als Befehlshaber für die Arbeiter- und Bauernarmee zur Verfügung zu stellen. Um die befürchtete Subversion der solcherart rekrutierten sogenannten Militärspezialisten ausschließen zu können, wurden Geiseln aus dem Kreis ihrer Familien genommen. Politische Kommissare, die die Offiziere zu kontrollieren hatten, ließ Trotzki erschießen, wenn sie ihm nicht gehorchten. Deserteure wurden durch Dezimation liquidiert – d.h. jeder zehnte Soldat, der sich unerlaubt von der Truppe entfernte, wurde erschossen.[55] Anwendung fand damit eine Strafe, wie sie in den Reglements auch anderer Armeen aufschien – ohne allerdings nur annähernd in jenem Ausmaß exekutiert worden zu sein wie unter den

52 LW, Bd. 27, 259.
53 Lenin, Ausgewählte Werke, Bd. VII, 45.
54 LW, Bd. 27, 259.
55 Robert Service, Lenin. Eine Biographie, München 2000, 497.

Rotarmisten.[56] Die Soldaten des Oktoberregimes verrohten angesichts unbarmherziger Disziplinierungsmaßnahmen sowie erbärmlicher Lebensbedingungen zusehends. Krankheiten wie Fleckfieber, Cholera und die Pocken sorgten für eine hohe Mortalität. Die meisten wähnten sich in einer Lage, in der sie nichts zu verlieren hatten.[57]

Säuberungen

Das sozialistische Abenteuer kam nicht ohne Zwang und Gewalt aus – und wollte es von Anfang an auch nicht. Was das Regime gegenüber politischen Gegnern bereits seit der Machtergreifung mit zunehmender Härte praktizierte – Unterdrückung, Verfolgung bis hin zur physischen Vernichtung –, erweiterte sich sukzessive auf die gesamte Bevölkerung. Aus deren mangelnder Reife für die konsequente sozialistische Umwandlung hatte Lenin wiederum die Notwendigkeit entsprechender Anleitung deduziert. Hierfür sollte – ungeachtet eines interimistischen Zugeständnisses an das »bourgeoise Spezialistentum« – die Partei zuständig sein und nicht die Sowjets oder gar die Gewerkschaften. Über deren Rolle entwickelten die Genossen im Weiteren höchst unterschiedliche Vorstellungen. Die Partei aber, die Lenin als »Generalstab« der Revolution konzipiert hatte, sollte sich jetzt nicht nur im Sinne einer marxistischen Aufklärung der Massen betätigen, sondern insgesamt den Aufbau des Sozialismus lenken und kontrollieren. Die trotz vorhandener Direktiven und theoretischer Vorgaben immer noch nicht geklärte Frage des Gestaltens »von unten«, der »praktischen« Zentralisierung und des Handlungsspielraums vor allem der Gewerkschaften spaltete indessen die Partei in verschiedene Fraktionen auf. Demokratische Zentralisten, Arbeiteropposition und Trotzkisten matchten sich um die Position der »Meinungsführerschaft« und somit um die Zielrichtung. Für Alexandra Kollontaj als Sprecherin der Arbeiteropposition ging es in den Auseinandersetzungen vor allem um die Frage, »ob wir den Kommunismus mit Hilfe der Arbeiter verwirklichen werden, oder über ihre

---

56 Vgl. Verena Moritz, Völker- und Militärrecht. Praxis der Gefangenenbehandlung und Thematisierung von Missständen, in: Dies./Julia Walleczek-Fritz (Hg.), Kriegsgefangenschaft in Österreich-Ungarn 1914–1918. Historiographien, Kontext, Themen, Wien/Köln 2022, 467–622.

57 Figes, Tragödie, 653.

Köpfe hinweg vermittels der Sowjetbeamten«.[58] Lenin aber sprach von einer »Schule des Kommunismus« und den Gewerkschaften als einem Transmissionsriemen. Sie stünden »zwischen der Partei und der Staatsmacht« und dienten der »Verbindung der Avantgarde mit den Massen«.[59]

Wenn Lenin sich entschied, dort und da die Zügel zu lockern oder beispielsweise Trotzkis rabiaten Plänen von einer »Militarisierung der Arbeit« widersprach, dann scheute er nicht die Radikalität als solche.[60] Da aber womöglich überhandnehmender Widerstand aus der Bevölkerung befürchtet werden musste und außerdem die organisatorischen Voraussetzungen für eine allumfassende Beanspruchung der Werktätigen fehlten, erschien es angezeigt, wenigstens hier für Mäßigung einzutreten. Die Balance zwischen Zwang und Zugeständnissen gegenüber der Bevölkerung war zunehmend eine Überlebensfrage für das Regime, die auch Lenin zuweilen von extremeren Positionen abrücken ließ. Vergleichbare Hemmungen gegenüber den »Klassenfeinden« konnten von vornherein entfallen. Wer anders dachte, provozierte Lenins Zorn. Zu ihnen zählte zum Beispiel Isaak Steinberg, der als Linker SR für kurze Zeit das Volkskommissariat für Justiz leitete. Seine Interventionen gegen die Willkür der Tscheka und ein sachliches Eintreten für rechtsstaatliche Prinzipien betrachtete Lenin lediglich als vorhersehbare »Scherereien« mit untauglichen und daher entbehrlichen Revolutionären.[61] Als Steinberg, abgestoßen von Lenins Plädoyer für den »brutalsten revolutionären Terror«, vorschlug, das Volkskommissariat für Justiz unter diesen Umständen in eines für »soziale Ausrottung« umzubenennen, meinte Lenin achselzuckend, dass eine derartige Neuetikettierung durchaus den Kern der Sache treffe. Doch man könne eben nicht so offen aussprechen, was im Grunde genau so beabsichtigt sei.[62]

---

58 Zit. nach Hendrik Wallat, Staat oder Revolution. Aspekte und Probleme linker Bolschewismuskritik, Münster 2012, 142.

59 LW, Bd. 32, 2f.

60 Vgl. dazu Trotzkis Ausführungen: Leo Trotzki, Die Probleme der Organisation der Arbeit. Die Sowjetmacht und die Industrie (1921). https://www.marxists.org/deutsch/archiv/trotzki/1920/terror/08-orgarb.html (22.3.2023).

61 Zit. nach Tobias Grill, Isaak Nachman Steinberg: »Als ich Volkskommissar war« oder »Eine soziale Revolution, die die Rechte ihrer Klassengegner verteidigt – das wäre eine große moralische Lehre der Menschlichkeit gewesen!«, in: Nordost-Archiv. Zeitschrift für Regionalgeschichte 23 (2014), 141–167, 143.

62 Ebd., 147.

Steinberg war nicht der richtige Mann, um gleichsam vorbildhaft jenes revolutionäre Rechtsverständnis zu vertreten, wie Lenin es praktiziert sehen wollte. Zunächst fehlte es offenbar an einer ausreichenden Anzahl von Scharfmachern, die sich genau hierfür einsetzten. Dem bolschewistischen Regierungschef zufolge musste aber die »Säuberung der russischen Erde von allem Ungeziefer« möglichst vorangetrieben werden. Damit gemeint waren u. a. »Gauner«, »Halunken«, »Müßiggänger« und selbstverständlich »Reiche« – wobei Letztere im Allgemeinen auch für die zuerst genannten Kategorien standen. In seinen Direktiven an die Parteigenossen führte er eine ganze Reihe von Demütigungen an, denen die benannten Gruppen unterzogen werden sollten. Es handelte sich um ordinäre Herabwürdigungen: Man solle, riet er an, die »Reichen« Toiletten reinigen lassen, sie als schädliche Elemente kennzeichnen und überwachen sowie diejenigen, die sich des »Parasitentums« schuldig gemacht hatten, kurzerhand »erschießen«.[63] Das dehumanisierende Vokabular einer hemmungslosen Gewaltsprache speiste sich ohne Zweifel aus dem Wortschatz früherer Hetzreden und Verdammungsurteile, die damals aber vor allem abtrünnigen Genossen gegolten hatten. Nach der Revolution steigerten sich dieses verbale Hasspotenzial und ein lustvoll vorgetragener Sadismus bis zur Vorstellung eines angeleiteten Massenpogroms.[64] Der ab Mitte 1918 anwachsende Widerstand gegen das bolschewistische Regime löste noch schlimmere Aggressionen aus: Jetzt verordnete Lenin jenen »Quoten-Terror«, wie er typisch wurde für Stalins Gewaltherrschaft. Derartigen Strafaktionen ging das willkürliche Festsetzen einer bestimmten Anzahl von Opfern voraus. Lenin sprach in diesem Zusammenhang beispielsweise einmal von »mindestens einhundert« Personen, die abgeurteilt werden sollten. Ihre »Hinrichtung« wünschte er sich obendrein als ein öffentliches Schauspiel – »unbedingt vor den Augen der Bevölkerung«.[65]

Als Dimitrij Wolkogonow Anfang der 1990er Jahre seine große Lenin-Biografie vorlegte und damit die postsowjetische Entmythisierung des bisher sakrosankten Revolutionsführers einleitete,

---

63 LW, Bd. 26, 413.
64 Ebd.
65 Zit. nach Service, Lenin, 474.

zitierte er immer wieder Aussagen und Befehle des Parteiführers, die diesen als hemmungslosen Befürworter von Gewaltmaßnahmen vorführten. »Erschießen« habe zu den »am häufigsten verwendeten« Wörtern gezählt. Als »charakteristisch« bezeichnete Wolkogonow den Umstand, dass Lenin seine »grausamen Anordnungen bevorzugt in Form von chiffrierten Telegrammen, vertraulichen Mitteilungen, anonymen Verfügungen oder Anordnungen im Namen des Sownarkom übermittelt« habe. Lenin, schlussfolgerte er, war auf seinen Ruf bedacht und »wollte nicht in den Geruch eines Scharfrichters kommen«.[66] Tatsächlich waren viele Befehle nicht für die Öffentlichkeit bestimmt. Festzuhalten ist aber, dass Lenin sich nie davor scheute, seine Einstellung zu Gewalt, die er als natürliches Instrument der Diktatur sah, unumwunden anzusprechen – weder vor dem Hintergrund des Bürgerkriegs noch in den Jahren davor. Schon jene Schriften, die bis zum Ende der Sowjetunion veröffentlicht wurden, sind voll von diesen Bekenntnissen. An deftigen Aussagen, die keinen Zweifel an seiner Befürwortung physischer Gewalt lassen, fehlte es nie. Erwähnenswert sind in diesem Zusammenhang, anders als Wolkogonow dies gesehen haben mag, weniger die an den Tag gelegte Geheimnistuerei oder eine versuchte Vertuschung; vielmehr ist es die völlig ungenierte, ja obszöne Unverblümtheit von Lenins Gewaltfantasien, die hervorsticht.[67]

Konstituante

Bei allen sich regelmäßig abzeichnenden Unstimmigkeiten mit den eigenen Genossen und vorhandenen Meinungsverschiedenheiten mit dem Koalitionspartner fand Lenin allerdings in seiner Ablehnung der Konstituante Verbündete bei den Linken SRy. Bei Weitem nicht alle ließen sich aber zu jener konsequent destruktiven Politik gegenüber dem Parlament hinreißen, wie Lenin sie vorgab – zumindest nicht sofort. Allem Anschein nach verhielten sich viele Linke SRy zunächst regelrecht ungläubig gegenüber einem Kurs, der all die Ziele und Werte, die sie bisher vertreten hatten, so skrupellos über

66 Dimitri Wolkogonow, Lenin. Utopie und Terror, Düsseldorf/Wien/New York/Moskau 1994, 213.

67 Vgl. etwa W. I. Lenin, Das Jahr 1920. Strategie und Taktik der proletarischen Revolution, Wien/Berlin 1930, 180.

Bord werfen würde. Verfassung und Parlament gehörten schließlich zum Kern jener Forderungen, die noch unter der Zarenherrschaft in keinem Programm regimegegnerischer Parteien gefehlt hatten. Auch nicht im Parteiprogramm der SDAPR, das Lenin selbst maßgeblich mitausgearbeitet hatte. Schließlich aber gingen die Linken SRy über in ein Lavieren zwischen extremen und moderaten Positionen und tendierten am Ende eher zu einer Favorisierung der bereits bestehenden Sowjetmacht als zur Unterstützung einer Konstituante, in der die Bruderpartei, von der man sich im Oktober getrennt hatte, dominant sein würde. Auch seine Parteigenossen musste Lenin zum Teil erst davon überzeugen, die Konstituierende Versammlung als missliebigen Konkurrenten für die Sowjetmacht abzuschreiben und ihre Neutralisierung anzustreben. Immer noch gab es Bolschewiki, die eine gesamtsozialistische Idee – nunmehr – mit einem demokratisch gewählten Parlament verknüpften. Das bedeutete etwa den Ausschluss der Kadety, aber nicht gleich das Entsorgen der Versammlung in toto gutzuheißen.[68] Doch die Zweifler ließen sich dann doch überzeugen. Kurz nach dem Oktoberumsturz hatte Maxim Gorki konstatiert, dass Lenin und Trotzki »bereits vom faulen Gift der Macht infiziert« waren.[69] Das galt nun anscheinend auch für jene Genossen, die sich zunächst nur widerwillig von einem Verständigungskurs mit den Räteparteien abbringen hatten lassen.

In Lenins Vorstellung von Herrschaft hatte ein Parlament niemals Platz gehabt. Seine Verachtung des bürgerlichen Parlamentarismus als Inbegriff eines, wie er behauptete, Irrglaubens an die Bedeutung von demokratischen Abstimmungen, übertrug er folgerichtig auf die Konstituante. In Anbetracht der bereits erfolgten Machtergreifung und der proklamierten Sowjetherrschaft hielt er sie für völlig überflüssig. Die »Diktatur des Proletariats« brauchte keine Volksvertretung. Seine Argumente gegen den Parlamentarismus stützten sich auf Defizite, die er schon vor 1914 hervorgehoben hatte: gekaufte Stimmen, korrupte Abgeordnete, gelenkte Politik zu Gunsten des Kapitals, willkürliche Beschränkungen der parlamentarischen Arbeit – Lenin konzentrierte sich auf die Mängel demokratischer Prozesse der Entscheidungsfindung, stellte die europäischen

68 Vgl. Figes, Tragödie, 541.
69 Zit. nach ebd., 531.

Mächte mit ihren »scheinheiligen« Systemen an den Pranger und machte hinter all dem den verderbten Geist des Imperialismus als stummen Auftraggeber ausfindig. In diesem Kontext ist es wichtig, zum einen den damaligen Entwicklungsgrad von Demokratie und Parlamentarismus in den verschiedenen Ländern zu berücksichtigen und zum anderen auch die Krisen, die demokratische Systeme schon zu Lenins Lebzeiten durchliefen. Als klares Negativbeispiel diente erwartungsgemäß auch die russische Duma. Die Pressekampagne der Bolschewiki gegen die Konstituante präsentierte das nunmehrige Parlament als Einrichtung, die denselben »Betrug« als Errungenschaft verkaufen würde, wie dies ihre westlichen Vorbilder schon seit vielen Jahren taten.

Die präventive Verunglimpfung der Konstituante zeigte Wirkung. 90 Millionen Menschen waren zur Stimmabgabe berechtigt, etwa die Hälfte machte davon keinen Gebrauch.[70] Das Ergebnis des Urnengangs färbte das Land politisch tiefrot ein. Kadety sowie Konservative konnten von den über 700 Sitzen gemeinsam nur knapp über 20 für ihre Parteien verbuchen. Der Wahlgewinner stand mit fast 300 Sitzen eindeutig fest: die Partei der Rechten Sozialisten-Revolutionäre. Die Bolschewiki kamen auf etwa 25 Prozent der Stimmen und hielten bei etwa 170 Sitzen, die Linken SRy lagen bei 39. Nur 18 Sitze gingen an die Menschewiki, wobei diese nicht einmal als geschlossene Partei angetreten waren.[71] Somit rangierten die beiden Regierungsparteien deutlich hinter jenen SRy, die mit ihrer Sezession aus dem Sowjetkongress den Putsch vom Oktober verurteilt hatten. Lenin rechtfertigte die jetzt noch schärfer formulierte Ablehnung des Parlaments mit dem Hinweis auf fehlerhafte Wählerlisten. Diese seien vor dem Umsturz angerfertigt worden, die Spaltung der Sozialisten-Revolutionäre in einen linken und rechten Flügel würde sich darin nicht widerspiegeln. Das reichte aus, um jetzt von einem Gremium zu sprechen, das »das Gestern der Revolution« verkörpere und eine Ausgeburt der Konterrevolution sei.[72]

70 Altrichter, 1917, 253.
71 Häfner, Die Partei der linken Sozialrevolutionäre, 231. Die Menschewiki spalteten sich dabei in die »Vaterlandsverteidiger« rund um Potresow, in Plechanows Gruppe »Jedinstwo« und in Martows Internationalisten. Dazu Ziva Galili y Garcia (Hg.), RSDRP (o) v 1917 godu. Dokumental'no-istoričeskie očerki, Moskva 2007.
72 LW, Bd. 26, 429.

Auch flächendeckend aktualisierte Wählerlisten hätten vermutlich kaum etwas am Gesamtergebnis des Volksentscheids geändert. Lenin kümmerte sich aber ohnehin nicht um Mehrheiten. Für ihn reichten die verbuchten 25 Prozent Stimmanteil der Bolschewiki, um einen Wahlerfolg herbeizureden. Immerhin ging es seiner Überzeugung zufolge nicht um den Zuspruch noch »unwissender« Bevölkerungsteile, sondern um die Sympathien des Proletariats. Dieses wiederum machte Lenin – plakativ – zum »Erziehungsberechtigten« jener Masse der Wählerschaft, die sich, wie er meinte, unter dem Einfluss kleinbürgerlicher Ideen befand. Aufgrund der in vielen Städten erzielten Majorität zugunsten der Bolschewiki sah er sich in seinem Urteil über den Urnengang als Bejahung der Sowjetmacht und bolschewistischen Erfolg bestätigt.

Den Zusammentritt der Konstituante hatte er nicht zuletzt mit Blick auf eine mögliche Störung der Friedensverhandlungen durch widerspenstige Mandatare ursprünglich gar nicht erst gestatten wollen und schließlich auf Januar verschoben. Dem Parlament wollte er ein Dekret vorlegen, mit dem es in Wirklichkeit seine Selbstabschaffung erklären sollte. Diese »Deklaration der Rechte des arbeitenden und ausgebeuteten Volkes« bezog sich zynischerweise auf die Menschenrechtsdeklaration von 1789. Wesentliche Aussagen der bolschewistischen Erklärung fanden sich dann bezeichnenderweise in der ersten Verfassung der RSFSR, der Russischen Sozialistischen Föderativen Sowjetrepublik, wieder.[73] Klar zum Ausdruck gebracht wurde in der Deklaration überdies das Bekenntnis zu einer weltumspannenden Idee des Sozialismus.

Bis die Verfassunggebende Versammlung tatsächlich zusammentrat, wurden Verhaftungen durchgeführt und Anhänger der Konstituante eingeschüchtert. Unter den Arretierten befanden sich u.a. Delegierte der Kadety, die zu Volksfeinden erklärt und Revolutionstribunalen überlassen wurden. Auch Menschewiki und SRy landeten als Folge der Repressionen in der Peter-Paul-Festung. Proteste gegen solche Maßnahmen schmetterte Lenin ab. Manifestationen zu Gunsten der Konstituierenden Versammlung bestärkten ihn eher, mit solchen »Missständen« aufzuräumen. Landesweite Sympathie-

73 Wolfgang Ruge, Lenin. Vorgänger Stalins. Eine politische Biografie, Berlin 2010, 144.

kundgebungen der Befürworter eines parlamentarischen Systems schlugen die Bolschewiki mit Waffengewalt nieder. Am Tag der Eröffnung der Konstituierenden Versammlung, dem 5. Januar 1918, wurden in Petrograd mindestens zehn Menschen von bewaffneten Trupps der Bolschewiki getötet. Zum Teil zielten diese von den Dächern herunter auf die Wehrlosen.[74] Lenin persönlich hatte dafür gesorgt, dass bewaffnete Einheiten zur Verfügung standen. Nachdem es nicht gelungen war, die Soldaten der Garnison in ausreichender Zahl von der angeblich konterrevolutionären Gesinnung der Konstituante zu überzeugen, verließ er sich auf Rotgardisten und Matrosen. Zur Sicherheit aber wurden auch die Lettischen Schützen rekrutiert, die sich bereits in der Vergangenheit als loyale Gefolgstruppe erwiesen hatten. Lenin vertraute ihnen mehr als den aufgebotenen »Proletariern«, von denen er befürchtete, sie würden eventuell doch »schwach« werden und vor energischen Maßnahmen zurückschrecken.[75]

Der bolschewistische Parteichef wurde in der Zwischenzeit ebenfalls Ziel von Gewaltaktionen. Im Januar 1918 beschossen angeblich zwei Monarchisten Lenins Auto, wobei offenbar nur der mitfahrende Fritz Platten schwerer verletzt wurde.[76] In einer anderen Version bestand jene Gruppe, die sich zu einem Attentat auf Lenin entschlossen hatte, aus Personen mit unterschiedlicher Parteizugehörigkeit. Nachdem ein Bombenanschlag gescheitert war, gaben sie vier Schüsse auf den Bolschewikenführer ab. Lenin trug nur leichte Verletzungen davon. Das Zentralkomitee der Rechten SRy hatte sich von Attentatsplänen distanziert. Es wies jede Verantwortung von sich. Der Zwischenfall sei vielmehr von den Bolschewiki erfunden worden, um die geplante Auflösung der Konstituante und damit einhergehende Gewaltakte zu rechtfertigen. Was sich wirklich ereignet habe, sei nicht mehr als eine Schießerei gewesen, wie sie täglich auf Petrograds Straßen vorkomme.[77] Die *Prawda* kündigte nichtsdestoweniger eine entsprechende Reaktion auf den »schwarzen« durch einen »roten Terror« an. Für jeden getöteten bolschewistischen Führer würden 1000 »Feinde« sterben müssen.[78]

---

74 Vgl. Figes, Tragödie, 544.
75 Richard Pipes, Die Russische Revolution, Bd. 2: Die Macht der Bolschewiki, Berlin 1992, 359.
76 Service, Lenin, 437.
77 Vgl. Scott B. Smith, Captives of Revolution. The Socialist Revolutionaries and the Bolshevik Dictatorship 1918–1923, Pittsburgh 2011, 1–42.
78 Ebd.

Im Laufe der kommenden Monate begann sich ein in Gestalt der Tscheka bereits institutionalisierter Terror mit jener elementaren Gewalt der Massen zu verbinden, die den schon seit der Februarrevolution entfachten Furor der Umwälzung weitertrug. Dieser Zorn wiederum nahm den ideologisierten Terror, den die Bolschewiki als legitimes Instrument gegen die Konterrevolution proklamierten, in sich auf. Vandalismus, Lynchjustiz, Raubzüge, willkürliches Morden – die Bolschewiki vermochten der ausufernden Gewalt im Land nur Herr zu werden, indem sie sich an ihre Spitze setzten, sie nach Möglichkeit und Bedarf befeuerten und auf diese Weise kanalisierten. Die Macht elementarer Gewalt hatte Lenin als Folge der ersten Russischen Revolution erlebt und sie als effektives Instrument zur Bekämpfung der Autokratie identifiziert. Jetzt sollte der Terror die eigene Herrschaft erhalten und zur ordnenden Kraft werden.[79] Bis dahin konnte sich Lenin gleich mehrmals davon überzeugen, dass sich angesichts der anarchischen Zustände im Land niemand sicher fühlen konnte – auch er nicht. Man beraubte ihn oder nahm ihn einmal aufgrund mangelhafter Papiere vorübergehend fest. Die meisten, die auf den unsicheren Straßen Petrograds oder Moskaus unterwegs waren, kannten Lenin nicht – das galt auch für die Sicherheitskräfte bzw. patroullierende Rotgardisten. In Zeiten, wo ehemalige Minister ins Gefängnis gesteckt oder Offiziere einfach von ihren Soldaten ermordet wurden, durfte es außerdem nicht wundern, wenn ein Mann mit Auto und Chauffeur womöglich als bourgeoiser Volksfeind bzw. als attraktive Zielperson eines Raubüberfalls wahrgenommen wurde. Wie alle anderen auch wurde Lenin einer Wirklichkeit ansichtig, die jenen die Macht überließ, die über einen Browning oder ein Maschinengewehr verfügten. Die »dünne Schichte der Zivilisation« war abgetragen worden.[80] Was darunter zum Vorschein kam, war rohe Gewalt.

Die von den Bolschewiki über Wochen aufgebaute Drohkulisse wurde auch in der ersten und letzten Sitzung der Konstituante aufrechterhalten. Am 5. Januar fand sie im Taurischen Palais, dem ehemaligen Sitz der Duma und des Petrograder Sowjets, statt. Dort

79 Vgl. Gerd Koenen, Die Farbe Rot. Ursprünge und Geschichte des Kommunismus, München 2017, 731.
80 Jörg Baberowski, Was war die Oktoberrevolution? (2007), 9.

herrschten raue Sitten: Ein Linker SR versuchte, einen früheren Parteikollegen zu erschießen, und Iraklij Zereteli wurde von einem Soldaten bedroht, der ihm ungeniert eine Pistole unter die Nase hielt.[81]

Appelle, Russland den Weg einer demokratischen Entwicklung gehen zu lassen, verhallten in diesem Klima mehr oder weniger erwartungsgemäß. Was die Konstituante etwa in Zusammenhang mit der Friedensfrage anzubieten hatte – ein Abrücken von einem Separatabkommen mit Deutschland und einen Friedensschluss erst bei Zustimmung von alliierter Seite –, elimierte die ohnehin minimale Chance einer Verständigung. Das galt auch aus Sicht jener Linken SRy, die bereit gewesen waren, radikalen Lösungen zu entsagen. Die Bolschewiki hatten indessen den Sitzungsaal demonstrativ verlassen, noch bevor es ihnen am Ende auch die Koalitionspartner gleichtaten. Als Redner der Bolschewiki und glühender »Feind« einer »bürgerlich-demokratischen Republik« exponierte sich zuvor Nikolaj Bucharin, der ihr bzw. ihren Anhängern einen »Kampf auf Leben und Tod versprach«.[82] Lenin war zugegen gewesen, hatte sich aber nicht zu Wort gemeldet, sondern seinen Parteikollegen Jakow Swerdlow vorgeschoben. Der Regierungschef erachtete es offenbar für überflüssig, sich Wortgefechte mit Delegierten zu liefern, die er ohnehin für »politische Leichname« hielt. Während Viktor Tschernow, der zum Vorsitzenden der Versammlung gewählt worden war, bereit schien, schier endlose Reden zu halten, drängten die anwesenden Rotgardisten darauf, den Saal zu räumen. Der Anarcho-Kommunist Anatolij Schelesnjakow beendete auf Geheiß der Bolschewiki die Sitzung mit einer lapidaren Bemerkung: Die Wache, ließ er den verdutzten Tschernow wissen, sei müde. Die noch verbliebenen Delegierten entfernten sich, ohne zu ahnen, dass man sie am darauffolgenden Morgen daran hindern würde, das Taurische Palais zu betreten und ihre Beratungen wieder aufzunehmen.[83]

---

81 Ruge, Lenin, 144.

82 Zit. nach Wladslaw Hedeler, Bucharin. Stalins tragischer Opponent. Eine politische Biographie, Berlin 2015, 165.

83 Anschaulich, detailreich und spannend erzählt bei Häfner, Die Partei der linken Sozialrevolutionäre, 241–282; vgl. auch Service, Lenin, 438.

Intermezzo?

Das Vorgehen der Bolschewiki gegen die Konstituierende Versammlung löste keinen Massenprotest aus. Warum? Abgesehen von den erfolgten Einschüchterungen und einer aggressiven Desavouierungspropaganda hatten die oppositionellen Räteparteien die Strahlkraft der Konstituante überschätzt. Viele mochten sich der Argumentation der Bolschewiki, wonach die Sowjetmacht keiner bürgerlichen Nachfolge- oder Partnerinstitution bedurfte, angeschlossen haben. Andere sahen wesentliche Anliegen bereits auf den Weg gebracht. Anführen ließen sich bespielsweise das Landdekret oder der zu diesem Zeitpunkt schon ausgehandelte Waffenstillstand mit Deutschland und der Habsburgermonarchie. Die Konstituierende Versammlung war unter diesen Vorzeichen eine verspätete Institution. Geirrt hatten sich Menschewiki und Rechte SRy aber nicht nur hinsichtlich der antizipierten Quasi-Unangreifbarkeit der Konstituante. Sie unterschätzten vor allem die Bereitschaft der Bolschewiki, verbaler Ausgrenzung und Verunglimpfung gewaltsame Unterdrückung folgen zu lassen. Repressionen schlossen auch jene Arbeiter und Soldaten ein, die das Oktoberregime ablehnten. Trotz sich mehrender Anzeichen für ein bedenkenlos agierendes Gewaltregime beharrte das ZK der SRy auf friedlichen, d.h. unbewaffneten Demonstrationen zugunsten der Konstituierenden Versammlung. Viele Parteimitglieder wollten indessen nicht glauben, dass ihre Fürhung sie quasi wehrlos auf die Straßen schicken wollte.[84] Nach dem erzwungenen Ende der Konstituante blieb nur mehr die Hoffnung auf entsprechende Einflussnahme in den Sowjets oder in den Gewerkschaften.

Ungeachtet der evidenten Unterdrückungsmaßnahmen sprach vieles für eine kurzlebige bolschewistische Herrschaft. Immer noch herrschte Chaos, ließ sich kaum eruieren, wie weit die Macht der Bolschewiki reichte und ob sie stabil genug war für eine längerfristige Behauptung. Auch die Räte, auf denen Lenin seine Herrschaft nominell errichtet hatte, führten, soweit sie abseits der größeren Städte existierten, eine Art Eigenleben. Diese Losgelöstheit vom Zentrum galt aber gerade auch für die urbanen Gebiete. Die »Mnogowlastie«, also »Vielherrschaft«, wie sie als Folge bereits der Februarrevolu-

84 Pipes, Revolution, 358.

tion diagnostiziert wurde und so der Realität der Doppelherrschaft als in seiner Ausstrahlung limitiertem Phänomen gegenüberstand, existierte auch jetzt. Überall gab es kleine Stadtstaaten oder andere mehr oder weniger abgeschlossene, begrenzte Herrschaftsbereiche. Das Ideal der Kommunen, wie Lenin es sich vorstellte – als freiwillig miteinander verbundene Bestandteile eines großen Ganzen – bildeten sie offensichtlich nicht ab.

Als die Bolschewiki im März 1918 die Hauptstadt nach Moskau verlegten und der Kreml zum neuen Machtzentrum wurde, kontrollierte seine Anhängerschaft de facto nur einen kleinen Teil dessen, was als Sowjetrussland bezeichnet wurde. Vor allem in der Provinz schien sich Menschewiki und SRy daher eine günstige Möglichkeit zu bieten, verlorenes Terrain zurückzugewinnen. Immer noch hatten sie nicht begriffen, dass auch ein wachsender Zuspruch in den Räten keine taugliche Waffe im Kampf gegen die Bolschewiki darstellte. Manche erwarteten zudem eine Intervention der Entente. Was konnte man sich aber von einer derartigen Perspektive erwarten? Würden die solcherart eingreifenden Mächte wirklich daran interessiert sein, einem demokratischen Russland den Neustart zu sichern? Begann sich nicht eher das abzuzeichnen, wovor die Befürworter des Kriegskurses in der Provisorischen Regierung gewarnt hatten: der Ausverkauf Russlands oder gar die totale Zertrümmerung des früheren Imperiums? Egal, wie sich die Opposition die Zukunft vorstellte: Eine Sowjetdiktatur, die für Jahrzehnte Bestand haben würde, erschien nicht weniger utopisch als ein Erfolg von Lenins »sozialistischem Eilkurs«.

»Dekorationsstücke«

Die Schließung der Konstituante war jenes Ereignis, das der Begeisterung für den Oktoberumsturz, die sich vor allem bei den Sozialdemokraten der Mittelmächte eingestellt hatte, einen ersten großen Dämpfer verpasste. Jetzt wurden sorgenvolle Kommentare verfasst. So sehr man sich etwa in Wien auf den ersehnten Frieden mit Russland einzustellen begann, so bedenklich erschien nun der Kurs, den das neue Regime einschlug. Das entsprach auch Otto Bauers Einschätzung. Wenngleich er die »Revolution« überschwänglich würdigte, veranlasste ihn das Schicksal des russischen Parlaments zu einer mehr oder weniger klaren Verurteilung des Geschehenen. Die Demokratie sei geopfert worden, meinte er, um »den Sozialismus zu retten«. Auf diese Weise seien die Bolschewiki aber »in den heftigsten Gegensatz gegen alle« geraten, »die sowohl Sozialisten als auch Demokraten sind«. Der Machterhalt sei jetzt eine Frage diktatorischer Unterdrückung. »Aber kann«, fragte er, »der Versuch gelingen, mit bloßer Waffengewalt allein eine neue Gesellschaftsordnung zu begründen[?]«[85]

Lenin sah keine Unvereinbarkeiten. Von Kritik aus dem Ausland ließ er sich nicht scheu machen. Der Frieden war sein Trumpf. Aber er hatte es offenbar nicht eilig, ihn zu schließen. Schon vor den Delegierten des Sowjetkongresses war von einem dreimonatigen Waffenstillstand die Rede gewesen. Damit hatte Lenin ungefähr jene Zeitspanne benannt, innerhalb derer der prognostizierte Aufruhr gegen die Bourgeoise in den kriegführenden Ländern beginnen sollte. Anscheinend nahm er an, dass das ausländische Proletariat begierig darauf wartete, endlich gegen die herrschenden Klassen loszuschlagen und sich Seite an Seite mit dem russischen Proletariat am Aufbau des Sozialismus zu beteiligen. Was sich in Petrograd ereignet hatte, ließ gewiss kaum jemanden unbeeindruckt – schon gar nicht die Arbeiterschaft. Andererseits hatte sich bereits mit der Februarrevolution und dem Sturz des Zaren ein Systembruch ereignet, den manche als noch größer empfanden als Lenins Umsturz. Trotzdem hatte die Februarrevolution keine Nachahmung in den übrigen europäischen Monarchien gefunden. Die Kaiser und Könige waren noch da.

Tatsächlich blickten viele mit Spannung nach Russland. In Wien beispielsweise war es Kaiser Karl, den bereits wenige Tage nach dem Umsturz die Frage konkreter Verhandlungen mit den Bolschewiki beschäftigte. Noch zweifelte er daran, ob es überhaupt zu einem Dialog mit den neuen Machthabern kommen würde – obwohl schon am 14. November diesbezügliche Absichtserklärungen von russischer Seite vorlagen. Eine Gesprächsbereitschaft seitens der Entente, deren Vertreter Lenin ja ebenfalls eingeladen hatte, sich an Friedensverhandlungen zu beteiligen, hielt er jedenfalls für ausgeschlossen.

85 Zit. nach Verena Moritz, 1917. Österreichische Stimmen zur Russischen Revolution, Salzburg/Wien 2017, 120.

In Paris und London, meinte der Kaiser, spreche man »von Lenin und seinem Anhang als von einer Räuberbande«, die »man nie anerkennen werde«.[86]

Der Habsburgermonarch sorgte sich grundlos. Anfang Dezember begannen die Waffenstillstandsverhandlungen zwischen Sowjetrussland und den Mittelmächten.[87] Lenins Aufmerksamkeit galt unterdessen vor allem Deutschland. Schon im April 1917 hatte er von der anzustrebenden Machtübernahme revolutionärer Sowjets in Berlin und Petrograd und einem daraus resultierenden »demokratischen Frieden« gesprochen.[88] Im Dekret über den Frieden war dann aber bereits eine Klausel enthalten, die es ihm erlaubten, notfalls auch einen ganz anderen Frieden zu schließen. Tatsächlich hatten die nunmehrigen Verhandlungen einen gravierenden Schönheitsfehler: Am grünen Tisch würden nicht deutsche Rätedelegierte sitzen, sondern Repräsentanten Kaiser Wilhelms. Da aber die Bolschewiki die Hoffnung auf einen Machtwechsel weiterhin nicht aufgaben, nahmen sie unter diesen Bedingungen zunächst auch mit den Generälen und Diplomaten des Kaiserreichs vorlieb. Allerdings taten sie das, indem sie die Verantwortung für den sich abzeichnenden Separatfrieden mit einem immer noch monarchisch regierten Deutschland abwälzten. Schuld an dieser Friedensvariante waren jetzt jene Mächte, die sich geweigert hatten, den Waffenstillstandsverhandlungen beizutreten. Daher bliebe den Bolschewiki nichts anderes übrig, als sich an die gesprächsbereiten Vertreter Berlins und Wiens zu halten.[89]

Diese Konstellation erforderte gewisse »Verrenkungen«. Von einem demokratischen Frieden konnte unter solchen Bedingungen offenkundig keine Rede mehr sein. Außerdem war man jetzt in der misslichen Lage, Entente und Mittelmächte nicht gegeneinander auszuspielen zu können. Lenin hatte sich ein derartiges Szenario und damit eine entschieden bessere Ausgangslage gewünscht. Wazlaw Worowski, der im Auslandsbüro der bolschewistischen Partei tätig war, entschuldigte sich nun sogar gegenüber seinem

86 Czernin an Demblin, Wien, 17. November 1917, Telegramm Nr. 35. HHStA PA XL, Kt.262 Interna. Telegramme an Demblin 1917–1918.

87 Vgl. Natal'ja Gerulajtis, Das Dekret über den Frieden. https://www.1000dokumente.de/index.html?c=dokument_ru&dokument=0005_fri&object=pdf&st=&l=de (12.2.2023).

88 Ebd.

89 A. V. Borisov/B. S. Kotov/L. V. Lannik (Hg.), Brestskij mir. Prolog, zaključenie, itogi: Sbornik dokumentov, Moskva 2022, 28f.

deutschen Ansprechpartner in Stockholm, Legationsrat Kurt Riezler, dafür, dass sich die Sowjetregierung mit ihrem Friedensangebot überhaupt an die Ententestaaten gewandt hatte. Er präsentierte eine interessante Erklärung: Lenin, behauptete er, habe im Grunde nur vermeiden wollen, dass Briten und Franzosen Waffen an Kadety und »rechte Sozialisten« lieferten. Man sei daher »gezwungen« gewesen, »den Gedanken des allgemeinen Friedens in den Vordergrund zu stellen« und auf diese Weise auch die Ententestaaten mit einzubeziehen. Worowski vermittelte seinem Gesprächspartner den Eindruck, als hätte man von vornherein ausschließlich mit Deutschland verhandeln wollen. Gleichzeitig gab er zu, dass das Oktoberregime natürlich die Verständigung mit einem bereits revolutionären Deutschland bevorzugt hätte. Man glaube aber inzwischen nicht mehr so recht an eine Revolution der deutschen Brüder. Daher werde man auch gerne mit den offiziellen Vertretern des Kaiserreichs verhandeln. Als »Dekorationsstücke« sollten diese aber – sinngemäß – auch Repräsentanten des »niederen Volks« zu den Verhandlungen mitnehmen. Warum? Um den Schein zu wahren und einen camouflierten demokratischen Frieden schließen zu können.[90]

Das waren ungewöhnliche Worte von einem Vertreter des revolutionären Russlands – und vor allem das, was der deutsche Diplomat hören wollte: Die Bolschewiki waren bereit, den Frieden zu schließen – nötigenfalls und entgegen ihren bisherigen Bekundungen auch mit einem kaiserlichen Deutschland. Worowski vertrat eine Linie, die Lenins taktischen Ansichten entsprach.

Der Unterhändler der neuen Sowjetmacht scheint die Kunst der Verstellung allerdings wahrhaft gut beherrscht zu haben, denn fast parallel zu seinen Unterredungen mit Riezler liefen zwischen ihm und Radek vielsagende Telegramme hin und her. Sie ließen keinen Zweifel daran, dass das Oktoberregime immer noch auf eine Umwälzung in Deutschland wartete und sich gegenüber Wilhelms Repräsentanten auf eine Hinhaltetaktik verlegte. Die Deutschen fingen die Telegramme ab. Sie wussten also, worauf sie sich einließen – auf ein Doppelspiel.[91]

90 Werner Hahlweg (Bearb.), Der Friede von Brest-Litowsk. Ein unveröffentlichter Band aus dem Werk des Untersuchungsausschusses der Deutschen Verfassunggebenden Nationalversammlung des Deutschen Reichstages, Düsseldorf 1971, 88–90.

91 Ebd., 103f.

Hinzuzufügen ist, dass das Auswärtige Amt in Berlin in der Zwischenzeit alles versuchte, um die Sozialdemokraten im eigenen Land bei der Stange zu halten. Besorgt beobachtete nicht zuletzt Riezler, wie sich nun Alexander Parvus-Helphand in die Frage der Friedensverhandlungen einzumischen versuchte. Dieser bemühte sich um eine Wiederbelebung der zuvor gescheiterten Sozialistenkonferenz in Stockholm. Eine Verständigung zwischen den sozialistischen Parteien der kriegführenden Mächte, deren Vertreter sich in der schwedischen Hauptstadt einfinden sollten, würde die Verhandlungen zwischen den Bolschewiki und der kaiserlichen Regierung »neutralisieren« – so sein Plan.[92] Berlin konnte solche Alleingänge keinesfalls dulden. Die deutschen Diplomaten hintertrieben außerdem nach Kräften Kontakte zwischen den Bolschewiki und Vertretern der deutschen Sozialdemokratie.[93] Besonders Riezler tat sich hier hervor. Parvus musste in der Zwischenzeit hinnehmen, dass Philipp Scheidemann, den er als Vorsitzenden der SPD für sein Vorhaben einzunehmen versuchte, dann doch »willig im Geschirr der deutschen Diplomatie lief«.[94] So begannen sich also aus Lenins Perspektive Anzeichen zu mehren, die weder für eine »Stockholm-Lösung« und damit das Vermeiden eines Abkommens mit dem wilhelminischen Deutschland noch für einen baldigen Umsturz sprachen. Die SPD hatte offenkundig andere Präferenzen, als jetzt eine Revolution nach russischem Vorbild zu wagen. Aber noch hatte Lenin die Hoffnung auf eine derartige Wendung nicht aufgegeben.

»Imperialistische Räuber«

Am selben Tag, als Riezler und Worowski aufeinandertrafen, machte sich Kaiser Karl in Wien Gedanken über die Folgen einer Vereinbarung mit Lenins Regime: »Der Friedensschluss mit diesen jetzigen Machthabern in Russland ist ein Vabanque-Spiel. Schliessen wir Frieden, so tun dies die Bolschewiki nur, um ihre Ideen auch hierzulande entweder gleich oder im Laufe der Zeit zu propagieren. Kommt es aus irgendeinem Grund nicht zum Frieden, so sind die

92 Vgl. Winfried B. Scharlau/Zbynek A. Zeman, Freibeuter der Revolution. Parvus-Helphand. Eine politische Biographie, Köln 1964, 290.
93 Ebd., 290–295.
94 Ebd., 293.

hiesigen Sozis nicht zu halten. Ich bin überzeugt, das einzig Mögliche ist, bei tunlichster Schonung der Bolschewiki Frieden zu schliessen, dann sich aber mit allen Mitteln gegen ihre weiteren Umtriebe zu schützen.«[95]

Diese »Schonung« der Bolschewiki entsprach allerdings nicht dem, was sich Deutschland von einem Abkommen erwartete. Für eine nachhaltige Schwächung Russlands plädierte vor allem die deutsche Oberste Heeresleitung. Dort vor Augen hatte man eine hegemoniale Stellung Deutschlands in ganz Osteuropa und darüber hinaus die Befriedigung territorialer Wünsche, die sich zunächst vor allem auf das Baltikum bezogen.

Die Friedensverhandlungen wurden in Brest-Litowsk und nicht, wie von den Bolschewiki gewünscht, in Stockholm geführt. Sich mit den Vertretern vor allem des Deutschen Kaiserreichs an einen Tisch zu setzen, hatte vielen Bolschewiki von Anfang an widerstrebt. Ein Abkommen mit Wilhelms Abgesandten galt es ihrer Ansicht nach in jedem Fall zu umgehen. Lenin beruhigte. Man müsse die Beratungen lediglich in die Länge ziehen. Ungeachtet größer werdender Zweifel am revolutionären Elan der deutschen Genossen wollte auch er weiter auf Zeit spielen.

Die Gespräche zu verschleppen, war leicht. Indem man den Verhandlungspartnern einigermaßen unklare oder unannehmbare Forderungen unterbreitete, die auf eine plakative Ablehnung imperialistischer Ziele hinausliefen, wurde für ergebnisloses Gerede gesorgt. Die Protokollunterlagen zu den einzelnen Sitzungen schwollen an, Substanzielles ergab sich kaum. Außerdem gaben die Bolschewiki immer wieder vor, anstehenden Debatten über Vertragsdetails aus Zeitgründen gar nicht erst beiwohnen zu können. Amüsiert beobachteten sie zudem, wie vor allem die Österreicher aus Sorge vor der Revolution und angesichts der tristen Versorgungslage im eigenen Land mehr und mehr einknickten. Die Diplomaten des Habsburgerreichs vermochten außerdem kaum zu fassen, wie offen die sowjetischen Abgesandten ihre revolutionäre Gesinnung ausbreiteten.[96] Während Wien u.a. Rückwirkungen der bolschewistischen Selbst-

95 Demblin an Graf Czernin, chiffriertes Telegramm, exped. 9.12.1917. HHStA PA XL, Kt. 262 Interna. Telegramme von Demblin 1917–1918.

96 Vgl. Ottokar Czernin, Im Weltkriege, Berlin/Wien 1919, 305.

bestimmungslosungen auf die eigenen Nationalitäten fürchtete, wähnte sich die deutsche Delegation in einer viel günstigeren Position. Die Beruhigung der Ostfront hatte Truppen für die bevorstehende Offensive im Westen freigemacht. Die kaum verschleierten Versuche der Bolschewiki, konkreten Abmachungen auszuweichen und auf einen Dolchstoß in den zentraleuropäischen Staaten zu warten, begannen die Verhandler der Mittelmächte aber generell zu enervieren. Allzu offensichtliche bolschewistische Bemühungen, potenzielle Revolutionäre im Ausland u. a. mittels finanzieller Unterstützung zu energischen Aktionen anzuspornen, und Fraternisierungen zwischen deutschen und russischen Soldaten brachten das Fass zum Überlaufen. Die Verstimmung war groß. Die Bolschewiki hatten tatsächlich keinerlei Hemmungen verspürt, auch während der Gespräche in Brest-Litowsk ihre revolutionäre Propaganda an deutsche Soldaten heranzutragen. Auf diese Weise sollte die Disziplin unter den gegnerischen Truppen untergraben werden. Den deutschen Militärs lagen bolschewistische Aufrufe vor, in denen Soldaten dazu aufgefordert wurden, sich ihrer Vorgesetzten zu entledigen. Dass umgekehrt russische Soldaten ihre Offiziere beseitigten, war indessen keine Überraschung mehr. Aufsehen hatte vor allem der Lynchmord an General Duchonin erregt. Weil er sich Lenins Befehl, die Kriegshandlungen gegen die Feindmächte einzustellen, widersetzte, wurde er von einer Soldatenmeute niedergemetzelt. Ein ähnliches Schicksal ereilte offenbar auch den nach Brest entsandten russischen Delegierten General Skalon, als er sich gegenüber Forderungen von deutscher Seite unnachgiebig zeigte.[97]

»Sozialismus in einem Land«?

In der Zwischenzeit schlug Deutschland unter dem Einfluss seiner militärischen Führung einen härteren Kurs ein. Der Ukraine, die sich einem gewaltsamen Vorgehen der Bolschewiki gegenübersah, riet Berlin, sich von Autonomievorstellungen bzw. einer Föderation mit Russland zu verabschieden und einen selbstständigen Staat auszurufen. Eine in der Folge als Hilfsaktion für die bedrängten

97 Vgl. https://www.filmothek.bundesarchiv.de/video/33076?q=&xf%5B0%5D=all_personsinfilm&xo%5B0%5D=EQUALS&xv%5B0%5D=Hoffmann%2C+Max&set_lang=de (22.3.2023).

Ukrainer deklarierte militärische Intervention wuchs sich unter Beteiligung Österreich-Ungarns zu einer Okkupation des Landes aus. Für die Bolschewiki war die Abtrennung der Ukraine, die vor allem wegen ihrer riesigen Agrarflächen als unverzichtbarer Bestandteil des aufzubauenden Sowjetreichs galt, ein herber Schlag. Außerdem konfrontierte General Max Hoffmann die Russen nun mit weitreichenden territorialen Forderungen, die den Verlust Polens sowie die Angliederung weiter Gebiete Weißrusslands, Litauens und Südlettlands beinhalteten. Nun wurden die Verhandlungen unterbrochen. Trotzkis Standpunkt war klar: Einen derartigen Vertrag wollte er nicht unterzeichnen. Als es u. a. aufgrund des drohenden Scheiterns der Friedensgespräche zu ausgedehnten Streiks sowohl in Deutschland als auch in Österreich-Ungarn kam, schlug die optimistische Stimmung unter den deutschen Unterhändlern in Sorge vor quasirussischen Zuständen in der Heimat um. Trotzdem saßen die Mittelmächte auf dem längeren Ast. Das sah auch Lenin so, dessen Genossen sich aber zum Teil vehement gegen ein Einlenken sperrten. Trotzkis Kompromissformel »Weder Krieg, noch Frieden« hielt der SNK-Chef für eine ungeeignete Losung, um sich aus der Affäre zu ziehen.[98] Die sogenannten Linken Kommunisten, die gegen Lenins Politik Stellung bezogen, hätten sich freilich am liebsten gar nicht erst auf die Verhandlungen mit Berlin eingelassen. Diese Radikalen – unter ihnen etwa Nikolaj Bucharin – sprachen sich für einen sofort zu eröffnenden revolutionären Krieg aus. Lenins Argumente, wonach sich die russische Armee in Auflösung befand und ein revolutionärer Krieg obendrein die Soldaten sowie die bäuerliche Bevölkerung gegen die Bolschewiki aufbringen würde, ließen sie nicht gelten. Ein sich daher abzeichnender »Sozialismus in einem Land« – wenn auch nur als vorübergehende Perspektive – widerspreche allem, woran sie bisher geglaubt hätten. »Revolutionäre Vaterlandsverteidigung« sehe anders aus. Doch Lenin hielt die Aufstellung einer neuen Armee für unabdingbar. Die verbliebenen Reste der russischen Streitkräfte waren seiner Ansicht nach immer noch in der zarischen Tradition verwurzelt und daher nicht vertrauenswürdig. Abgesehen davon fehlte es an Kriegsgerät und

98 Borisov/Kotov/Lannik, Brestskij mir, 108.

Munition. Einen revolutionären Krieg, war der Parteichef – unter Berufung auf Friedrich Engels – überzeugt, konnte ohnehin nur eine revolutionäre Armee führen.[99]

Lenin ließ nichts unversucht, um die Abtrünnigen auf Kurs zu bringen. In seinen Thesen über die Notwendigkeit eines »annexionistischen« Friedens, die er den Genossen vorlegte, versuchte er alle ihre Bedenken auszuräumen. Die Kernaussage lief auf die Formel einer unabdingbaren Atempause hinaus, die der noch instabilen Rätemacht die Gelegenheit zur inneren Konsolidierung, zur Aufstellung einer revolutionären Armee und zu einer aus alledem resultierenden Unterstützung der revolutionären Bewegung im Ausland verhelfen werde. Würde man den Vertrag nicht unterzeichnen, sei das gleichbedeutend mit einem »Todesurteil« für die Sowjetmacht. Binnen drei Wochen wäre man erledigt.[100]

Aber Lenin setzte sich nicht durch, er stand fast völlig allein. Seine Rücktrittsankündigungen beeindruckten die Genossen nicht.[101] Als Trotzki mit seiner unklaren Formel des »Weder-Noch« zurück nach Brest-Litowsk geschickt wurde, kam das einer persönlichen Niederlage des Parteichefs gleich. Trotzki erlitt – wie es Lenin vorhergesehen hatte – mit seiner Taktik völligen Schiffbruch. Deutschland forderte ultimativ die Unterzeichnung des Vertrages. Als Trotzki sich weigerte, wiederholte sich das Spiel. Neuerlich stellte sich die Frage nach der Reaktion der deutschen Bevölkerung auf eine etwaige Wiederaufnahme militärischer Aktionen gegen Russland. Würde sie oder vielmehr das dortige Proletariat einen Triumpf des deutschen Militarismus über das revolutionäre Oktoberregime zulassen? Informationen über die bedrängte Lage der Bolschewiki, ihren mangelnden Rückhalt unter den Massen und die Aussicht auf dringend benötigte Rohstoffe stellten schlussendlich die Weichen für einen abermaligen Vormarsch der Hohenzollerntruppen. Ein Gewährsmann der deutschen Delegation war zu dem Schluss gekommen, dass Lenin völlig unpopulär sei und dass er Dekrete aussende, »um die sich niemand kümmert«.[102]

99 Vgl. Christopher Read, Lenin. A Revolutionary Life, London/New York 2005, 197; vgl. Altrichter, 1917, 307–329.
100 Ebd., 234.
101 Ebd.
102 Hahlweg, Der Friede von Brest-Litowsk, 580.

Für harmlos hielten militärische Beobachter aber andererseits die revolutionäre Anziehungskraft der Sowjetmacht keineswegs. Die »bolschewistische Seuche«, hieß es vielmehr, stelle – nicht zuletzt für die Stimmung unter den Soldaten – eine eminente Gefahr dar, die rechtzeitig eingedämmt werden müsse. Damals nicht anders als in den folgenden Monaten kamen daher Pläne zur Sprache, einen etwaigen Putsch gegen das Oktoberregime zu unterstützen bzw. Lenin und seine Regierung anderweitig loszuwerden. Kurzen Prozess mit ihnen wollte auch die OHL unter Paul von Hindenburg machen.[103] Kaiser Wilhelm schließlich meinte, man müsse die Bolschewiki »so schnell wie möglich totschlagen«.[104]

Unterdessen rückten deutsche und k.u.k. Truppen vor, ohne auf nennenswerten russischen Widerstand zu stoßen. Lenin tobte. Er hatte recht behalten mit seinen Warnungen. Trotzdem konnte er sich mit seinem neuerlichen Plädoyer für ein sofortiges Einlenken nur sehr knapp durchsetzen. Die Partei stand damals vor ihrer wahrscheinlich größten Zerreißprobe. Zumindest Lenin sah das so. Er sprach davon, dass die Brester Frage ihr womöglich das »Genick brechen« werde.[105] Seine Prioritäten lagen nichtsdestoweniger auf dem Tisch: Russland zuerst, die Weltrevolution musste warten.

»Schandfrieden«

Die Dramatik dieser Tage illustrieren Versuche von Linken SRy, Vertreter der Linken Kommunisten von einem gemeinsamen Vorgehen gegen Lenin zu überzeugen. Ziel war ein Übereinkommen, dem zufolge der Parteichef verhaftet werden sollte. Geplant war seine wenigstens vorübergehende Isolation. Die Unterzeichnung des Friedensvertrages mit Deutschland sollte auf diese Weise verhindert werden. Das konnte offenbar, waren die Genossen überzeugt, nur gelingen, wen Lenin kaltgestellt war. Während der Bolschewikenführer im Arrest saß, sollte der revolutionäre Krieg erklärt werden. Erst danach wollte man ihn wieder freilassen.

103 Vgl. Pipes, Revolution, 417.
104 Zit. nach Ruge, Lenin, 199.
105 LW, Bd. 27, 84.

Genosse Iljitsch wurde nicht verhaftet. Während er später über diese Anekdote gelacht haben soll, gab es im Februar 1918 keinen Grund zur Heiterkeit.[106] Auch die Ankündigung, sich dem Ultimatum Deutschlands zu beugen und den Vertrag zu unterschreiben, hielt die Verbände der Mittelmächte nicht von weiteren Offensiven ab. Sie näherten sich Minsk und Pskow und stießen auch im Süden vor. Nun machte sich Panik breit, auch bei Lenin. Eine Fühlungnahme zu den Alliierten drängte sich auf. Diese reagierten nicht abgeneigt, Russland als Verbündeten zurückzugewinnen. Angeblich hatten sie sich bereits mit Geldgeschenken – 100 Rubel pro Mann – an russische Soldaten gewandt, um diese zur Wiederaufnahme der Kampfhandlungen, d.h. zur Abwehr deutscher Truppen, zu bewegen.[107] Wer in Petrograd die Fäden zog, war ihnen mehr oder weniger einerlei. Anders als bei den Mittelmächten hielten sich in Frankreich und Großbritannien außerdem Ängste vor Arbeiterprotesten und probolschewistischen Sympathiebekundungen in Grenzen. Die Franzosen boten nun den Bolschewiki Hilfe an. Lenin übte sich daraufhin wieder in nüchternem Pragmatismus: »Ich bin dafür, daß wir Kartoffeln und Waffen von den Räubern des anglo-französischen Imperialismus annehmen.«[108] Er selbst trat in Kontakt mit einem französischen Hauptmann, der Unterstützung bei der »Sprengung von Eisenbahnlinien« in Aussicht stellte, um die »deutsche Invasion aufzuhalten«. Der Franzose sei Monarchist gewesen, aber, bekannte Lenin, »wir drückten einander die Hand, obwohl wir wußten, daß jeder von uns seinen ›Partner‹ gern hätte aufknüpfen lassen«.[109]

So weit kam es nicht. Weder, was das »Aufknüpfen« anbelangte, noch in Bezug auf die offerierte Zerstörung von Infrastruktur: Kaum schien es, dass man handelseinig mit den Westmächten geworden war, langte eine Note aus Deutschland ein. Sie sollte binnen 48 Stunden beantwortet werden. Wilhelm war also nun doch geneigt, ein Abkommen mit den Bolschewiki zu schließen – allerdings zu einem hohen Preis. Zusätzlich zu den bisherigen Forderungen kündigte Berlin an, das jüngst eroberte Gebiet nicht zu räumen, verlangte außerdem die vollständige Demobilisierung der russischen

106 Bol'ševistskoe rukovodstvo. Perepiska 1912–1927, Moskva 1996, 290–292.
107 Borisov/Kotov/Lannik, Brestskij mir, 106.
108 Zit. nach Pipes, Revolution, 427.
109 LW, Bd. 28, 53.

Armee und erwartete die Preisgabe Finnlands und der Ukraine. Das Baltikum sollte abgetreten werden. Dasselbe galt für Transkaukasien, wo sich deutsche Firmen nicht zuletzt aufgrund des dortigen Reichtums an Bodenschätzen wirtschaftliche Vorteile ausrechneten. Wieder folgte eine Abstimmung im bolschewistischen Zentralkomitee. Dieses Mal setzte sich Lenin mit seinem Votum für eine nunmehr bedingungslose Annahme des Vertrages nur um Haaresbreite durch. Während sich unter den Bolschewiki zunächst niemand bereit erklärte, nach Brest-Litowsk zurückzukehren und den »Schandfrieden« zu unterzeichnen, brach eine Welle von Parteiaustritten los. Die Linken Kommunisten, die Lenin kopfschüttelnd als Apostel des revolutionären Krieges abkanzelte, verteidigten trotzig ihre Standpunkte. Auch Julij Martow unterzog die Entscheidung für diesen Frieden einer harschen Kritik: Die Sowjetmacht werde zur Geisel der Deutschen. Seiner Meinung nach gab es nur zwei Möglichkeiten: Kämpfen bis zum Sieg oder »wie die Pariser Kommunarden ehrenvoll zu sterben«.[110]

Lenin spielte die dramatischen Folgen des Friedensvertrages nicht herunter. Auch er empfand das Abkommen als erniedrigend und die deutschen Forderungen als unverhältnismäßig. Verharmlosungen waren fehl am Platz. Lenin sprach offen von einem möglichen Scheitern all dessen, was bisher erreicht worden war. Gleichzeitig ließ er einen propagandistischen Schwall los, der vom unvermeidlichen Sieg der Bolschewiki kündete. Gerade noch von den eigenen Genossen im Stich gelassen und allen möglichen Anschuldigungen ausgesetzt, raffte er sich scheinbar unverdrossen dazu auf, weiterhin den Vorkämpfer für eine Revolution abzugeben, die gerade am Boden lag. Andere hätten sich in dieser Lage schamvoll zurückgezogen. Trotzki zum Beispiel verschwand nach seinem Rücktritt als Außenkommissar kurzfristig von der Bildfläche. Wahrscheinlich dachte nicht nur er, dass das bolschewistische Abenteuer jetzt zu Ende war. Lenin aber steckte der Partei schleunigst neue Ziele. Auf dem 7. Parteitag, nur wenige Tage nach der Unterzeichnung des Friedenspakts, erfolgte bezeichnenderweise die Umbenennung der SDAPR in Kommunistische Partei Russlands (Bolschewiki). Gefordert hatte er sie

110 Rabinowitch, Die Sowjetmacht, 239.

schon im April des vorangegangenen Jahres.[111] Jetzt war es Zeit, den Schritt zu vollziehen: Man wandele, wiederholte er die Phrasen von früher, auf den Pfaden der Pariser Kommune, mit der alten Sozialdemokratie habe man schon lange nichts mehr gemeinsam. Lenin schwang eine feurige Rede über den Aufbau des Sozialismus und skizzierte jenen neuen Staat, den es – getreu den marxistischen Vorstellungen bzw. viel eher seinen – nun zu schaffen gelte. Außerdem erwähnte er die rasche Herausbildung eines geeigneten Apparats, »der die Massen umerziehen kann«.[112]

Die Atempause, die Lenin sich erhofft hatte, um die geschilderten Aufgaben in Angriff zu nehmen, ließ jedoch auf sich warten. Trotz der russischen Kapitulation hatte die deutsche Generalität den Vormarsch immer noch nicht gestoppt. Die Truppen Wilhelms bezogen etwa 250 Kilometer vor Petrograd Stellung und besetzten Reval sowie weitere Städte. Nur einen Tag, bevor der Friedensvertrag unterschrieben wurde, fielen Bomben aus deutschen Flugzeugen auf die russische Hauptstadt.

In dieser Situation entschied sich Lenin, die Hauptstadt zu verlassen und Moskau zur neuen Kapitale des gedemütigten Sowjetreichs zu machen. Am 11. März verließ er Petrograd im Geheimen.

Angeblich weigerte sich Lenin, den Text des Friedensvertrages überhaupt zu lesen. Bald schon würde er ein Fetzen Papier sein. Früher oder später würde eine Revolution auch die Monarchien Zentraleuropas hinwegfegen. Bis es so weit war, hieß es weiter taktieren. Vor allem den Deutschen traut er nach den jüngsten Erfahrungen nicht. Probleme sah er nicht zuletzt in Zusammenhang mit der bevorstehenden Ratifikation des Vertrages. Lenin konnte sich nicht sicher sein, ob Berlin dem Abkommen Rechtskraft verleihen würde. Derlei Bedenken waren durchaus nicht unbegründet. Österreich-Ungarn etwa ließ sich Monate mit der offiziellen Bestätigung Zeit: einerseits aufgrund des erwartbaren Widerstands seitens der Parlamente in den beiden Reichsteilen und andererseits, weil die Aussicht auf reguläre diplomatische Beziehungen mit Moskau alles andere als attraktiv erschienen. Man musste damit rechnen, dass die Bolschewiki alles versuchen würden, ihre Revolution zu exportieren

111 LW, Bd. 36, 431.
112 LW, Bd. 27, 120.

und hierfür Propaganda zu betreiben.[113] Exakt das war der Fall: Das Sowjetregime drängte unentwegt darauf, seine »Missionen« auf den Territorien der Mittelmächte zu errichten oder zumindest Delegationen zu entsenden. Diese hatten sich offiziell um den Austausch der beiderseitigen Kriegsgefangenen zu kümmern, sollten parallel dazu aber auch die revolutionäre Bewegung in den Gastländern unterstützen. Die Gefangenenfrage wurde zu einem Hebel für die frühe sowjetrussische Diplomatie. Sie schuf in weiterer Folge die Grundlage für bilaterale Verträge, die den Export der Revolution stets als unsichtbare Klausel enthielten. Lenin setzte also weiterhin auf eine doppelgleisige Strategie.

Zuvor versuchte er auszuloten, ob die Alliierten im Falle eines fortgesetzten deutschen »Raubzugs« bzw. bei einem Bruch des Brester Abkommens die Sowjetmacht unterstützen würden. Tatsächlich landeten die Alliierten quasi auf Einladung der Russen am 9. März in Murmansk, wo sich enorme Mengen an Kriegsmaterial befanden, die auf keinen Fall den Deutschen in die Hände fallen sollten. Um Berlin nicht zu reizen, formulierte die russische Seite nun einen Protest gegen diese Intervention und tat nach außen so, als wäre die Aktion ohne ihr Wissen durchgeführt worden. Die Annäherung an die Allierten kam freilich vor allem auch deshalb zustande, weil sie von einer Ablehnung der Ratifikation des Friedensvertrages durch den Sowjetkongress ausgingen. Lenin aber bekam die erhoffte Bestätigung seiner Politik. Mehr als zwei Drittel der Kongressdelegierten stimmten für die offizielle Bewilligung des Brester Vertrages. Die Linken SRy, die sich so vehement gegen den Abschluss des »Schandfriedens« gewandt hatten, traten nun aus dem Sownarkom aus.

Einigermaßen günstig schienen sich währenddessen auch die Beziehungen zu den Verenigten Staaten zu entwickeln. Die ersten US-Reaktionen auf die bolschewistische Machtübernahme waren durchaus nicht unfreundlich gewesen. Der amerikanische Präsident Woodrow Wilson, der das bolschewistische Versprechen von der Selbstbestimmung der Völker in seinen berühmten 14 Punkten auf-

113 John Maxwell Hamilton/Christina Georgacopoulos, The Sisson Documents and their »distinguished place« in the history of disinformation, in: Intelligence and National Security 36/6 (2021), 881–897, 883.

gegriffen hatte, konnte sich eine Verständigung mit dem Sowjetregime vorstellen. Voraussetzung hierfür aber war der fortgesetzte Widerstand Moskaus gegen Deutschland.[114] Ein starkes Argument für einigermaßen gedeihliche Beziehungen mit der neuen russischen Regierung gründete sich aber natürlich auch auf wirtschaftliche Überlegungen. Für die französische und britische Russlandpolitik war demgegenüber die Frage einer aufrechtzuerhaltenden Ostfront prioritär, um dort weiterhin deutsche Kräfte zu binden. Daher bzw. in der Hoffnung, die Russen von einem neuerlichen militärischen Vorgehen gegen die Einheiten der Hohenzollern zu überzeugen, entsprachen sie über den Abschluss des Brester Vertrages hinaus und trotz aller Skepsis dem Ansuchen des neuen Kriegskommissars Leo Trotzki nach Unterstützung beim Aufbau der Roten Armee.[115] Der britische Diplomat Robert Bruce Lockhart gewann indessen schon früh den Eindruck, dass die Politik der Bolschewiki im Grunde darauf abzielte, »die Deutschen gegen die Alliierten und die Alliierten gegen die Deutschen auszuspielen«.[116]

Trotzki erachtete es ebenso wie Lenin für angezeigt, sich nach allen Richtungen abzusichern. Beide hielten einen Sturz des Sowjetregimes auf Betreiben Berlins für kein unrealistisches Szenario. Daran hatte auch der Brester Vertrag nichts geändert. In Anbetracht des russischen »Flirts« mit den Alliierten schien es aber aus deutscher Perspektive angebracht, sich nicht nur, wie bisher, als säbelrasselnder Eindringling zu gerieren, sondern eine Annäherung an das Sowjetregime einzuleiten. Zusätzlich zu wirtschaftlichen Vereinbarungen in Aussicht genommen wurde nun auch ein Austausch von Botschaftern. Darauf hatte Moskau gewartet. Adolf Joffe bezog daraufhin seinen Posten als Bevollmächtigter Vertreter Räterusslands in Berlin, Graf Wilhelm von Mirbach-Harff reiste als deutscher Botschafter nach Moskau. Der sowjetische Diplomat machte sich nun umgehend daran, die Revolutionierung Deutschlands nach Kräften zu fördern.[117]

Nikolaj Suchanow, der 1940 dem Stalinistischen Terror zum Opfer fiel, hatte behauptet, dass Lenin kein Realpolitiker von Format

114 Vgl. ebd.
115 Pipes, Revolution, 463.
116 Zit. nach Louis Fischer, Das Leben Lenins, Köln/Berlin 1964, 210.
117 Pipes, Revolution, 465f.

gewesen sei. Blickt man aber auf dessen Äußerungen und Handlungen in Zusammenhang mit dem Brester-Vertrag, muss man ihm immerhin eine bemerkenswerte Standfestigkeit und einen enormen Behauptungswillen zugestehen. Lenin trat als Revolutionär ebenso auf wie als Politiker und Staatsmann. Er tat dies vorbei an jeglichen Konventionen und in der Überzeugung, dass man die »imperialistischen Räuber« austricksen konnte, solange man sich vordergründig auf ihre Spielregeln einließ.

Zielorientiert dachte auch der nunmehrige Bündnisparter, der dem Bild des »imperialistischen Räubers« mühelos entsprach. Nur wenige Monate nach Unterzeichnung des Abkommens meinte Staatssekretär Paul von Hintze: »Was wollen wir denn im Osten? Die militärische Paralyse Russlands. Das besorgen die Bolschewiki besser als jede andere russische Partei und ohne daß wir einen Mann und einen Groschen drangeben. Wir können nicht verlangen, daß sie oder andere Russen uns dafür lieben, daß wir ihr Land aus- und einpressen … Denn das ist es, was wir tun: Wir arbeiten nicht mit ihnen, sondern beuten sie aus. Das ist politisch und Politik.«[118]

Argumente

Die Frage, warum Lenin derart verbissen für die Unterzeichnung des parteiintern so umstrittenen Brester Vertrages eintrat, der alle Ideale von einer weltrevolutionären Umwälzung mit Füßen zu treten schien, brachte zum Teil erstaunliche Antworten hervor. Meinen die einen, dass er sich an die 1915 bzw. 1917 getroffenen Absprachen mit den Diplomaten Berlins hielt, einen »Frieden auf Bestellung« lieferte und als Preis für die so dringend benötigte Atempause eine Revolutionierung Deutschlands hintanstellte, irritiert andere schlicht und einfach der scheinbar plötzlich vollzogene Schwenk zur Formel vom »Sozialismus in einem Land« mit der damit verbundenen angeblichen Annullierung weltrevolutionärer Pläne.

Bei allem Utopismus, dem er sich verpflichtet fühlte, ohne ihn natürlich als solchen zu benennen, versperrte sich Lenin keineswegs der Notwendigkeit eines stufenweisen Vorgehens. Schon in

118 Zit. nach Scharlau/Zeman, Freibeuter, 312.

der Vergangenheit hatte er sich außerdem nicht darauf festgelegt, zu welchem Zeitpunkt die Weltrevolution losbrechen würde und welche Länder in welchem Zeitrahmen diese Richtung einschlagen würden. Im Falle vorläufig ausbleibender großer Umwälzungen im Westen müsste eben Russland den säumigen Revolutionären im Ausland auf die Sprünge helfen. Dass er zur Jahreswende 1917/18 so zuversichtlich auf eine unmittelbar bevorstehende revolutionäre Welle gesetzt hatte, war gewiss eine Fehleinschätzung gewesen. Er gab das auch zu – nicht ohne den schädlichen, weil bremsenden Einfluss der westlichen Sozialdemokratie auf die Arbeiterschaft zu beklagen. Dass er angesichts der großen Januarstreiks in Deutschland und im Habsburgerreich zumindest nicht ganz an der Realität vorbei kalkuliert hatte, ist allerdings unbestreitbar. Er richtete sich immer wieder danach, was gerade machbar war, und adaptierte Konzepte entsprechend der vorgefundenen Lage. Die Argumente, die er hierbei vorbrachte, waren elastisch, aber immer konform mit seinen revolutionären Überzeugungen und Zukunftsvisionen. Wollte er schwankende Genossen im Oktober 1917 zu raschem Handeln bewegen, erzählte er ihnen etwas vom Proletariat in Deutschland, das der russischen Revolution notfalls zu Hilfe kommen werde. Stand er nach Abschluss des Brester Vertrages vor der Aufgabe, seine enttäuschten Kameraden auf Kurs zu bringen, animierte er sie zu einem noch energischeren Aufbau der neuen Armee und verknüpfte damit einen lediglich verzögerten Beginn des revolutionären Krieges. Ein längerfristiges Überleben der eigenen Revolution machte er nach wie vor von Umbrüchen im Rest Europas abhängig.[119] Deutschland als hochentwickeltes Land stand dabei an erster Stelle. Auf diesen »Partner« wollte er auf keinen Fall verzichten.

Bedenkenswert erscheint indessen Richard Pipes' Argument, wonach Lenin das Abkommen mit dem Hohenzollernreich favorisierte, weil er es angeblich im Krieg halten wollte. Tatsächlich verfügten Ludendorff und Hindenburg in der Folge über zusätzliche 500.000 Mann für die Kämpfe im Westen. Warum machte sich Lenin aber auf diese Weise, d.h. durch den Brester Vertrag, zum Unterstützer

119 LW, Bd. 27, 81.

des Hohenzollernreichs – wenn man das alles überhaupt so sehen möchte? Gewiss nicht, weil er sich für die Subventionierung seiner Revolution erkenntlich zeigen wollte. Ein abgekartetes Spiel, demzufolge Lenin bis hin zum Vormarsch Deutschlands im Februar und März 1918 alles getan hatte, um Berlin günstige Bedingungen für die Kontrolle und Ausbeutung Russlands zu verschaffen, lässt sich nur mit einigermaßen dubiosen Argumenten vertreten. Vor allem fehlt hierfür das Motiv. Lenin war für fast jeden Kuhhandel im Interesse der Revolution zu haben, aber er war mit Sicherheit kein Handlanger Deutschlands.

Die Gründe für Lenins Entscheidung, ein Abkommen mit Wilhelms Unterhändlern zu schließen, lagen alles in allem in einer nüchternen Analyse der Kräfteverhältnisse. Da keine oder unzulängliche Mittel für die militärische Verteidigung vorhanden waren, geschweige denn für einen revolutionären Krieg, musste die junge Sowjetmacht fürchten, zum Opfer eines »räuberischen Imperialismus« zu werden. Wie konnte das verhindert werden? Indem der Krieg weiterging und Deutschland fit genug blieb, ihn zu führen. Eine Entlastung der Hohenzollernarmee im Osten war also, meint Pipes, die Lösung und Lenin wollte sie Berlin verschaffen. Warum kam nun der amerikanische Historiker zu diesem Schluss? Nicht, weil er – was ihm nicht wenige, und das sicher nicht unbegründet, unterstellten – als »kalter Krieger« der Historiografie die Verderbtheit Lenins und seines Regimes unter Beweis stellen wollte, sondern weil der Bolschewikenführer selbst Worte fand, die solche Schlussfolgerungen nahelegen. Im Rahmen des 7. Parteitags klärte dieser nämlich seine ob des Brester Vertrages verärgerten und demoralisierten Genossen darüber auf, dass der Sieg der eigenen »Revolution« im Oktober 1917 nur deshalb möglich gewesen war, weil die »imperialistischen Räuber« sich zeitgleich gegenseitig an die Kehle gegangen waren. Sie hätten, meinte er, damals nicht über entsprechende Kräfte verfügt, um Russland – wie sie es ansonsten, d.h. unter günstigeren Bedingungen, getan hätten – einfach zu überrennen.[120]

---

120 Vgl. LW, Bd. 27, 78f.

Moral

Seit April 1917 saß Lenin der Vorwurf des Defätismus und Lakaientums im Nacken. Der umstrittene Revolutionsführer empfand sich nichtsdestoweniger als Vaterlandsverteidiger, allerdings mit Blick auf die Rettung der Sowjetmacht. Von einer Fortsetzung der Kampfhandlungen, zu denen Deutschland jetzt im Westen in der Lage war, erhoffte sich Lenin gewiss nicht den Sieg des Hohenzollernreichs, sondern in weiterer Konsequenz positive Impulse zugunsten einer weiteren Gärung innerhalb der kriegsmüden europäischen Bevölkerung. Je länger der Krieg dauern würde, desto eher würde er sich in einen Bürgerkrieg verwandeln, ohne den man »aus der imperialistischen Sklaverei nicht herauskommen« könne.[121] Seine weltrevolutionären Pläne hatte er demnach nie aufgegeben, sondern nur zurückgestellt bzw. auf andere Ebenen verlegt: Die »Wühlarbeit« bolschewistischer Emissäre im Ausland sollte dem großen Blutvergießen des »Weltbürgerkriegs« vorausgehen. Die Chancen, mittels Propaganda und durch Untergrundarbeit Einfluss auf die Entwicklungen in Westeuropa zu nehmen, hielt er für vielversprechend.[122] Seine Losung vom »Sozialismus in einem Land« stand niemals im Widerspruch zur angestrebten größeren Dimension des revolutionären Kampfes.[123] Der Aussicht, es sich innerhalb des Konzepts des »Sozialismus in einem Land« gewissermaßen gemütlich zu machen, schienen andere Genossen aber durchaus etwas abgewinnen zu können. Auf diese Weise hätte sich die Atempause gewiss verlängern lassen – auf unbestimmte Zeit. Moskau wäre unter diesen Auspizien zu einem »ganz normalen« Staat geworden, der sich weit günstigere Bedingungen für den inneren Aufbau des Sozialismus hätte schaffen können, als man sie 1917/18 vorfand – eine Revision des Brester Vertrages inklusive. Doch Lenins Überzeugung war eine andere: Der Umsturz in Russland entsprach dem Signal für die Weltrevolution – jetzt mussten die anderen Staaten aufschließen und eine eigene Revolution zustande bringen. All das korrespondierte mit

121 Lenin, Ausgewählte Werke, Bd. VII, 409.

122 Alexander Vatlin, Deutschland im weltpolitischen Kalkül der Bolschewiki 1918, in: Wladislaw Hedeler/Klaus Kinner (Hg.), »Die Wache ist müde«. Neue Sichten auf die russische Revolution 1917 und ihre Wirkungen, Berlin 2008, 102–111, 109.

123 Gegenteilige Ansichten etwa bei: Karl-Heinz Gräfe, Was in Russland geschah und im Westen ausblieb. Zu den internationalen Auswirkungen der russischen Revolution, in: Hedeler/Kinner (Hg.), »Die Wache ist müde«, 113–134.

jenen Szenarien, die er rund um seine Imperialismustheorie aufgerollt hatte. Wie sehr Lenin den Umsturz in Deutschland mit einem erfolgreichen sozialistischen Aufbau im rückständigen Russland verknüpfte, bestätigte im Übrigen Leo Trotzki. Der damit einhergehende Optimismus prägte gerade die erste Phase der bolschewistischen Herrschaft, betonte er: »Man hielt es für selbstverständlich, dass das siegreiche deutsche Proletariat, gegen künftige Lieferungen von Nahrungsmitteln und Rohstoffen, Sowjetrussland nicht nur mit Maschinen und Fertigwaren, sondern auch mit Zehntausenden hochqualifizierter Arbeiter, Techniker und Organisatoren versorgen würde.«[124]

Wer den Pakt mit Deutschland immer noch nicht gutheißen konnte und ihn vielmehr als Vergehen an der Revolution betrachtete, dem setzte Lenin seine »Moral« auseinander. Er zog hierfür bezeichnenderweise die Tat des Terroristen Iwan Kaljaew heran. Dieser war 1904 an der Ermordung von Innenminister Wjatscheslaw Plehwe beteiligt gewesen und tötete 1905 den Großfürsten Sergej bei einem Attentat. Lenin nahm nun – in der Tradition der Narodowolzen – Bezug auf das Narrativ vom »gerechten« oder rechtzufertigenden Verbrechen. In dieser Parabel war das Tatwerkzeug Kaljaews keine Bombe, wie sie bei den Attentaten zum Einsatz gekommen war, sondern ein Revolver. Hätte Kaljaew also den Revolver bei einem Räuber gekauft, um damit lediglich selbst zu rauben und zu morden, müsse das »Geschäft« als verwerflich bewertet werden. Derselbe Deal aber stelle sich völlig anders dar, wenn die Waffe erworben wurde, um einen »Tyrannen und Unmenschen zu töten«. Niemand, meinte Lenin, könne in diesem Fall Kaljaew dafür tadeln, dass er einem Räuber »Brot, Geld und Schnaps« gegeben habe, um in den Besitz des Revolvers zu kommen. Im Gegenteil müsse man ihn dafür »loben«.[125]

---

124 Leo Trotzki, Verratene Revolution (1936). https://www.marxists.org/deutsch/archiv/trotzki/1936/verrev/kapo2.htm (13.3.2023).

125 LW, Bd. 27, 20.

Widerstand

Lenin präsentierte auf dem 7. Parteitag zehn Thesen über die Sowjetmacht. Sie propagierten u.a. die Aufhebung der Trennung von Legislative und Exekutive und einen niederschwelligen »Demokratismus«, bei dem man sich angesichts der vielen Zwangsmaßnahmen fragen musste, wie sich der Bolschewikenführer die Praxis vorstellte. Fest steht, dass der Brester Vertrag die bereits vorhandene Unzufriedenheit der Menschen mit dem bolschewistischen Regime noch vergrößerte. Dort und da kam es zu Unruhen und Streiks. Die Bolschewiki reagierten mit einer weiteren Knebelung der Presse. Die Rechnung für ihre Politik präsentiert bekam Lenins Partei bei den Sowjetwahlen im Mai und Juni 1918. »In allen Provinzhauptstädten im europäischen Rußland, in denen Wahlen stattfanden, deren Auszählung erhalten geblieben sind, errangen« Menschewiki und Sozialisten-Revolutionäre »die Mehrheit in den Stadtsowjets«.[126] Trotzdem gelang es der Opposition nicht, Kapital aus diesen Erfolgen zu schlagen. Hemmend bei alledem wirkte sich die Überzeugung aus, wonach ein entschiedenes Vorgehen gegen die neuen Machthaber eine antisozialistische Konterrevolution auf den Plan rufen würde. Daher sollte abgewartet werden, bis sich die Massen von jener »entarteten« revolutionären Politik abwenden würden, die die Bolschewiki repräsentierten und praktizierten.[127] Umgekehrt hatten diese nicht vor, die von der Opposition eroberten Mehrheiten in den Sowjets weiter zu dulden. Erst recht nicht, als die antibolschewistische Linke einen eigenen Kongress der »Arbeiterbevollmächtigten« anstrebte und mit einem Generalstreik drohte.[128] Im Juni 1918 wurden Menschewiki und Rechte SRy per Dekret von allen Sowjets sowie aus dem Zentralen Exekutivkomitee der Räte ausgeschlossen.[129] Obwohl das noch keinem ausdrücklichen Parteiverbot entsprach und sich in der Folgezeit Möglichkeiten für Menschewiki und Sozialisten-Revolutionäre boten, wieder in die Räte einzutreten, waren sie zur politischen Bedeutungslosigkeit verurteilt. Spätere diesbezügliche »Amnestien« stellten sich überdies als

---

126 Zit. nach Pipes, Revolution, 377.
127 Vgl. ebd., 380.
128 Altrichter, Staat und Revolution, 212.
129 Pipes, Revolution, 382.

typische Zugeständnisse Lenin'scher Prägung dar.[130] Den Oppositionellen wurde lediglich das Angebot einer »Läuterung« gemacht und die Perspektive einer gleichsam eingeforderten Assimilation vermittelt. Doch das Misstrauen hielt auch weiterhin an. Die Überzeugung, dass der bald nur noch klägliche Rest antibolschewistischer Linker gemeinsame Sache mit der bürgerlichen Konterrevolution inner- und außerhalb Russlands machen werde, schloss ein weiteres Tolerieren dissidenter Sozialisten schließlich ganz aus. Für jene Sozialisten-Revolutionäre, die 1922 im Rahmen eines Schauprozesses verurteilt wurden, forderte Lenin die Todesstrafe. Diese Urteile wurden lediglich aus Rücksichtnahme gegenüber einer lautstark protestierenden westlichen Sozialdemokratie in Gefängnis- bzw. Lagerstrafen umgewandelt. Die »Begnadigung« kam aber aufgrund der Haftbedingungen einer Hinrichtung auf Raten gleich. Der Verfolgung einzelner Personen nahm sich der bereits schwer kranke KP-Chef immer wieder persönlich an. Die 1922 angeordnete Ausweisung bzw. die Deportation von mehr als 200 Intellektuellen hatte er maßgeblich mitorganisiert, indem er betreffende Namenslisten erstellte.[131]

Das Vorgehen gegen die früheren Räteparteien des Februarregimes im Frühjahr 1918 war der Auftakt für eine Reihe von Attentaten auf hochrangige Bolschewiki gewesen. Als erster prominenter Bolschewik fiel der für die Pressepolitik zuständige W. Wolodarskij einem Anschlag zum Opfer. Lenin war wütend. Starke Kopfschmerzen hinderten ihn obendrein am Arbeiten. Inmitten dieser Erschöpfungsphase ereignete sich schließlich das Attentat Linker Sozialisten-Revolutionäre auf den deutschen Botschafter Mirbach. Am 6. Juli erschienen zwei Linke SRy im Gebäude der diplomatischen Vertretung des Kaiserreichs, wiesen Legitimationen der Tscheka vor und erschossen den Diplomaten. Die Bluttat lief einigermaßen grässlich ab. Mirbach hatte noch zu flüchten versucht, wurde aber von einer Kugel in den Hinterkopf niedergestreckt. Die Mordtat sollte den Brester Vertrag sprengen und jenen revolutionären Krieg auslösen, den der im März 1918 geschlossene »Schandfrieden« vereitelt

130 Ebd., 382f.; vgl. auch Altrichter, Staat und Revolution, 206–220.
131 Vgl. Karl Schlögel, Das sowjetische Jahrhundert. Archäologie einer untergegangenen Welt, München 2017, 78–86.

hatte. Die Bolschewiki machten daraus einen »Aufstand« der Linken SRy, der sie dazu legitimierte, gegen den einstigen Koalitionspartner vorzugehen. Tatsächlich zielten die Linken SRy aber nicht darauf ab, die Bolschewiki aus dem Weg zu räumen, sondern Deutschland zu provozieren, den Frieden aufzukündigen und so das Moskauer Regime zu nötigen, die Waffen zu ergreifen. Lenin erkannte die Gefahr eines Konflikts mit dem Kaiserreich sofort, ließ sich aber nur widerwillig überreden, der deutschen Botschaft einen Kondolenzbesuch abzustatten, um der Glaubwürdigkeit einer Verurteilung der Mordtat Nachdruck zu verleihen.[132]

Der Plan der Linken SRy war abenteuerlich, man könnte fast sagen absurd gewesen – und er scheiterte. Kurios ist außerdem, dass damals die Kräfteverhältnisse in Moskau durchaus ausgereicht hätten, Lenins Regime zu stürzen. Aber die Linken SRy blieben – erst recht nach ihrer glanzlosen Regierungsbeteiligung – ihrem Selbstverständnis als »echte« Revolutionäre treu. Sie wollten nicht den Platz der Bolschewiki einnehmen. Letztere wiederum verhielten sich, nachdem sie wieder Herr der Lage waren, gegenüber den Linken SRy verhältnismäßig gnädig. Diese freilich relative »Nachsicht« nährte später Vermutungen, dass die Bolschewiki, oder zumindest einige von ihnen, selbst am Komplott, d.h. an der Beseitigung des deutschen Botschafters, beteiligt gewesen waren. Dies umso mehr, weil es Anzeichen dafür gab, dass Berlin sich nach neuen Verbündeten in Russland umschaute und im Zuge dessen antibolschewistische Kräfte unterstützen wollte. Zumindest Lenin traute unter diesen Vorzeichen dem Leiter der Tscheka Felix Dzierżyński zu, den »aufständischen« SRy womöglich unter die Arme gegriffen zu haben. Er wurde daher zumindest kurzfristig suspendiert.[133]

Das Strafgericht der Bolschewiki konzentrierte sich auf das »Kampfkommando« der SRy. Etwa ein Dutzend Personen wurde exkutiert. Viele weitere sperrte man weg. Die Galionsfigur der Linken Sozialisten-Revolutionäre, Maria Spiridonowa, wurde zu einer einjährigen Gefängnisstrafe verurteilt, um dann, als »geisteskrank«, erneut in den Kerker verfrachtet zu werden. Unter abenteuerlichen Umständen gelang ihr schließlich die Flucht. Kurze Zeit später

132 Pipes, Revolution, 507.
133 Ebd., 517.

erfolgte die Aussöhnung mit den Bolschewiki. Unter Stalin wurde sie – wie fast alle damals noch in der UdSSR befindlichen ehemaligen Opponenten des Oktoberregimes – hingerichtet.[134]

Keinerlei Gnade kannten die Bolschewiki gegenüber den Teilnehmern an einem Aufruhr in Jaroslawl, der vermutlich rein zufällig zeitgleich mit dem »Aufstand« der Linken SRy stattfand. Initiiert worden war er von Boris Sawinkow, der sich vom Terroristen zum Regierungsmitglied unter Kerenskij gewandelt hatte und jetzt als konservativer »Vaterlandsverteidiger« die neue Sowjetmacht bekämpfte.[135] Ihm gelang es, mit tschechischen und französischen Geldern einen Trupp von Regimegegnern auszurüsten. Etwa 6000 Männer, ehemalige Offiziere ebenso wie Beamte, Studenten, Arbeiter und Bauern, gehörten zu Sawinkows Aufgebot. Dessen Pläne waren allerdings einigermaßen unausgegoren. Zunächst aber sollte Moskau von den Agrargebieten im bzw. rund um das Wolgagebiet abgeschnitten und ausgehungert werden. Sawinkows politische Ambitionen blieben diffus. Während die Bolschewiki später behaupteten, er habe den Zaren wieder einsetzen wollen, zielte er wahrscheinlich auf eine Wiederherstellung der Konstituante ab. Für eine ungehinderte demokratische Entwicklung des Landes hatte er sich freilich nicht eindeutig ausgesprochen. Als die Bolschewiki Artillerie einsetzten, brach der Aufstand zusammen. Während die sowjetische Historiografie von der Beteiligung von Menschewiki und Rechten SRy an Sawinkows Unternehmen sprach, wurde die Teilnahme von Linken SRy an der Niederschlagung des Aufstands verschwiegen.[136] Tatsächlich verdeutlichte diese Mitwirkung zugunsten des Oktoberregimes ihre Bereitschaft, Lenins Herrschaft nicht grundsätzlich infrage zu stellen. Linke SRy und Bolschewiki hatten außerdem bis zum Juni in vielen lokalen Sowjets kooperiert. Trotzdem erfolgte ihre Verdrängung aus den Räten konsequent – vielerorts fast blitz-

---

134 Vgl. Victor Sebestyen, Lenin. Ein Leben, Berlin 2017, 471–474.

135 Sawinkow wurde nach Minsk gelockt und dort 1924 verhaftet, zum Tode verurteilt und anschließend zu einer Gefängnisstrafe begnadigt. In Haft wirkte er propagandistisch für die Bolschewiki und erhielt dafür privilegierte Haftbedingungen. 1925 beging er Suizid. Dazu: Alexander Nitzberg, Boris Sawinkow. Die fleischgewordene Vision Dostojewskijs, in: Boris Sawinkow, Das fahle Pferd. Roman eines Terroristen, Berlin 2015, 235–262.

136 Vgl. dazu Hannes Leidinger/Verena Moritz, Gefangenschaft, Revolution, Heimkehr. Die Bedeutung der Kriegsgefangenenproblematik für die Geschichte des Kommunismus in Mittel- und Osteuropa 1917–1920, Wien/Köln/Weimar 2003, 438.

artig bzw. binnen nur weniger Tage.[137] Lenin behauptete unterdessen, dass die Linken SRy, die er bereits Ende Juli als »ehemalige Partei« ansprach, in Jaroslawl zu »Schachfiguren« der »Weißgardisten« geworden seien. Ihre Bestrebungen, das Brester Abkommen zu neutralisieren, lastete er kaltschnäuzig ihrer »Charakterlosigkeit und Hirnlosigkeit« an. Somit hätten sie sich in die Riege jener Sozialisten eingefügt, die diesen Namen gar nicht verdienten.[138]

Als die Kämpfer in Jaroslawl angesichts der aussichtslosen Lage den Schutz der vor Ort befindlichen deutschen Repatriierungskommission erbaten, die von dort aus die Heimkehr der Kriegsgefangenen organisierte, schien es Hoffnung auf Schonung zu geben. Die Bolschewiki aber verlangten von den Deutschen ultimativ die Auslieferung der Aufrührer. Die Rotgardisten wählten daraufhin 350 Personen aus, führten sie vor die Stadt und schossen sie nieder.[139]

Am 30. August 1918 fiel der Petrograder Tscheka-Chef Moisej Uritzkij einem Attentat zum Opfer. Nur wenige Stunden später wurde Lenin in Moskau bei einer Rede vor Arbeitern einer Maschinenfabrik durch ein Schussattentat schwer verletzt. Eine Kugel durchbohrte die Lunge und blieb in der Nähe des Schlüsselbeins stecken, die zweite »war links am Halsansatz eingedrungen«, die dritte hatte ihn verfehlt.[140] Lenin schwebte in Lebensgefahr. Nadeschda und Inessa wachten an seiner Seite. Uritzkijs Attentat hatte der junge Dichter Leonid Kannegißer zu verantworten, der sich für die Tötung eines Kameraden durch die Tscheka rächte. Kannegißer wurde in einem Schnellverfahren zum Tode verurteilt und im Oktober hingerichtet. Dasselbe Schicksal ereilte die annähernd gleichaltrige Fanny Kaplan, Lenins Attentäterin. Die frühere Anarchistin und Anhängerin der SRy gab an, auf eigene Faust gehandelt zu haben. Trotzdem rankten sich die verschiedensten Legenden um sie bzw. um die Hintergründe der Tat. Später stellte sich heraus, dass sie Mitglied einer terroristischen Untergrundgruppe der SRy gewesen war, die unabhängig vom ZK der Partei operierte.[141]

137 Häfner, Die Partei der linken Sozialrevolutionäre, 535–622.
138 LW, Bd. 28, 12f.
139 Pipes, Revolution, 528.
140 Sebestyen, Lenin, 486.
141 Figes, Tragödie, 665.

Rache

Während sich Lenin entgegen allen Vorhersagen – ausländische Diplomaten nahmen sein Ableben als nahezu sicher an und sprachen schon vom ehemaligen Haupt der Bolschewiki – rasch erholte, befeuerten die Anschläge die schon vorhandene allgemeine Paranoia unter den Machthabern zusätzlich. Bolschewistische Zeitungen trommelten für eine rigorose Vergeltung: »Mitleidlos werden wir unsere Feinde zu Hunderten vernichten. Und seien es Tausende, sie mögen in ihrem eigenen Blut ertrinken. Mögen für Lenins und Uritzkijs Blut Ströme von bourgeoisem Blut fließen, mehr Blut, soviel wie möglich.«[142] Lenin pflichtete bei. Jetzt wurde der Rote Terror ausgerufen und machte offiziell, was bereits praktiziert wurde, nun aber in verstärktem Maß ausgeübt werden sollte. Bereits am 31. August waren laut Berichten des offiziellen Organs der Sowjetregierung, der *Iswestija*, in Petrograd und Nischnij Nowgorod 553 Geiseln erschossen worden.[143] Den Gewaltakten, die zunächst primär den Sozialisten-Revolutionären galten, fielen freilich auch andere Regimegegner zum Opfer: Unter ihnen befand sich auch Lenins Cousin, Viktor Ardaschjew, der – ein Liberaler – in Jekaterinburg einen Streik gegen die Regierung initiiert hatte.[144]

Hinter dem Roten Terror standen unzählige menschliche Tragödien. Lenin mochte sich für jene seines Cousins interessiert haben, für das Schicksal Tausender anderer jedoch nicht oder sehr viel weniger. Einzelnen Gesuchen um Schonung bestimmter Personen, die sein Umfeld an ihn herantrug, kam er mitunter nach; an der Befürwortung einer groß angelegten Bekämpfung von Konterrevolutionären und »Klassenfeinden« änderte dieses sporadische Entgegenkommen nichts. Lenins Überzeugung von der erforderlichen Auslöschung von Regimegegnern verwies in gewisser Weise auf die Radikalität der »Narodnaja Wolja« – vor allem dann, wenn er eine Art »Moralökonomie« des Terrors ins Treffen führte. Die Kommunistin Angelika Balabanowa, die nach der Machtergreifung zunehmend auf Distanz zum Parteichef ging, schilderte später eine vielsagende Episode: »Anläßlich der Hinrichtung einiger Menschewiken«

142 Zit. nach ebd.

143 Jonathan W. Daly, The Watchful State. Security Police and Opposition in Russia 1906–1917, DeKalb/Illinois 2004, 225.

144 Figes, Tragödie, 668.

sagte Lenin zu ihr: »Wenn wir diese wenigen nicht aus dem Wege geräumt hätten, hätten wir demnächst Zehntausende von Bauern erschießen müssen, die die Menschewiken gegen das kommunistische Regime aufhetzen.«[145]

Lenins »revolutionäre Moral«, die die »bürgerliche Sittlichkeit« als verlogen und als Mittel der Unterwerfung ablehnte, fußte auf der Überzeugung, das »sittliche Ideal« als »Triebkraft des Klassenkampfes« begreifen zu müssen. Dieses »sittliche Ideal« wiederum, hatte Kautsky behauptet, sei »eine besondere Waffe für die besonderen Verhältnisse des Klassenkampfes«.[146] Während aber Kautsky seine Überlegungen über die Aufhebung der Klassen und das Wesen der Sittlichkeit in die Vision einer fried- und freudvollen Gesellschaft übertrug, hielt sich Lenin die ganze Zeit über an die »materialistische Geschichtsauffassung«, die das »sittliche Ideal als richtungsgebenden Faktor der sozialen Entwicklung« mit dem revolutionären Handeln jenseits herkömmlicher Konventionen verknüpfte.[147] Diese Überzeugung legitimierte haarsträubende Maßnahmen. So regte Lenin gegenüber Trotzki im Herbst 1919 an, 10.000 Vertreter der Bourgeoisie »als Kugelfang vor den angreifenden Truppen der roten Armee« herzutreiben oder im Rahmen von Strafaktionen »100 bis 1000 Beamte und Reiche« in Lettland und Estland »aufzuhängen«.[148]

Seiner emotionellen Kälte, die dem Glauben erwuchs, den Sozialismus nur bei konsequenter Vernichtung seiner Gegner realisieren zu können, standen zweifellos auch als einnehmend beschriebene Eigenschaften und eine tiefe Empfindungsfähigkeit gegenüber. Letztere zeigte sich nicht zuletzt anlässlich des Ablebens von Inessa Armand, die 1920 an Typhus starb. Lenin hatte bei den Begräbnisfeierlichkeiten Mühe, Haltung zu bewahren. Angelika Balabanowa, die ebenfalls anwesend war, notierte: »Nie habe ich einen Menschen so ganz in seinem Schmerz aufgehen sehen, zugleich aber in der Anstrengung, diesen Schmerz für sich zu behalten und der Aufmerksamkeit der anderen zu entziehen.«[149] An vielen Diktatoren oder

145 Angelica Balabanoff, Lenin. Psychologische Beobachtungen und Betrachtungen, Wien 1959, 142f.

146 Karl Kautsky, Ethik und materialistische Geschichtsauffassung. Ein Versuch, Stuttgart 1910, 136–144.

147 Ebd., 140.

148 Zit. nach Ruge, Lenin, 400.

149 Balabanoff, Lenin, 48.

anderen fragwürdigen Persönlichkeiten in Geschichte und Gegenwart werden für gewöhnlich nicht nur Charakterzüge des Monströsen wahrgenommen. Lenin ist hier keine Ausnahme.

Der Terror sei den Bolschewiki aufgezwungen worden. Das behauptete Lenin bereits seit dem Oktoberumsturz. Diese Sichtweise entsprach seiner Anschauung einer legitimen Gegenwehr.

Vom »Weißen Terror« unterschied sich der »Rote« nicht durch seine Grausamkeit, sondern aufgrund seiner institutionalisierten Grundlagen. Dieser mehr und mehr organisierten Gewalt stand eine diffuse und pogromartige aufseiten des antibolschewistischen militärischen Widerstands gegenüber.[150] Lenin hatte indessen »die Energie und die populäre Natur des Terrors« immer begrüßt.[151] Losungen, wie etwa »Plündert die Plünderer!« oder »Raubt das Geraubte!«, mobilisierten jene, die es als Befriedigung empfanden, sich gegenüber allen, die der Oberschicht angehörten, überlegen fühlen zu dürfen und jetzt den »Spieß umdrehen« zu können. Das galt auch gegenüber den sogenannten Intelligenty.

Zu einem der wichtigsten Propagandisten des Roten Terrors wurde Karl Radek, der offenbar auch mit dem Gedanken gespielt hatte, zur Abschreckung und als Warnung an Oppositionelle Enthauptungen an öffentlichen Plätzen durchführen zu lassen.[152] Der deutsche Pressechef in Moskau, Alfons Paquet, verglich wenige Tage nach Verkündung des Roten Terrors den Aufenthalt in der neuen russischen Hauptstadt mit jenem »in einem Leichenschauhaus«. Man »verhaftet und erschießt meist sofort«, notierte er in sein Tagebuch. »Ganz Moskau« wand sich »in Todesängsten«.[153]

150 Vgl. dazu grundlegend Jörg Baberowski, Der rote Terror. Die Geschichte des Stalinismus, München 2003.

151 Figes, Tragödie, 666.

152 Vgl. Wolf-Dieter Gutjahr, Revolution muss sein! Karl Radek. Die Biographie Köln/Weimar/Wien 2012, 242.

153 Zit. nach Moritz, Österreichische Stimmen, 206; vgl. auch die Analysen in: Theodor Bergmann/Wladislaw Hedeler/Mario Keßler/Gert Schäfer (Hg.), Lenin. Theorie und Praxis in historischer Perspektive, Mainz 1994.

15
BLUTIGE WIRREN

Das Konfliktkonglomerat

Seit dem Frühjahr 1917 pochten die Nationalitäten des früheren Russischen Imperiums auf ihre Sonderrechte. Trotzdem plädierten sie zunächst mehrheitlich für eine gemeinsame Zukunft auf der Basis eines Föderalismuskonzepts. Die im September 1917 ausgerufene Republik sollte sich zum Bundesstaat wandeln.[1]

Es war die Machtergreifung der Bolschewiki, die zu einer grundlegenden Änderung der Situation beitrug. Viele ihrer Gegner gingen nun auf offenen Konfrontationskurs, die Völker im Baltikum und im Kaukasus – von Finnland und Polen ganz abgesehen – bekundeten ihren Wunsch nach Selbstständigkeit. Sogar die Kosaken, die bislang als patriotische Beschützer des Imperiums und seiner Grenzen galten, wollten mit den neuen Machtkämpfen nichts zu tun haben.[2] Auf ihr Selbstbestimmungsrecht achtend, wehrten sie sich in ihren Siedlungsgebieten gegen Einflüsse von außen. »Fremdstämmige« in diesen Gebieten wurden Opfer regelrechter ethnischer Säuberungen.[3]

Die »Oktoberrevolution« markierte solcherart den Übergang vom innenpolitischen Konflikt zum Sezessionskrieg. Der Sownarkom gestand in seiner Deklaration vom Herbst 1917 ein, was er selbst ausgelöst hatte. Auf dem Papier erhielten die Völker das Recht zur völligen

---

1 Geoffrey Swain, Russia's Civil War, Stroud/Charleston 2000, 133; Nikolaus Katzer, Die weiße Bewegung in Russland. Herrschaftsbildung, praktische Politik und politische Programmatik im Bürgerkrieg, Köln/Weimar/Wien 1999, 401; außerdem: Mark von Hagen, War and the Transformation of Loyalties and Identities in the Russian Empire, 1914–1918, in: Silvio Pons/Andrea Romano (Hg.), Russia in the Age of Wars 1914–1945, Milano 2000, 1–35.

2 Dazu auch: Alfred J. Rieber, Civil Wars in the Soviet Union, in: Kritika. Explorations in Russian and Eurasian History 4/1 (2003), 129–162, 136f.

3 Orlando Figes, Die Tragödie eines Volkes. Die Epoche der russischen Revolution 1891–1924, Berlin 1998, 594 und 603–605.

Unabhängigkeit von Russland. Hinter den Kulissen propagandistisch ausgeschlachteter Verlautbarungen sah es anders aus: Die strittigen Territorien sollten unter dem Gesichtspunkt der grenzüberschreitenden Klassensolidarität dem sowjetischen Einfluss unterworfen werden.[4]

Die ukrainische Volksvertretung, die Rada, proklamierte vor diesem Hintergrund einen souveränen Staat, dessen Entstehen Lenins Gefolgschaft vor allem auch aus wirtschaftlichen Gründen als existenzbedrohend empfand. Um die wichtige Kornkammer zu halten, entsandte man sowjetische Truppen und installierte in Charkow eine Sowjetregierung. Gegen die Angriffe der »Roten« suchte Kiew den Schutz der vorrückenden Mittelmächte.[5]

Die größte ausländische Streitmacht auf dem Territorium des ehemaligen Zarenreichs bildeten daraufhin deutsche und österreichisch-ungarische Truppenverbände mit ca. einer Million Mann. Dass die Intervention von strategischen Erwägungen des Ersten Weltkriegs geprägt war, zeigte sich unverhohlen. Berlin und Wien wollten sich Rohstoffe und Nahrungsmittel verschaffen, die Randgebiete vom Baltikum bis an das Schwarze Meer kontrollieren und sich den Rücken freihalten für den Entscheidungskampf im Westen gegen Frankreich bzw. Großbritannien und im Süden gegen Italien.

Die gegnerischen Entente-Mächte und ihre Alliierten spekulierten hingegen auf die Wiedererrichtung der Ostfront. Darüber hinaus hatten sie das bislang verbündete Russland mit beträchtlichen Materiallieferungen und hohen Summen gestützt. Sach- und Geldwerte zu schützen, war zunächst ein wichtiger Beweggrund für militärische Expeditionen.[6]

Koloniale und imperialistische Expansionsbestrebungen, vor allem auch mit dem Ziel, auf wirtschaftliche Ressourcen zugreifen zu können, spielten schließlich bei der möglichen Aufteilung eurasischer Landstriche eine zentrale Rolle, mehr noch als groß angelegte antibolschewistische Feldzüge, von denen Verantwortliche in

4 Hannes Leidinger, Zeit der Wirren. Revolutionäre Umwälzungen und bewaffnete Auseinandersetzungen im ehemaligen Zarenreich 1917–22, in: Wolfram Dornik u.a., Die Ukraine zwischen Selbstbestimmung und Fremdherrschaft 1917–1922, Graz 2011, 29-60, 37.

5 Georgiy Kasianov, Die Ukraine zwischen Revolution, Selbstständigkeit und Fremdherrschaft, in: Dornik u.a., Die Ukraine, 131–179, 145–148.

6 Michael S. Neiberg/David Jordan: The Eastern Front 1914–1920, London 2008, 167–178; Leidinger, Zeit der Wirren, 44f.

den Generalstäben und Ministerien der Großmächte gelegentlich träumten.

Das Eingreifen alliierter Streitkräfte hatte schließlich trotz aller widrigen Begleitumstände – schlechter Koordinationen, Rivalitäten und divergierender Motive – eine ebenso große Auswirkung auf das zerrüttete russische Staatswesen wie die Präsenz der Mittelmächte. Zudem konnten unmittelbar nach dem Oktoberumsturz verhältnismäßig kleine Armeen erstaunlich große Gebiete unter ihre Kontrolle bringen.[7]

Eine Schlüsselrolle kam dabei der Tschechoslowakischen Legion zu.[8] Der Freiwilligenverband war größtenteils aus Soldaten der k. u. k. Armee gebildet worden, die im Laufe des Ersten Weltkrieges übergelaufen oder in russische Kriegsgefangenschaft geraten waren. Nach dem Brester Friedensvertrag sollten sie – formell unter französischem Kommando – über Sibirien und Wladiwostok an die Fronten nach Westeuropa verlegt werden, um dort gegen die Deutschen zum Einsatz zu kommen. Der Abtransport von gut gerüsteten Streitkräften mit mehreren Zehntausend Mann stellte für die noch äußerst fragile Sowjetherrschaft ein großes Sicherheitsrisiko dar. Misstrauen kam auf. Die Legionäre sahen in den Bolschewiki und ihren Anhängern Marionetten Berlins. Auseinandersetzungen zwischen beiden Seiten verzögerten die Weiterfahrt der Tschechoslowaken, die zudem mit anderen Kriegsgefangenen, vor allem Ungarn und Deutschen, in Streit gerieten. Leo Trotzki als Kriegskommissar ordnete schließlich die Entwaffnung der Legionstruppen an und löste damit eine Kettenreaktion aus. Die Legionssoldaten widersetzen sich den Befehlen Trotzkis und okkupierten die gesamte sibirische Bahnlinie einschließlich der angrenzenden Regionen.[9]

Offiziell zielte der Einsatz von US-Truppen in der Folge vor allem auf die Unterstützung der Tschechen ab. Mindestens ebenso wichtig war Washington allerdings, japanische Kräfte in Schach zu halten. Die Vereinigten Staaten traten den Expansionsgelüsten Tokios im

7 Evan Mawdsley, The Russian Civil War, Edinburgh 2008, 75; Hannes Leidinger, Der Russische Bürgerkrieg 1917–1922, Stuttgart 2020, 65, 72.

8 Vgl. Mawdsley, Civil War, 137–139.

9 Neiberg/Jordan, Eastern Front, 180–184; Manfred Hildermeier, Die Russische Revolution 1905–1921, Frankfurt 1989, 271; Gerburg Thunig-Nittner, Die Tschechoslowakische Legion in Rußland. Ihre Geschichte und Bedeutung als politisch-geistiger Faktor bei der Entstehung der tschechoslowakischen Republik, Wiesbaden 1970, 55f.

Fernen Osten entgegen, ein langfristiges Ringen um Einflusssphären im Pazifikraum kündigte sich an.[10]

Die Geschehnisse führten zur Anwesenheit u. a. von 100.000 alliierten bzw. Entente-Soldaten in Sibirien. Zu ihnen zählten zwischen 1918 und 1922 neben den Tschechoslowakischen Legionären und kleineren Kontingenten aus Großbritannien, Frankreich, den USA oder anderen Ländern vor allem rund 70.000 Mann der japanischen Armee.[11] Ca. 10.000 Briten, Kanadier, US-Amerikaner, Franzosen, Italiener und Serben hielten sich jeweils in und um Murmansk bzw. Archangelsk in Nordrussland auf. Außerdem befanden sich drei französische und drei griechische Divisionen in einer Gesamtstärke von 40.000 bis 50.000 Kombattanten im Raum Odessa vom November 1918 bis April 1919.[12]

Sie alle, ebenso wie die viel stärkere Streitmacht der Mittelmächte im Baltikum und in der Ukraine bis Ende 1918, schufen mehr oder minder langlebige Schutzzonen für lokale politische Instanzen, nationale Bewegungen und Gegner des Oktoberregimes. Vor allem die meisten Entente-Truppen griffen dabei selten direkt militärisch ein. Ihre Aufgabe bestand in der Ausbildung einheimischer Kampfverbände, in der Sicherung von Verkehrsverbindungen und der beachtlichen materiellen Versorgung antisowjetischer Bewegungen.[13] Die Entwicklungen nach Lenins Machtergreifung waren davon maßgeblich geprägt. Ohne die Präsenz ausländischer Einheiten wäre der Widerstand der kleinen Oppositionsgruppen gegen die neuen Kremlherren nicht bloß unverzüglich zusammengebrochen, die Kontrahenten der Bolschewiki hätten vielmehr von vornherein kaum Gelegenheiten gefunden, sich zu organisieren. Das Auftreten der Tschechoslowaken war dafür beispielgebend. Erst unter ihrer Mitwirkung konnten Lenins Widersacher aktiv werden. Das galt für

10 Leidinger, Zeit der Wirren, 44f.

11 Neiberg/Jordan, Eastern Front, 186.

12 David Bullock, The Russian Civil War. 1918–22, Oxford 2014, 91–101; Graždanskaja vojna v Rossii (1917–1922). Istoričeskaja pamjat' i problemy memorializacii »krasnogo« i »belogo« dviženija, Moskva 2016; Ian Moffat, The Allied Intervention in Russia, 1918–1920. The Diplomacy of Chaos, Basingstoke 2015; Rossija v gody graždanskoj vojny, 1917–1922 gg. Očerki istorii i istoriografii, Moskva/Sankt-Peterburg 2018; Jonathan D. Smele: The »Russian« Civil Wars 1916–1926. Ten Years That Shook the World, London 2015. Zu Nordrussland u. a.: Ljudmila G. Novikova, An Anti-Bolshevik Alternative. The White Movement and the Civil War in the Russian North, Madison 2018.

13 Dazu auch: Michael Occleshaw, Dances in Deep Shadows. Britain's Clandestine War in Russia, 1917–1920, London 2006.

das vorwiegend aus Abgeordneten der Sozialisten-Revolutionäre zusammengesetzte Komitee der Mitglieder der Konstituierenden Versammlung in Samara, kurz Komutsch, gleichermaßen wie für nationalkonservative Kräfte im sibirischen Omsk, die Einheiten unter Nikolaj Judenitsch, Pawel Bermondt-Awalow, Anton Denikin und Pjotr Wrangel oder zahlreiche Atamane von der Ukraine bis an die fernöstliche Küstenregion.[14]

Dass sich antibolschewistische Offiziere als »Weiße« überhaupt nur an den Randzonen des früheren Zarenimperiums halten und anfangs ihre kleine Freiwilligenarmee lediglich im Schutz einer unabhängigen Don-Republik unter Ataman Alexej Kaledin aufbauen konnten, stimmte den Rat der Volkskommissare zuversichtlich. Kaledin sah sich schließlich in seinem eigenen Einflussbereich mit Streiks und Erhebungen konfrontiert. Eine erste sowjetische »Feldarmee« von maximal 6000 bis 7000 undisziplinierten Kämpfern reichte aus, um die »Weißen« zu verdrängen und Kaledin in den Suizid zu treiben. Als die »Roten« Rostow und Nowotscherkassk Ende Februar 1918 einnahmen, machte sich auch die politische Prominenz um den Ex-Außenminister Pawel Miljukow aus dem Staub. Sie wich mit den »Weißen«, damals befehligt von Lawr Kornilow, zurück.[15]

Vom weiter östlich liegenden Astrachan hielt k.u.k. Hauptmann Karl Friedrich damals Verbindung zum Don-Gebiet. Die Nachrichten, die ihm zugetragen wurden, ließen seiner Meinung nach nur einen Schluss zu: Der »Bürgerkrieg war glücklicherweise bald vorbei«.[16] Die Einschätzung Friedrichs wich kaum von den Reaktionen im Sownarkom ab. Der innenpolitische Kampf entschied sich Lenins Ansicht nach eigentlich schon im Oktober bzw. November 1917. Jetzt – nach Kaledins Tod – erklärte er den Bürgerkrieg für beendet.[17]

Die »Weißen« vermochten sich aber gerade durch ihren Rückzug zu halten. Als »Eismarsch« zur Legende geworden, verwies dieses

14 Bullock, Civil War, 46–48; Leidinger, Zeit der Wirren, 40–51.

15 Figes, Tragödie, 591 und 595; Bullock, Civil War, 37; Hannes Leidinger/Verena Moritz, Gefangenschaft, Revolution, Heimkehr. Die Bedeutung der Kriegsgefangenenproblematik für die Geschichte des Kommunismus in Mittel- und Osteuropa 1917–1920, Wien/Köln/Weimar 2003, 323–327.

16 Leidinger/Moritz, Gefangenschaft, 327.

17 Dazu Lenin selbst am 10. Parteitag der KPR(B) im März 1921: LW, Bd. 32, 169; vgl. Figes, Tragödie, 595; Neiberg/Jordan, Eastern Front, 202.

strategische Ausweichmanöver einmal mehr auf gängige Muster. Den sowjetischen Verbänden à la longue unterlegen, brauchten russische antibolschewistische Kräfte die Hilfe der multiethnischen Peripherie, der dortigen Autonomie- bzw. Unabhängigkeitsbewegungen. Beiden gemein war zugleich die Abhängigkeit von ausländischen Interventen.[18] Nachdem Kornilow bei der Belagerung von Jekaterinodar gefallen war, machten sein Nachfolger Denikin sowie der Kosaken-Ataman Pjotr Krasnow das Don- und Kuban-Gebiet zur antisowjetischen Bastion und zum Ausgangsbereich für weitere militärische Operationen. Die Freiwilligenarmee wuchs auf rund 40.000 Mann an und beherrschte schließlich ein Gebiet von der Größe Belgiens.[19] In zweierlei Hinsicht begünstigte sie dabei die Russland-Politik der Großmächte. Der von den »Weißen« eroberte Schwarzmeerhafen Noworossijsk diente als Umschlagplatz für alliierte Waffenlieferungen im großen Stil. Schon zuvor machte sich zudem der Vormarsch deutscher Truppen zum Don bemerkbar. Mit ihnen verband sich Krasnow, der wiederum Denikins Freiwilligen unter die Arme griff. Berlin duldete diese Aktivitäten, obwohl die »Weißen« zur Entente hielten, den Brester Vertrag missachteten und das Oktoberregime vernichten wollten.[20]

Abmachungen zwischen Sowjetrussland und den Großmächten basierten auf einem Doppelspiel, auf dem Wissen um die prekäre Lage, die vorherrschenden Zwänge und die zeitliche Beschränkung der Vereinbarungen.[21] Die Bolschewiki wollten Alliierte und Mittelmächte gegeneinander ausspielen, eine Strategie, die allerdings nur bedingt Erfolg versprach. Politik und Truppenpräsenz der Interventen erschütterten vielmehr das Fortbestehen des Sowjetregimes in den Grundfesten. Im Zentralkomitee der Kommunistischen Partei Russlands (KPR) gelangte Lenin Ende 1919 daher zu folgender Einschätzung: Der »Weltimperialismus« hat »bei uns im Grunde genommen den Bürgerkrieg hervorgerufen«, er sei »an seiner langen

18 Rieber, Civil Wars, 139.
19 Mawdsley, Civil War, 131. Laut Alan Bullock gehörten im September 1918 60.000 Mann der Weißen Freiwilligenarmee an: Bullock, Civil War, 40.
20 Oleg Fedjusin, Ukrainskaja Revoljucija 1917–1918, Moskva 2007, 275; Mawdsley, Civil War, 119–121; Neiberg/Jordan, Eastern Front, 187f.; Bullock, Civil War, 42; Peter Kenez, Civil War in South Russia, 1918. The First Year of the Volunteer Army, Berkely/Los Angeles/London 1971, 127–129.
21 LW, Bd. 31, 21.

Dauer schuld«. Sich »zwei Jahre lang behaupten, während alle unsere Feinde direkt und indirekt erst vom deutschen Imperialismus und dann von dem noch mächtigeren Imperialismus der Entente, der uneingeschränkt die ganze Welt erobert hat, unterstützt wurden, sich zwei Jahre lang in einem derart zerrütteten und derart rückständigen Land behaupten, das ist eine Aufgabe, deren Lösung zweifellos ein ›Wunder‹ war«.[22]

Die Probleme, vor denen die Rätemacht unmittelbar nach der »Oktoberrevolution« stand, und jenes »Wunder«, das es zu vollbringen galt, schätzte der Führer der Bolschewiki jedenfalls auch nach eigenem Dafürhalten falsch ein. Anfang März 1918, wenige Tage, nachdem er mit Erleichterung vom Fall Kaledins erfahren und an die Überwindung der inneren Feinde geglaubt hatte, gestand er im Zuge von Parteitagsverhandlungen ein, für gewisse Zeit an günstigere Rahmenbedingungen geglaubt zu haben. Dann aber erkannte er, wie sich der Bürgerkrieg mit einer »ganzen Reihe von Kriegen« verknüpfte. Lenin sprach von der Ära »imperialistischer Kriege, der Bürgerkriege im Innern des Landes, der Verflechtung beider«, von der Epoche »nationaler Kriege, der Befreiungskriege von Nationalitäten, zertreten von den Imperialisten, der Kriege von verschiedenen Kombinationen imperialistischer Staaten«.[23]

Leid und Hass

Was ab dem Jahresbeginn 1918 folgte, wurde zur großen Tragödie Russlands, die dem Land mehr Opfer abverlangte als der Erste Weltkrieg. Manche Quellen sprechen von sieben bis zehn Millionen Toten bis 1922. Wahrscheinlich mehr als eine halbe Million Angehörige der sowjetischen Verbände bzw. der seit Anfang 1918 entstehenden Roten Armee fielen oder erlagen später ihren Verwundungen. Auf der Seite der Weißgardisten und anderer antibolschewistischer Kräfte dürften es zumindest knapp 200.000 gewesen sein. Extrem blutig verliefen außerdem antisemitische Pogrome sowie Repressalien der Streitparteien, die Zehntausende das Leben kosteten. Epidemien rafften von 1918 bis 1922 geschätzte zwei Millionen Menschen dahin,

22 LW, Bd. 30, 157.
23 LW, Bd. 27, 215.

im selben Zeitraum verhungerten nach manchen Vermutungen bis zu fünf Millionen in der Wolga-Region und in der Ukraine.[24]

Schon der Februar 1917 hatte in Petrograd und Umgebung Hunderte Menschenleben gefordert. Die rauschhafte Befreiung ging rasch in ekstatische Ausschreitungen über. Plünderungen und massenhafte Fälle der »Mobjustiz« trugen zum allgemeinen Gefühl der Anarchie bei.[25] Viele zogen sich zurück, verschlossen sich vor einer verrohten Außenwelt. Die Gesellschaft schien in ihre kleinsten Bestandteile zu zerfallen: Familien, Freundeskreise, Straßenbanden, Hauskomitees, Fabrikorganisationen, Dorfgemeinschaften.[26] Alle führten eine Art Eigenleben. Dabei waren es gerade Lenin und seine Mitstreiter, die zunächst von einem sich ausbreitenden Chaos profitierten. Als es allerdings darum ging, die eigene Machtbasis zu bewahren und zu erweitern, griffen die Volkskommissare rücksichtlos durch. Widersetzlichkeit, Streiks und Sabotageakte bei den Behörden, Banken und im Bildungswesen beantworteten sie mit Geiselaushebungen, Lösegeldforderungen und Konfiskationen. Kriegskommunistische Maßnahmen und nicht zuletzt die Zwangsrequisitionen und -rekrutierungen in den Dörfern brachten die Agrarbevölkerung gegen die Bolschewiki auf. Die Bauern, die von sich aus zu brutalen Straf- und Disziplinierungsmaßnahmen neigten, setzten sich zur Wehr, schreckten vor der Ermordung der »roten« Emissäre nicht zurück und veranlassten das Oktoberregime zu noch härteren Gegenschlägen. Die Gewaltspirale drehte sich weiter. Die Räteregierung, welche im Namen des Proletariats die Führung beanspruchte, sah sich mit Demonstrationen, Arbeitsniederlegungen und bewaffneten Aufständen des »einfachen Volkes« konfrontiert. Ländliche und städtische Unterschichten ebenso wie Repräsentanten des Oktoberregimes fielen unterdessen regelmäßigen Racheaktionen der »Weißen« zum Opfer.[27]

24 Smele, Civil Wars, 3; Mawdsley, Civil War, 396–399; Leidinger, Der Russische Bürgerkrieg, 102. Außerdem: Anthony Kroner, The »Russian« Civil Wars 1916–1926. Ten Years that Shook the World, in: Revolutionary Russia 30/1 (2017), 142–145, 143. Exakte Zahlen sind schwer zu ermitteln. Die vorliegenden Daten beruhen meist auf Schätzungen, die empirische Grundlage der unterschiedlichen Auflistungen, Tabellen und Statistiken ist dürftig. Vgl. Mawdsley, Civil War, 396.

25 Vgl. V. P. Buldakov, Krasnaja Smuta. Priroda i posledstvija revolucionnogo nasilija, Moskva 2010; Tsuyoshi Hasegawa, Crime and Punishment in the Russian Revolution. Mob justice and police in Petrograd, Cambridge, MA 2017.

26 Victor Sebestyen, Lenin. Ein Leben, Berlin 2017, 457f.; Leidinger, Der Russische Bürgerkrieg, 114.

27 Leidinger, Der Russische Bürgerkrieg, 118 und 127.

Die Exzesse und unsäglichen Gräuel, die das Ringen um die Macht begleiteten, veranlassten Exponenten einer überschaubaren Gruppe von russischen Bildungsbürgern dazu, den meisten Landsleuten Barbarei und Rückständigkeit vorzuwerfen. Lenin selbst brachte dieses Argument immer wieder vor, bediente sich aber auch einer Sprache, die an verbreitete biologistische und sozialdarwinistische Denkmuster erinnerte. Die »Träger des Bolschewismus« betrachtete er demgemäß als »Bazillen«, von denen die durch »Ungeziefer« verseuchte Welt »restlos durchdrungen« werden müsse.[28]

Kampfgefährten des bolschewistischen Parteiführers reagierten in der Folge auf die Kritik am Terror des Sowjetregimes. Grigorij Sinowjew etwa ging darauf ein und gestand: »Niemandem ist dieses Morden angenehm. Sie können sich das ganz gut denken.« Den Grund dafür sah Sinowjew im Ersten Weltkrieg. Während »Millionen Menschen hingeschlachtet worden sind«, so sein Urteil, »sind wir alle etwas verroht, und wir schätzen das menschliche Leben nicht mehr so.« Die »Ströme von Blut«, die er als »Geburtswehen« einer neuen Welt betrachtete, waren seiner Ansicht nach auf den Gewöhnungseffekt zurückzuführen, »mit der Flinte aufeinander loszugehen«.[29]

Auch in sozialistischen Kreisen wertete man diese Aussage als unzulässigen und bequemen Versuch, Verantwortung abzustreifen.[30] Schließlich hatte Lenin kaum eine Gelegenheit ausgelassen, auf seine wichtigsten Ziele aufmerksam zu machen: die Umwandlung des Weltkrieges, des imperialistischen Krieges, in einen Bürgerkrieg und die schonungslose Bekämpfung des globalen »Klassenfeindes«. Bezeichnenderweise glaubte auch Leo Trotzki, das Handeln der Tschechoslowakischen Legionäre in einem gewaltigen Ringen zwischen den kapitalistischen »Börsen« und der sowjetischen »Volksmacht« positionieren zu müssen.[31] Auch Lenin stellte alles, was sich gegen die Sowjetmacht erhob, als eine Art Verschwörung dar. Bezeichnenderweise hatte er schon in seiner Imperialismustheorie die Abläufe wirtschaftlicher Prozesse ebenso wie das gesamte System

28 LW, Bd. 26, 147; Kai-Uwe Merz, Das Schreckbild. Deutschland und der Bolschewismus 1917–1921, Berlin 1995, 32.
29 Zit. nach Milos Hájek/Hana Mejdrová, Die Entstehung der III. Internationale, Bremen 1997, 13.
30 Ebd.
31 Leo Trotzki, Die Geburt der Roten Armee, Wien 1924, 65.

politischen Handelns als Ausfluss eines weltumspannenden Komplotts machtgieriger Cliquen gedeutet.[32]

Die Bolschewiki richteten sich auf einen großen, grenzüberschreitenden Klassenkampf ein, der auch ihre eigene Machtbasis in Russland absichern sollte.[33] Mit stereotypen Begrifflichkeiten und einer ihm eigenen Neigung zu Polemik und Unversöhnlichkeit formulierte Lenin im September 1919 die vor allem auch von ihm selbst herbeigeführte Ideologisierung und Radikalisierung der Konflikte: »Die Bourgeoisie der ganzen Welt organisiert und führt einen Bürgerkrieg gegen das revolutionäre Proletariat. [...] Wer selbst jetzt nicht begreift, daß in Rußland der Bürgerkrieg zwischen Proletariat und Bourgeoisie (der in der ganzen Welt beginnt oder heranreift) im Gange ist, der ist ein kompletter Idiot.«[34]

Rund eineinhalb Jahre zuvor hatte er angesichts der vorrückenden österreichisch-ungarischen und deutschen Truppen die Vielschichtigkeit der Gegensätze und die Interaktion verschiedener Konflikte zumindest angedeutet. Die Frage der unzähligen ethnischen Konflikte und Staatsbildungsprozesse war in jedem Fall mit weitreichenden Konsequenzen verbunden. Da die vom Sownarkom zugestandene Selbstbestimmung der Völker durch die gemeinsamen »proletarischen« Zielstrebungen relativiert wurde, ließ sich davon zunächst vor allem ein Führungsanspruch der bislang »einzigen sozialistischen Machtbasis« gegenüber Minderheiten und Randgebieten des ehemaligen Zarenreichs ableiten. Der Bürgerkrieg diente solcherart der Hegemonie Moskaus. Lenin selbst erkannte, dass die Entwicklung gefährlich nahe an einen »großrussischen Chauvinismus« heranreichte.[35]

Indes blieb er weiterhin flexibel genug, um die weltanschaulichen Prinzipien zugunsten realpolitischer Erwägungen aufzuweichen. Das galt für viele Bereiche. Den Einsatz von »bürgerlichen Spezialisten«, Beamten und Offizieren des Ancien Régime sowie die Nutzung ihrer Fachkenntnisse zur Festigung des Sowjetstaates und seiner

---

32 Vgl. Daniel Pipes, Verschwörung. Faszination und Macht des Geheimen, München 1998, 133–135.
33 Leidinger/Moritz, Gefangenschaft, 287–322, 409–439, 533–646.
34 LW, Bd. 30, 14–16.
35 Leidinger, Zeit der Wirren, 37.

Institutionen hob er explizit hervor.[36] Seine taktischen Wendungen und »Kompromisse« dürfen dennoch nicht über das Wesentliche hinwegtäuschen: Lenin hielt an einem rigorosen, ideologiegeleiteten Kurs fest. »Wir befinden uns gleichsam in einer belagerten Festung, solange uns die anderen Abteilungen der sozialistischen Weltrevolution nicht zu Hilfe kommen.« In dieser Situation zürnte er Gorki, der nicht mit Kritik an der Sowjetführung und ihren Methoden sparte. »Was wollen Sie?«, fragte Lenin. »Ist Menschlichkeit denn möglich in einem so unerhört wütenden Kampf? Ist Weichherzigkeit und Großmut bei uns am Platze?«[37]

Für sich selbst hatte der Revolutionsführer bereits klar entschieden: Den Klassenkampf führte er zunächst mit unerbittlicher Härte im Einflussbereich des Oktoberregimes. Ausgelöscht werden sollten zuvorderst die Eliten einer zum Niedergang verurteilten Welt. Das gewaltsame Ende der Zarenfamilie muss in diesen Kontext gestellt werden. Die Morde von Alapajewsk und Jekaterinburg waren keine Einzelfälle, sondern Beispiele des Massenterrors, den die Kremlführung bald danach unverhohlen proklamierte.[38]

Das Schicksal von Nikolaus II. und seinen engsten Angehörigen war allerdings auch vom Heranrücken antibolschewistischer Kräfte beeinflusst worden. Lenin wollte den »Weißen« kein lebendes Symbol überlassen. Hinzu trat sein Hass auf die Nachkommen Alexanders III., der sich geweigert hatte, seinen Bruder Sascha zu schonen. Persönliche Rachegefühle vermischten sich mit einer auffallenden Verachtung für alle, die einst im Imperium der Romanows das Sagen hatten. Die Verantwortung für die Bluttat von Jekaterinburg übernahm er jedoch zumindest in der Öffentlichkeit nicht, zu sehr fürchtete er internationale Reaktionen.[39]

Gleichzeitig handelte es sich aber um eine Art angekündigten Mord. So berichtete etwa die Presse des Habsburgerreichs bereits Tage vor der Bluttat zumindest von der Tötung des Zaren. Diese Vorwegnahme verweist weniger auf etwaige Kenntnisse der Entscheidungsprozesse innerhalb der Sowjetführung als auf eine Erwartungshaltung, eine antizipierte Begleiterscheinung der revolutionären

36 LW, Bd. 30, 132.
37 Zit. nach Hermann Weber, Lenin, Hamburg 1970, 134f.
38 Leidinger, Der Russische Bürgerkrieg, 10.
39 Sebestyen, Lenin, 475–483.

Umbrüche in Russland.[40] Das gewaltsame Ende von Nikolaus und seiner Familie erwies sich so gesehen als Glied in einer ganzen Kette von »Königsmorden«. Auch Alexander Kerenskij hatten sich solche Gedanken schon im Februar 1917 aufgedrängt. Er stand damals ganz unter dem Eindruck einer Umwälzung, die den Vergleich mit der Französischen Revolution und der Frage des »Tyrannenmordes« herauszufordern schien.[41]

Erbarmungslos war der Schlag des Oktoberregimes auch gegen die orthodoxe Kirche. Der seit 1917/18 schwelende Konflikt eskalierte, als Anfang der 1920er Jahre in vielen Regionen die bäuerlichen Vorräte zur Neige gingen. Neben Missernten und den bewaffneten Konfrontationen unterschiedlicher militärischer wie politischer Kräfte hatten die Zwangsmaßnahmen der Bolschewiki maßgeblich zu einer Misere beigetragen, die insbesondere an den Flüssen Wolga, Kama und Don, im Ural, Westsibirien, Kasachstan und der südlichen Ukraine schwere Hungersnöte zur Folge hatte.[42] Internationale Unterstützung und Sammelaktionen des einheimischen Klerus betrachtete Lenin allerdings unverändert aus dem Blickwinkel des Bürgerkriegs. Die Hilfsaktionen diffamierte er als neuerliche kapitalistische, konterrevolutionäre Interventionsversuche.[43] Ein Komitee des Moskauer Patriarchen ließ er kurzerhand auflösen, der Priesterschaft hielt er vor, nicht genug Einsatz bei den karitativen Bemühungen zu zeigen. Sündenböcke für das Elend wurden gesucht und zugleich ein Vorwand, die bereits in die Wege geleiteten »atheistischen Kampagnen« zu verschärfen.[44]

Lenin legte die Grundlagen für eine neue Terrorwelle, die schließlich seine Parteikollegen zum Höhepunkt trieben. De facto handelte es sich dabei um einen organisierten Massenraub, der in Gewaltexzesse mündete. Während Kreuze, Ikonen, Kelche, Mitren und Ikonostasen aus den Kirchen verschwanden, regte sich Widerstand. Die Konsequenz waren 1400 Zusammenstöße, bei denen mehr als 3500 Geistliche und ebenso viele Nonnen ums Leben

40 Vgl. Verena Moritz, Der Zarenmord. Unveröffentlichter Bericht einer Untersuchung der deutschsprachigen Presse des Habsburgerreichs zur Ermordung der Zarenfamilie im Sommer 1918, Wien 2009.

41 Vgl. Anna Geifman, Thou Shalt Kill. Revolutionary Terrorism, 1894–1917, Princeton 2020, 253.

42 Leidinger, Der Russische Bürgerkrieg, 114.

43 Sean McMeekin, The Russian Revolution. A New History, London 2017, 323–326.

44 Leidinger, Der Russische Bürgerkrieg, 124.

kamen. Das Patriarchat sprach darüber hinaus von ca. 10.000 verhafteten und verbannten Priestern.[45]

Der unvollendete Sieg

Die Grausamkeit und weltanschauliche Radikalität der KP-Diktatur entsprachen ihrer Theorie des Klassenkampfes. Sie schuf damit erst jene interne Konfrontation mit beträchtlichen Teilen der Arbeiter- und Bauernschaft, die dem früheren Regime keine Träne nachweinten und die für die revolutionären Neuerungen durchaus empfänglich waren. Sozial und politisch gab es eigentlich kaum Voraussetzungen für einen Bürgerkrieg in Russland. Es brauchte also nicht bloß ausländische Interventen und Nationalbewegungen, um das Oktoberregime herauszufordern – vielmehr waren es gerade die Entscheidungen und Handlungen der Bolschewiki, die zu einer Katastrophe führten.[46]

Die Tatsache, dass die Rätemacht trotzdem etabliert und erhalten werden konnte, jenes »Wunder«, von dem Lenin sprach, hatte hingegen mehrere Ursachen. Sie waren mit Entwicklungen während einer Übergangsära verbunden, die aufgrund ihrer Dynamik und Komplexität von etlichen Zeitgenossen als »Zeit der Wirren« wahrgenommen wurde.[47]

Eine entscheidende Zäsur stellten dabei das Ende des Ersten Weltkrieges, die Niederlage der Mittelmächte und der Rückzug ihrer Truppen dar. Die Geschehnisse zeigten zunächst, dass die Staatsgründungen in Finnland, im Baltikum und in Polen erfolgreich waren und den sowjetischen Einfluss begrenzten.[48] Auch international wurde offensichtlich, dass es sich um Unabhängigkeitskämpfe handelte. Eine Rückkehr in eine Föderation – wie 1917 noch angedacht – war undenkbar, von einer internen Konfrontation, einem Bürgerkrieg im Rahmen eines russischen Reichs oder Bundesstaates, konnte keine Rede sein.[49]

45 Ebd.; Smele, Civil Wars, 213f.; McMeekin, Revolution, 328–334.
46 Mawdsley, Civil War, 378f.
47 Dazu auch: F. V. Razumovskij, 1917. Perevot? Revoljucija? Smuta? Golgofa?, Moskva 2017.
48 Mawdsley, Civil War, 311.
49 Leidinger, Zeit der Wirren, 39f. Dazu am Beispiel Estlands: Karsten Brüggemann, Die Gründung der Republik Estland und das Ende des »Einen und unteilbaren Rußland«. Die Petrograder Front des Russischen Bürgerkriegs, Wiesbaden 2002, 447.

Die alliierten Siegermächte waren entsprechend informiert, nachdem auch die Ukraine und die Kaukasusstaaten um Anerkennung ihrer Selbstständigkeit gebeten hatten. Hier aber blieben die Interessen der Großmächte und Nachbarstaaten ausschlaggebend. Das Ende April 1918 von den Deutschen installierte Marionettenregime des konservativen Hetman Pawlo Skoropadskyj brach mit dem Verschwinden der Mittelmächte zusammen. Eine ukrainische Staatlichkeit scheiterte an der mangelnden Unterstützung der Entente, vor allem aber an polnischen und sowjetischen Gebietsgewinnen. Moskau gelang es überdies, seinen Einfluss in Georgien, Aserbaidschan und Armenien geltend zu machen.[50] Dennoch galt ein Übereinkommen mit den Alliierten als wünschenswert. An einer Konferenz, die die am »Bürgerkrieg« beteiligten Kräfte auf Anregung der westlichen Siegermächte an einen Tisch bringen sollte, nahmen die Bolschewiki jedoch nicht teil. Nicht, weil sie unwillig waren, sondern, weil sich die übrigen Streitparteien dagegen verwehrten. Lenin scheint damals eine Neuauflage von Brest-Litowsk angestrebt zu haben.[51] Das bolschewistische Doppelspiel traf auf die »Widersprüchlichkeiten der alliierten Russlandpolitik«.[52] Eines aber stand fest: Die evidente Abhängigkeit der »Weißen« von der westlichen Unterstützung ließ antibolschewistische Kräfte im Ausland zunehmend am Erfolg der bewaffneten Aktionen zweifeln.

Teilweise wurden die Bolschewiki auch durch regionale Zerwürfnisse und Rivalitäten innerhalb der nationalen Bewegungen begünstigt. In einzelnen Territorien des untergegangenen Zarenimperiums tobten bisweilen mehrere interne und ethnische Kriege.

Mit internationalen Hilfsleistungen für die Feinde Räterusslands war indes immer weniger zu rechnen. Die Opposition gegen fortgesetzte Kampfhandlungen gewann in vielen Ländern an Einfluss. Streiks und Meutereien folgten. Interventionstruppen, wie im Falle Frankreichs von Lenin genau beobachtet, zogen schon im Frühjahr 1919 ab.[53] Während die Tschechoslowakische Legion

50 Bullock, Civil War, 127; Leidinger, Der Russische Bürgerkrieg, 49 und 95.
51 Vgl. Wolfgang Ruge, Lenin. Vorgänger Stalins. Eine politische Biografie, Berlin 2010, 274.
52 Leidinger/Moritz, Gefangenschaft, 635f.
53 LW, Bd. 30, 158; Neiberg/Jordan, Eastern Front, 189.

in die mittlerweile gegründete ČSR abtransportiert werden wollte, stand auch die materielle Unterstützung für den innerrussischen Widerstand gegen die KP zur Diskussion.[54]

Die Schwäche und die Uneinigkeit der antibolschewistischen Regierungen waren unübersehbar. Das »Komitee der Mitglieder der Konstituierenden Versammlung« in Samara (»Komutsch«), fand bei den Einheimischen nicht die erwünschte Rückendeckung. Von links und von rechts kritisiert, musste es sich gegenüber konservativen Kräften bei einer von den Alliierten anberaumten und maßgeblich beeinflussten Staatskonferenz in Ufa verständigungsbereit zeigen. Das Komutsch unterlag schließlich der Roten Armee. Die im Komitee tonangebenden Sozialisten-Revolutionäre, die in unterschiedliche Gruppierungen zerfielen, sahen sich bald mit Verfolgungen durch die Anhänger des vormaligen Befehlshabers der zarischen Schwarzmeerflotte, Admiral Alexander Koltschak, konfrontiert. Vor allem von London und Paris gestützt, etablierte Koltschak seine Herrschaft über weite Teile Sibiriens. Die nicht-bolschewistische Linke mit ihren regionalen und föderalen Ausrichtungen verdrängte weißgardistische Offiziere, die sich für das russische Imperium als unteilbares Ganzes stark machten.[55]

Exakt diese Haltung widersprach aber separatistischen Tendenzen. Das Verhältnis der Freiwilligen-Verbände unter Anton Denikin zu den Ukrainern blieb daher genauso gespannt wie die Beziehungen der nordwestrussischen Armee von Nikolaj Judenitsch zu den Esten.[56]

Selbst die wichtigsten Bündnispartner zeigten zudem wenig Interesse, sich mit den Zielen der »Weißen« vollständig zu identifizieren: Kosaken dachten in erster Linie an ihre eigenen oder die daran angrenzenden Siedlungsgebiete. Der Kampf um die Macht in Russland – Feldzüge bis nach Moskau, zum Sturz der Sowjetregierung – war ihre Sache nicht oder nur bedingt. Admiral Koltschak verwickelte sich allgemein in offene Auseinandersetzungen mit lokalen Warlords oder Atamanen, ganz abgesehen von der mangelnden Übereinstimmung mit anderen antibolschewistischen Generälen.

54 Dazu etwa: Mawdsley, Civil War, 230–234.

55 Neiberg/Jordan, Eastern Front, 209f.; Bullock, Civil War, 50f.; Mawdsley, Civil War, 143–152, 313, 387, 390; Leidinger, Der Russische Bürgerkrieg, 45f.

56 Smele, Civil Wars, 107; Mawdsley, Civil War, 133; Brüggemann, Gründung, 167.

Koltschaks Bestreben, als »Oberster Herrscher« anerkannt zu werden, stieß bei Denikin auf Ablehnung.[57]

Zu den individuellen Animositäten kamen geostrategische Probleme hinzu. Lenins Gegner operierten in der Regel von den Randzonen des alten Zarenreichs aus. Das machte sie nicht nur von den von ihnen verachteten nationalen Unabhängigkeitsbewegungen abhängig, es erschwerte auch die Organisation und Koordinierung von militärischen Operationen. Während die Räteregierung den Zentralraum mit seinen größeren Ressourcen, seiner besseren Infrastruktur und vor allem mit seinem dichteren Schienennetz nutzen konnte,[58] ließen sich die Aktionen der »Weißen«, die von oft unterentwickelten, nicht miteinander verbundenen Regionen aus erfolgten, schwerer zusammenführen. In letzter Konsequenz gelang es der Roten Armee und assoziierten prosowjetischen »Banden und Partisanen«, ihre Gegner nacheinander oder zumindest unabhängig voneinander zu besiegen.[59] Koltschaks Einheiten befanden sich bereits auf dem Rückzug, als Anton Denikin in einem Zangenangriff auf Moskau zumarschierte. Unter großen Opfern wurde Denikin zurückgeschlagen, ebenso wie Judenitsch, der es bis vor die Tore Petrograds geschafft hatte.[60]

Der Zusammenbruch der großen »weißen« Offensiven 1919 mochte mit dem allzu schnellen Vormarsch, länger werdenden Nachschublinien, überdehnten Fronten, weit vorgelagerten Formationen und riesigen, kaum kontrollierbaren Landstrichen zusammenhängen – wichtiger aber waren politische und soziale Ursachen. Konservativ-bürgerliche und aristokratische Gruppen blickten nicht selten mit Nostalgie auf die Vergangenheit, Reformprogrammen schenkten sie speziell während der Kampfhandlungen seltener Beachtung.[61] Viele Verordnungen trugen überdies mit dem Hinweis auf die Notwendigkeit, erst die Verfassunggebende Versammlung wiedereinberufen zu müssen, provisorischen Charakter. Als sich schließlich Denikins Nachfolger Pjotr Wrangel zu konkreten Agrar-

57 Brüggemann, Gründung, 170; Leidinger, Der Russische Bürgerkrieg, 46 und 50–53.
58 Mawdsley, Civil War, 380f., 387f.
59 Ebd., 382.
60 Smele, Civil Wars, 110–134; Bullock, Civil War, 55–76; Mawdsley, Civil War, 204–214 und 222–293; Neiberg/Jordan, Eastern Front, 206–208.
61 Kroner, Civil Wars, 144.

gesetzen entschloss, erwiesen sich diese als kompliziert, unzureichend und schlecht kommuniziert.[62]

Arbeiter und Bauern schenkten den Offizieren und früheren Beratern des Zaren freilich ohnehin kaum Gehör. Für sie stellten die alten Eliten hauptsächlich »die Reaktion« dar. Eine Rückkehr der Unternehmer und Gutsbesitzer war unerwünscht. Die tiefe Kluft mündete in Exzesse, wobei die »Weißen« nicht bloß Anhänger des Oktoberregimes verfolgten, sondern auch die jüdische Bevölkerung, die sie – unzulässig generalisierend – als Sympathisanten und »Steigbügelhalter des Bolschewismus« betrachteten. Pogrome, Beutezüge und Beschlagnahmungen lösten Abscheu aus. Repressalien und der Terror der »Roten« als potenzielle Auslöser antisowjetischer oder antikommunistischer Strömungen kamen Lenins Feinden immer nur vorübergehend zugute.[63]

Vielerorts wollte man mit keiner der Streitparteien etwas zu tun haben. Die bewaffneten Verbände repräsentierten eine aggressive Außenwelt, eine »importierte« Gewalt. Männer, die man in die größer werdenden Truppenkontingente presste, suchten nur zu oft das Weite. Der Mannschaftsstand der Einheiten fluktuierte auf allen Seiten. Als entscheidend aber erwies sich, dass die Vertreter des Ancien Régime gründlicher abgewirtschaftet hatten als ihre revolutionären Gegner, mit denen zumindest vage Hoffnungen auf eine bessere Zukunft verbunden waren. Zur Abwehr der »Weißen« schlossen sich lokale Kräfte, wie etwa der anarchistische Bandenführer Nestor Machno in der Ukraine, den »Roten« an. Vor allem das Bündnis auf Zeit zwischen den Kommunisten und einer teilweise von Sozialisten-Revolutionären mitgetragenen »grünen« Bauernrevolution ermöglichte – gemeinsam mit der Widerstandsbereitschaft der Arbeiterschaft und der Parteiaktivisten – den Fortbestand der Rätemacht. Dem Sownarkom entgingen diese Vorgänge naturgemäß nicht. Im entscheidenden Moment schlug das Pendel zugunsten der Bolschewiki aus. Die überlebenswichtige Frage der Stimmung bei den Streitkräften kommentierte Lenin dementsprechend. »Unter den Truppen der Südfront«, hielt er im Oktober 1919 fest, »hatten die in die Armee

62 Leidinger, Der Russische Bürgerkrieg, 50.

63 Ebd., 50f., 83f. Zur Lage der Juden auf dem Territorium des ehemaligen Zarenreiches von 1917 bis 1920: Oleg Budnitskii, Russian Jews Between the Reds and the Whites, 1917–1920, Philadelphia 2012.

zurückgekehrten Deserteure eine beträchtliche Rolle gespielt. Meist waren sie freiwillig zurückgekommen, unter dem Einfluss einer Agitation, die sie über ihre Pflicht aufgeklärt und ihnen klargemacht hatte, wie ernst die Gefahr einer Wiederherstellung« der früheren Machtverhältnisse sei.[64]

Allerdings, ergänzte Lenin, fehlte es den »Fahnenflüchtigen« an Zähigkeit und Festigkeit. Mit großer Regelmäßigkeit verlangte er daher den Einsatz »überzeugter Proletarier«. Dem Staats- und Parteiführer war nur zu bewusst, dass die Fortdauer seines Regimes noch nicht gesichert war. Zwar ging nun vom Ural und von Sibirien ebenfalls keine existenzielle Bedrohung mehr aus – Admiral Koltschak wurde im Februar 1920 von einem Tscheka-Kommando exekutiert[65]–, zum Hauptkontrahenten des Kremls entwickelte sich jetzt aber die von den alliierten Siegermächten gestützte Warschauer Führung unter Józef Piłsudski. Polnische Truppen hatten sich schon 1919 in Wilna, in Weißrussland und in der Ukraine festgesetzt. Im darauffolgenden Jahr assistierten ihnen dann weitere antibolschewistische Verbände, allen voran nationalukrainische Einheiten unter Symon Petljura sowie die Reste der »weißen« Freiwilligenarmee von Pjotr Wrangel.[66]

Lenin schlug Alarm: »Genossen! Der Zarengeneral Wrangel verstärkt den Angriff auf die Ukraine und auf Russland. [...] Die Gefahr ist groß. Noch einmal versuchen die Gutsbesitzer, ihre Macht wiederherzustellen, den Boden zurückzugewinnen und die Bauern aufs Neue ins Joch zu spannen!«[67] Momente der besonderen Anspannung verstärkten seine Bemühungen, den Klassenkampf zu radikalisieren: In der Ukraine müssten die ländlichen Unterschichten nun noch entschiedener die »wenigen Reichen« vernichten.[68]

Wrangels Offensive stand indes von vornherein unter einem schlechten Stern. Die Rotarmisten waren fünfmal so stark und erhielten außerdem die Unterstützung von Nestor Machno. Die »Weißen« kehrten zu ihrer Ausgangsbasis auf der Krim zurück, nachdem sich auch Piłsudski und Petljura nicht halten hatten können. Ihre

64 LW, Bd. 30, 31; vgl. Mawdsley, Civil War, 252f.
65 Dazu auch: Peter Fleming, The Fate of Admiral Koltschak, Edinburgh 2001.
66 Smele, Civil Wars, 141f., 151f.; Leidinger, Der Russische Bürgerkrieg, 85–89.
67 LW, Bd. 31, 305.
68 Ebd.

Truppen eroberten wohl am 7. Mai 1920 Kiew, bereits am nächsten Tag setzte die Sowjetführung jedoch alles auf die patriotische Karte. Auch weniger begeisterte Anhänger des Oktoberregimes beteiligten sich nun an der »Vaterlandverteidigung«.

Die gegnerische Allianz war allerdings noch aus anderen Gründen geschwächt worden. Petljura hatte polnische Gebietsansprüche akzeptiert, die die Westukraine betrafen. Das verursachte den Bruch zwischen ihm und den galizischen Kampfverbänden. Die ruthenischen Politiker wurden ins Exil abgedrängt. Mit dem Vormarsch der »Roten« misslang die Schaffung einer unabhängigen Ukraine schließlich vollends.[69] Polen hingegen steigerte seine Verteidigungsbereitschaft und brachte die Offensive der Gegner vor den Toren Warschaus zum Stehen. Das »Wunder an der Weichsel« bedeutete für Lenin, sich von weiteren unmittelbaren Umsturzplänen in Europa verabschieden zu müssen.[70]

Diese lange Zeit gängige Sichtweise stößt mittlerweile allerdings auf Widerspruch. Orlando Figes etwa glaubt auf Grundlage einer erst später veröffentlichten Parteitagsrede vom September 1920 davon ausgehen zu müssen, dass der sowjetische Regierungschef eher defensiv eingestellt war. Den »direkten Weg zur Revolution« in der Tschechoslowakei und Ungarn via Galizien hätte Lenin zwar gern eingeschlagen; er wusste aber um die eingeschränkten Möglichkeiten der Roten Armee. Nicht die »Invasion des Westens« sei geplant gewesen, sondern eine Abschreckung, »um den Westen davon abzuhalten, Rußland zu überfallen«.[71]

Tatsächlich aber mischten sich wohl »am Ende ideologische mit militärischen Gründen«, die einerseits für und andererseits gegen die Ausweitung eines Konfliktes sprachen, der noch dazu mit erschreckender Grausamkeit geführt wurde.[72] Nicht von der Hand zu weisen sind schließlich etliche Hinweise auf Fehlentscheidungen, die dem Parteiführer von seiner Anhängerschaft relativ offen zum

---

69 Smele, Civil Wars, 152–154; Neiberg/Jordan, Eastern Front, 217–219; Stephan Lehnstaedt, Der vergessene Sieg. Der Polnisch-Sowjetische Krieg 1919/20 und die Entstehung des modernen Osteuropa, München 2019, 54–71.

70 Lehnstaedt, Der vergessene Sieg, 81–94, 115–131, 137–149; Mawdsley, Civil War, 345–354.

71 Figes, Tragödie, 742.

72 Vgl. Lehnstaedt, Der vergessene Sieg, 93.

Vorwurf gemacht wurden.[73] Und ebenso wenig daran zu rütteln ist, welche große Bedeutung der Parteichef dem Krieg gegen Polen und mehr noch der darauffolgenden Niederlage beimaß. Eine erfolgreiche Ausbreitung der Revolution im Westen blieb eine Wunschvorstellung. Die »gemeinsame Grenze mit Deutschland zu sichern«, war nicht gelungen.[74] Die Offensivkräfte der Roten Armee erlahmten, eine Beilegung des Konflikts schien dennoch nicht in Sicht. Lenin machte dafür im November 1920 maßgebliche Entente-Kreise verantwortlich. Die »französische Bourgeoisie«, wie er sich ausdrückte, habe gegenüber Polen auf einer Fortsetzung der Kämpfe bestanden, um die Niederlage Wrangels zu verhindern und neue »Feldzüge gegen die Sowjetrepublik« vorzubereiten.[75]

Diese Interpretation hielt sich strikt an Lenins Erklärungsmuster von einem grenzüberschreitenden, ja weltweiten Bürgerkrieg. Allerdings fiel auch aus seinem Blickwinkel ein wesentlicher Faktor seiner Analyse endgültig weg: Pjotr Wrangel verlor den letzten Rückhalt, im November ließ er seine Truppen mithilfe der französischen Marine und der »weißen« Schwarzmeerflotte evakuieren.[76]

Im Februar 1921 resümierte Lenin die Gründe für die Bezwingung der »Weißen«: Die Arbeiter hätten zwar drei Jahre hindurch »gehungert«, »gefroren« und lediglich »stillgelegte Fabriken bekommen«, dafür aber die Macht erlangt. Sogar die Bauern hätten sich für die Bolschewiki entschieden, weil ihre Erfahrungen etwa mit dem Komutsch enttäuschend gewesen waren. Lenins Schlussfolgerung lautete: »Wir versprechen kein Land, wo Milch und Honig fließt.« Der Gegner »aber spricht von Gleichheit und bringt – den Gutsbesitzer. Das ist der Grund, warum wir gesiegt haben.«[77] Weil jedoch nach wie vor überall »ein bewaffneter Feind« lauere, müsse man an einer »richtigen« Beziehung zwischen Proletariat und Bauern arbeiten. Denn: Die Aufhebung der Klassen werde noch »lange, lange Jahre erfordern«, währenddessen der Bauer immer noch »als Herr auf seinem Einzelhof« sitze und über das Getreide verfüge. Die

73 Vgl. Alexander Vatlin, Die Oktoberrevolution und die Gründung der Kommunistischen Internationale, in: Jahrbuch für historische Kommunismusforschung (2017), 69–86, 84.
74 Vgl. Leo Trotzki, Über Lenin. Material für einen Biographen, Frankfurt am Main 1964, 85.
75 LW, Bd. 31, 403.
76 Neiberg/Jordan, Eastern Front, 208; Bullock, Civil War, 114–122; Mawdsley, Civil War, 362–376.
77 LW, Bd. 32, 103.

größte Gefahr liege also beim Feind im Inneren. Die Bauern hätten für ihre Eigeninteressen mehr übrig als für den Traum vom Sozialismus und würden sich, so Lenin, dann doch gegen die Sowjetmacht wenden.[78]

In vielen Ländern setzte sich indes die Überzeugung durch, mit den Bolschewiki eine Übereinkunft treffen zu müssen. Die Veränderung der politischen Großwetterlage zeigte der im März 1921 geschlossene Friedensvertrag von Riga an. Moskau und Warschau beendeten die gewaltsamen Auseinandersetzungen.[79] Bis es so weit war, tröstete sich Lenin mit dem Gedanken, etwaigen Attacken der Feinde den Vorteil eines großen Territoriums entgegenhalten zu können: Mal sah er sich bis zum Ural zurückweichen und sprach von einer »Uralo-Kusnezker Republik«, dann erwählte er Kamtschatka als Refugium, immer betonend, dass er niemals aufgeben werde.[80]

Ein bolschewistisches Kamtschatka mit einem auf die ostasiatische Halbinsel verfrachteten Moskauer und Petrograder Proletariat als letzte Bastion der Sowjetmacht blieb Fiktion. Aber auch nach dem Rigaer Abkommen kehrte keine Ruhe ein. Regionale Warlords oder Atamane hatten in manchen Regionen beträchtlichen Rückhalt in der Bevölkerung. »Bandenkämpfe«, wie die Kremlführung sagte, blieben allerdings nicht die einzige Form der Widersetzlichkeit. Die fragile Allianz zwischen den Bolschewiki und weiten Bevölkerungsteilen vor allem zur Abwehr der »Weißen« zerfiel mit deren Verschwinden vielerorts. Kriegskommunistische Zwangsmaßnahmen hatten tiefes Misstrauen hinterlassen. Die Repräsentanten des Oktoberregimes blieben vor allem im Dorf Fremde. In einigen Regionen spitzte sich die Lage, verstärkt durch die Wirtschaftskrise, gefährlich zu. Die Provinz Tambow etwa wurde Schauplatz eines Aufstands von rund 50.000 Menschen. Eine überlegene, besser ausgerüstete Rote Armee ging rigoros gegen die verarmten und verzweifelten »Empörer« vor. Geiselerschießungen und die Zerstörung ganzer Ortschaften standen auf der Tagesordnung. Tausende kamen ums Leben, Massendeportationen folgten.[81]

---

78 Ebd., 102.
79 Lehnstaedt, Der vergessene Sieg, 150–161; Leidinger, Der Russische Bürgerkrieg, 88; Neiberg/Jordan, Eastern Front, 219.
80 Trotzki, Über Lenin, 86f.
81 Smele, Civil Wars, 183–188.

Die geschwächte, kriegsmüde Bevölkerung vermochte gegen einen wachsenden und professioneller werdenden Sicherheitsapparat der Volkskommissare wenig auszurichten. Trotzdem war für Lenin Vorsicht geboten. Neuerliche Lebensmittekürzungen brachten auch in den Städten das Fass zum Überlaufen. Die Revolution schien Anfang der 1920er Jahre zum Ausgangspunkt zurückzukehren. Streikende Arbeiter und die Matrosen der Festung Kronstadt, von denen viele schon 1917 im Dienst gewesen waren und sich früh den Bolschewiki angeschlossen hatten, stellten sich an die Spitze einer Protestwelle und verdammten die Alleinherrschaft von Lenins Partei. Vereinzelt waren Plädoyers für die Konstituierende Versammlung zu hören, wichtiger aber schien auch jetzt kein »bürgerlicher Parlamentarismus«, sondern eine »wirkliche Rätedemokratie«. Die »Rebellen« wandten sich überdies gegen die Allmacht der Tscheka: »Drei Jahre kommunistische Gewaltherrschaft« ließen »drei Jahrhunderte monarchistisches Joch verblassen«, hieß es nun.[82]

Am 10. Parteitag im März 1921, als der Aufruhr in Kronstadt im Gange war, appellierte Lenin – in höchstem Maße aufgewühlt und mit scharfen Worten – an die Einheit der Partei. Er versprach, bei aller ätzenden Kritik, die er den Widerspenstigen in den eigenen Reihen entgegenschleuderte, vorgebrachte Einwände, die die Entwicklung von Partei und Staat betrafen, ernst zu nehmen. Für sich beanspruchte er freilich das Vermögen, »Ungesundes von Gesundem«, also nützliche von schädlichen oder falschen Beanstandungen trennen zu können. Es sei nicht an der Zeit, von der »Freiheit der Kritik« zu sprechen, und es reiche nicht aus, die »Krankheiten« der Partei lediglich anzuprangern; man müsse sie kurieren.[83] Lenin gestand gravierende Fehler ein. Abseits eines überhandnehmenden Bürokratismus mit einem Übermaß an Dekreten, die niemand mehr überblicke, verwies er vor allem auf das schlechte Verhältnis zu den Bauern. Und er räumte ein, ein »theoretisch richtiges Programm«, das allerdings »praktisch unhaltbar« gewesen sei, in Angriff genommen zu haben.[84] Denn, so seine Diagnose, man habe die Auszehrung der Bevölkerung als Folge des Weltkriegs ebenso unter-

82 Zit. nach Hendrik Wallat, Staat oder Revolution. Aspekte und Probleme linker Bolschewismuskritik, Münster 2012, 145.
83 LW, Bd. 32, 200f.
84 Ebd., 127.

schätzt wie die Konsequenzen der nachfolgenden inneren Konflikte. Fehlentwicklungen seien aber vor allem auch durch ein mangelndes Augenmaß bei den Requirierungen zu verzeichnen. Diesbezügliche Versäumnisse lastete er allerdings jenen an, die sachlich richtige Anordnungen falsch umgesetzt hätten. Jetzt aber sei angesichts solcher Erkenntnisse und stärker werdender Widerstände in der Partei und in der Bevölkerung nicht die Zeit für überflüssiges Gerede. Lenin spitzte zu – umso mehr, als es tatsächlich ums Überleben ging, um das Szenario einer Sowjetmacht ohne Bolschewiki, wie sie die »Kronstädter« für wünschenswert hielten: »Wir haben durch die Diskussion ziemlich viel Zeit verloren, und ich muss sagen, dass es jetzt viel besser ist, ›mit Gewehren zu diskutieren‹ als mit Thesen, wie sie von der Opposition aufgetischt werden. Wir brauchen jetzt keine Opposition, Genossen […]! Entweder hier oder dort« – also in Kronstadt – »mit dem Gewehr, aber nicht mit einer Opposition […]. Und ich denke, der Parteitag wird diese Schlussfolgerung ziehen müssen, er wird die Schlussfolgerung ziehen müssen, dass es jetzt mit der Opposition zu Ende sein, ein für allemal aus sein muss, da wir jetzt der Opposition müde sind!«[85]

Die innerparteilichen Kritiker selbst hatten die »Säuberung« der KP von »nichtproletarischen und unzuverlässigen Elementen« gefordert. Jetzt schlossen sie sich einem Fraktionsverbot an, das die »Schädlichkeit und Gefährlichkeit« von Abweichungen billigte. Lenin reglementierte darüber hinaus die Formen der Kritik: Sie dürfe keinesfalls in Gruppen diskutiert, sondern »ausschließlich der unmittelbaren Behandlung durch alle Parteimitglieder« zugeführt werden.[86]

Lenin und Kriegskommissar Trotzki reagierten vor dem Hintergrund der virulenten KP-internen Streitigkeiten auf die Infragestellung ihres Machtmonopols entschlossen. Die Meuterer in Kronstadt, so Trotzki, seien »wie die Hasen abzuschießen«. Rotarmisten, verstärkt durch Tschekisten und kommunistische Kader, hatten es jedoch selbst in den eigenen Reihen mit Sympathieerklärungen für die Kritiker und Aufständischen zu tun. Sie brauchten mehrere Tage und Angriffswellen, bis sie mit knapp 30.000 Mann

85 Ebd., 201.
86 Ebd., 246f.

in den Morgenstunden des 17. März 1921 ihr Ziel erreichten. Die zur »Gegenrepublik« erklärte Zitadelle fiel unter zusätzlichem Einsatz von Artilleriefeuer. 6000 »Aufrührer« wurden gefangen genommen, 2000 exekutiert. Jeweils 2000 Mann fielen auf beiden Seiten. An den benachbarten finnischen Ostseestränden gab das schmelzende Eis Hunderte Leichen frei.[87]

Die Vehemenz, mit der Lenin der Fraktionsbildung entgegentrat, speiste sich nicht zuletzt aus der Überzeugung, dass die innere Zerrissenheit der Partei lediglich der außerparteilichen Opposition in die Hände spielen würde. Hinter den blutigen Ereignissen in Kronstadt vermutete der Führer der Bolschewiki folgerichtig die Machenschaften von Sozialisten-Revolutionären und »weißgardistischen Generälen«. Ihnen habe ein buntscheckiges Konglomerat »kleinbürgerlich-anarchistischer Elemente« als Trittbrett, als Stufe und Brücke zur Macht gedient. Dass es in Kronstadt um den Freiheitswillen von 1917, um eine Kernforderung des Systemwechsels gehen konnte, ließ er nicht gelten. Nur oberflächlich sei die Revolte ein »klein wenig rechter« oder »sogar auch linker« als der Kurs der Bolschewiki, lediglich »scheinbar« seien Losungen für »eine kleine Änderung« oder nur »eine Korrektur der Sowjetmacht« ausgegeben worden. Tatsächlich erweise sich die »kleinbürgerliche Konterrevolution« gefährlicher als alle »Denikins, Judenitschs und Koltschaks« zusammen, weil in Russland das Proletariat eine Minderheit bilde, und weil es um Handelsfreiheiten und Privateigentum gehe.[88] Damit aber, setzte Lenin fort, werde eine zentrale wirtschaftliche und soziale Frage aufgeworfen: der schwierige Übergang der »Kleinbesitzer zur vergesellschafteten, kollektiven, gemeinschaftlichen Arbeit«.[89]

Lenins Anhang blieb trotz des Sieges über die militärischen Gegner, trotz des Aufbaus einer weit verzweigten Partei- und Staatsadministration und einer Roten Armee, die Ende 1918 rund eine halbe und 1920 schon fünf Millionen Mann zählte, eine Minorität im eigenen Herrschaftsbereich. Gegen unzufriedene Arbeiter und eine renitente bäuerliche Bevölkerungsmehrheit halfen Verwaltungskontrolle und Repressionsorgane nur bedingt. Es bedurfte eines

87 Bullock, Civil War, 130–132; Smele, Civil Wars, 204–206.
88 LW, Bd. 32, 182–184.
89 Ebd., 185.

Kompromisses, der anders als die Vereinbarungen mit der »internationalen Bourgeoisie« oder den »ausländischen Imperialisten«, etwa im Vertrag von Brest-Litowsk, keine kurzfristige Atempause darstellte. Die Neue Ökonomische Politik (NÖP), die Lenin am 10. Parteitag präsentierte, ersetzte das Zwangssystem der Lebensmittelbeschaffung durch geringere Abgabenquoten, setzte auf eine Naturalsteuer, bewirkte eine Liberalisierung und Dezentralisierung des Agrarsektors, des Gewerbes und der Kleinindustrie und sie akzeptierte gewinnorientierte Arbeit sowie Privateigentum in der Konsumgüterproduktion.[90] Was sollte erreicht werden? Das Ende des Kriegskommunismus und die Herstellung eines Warenaustauschs, der so gut wie zum Erliegen gekommen war. Lenin scheute auch nicht davor zurück, die bereits in seinen *Aprilthesen* geforderten kollektiven »Musterwirtschaften« im Agrarbereich, die sich bereits gebildet hatten, wegen ihrer meist erfolglosen Handlungsweise scharf zu kritisieren. Tatsächlich sprachen aus vielen von Lenins Äußerungen zur NÖP und ihrer Notwendigkeit die Angst vor dem Abgrund und eine Art Selbstermutigung, um Selbstzweifel zu zerstreuen: Man werde es allen Schwierigkeiten zum Trotz schaffen, sich »herauszuwinden« und »kolossale Fehler« ausmerzen.[91]

Letztlich aber war der Anspruch nicht besonders hoch. Lenin wollte »Not und Hunger« so verteilen, »dass um den Preis der Unterernährung aller diejenigen gerettet werden, ohne die weder der Rest der Fabriken noch die Eisenbahnen noch auch die Armee zu erhalten sind, um den Weißgardisten Widerstand entgegenzusetzen«.[92] Es ging also um die »Rettung« der am Boden liegenden Bauernschaft und um die Einführung eines Kapitalismus »unter Aufsicht« des Staates.[93] Diese Neue Ökonomische Politik legte Lenin auf »mindestens« zehn Jahre an – »so lange wir die Großindustrie nicht völlig wiederhergestellt haben«.[94]

Im November 1922, bei einer Plenarsitzung des Moskauer Sowjets, ließ er keine Zweifel an einer nunmehr defensiven, aber, wie er meinte, erfolgreichen Taktik aufkommen: »Wir gehen jetzt zurück,

90 Bullock, Civil War, 132.
91 LW, Bd. 32, 530f.
92 Ebd., 303.
93 Ebd., 307.
94 Ebd., 470.

treten gleichsam den Rückzug an, wir tun das jedoch, um zuerst zurückzugehen, dann aber einen Anlauf zu nehmen und einen umso größeren Sprung vorwärts zu machen.«[95] Gleichzeitig aber sprach er von einer weiteren Phase, wo Arbeiter und Bauern »hundertmal langsamer« als bisher »vorwärtsschreiten« sollten.[96] An einem ferneren Horizont zeichnete sich die eigentliche Zielsetzung, der Schritt zur Sozialisierung und Kollektivierung, ab. Genaueres blieb der Zukunft vorbehalten. »Wo und wie wir uns jetzt umgruppieren, anpassen, reorganisieren müssen, um nach dem Rückzug den hartnäckigsten Vormarsch anzutreten, wissen wir noch nicht«, schloss Lenin, der sich daraufhin einem anderen Thema zuwandte. Er gedachte der »vielen Opfer«, die notwendig gewesen seien, »um das zu erreichen, was erreicht worden ist«. Unter anhaltendem Beifall meldete er dann auch die Einnahme von Wladiwostok.[97]

Die prosowjetische Fernöstliche Republik, die als Pufferstaat gegen die japanischen Expeditionstruppen fungiert hatte, wurde nach deren endgültigem Abzug aufgelöst. In der Zwischenzeit setzte sich das Oktoberregime auch in Zentralasien durch. Die Voraussetzungen für die Gründung der UdSSR waren geschaffen.[98]

Im Sownarkom und im Zentralkomitee der KP herrschte allerdings Uneinigkeit über das Wesen dieses Zusammenschlusses von Sowjetrepubliken. Stalin wollte alle diese Gebiete der Russischen Sozialistischen Föderativen Sowjetrepublik einverleiben, auf der Basis einer Autonomie. Lenin aber griff die Idee scharf an und witterte hinter dem Konzept großrussisches Hegemonialstreben. Noch einmal setzte er sich gegen das »chauvinistische Pack«, wie er es formulierte, durch. Die Sowjetunion entstand Ende Dezember 1922 – und der mittlerweile schwer erkrankte Partei- und Revolutionsführer nutzte die Gelegenheit, weit mehr als nur die »formale Gleichheit der Nationen« einzufordern.[99]

Streitigkeiten entzündeten sich nicht zuletzt an Stalins unnachgiebigem Verhalten gegenüber den Genossen in Georgien. Aber

95 Ebd., 470.
96 Zit. nach Stephan Merl (Hg.), Sowjetmacht und Bauern. Dokumente zur Agrarpolitik und zur Entwicklung der Landwirtschaft während des »Kriegskommunismus« und der Neuen Ökonomischen Politik, Berlin 1993, 37.
97 Ebd., 423.
98 Mawdsley, Civil War, 325–344; Leidinger, Der Russische Bürgerkrieg, 58, 95.
99 Service, Lenin, 587f., 604.

auch bei anderen Gelegenheiten waren es rüde Verhaltensweisen führender KP-Funktionäre, die Lenin zunehmend beschäftigten. Jeder bezichtigte den anderen gewisser Schwächen, der Grobheit, der administrativen Unreife, des Schematismus, einer »scholastischen Pedanterie«, des übergroßen Optimismus oder der Anmaßung. »Sie, Vladimir Iljitsch, haben sich angewöhnt, alles in einem zu großen Maßstab zu betrachten, alle großen Fragen der Strategie aus hundert Kilometer Abstand zu entscheiden, während wir die kleinen taktischen Fragen aus drei oder höchstens zehn Kilometer Entfernung zu entscheiden haben«, kritisierte auch der russisch-ukrainische Kommunist und Staatsfunktionär Georgij Pjatakow den Parteichef.[100]

Lenin blieb indessen weiterhin der Lehrmeister eines »unmündigen Volkes«, das es zu erziehen galt: zum proletarischen, marxistischen Bewusstsein, zum Gesellschafts- und Wirtschaftsmodell des Sozialismus. Keiner seiner Mitstreiter schien ihm geeignet, in seine Fußstapfen zu treten. Der ukrainische Bolschewik Alexander Schlichter, Volkskommissar für Landwirtschaft und zeitweilig Sowjetdiplomat, versuchte zu beschwichtigen. Eine jüngere Generation stehe bereit, meinte Schlichter im Spätsommer 1922. Lenin aber erwiderte: »Nein, da haben Sie nicht recht. Es ist noch zu früh, um zu gehen. Wir brauchen noch fünf Jahre Schulung.«[101]

100 Zit. nach Service, Lenin, 601.
101 Zit. nach ebd., 597.

16
DIE NEUE INTERNATIONALE

Zwietracht und Isolation

Das Glockenspiel auf dem Spasskij-Turm des Moskauer Kremls intonierte anstatt der alten Zaren-Hymne die *Internationale*. Viertelstündlich erinnerte die Melodie an Zielsetzungen, die zu keinem Zeitpunkt eine leere Geste waren: Für die Bolschewiki war ihr eigenes Schicksal eng mit einer grenzüberschreitenden »proletarischen Solidarität« verbunden. Sie hatte das Oktoberregime letztlich abzusichern. »Wir befinden uns«, erklärte Lenin, »in einer belagerten Festung, solange uns die anderen Abteilungen der sozialistischen Weltrevolution nicht zu Hilfe kommen.«[1]

Die »klassenbewussten Massen« waren für die Volkskommissare allerdings neu zu organisieren. Die Gründe dafür reichten weit zurück und basierten auf fundamentalen Richtungskämpfen innerhalb der Arbeiterbewegung. Deren oft beschworene Einheit war von Anfang an mehr Schein als Sein. Anarchistische Konzepte hatten maßgeblich zu Zerwürfnissen und zur Auflösung der noch von Marx geprägten Internationalen Arbeiterassoziation, der Ersten Internationale, beigetragen. Es folgten Prinzipiendebatten über das Festhalten an der »Katastrophentheorie«, an der Vorstellung vom scheinbar unvermeidlichen Zusammenbruch der »kapitalistischen Ordnung«. Die gegensätzlichen Plädoyers für Veränderungen innerhalb des bestehenden Systems einerseits und für den radikalen Bruch mit den bestehenden Verhältnissen andererseits bewirkten innerhalb der 1889 konstituierten Zweiten Internationale eine mehr oder minder deutliche Auffächerung in »linke«, »zentristische« und »reformistische« Strömungen.[2]

1 Hermann Weber, Lenin, Hamburg 1970, 134; vgl. auch Orlando Figes, Eine Geschichte Russlands, Stuttgart 2022, 583; Leo Trotzki, Mein Leben. Versuch einer Autobiographie, Frankfurt 1990, 304f.

2 Hannes Leidinger/Verena Moritz, Sozialismus, Wien/Köln/Weimar 2003, 71–75.

Hinzu kam eine gesellschaftliche Dynamik besonderer Art: Sozialdemokratische Massenparteien und insbesondere ihre Spitzenrepräsentanten integrierten sich während einer schrittweisen Industrialisierung und Demokratisierung auf unterschiedliche Weise in das politische Establishment ihrer Länder. Diese Entwicklung, die sich unter dem Zeichen von Fortschritt und Wohlstandssicherung für die Arbeiterschaft vollzog, ging nach und nach mit der Loslösung von früheren Aufstands- und Umsturzideen einher. In »rückständigen« Staaten war die Lage eine andere. Oppositionskräfte, unter ihnen auch marxistische Zirkel, sahen sich mit stärkeren Repressalien konfrontiert und blieben vielfach marginalisiert. Am Rande der Legalität und unter den Bedingungen der konspirativen Tätigkeit wuchs die Neigung zur Kompromisslosigkeit. Der Anspruch auf die »einzig wahre« Auslegung einer »reinen Theorie« förderte die weltanschaulich begründete Unversöhnlichkeit.[3]

Die Lage veränderte sich mit dem Ausbruch des Ersten Weltkrieges. Anfänglich kleine Gruppen von Gegnern eines martialischen Patriotismus erhielten mit Fortdauer des Massenschlachtens Zulauf. In Deutschland etwa trugen Friedensbereitschaft, sozialer und politischer Protest zur Entstehung der Unabhängigen Sozialdemokratischen Partei, der USPD, bei.[4] An die Abspaltung von den »Mehrheitssozialisten« schlossen sich Reibereien pazifistischer Gruppen mit Lenin an, der die Umwandlung des imperialistischen Waffengangs in einen revolutionären Bürgerkrieg propagierte. Im Sinne dieser Klassenkampfstrategie beurteilte er die weitere Entwicklung in und außerhalb von Russland. Unaufhörlich wetterte er gegen die »Führer der Arbeiter in den meisten Parteien«, die die Fähigkeit zur revolutionären Erhebung verloren hätten, gegen »unversöhnliche und unverbesserliche Sozialverräter«, gegen »Chauvinisten«, »Renegaten« und »Arbeiteraristokraten«, gegen den »Zimmerwalder Zusammenschluss, einem »aus Kautskyanern bestehenden Sumpf«.[5]

Mit Letzteren wollten dann aber nicht einmal seine engsten Weggefährten voreilig brechen. Der Parteitag der Bolschewiki vom

3 Alexander Vatlin, Die Komintern. Gründung, Programmatik, Akteure, Berlin 2009, 11.

4 Leidinger/Moritz, Sozialismus, 76.

5 LW, Bd. 29, 228–230; Pierre Frank, Geschichte der Kommunistischen Internationale 1919–1943, Bd. 1, Frankfurt 1981, 41f.; Milos Hájek/Hana Mejdrová, Die Entstehung der III. Internationale, Bremen 1997, 17.

April 1917 sprach sich für die Fortsetzung der Kontakte aus. Während Lenin auf eine Handvoll treuer Anhänger setzte, wollten zahlreiche Parteimitglieder möglichst viele »Zentristen und Unentschiedene« auf ihre Seite ziehen.[6] Ungeachtet dessen war sich die Mehrheit der Versammelten allerdings darin einig, dass es einer neuen, Dritten Internationale bedurfte, die sich letztlich an Lenins Appell orientierte, lieber »auf eigenen Füßen« zu stehen.[7]

Die Geschehnisse waren von einer globalen Umbruchsstimmung gekennzeichnet: Der Sturz des Zaren hatte bereits weitreichende Auswirkungen auf die internationalen Kräfteverhältnisse und die Frage der Weltkriegsbündnisse. Der »Rote Oktober« aber wurde weit über den staatsstreichartigen Charakter des Regierungswechsels in Petrograd hinaus zum Fanal einer neuen Weltepoche, zum Symbol der kommenden »sozialistischen Weltrevolution«. Lenin berief sich im Augenblick seiner Machtergreifung darauf und die Räteorgane bekundeten ihre Zuversicht, dass »das Proletariat der westeuropäischen Länder uns helfen wird, die Sache des Sozialismus zum vollen und dauernden Sieg zu führen«.[8]

Tatsächlich aber sah es ganz anders aus. Ausländische Interventen, nationale Unabhängigkeitsbewegungen und innerrussische Oppositionelle waren keineswegs die einzigen Ursachen für die anfänglich fast vollständige Isolation Sowjetrusslands. Die Volkskommissare trugen nicht bloß in hohem Maß die Verantwortung für die Wirren und Widerstände auf dem Boden des ehemaligen Zarenimperiums, allen voran hatte vielmehr Lenin selbst auch die Brücken zu den meisten europäischen Sozialisten abgebrochen. Sogar die wenigen Sympathisanten des »Roten Oktober« blieben skeptisch. Die radikale USPD-Gruppe des Spartakusbundes um Rosa Luxemburg und Karl Liebknecht äußerte Vorbehalte. Luxemburg würdigte wohl die »Arbeitermassen« als Träger der gesellschaftlichen Neugestaltung, der »bolschewistischen Avantgarde« konspirativer Berufsrevolutionäre stand sie jedoch in Summe kritisch gegenüber.[9]

---

6 Vatlin, Komintern, 17.
7 Ebd.
8 Zit. nach ebd., 19.
9 Leidinger/Moritz, Sozialismus, 76.

Vorbereitungsarbeiten

Bei Aufrechterhaltung seiner ideologischen Prämissen bedurfte das Oktoberregime etlicher Formen der Doppeltaktik, um kurzfristig seinen Fortbestand zu sichern und langfristig an seinen Zielsetzungen festzuhalten. Der allgemeine Frieden, den die Räteregierung anstrebte, ließ auf sich warten. Die »Atempause« – der Vertrag von Brest-Litowsk als zeitlich befristete Partnerschaft mit den Mittelmächten – machte deutlich, wie januskköpfig die Politik Lenins und seiner Gefolgschaft war. Die Etablierung einer neuen Internationale sollte den Bruch mit dem Sozialismus der alten anzeigen. Vorbereitungsarbeiten hierfür wurden vorangetrieben. Eine daran anknüpfende Öffentlichkeitsarbeit setzte man trotz des Propagandaverbotes, das der Brester Vertrag vorschrieb, ohne Unterlass fort. Der Lenin-Vertraute Jakow Swerdlow brachte es auf den Punkt: »Wir als Regierung können nicht so eine breite internationale Agitation durchführen, wie es bis jetzt der Fall war. Das bedeutet aber bei weitem nicht, daß wir in dieser Agitation auch nur im geringsten nachlassen. Wir müssen aber jetzt diese Agitation nicht im Namen des Sownarkom, sondern durch das ZK unsere Partei führen.«[10]

Konkret zielten die Aktivitäten auf die ideologische Indoktrinierung von vorwiegend ostasiatischen Fremdarbeitern, von Politemigranten und vor allem von Hunderttausenden Kriegsgefangenen, die sich im Einflussbereich der Rätemacht befanden. Angehörige der deutschen, österreichisch-ungarischen, bulgarischen und osmanischen Armeen schlossen sich daraufhin unter anderen als sogenannte Internationalisten in eigenen Komitees zusammen und dienten nicht zuletzt in der Roten Armee.[11] Um Reibereien mit Wien und Berlin zu vermeiden, gab Moskau vor, der betroffene Personenkreis sei durch das Asylrecht oder die Annahme der sowjetischen Staatsbürgerschaft nicht mehr an die Friedensbedingungen gebunden. Es handle sich nun, so die Erklärung, um eine innerrussische Angelegenheit. Die Regelungen hatten allerdings primär Alibifunktion und blieben für die Masse der Gefangenen irrelevant.[12]

---

10 Zit. nach Hájek/Mejdrová, Entstehung, 63.

11 Hannes Leidinger/Verena Moritz, Gefangenschaft, Revolution, Heimkehr. Die Bedeutung der Kriegsgefangenenproblematik für die Geschichte des Kommunismus in Mittel- und Osteuropa 1917–1920, Wien/Köln/Weimar 2003, 260–277, 409–421.

12 Ebd., 259.

Das Gros der Internationalisten sympathisierte zudem bestenfalls allgemein mit der Revolution, nicht aber mit konkreten weltanschaulichen Programmen. Die Mehrheit der »ausländischen Werktätigen«, wie sie von Räte- und Parteigremien oft genannt wurden, wechselte vorwiegend aus ökonomischen Gründen auf die Seite der »Roten«. Unter mehreren Zehntausend prosowjetischen Soldaten der Mittelmächte waren es gerade einmal einige Hundert, die sich als Kommunisten deklarierten. Deren Bindung an die Bolschewiki sollte so eng wie möglich sein. Die ausländischen KP-Gruppen, die 1918 entstanden und sich in einer Zentralen Föderation zusammenschlossen, ressortierten direkt beim ZK der KPR. Die Föderation, an deren Spitze Béla Kun, die spätere Schlüsselfigur der ungarischen Räterepublik, stand, bildete damit eine Art Nukleus der neuen, »Moskauer« Internationale. Deren Struktur war richtungsweisend: Nicht ein Bund von linken Kräften, sondern eine einheitliche Organisation war im Entstehen begriffen – von Beginn an dominiert durch die »russischen Genossen«, durch Lenin persönlich und seine engsten Mitstreiter.[13]

Der Revolutions-, Staats- und Parteiführer zeigte sich im Rahmen des 8. KPR-Kongresses Mitte März 1919 mit den Ergebnissen zufrieden: »Ich muss sagen, daß wir hier die wirkliche Grundlage dessen finden, was wir für die III. Internationale getan haben«. Wenn »wir in kurzer Zeit so viel tun konnten, so deshalb, weil das Zentralkomitee unserer Partei« eine »gewaltige Vorbereitungsarbeitet geleistet hat«. Und wenn etwa in Zentraleuropa »mit uns solidarische« Vereinigungen existieren, »so ist das jener nach außen hin unsichtbaren« Umtriebigkeit der »ausländischen Gruppen in Rußland zu verdanken, die eines der wichtigsten Kapitel in der Tätigkeit der Kommunistischen Weltpartei bildete«.[14]

13 Ebd., 293–322.
14 LW, Bd. 29, 146f.

Lenins Rede glich bereits einer Bilanz. Obwohl die Föderation der ausländischen Gruppen bei der KPR erst im Februar 1920 aufgelöst wurde, hatte sie im Wesentlichen bereits im März des vorhergehenden Jahres ihre Schuldigkeit getan.[15]

In Moskau war man Ende 1918 auf eine rasche offizielle Gründung der Kommunistischen Internationale, kurz Komintern oder KI, bedacht. Nicht zuletzt Lenin drängte darauf. Vor allem Heimkehrer aus der Kriegsgefangenschaft sollten primär in Deutschland und der Habsburgermonarchie den Boden bereiten und den Umsturz ermöglichen. Die Erwartung des Systembruchs verband sind mit Lenins Aktivismus, seinem unbedingten Willen, ersehnte Entwicklungen zu beschleunigen und zu kanalisieren. Die Kaiserreiche in Zentraleuropa brachen dann zwar nicht im Zuge von sozialrevolutionären Protesten, Aufständen und Meutereien zusammen, der November 1918 – die Ausrufung von Republiken in Berlin, Wien und Budapest – war in Moskau allerdings mit großen Hoffnungen verknüpft. Hektische Betriebsamkeit herrschte in den Staats- und Parteistellen von Räterussland. Im Eiltempo organisierten etwa die Bolschewiki in der »Regierungsdruckerei« Deutschkurse für Parteimitglieder, »um die Kommunikation mit den revolutionären Massen Deutschlands zu erleichtern«.[16] Nicht zuletzt mit Unterstützung der Tscheka besetzten außerdem Internationalisten jene Auslandsvertretungen der Mittelmächte, die nach dem Brester Frieden im ehemaligen Zarenreich aktiv geworden waren. Im eigenen Herrschaftsbereich nahm man vorweg, was sich jenseits der Grenzen im Westen erst etablieren sollte: das Sowjetsystem auf dem Territorium des Deutschen Reichs und der untergehenden k.u.k. Monarchie. Möglichst große Regionen galt es handstreichartig unter Kontrolle zu bringen. Swerdlow und Lenin betonten daher in der *Prawda* u.a. auch, dass es um den Erhalt des Donauraums als politische Einheit im Zeichen der Roten Fahne ging. Nach dem Zerfall des Habsburgerreichs sollten sich die betreffenden Länder, wie später die UdSSR, zu einer Union Sozialistischer Sowjetrepubliken zusammenschließen. Den Worten folgten neuerlich Taten: Die verlässlichsten Kader

15 Leidinger/Moritz, Gefangenschaft, 641–646.
16 Alexander Rabinowitch, Die Sowjetmacht. Das erste Jahr, Essen 2010, 541.

der Föderation ausländischer Kommunisten machten sich auf den Weg in ihre Heimatländer. Linksgruppierungen, die sich dem Oktoberregime verpflichtet fühlten und denen sowjetrussische Emissäre materiell wie ideell unter die Arme griffen, entstanden zum Jahreswechsel 1918/19 in verschiedenen Ländern, kommunistische Parteien formierten sich in Deutschland, Österreich und Ungarn.[17]

Vor allem der Bruch des Spartakusbundes mit der USPD und die Gründung der KPD beschleunigten das Geschehen. Eduard Fuchs, ein Vertrauter von Rosa Luxemburg, kam nach Moskau. Eigentlich war er ohne Weisungen für eine weitergehende Kooperation angereist. Lenin selbst aber drängte bei dieser Gelegenheit darauf, die Komintern schnellstens zu schaffen. Entsprechende Direktiven ergingen vom ZK an das Volkskommissariat für auswärtige Angelegenheiten. Der Partei- und Staatsführer zeigte sich im Wissen um Meinungsverschiedenheiten zwischen ihm und den Spartakisten konzilianter. Auch »sozialpatriotische Strömungen«, Zentristen oder Syndikalisten seien einzubeziehen, wenn es sich um »allerrevolutionärste Elemente« handelte, die dem »Bolschewismus mehr oder minder nahestanden«.[18]

Die Fixierung auf Deutschland war evident. Unter den Augen der Weltöffentlichkeit, so Lenin, sollte die erste Tagung der neuen Internationale in Berlin stattfinden. Die politische und militärische Lage in Europa stand diesem Vorhaben jedoch im Weg. Unter der Schirmherrschaft der Bolschewiki wurde Moskau zum Schauplatz des Gründungskongresses erwählt. Und wieder mahnte der Partei- und Regierungschef Sowjetrusslands persönlich zur Eile. Das Nachkriegsszenario deutete er als Chance der »imperialistischen« Westmächte, sich nach dem Sieg über die Mittelmächte ganz auf das Oktoberregime konzentrieren und damit letztlich den »Weltbolschewismus erwürgen« zu können.[19] Dessen internationale Exponenten schienen mehr denn je gefordert, Sowjetrussland zur Seite zu stehen. Darüber hinaus erreichten Lenin Nachrichten über eine bevorstehende Versammlung in der Schweiz. Die Labour Party lud

---

17 Leidinger/Moritz, Gefangenschaft, 513–531, 567–610.

18 Hájek/Mejdrová, Entstehung, 66–69, 70; Vatlin, Komintern, 26; Branko Lazitch/Milorad M. Drachkovitch, Lenin and the Comintern, Bd. 1, Stanford 1972, 52.

19 Zit. nach Gerd Koenen, Die Farbe Rot. Ursprünge und Geschichte des Kommunismus, München 2017, 856; vgl. auch Vatlin, Komintern, 62.

zu einem Treffen verschiedener sozialistischer Parteien. Die darauffolgenden Verhandlungen in Bern zeigten, dass selbst oppositionelle Kräfte innerhalb der Arbeiterbewegung einer Erneuerung der alten, 1914 zerbrochenen Internationale prinzipiell zustimmten. Die konkrete Form ihrer Reaktivierung sowie die Haltung gegenüber dem Oktoberregime entzweite die in Bern Anwesenden zwar; für die Kremlführung aber galt es, ehebaldigst ein Zeichen zu setzen.[20]

Um kritische Stimmen wie den KPD-Repräsentanten Hugo Eberlein zu neutralisieren, verließ man sich auf die Politemigranten und revolutionären Kriegsgefangenen in Russland. Sie erhielten Mandate für die Tagung zur Schaffung der Komintern, die am 2. März 1919 in einem kleinen Saal des Gerichtsgebäudes im Kreml begann. Einer kleinen Zahl von tatsächlichen Delegierten aus dem Ausland stand eine Mehrheit von Bolschewiki und der von ihnen gelenkten Emigranten oder Internationalisten gegenüber. Mitglieder der ausländischen KP-Gruppen bei der KPR waren angehalten, zumindest beratend in das Geschehen einzugreifen. Nichts wurde dem Zufall überlassen. Würden die bis zum 6. März dauernden Gespräche nicht den gewünschten Verlauf nehmen, wollten Lenin und die übrigen russischen Teilnehmer entweder den 8. Parteitag der Bolschewiki oder eine Moskauer Parallelveranstaltung der Zentralen Föderation für ihre Zwecke nutzen.[21]

Alternativpläne erwiesen sich dann aber aufgrund des entsprechenden Arrangements der Komintern-Gründungskonferenz als obsolet. Die neue Internationale wurde ins Leben gerufen, auch wenn es sich dabei zunächst um wenig mehr als um eine Geste, ein politisch-ideologisches Signal handelte. Ordnungs- und Administrationsstrukturen mussten erst geschaffen werden, die frühen kommunistischen Parteien stellten sich realiter als kleine, bunt zusammengewürfelte Haufen unterschiedlicher syndikalistischer und anarchistischer, linksradikaler und -sozialistischer Zirkel dar. Hinzu kam aus der Sicht Moskaus eine baldige Ernüchterung über den Charakter des Umsturzes am Ende des Ersten Weltkrieges. Die nationalstaatliche Ordnung setzte sich durch, nicht der multi-

20 Lazitch/Drachkovitch, Lenin and the Comintern, 52f.; Hájek/Mejdrová, Entstehung, 72; Wolfgang Leonhard, Völker hört die Signale. Die Anfänge des Weltkommunismus 1919–1924, München 1981, 10.

21 Koenen, Die Farbe Rot, 857; Vatlin, Komintern, 28–30.

ethnische Verband von Räterepubliken. Parlamentarische Demokratien siegten über Sowjetisierungsversuche, wenngleich Mehrparteiensysteme zu brüchigen Koalitionen führten und schließlich beinahe in ganz Europa von Diktaturen abgelöst wurden. Aufstände der Linken scheiterten, allen voran jener der Spartakisten in Berlin Anfang 1919. Rosa Luxemburg und Karl Liebknecht waren bereits von rechtsextremen Nationalisten ermordet worden, als die Versammlung im Kreml stattfand. Hoffnungen auf eine dauerhafte Behauptung der Rätemacht primär in München oder Budapest wurden in den kommenden Monaten enttäuscht. Die unter teilweise maßgeblichem Einfluss von Kommunisten gebildeten Regime im Frühjahr und Sommer 1919 waren kurzlebig, der Feldzug gegen Piłsudskis Armee scheiterte. Über den Kampf gegen Polen, sozusagen auf den Bajonetten der Roten Armee, im Zentrum und anschließend im Westen Europas der bolschewistischen Revolution zum Sieg zu verhelfen, blieb ein unerfüllter Traum.[22]

Bevor dieser Traum endgültig platzte, versammelte sich die Komintern vom 19. Juli bis zum 7. August 1920 in Petrograd und Moskau zu ihrem II. Kongress. Trotz aller Niederlagen überwog hier nicht nur mit Blick auf den Vormarsch der sowjetischen Streitkräfte Richtung Warschau der Optimismus. Die Weltpartei wuchs: Im März 1919 waren es 52 Abgesandte gewesen, die institutionell eng mit den Bolschewiki verbunden und von ihnen abhängig waren. Nun, kaum mehr als ein Jahr später, versammelten sich 200 Vertreter von 150 politische Gruppierungen aus 36 Ländern.[23] Neue Kräfte u.a. in Italien und in Skandinavien schlossen sich Lenins Internationale an, Verhandlungen mit französischen und englischen Sozialisten wurden eingeleitet. Anzeichen für den Zerfall der USPD mehrten sich, ihre Zersplitterung und Auflösung begünstigten den Aufstieg der KPD zur Massenpartei. Auch anderswo, etwa in der

22 Stephan Lehnstaedt, Der vergessene Sieg. Der Polnisch-Sowjetische Krieg 1919/20 und die Entstehung des modernen Osteuropa, München 2019, 81–94, 115–131, 137–149; Barry McLoughlin/Hannes Leidinger/Verena Moritz, Kommunismus in Österreich 1918–1938, Innsbruck/Wien/Bozen 2009, 132; Georg Fülberth, Der große Versuch. Geschichte der kommunistischen Bewegung und der sozialistischen Staaten, Köln 1994, 61; Chris Harman, Die verlorene Revolution. Deutschland 1918–23, Frankfurt am Main 1998, 105f., 153–174; Allen Mitchell, Revolution in Bayern 1918/1919. Die Eisner-Regierung und die Räterepublik. München 1967, 267–288; Koenen, Die Farbe Rot, 858–862, 866–869; Vatlin, Komintern, 23.

23 Koenen, Die Farbe Rot, 863; Julius Braunthal, Geschichte der Internationale, Bd. 2, Berlin/Bonn/Bad Godesberg 1963, 187.

Tschechoslowakei, in Bulgarien und Jugoslawien, entstanden mächtige Organisationen, die allerdings speziell auf dem Balkan durch missglückte Revolten und Repressionen der lokalen Regierungsbehörden geschwächt oder sogar in die Illegalität gedrängt wurden.[24]

Jeder neue Rückschlag stärkte indes das Moskauer Zentrum, von dem in der Zwischenzeit keineswegs nur die besonders krisengeschüttelten KP-Organisationen zunehmend abhängig wurden. Die ohnehin dominanten Bolschewiki drückten der gesamten »Weltpartei« ihren Stempel auf. In Lenins Verhalten am II. Komintern-Kongress manifestierte sich eine dauerhafte Tendenz. Während er von den Anwesenden forderte, mit den »opportunistischen« Strömungen des Sozialismus zu brechen und die Notwendigkeit einer »Diktatur des Proletariats« anzuerkennen, wandte er sich konkreten Maßnahmen zu. Eine Art »Verfassung« von 21 Bedingungen sollte von nun an einen engmaschigen KI-Apparat garantieren – klare Reglements für eine von der KPR angeleitete Organisation, die über eine straffe Zentralgewalt verfügte und den einzelnen »nationalen Sektionen« eine »fast militärische Disziplin« auferlegte. Schließlich, so der Befund der führenden Bolschewiki, trete der Klassenkampf in fast »allen Ländern Europas und Amerikas« in die »Phase des Bürgerkriegs ein«. Kaderparteien bolschewistischen Typs sollten die Kommunisten daher bilden: Neben den legalen und eventuell in Parlamenten agierenden KP-Sektionen seien illegale Untergrundapparate zu schaffen. Was sich langfristig als »Bolschewisierung« der Dritten Internationale bezeichnen ließ, war also bereits in ihrer Gründungsphase angelegt.[25]

»Kinderkrankheit«

Die unverzüglich einsetzende Kritik an den Entscheidungen des II. KI-Kongresses ließ Lenin nicht im Geringsten gelten: Das »Geschrei über die »Diktatur« Moskaus sei »Betrug an den Arbeitern« und ein »Ablenkungsmanöver«, das den Bankrott einer gewissen Anzahl »opportunistischer Führer verhülle«. Seine Verteidigung der Beschlussfassungen fiel ebenso entschieden wie einsilbig aus.

24 McLoughlin/Leidinger/Moritz, Kommunismus, 129, 153–172.

25 Koenen, Die Farbe Rot, 863; Vatlin, Komintern, 23, 37f.; Robert Service, Lenin. Eine Biographie, München 2000, 528–533; Günther Nollau, International Communism and World Revolution. History and Methods, New York 1961, 48f.

Punkt 20 der 21 Bedingungen sehe ohnehin Ausnahmen für Repräsentanten des »rechten Flügels« vor. Tatsächlich gab er allerdings zu, dass diese Klausel die insgesamt strengen Regeln eher bestätigte. »Reformisten«, »Sozialpazifisten«, »Opportunisten«, Mitglieder der »Arbeiteraristokratie, der alten Bürokratie in den Gewerkschaften« oder Genossenschaften: »Ohne Säuberung von den Trägern dieser Richtung«, ergänzte er, »ist ein Zusammenschluß des revolutionären Proletariats« unmöglich.[26]

Dass der Regierungs- und Parteichef Sowjetrusslands nicht nur den »Ausschluss« der »kleinbürgerlichen Elemente«, »versöhnlerischen Sozialchauvinisten« und »Abweichler« im Sinne hatte, belegt ein Zornesausbruch, der auch politisch unverdächtigeren Gefolgsleuten galt. »Wir fürchten«, schrieb er im Frühjahr 1920, »eine übermäßige Ausdehnung der Partei, denn in eine Regierungspartei versuchen sich unvermeidlich Karrieristen und Gauner einzuschleichen, die nur verdienen, erschossen zu werden.«[27]

Den Hass des Revolutionsführers zog unterdessen immer noch in hohem Maße die Sozialdemokratie auf sich. Die Ereignisse seit dem Ende des Ersten Weltkrieges hatten den »proletarischen Bruderzwist« auch außerhalb Russlands in einen blutigen Machtkampf verwandelt. Vor allem die bewaffnete Auseinandersetzung zwischen den Spartakisten und den mit den deutschen Militärs kooperierenden »Regierungs- und Mehrheitssozialisten« vertiefte die Gräben. Aber auch die Koalition zwischen Béla Kuns Kommunisten und dem linken SP-Flügel in der Ungarischen Räterepublik befeuerte den Streit. Sie war mit dem Stigma der Niederlage behaftet und endete in einer Suche nach Sündenböcken, die in den »Exponenten des grenzüberschreitenden Menschewismus« schnell gefunden waren. »Magyarische« KP-Funktionäre hoben nur zu gerne die »Budapester Lehren« hervor, als Memento und Warnung, alle »schwankenden Elemente auszumerzen und mit schonungsloser Hand mit allen Versuchen des Verrates abzurechnen«.[28]

Die lärmende Polemik und die wilden Drohgebärden überdeckten freilich oftmals die Tatsache, dass es eher Kun und seine Entourage

26 LW, Bd. 31, 260, 269f.
27 Ebd., 32.
28 Hájek/Mejdrová, Entstehung, 90.

waren, die durch linkskommunistische Strategien ihr eigene Position gefährdeten. Schon in Russland hatten sie mit den entsprechenden Strömungen innerhalb der Bolschewiki sympathisiert. Der »große Lehrmeister« im Kreml zählte wenig, als man in Ungarn an die Verstaatlichung der Agrarflächen ging, statt zumindest aus strategischen Gründen vorübergehend eine Landverteilung ins Auge zu fassen. Die Konsequenzen waren auch hier Widersetzlichkeit und offene Konfrontation in den Dörfern. Das Modell des Brester Friedens wurde überdies ignoriert, als Paris und London dem »roten Budapest« ein Übereinkommen anboten. Kun als Verantwortlicher für die Außenpolitik Räteungarns hielt sich eher an Nikolaj Bucharin als an Lenins »Realpolitik«. Der revolutionäre Kampf schien einen höheren Stellenwert zu haben als eine zusätzliche taktische Atempause.[29]

Eine ohnehin heterogene internationale Anhängerschaft der Kremlführung war solcherart auch durch die Richtungs- und Fraktionsstreitigkeiten innerhalb der KPR gespalten. Daran konnten die Disziplinarregeln und Aufnahmebestimmungen der Komintern nichts ändern. Deren 1919/20 geschaffene Büros und Sekretariate in Amsterdam, Berlin und Wien harmonisierten nicht nur schlecht, sie galten überdies als »Brutstätten« des »linkslerischen Radikalismus«. Das Exekutivkomitee der Kommunistischen Internationale, kurz EKKI, reagierte energisch. Die bisherigen Einrichtungen sollten einer Restrukturierung unterzogen werden. Der allzu großen Eigeninitiative begegnete Moskau 1920/21 mit der Schaffung einer KI-Abteilung für Internationale Verbindungen, bekannt unter der russischen Abkürzung OMS. Sie löste die Regionalbüros auf und ersetzte sie durch streng kontrollierte »Knotenpunkte« der vielfach konspirativen Komintern-Tätigkeit.[30]

Organisatorische Änderungen alleine halfen selbstredend nur bedingt, um die Dispute über Strategien und Programme zu überwinden. Lenin selbst ergriff wieder und wieder das Wort. Seine »Leitlinien« waren jedoch von der Flexibilität realpolitischen Denkens geprägt und verwirrten die Zuhörerschaft gelegentlich mehr, als sie zur Orientierung betrugen. Sein Auftreten beim II. KI-Kongress entfaltete eine entsprechende Wirkung. Den Appell, mit den

29 McLoughlin/Leidinger/Moritz, Kommunismus, 185f.
30 Ebd., 124–136.

»Opportunisten« innerhalb der Arbeiterbewegung zu brechen, relativierte er etwa mit dem Hinweis auf die britischen Kommunisten. Diese, erklärte er, sollten mit der Labour Party zusammengehen, weil sie noch zu schwach seien, um auf eigenen Beinen zu stehen.[31]

Der Linksradikalismus ging indes weiter seine eigenen Wege. »Sektierertum«, »Putschismus« und »Offensivtheorie« waren einige Schlagworte, unter denen er in den Komintern-Debatten firmierte. Unmittelbarer Auslöser neuerlicher Zwistigkeiten war die »Märzaktion« in Mitteldeutschland während des Frühjahrs 1921, in der Béla Kun mit seinen konspirativen Netzwerken erneut auf die mittlerweile mehrmals gescheiterte Aufstands- und Umsturztaktik setzte. Das Ergebnis waren ein kaum befolgter Generalstreik, Betriebsbesetzungen und schließlich militärische Scharmützel und Straßenkämpfe – ein Fiasko für die KPD, das 180 Menschen das Leben kostete und Tausende Inhaftierungen zur Folge hatte. Unter dem Eindruck dieses Fehlschlags trat der III. Komintern-Kongress Ende Juni 1921 zusammen. Bis zu dessen Abschluss am 12. Juli übernahm es erneut der Parteichef der Bolschewiki selbst, den »Kopf einer neuen Fraktion für den Kampf gegen die damals sehr starken Ultralinken zu bilden«, hielt Leo Trotzki später fest. Die Geschehnisse außerhalb Sowjetrusslands wirkten auf die Reibereien innerhalb der Bolschewiki zurück. Lenin und Trotzki fürchteten einen Erfolg Bucharins – und dadurch das Abgleiten der Komintern in extremistische Linkspositionen.[32]

Programmatisch hatte Lenin die Gegeninitiative schon rund ein Jahr zuvor in seiner berühmten Schrift *Der »linke Radikalismus«, die Kinderkrankheit im Kommunismus* ergriffen. Das Manuskript entstand im April und Mai 1920, in Buchform erschien es im Juni. Von da an konnte jeder mitverfolgen, wie der Führer des Oktoberregimes Punkt für Punkt gegen den letztlich von ihm selbst immer wieder stimulierten aktivistischen Extremismus zu Felde zog. Kein Einlenken im Sinne einer allgemeinen Mäßigung und noch weniger im Sinne eines Gewaltverzichts oder einer Absage an den autoritären Herrschaftsanspruch war unter solchen Umständen gemeint. Im Fokus standen allein die Erfolgsaussichten verschiedener »Wege

31 Service, Lenin, 531; Leidinger/Moritz, Gefangenschaft, 646.
32 Vatlin, Komintern, 69; Koenen, Die Farbe Rot, 871f.

zum Sozialismus«. Denn schließlich trat kaum jemand energischer gegen die Sozialdemokratie und die »reformistische Entartung der Arbeiterbewegung« auf als der KP-Chef. Hatte er nicht – als Galionsfigur des Bolschewismus – sogar Räte und Gewerkschaften zunehmend geknebelt und den Parteiinteressen untergeordnet, seine »natürliche Abscheu« gegenüber dem Parlamentarismus wiederholt betont und mit der Konstituierenden Versammlung Russlands im Januar 1918 kurzen Prozess gemacht?[33]

Die Ablehnung demokratischer Volksvertretungen müsse man jedoch vom spezifischen gesellschaftlichen und politischen Rahmen abhängig machen, erklärte er 1920. Wie auch bei anderen Gelegenheiten verwies er hier auf die eigene Praxis: Der ursprüngliche Boykott der Duma habe sich zwar als nützlich erwiesen, zumal auch illegale und »außerparlamentarische Kampfformen« erprobt werden müssten. »Aber ein blindes, nachäffendes, kritikloses Übertragen dieser Erfahrung auf andere Verhältnisse, auf eine andere Situation« sei »ein schwerer Fehler«. In diesem Sinn verurteilte er die Boykottpolitik einiger Genossen, wobei sein Augenmerk weniger der eigenen Parteigeschichte galt als der kleinen Kommunistischen Partei Österreichs. Sie wurde Gegenstand weitreichender Erörterungen. Dabei ging es um die Entscheidung der KPÖ, den Nationalratswahlen fernzubleiben. Sie begründete ihren Entschluss damit, als »Tribüne zur Agitation« ohnehin die Arbeiterräte nutzen zu können. Lenin hielt die Argumentation für unsinnig: »Solange wir noch nicht die Kraft haben, dieses bürgerliche Parlament auseinanderzujagen«, müsse man »eben von jener Bühne herab« in Erscheinung treten, »die die zurückgebliebenen Schichten der Arbeiter und insbesondere der nichtproletarischen werktätigen Massen als am meisten maßgebend und autoritativ betrachten«.[34]

Die besondere Bedeutung und Stabilität der existierenden Gewerkschaften veranlasste Lenin unterdessen ebenfalls, auf die realen Machtbedingungen zu achten. Vor dem Hintergrund der Entstehung der »Profintern«, der roten Gewerkschaftsinternationale, pochte er auf KI-Vorgaben, anstatt das Thema den einzelnen Länderorganisationen zu überlassen. Für »grundfalsch« hielt er in diesem Zusammen-

33 McLoughlin/Leidinger/Moritz, Kommunismus, 192.
34 LW, Bd. 31, 20, 41–51.

hang schon den Standpunkt, den Zorn gegen die »reaktionären« Gewerkschaften zu richten und nicht in den »sozialchauvinistischen, paktiererischen« und »konterrevolutionären« Interessenvertretungen der Arbeitnehmer mitzuarbeiten. Statt einer Zersplitterung plädierte er deshalb für das Wirken der Kommunisten in den bestehenden Vereinigungen, um sie zur Gänze zu »revolutionieren«.[35]

In Summe stellte Lenin klar: »Kompromisse ›prinzipiell‹ abzulehnen, jedwede Zulässigkeit von Kompromissen, welcherart sie auch seien, schlechthin zu verneinen, ist eine Kinderei, die man schwerlich ernst nehmen kann.« Daher schloss er: »Den Kampf aufzunehmen, wenn das offenkundig für den Feind und nicht für uns günstig ist, ist ein Verbrechen, und Politiker der revolutionären Klasse, die nicht ›zu lavieren, Übereinkommen und Kompromisse zu schließen‹ verstehen, um einem offenkundig unvorteilhaften Treffen auszuweichen, sind keinen Pfifferling wert.«[36]

In seinen weiteren Ausführungen zu der »Kinderkrankheit des Kommunismus« nahm er unmittelbar darauf Bezug: Das Modell des Brester Vertrages, der während des Novemberumsturzes 1918 annulliert worden war, diente immer noch als Grundlage. Jede nutzbringende Vereinbarung mit den »Imperialisten und Kapitalisten« sollte wahrgenommen werden, jede taktisch notwendige Entlastung, jeder Trick, jede Täuschung, jede Doppelzüngigkeit war erlaubt. Der Zweck heiligte einmal mehr die Mittel. Die Gelegenheit, eine derartige Strategie anzuwenden, sollte sich erneut anlässlich der für Mai 1922 anberaumten Internationalen Konferenz von Genua bieten, auf der sich die Teilnehmer mit der Wiederherstellung des durch den Krieg zerrütteten Wirtschafts- und Finanzsystems befassten. »Wir gehen«, wiederholte er demgemäß mehrmals im Verlauf des 9. KPR-Parteitags vom 27. März bis zum 2. April 1922, »als Kaufleute nach Genua, um möglichst vorteilhafte Formen für die Entwicklung des Handels zu erzielen, der eingesetzt hat, der vonstattengeht und der, selbst wenn es jemandem gelänge, ihn für diese oder jene Zeitspanne gewaltsam zu unterbrechen, sich dennoch nach dieser Unterbrechung unweigerlich entwickeln wird.«[37]

35 Ebd., 31–41.
36 Ebd., 22, 63.
37 LW, Bd. 33, 252.

Die ständige Doppelstrategie

Nicht nur die KI-Sektionen lavierten auf diese Weise dauerhaft zwischen Öffentlichkeit und Schattenwelten, auch der sowjetische Staatsapparat bereitete sich auf Parallelaktionen vor. Bündnis und Subversion blieben zwei Gesichter eines Systems. Daher war nur zu verständlich, dass die Sowjetdelegierten auch in Genua bloß äußerlich als reine Geschäftsleute und Vertreter der Wirtschaftsdiplomatie auftraten. Hier gab es erstmals die Gelegenheit, die entstehende UdSSR in ein künftiges System der Weltmarktbeziehungen zu integrieren. Die Neue Ökonomische Politik stellte ein Hoffnungspotenzial dar und eine Grundlage für die Schaffung eines internationalen Konsortiums zum Wiederaufbau Russlands. In wirtschaftlichen Belangen legte Lenin persönlich den Kurs fest. Einem Programm der limitierten Konzessionen für einzelne Kapitalgesellschaften und der strikt bilateralen, mit Kreditspielräumen ausgestatteten staatlichen Aushandelsaktivitäten redete er dabei das Wort.[38]

Zum Teil massive Vorbehalte in KP-Kreisen sprach er direkt an. Schon am 8. Gesamtrussischen Sowjetkongress im Dezember 1920 griff er die Kritik auf. »Man sagte uns«, so seine Worte, »die Konzessionäre würden Ausnahmebedingungen für ihre Arbeiter schaffen.« Auf »diese Weise würden sie Propaganda unter uns« treiben. »Es wäre dann so, daß wir eine sozialistische Republik hätten, in der Arbeiter darben, und daneben eine kapitalistische Insel, wo die Arbeiter ausgezeichnet leben.« Für den Moment aber gehe es um einen »Warenaustausch mit dem Ausland«, »Produktionsmittel« wie »Lokomotiven, Maschinen, elektrische Apparate«, »ohne die wir unsere Industrie halbwegs ernsthaft nicht wiederherstellen können […]. Es gilt, den Kapitalismus durch hohe Profite zu bestechen. Er wird Überprofite einheimsen. Zum Teufel damit, mit diesen Überprofiten. Wir werden das Wesentliche erhalten, mit dessen Hilfe wir erstarken, endgültig auf die Beine kommen und den Kapitalismus ökonomisch besiegen werden.« – Und nicht nur ökonomisch natürlich, wie Lenin mit Blick auf die viel diskutierten Konzessionsbedingungen hervorhob. »Gewiß«, fügte er hinzu, »bleibt eine Gefahr bestehen, und sie zeigt, daß die Konzession eine Fortsetzung des Krieges ist und nicht

---

38 Koenen, Die Farbe Rot, 901.

Frieden.«[39] Im Kern sollte das alles also nicht viel anders als Lenins Außenpolitik funktionieren: Die »Gier der Kapitalisten nach Rohstoffen« sollte ausgenutzt werden, um angesichts einer »kapitalistischen Umkreisung« die »Existenzbedingungen für die sozialistische Republik zu schaffen«.[40] Alles hatte einen doppelten Boden – folgerichtig also auch die sowjetische Wirtschaftspolitik.

Keineswegs allein die Komintern setzte in diesem Sinn ihre Propaganda und ihren Revolutionskurs fort. Auch die staatlichen Stellen, das Außenkommissariat unter Georgij Tschitscherin sowie die Geheim- und Sicherheitsdienste der Streitkräfte und der Tscheka bzw. der GPU, hielten prinzipiell an Umsturzplänen fest. Während mit dem Vorsatz einer flexiblen, mindesten zweigleisigen Taktik weder die NÖP im Innern noch die Konzessionspolitik auf dem Weltmarkt konsequent verfolgt wurden,[41] ließ Lenin außerdem keine Zweifel aufkommen, wie sehr ihm die imperialistische Nachkriegsordnung missfiel. In *Der »linke Radikalismus«, die Kinderkrankheit im Kommunismus* ermahnte er zwar mit dem Hinweis auf den Vertrag von Brest-Litowsk die ungeduldigen Anhänger, »zum Nutzen für die Revolution eine längere Gültigkeit des Versailler Friedens« zu ertragen. Wenige Monate später, am 8. Sowjetkongress erklärte er jedoch: »Unabhängig davon müssen wir uns an alle unterdrückten Völker in ihrer Gesamtheit mit dem Hinweis wenden – und das ergibt sich aus dem Versailler Vertrag –, daß ein Häuflein Staaten anderen Völkern die Kehlen zuschnürt; und diese Völker wenden sich, offen oder versteckt, bewußt oder unbewußt, um Hilfe an uns.«[42]

Moskau spielte auf der Klaviatur des Revisionismus, der sich gegen die Pariser Vororteverträge richtete. Die Verlierer des Ersten Weltkrieges boten sich als Gesprächspartner an, unter ihnen zunächst und vor allem Deutschland als zentrale Arena der frühen Weltrevolutionsstrategien. Lenins Vertraute, »Sendboten« und bevollmächtigte Vertreter in Berlin, allen voran Karl Radek und Viktor Kopp, bewegten sich dabei in einem weiten Aktionsradius, der Kooperationen jenseits aller ideologischen Diskrepanzen zuließ.

---

39 LW, Bd. 31, 476, 481.
40 Zit. nach Wolfgang Ruge, Lenin. Vorgänger Stalins. Eine politische Biografie, Berlin 2010, 339.
41 Koenen, Die Farbe Rot, 901.
42 LW, Bd. 31, 63 und 473.

Sogar die gescheiterte kommunistische »Märzaktion« 1921 änderte daran wenig. Man müsse einen »Unterschied machen zwischen Regierung und Partei«, hieß es u. a. auch seitens des deutschen Außenamtes geradezu verständnisvoll.[43]

Der Rat der Volkskommissare arbeitete nach Kräften daran, den Eindruck zu erwecken, es ginge Moskau primär oder ausschließlich um traditionelle Formen der Diplomatie und realpolitische Belange bilateraler Beziehungen. Schon Ende 1920 waren via Kopp und als Folge von Verhandlungen in Skandinavien Voraussetzungen für eine wirtschaftliche Kooperation mit Deutschland geschaffen worden.[44] Die stramm antimarxistische Reichswehrführung mit Hans von Seeckt an der Spitze schaltete sich ein und thematisierte »wehrpolitische Fragen«. Rechtskreise und Militärs näherten sich der Reichsregierung unter Kanzler Joseph Wirth von der katholischen Zentrumspartei an, um den »Ring von Versailles zu sprengen«.[45]

Seeckt und die Marineleitung vereinbarten mit sowjetischen Generalstäblern Anfang April 1922 eine engere Zusammenarbeit.[46] Die geheimen Unterredungen sollten Teil eines größeren Abkommens sein. Moskaus Abgesandte befanden sich auf dem Weg nach Genua. In der Nähe, in Santa Margherita di Rapallo, quartierten sie sich ein. Teils offen, teils verdeckt wurde zur deutschen Delegation in Genua Verbindung gehalten. Am 16. April waren die Verhandler trotz der Widerstände des deutschen Außenministers Walther Rathenau handelseinig geworden. Was Wirth und Tschitscherin vor der Weltöffentlichkeit präsentierten, kam nicht bloß einer Absage an globale Wirtschaftsübereinkünfte gleich, es handelte sich vielmehr vor allem um eine Manifestation der offensiven Revisionspolitik gegen die »Ordnung von Versailles« und damit um ein Kernziel der Außenpolitik Lenins.[47]

---

43 Manfred Zeidler, Reichswehr und Rote Armee 1920–1933. Wege und Stationen einer ungewöhnlichen Zusammenarbeit, München 1994, 31.

44 Ebd., 47–59.

45 Zit. nach Eva Ingeborg Fleischhauer, Rathenau in Rapallo. Eine notwendige Korrektur des Forschungsstandes, in: Vierteljahreshefte für Zeitgeschichte 3 (2006), 365–415, 374.

46 Im Unterschied zu älteren Darstellungen ist die Überraschung der militärischen Führung des Deutschen Reichs nach dem Bekanntwerden der Rapallo-Absprachen wenig glaubhaft. Dazu: Fleischhauer, Rathenau, 385; vgl. Zeidler, Reichswehr, 60.

47 Koenen, Die Farbe Rot, 901.

Der Vertrag von Rapallo sah den Verzicht beider Staaten auf Reparationen und Entschädigungen infolge des Ersten Weltkrieges und der Russische Revolution, die Meistbegünstigung in Wirtschafts- und Handelsangelegenheiten sowie die Aufnahme diplomatischer und konsularischer Beziehungen vor. Hinzu kam die Kooperation auf internationaler Ebene speziell in Fragen des Wiederaufbaus. Wichtiger noch waren außerdem Verfügungen über die Tätigkeit und Handlungsfreiheit von deutschen Firmen im Herrschaftsbereich der Bolschewiki.[48]

Ungeachtet dessen konnte die Übereinkunft allerdings wenig mehr als ein Druckmittel gegenüber den Westmächten sein. Übersteigerte Pläne einer deutsch-sowjetischen Wirtschaftskooperation blieben unverwirklicht. Relevanz aber hatten die bereits zuvor eingeleiteten Militär- und Rüstungsabsprachen, die Partnerschaft zwischen Reichswehr und Roter Armee bis in den Herbst 1933. Gemeinsame Manöver, der Austausch von Offizieren, die Entwicklung und der Test von Waffensystemen waren die Konsequenz. 1923, vor dem Hintergrund der Hyperinflation, der französischen Ruhrbesetzung und der drohenden offenen Konfrontation zwischen Berlin und Paris nahm diese geheime Parallelpolitik beinahe den Charakter eines Kriegsbündnisses an. Durch die Entspannungsphase der kommenden Jahre verloren aber auch diese Überlegungen an Bedeutung, operative Detailbestimmungen fehlten oder wurden nur ansatzweise ausgearbeitet.[49]

Die Politik gegen die Pariser Vororteverträge wurde indes mit ungehinderter Intensität fortgesetzt. Das zeigte sich in der Haltung gegenüber der Staatenordnung im Donauraum und auf dem Balkan. Der V. KI-Weltkongress 1924 plädierte für eine Hinwendung zu nationalen und agrarischen Bewegungen. Die »Linkswendung« der Kroatischen Bauernpartei wertete man als positives Signal, makedonische Nationalisten kamen als Verbündete infrage. Die Existenz Jugoslawiens bzw. des SHS-Staates stand zur Disposition, die Neuordnung Südosteuropas war geplant, für die sich insbesondere auch eine kommunistische Balkanföderation stark machen sollte.[50]

48 Fleischhauer, Rathenau, 404f.
49 Koenen, Die Farbe Rot, 871.
50 McLoughlin/Leidinger/Moritz, Kommunismus, 203–217.

Entsprechende Bestrebungen mündeten Mitte der 1920er Jahre in erfolglose Gewaltaktionen[51] und trugen u.a. zur Suche nach neuen Hoffnungsträgern der Weltrevolution bei, etwa unter den »Völkern des Ostens«, in China oder den Kolonialgebieten.[52] Lenin hatte diesbezüglich bereits 1919/20 die ersten Weichen gestellt. In diesem Kontext ebenso wie in anderen Zusammenhängen riefen auch Komintern-Funktionäre regelmäßig seine Mahnung in Erinnerung, zumindest zeitweise Kompromisse mit weltanschaulichen Gegnern zu schließen. Keine geringe Rolle spielten dabei die Erfahrungen des Jahres 1923: Bei einem nationalistischen Staatsstreich gegen den bulgarischen Ministerpräsidenten Aleksandar Stambolijskij waren die lokalen KP-Gruppen neutral geblieben. Stambolijskij repräsentierte eine einflussreiche Agrarbewegung, mit der sich die regionalen Kommunisten nicht identifizieren wollten. Sie ignorierten Lenins Konzept der »Smytschka«, des Zusammengehens von Arbeitern und Bauern, und verloren damit wichtige Verbündete in ihrem eigenen Kampf gegen die neue Regierung in Sofia. Dieser gelang es im Herbst rasch, isolierte kommunistische Aufstände niederzuringen.[53]

Während die Verfolgung der KP wie der Agrarier neue Dimensionen erreichte und viele ins Ausland fliehen mussten, erreichten die Kremlführung ebenso ernüchternde Mitteilungen aus Deutschland. Hier sollte der Eintritt von KPD-Funktionären in die sozialdemokratischen Regierungen von Thüringen und Sachsen den »deutschen Oktober« ermöglichen. Moskau überschätzte die Umsturzchancen maßlos: Leo Trotzki sprach von einem proletarischen Millionenheer, das viel kleineren »faschistischen« Formationen, Polizei- und Reichswehreinheiten gegenüberstehe. EKKI-Vorsitzender Grigorij Sinowjew erklärte die regulären Truppen in Deutschland regelrecht zur »Quantité négligeable«.[54] Im Gegensatz dazu konnte sich eine Arbeiterkonferenz in Chemnitz am 21. Oktober 1923 nicht einmal zum Generalstreik entschließen. Die bewaffnete Aktion, allerdings mit zahlreichen Todesopfern und Verletzten, beschränkte sich auf Hamburg.[55]

51 Ebd., 172–175, 217–223.
52 Leidinger/Moritz, Gefangenschaft, 646; Service, Lenin, 531.
53 McLoughlin/Leidinger/Moritz, Kommunismus, 168–171.
54 Zeidler, Reichswehr, 84; McLoughlin/Leidinger/Moritz, Kommunismus, 198.
55 Volker Ullrich, Deutschland 1923. Das Jahr am Abgrund, München 2022, 149–157.

Ausnahmezustand im ganzen Staatsgebiet, Sonderbefugnisse der Militärs, Truppen in Bereitschaft, Feuerbefehl gegen Demonstranten mit mehreren Opfern, Reichsexekution gegen Sachsen, Absetzung der Landesregierung, Besetzung des Landtags: Die Machtergreifung im Zeichen der Oktoberidee schien weiter entfernt denn je.[56] Karl Radek nannte sie eine »völlige Illusion«, obwohl er noch etliche Wochen zuvor günstigere Prognosen erstellt hatte. Allerdings änderte sich die Lage von Grund auf. Die Reichsregierung beendete den Konfrontationskurs mit den alliierten Siegermächten und brachte eine wirksame Währungsreform auf den Weg, die betont nationalen Kräfte blieben untereinander uneins und fielen als Partner der gegen Versailles gerichteten Linken weitgehend aus. Komintern-Revolten belasteten lediglich die deutsch-sowjetische Annäherung und insbesondere die Zusammenarbeit zwischen der Roten Armee und der Reichswehr.[57]

Die vielen Ebenen des revolutionären Internationalismus und der Außenpolitik der UdSSR verursachten Irritationen. Radek personifizierte die Vielgestaltigkeit der Moskauer Emissäre: Am Morgen tauchte er als sowjetischer Regierungsrepräsentant zu offiziellen Unterredungen im Berliner Außenministerium auf, am Nachmittag traf er mit deutschen Militärs geheime Absprachen und am Abend bereitete er mit den KPD- und Komintern-Funktionären im Untergrund den bewaffneten Aufstand vor. Die Wendigkeit umfasste atemberaubende taktische und ideologische Verrenkungen. Extreme Nationalisten, deutsche »Schwarzhunderter« und putschbereite Nationalsozialisten wurden für die gemeinsame »Schlacht am Rhein« umworben, von einer Allianz mit anderen Kräften der Arbeiterbewegung, die eigentlich naheliegender schien, sagte man sich regelmäßig los. Der »deutsche Oktober« hatte einmal mehr tiefe Gräben aufgerissen. KPD-Führer, die mit der SPD in Thüringen oder Sachsen koalierten, galten als »Rechtsabweichler«.[58]

Diese Entwicklung stand im Widerspruch zu Initiativen der letzten Jahre. Eine Internationale Arbeitsgemeinschaft Sozialistischer Parteien (IASP) wollte etwa unter maßgeblicher Beteiligung des starken Flügels der linken österreichischen SP zwischen den Bolschewiki

56 Ebd., 157–164.
57 Zeidler, Reichswehr, 82–87.
58 Klaus Kinner, Der deutsche Kommunismus. Selbstverständnis und Realität, Bd. 1: Die Weimarer Zeit, Berlin 1999, 68–70.

und den Sozialdemokraten vermitteln. Als ein zentraler Streitpunkt erwies sich die Behandlung der Menschewiki und der Sozialisten-Revolutionäre in Russland, deren rigorose Verfolgung gerade Lenin forcierte. In diesem Punkt stand er für die Ablehnung jeglicher Kompromisse. Mit der Kritik an einer gnadenlosen Aburteilungspraxis, der man die Sozialisten-Revolutionäre im Rahmen eines Schauprozesses unterzog, wurde an den Grundfesten des autoritären Oktoberregimes gerüttelt und zugleich der enge Zusammenhang zwischen Sowjetstaat und Komintern offensichtlich. Die IASP, die auch als »Zweieinhalbte« oder »Wiener Internationale« bezeichnet wurde, scheiterte an der intransigenten Haltung der KI-Repräsentanten ebenso wie an der Position jener Kräfte, die sich vielfach an der alten, Zweiten Internationale orientierten, oft »reformistische« Konzepte bevorzugten und antibolschewistische Ansichten weder verhehlen konnten noch wollten. Letztere schlossen sich mit der IASP 1923 zur Sozialistischen Arbeiterinternationale zusammen. Moskau und der Sowjetkommunismus gingen eigene Wege. Die im Dezember 1921 inaugurierte Komintern-Taktik einer Einheitsfront »von oben«, mit SP- und Gewerkschafts-Spitzen, blieb ein Intermezzo. Die »Eroberung der Massen« und insbesondere des »Proletariats« sollte speziell ab dem V. KI-Kongress an der Basis, »von unten«, erfolgen.[59]

Konkret führten die Entscheidungen zu neuen Unklarheiten und im Sinne der von Lenin geforderten Kompromisse auch zu Kursänderungen. Den »Geist des Revolutionsführers« atmeten die Vorgaben der Dritten Internationale nach wie vor, aus dem operativen Geschäft war Lenin jedoch schon Monate vor seinem Ableben weitgehend ausgeschieden. Vom 25. bis zum 27. Oktober 1923 führten das ZK und die Zentrale Kontrollkommission der russischen KP eine lebhafte Diskussion über parteiinterne Fraktionsauseinandersetzungen, über die »deutsche Revolution« und die »Lage in Bulgarien«. Der Parteichef war nicht mehr anwesend, sondern lediglich Gegenstand von Erörterungen über seinen Gesundheitszustand.[60]

Sein Vermächtnis aber umfasste damals bereits eine unerschütterliche Überzeugung: Die Einkesselung und Isolation Sowjetrusslands

---

59 Vatlin, Komintern, 65–97; McLoughlin/Leidinger/Moritz, Kommunismus, 142 und 198.
60 Bernhard H. Bayerlein/Leonid G. Babičenko/Fridrich I. Firsov/Aleksandr Ju. Vatlin (Hg.), Deutscher Oktober 1923. Ein Revolutionsplan und sein Scheitern, Berlin 2003, 296f.

und der entstehenden UdSSR musste nach den Wirren, die dem Oktoberumsturz 1917 gefolgt waren, dauerhaft vermieden werden. Die Weltrevolution stellte die bevorzugte Option dar. Ließ sie auf sich warten, mussten stets aufs Neue Übergangslösungen und zeitlich befristete Absprachen getroffen werden. Die Mittel traditioneller zwischenstaatlicher Beziehungen waren fortwährend zu nutzen. Am Anfang dieses Weges standen 1920 Repatriierungskommissionen für Kriegsgefangene, erweitert um Nichteinmischungsvereinbarungen, konsularische Befugnisse, Handels- und Wirtschaftskompetenzen. Dann preschte Deutschland mit der Rapallo-Politik vor, bis Großbritannien, Italien, Norwegen und Österreich die De-jure-Anerkennung der UdSSR aussprachen. Weitere Länder, darunter Frankreich, folgten.[61] Das sogenannte Jahr der Anerkennung fiel signifikanterweise mit dem Todesjahr des Sowjetführers zusammen.

Die UdSSR gliederte sich in das System geregelter internationaler Beziehungen ein – und blieb dennoch ein Sonderfall. Denn was immer auf dem diplomatischen Parkett ausverhandelt wurde, konnte auf ideologisch-parteipolitischer Ebene konterkariert werden. Die Probleme, die daraus erwuchsen, zeigten sich schon unverzüglich nach Rapallo und nicht etwa erst im Herbst 1923: Georgij Tschitscherin beharrte auf den deutsch-russischen Absprachen. Die KP-Aktivitäten gegen Kanzler Wirth und die Visionen einer »reinen Arbeiterregierung« stellten seiner Ansicht nach eine glatte Sabotage der offiziellen Außenpolitik Moskaus dar.[62]

So mancher Mitarbeiter Tschitscherins und »bevollmächtigter Gesandter« des Sowjetregimes im Ausland war nicht einmal »Herr im eigenen Haus«: Die Gebäude der Vertretungen herbergten u.a. KI-Agenten bzw. OMS-Leute, Angehörige des militärischen Erkundungsdienstes der Roten Armee und der Auslandsabteilung der Tscheka. Die Geheimniskrämerei, die mit etlichen zwielichtigen Operationen verbunden war, verstärkte das Misstrauen und die Zerwürfnisse innerhalb der Sowjetmissionen und zwischen den Staats- und Parteiapparaten.[63]

61 Hannes Leidinger, Die Ukrainepolitik Frankreichs 1917–24, in: Wolfram Dornik u.a. (Hg.), Die Ukraine zwischen Selbstbestimmung und Fremdherrschaft 1917–1922, Graz 2011, 391–412, 408–411; McLoughlin/Leidinger/Moritz, Kommunismus, 40–60.

62 Fleischhauer, Rathenau, 411f.

63 McLoughlin/Leidinger/Moritz, Kommunismus, 138f., 172–175.

Die Botschaften gemeinsam mit ihren teilweise enorm aufgeblähten Handelsmissionen wurden angewiesen, die legale und illegale Arbeit besser voneinander abzugrenzen. Eine eingeforderte Professionalisierung erreichte dennoch nur bedingt ihr Ziel. Umsturzpläne, Staatsinteressen und Diplomatie kompromittierten einander immer wieder. Die logistischen Stützpunkte für die globalen Unternehmungen blieben Knotenpunkte einer zweifachen Doppelstrategie: der klandestinen und öffentlichen Aktivitäten sowohl der Parteiorganisationen als auch der Sowjetbehörden. Über den Tod hinaus wies der bolschewistische Revolutionsführer den Weg: flexibel und schwankend zwischen den Arrangements der Rätemacht mit dem »bourgeois-kapitalistischen« Umfeld einerseits und dem unabänderlichen Festhalten an einem – allerdings vage formulierten – Endziel des Sozialismus andererseits. Die Schwerpunktsetzungen mochten schwanken und die Interessen des Kremls bisweilen weniger »marxistisch-leninistischen« Prinzipien als vielmehr imperialen Gelüsten Russlands gleichen, die auf Kontinuitäten mit dem untergegangenen Zarenreich und dessen expansionistischen Ambitionen verwiesen.[64] Moskaus Außen- und Weltpolitik blieb ungeachtet dessen doppelgleisig und im Sinne einer weiterbestehenden Todfeindschaft gegenüber kapitalistisch-bourgeoisen Staaten konsequent. Die Betonung einer – auf Zeit angelegten – mehr oder minder friedlichen Koexistenz unterschiedlicher Systeme war konstitutiv für das Oktoberregime. Dessen eigentlicher Anspruch blieb jedoch die globale Neugestaltung der Gesellschaft: von den Verhandlungen in Brest-Litowsk bis zum Einmarsch sowjetischer Streitkräfte in Afghanistan. Lenins Taktiken und Ideale beherrschten auf diese Weise die Entwicklung der UdSSR von ihren Anfängen bis zu ihrem Untergang – und damit die Geschichte des 20. Jahrhunderts.[65] Die antiwestliche Politik von Putins Russland wandelt auf diesen Pfaden. Auch wenn das Regime dabei für gewöhnlich nicht an Lenin erinnert werden möchte.

64 Vgl. Wolfgang Mueller, Russländische Kontinuitäten? Zur Debatte über die »persistenten Grundlagen« der Außenpolitik von Zarenreich und Sowjetstaat, in: Jahrbücher für Geschichte Osteuropas 60/2 (2012), 226–260.

65 Vatlin, Komintern, 17; Koenen, Die Farbe Rot, 871f.

17 NACHLEBEN.

LENIN IN DER (POST-)SOWJETISCHEN ERINNERUNG UND GESCHICHTSPOLITIK

(Selbst-)Zerstörung und Entrückung

Um Lenins Gesundheit war es seit Langem nicht gut bestellt. Schlaflosigkeit und Kopfschmerzen peinigten ihn. Den Leidenden, der zwischen Depression und Wut, melancholischer Erschöpfung und Aggression schwankte, empfand vor allem auch Nadeschda Krupskaja als »Opfer der Rage«.[1]

Der Lebensstil, die langen Phasen der psychischen Anspannung, die unregelmäßige und unausgewogene Ernährung taten ihr Übriges. Lenin litt an Magengeschwüren und Hautkrankheiten. Immer wieder berichtete sein engstes Umfeld außerdem von Gefühlsausbrüchen und Nervenkrisen. Krampfhafte Pedanterie und selbstvergessene Diszipliniertheit paarten sich mit cholerischer und bisweilen sprunghafter Zielstrebigkeit. Eine fieberhafte Wissbegierde machte ihn zum Getriebenen.[2]

Meist als auffallend unsentimental gekennzeichnet, erschütterte ihn allerdings der Verdacht seiner Ärzte, er könnte wie sein Vater einer Zerebralsklerose bzw. einem Herzanfall erliegen. Darüber hinaus befassten sich einige behandelnde Spezialisten auch mit der Möglichkeit, seine Beschwerden seien Ausdruck einer Neurasthenie. Die auf das moderne und vor allem städtische Leben zurückgeführte Erschütterung des Nervensystems wurde gerne auch dann diagnostiziert, wenn man bei Männern Verhaltensweisen wahrnahm, die den Frauen als hysterisch ausgelegt wurden. Dieses Krankheitsbild war jedoch ungenau und verlor in der medizinischen Debatte bald an Bedeutung. Während der Wende vom 19. zum 20. Jahrhundert

1 Benno Ennker, Das lange Sterben des Vladimir I. Lenin. Politik und Kult im Angesicht des Todes, in: Thomas Großbölting/Rüdiger Schmidt (Hg.), Der Tod des Diktators. Ereignis und Erinnerung im 20. Jahrhundert, Göttingen 2011, 35–57, 39.

2 Robert Service, Lenin. Eine Biographie, München 2000, 142, 176, 188.

aber war es in Mode, von neurasthenischer Überlastung und Erschöpfung zu sprechen. Der therapeutische Rat lautete in diesem Fall wie bei zahlreichen anderen Beschwerden: permanente und drastische Reduktion der Arbeitsleistung.[3]

Davon wollte Lenin nichts wissen, er blieb seinen Verhaltensweisen treu. Selbst Nebensächliches, wie etwa ein verlorenes Schachspiel, konnte ihn in Wut versetzen. Die aufreibende Zeit der Machtergreifung und Machtbehauptung der Bolschewiki verstärkte seine Unausgeglichenheit. Die physische Belastung, die ihm sein enormes Arbeitspensum abverlangte, nahm beständig zu.

Die Folgen des Attentats, das am 30. August 1918 auf ihn verübt wurde, machten sich erst nach und nach bemerkbar.[4] Lenins Gesundheitszustand verschlechterte sich schleichend. Er verspürte Schmerzen im Brustbereich und in den Beinen. Es dürfte sich dabei bereits um leichte Herzanfälle gehandelt haben, zumindest konsultierte er dahingehend die vorhandenen medizinischen Lehrbücher. Mitte 1921 war dem Partei- und Regierungschef ein ganzer Arbeitstag zu viel. Widerwillig und schließlich verzweifelt begab er sich auf Anraten des Politbüros nach Gorki zur Erholung.

Sein Zustand besserte sich allerdings nur vorübergehend. Der unruhige Patient klagte schließlich, unter »Zwangsvorstellungen« zu leiden. Der drohende Kontrollverlust entfernte ihn noch weiter von seinem Bestreben, das Ruder wieder fest in die Hand zu nehmen. Panik und Suizidgedanken beherrschten ihn. Die Hoffnung, eine Besserung durch die Entfernung jener Kugel zu bewirken, die seit dem Attentat vom August 1918 in seinem Hals steckte, erwies sich als trügerisch. Weniger als einen Monat nach der Operation, am 25. Mai 1922, erlitt Lenin einen schweren Schlaganfall. Halbseitig gelähmt, kaum des Sprechens fähig, in verwirrtem Geisteszustand, erschien seine Genesung fraglich.[5]

Als er sich dennoch wieder einigermaßen handlungsfähig fühlte, ging er noch obsessiver daran, den sowjetischen Herrschaftsapparat möglichst wirkungsvoll zu gestalten und dessen Feinde unschädlich zu machen. Bis Dezember 1922 befasste er sich mit Verfolgungsmaß-

---

3 Ebd., 214f., 257, 271.
4 Ebd., 475–478.
5 Ebd., 562–573.

nahmen, Verhaftungs- und Vertreibungskampagnen. Das unaufhörliche Engagement bei der Vernichtung seiner Gegner war seiner physischen und psychischen Verfassung diametral entgegengesetzt. Ein weiterer schwerer Anfall folgte im März 1923. Doch wieder versuchte er, sich in die Geschäfte der Staatsführung einzumischen.[6]

Das KP-Zentralorgan präsentierte indes einen gesundeten Führer. Auffallend war jedoch, dass die begleitende Berichterstattung potenzielle Nachfolger wie Stalin, Kamenew und Sinowjew in den Vordergrund rückte. Die Machtverhältnisse änderten sich. Der Schöpfer und oberste Repräsentant der bolschewistischen Diktatur geriet unter deren Aufsicht. »Statthalter« und »Epigonen« brachten sich in günstige Ausgangspositionen, um an die Spitze der entstehenden Sowjetunion zu treten.[7]

Mithilfe der behandelnden Ärzte wurde ein »Abschottungsregime« geschaffen, das den Übergang von Lenins Herrschaft zu seiner Verklärung absicherte. Voraussetzungen dafür gab es seit einigen Jahren. Die Monumentalisierung des »Revolutionsgenies« begann 1920 u. a. mit dem Beschluss, seine gesammelten Werke zu veröffentlichen.

Der deutlichen Verschlechterung von Lenins Gesundheitszustand im Frühjahr 1923 folgte dann der KP-Beschluss, ein eigenes Lenin-Institut einzurichten. Dabei ging es nicht mehr nur um Werkeditionen oder die wissenschaftliche Auseinandersetzung mit dem charismatischen Parteiführer. Vielmehr wurde für einen Reliquienkult geworben, für die Sammlung von Gegenständen, die mit Lenin in Verbindung gebracht werden konnten und das kollektive Gedächtnis mitprägen sollten. Der Charakter einer säkularen Religion trat schließlich wenige Monate später noch unverhohlener zutage: Die Landwirtschaftsausstellung in Moskau im Herbst 1923 stellte die künftige Modell-Wohnung der Sowjetbürger vor. In ihr sollte es nicht an einer »Lenin-Ecke« fehlen, die als Ersatz für die traditionelle Ikonen-Verehrung konzipiert worden war.[8] Unterdessen übten sich die kommunistischen Funktionäre in der ritualisierten Form des Lenin-Zitats, einem nach Autorität heischenden Zwang, dessen Ausübung der Etablierung des Leninismus diente.

---

6 Ennker, Sterben, 39.
7 Ebd., 39f.
8 Ebd., 44f.

Die Adoration des Bolschewikenführers erhielt schließlich ihre sanktionierte Form, nachdem der Tod von Wladimir Iljitsch Uljanow in den Abendstunden des 21. Januar 1924 der Parteiführung bekannt gegeben worden war.

Damit setzten auch die Gerüchte und Vermutungen über seine Todesursache ein. Stalin könnte ihn vergiftet haben, wurde geargwöhnt. Eine Syphiliserkrankung, hieß es weiters, habe sein frühes Ableben herbeigeführt. Andere mutmaßten, dass eine Bleivergiftung durch die spät entfernte Kugel des Attentates vom August 1918 der Grund seines Dahinscheidens gewesen sein könnte.

Zeitgenössische Berichte und ärztliche Befunde sprechen allerdings für oft genannte erbliche Erkrankungen: chronische Sklerose der Blutgefäße im Gehirn oder Verkalkungen, die für gewöhnlich im Beinbereich auftreten, durch ungewöhnliche Mutationen aber den Kopf betroffen haben dürften.[9]

Die Bulletins der Mediziner hoben 1924 Lenins übermäßige geistige Tätigkeit hervor. Sein Gehirn wurde daraufhin Gegenstand des wissenschaftlichen Interesses. In rund 31.000 Schnitten zu je 20 Mikron, also 0,002 Millimeter, verwahrt es bis heute ein Moskauer Forschungsinstitut.[10] Den Geheimnissen jener grauen Zellen, die die »Oktoberrevolution« sozusagen »erfunden« hatten, spürten Fachleute ab den 1920er Jahren nach. Der Berliner Experte Oskar Vogt und »Freund des Neuen Russland« nahm das »seltene Wunderwerk der Natur« noch genauer unter die Lupe. 1927 ließen seine Schlussfolgerungen die Welt aufhorchen: Der hochverehrte Tote habe über »Pyramidenzellen« und »Assoziationsfasern« verfügt, die bei Weitem zahlreicher und stärker entwickelt gewesen seien als bei Normalsterblichen. Der verstorbene Führer der Bolschewiki könne nach hirnanatomischem Befund als »Assoziationsathlet« angesehen werden, seine außergewöhnlich schnelle Auffassungsgabe und sein ausgeprägter Wirklichkeitssinn, von Zeitzeugen immer wieder hervorgehoben, seien unter solchen Umständen nur zu verständlich.[11]

---

9 Berthold Seewald, Blei, Syphilis, Verkalkung – was tötete Lenin?, in: Die Welt, 3.5.2013.

10 Zu Theorien und Forschungen, die von Lenins Leichnam und dessen Konservierung inspiriert wurden: Alexei Yurchak, Communist Proteins. Lenin's Skin, Astrobiology, and the Origin of Life, in: Kritika. Explorations in Russian and Eurasian History 20/4 (2019), 683–715.

11 Vgl. Seewald, Blei.

Personen- und Revolutionskult

Eine eigene Beisetzungskommission überwachte zunächst die Aufbahrung des Leichnams und die Trauerfeierlichkeiten. Im Kolonnenhaus der Gewerkschaft in Moskau defilierten vom 23. bis 26. Januar 1924 rund eine Million Menschen an Lenins Sarg vorbei. Die Staats- und Parteifunktionäre hatten zwar den »Abschied von Iljitsch« einer straffen Organisation unterworfen, das Ausmaß der Anteilnahme in der Bevölkerung überraschte sie aber und trug endgültig dazu bei, dem Totenkult Dauerhaftigkeit zu verleihen. Mitte März 1924 beschloss das Politbüro die Einbalsamierung der Leiche und deren Zurschaustellung in einem Mausoleum, das zunächst aus Holz auf dem Roten Platz errichtet und 1930 zu einem prachtvollen Marmorgrabmal umgestaltet wurde.[12]

Parallel dazu band man die Gesellschaft mit einer ganzen Kette von Verewigungsritualen an die Partei und ihren einstigen Führer: Bald gedachte man seines Lebens und Wirkens auch mit Gedenktagen und -abenden, Märchen und Legenden. Die Zensur wachte zudem über die Auswahl der Fotografien, Plakate und Postkarten mit dem Porträt des Verstorbenen. Ein eigenes Komitee prüfte die Angemessenheit der Abbildungen. Altbolschewiken wie Anatolij Lunatscharskij und Leonid Krassin belehrten in dieser Hinsicht nicht zuletzt die Bildenden Künstler. Speziell den Bildhauern empfahl Krassin ein Standardmotiv, ausgehend von abgelichteten Szenen, die Lenin während einer Rede zeigten, bei der er mit ausgetrecktem Arm in die Ferne wies. Das Sujet wurde stilprägend, unzählige Denkmäler orientierten sich an ihm.

Gleichzeitig erhielten Tausende Straßen und Plätze, Städte und Institutionen Lenins Namen, während sich vor allem die »Alte Garde« und speziell die nächsten Mitkämpfer des Verstorbenen weiter um dessen Andenken bemühten. Ergebnis der Anstrengungen waren etwa Erzählungen von »Zeugen und Wächtern« der Revolution und der Parteientwicklung. Die »Leniniana«, wie die immer gleichen Narrative hießen, erschienen bis 1928.[13]

Die vorgegebenen Muster des Gedenkens empfanden viele schon bald als eintönig und langweilig. Eine grundlegende Veränderung

12 Ennker, Sterben, 46 und 48.
13 Ebd., 49–51.

der sowjetischen Erinnerungskultur wurde daraufhin angedacht und betraf vor allem den mit Lenin eng verbundenen »Roten Oktober«. Das Ergebnis basierte keineswegs auf den Anweisungen eines gleichgeschalteten parteistaatlichen Kulturapparates. Die Polyphonie unterschiedlicher Stimmen diente alles in allem jedoch einem fortschreitenden Prozess der Mythenbildung und Vereinheitlichung. Geschichtswerke aus dem Jahr 1927 betonten in diesem Sinn die »weise« Führung der Bolschewiki, die den Aufbruch in eine neue Zeit organisierten. Aus den divergierenden Darstellungen und Dokumenten, die von den Organisationen und Kommissionen für die Geschichte der Ereignisse von 1917, die Geschichte von der Partei und deren Jugendverband, die Geschichte der Gewerkschaften und der wichtigsten politischen Akteure zusammengetragen wurden, sollte eine kohärente, unantastbare Erzählung, eine vom Parteistaat gezeichnete »Oktober-Landschaft«, entstehen.[14]

Wichtig war in diesem Zusammenhang die Einbeziehung der Öffentlichkeit zur Verankerung der Revolution im kollektiven Gedächtnis. Angesichts der Berücksichtigung persönlicher Erlebnisse und der Erfahrungen verschiedener Gruppierungen in allen Landesteilen konnte dieses Vorgehen schwer mit den hierarchischen Strukturen und der Bürokratisierung der historischen Rekonstruktion in Einklang gebracht werden.[15]

Die Widersprüche der Erfahrungen und ihrer Lesart schienen sich im massentauglichen Medium des Kinos allerdings aufzuheben. Sergej Eisensteins Film *Oktober* strebte einem Höhe- und Zielpunkt zu, der sich über die differenzierte Sicht der historischen Begebenheiten hinwegsetzte und etwaige Unvereinbarkeiten der Interpretationen irrelevant erscheinen ließ. Wie in bereits existierenden Theaterinszenierungen der frühen 1920er Jahre diente ein »Bastille-Moment« der legendenhaften Zuspitzung. Die epische Szene des Sturms auf das Winterpalais als opfervolle Massenerhebung kollidierte freilich mit den Berichten der vielen noch lebenden Augenzeugen. Eisenstein und sein Co-Regisseur Grigorij Alexandrow

14 Frederick C. Corney, Zehn Jahre Roter Oktober. Das öffentliche Gedenken an die Oktoberrevolution im Jahr 1927, in: Jan Claas Behrends/Nikolaus Katzer/Thomas Lindenberger (Hg.), 100 Jahre Roter Oktober. Zur Weltgeschichte der Russischen Revolution, Berlin 2017, 59–83, 65, 72–74.

15 Vgl. ebd., 59–83.

zielten darauf ab, dem Authentischen die Stirn zu bieten, um einer tieferen Wahrhaftigkeit Raum zu geben. Das »Film-Gedicht« bereitete den kommunistischen Spitzenfunktionären indes Kopfzerbrechen: Die Aneignung des Streifens durch die ungebildeten Arbeiter und Bauern führe möglicherweise nicht zu den gewünschten Eindrücken und Ansichten.[16]

Dennoch gehörten die Laufbilder zu den maßgeblichen Werken des zehnjährigen Gedenkens. Weitere Auftragswerke wie Boris Barnets *Moskau im Oktober* oder Wsewolod Pudowkins *Das Ende von St. Petersburg* bildeten gemeinsam mit der filmischen Erinnerung an das Jahr 1905 in Eisensteins *Streik* und *Panzerkreuzer Potemkin* oder Pudowkins *Mutter* insofern eine Einheit, als sie die Unerbittlichkeit der geschichtlichen Entwicklung und die Unvermeidlichkeit der »Oktoberrevolution« beschworen. Besonders Eisenstein schuf die Bildikonen jenes Mythos, den die Kremlführung speziell mit Blick auf das Ausland und die unveränderten Hoffnungen auf die Weltrevolution nutzen wollte.[17]

In der UdSSR selbst wechselte die Stimmung zu diesem Zeitpunkt allerdings auffällig. Die Aufführung von *Oktober* wurde in die Zeit nach dem zehnjährigen Revolutions-Jubiläum verschoben. Anstoß erregende Szenen mit einer keineswegs allmächtig erscheinenden bolschewistischen Partei sollten herausgeschnitten werden. Das Auftreten von Leo Trotzki rief gleichfalls Unmut hervor.[18] Treibende Kraft hinter den Kulissen war Stalin. Seine Entourage griff nach den Spitzenpositionen der Sowjetstaates. Persönliche Zeugnisse aus der bewegten Vergangenheit verloren an Bedeutung. Wichtiger wurden nun die Lenkung des Lenin-Narrativs durch den Parteiapparat und die Herausgabe einer sanktionierten Biografie des toten Anführers und »Lehrmeisters«.[19]

Den 7. November, der seit 1918 offiziell bejubelt und ab 1927 auch ein arbeitsfreier Feiertag war,[20] beherrschte 1937 eine jüngere Elite.

---

16 Il'ja Kalinin, Antirevolutionäre Revolutionserinnerungspolitik. Russlands Regime und der Geist der Revolution, in: Osteuropa 67/6–8 (2017) (Revolution retour: 1917–2017: Vorwärts, und stets vergessen), 7–17, 7–9.

17 Corney, Zehn Jahre, 76f.

18 Ennker, Sterben, 49; Corney, Zehn Jahre, 78.

19 Ebd.

20 Lev Gudkov/Natalija Zorkaja, Instrumentalisieren, Klittern, Verdrängen. Russlands unerwünschtes Revolutionsjubiläum, in: Osteuropa 67/6–8 (2017 , 19–42, 21.

Sie setzte der Darstellung des volkstümlichen und bisweilen etwas schusselig wirkenden Lenin die überragende Gestalt des bedachtsam abwägenden Führers der kommenden Dekaden entgegen, der mit ruhiger Hand die Geschicke der Partei und des Landes lenkt. Bei Michail Romms Film *Lenin im Oktober* zog Stalin hinter der Kamera uneingeschränkt die Fäden. Trotzki, der antisowjetische Erzfeind, war nun vollständig der »damnatio memoriae« anheimgefallen. Seine Auslöschung blieb der ausländischen Kritik nicht verborgen, Romms Arbeit wurde ansonsten aber selbst in den USA als »gutes Stück Geschichte« gesehen.[21]

Mangelnde Kenntnis und ideologische Verblendung kennzeichneten die internationale Wahrnehmung vielfach, als der Kreml zum 20. Jubiläum der »Oktoberrevolution« vornehmlich die sowjetischen Errungenschaften der letzten Jahre pries. Tatsächlich manifestierte sich in der Zwangskollektivierung und -industrialisierung vor allem aber eine exzessive Gewalt mit Millionen Todesopfern. Die enthemmte totalitäre Machtausübung prägte dann auch die Phase der Schauprozesse und des »Großen Terrors«. Ein Schreckensregime inszenierte das Gedenken an die Ereignisse von 1917. Den »Roten Oktober«, neben dem 1. Mai Fixpunkt der sowjetischen Erinnerungskultur, überschatteten Massenhinrichtungen. Allein vom Jahresende 1937 bis zum Herbst 1938 wurden 700.000 Menschen getötet und rund eine Million in Arbeitslager geschickt. Die »Säuberungen« betrafen nicht zuletzt auch die Streitkräfte, die für die KP dennoch im Mittelpunkt des Oktober-Gedenkens standen. Ein Aufmarsch der Roten Armee bildete den Höhepunkt der Festlichkeiten.[22]

Der bewaffneten Macht galt dann auch die besondere Aufmerksamkeit nach dem Zweiten Weltkrieg, dem Kampf gegen das »Dritte Reich«, dem »Großen Vaterländischen Krieg«. Der 9. Mai als Jahrestag des Sieges über »Hitler-Deutschland« wurde zum Feiertag, zum Anlass für Veteranentreffen, Ausstellungen, Ansprachen und Radiosendungen. Dennoch stand man einer Militärparade, wie sie im Juni

21 New York Times, 2.4.1938.

22 Kalinin, Revolutionserinnerungspolitik, 9; José M. Faraldo, 1937. Eine Gedenkfeier im Spannungsfeld von Terror, »Fünfter Kolonne« und transnationalem Kommunismus, in: Jan Claas Behrends/Nikolaus Katzer/Thomas Lindenberger (Hg.), 100 Jahre Roter Oktober. Zur Weltgeschichte der Russischen Revolution, Berlin 2017, 85–106.

1945 stattgefunden hatte, distanziert gegenüber. Stalins Eifersucht gegenüber der Generalität mochte dafür ausschlaggebend sein. Den »Kriegshelden« die Bühne der Öffentlichkeit längerfristig zu überlassen, fand deshalb keinen Anklang.[23]

Als Truppen schließlich zum Gedenken an die »Große Sozialistische Oktoberrevolution« im November 1947 aufmarschierten, wurde auch dieses Zeremoniell eher routiniert abgespult. Das gelenkte Interesse galt der 800-Jahr-Feier Moskaus und der Verbannung nationaler Sonderwege zum Sozialismus. Die bleierne KP-Herrschaft in der sowjetischen Einflusssphäre Mittelost- und Südosteuropas kündigte sich an.[24]

Hoffnungen auf eine Liberalisierung wurden in weiterer Folge durch die Niederschlagung des Aufstands in Ungarn und die Eindämmung von reformkommunistischen Strömungen enttäuscht. Die vorsichtige und lediglich partielle Entstalinisierung brachte unter dem Schlagwort »Zurück zu Lenin« vorwiegend dessen autoritäres Erbe zum Vorschein. Trotz der ökonomischen Effekte eines vorübergehenden Tauwetters – Lockerung des planwirtschaftlichen Drucks, Formen der Eigeninitiative, Erhöhung der Löhne – löste das vierzigjährige Gedenken an die Machtergreifung der Bolschewiki 1957 keine Aufbruchstimmung aus. Zivilgesellschaftliche Aktivitäten schränkte der Partei- und Staatsapparat bald wieder ein. Eine relative Freiheit hatte ohnehin nur Nischen betroffen, die für das Leben der Bevölkerungsmehrheit kaum von Belang waren.[25]

Unter Leonid Breschnew blieben die Handlungsspielräume klein, das Veränderungspotenzial beschränkt. Nicht nur die militärische Unterdrückung des »Prager Frühlings« und die ideologische Erstarrung des »real existierenden Sozialismus« waren hierfür verantwortlich. Auch der revolutionäre Internationalismus erwies sich angesichts des Kalten Krieges und einer multiplen, dynamischen »Dritten Welt« als fragil, provisorisch und ergebnisoffen.[26]

23 Olga Nikonova, 1947. Gesichter des Nachkriegssozialismus, in: Behrends/Katzer/Lindenberger (Hg.), 100 Jahre Roter Oktober, 107–129, 123.

24 Kalinin, Revolutionserinnerungspolitik, 9; Nikonova, 1947, 115, 119–121.

25 Maciej Górny, 1957. Die Lehren des »Schwarzen Oktober«, in: Behrends/Katzer/Lindenberger (Hg.): 100 Jahre Roter Oktober, 131–156, hier insbesondere 136, 139, 153; Kalinin, Revolutionserinnerungspolitik, 9.

26 Andreas Hilger, 1967. Lenins Erben und die nationale Revolution in der Dritten Welt, in: Behrends/Katzer/Lindenberger (Hg.), 100 Jahre Roter Oktober, 159–178.

In den 1960er und 1970er Jahre fehlte es häufig an einer detaillierten Beschäftigung mit Lenins Leben und Werk. Im Jubiläumsjahr 1967 – ein halbes Jahrhundert nach dem »Roten Oktober« – beobachtete Moskau hauptsächlich den Entkolonialisierungsprozess, den Nahost-Konflikt, die Entwicklung in Kuba und die Lage in Lateinamerika.[27] 1977 beging die UdSSR den 7. November verhalten und beinahe unpolitisch. Die dünne, wenige Seiten umfassende Ausgabe der *Prawda* nahm an diesem Tag in keinem einzigen Artikel direkt auf die Begebenheiten des Jahres 1917 Bezug. Erwähnung fanden propagandistisch aufgewertete Erfolge des globalen Marxismus, die freundschaftlichen Beziehungen zu den Verbündeten und sozialistischen Brudervölkern.[28]

Der einzelne Sowjetbürger fand lediglich in Ausnahmefällen Erwähnung, hauptsächlich bei systemkonformen Spitzenleistungen. Ansonsten ging er zu den inhaltsleeren Ritualen und Verpflichtungen so gut es ging auf Distanz. Dem erstarrten Staat und seiner aufgeblähten Bürokratie entzog er sich durch die Flucht ins Private. Die Sowjetmacht, das System und seine Institutionen existierten als Kulisse. Die eigentlichen Lebenswünsche mussten hinter und abseits von ihr verwirklicht werden.[29]

Eine Schnittstelle zwischen der kontrollierten Öffentlichkeit und den individuellen Befindlichkeiten bildete lediglich der 9. Mai, der Tag des Sieges, den Breschnew wieder aufwertete. Die Freude und Dankbarkeit der Menschen, den »faschistischen Aggressor« niedergerungen zu haben, führte zur Verflechtung familiärer Erinnerungen mit Leistungen und Anliegen des Regimes. Breschnew fühlte, dass damit eine Lücke gefüllt werden konnte, die Lenin und der »Rote Oktober« niemals zu schließen vermochten.[30]

---

27 Ebd.

28 Juliane Fürst, 1977. Stagnierende Revolutionen? Zwischen Erstarrung und Dynamik, in: Behrends/Katzer/Lindenberger (Hg.), 100 Jahre Roter Oktober, 181–207, 181, 184.

29 Kalinin, Revolutionserinnerungspolitik, 9; Fürst, Revolutionen, 182, 195.

30 Fürst, Revolutionen, 187.

Der Untote

Erst mithilfe der Glasnost gab Michail Gorbatschow den Anstoß zu einer neuerlichen eingehenden Analyse des Revolutionsjahres 1917. Die historische Zäsur am Ende des Ersten Weltkrieges und damit auch die Februarrevolution, die Entwicklungen seit dem Sturz des Zaren, setzten sich in der Neubetrachtung von Stalins »Kasernensozialismus« und seinen Massenverbrechen ab. Eine kritische Geschichtsbetrachtung wurde möglich, die letztlich Lenin und den »Roten Oktober« für den Umgestaltungsprozess des »Realsozialismus« in Dienst nehmen, den »guten Kern« und die hoffnungsvollen Anfänge des Sowjetstaates gegen spätere Abweichungen und Irrwege bewahren wollte.[31]

Die Wende von 1989 bis 1991 markierte mit dem Zerfall der UdSSR das Scheitern dieses (geschichts-)politischen Projektes. Das Ende Gorbatschows und der Perestrojka verbannte auch Lenin und die »Oktoberrevolution« weitgehend aus dem öffentlichen Bewusstsein. 1991 entschied ein Referendum, dass Leningrad hinkünftig wieder St. Petersburg heißen sollte. Der 7. November wurde zunächst 1992 aus dem Festtagskalender gestrichen. Die museale Stilisierung der Revolutionsführers verschwand, ebenso die Wachen vor dem Mausoleum mit seinem einbalsamierten Leichnam.[32]

Aus den unterschiedlichen historischen Interpretationen gingen jedoch Trends hervor, in denen sich Elemente der Sowjetnostalgie offenbarten. Die Aufarbeitung der Diktatur und die Dokumentation eines Schreckensregimes sowie des Schicksals seiner Opfer rückten in den Hintergrund. Neben einem wachsenden Desinteresse an der Vergangenheit tauchte vermehrt die positive Bewertung Stalins auf.[33] Parallel dazu betonte die Staatsführung seit Boris Jelzin zunehmend die Kontinuität und die Einheit des »Imperiums«. Eine weiter zurückreichende Geschichte fand unter solchen Bedingungen Beachtung.[34] Die Zwietracht in den Reichskrisen Anfang des 16. und des 20. Jahrhunderts thematisierten gedächtnispolitische Initiativen.

---

31 Ekaterina Makhotina, Russlands Geschichtspolitik und die Revolution, in: Osteuropa 67/6–8 (2017), 211–230, 214.

32 Irina Scherbakowa, 1997. Eine Wende, still und leise, in: JBehrends/Katzer/Lindenberger (Hg.), 100 Jahre Roter Oktober, 235–277, 245.

33 Andrej Kolesnikov, Erinnerung als Waffe. Die Geschichtspolitik des Putin-Regimes, in: Osteuropa 70/6 (2020), 3–28, 17f.; Scherbakowa, 1997, 250–252.

34 Orlando Figes, Eine Geschichte Russlands, Stuttgart 2022, 13–24.

Am 7. November ging es nun um einen reaktivierten orthodoxen Feiertag, der als »Tag der Eintracht und Versöhnung« zunächst an das Ende der Zeit der Wirren im Jahr 1612 erinnern sollte.[35]

Die Beschlüsse von Boris Jelzin aus den Jahren 1996 und 1997 griff Wladimir Putin auf. Er verlegte den »Tag der nationalen Eintracht«, wie er seit 2004 hieß, allerdings auf den 4. November, der mit der Kapitulation der polnischen Besatzung im Kreml 1612 in Verbindung gebracht wird. Der 7. November hatte dafür ab 2005 wiederum die Funktion, als »Tag des militärischen Ruhms« die siegreiche Verteidigung Moskaus zu würdigen. Die Streitkräfte erhielten solcherart einen besonderen Platz in der historischen Langzeitbetrachtung. Diese integrierte wiederum den »Großen Vaterländischen Krieg« und die Errungenschaften der Sowjetunion in das Narrativ vom tausendjährigen, großen Russland.[36]

Die Vorgehensweise Putins, der sich immer mehr als Chefhistoriker und wichtigster Geschichtsinterpret seines Landes gerierte, verband sozialistisch-kommunistische mit nationalen Standpunkten.[37] Die Darstellungen und Beurteilungen kommen Ansichten der Orthodoxie und einer partiellen Idealisierung der russischen Monarchie entgegen, lassen zugleich aber positive Wertungen der Sowjetzeit zu.[38] Die KP der Russischen Föderation trägt diesen Kurs in beträchtlicher Weise mit, indem sie sich eher an Stalin als an Lenin orientiert, auf antireligiöse Rhetorik verzichtet und gleichzeitig die Ankunft im »postheroischen« Zeitalter verweigert. Abgelehnt wird die Revolution als Inbegriff des Chaos: Das »Desaster« von 1917 und die »Tragödie des Volkes« legitimieren ein energisches Plädoyer für die Konfrontationsvermeidung. Inkludiert ist die Warnung vor »Zerrüttung und Anarchie« unter Gorbatschow, die wiederum der Unterbindung demokratischer Diskurse Vorschub leistet. Der Appell zur Konfliktvermeidung und die Anrufung der Stabilität, des

35 Nikolaj Plotnikov, Konservative Sinnsuche. Die russische Philosophie der Gegenrevolution, in: Osteuropa 67/6–8 (2017), 243–258, 257f.; Makhotina, Geschichtspolitik, 218.

36 Nikolaus Katzer, Russlands langer Abschied. Die Revolution als Geschichte und Gegenwart, in: Osteuropa, 67/ 6–8 (2017), 43–64, 43f., 49; Kolesnikov, Erinnerung, 3–6, 15, 18; Figes, Geschichte Russlands, 13–24; Ekaterina Makhotina, Verordnete Versöhnung. Geschichtspolitische und gesellschaftliche Perspektiven auf die Russische Revolution, in: Jahrbücher für Geschichte Osteuropas, Neue Folge 65/2 (2017), 295–305, 296.

37 Kolesnikov, Erinnerung, 15, 26f.; Katzer, Abschied, 53–56.

38 Katzer, Abschied, 46, 60.

Heldentums und der Geschlossenheit des Landes sind kaum Ausdruck einer Versöhnungspolitik. Sie stellen vielmehr eine verordnete Geschichtsauslegung dar, die sich gegen die Meinungsvielfalt wendet und nationalpatriotische Vorstellungen im Angesicht vermeintlicher äußerer Feinde stimuliert.[39]

Die aggressiven, historische Themen instrumentalisierenden Deutungsmuster schaffen einen Konsenszwang und arbeiten mit einer latenten Paranoia, die auf der Epoche der Revolution, des »Bürgerkriegs« und der Intervention »ausländischer Kapitalisten« gleichermaßen basiert wie auf dem Verfolgungswahn der stalinistischen »Säuberungswellen«.[40] Zugleich bedienen sie sich einer wachsenden Sympathie für die Breschnew-Ära. Sie steht, anders als in der Phase der Perestrojka, nicht für Still- und Rückstand, sondern für Ruhe und Ordnung.[41]

Ein alternatives Erklärungsmuster, das zwischen dem »Roten Oktober« als Weg in den Totalitarismus und dem Februar 1917 als Freiheitsakt, Chance und nicht realisiertes Potenzial des Parlamentarismus streng unterscheidet, wird unter solchen Umständen marginalisiert. Die Vorstellung, die Bolschewiki hätten mit ihrem Umsturz das sinn- und gnadenlose Aufbegehren einer irrationalen und zerstörerischen Masse bewirkt, schmeichelt dem »Volkscharakter« zudem nicht und trägt ihrerseits wenig zur Verbreitung liberaler Revolutionsdarstellungen in Russland bei.[42]

Lenin als unerwünschte Personifikation der revolutionären Wirren und der entfesselten Wut droht in Anbetracht der maßgeblichen historischen Deutungen auf dem »Kehrichthaufen der Geschichte« zu landen. Dass die Kremlführung selbst keine besonderen Sympathien für die Bolschewiki und ihren Anführer hegt, zeigte sich bei mehreren Gelegenheiten. Besonders deutlich wurde die Abneigung im Zuge des Gedenkens an den Ausbruch des Ersten Weltkrieges. Den Separatfrieden von Brest-Litowsk verurteilend, bezichtigte der Präsident der Russischen Föderation die Sowjetführung von 1918 gar des »nationalen Verrats«. Die KP-Führung um Lenin firmierte in Ausstellungen und Schulbüchern dementsprechend nicht bloß

39 Kalinin, Revolutionserinnerungspolitik, 10–14.
40 Kolesnikov, Erinnerung, 3–5, 8.
41 Gudkov/Zorkaja, Instrumentalisieren, 29–31; Makhotina, Verordnete Versöhnung, 299–301.
42 Makhotina, Verordnete Versöhnung, 302f.

als Verkörperung des revolutionären Chaos, sondern als russische Variante der Dolchstoßlegende.[43] Die Losungen des Oktoberregimes, nationale Selbstständigkeit bis zur Abspaltung vom Reichsgebiet zu gewähren und ethnische Identitäten im Zuge von Autonomiekonzepten zu fördern, betrachtet die gegenwärtige Kremlführung gleichfalls seit Längerem mit Unbehagen. Das Recht des Austritts aus der Sowjetunion, so Putin im Umfeld des Revolutionsgedenkens 2017, war eine »Zeitbombe für unsere Staatlichkeit«. Mit Blick auf das Territorium und die Grenzen der Ukraine sprach er von Fehlern Lenins, die »bis heute nachwirken«.[44]

Das Vorhaben etwa des Klerus, Lenin aus dem Mausoleum zu holen, zu bestatten und damit endgültig zu verabschieden, kam dennoch nicht zur Ausführung.[45] Ebenso mangelte es an der Bereitschaft zur Umbenennung von Plätzen und Straßen. Die Denkmäler des Revolutionsführers blieben oft unangetastet. Von den knapp 7000, die sich auf das ganze Staatsgebiet verteilten, standen hundert Jahre nach dem Oktoberumsturz immer noch rund 6000.[46] Die Kremlführung wies auf die vorhandenen Sympathien in der Bevölkerung hin.[47] Speziell in den entlegenen Landgebieten änderte sich wenig. Dort bewahrten überproportional viele – vor allem ältere Menschen – ein positives Lenin-Bild.[48] Außerdem schienen die steinernen Zeugen des einstigen Personenkults kaum jemanden zu stören. Sie fielen nicht weiter auf – ein Schicksal, das Gedenkmonumente vielerorts, nicht nur in Russland, miteinander teilen.[49]

Gerade die Entwicklungen im postsowjetischen Raum führten allerdings zur Wiederbelebung eines Denkmalstreits. Die Majdan-Proteste in Kiew 2013/14 bewirkten die Entfernung bislang kaum beachteter Statuen.[50] Der »Leninopad«, die Beseitigung von Lenin-

43 Makhotina, Russlands Geschichtspolitik, 223f. In Bezug auf die russische Debatte über Lenins Beziehungen zu deutschen Regierungsstellen auch: Katzer, Abschied, 49.
44 Makhotina, Russlands Geschichtspolitik, 226.
45 https://religion.orf.at/v3/stories/2831405 (16.3.2017) (10.1.2023); Welt-Online, 16.6.2012.
46 Scherbakowa, 1997, 246.
47 https://orf.at/stories/3245828 (1.2.2022) (10.1.2023).
48 Gudkov/Zorkaja, Instrumentalisieren, 38.
49 Tatiana Zhurzhenko, Neuerfindung und Entsorgung. Ukraine: Die Revolution 1917 im Lichte des Majdan, in: Osteuropa 67/ 6–8 (2017), 273–289, 284; Yevgenia Belorusets, We're losing him! On monuments to Lenin, and the cult of demolition in present-day Ukraine, in: Jonathan Bach/Michal Murawski (Hg.), Re-Centering the City. Global Mutations of Socialist Modernity. UCL Press 2020 (https://doi.org/10.2307/j.ctvhno85m) (18.11.2022), 261.
50 Zhurzhenko, Neuerfindung, 284.

Monumenten in der gesamten Ukraine, symbolisierte den Widerstand gegen imperialistische Ansprüche und die russische Hegemonie, die Abkehr von Totalitarismus und Unterdrückung. Lenin repräsentierte für die Demonstranten eine dunkle Vergangenheit. Der »Weg nach Europa«, so der Kommentar, sei versperrt, solange seine Ehrenmäler noch stehen.[51]

In mehreren Regionen des Landes wollte man daraufhin die Skulpturen vor der Zerstörung schützen.[52] Manche sahen ihre Bewahrung vor allem als Maßnahme gegen eine befürchtete Ruhestörung infolge ihrer Demontage. Speziell in Gebieten unter der Kontrolle (pro-)russischer Kräfte wird Lenin indessen wieder gezielt auf das Podest gehoben.[53] Der umstrittene Revolutionsführer vertritt nach Ansicht einiger Kommentator:innen lokale Identitäten.[54] Lenins neuerliche Monumentalisierung erfüllt unter diesen Vorzeichen die symbolträchtige Aufgabe einer Wiederherstellung der alten Ordnung. Das autoritär regierte Zentrum eines gekränkten Imperiums dürfte diese Art der Restauration bei aller Distanz, die zu Lenin eingenommen wurde, billigen.[55] Für einen »Ausgleich« sorgt unterdessen die nunmehrige Würdigung des Zaren Alexander III. Ihm, den Lenin als »Mörder« seines Bruders in Erinnerung behielt, wurde 2017 auf der Krim ein Denkmal errichtet. Im heutigen Russland steht jener Monarch, den Lenin als Verkörperung eines gnadenlosen Unrechtssystems erachtete, für Stabilität und Stärke.[56]

51 Belorusets, We're losing him, 258–261.
52 Zhurzhenko, Neuerfindung, 285.
53 Der Standard, 22.4.2022.
54 Zhurzhenko, Neuerfindung, 285.
55 Belorusets, We're losing him, 261. Zur Charakterisierung von Putins Regime: Tat'jana Vorozejkna/Andrea Huterer, Parasitärer Autoritarismus. Regime und Gesellschaft in Russland, in: Osteuropa 68/8–9 (2018), 3–24; Alexander J. Motyl/Irmgard Hölscher, Russland. Volk, Staat und Führer. Elemente eines faschistischen Systems, in: Osteuropa 59/1 (2009), 109–123.
56 Vgl. Martin Schulze-Wessel, Der Fluch des Imperiums. Die Ukraine, Polen und der Irrweg in der russischen Geschichte, München 2023, 144–146.

18
VERMÄCHTNIS UND BILANZ

Testament

Ganze Bücher sind geschrieben worden, allein um die Authentizität von Lenins »Letztem Willen« entweder zu widerlegen oder zu bestätigen. Intensiv wurde darüber diskutiert, ob das ominöse Testament, das Lenin ab Ende 1922 seiner Sekretärin diktierte, tatsächlich so etwas wie das Plädoyer für einen fundamentalen Richtungswechsel oder zumindest für Korrekturen des bisherigen Kurses enthielt.[1]

Enormes Interesse weckten vor allem die von Lenin formulierten Vorbehalte gegenüber Stalin, der seit dem Frühjahr 1922 das Amt des Generalsekretärs ausübte. Ihn hatte aber Lenin selbst in jene Machtposition gehievt, für die er sich dann jedoch einen besonneneren Kandidaten wünschte.[2] Außerdem plädierte er in teilweise noch zu Lebzeiten veröffentlichten Schriften für eine Erweiterung des keine 30 Personen umfassenden Zentralkomitees um bis zu 100 Mitglieder, wobei er von »einfachen« Arbeitern und Bauern sprach, die hinzugezogen werden sollten.[3] Letztere stellte er sich aber womöglich nicht anders als in Zusammenhang mit Diskussionen über eine bäuerliche Partizipation in anderen Gremien als lediglich zweitrangige Parteigänger vor, die »den Schein von Zugeständnissen« an diese Bevölkerungsgruppe vermitteln sollten.[4]

Die Einsicht, dass sich vieles falsch entwickelt hatte und nun sogar aus dem Ruder zu laufen drohte, war freilich nicht neu. Sie prägte etliche Reden und Texte des Parteichefs bereits vor der Krise

1 Vgl. Alexis Pogorelskin, »Under Seven Seals«. New Perspectives on Lenin's Testament, in: Canadian-American Slavic Studies 53 (2019), 90–106.
2 Vgl. Helmut Altrichter, Stalin. Der Herr des Terrors, München 2018, 123.
3 LW, Bd. 36, 582.
4 Vgl. Markus Wehner, Bauernpolitik im proletarischen Staat. Die Bauernfrage als zentrales Problem der sowjetischen Innenpolitik 1921–1028, Köln/Weimar/Wien 1998, 46.

1920/21. Als Folge einer Vielzahl von Problemen rechtfertigte er bekanntlich einen weitreichenden Strategiewechsel, der schließlich in der Neuen Ökonomischen Politik gipfelte. Am IV. Kominternkongress im November 1922, sichtlich gezeichnet, aber immer noch kämpferisch, sprach er obendrein von »eine[r] enorme[n] Zahl von Dummheiten«, die »wir gemacht haben und noch machen werden«. Die Gründe für diese »Dummheiten« lagen klar zutage, meinte er: »Erstens sind wir ein rückständiges Land, zweitens ist unsere Bildung minimal, drittens erhalten wir keine Hilfe«, da kein »einziges zivilisiertes Land« dazu bereit sei.[5] Selbst dieses Eingeständnis, das »Experiment« des Sozialismus wider besseres Wissen und ohne notwendige Voraussetzungen begonnen zu haben, münzte er in einen Triumpf über die »anderen« um. Diese seien – sinngemäß – noch beschränkter als die Bolschewiki: »Wenn die Bolschewiki Dummheiten machen, so heißt das, dass der Bolschewik sagt: 2×2=5; wenn aber seine Gegner, d.h. die Kapitalisten und die Helden der II. Internationale, Dummheiten machen, so heißt das, dass sie sagen: 2×2=Stearinkerze.«[6]

Außerdem behauptete Lenin, dass die Bolschewiki ungeachtet aller Defizite und fehlender Grundlagen für die sozialistische Transformation Russlands richtig gehandelt hatten, dass Revolutionen gar nicht anders »gemacht« werden könnten und dass am Ende also doch alles so hatte kommen müssen: Das Einhalten von bestimmten Reihenfolgen, d.h. etwa zuerst Zivilisiertheit und dann Sozialismus, entspreche dem Denken der Buchgelehrten. In Wirklichkeit aber müsse man aus Erfahrung lernen, anstatt darauf zu warten, dass alles so eintritt, wie man es in Lehrbüchern zu lesen bekomme.[7] Außerdem entgegnete er Kritikern, die sich über die Inangriffnahme des sozialistischen Experiments empörten, dass alle anderen verfügbaren Alternativen für Russlands Zukunft ebenfalls einem Versuch, einem Unternehmen mit ungewissem Ausgang gleichgekommen wären. Warum also in Richtung einer parlamentarischen Demokratie »experimentieren«, wenn man gleich auf den Sozialismus zusteuern hatte können? Dass das Ziel, das er vorgab, diffus war, störte ihn

5 Ebd., 414.
6 Ebd., 415.
7 LW, Bd. 33, 466f.

nicht. Bereits im März 1918, vor dem Hintergrund des 7. Parteitags der KPR(B), hatte Lenin eingestanden, »keine Charakteristik des Sozialismus geben« zu können. Man wisse auch nicht, wie er »aussehen wird, wenn er fertige Formen annimmt«. Die »Ziegel sind noch nicht hergestellt, aus denen der Sozialismus aufgebaut wird«.[8]

Lenins Ratschläge für eine gedeihliche Entwicklung der Sowjetmacht, die er in seiner letzten Lebensphase erteilte, knüpften im Wesentlichen an frühere Überlegungen an.[9] Die sogenannte Aussöhnung mit den Bauern war seit der NÖP *das* Thema. Die personelle Auffrischung alter Kader bzw. das »Ausmustern« von Genossen, die nicht auf Linie waren, hatten ihm bei internen Machtkämpfen immer wieder als geeignete Mittel gegolten, um Ruhe in die Partei einkehren zu lassen. Gleichzeitig schoben sich zweifellos größer werdende Bedenken über das Gelingen der NÖP und diesbezügliche Konsequenzen für die Partei in den Vordergrund. Argwöhnisch betrachtete er speziell den Einfluss der sogenannten NÖP-Leute, also jener, die vom nunmehrigen Wirtschaftssystem profitierten und die er als Vertreter einer »neuen Bourgeoisie« empfand. Alles werde davon abhängen, ob die »Bauernmasse« dem Bündnis mit den Arbeitern »die Treue« halten oder ob sie es der »neuen Bourgeoise« gestatten werde, »sie mit den Arbeitern zu entzweien, sie von ihnen abzuspalten«.[10] Vor diesem Hintergrund bzw. aus Sorge vor einer Stärkung kleinbäuerlicher und antisozialistischer Elemente, forcierte er den »genossenschaftlichen Zusammenschluss« als Absicherung der bolschewistischen Wirtschaftspolitik und lieferte mit diesem altbekannten sozialdemokratischen Rezept die Grundlage für einen dogmatischen Stufenplan, der wenige Jahre später »ausgehend von Handelsgenossenschaften über Produktionsgenossenschaften zu Kollektivwirtschaften führen sollte«.[11] Die Gefahr eines weiteren großen Bauernaufstands war nach Lenins Ansicht nicht gebannt. Diese Angst vor der Aufkündigung des »Bündnisses« mit der Arbeiterschaft, das Lenin propagiert

---

8 Roy Alexandrowitsch Medwedew, 80 Jahre Russische Revolution. Sieg und Niederlage der Bolschewiki, in: Wladislaw Hedeler/Horst Schützler/Sonja Striegnitz (Hg.), Die Russische Revolution 1917. Wegweiser oder Sackgasse?, Berlin 1997, 32–47, 43.

9 Dazu vor allem die Texte in LW, Bd. 33, 447–533.

10 Ebd., 473.

11 Stephan Merl (Hg.), Sowjetmacht und Bauern. Dokumente zur Agrarpolitik und zur Entwicklung der Landwirtschaft während des »Kriegskommunismus« und der Neuen Ökonomischen Politik, Berlin 1993, 38.

hatte, steigerte sich unter seinen Genossen bald zur Paranoia. Sie diktierte eine Agrarpolitik, die ein Experimentierfeld für unterschiedliche Reformen blieb.[12] Da ideologische Vorbehalte nicht überwunden werden konnten, mündete Lenins aus Not geborene und dann nur ansatzweise vollzogene NÖP am Ende in die Rückkehr zu einem von Zwang und Gewalt geprägten Kurs und in letzter Konsequenz in die Kollektivierung unter Stalin.

Lenin blickte seit 1922 ohne Zweifel zunehmend besorgt auf die Zukunft des Sowjetstaates. Diese Haltung resultierte keineswegs aus der Sinnkrise eines Schwerkranken, der alles umstieß, was bisher auf den Weg gebracht worden war – nichts deutet auf eine grundsätzliche Infragestellung seines Lebenswerkes hin. Es ging vielmehr darum, das Überleben des Erreichten über den eigenen Tod hinaus zu sichern. Wesentlich erschien ihm daher eine Drosselung des Tempos beim Umbau des Staates – zu oft sei auf bereits Vorhandenes, d.h. auf die Strukturen aus der Zarenzeit, zurückgegriffen worden. Nun sollte nach dem Motto »weniger, aber besser« gearbeitet werden. Ins Visier nahm er dabei vor allem die Bürokratie, die alle Energien zu ersticken drohte. Besonders vehement trat er für eine Bildungsoffensive ein. Effizienter arbeiten sollten außerdem die existenten Inspektionsorgane und Kontrollkommissionen, ihre Verbindungen zu den höchsten Parteigremien verbessert werden.[13] Auch die Kritik an der Parteiorganisation wurde schärfer als sonst formuliert. Man müsse, meinte er, »unseren Apparat, der absolut nichts taugt«, überprüfen und »verbessern«.[14] Die Rede war sogar von einer »maximalen Reinigung«.[15] Dieser Appell hatte bereits 1919 zu einer Reduktion der Parteimitglieder von 250.000 auf 150.000 geführt. Die darauffolgende Rekrutierung neuer Funktionäre verband Lenin, der sich im Prinzip nicht weniger, sondern mehr Parteigänger wünschte, mit deren möglichst rascher Überprüfung. Zu testen galt es vor allem ihre Fähigkeiten in der Praxis.[16] Überall forderte er mehr Professionalität ein, verlangte den Einsatz von Spezialisten,

12 Vgl. ebd., 42.
13 Dazu Manfred Hildermeier, Geschichte der Sowjetunion 1917–1991. Entstehung und Niedergang des ersten sozialistischen Staates, München 1998, 163.
14 LW, Bd. 36, 588.
15 LW, Bd. 33, 489.
16 Christopher Read, Lenin. A Revolutionary Life, London/New York 2005, 145.

um gleichzeitig dazu aufzufordern, deren Gesinnung laufend zu kontrollieren. An allen Ecken witterte er Sabotage, und in sämtlichen Betrieben vermutete er verkappte Kapitalisten, die ihr Zerstörungswerk geschickt drapierten. Bei alledem blieb er nach wie vor strikter Befürworter einer zentralisierten Verwaltung.[17]

Nicht in allen Belangen bewies er Stringenz. Wenn er eine »institutionalisierte Bürokratiekritik« oder die weiterhin aufrechtzuerhaltende proletarische »Vormundschaft« über die Bauern einforderte, dann wieder Klagen über ein Zuviel an Zentralismus und Lenkungswut als berechtigt empfand, riss er jenes weite Feld an Problemen und Widersprüchen auf, die in den vorangegangenen Jahren nicht weniger, sondern mehr geworden waren. Angetrieben wurden sein Reformwillen und seine fieberhafte Suche nach Korrekturen und Verbesserungen von der Angst vor dem, was nach ihm kommen würde. Im Zentrum seiner Befürchtungen stand die Spaltung der Partei, auf die, wie er meinte, die Feinde Sowjetrusslands nur warteten.[18] Ganz offensichtlich traute er seinen Genossen nicht zu, künftige Herausforderungen zu meistern. Er schwankte hin und her zwischen vernichtenden Urteilen und Phrasen der Ermutigung. Was bei aller Kritik oder der Warnung vor schädlichen Einflüssen nie fehlen durfte, war die Vision. Lenin war ein Propagandist, der ungeachtet fortschreitender Krankheit nicht aufhörte, Überzeugungsarbeit zu leisten. So trat er nach wie vor wie ein Prediger auf, der seinen Jüngern das Gelobte Land versprach. Er führte eine – freilich erst nach unermüdlichen Anstrengungen – am Ende erstarkte Wirtschaft vor Augen. Dann würde man in der Lage sein, die Entwicklung der »maschinellen Großindustrie«, die »Elektrifizierung« und die Fertigstellung des großen »Wolchowkraftwerks« zu gewährleisten.[19] Lenin trommelte für »große Ziele« und appellierte an die Opferbereitschaft – gemäß den Vorstellungen von Marx, der sich bei aller Kargheit diesbezüglicher eigener Aussagen den Sozialismus nicht als Oase der Selbstverwirklichung, sondern als »strikte Leistungsgesellschaft« gedacht hatte.[20] Bevor es um die Befriedigung

17 LW, Bd. 36, 586f.
18 Ebd., 578; vgl. Hildermeier, Geschichte der Sowjetunion, 164.
19 LW, Bd. 33, 489.
20 Gerd Koenen, Die Farbe Rot. Ursprünge und Geschichte des Kommunismus, München 2017, 291.

von »Bedürfnissen« ging, müssten die Grundlagen hierfür geschaffen werden. Das kommunistische »Paradies« wartete erst auf einer zweiten Ebene, auf einer höheren Stufe.

Im Mittelpunkt der Spekulationen über die Echtheit des »Testaments« standen nicht die Bilanz des Revolutionsführers oder seine Rezepte für die Zeit ohne sein »Dirigat«. Im Zentrum stand vielmehr die Nachfolgefrage, die er in seinem *Brief an den Parteitag* aufwarf. Eine drohende Spaltung lastete er damals zu einem Gutteil den Konflikten zwischen Stalin und Trotzki an. In diesem Zusammenhang erinnerte er auch an Trotzki als ursprünglichen »Nichtbolschewisten« und an die Bremser-Rolle, die Kamenew und Sinowjew vor dem Oktoberumsturz gespielt hatten. Kritisches hatte er auch in seinen Charakterisierungen von Nikolaj Bucharin und Georgij Pjatakow anzumerken. Besonders gravierende Defizite benannte er außerdem in ergänzenden Kommentaren, die Josef Stalin galten. Er bezweifelte dessen Fähigkeit, die Macht, die er bereits besaß, »vorsichtig genug« zu gebrauchen. Tatsächlich schlug Lenin »den Genossen vor, sich zu überlegen, wie man Stalin ablösen könnte«, um jemanden an seine Stelle zu setzen, der »toleranter, loyaler, höflicher« sowie »weniger launenhaft« sei. Was auf den ersten Blick als »Kleinigkeit« erscheine – also all die aufgezählten charakterlichen Mankos –, sei »unter dem Gesichtspunkt der Vermeidung einer Spaltung« alles andere als eine Lappalie.[21]

Wollte Lenin Stalin wirklich kaltstellen? Oder hatte Nadeschda Krupskaja ihre Hände im Spiel? Versuchte sie, Stalin zu diskreditieren, weil er ihr per Telefon niveaulose Beleidigungen an den Kopf warf, die sie angeblich dazu verleiteten, sich wie ein kleines Kind zu gebärden und schreiend am Boden zu wälzen?[22] Stammen die Notizen über Stalins anzustrebende Ablösung wirklich von Lenin?

Die Entstehungsgeschichte von Lenins »Testament«, die Versuche, zumindest Teile davon geheim zu halten und die sich aus alledem ergebenden Konsequenzen, die für zahlreiche Intrigen sorgten, sind Zutaten eines kammerspielartigen, abgründigen Machtkampfes. Die Nachwelt ist sich aber auch heute noch – ungeachtet genauer Rekonstruktionen dieses »Erbfolgekriegs«, der bereits zu Lebzeiten

---

21 LW, Bd. 36, 518.
22 Wolfgang Ruge, Lenin. Vorgänger Stalins. Eine politische Biographie, Berlin 2010, 365.

des Parteichefs tobte – uneins, ob Lenin den georgischen Genossen wirklich loswerden wollte. Das »Testament« bzw. einige längere Textstellen landeten obendrein auf Trotzkis Schreibtisch – obwohl der todkranke »Bolschewikenführer Anweisungen gegeben hatte, seinen »Letzten Willen« bis zu seinem Tod unter Verschluss zu halten.

Wie ein bereits aufgrund seiner Schlaganfälle schwer beeinträchtigter Mann in der Lage gewesen sein soll, seine Botschaften an die Nachwelt auch nur zu diktieren, warf und wirft Fragen auf. Andererseits hatte sich Lenin – bereits vom Krankenlager aus – immer wieder zu Wort gemeldet, um Einfluss zu nehmen auf eine Politik, die nun weitgehend ohne ihn gemacht wurde. Lenins Ansehen war groß. Auch jetzt, in seinem geschwächten Zustand, galt es, das Risiko eines endgültigen Zerwürfnisses mit ihm zu vermeiden: Da Stalin seinen Stern im Sinken sah, ließ er dem KP-Chef schwülstige Bekundungen seiner Zuneigung überbringen. »Ich liebe ihn mit ganzer Seele«, gestand er der Lenin-Schwester Maria.[23] Für Geständnisse dieser Art aber war es zu spät. Der Adressat fand anbiedernde Gesten überdies eher lächerlich. Am Ärger über den »prachtvollen Georgier«, wie er Stalin einmal bezeichnet hatte, änderte sich ohnehin nichts. Maßlos erregt hatte Lenin nicht zuletzt dessen Haltung zur »Autonomisierung«. In Stalins Konstruktion der UdSSR ortete Lenin unverhältnismäßige Reaktionen auf einen »Sozialnationalismus«, den vor allem georgische Genossen zu vertreten schienen.[24] Wieder dozierte er über den Unterschied zwischen dem Nationalismus unterdrückter und unterdrückender Nationen und einem Internationalismus, der über formale Zugeständnisse hinausgehen müsse. Bedenkt man, wie oft und wie eingehend sich Lenin mit dieser Frage auseinandergesetzt und welch große Bedeutung er ihr beigemessen hatte, erscheint nachvollziehbar, dass es gerade diese Causa war, die ihn so sehr gegen Stalin aufbrachte – nicht aber, wie erklärte Lenin-Kritiker:innen meinen, weil er als verständnisvoller Fürsprecher der Nationalitäten auftrat, sondern weil er den Widerstand der »Randvölker« fürchtete und Stalins »harte Linie« daher für unangebracht hielt.[25] Dessen evidente Missachtung von Lenins Grundsätzen

23 Zit. nach Robert Service, Trotzki. Eine Biographie, Berlin 2012, 379.
24 LW, Bd. 36, 591.
25 Vgl. Ruge, Lenin, 364–366.

könnte so oder so ausgereicht haben, um sich vom »Kronprinzen« abzuwenden. Dass Stalins Ausfälligkeiten gegenüber Nadeschda Krupskaja der Entscheidung zusätzlichen Nachdruck verliehen, erscheint logisch. Doch Stalin, dessen Macht der nun Schwerkranke als »unermesslich« einschätzte, schaffte es, mithilfe von Kamenew und Sinowjew, Lenins Intentionen entgegenzuwirken. Auf die Vorschläge des Parteichefs, das ZK einer »Reinigung« zu unterziehen oder noch mehr Konkurrenten in ein erweitertes Gremium zuzulassen, hatten auch diese beiden alles andere als begeistert reagiert. Dann aber entsprachen sie plötzlich dem Willen des siechenden »Führers«, unterschätzten dabei aber ihren bisherigen Verbündeten: Die Neulinge, die kooptiert wurden, erwiesen sich bald als treue Anhänger Stalins.[26]

Das »Testament« wurde indessen ignoriert, die ominöse Absetzungsforderung geheim gehalten, bis sie die Gegner des neuen »Führers« schließlich »als eine ihrer gefährlichsten Waffen gegen ihn« einsetzten.[27] Stalin bot zunächst aber sogar von sich aus seinen Rücktritt an. Er tat dies freilich aus sicherer Deckung und wusste, dass der engste Kreis diese gespielte Geste der Selbstbescheidung zurückweisen würde. Mehr an Bestätigung für den Nachfolger brauchte es nicht. Stalin hatte sein Ziel erreicht. Nadeschda Krupskaja, die dagegenhielt und wohl ahnte, was hier inszeniert wurde, war bereits marginalisiert.[28]

Unklar bleibt, wen Lenin sich nun wirklich als »Erben« gewünscht hatte. Die besten Zensuren – zumindest hinsichtlich seiner Fähigkeiten, sehr viel weniger aber bezüglich seines Charakters – hatte Leo Trotzki bekommen. Der militärische Kopf des Oktoberumsturzes nahm sich aber wohl schon aufgrund seiner weitgehend isolierten Stellung im Nachfolgekampf mehr oder weniger selbst aus dem Spiel. Lenin hatte ihn zudem als eine der Hauptfiguren des latenten innerparteilichen Zwists identifiziert. Die vom KP-Chef ausgehende Besserung des Verhältnisses zu Trotzki, kurz vor dem

26 Hildermeier, Geschichte der Sowjetunion, 168.
27 Benno Ennker, Einführung zu V. I. Lenin, Brief an den Parteitag, 23. Dezember 1922 bis 4. Januar 1923. https://www.1000dokumente.de/index.html?c=dokument_ru&dokument=0013_tes&object=context&st=&l=de (12.1.2023); Hildermeier, Geschichte der Sowjetunion, 185.
28 Hildermeier, Geschichte der Sowjetunion, 174f.

letzten Schlaganfall, blieb ohne praktische Wirkung auf die Diadochenkämpfe. Zurückhaltung im Streit um die Führung der Partei erlegte Trotzki aber auch eine rätselhafte Erkrankung auf, die Mutmaßungen über etwaige Giftanschläge seiner Gegner nach sich zog. Auch in Zusammenhang mit Lenins Krankheit und Tod kursierten in der Folge Gerüchte über toxische Cocktails, die angeblich im Auftrag Stalins verabreicht wurden.[29]

Wer also sollte an der Spitze stehen? Verließ sich Lenin, der nichts mehr zu fürchten schien als eine außer Kontrolle geratene parteiinterne Krise, wirklich auf vernunftgeleitete, konsensuale Entscheidungsprozesse seiner Genossen? War diese Perspektive realistisch? Hätte er dem schließlich »siegreichen« Triumvirat, dem Stalin, Sinowjew und Kamenew angehörten, zugestimmt oder eher auf alternative Machtkonzepte gesetzt? Oder gab er keine eindeutigen Hinweise auf seine Präferenzen, weil er selbst schwankend war und in der Hoffnung auf Genesung kommende Entwicklungen abwarten wollte? Als er im März 1923 seinen dritten Schlaganfall erlitt, blieb ihm diese letzte Option definitiv verwehrt. Die Funktion eines Schiedsrichters konnte er in Anbetracht einer weiteren drastischen Verschlechterung seines Gesundheitszustands nicht mehr ausüben.[30] Lenin, könnte man sagen, starb schon viele Monate vor seinem eigentlichen Ableben. Ab dem Frühjahr 1923 war es mit seiner Einflussnahme auf Partei und Politik definitiv vorüber.

Die Art und Weise, wie die Parteidiskussionen in dieser Phase geführt wurden, lief jedenfalls auf eine Bestätigung seiner Befürchtungen hinaus. Doch war es Lenin gewesen, der mit dem 1921 verordneten Fraktionsverbot Stalin jene Munition gegen Oppositionelle geliefert hatte, die es diesem in der Folge erlaubte, Proteste gegen Konformität und Gefügigkeit problemlos abzuwehren.[31] An Stalin hatte Lenin nicht zuletzt dessen Geradlinigkeit gefallen. Die »Zuverlässigkeit« des Georgiers als Gegner von innerparteilichen Streitigkeiten und Kritik oppositioneller Gruppen war seinem eigenen Streben nach Einheit entgegengekommen.[32]

29 Vgl. Ruge, Lenin, 371.
30 Hildermeier, Geschichte der Sowjetunion, 166.
31 Vgl. ebd., 170–173.
32 Vgl. Ruge, Lenin, 356.

Die Frage, was gewesen wäre, hätte Stalin verhindert werden können, treibt seitdem die Nachwelt um. Unter Berücksichtigung von Lenins Wirken bis 1922 ist jenen, denen es angesichts des Pools an Kandidaten für die Nachfolge schwerfällt, an einen Sozialismus mit menschlicherem Antlitz zu glauben, der jetzt hätte kommen können, mühelos zu folgen.[33] Spekulationen über ein moderateres Regime und eine geringere Opferbilanz im Falle einer rechtzeitigen »Entfernung« Stalins erschöpfen sich zudem in jener moralischen Anspruchslosigkeit, die sich auf ein Mehr oder Weniger an menschlichem Leid einlässt. Müßig sind auch Spekulationen über einen Lenin, der sich gesund und munter noch weitere 20 Jahre um die Betreuung des von ihm gestarteten Experiments gekümmert hätte. Selbst wenn er das Alter seines Nachfolgers erreicht hätte, erscheint es unrealistisch, dass er plötzlich eine Vorliebe für demokratischere Herrschaftsformen entdeckt hätte. Das anzunehmen, entbehrt in Anbetracht von Lenins ganzem Denken und Tun jeder Grundlage.

Was ihn in den letzten Monaten seiner geistigen Wachheit umtrieb, bezog sich mit Sicherheit nicht auf die Infragestellung bisheriger Zwangsmaßnahmen. Den Terror als Herrschaftsinstrument zog er nie in Zweifel. Die Partei betrachtete er weiterhin als »Gehirn« der Gesellschaft. Was ihn störte, war lediglich die mangelnde Effektivität des Regierens und Verwaltens einer »Revolution«, die er ohne wirklichen Plan für die »Zeit danach« durchgesetzt hatte. Diese Haltung schlug sich auch in den Justizreformen und in den neuen Bestimmungen über die Geheimpolizei nieder: Lenin erklärte im Mai 1922, dass es ihm nicht darum ging, den Terror auszuschalten, sondern »ihn zu begründen« und zu »legalisieren«.[34]

Die proletarischen Massen, die sich mit Begeisterung am Aufbau des Sozialismus beteiligten, blieben im Wesentlichen ein Propagandakonstrukt und die Bauern erwiesen sich als das, wovor andere stets so klar gewarnt hatten: als widerständig, ablehnend und weitgehend desinteressiert an dem Idealbild des »neuen Menschen«, der jetzt erschaffen werden sollte. Auch der geschürte Klassenkampf im Dorf hatte daran nichts zu ändern vermocht. Inwiefern Lenins Auseinandersetzung mit dem Problem des mangelnden Rückhalts unter

33 Vgl. ebd., 375.
34 Zit. nach Isaak Steinberg, Gewalt und Terror in der Revolution, Berlin 1931, 328.

der Bevölkerung, das in seinen letzten Reden und Texten hervortrat, das Streben nach Akzeptanz »von unten« meinte oder ob ihn dieses Thema nur beschäftigte, um *sein* Projekt der Menschheitsbeglückung auf Erfolgskurs zu bringen, sei dahingestellt. Immer noch war er auf der Suche nach jenen »Transmissionskräften«, die diese Aufgabe erfüllen konnten. Seine Anhängerschaft schien an dieser Aufgabe nicht nur zu scheitern, sondern sie gar nicht erst ins Blickfeld zu nehmen – oder unter Rückgriff auf jene brachialen Mittel, die Lenin selbst propagiert hatte. Seine Vorstellung von einer »Durchdringung der Massen« lief auf ein strikt hierarchisches Prinzip hinaus, das wie von selbst in die Diktatur mündete. Parallel dazu klammerte er sich an die Fiktion eines »einheitlichen Willens«. Um dieses Ideal zu erreichen, brauchte es Gewalt und, wie er offen eingestand, alles andere als Gleichberechtigung. Ihm war jedoch auch klar, dass »mit Gewalt allein« kein Land von den Ausmaßen Russlands regiert werden konnte. Trotzdem plädierte er für ein Mehr an Diktatur bzw. die »Anerkennung diktatorischer Vollmachten einer einzelnen Person« – und das »unter dem Gesichtspunkt der Verwirklichung des Rätegedankens«. Das Proletariat, meinte er anlässlich des 3. Allrussischen Gewerkschaftskongresses im April 1920, könne siegen, »weil wir Hunderttausende von disziplinierten Menschen haben, die einen einheitlichen Willen zum Ausdruck bringen«.[35] Dass diesem »Willen zum Sozialismus« eine lange Überzeugungs- und Aufklärungsarbeit unter demokratischen Bedingungen vorausgehen müsse, wie Karl Kautsky in seiner Bolschewismuskritik hervorhob, tat Lenin als opportunistische Verirrung oder als »Stumpfsinn kleinbürgerlicher Demokraten« ab.[36]

Während hartnäckige »Lenin-Fans« die Schuld an einem gewaltsam errichteten Sozialismus dem Bürgerkrieg anlasten und eine bis dahin auf mehr oder weniger basisdemokratischen Prinzipien beruhende erste Phase der bolschewistischen Herrschaft sehen wollen, ließ Lenin niemals Zweifel an der Notwendigkeit von Gewalt und Zwang. Ja, er brüstete sich sogar damit, die »Diktatur des Proletariats« und damit jene opfervolle Übergangsphase, die er seiner Heimat

35 W. I. Lenin, Sämtliche Werke, Bd. XXV: Das Jahr 1920. Strategie und Taktik der proletarischen Revolution, Wien/Berlin 1930, 180f.

36 LW, Bd. 27, 254.

vorschrieb, immer schon als Gewaltherrschaft definiert zu haben. Die Gewalt der Massen gegenüber der Minderheit der »Gewalttäter am Volk« bedurfte seiner Meinung nach keiner Rechtfertigung. Dasselbe galt freilich auch für die Radikalität gegenüber jenen, die zwar nicht den früheren Unterdrückern angehörten, aber dennoch keine Anstalten machten, sich dem geforderten einheitlichen Willen zu beugen. Dann mussten, stellte er fest, eben auch Arbeiter erschossen werden.[37]

Keine »große Revolution«, betonte er – noch bevor Bürgerkrieg und Intervention Russland erschütterten –, und insbesondere keine sozialistische Revolution, sei denkbar »ohne einen Krieg im Innern, d.h. einen Bürgerkrieg, der eine noch größere Zerrüttung als ein äußerer Krieg bedeutet«. Nur so würden die »Elemente der Zersetzung« zum Vorschein kommen und vernichtet werden können. Diese Liquidierung von Feinden, aber auch von Schwankenden legte er als eine der zentralen »nächsten Aufgaben der Sowjetmacht« in seiner gleichnamigen, im März und April 1918 verfassten Schrift fest.[38] Dem »proletarische[n] Demokratismus«, den er rühmte, stellte er die für nötig befundene »Diktatur einzelner Personen« gegenüber und hob diese Diskrepanz durch die Chimäre einer »Kontrolle von unten« auf.[39] Selbst als er, in einer Skizze für seine Rede am Parteitag 1922, mehr Überzeugungsarbeit zur Gewinnung der Massen und ein Ende »der Propaganda durch Dekrete« forderte oder sogar eine Art Renaissance der Sowjets andeutete, standen auf der anderen Seite einzementierte Losungen – darunter das »Erschießen« von Menschewiki und Sozialisten-Revolutionären »für politische Manifestation«, »straffe Disziplin« unter dem Motto einer »Reinigung von oben« und in Hinblick auf das Funktionieren einer sozialistischen Wirtschaft die »Auslese der Menschen und Kontrolle der Durchführung«.[40] Die Neue Ökonomische Politik mit ihren limitierten »Freiheiten« für die Wirtschaft hatte Lenin nun außerdem endgültig an die totale Ausschaltung der Opposition geknüpft.[41]

37 Lenin, Sämtliche Werke, 180 und 535–558.
38 LW, Bd. 27, 255f.
39 Ebd., 263–266.
40 LW, Bd. 36, 558–560.
41 Vgl. Theodor Dan, Die Sozialdemokratie Rußlands nach dem Jahre 1908, in: J. Martow, Geschichte der russischen Sozialdemokratie, Berlin 1926, 225–320, 319.

Das »menschliche Antlitz« von Lenins Sozialismus existierte genau wie die »direkte Demokratie« nicht einmal während seiner kurz aufflackernden naiven Emphase, als er 1917/18 angesichts eines schnell kollabierten inneren Widerstands glaubte, es bereits mit dem »einheitlichen Willen« der »unterdrückten Massen« zu tun zu haben und nun nur noch ein paar Kapitalisten und eine Handvoll Konterrevolutionäre ausrotten zu müssen. Gegen seine Besessenheit von der reinigenden Kraft der Gewalt als Ausdruck revolutionärer Macht hatte in Wirklichkeit weder das eine noch das andere jemals eine Chance – Menschlichkeit ebenso wenig wie Demokratie und »Volksherrschaft« auch nicht in einem »proletarischen« Verständnis.

Als Lenin starb, brachten sich jene Genossen in Stellung, die »in seine Schule« gegangen waren. Dort hatten sie nichts oder nur sehr wenig darüber gelernt, wie sie eine »Erziehungsdiktatur« praktizieren sollten, die nicht auf Gewalt und Verbote, sondern auf Argumente und Vertrauen schaffende Prozesse setzte. Eine Mobilisierung der Massen, um sie mit Bildungsangeboten und verschiedenen Vergünstigungen auf die Seite der Sowjetmacht zu ziehen, gab es zwar, was immer aber in dieser Hinsicht unternommen wurde, blieb im Kern gebunden an die krankhafte Angst vor einem schlummernden und jederzeit reaktivierbaren inneren Widerstand. Niemals in Zweifel gezogen worden war das Diktat der Ideologie, dem Lenin die Flexibilität des entschlossenen Revolutionärs sowie den kompromisslos-messianischen Geist des »Erneuerers« hinzufügte – und Stalin die Beharrungskraft des abartigen Tyrannen.

Der Leninismus – eine europäische »Affäre«

Lenin betrat die politische Bühne, um – frei nach Karl Marx – die Welt nicht neu zu interpretieren, sondern sie zu verändern.

Der »andere« bzw. »historische« Lenin, von dem zu Beginn des Buches die Rede war, empfand seine Ideen im Einklang mit einer revolutionären internationalen Sozialdemokratie. Ohne diese Bindung, die eine so zentrale Rolle in seinem Denken spielte, ist seine Geschichte nicht zu erzählen. Das Selbstverständnis, Teil einer größeren Gemeinschaft zu sein, war mindestens genauso bestimmend für die Entwicklung und Ausprägung seiner Überzeugungen wie die spezifische russische Realität.

Seine Konzepte von einem Zweckbündnis des Proletariats mit den Bauern oder seine Ansichten über das Selbstbestimmungsrecht der Völker entstanden oder festigten sich lange vor dem Revolutionsjahr 1917 in Anlehnung an die damaligen Debatten in der Sozialdemokratie und im internationalen Rahmen. Lenins Gedankenwelt war Produkt einer Entsprechung ebenso wie einer Verzerrung sozialdemokratischer Haltungen und marxistischer Grundlagen. Ablesen lässt sich diese Polarität u. a. an seinen Vorstellungen vom Wesen der Demokratie oder aber an seinen Ansichten über die »Diktatur des Proletariats«. Sie gediehen gleichzeitig auf »fruchtbarem« Boden: Die Wirklichkeit demokratischer Entscheidungsfindungen und parlamentarischer Spielregeln ließ die Ideale von Volksherrschaft, Fortschritt, Freiheit und Gerechtigkeit oft weit zurück. Die evidenten Defizite einer überall immer noch mehr oder weniger beschnittenen Demokratie und die unterschiedlich deutlich ausfallende Benennung dieser Mängel durch die europäische Sozialdemokratie dienten Lenin in Summe als Bestätigung für seine radikale Ablehnung eines bürgerlichen und nicht für, sondern – meinte er – gegen das Volk wirkenden Parlamentarismus. Eine im Ersten Weltkrieg rücksichtslos vertretene Machtpolitik der kriegführenden Staaten befestigte sein Urteil von der Wertlosigkeit demokratischer Strukturen zusätzlich. Da Parlamentarismus und Demokratie vom marxistischen Standpunkt aus ohnehin nur als Vorstufe zur »Diktatur des Proletariats« gesehen wurden und nicht als Endpunkte revolutionären Elans, empfand Lenin sich mit seiner Haltung im Recht. Allerdings komprimierte er diesen Prozess auf wenige Monate, indem er im April 1917 ein Programm vorlegte, das bereits erste Schritte in Richtung Sozialismus forderte.

Das Schicksal des Bruders machte aus Lenin den erbittertsten Gegner des Zarenregimes. Nach dessen Hinrichtung verhielt er sich wie ein »zorniger junger Mann«, der nach Orientierung und Halt suchte und beides schließlich im Marxismus fand. Geradezu schwärmerisch bekannte er: »Die Lehre von Marx ist allmächtig, weil sie wahr ist. Sie ist in sich geschlossen und harmonisch, sie gibt den Menschen eine einheitliche Weltanschauung, die sich mit keinerlei Aberglauben, keinerlei Reaktion, keinerlei Verteidigung bürgerlicher Knechtung vereinbaren läßt. Sie ist die rechtmäßige Erbin des Besten, was die Menschheit im 19. Jahrhundert in Gestalt der deutschen Philosophie, der englischen politischen Ökonomie und des französischen Sozialismus hervorgebracht hat.«[42]

Das *Kommunistische Manifest* sollte ursprünglich einen anderen Titel haben. Zur Auswahl standen »Kommunistisches Credo« oder »Kommunistisches Glaubensbekenntniß«.[43] Lenins Haltung zum Marxismus entsprach letzterer Bezeichnung am besten. Mit den Jahren reifte Lenin vom Gläubigen zum Vollstrecker heran. Auf Grundlage und entlang der von ihm rezipierten Marx'schen Lehren sowie als Resultat zusammengetragener Konzepte Dritter und Reflexionen verschiedener zeitgenössischer Diskussionen formte Lenin die Utopie zu einer fassbaren Perspektive. In ihr war das Agrarland Russland nicht zur ewigen Rückständigkeit verdammt, sondern Hoffnungsgebiet einer im Evolutionären stecken gebliebenen westlichen Sozialdemokratie.

Die Frage, ob es Lenin um die Macht oder um die Idee des Sozialismus ging, ist falsch gestellt. Er war ein Überzeugungstäter: Lenin strebte die Macht an, weil er den Sozialismus verwirklichen wollte. Die Realisierung seiner Ziele verknüpfte er mit der Beseitigung des alten Regimes, einer Herrschaft im Namen des Proletariats, mit gewaltsamen Erschütterungen als Begleiterscheinungen dieser Geburt einer neuen Gesellschaft und einem konsequenten »Reinheitsgebot« für alle, die in ihr lebten: »Alle wahren und konsequenten Demokraten in Rußland müssen Sozialdemokraten werden«,[44] forderte er bereits 1897. Sieben Jahre später, am Vorabend der ersten Russischen Revolution, kündigte er an, nach einer demokratischen Umwälzung »den Übergang zur sozialistischen Revolution« in Abhängigkeit »der Kraft des klassenbewussten und organisierten Proletariats« in Angriff zu nehmen.[45] Kurze Zeit danach gab er dann bekannt, als Ergebnis einer »revolutionär-demokratischen Diktatur des Proletariats

42 LW, Bd. 19, 3f.
43 Vgl. Gareth Stedman Jones, Karl Marx. Die Biographie, Frankfurt am Main 2017, 292.
44 LW, Bd. 2, 339.
45 Zit. nach Winfried Scharlau, Parvus-Helphand als Theoretiker in der deutschen Sozialdemokratie und seine Rolle in der ersten russischen Revolution (1867–1910), Duisburg-Hamborn 1964, 205.

und der Bauernschaft« sofort auf »neue Aktionsmethoden« zurückzugreifen, »die dem Charakter und den Zielen der zur vollen sozialistischen Umwälzung strebenden Partei der Arbeiterklasse entsprechen«.[46] Dieses Programm setzte er 1917 mit erstaunlicher Konsequenz um.

Das Endziel, der Sozialismus, den viele Genossen als ferne und höchst vage Zukunftsvision betrachteten und an nachfolgende Generationen delegierten, diente ihm als Kompass für einen Weg, auf dem er stets nach verfügbaren Abkürzungen Ausschau hielt. Er beschritt ihn nicht zuletzt unter dem Eindruck eines vermeintlichen Auftrags. Die Zweite Internationale und allen voran die deutschen Genossen bestärkten ihn mit – so sah er es – verbindlichen Versprechen für eine länderübergreifende Solidarität im Kampf gegen die zarische Autokratie. Seine Bemühungen, den Marxismus »russlandtauglich« zu machen, und seine Überzeugung, das russische Proletariat als Teil einer internationalen »Familie« sehen zu dürfen, erschienen gleichzeitig keineswegs ungewöhnlich. Nicht erst während des Ersten Weltkriegs und als Folge eines, wie er damals behauptete, sterbenden Kapitalismus vertraute er auf »große Lösungen«. Der Traum, den bereits der Bruder geträumt hatte – auch Alexander Uljanow benannte die soziale Revolution als anzustrebende Zukunftsperspektive –, sollte auf diese Weise in Erfüllung gehen.

Die allseits geteilte Meinung über das Zarenreich als europäischen Sonderfall bewog Lenin schon zu Beginn seiner politischen »Karriere« dazu, nach Rezepten für die Bewältigung der damit zusammenhängenden Probleme zu suchen. Die prosperierende deutsche Sozialdemokratie diente ihm als Orientierung; er zog sie aber nicht als blind nachzuahmendes Beispiel heran. Für wesentlich erachtete er die Bindung der SPD an das Erfurter Programm. Damit verknüpfte er wiederum nicht nur klare Positionen gegen den Revisionismus, sondern auch für den revolutionären Kampf. Lenin war – wenn man diese in der neueren Historiografie verwendete Bezeichnung für ihn aufgreifen möchte – insofern »Erfurtianer«, als er diese Programmatik einer, wie er dachte, klar offensiven SPD befürwortete. Dieses Credo übertrug er auf die russische Partei – allerdings mit

46 LW, Bd. 9, 47.

einigen Ergänzungen, die sehr viel radikaler waren als jene in der deutschen Grundsatzerklärung. Organisatorisch galt es allerdings, sich nach anderen Modellen umzuschauen, die der Entwicklungsstufe der Arbeiterbewegung in Russland eher entsprachen. Lenin hielt sich mit seinen Vorstellungen von der Partei in Anbetracht der spezifischen russischen Bedingungen an die Frühphase der sozialistischen bzw. sozialdemokratischen Bewegung, die sich ganz unter dem Eindruck von Reaktion und Restauration entwickelt hatte. Die SPD und ihre jüngere Vergangenheit taugten in diesem Zusammenhang nur sehr bedingt als Vorbild. Eine legale Massenpartei lag Universen von der russischen Realität entfernt. Das machte nach Lenins Ansicht eine Parteiorganisation erforderlich, die er schon um die Jahrhundertwende als »Generalstab« der Revolution konzipierte. Trotzdem beinhaltete dieses Modell des Partei-Autoritarismus, das in *Was tun?* (1902), einer seiner bekanntesten Schriften, skizziert worden war und in nachfolgenden Texten noch deutlicher hervortrat, noch kein Herrschaftsprogramm für die Zeit ab 1917. Die Autorität der Partei knüpfte er dabei auch an die »Reife« des Proletariats. Diese erschien ihm in Zusammenhang mit der Machtergreifung sehr viel ausgeprägter als dann beim Aufbau des Sozialismus, als er die mangelnde »Zivilisiertheit« der russischen Bevölkerung ebenso kritisierte wie das Fehlen eines »einheitlichen Willens« und so seine Erziehungsdiktatur legitimierte.

Diskussionen über die Prinzipien des Marxismus und die Frage einer reformorientierten Sozialdemokratie, wie sie der Revisionismusstreit auslöste, beförderten Lenins Kompromisslosigkeit gegenüber abweichenden Strömungen. Vor einem gesamteuropäischen Hintergrund stellte sich die 1903 begonnene Spaltung der SDAPR dennoch als langwieriger Prozess dar. In diesem stand Lenins Wunsch nach Einheit der Partei und Sammlung aller Kräfte zugleich dem Bestreben nach einer klaren Abgrenzung zwischen linkem und rechtem Flügel, also zwischen Menschewiki und Bolschewiki, gegenüber. Die Spaltung, die zunächst nicht als Auflösung einer Gesamtpartei, sondern als ein in allen europäischen Parteien üblicher Disput zwischen Gemäßigten und Radikalen gesehen wurde, zog sich über Jahre hin. Hinzu kam eine Vielstimmigkeit auch unter den Bolschewiki, die Lenin nach Möglichkeit unterband.

Lenin verwies gegenüber abtrünnigen Genossen bzw. Kritikern stets auf seine eigenen »orthodoxen« Anschauungen, die sich auf einem, wie er meinte, unverfälschten Marxismus gründeten. Worum es den westlichen »Orthodoxen« in diesem Kontext aber vor allem ging, war die »Überlebenssicherung« einer in die Krise geratenen Weltanschauung. Zentrale Bedeutung kam in diesem Zusammenhang Karl Kautsky zu. Den 1938 im Exil verstorbenen Theoretiker sah Lenin lange Jahre als »Gralshüter« des revolutionären Marxismus und überzeugten Gegner des Revisionismus – trotz aller Schwankungen. In erster Linie seinen Wortmeldungen zu Russland und zu den dort vorhandenen Möglichkeiten einer Umwälzung entnahm Lenin den Auftrag für die Mission, das Zarenreich zum Motor einer revolutionären Entwicklung zu machen, die auch den Rest Europas erfassen würde. Die Perspektive eines Systemwechsels im autokratischen Romanowimperium wurde insbesondere ab Anfang des 20. Jahrhunderts zur Projektionsfläche für einen »Revolutionismus«, von dem sich eine reformorientierte Sozialdemokratie Europas immer weiter entfernte. Überspitzt könnte man sagen, dass das zarische Russland ein ausgelagertes »Umsturzareal« darstellte, welches viele SP-Organisationen über ihre eigene Verfasstheit hinwegtäuschte. Schließlich präsentierten sich die entsprechenden Kräfte als zunehmend kompromissbereit. Sie integrierten sich in bestehende Gesellschaftsstrukturen, rangen aber gleichzeitig um ideologische Glaubwürdigkeit. Kautskys eigenwillige publizistische Versuche, einen Ausgleich zwischen Reform und Revolution zu offerieren, rezipierte Lenin trotz wachsender Zweifel an der Prinzipientreue des Genossen immer eher als Aufruf zum Handeln denn als Suche nach der Vereinbarkeit gemäßigter und radikaler Richtungen.

Lenin hat per se wenig Einfluss auf die erste Russische Revolution ausgeübt, dafür aber diese umso größeren auf ihn. Die meist als marginal beschriebene Rolle Lenins in dieser Zeit sagt nichts über ihre enorme und kaum zu überschätzende Bedeutung für sein Denken aus. Die Erfahrung elementarer revolutionärer Gewalt und die brutalen Gegenmaßnahmen des Regimes bestimmten langfristig Lenins Verhältnis zum Terror und verfestigten seine Selbstwahrnehmung als »wahrhafter« Revolutionär. Diese Eigendefinition teilte er im Übrigen auch mit nicht wenigen politischen Gegnern, die allerdings ihr ideologisches Credo jenseits von revolutionärer Ungeduld und Putschismus ansiedelten. Als Folge der damaligen Ereignisse und der beobachteten Dynamik formte sich Lenins Auffassung über das Wesen der Revolution und über die Grundlagen einer Machtergreifung, die in wesentlichen Punkten seine Positionen von 1917 vorwegnahm. Die berühmten *Aprilthesen* waren ein Konzentrat seiner teilweise lang vor der Rückkehr nach Russland entwickelten Konzepte.

Schon 1905 wollte er nicht »auf halbem Wege stehen bleiben«, sich also weder mit einer prognostizierten bürgerlichen Regierung zufriedengeben noch die beanspruchte hegemoniale Stellung der Arbeiterschaft bzw. der SDAPR an andere politische Kräfte abtreten. Das Scheitern der ersten Revolution bestärkte ihn zweifellos 1917 in seinem Drängen, die Idee eines »Aufstands« ungeachtet des beachtlichen parteiinternen Widerstands voranzutreiben. Lenin wollte »seine« zweite Chance nützen. 1905 aber hatte der Aufruhr der Moskauer Arbeiter eine Niederlage zur Folge. Aus Lenins Sicht, weil dem Unternehmen die »technischen« Voraussetzungen fehlten, aus der Perspektive der Menschewiki aufgrund eines unzeitgemäßen »Revolutionismus«. Bereits zu diesem Zeitpunkt strebte Lenin nicht nach einer Massenerhebung als zwingender Vorbedingung für den Sturz des Regimes, sondern entwickelte seine Anschauungen gemäß den aktuellen Entwicklungen. Die Möglichkeit, in ein Machtvakuum hineinzustoßen, beflügelte seine Pläne einer Diktatur von Arbeitern und Bauern seit den turbulenten Ereignissen in Russland zwischen 1905 und 1907. Allerdings modifizierte er diesbezügliche Aussagen nach Bedarf. Diese Wandlungsfähigkeit irritierte Anhänger wie Kritiker. Sie korrespondierte mit einer Vielzahl widerspruchsvoll erscheinender Standpunkte. Lenin selbst stellte dabei stets die Praxis der Revolution in den Vordergrund und verband sie mit flexibel eingeflochtenen marxistischen Theorien, sozialdemokratischen Grundsätzen und situationsangepassten Taktiken. So entwarf er Perspektiven, die sich stets am sogenannten Maximalprogramm der Partei orientierten.

Trotz der bereits lang zuvor entwickelten Prämissen, die Lenins Politik im Revolutionsjahr 1917 prägten, waren es die spezifischen Bedingungen im Rahmen des Weltkriegs und die außerordentlich komplexen Herausforderungen, an denen das Februarregime scheiterte, die den »Roten Oktober« ermöglichten. Seine spezifische »revolutionäre Moral« schloss parellel dazu den »Vaterlandsverrat« nicht aus. Alles, was dem Widerstand gegen das verhasste Zarenregime und später einem Weitertragen der Revolution in den Westen nützte, betrachtete er als legitim. Das schloss die Kooperation mit einer feindlichen Macht vor dem Hintergrund der ersten Russischen Revolution ebenso wenig aus wie dann im Ersten Weltkrieg. Dieses Credo eines »revolutionären Defätismus« bzw. einer zweckorientierten Politik mit zeitweiligen ideologischen Kompromissen wurde handlungsleitend auch für die junge Rätemacht. Es legte die Basis für jene Doppelbödigkeit der sowjetischen Außenpolitik, die über Jahrzehnte Bestand hatte und – wenngleich in anderer Gestalt – auch in der jüngeren Geschichte Russlands eine Renaissance gefeiert hat.

Die Streitfrage der Parteiorganisation als »konspiratives Eliteprojekt« spielte für die innerparteilichen Differenzen, die 1903 eine wechselhafte Ära von Distanz und Nähe einleiteten, eine wichtige, aber nicht jene zentrale Rolle, die ihr später zugewiesen wurde. Tiefe Gräben verliefen u. a. entlang der unterschiedlichen Positionen zur Agrarfrage bzw. zur Rolle der Bauern im Rahmen einer bevorstehenden Umwälzung. Die Auseinandersetzungen über die legale und/oder illegale Parteiarbeit präsentierten sich überdies als Scheingefechte. Die Repressionen des zarischen Regimes vor Augen, wurde Lenins Parteikonzept einer im Untergrund wirkenden Zentrale gewissermaßen rehabilitiert – zumindest kurzfristig. Gleichzeitig lehnte der Bolschewikenführer legale Parteiarbeit keineswegs ab. Er wollte alle Möglichkeiten zugunsten einer Unterminierung des Herrschaftssystems ausschöpfen und seinen Anhang gerade auch auf Basis »erlaubten« Wirkens in den Arbeiterorganisationen vergrößern.

Die Zerrüttung der Partei nach dem Ende der Revolution 1905/07 nahm Lenin als größtmögliche Katastrophe wahr. Während die Menschewiki fast völlig aufgerieben wurden, rettete er aus seiner Sicht eine bolschewistische Rest-Partei, die allerdings ihrerseits durch innere Abweichungen und Kämpfe geschwächt war. Erst ab 1912 begann er, die Partei mehr oder weniger nach seinen Vorstellungen zu leiten. Der Kriegsbeginn 1914 bedeutete aber einen herben Rückschlag für die Arbeit der Bolschewiki und führte Lenin drei Jahre später eine Anhängerschaft vor Augen, die sich zu Kompromissen mit »kleinbürgerlichen« Kräften bereitfand und von jener Geschlossenheit, die er unentwegt gefordert hatte, wieder ähnlich weit entfernt zu sein schien wie am Anfang ihrer Existenz.

Lenin war ein Sammler von Zitaten. Selektiv suchte er all jene Aussagen zusammen, die seinem Verständnis einer radikalen Sozialdemokratie entgegenkamen. In Anbetracht der damals breit geführten Diskussionen über Voraussetzungen und Perspektiven einer Revolution im Zarenreich fällt es schwer, Lenin in diesem Kontext als wirklich originellen Denker und Theoretiker zu sehen. Das gilt auch für Debatten über den Imperialismus und die Zukunft des Kapitalismus sowie die Rolle der Sozialdemokratie im Transformationsprozess. Von anderen hob er sich aber zweifellos durch seinen bemerkenswerten Pragmatismus, einen ausgeprägten politischen Instinkt und eine auf Zuspitzungen setzende, fast schon hypnotisch konzipierte Publizistik ab. Die für ihn charakteristische Demagogik orientierte sich an einem binären Schema: Für oder wider die Revolution, allein diese Polarität bestimmte sein Denken, seine Rhetorik und seine Texte genauso wie sein Handeln.

Dass sich der sozialdemokratische Antizarismus 1914 auf den Standpunkt der Landesverteidigung zurückzog und den Internationalismus aus Lenins Sicht zu Grabe trug, beantwortete er mit der Forderung nach der Gründung einer neuen Internationale. Diese Perspektive war nun der Anker für seine Vorstellungen von einer sozialistischen Umwandlung in großem Maßstab. Krieg und Revolution, Bürgerkrieg und Klassenkampf hatte er vor diesem Hintergrund immer zusammengedacht. Nicht ohne Grund war schon im Rahmen der ersten Russischen Revolution von einem Bürgerkrieg die Rede gewesen. Dieses Muster galt Lenin erst recht im Umsturzjahr 1917 als Grundlage für seine Entscheidungen. Die Machtergreifung, die nominell als eine des Proletariats und der armen oder ärmsten Bauernschaft vollzogen wurde, implizierte eine fortschreitende Revolution. Das hieß auch, die »bürgerlich-demokratischen Aufgaben« mit einer sozialistischen Umwälzung oder, wie er klarstellte, die erste mit der zweiten Revolution zu verbinden. »Die erste« Revolution, meinte er, »wächst« auf diese Weise »in die zweite hinüber«.[47] Schon deswegen war es ein Leichtes, die ursprünglich zeitlich limitierte »Diktatur des Proletariats«, d.h. de facto der Partei, auf unbestimmte Zeit auszudehnen. Möglich geworden war die Machtergreifung im Oktober 1917, abgesehen von Lenins besessenem Drängen darauf, aber auch durch eine weitgehende Selbstneutralisierung der Opposition. Während das Kerenskij-Regime zunehmend handlungsunfähig geworden war, hatten die Räteparteien den Bolschewiki sukzessive die Kontrolle über die Sowjets abtreten müssen. Ihre Hinwendung zur Verfassunggebenden Versammlung als Alternative zu den großteils bolschewisierten Räten vermochte Lenin dann aber als Zurückweisung bisheriger revolutionärer Errungenschaften darstellen. Eine gesamtsozialistische Lösung der Machtfrage lehnte er im Unterschied zu vielen seiner Genossen strikt ab – eine Haltung, die ebenfalls bereits aus früheren Konzepten resultierte.

Die Ablehnung, die Lenins Regime von vielen ehemaligen Weggefährten, aber auch anderen Linken entgegenschlug, speiste sich nicht zuletzt aus der Sorge vor einer unheilvollen Kompromittierung des Marxismus und seiner Lehren. Der Ruf des sozialdemokratischen »Befreiungsprojekts«, das sich in Zusammenhang mit der Forderung nach Bürgerrechten, sozialen Reformen, der Bekämpfung geburtsrechtlicher Privilegien oder der überfälligen Berücksichtigung von Frauenrechten historische Verdienste erwarb, nahm angesichts des Oktoberregimes und seiner Fortsetzung unter Stalin tatsächlich enormen Schaden. Die Frage, was von dem übrig blieb, was Lenin und abseits von ihm die Linke im Westen zu erreichen hofften bzw. was davon eine tatsächlich erstrebenswerte oder realistische Perspektive enthielt, hat bereits eine Vielzahl von Antworten nach sich gezogen. Ähnliches gilt für die Frage, was gewesen wäre, hätte der Bolschewikenführer 1917 nicht die Heimreise nach Russland angetreten. Eines ist gewiss: Der Oktoberumsturz hätte ohne Lenin nicht stattgefunden und die soziale Revolution, die er nun ausrief, wäre das geblieben, wofür sie auch ein Gutteil seiner Anhänger damals hielt: eine Utopie.

---

47 Vgl. Lenin zum 4. Jahrestag der Revolution, in: W. I. Lenin, Ausgewählte Werke, Bd. VI, Zürich 1934, 509–520.

Der spätere KP-Chef hob schon im Jahr 1902, in *Was tun?*, die Notwendigkeit zu träumen hervor. Dass es einem, wie viele Zeitgenossen meinten, »Utopisten und Phantasten« gelang, das wahrzumachen, was er um die Jahrhundertwende prophezeite, nämlich Russland mit einer Handvoll Revolutionäre aus den Angeln zu heben, erstaunt auch heute noch und stimmt nicht minder nachdenklich. Das gilt bei näherer Betrachtung aber auch mit Blick auf jene Macht-Cliquen, die die Geschicke Europas lenkten, als Lenin die Welt veränderte. Der Krieg und die damals betriebene Politik warfen unheilvolle Schatten auf eine Zeit voraus, die in eine apokalyptische Barbarei mündete. Die Ideologen und großen Vereinfacher, die Feldherren und Demagogen – sie alle reüssierten über die großen Umbrüche von 1917/18 hinaus. Die Beseitigung von schwach entwickelten, kränkelnden oder bereits willentlich entstellten Demokratien fiel vor diesem Hintergrund leicht. Hundert Jahre nach Lenins Tod scheint sich in dieser Hinsicht erschreckend wenig geändert zu haben.

ZEITTAFEL

10. April 1870	Lenin wird in Simbirsk geboren
1883	Tod von Karl Marx
12. Januar 1886	Lenins Vater stirbt
8. Mai 1887	Lenins Bruder Alexander (Sascha) wird hingerichtet
Dezember 1887	Relegation von der Universität Kasan; unter Polizeiaufsicht in Kokuschkino
1888	Rückkehr nach Kasan; Mitglied eines marxistischen Zirkels
1889	Übersiedlung nach Alakajewka, danach nach Samara
1890	Externes Jura-Studium an der Universität St. Petersburg
1891	Erfurter Programm der SPD
1891	Externisten-Examen an der Universität St. Petersburg
1892	Universitätsdiplom
1893–1895	Zirkel Samaraer Marxisten; Lenin in St. Petersburg; Rechtsanwaltsgehilfe; Auslandsreise; erster Kontakt mit Plechanow; »Petersburger Kampfbund«
1895	Tod von Friedrich Engels
Dezember 1895	Lenin wird verhaftet
Februar/März 1897	Haftentlassung und Beginn der sibirischen Verbannung
März 1898	Gründung der SDAPR in Minsk
Juli 1898	Eheschließung mit Nadeschda Krupskaja
1899	Eduard Bernsteins »Die Voraussetzungen des Sozialismus und die Aufgaben der Sozialdemokratie« erscheint
1899	Lenin beendet die Arbeit an »Die Entwicklung des Kapitalismus in Russland«

1900	Ende der Verbannung, kurzfristige Verhaftung und Reise in die Schweiz, erste Nummer der *Iskra* erscheint
1901/02	Gründung der PSR
März 1902	»Was tun?« erscheint
Mai 1903	Die Broschüre »An die Dorfarmut« wird veröffentlicht
Juli/August 1903	2. Parteitag der SDAPR in Brüssel und London
Oktober 1903	Konferenz der Auslandsliga der russischen revolutionären Sozialdemokratie in Genf
Januar 1904	Beginn des Russisch-Japanischen Kriegs
1904	»Ein Schritt vorwärts, zwei Schritte zurück« erscheint
9. Januar	»Blutsonntag«, Beginn der ersten Russischen Revolution
April 1905	3. Parteitag in London
Sommer 1905	Lenin schreibt »Zwei Taktiken der Sozialdemokratie in der demokratischen Revolution«
August 1905	Ende des Russisch-Japanischen Kriegs
Oktober/November 1905	Lenin kehrt von Genf aus nach Russland zurück
Oktober 1905	Oktobermanifest des Zaren
Dezember 1905	Aufstand in Moskau, Parteikonferenz in Tampere
April bis Juli 1906	Erste Duma
April 1906	»Vereinigungsparteitag« in Stockholm
Sommer 1906	Flucht nach Finnland/Kuokkala
Februar bis Juni 1907	Zweite Duma
April/Mai 1907	Parteitag in London
August 1907	Teilnahme am Internationalen Sozialistenkongress in Stuttgart
Ende 1907	Wahlen zur Dritten Duma; Lenin verlässt Finnland
Dezember 1908	Parteikonferenz in Paris
1909	»Materialismus und Empiriokritizismus« erscheint
Januar 1910	Plenum des ZK
August 1910	Teilnahme am Kopenhagener Kongress der Zweiten Internationale
1911	Parteischule in Longjumeau
September 1911	Attentat auf Stolypin
Januar 1912	Parteikonferenz in Prag
April 1912	Massaker an der Lena, erste Nummer der *Prawda* erscheint
Sommer 1912	Übersiedelung nach Galizien (Österreich)
November 1912	Vierte Duma; Kongress der Internationale in Basel

1913	Trennung der Fraktionen (Bolschewiki und Menschewiki) in der Duma
August 1914	Beginn des Ersten Weltkrieges, St. Petersburg wird in Petrograd umbenannt; Verhaftung Lenins; nach der Freilassung Übersiedelung nach Bern
Frühjahr 1915	Lenins Schwiegermutter stirbt
September 1915	Zimmerwalder Konferenz
1916	Lenin beendet die Arbeit an der Schrift »Der Imperialismus als höchstes Stadium des Kapitalismus«; Tod der Mutter
Ab 23. Februar 1917	Februarrevolution
2. März 1917	Abdankung des Zaren; Bildung der Provisorischen Regierung
3. April 1917	Lenin triff in Petrograd ein; Aprilthesen
24.–29. April 1917	Konferenz der SDAPR (Bolschewiki)
5. Mai 1917	Eintritt von Menschewiki und SRy in die Regierung
Juni 1917	Erster Allrussischer Sowjetkongress
Juni/Juli 1917	Kerenskij-Offensive
3.–7. Juli 1917	»Juliputsch«, Lenin erneut in der Illegalität
Sommer/Herbst 1917	Arbeit an der Schrift »Staat und Revolution«
Ende August 1917	Kornilowputsch
August/September 1917	Lenin im finnischen Helsingfors, dann Übersiedlung nach Wyborg
25. September 1917	Trotzki wird Vorsitzender des Petrograder Sowjets
7. Oktober 1917	Lenin kehrt nach Petrograd zurück
10. Oktober 1917	ZK-Sitzung: Entscheidung für den Aufstand
16. Oktober 1917	Weitere ZK-Sitzung: Diskussionen über den bewaffneten Aufstand
24. Oktober 1917	Lenin begibt sich in den Smolnyj
25. Oktober 1917	Lenin nimmt an der Sitzung des Petrograder Sowjets teil; Machtergreifung; Zweiter Allrussischer Sowjetkongress
26. Oktober	Lenins erster Auftritt auf dem Allrussischen Sowjetkongress
November 1917	Wahlen zur Verfassunggebenden Versammlung
Dezember 1917	Waffenstillstand und Beginn der Verhandlungen mit den Mittelmächten; Gründung der Tscheka
5./6. Januar 1918	Zusammentritt und Auflösung der Konstituante
Februar 1918	Einführung des gregorianischen Kalenders
3. März 1918	Friedensvertrag von Brest-Litowsk
März 1918	7. Parteitag; Moskau wird Hauptstadt
6. Juli 1918	Ermordung des deutschen Botschafters in Moskau
17. Juli 1918	Ermordung der Zarenfamilie
30. August 1918	Attentat auf Lenin

15. Januar 1919	Ermordung von Rosa Luxemburg und Karl Liebknecht
2.–6. März 1919	I. Kongress der Kommunistischen Internationale
April 1920	Beginn des Kriegs gegen Polen
Juli/August 1920	II. Kominternkongress
August 1920	Niederlage der Roten Armee vor Warschau
Oktober/November 1920	Offensive gegen Wrangel
1920/1922	Katastrophale Versorgungslage, Hungersnot, Bauernaufstände
März 1921	10. Parteitag; Beginn der NÖP; Niederschlagung des Kronstädter Aufstandes
18. März 1921	Friedensvertrag mit Polen
Juni/Juli 1921	III. Kominternkongress
April 1922	Stalin wird Generalsekretär
16. April 1922	Vertrag von Rapallo
Mai 1922	Lenins erster Schlaganfall
November/Dezember 1922	IV. Kominternkongress
Dezember 1922	Lenins zweiter Schlaganfall; Lenins »Brief an den Parteitag«; »Testament«
30. Dezember 1922	Gründung der Sowjetunion
4. Januar 1923	In Ergänzung zum »Brief an den Parteitag« wird Stalins Ablöse gefordert
März 1923	Dritter Schlaganfall
Mai 1923	Übersiedelung nach Gorki
April 1923	12. Parteitag in Abwesenheit Lenins
21. Januar 1924	Lenin stirbt

ABKÜRZUNGEN

B/b	Bolschewiki (bol'ševiki)
ČSR	Tschechoslowakische Republik
EKKI	Exekutivkomitee der Kommunistischen Internationale
GPU	Staatliche Politische Verwaltung (Geheimdienst, Nachfolgerin der Tscheka)
IASP	Internationale Arbeitsgemeinschaft Sozialistischer Parteien
KI	Kommunistische Internationale
Komintern	Kommunistische Internationale
Komutsch	Komitee der Mitglieder der Konstituierenden Versammlung (in Samara)
KP	Kommunistische Partei
KPD	Kommunistische Partei Deutschlands
KPÖ	Kommunistische Partei Österreichs
KPR	Kommunistische Partei Russlands
KPR(B)	Kommunistische Partei Russlands (Bolschewiki)
LW	Lenin-Werke
MEW	Marx-Engels-Werke
MRK	Militärrevolutionäres Komitee
NÖP	Neue Ökonomische Politik
OHL	Oberste Heeresleitung
OK	Organisationskomitee
OMS	Abteilung für Internationale Verbindungen (der Kommunistischen Internationale)
PPS	Polska Partia Socjalistyczna
PSR	Partija Socialistov-Revoljucionerov (Partei der Sozialisten-Revolutionäre)
SDAPÖ	Sozialdemokratische Arbeiterpartei Österreichs
SDAPR	Sozialdemokratische Arbeiterpartei Russlands
SDKPiL	Socjaldemokracja Królestwa Polskiego i Litwy
SFIO	Section française de l'Internationale ouvrière (SFIO)
SNK	Sowjet Narodnych Komissarov (Rat der Volkskommissare, Sowjetregierung)

Sownarkom	Sowjet Narodnych Komissarov (Rat der Volkskommissare, Sowjetregierung)
SPD	Sozialdemokratische Partei Deutschlands
SR/SRy	Socialist/y-Revoljucioner/y (Sozialist/en-Revolutionär/e)
Tscheka	Außerordentliche Kommission (für den Kampf gegen die Konterrevolution und Sabotage; Geheimdienst)
USPD	Unabhängige Sozialdemokratische Partei Deutschlands
Wikschel	Vserossijskij Ispolnitel'nyj Komitet Železnodorožnogo Profsojuza (Allrussisches Exekutivkomitee der Eisenbahnergewerkschaft)
ZEK	Zentrales Exekutivkomitee
ZK	Zentralkomitee

PERSONENVERZEICHNIS

WEITERFÜHRENDE LINKS

Die »Kinonedelja« war eine sowjetrussische Wochenschau und die erste Filmarbeit von Dziga Vertov. Die zwischen Mai 1918 und Juni 1919 produzierten Beiträge sind einzigartige Zeugnisse der Umbruchsphase nach dem Oktoberumsturz 1917. 35 der mehr als 40 produzierten Wochenschauen sind über die Website des Österreichischen Filmmuseums abrufbar.

https://vertov.filmmuseum.at/kinonedelja

Aus dem Jahr 1918 stammende Filmaufnahmen zu den Friedensverhandlungen von Brest-Litowsk. Die Produktion erfolgte durch die BuFA. Dieses »Bild- und Film-Amt« wurde 1917 von der deutschen Obersten Heeresleitung zu Propagandazwecken gegründet.

https://www.filmothek.bundesarchiv.de/video/11507?topic=doc6ynfc1dpgmr19kykxeqq&start=00%3A00%3A00.00&end=00%3A08%3A44.19&set_lang=de

Sammlung von Originalaufnahmen, die Lenin bei unterschiedlichen Gelegenheiten zeigen. Es handelt sich um eine sowjetische Produktion.

https://www.youtube.com/watch?v=_EaZh5S3iNE

Ein Audiodokument mit einer Rede Lenins (Originalaufnahme).

https://www.youtube.com/watch?v=OWTmahvaZhk&t=18s